BOUQUINS

Collection fondée par Guy Schoeller
et dirigée par Jean-Luc Barré

À DÉCOUVRIR AUSSI
DANS LA MÊME COLLECTION

Michel Baridon, *Les Jardins. Paysagistes, jardiniers, poètes*
Antoine Blondin, *L'Ironie du sport* et autres œuvres, édition établie par Jacques Bens
Bouquin de la bande dessinée, sous la direction de Thierry Groensteen
Bouquin de la mode, sous la direction d'Olivier Saillard
Ferdinand Buisson, *Dictionnaire de pédagogie et d'instruction primaire*, édition établie et présentée par Patrick Dubois et Philippe Meirieu, préface de Pierre Nora, de l'Académie française
Désir de nuit. De Virgile à Jean Genet, anthologie établie par Janine Mossuz-Lavau
Dictionnaire de l'Antiquité, Université d'Oxford, sous la direction de M. C. Howatson
Dictionnaire des lieux et pays mythiques, sous la direction d'Olivier Battistini, Jean-Dominique Poli, Pierre Ronzeaud et Jean-Jacques Vincensini
Dictionnaire universel du pain, sous la direction de Jean-Philippe de Tonnac, introduction de Steven Laurence Kaplan
L'Encyclopédie du ciel. Mythologie, astronomie, astrologie, sous la direction d'Arnaud Zucker
Jacques Ferran, *Le Guide du bridge*, préface de Patrick Grenthe
Nicolas Giffard et Alain Biénabe, *Le Nouveau Guide des échecs, traité complet*
Les Labyrinthes, sous la direction de Malek Abbou
Les Parfums. Histoire, Anthologie et Dictionnaire, édition établie par Élisabeth de Feydeau
Récits de campagne et de chasse, édition établie et présentée par Jérôme et Valentine Del Moral
La Tauromachie, histoire et dictionnaire, sous la direction de Robert Bérard, nouvelle édition
Le Temps des héros. Récits épiques de l'humanité, édition établie et présentée par Gérard Chaliand
Sylvain Tesson, *L'Énergie vagabonde*
Voyage au pays du vin. Des origines à nos jours. Histoire, Anthologie, Dictionnaire, sous la direction de Françoise Argod-Dutard, Pascal Charvet et Sandrine Lavaud

DENIS GOMBERT

LE SPORT

ANTHOLOGIE LITTÉRAIRE

De Homère à Blondin

BOUQUINS
la collection

Si, malgré nos efforts, nous n'avions pas réussi à joindre tous les auteurs ou ayants droit des extraits reproduits dans ce livre, nous prions ceux-ci d'accepter nos excuses et de se mettre en rapport avec l'éditeur.

ISBN : 978-2-38292-546-1
Dépôt légal : mai 2024 – N° édition : 67198/01
Bouquins éditions – 92, avenue de France 75013 Paris

Ce volume contient :

INTRODUCTION
par Denis Gombert

CHRONOLOGIE

I

AU TEMPS DES DIEUX

NOBLESSE DU CORPS DANS L'ANTIQUITÉ

II

CODES DU MOYEN ÂGE

DU CHEVALIER AU JOUEUR

III

ÉPOQUE MODERNE

UNE MORALE DU CORPS EN ACTION

IV

DU JEU AU SPORT

INSTITUTION DES RÈGLES ET PRATIQUES AU XIXe SIÈCLE

INTRODUCTION

par Denis Gombert

Dans une recension de *Sport et civilisation, la violence maîtrisée*[1], de Norbert Elias et Eric Dunning, qui deviendra le livre de référence de la sociologie du sport, le critique Eric Wittersheim[2] relève que, jusqu'à l'heure de cette publication, le sport était « un objet à la légitimité scientifique incertaine, qui connaît un net regain d'intérêt dans les sciences sociales et qui souffre toujours d'un déficit théorique ». À quand le sport considéré comme un objet culturel majeur, si ce n'est premier ? Quelque trente ans plus tard, le temps est peut-être venu…

« Sport », un terme neuf, une pratique ancienne

Le terme « sport » à proprement parler est dérivé de l'anglais. Au XIXe siècle, le dictionnaire le mentionne comme « mot anglais employé pour désigner tout exercice de plein air, tel que courses de chevaux, canotage, chasse à courre, pêche, tir à l'arc, gymnastiques, escrime[3] ».

1. Norbert Elias et Eric Dunning, *Sport et civilisation, la violence maîtrisée*, traduction de Josette Chicheportiche et Fabienne Duvigneau, Fayard, 1994.
2. *Genèses*, nº 23, Belin, 1996, p. 164-165.
3. Émile Littré, *Dictionnaire de la langue française*, Hachette, 1873.

Lié à l'avènement de la société industrielle, le sport, longtemps considéré comme une pratique de loisirs, évolue en se dotant de critères spécifiques. Quantification de la performance depuis l'invention du chronomètre en 1720, réglementations écrites comme c'est le cas pour la boxe, le football et le rugby dans la deuxième partie du XIXe siècle, mais aussi statuts juridiques des activités et regroupements en fédérations, le sport éclot alors véritablement comme fait social. À partir de 1870, on peut parler, comme le fait Thierry Terret, d'une « institutionnalisation du sport en France[1] ».

La figure du *sportman* à l'anglaise demeure toutefois vivante dans nos représentations. Le mot est encore attesté à la fin du XIXe siècle pour désigner celui qui aime la chasse, la pêche, etc., mais, par extension, celui qui s'intéresse ou qui prend part aux activités d'exercices physiques de plein air. Puis il qualifie celui qui présente des qualités propres à la pratique des sports, et, enfin, l'athlète capable de déployer son talent et sa force en compétition. Au fil du temps, le champ de la pratique sportive s'est considérablement élargi. Il n'est plus question que de plaisir ou d'adresse, mais aussi d'effort, de lutte, d'ordres comparatifs et de mesures. On parlera alors des *true sportsmen*, des « vrais hommes de sport ».

Il est une autre origine, hexagonale celle-là, héritière de l'ancien français au Moyen Âge, qui donne un éclairage supplémentaire à la réalité sportive. Par *desport*, on entend un « divertissement, un plaisir physique ou de l'esprit[2] ». Que ce soit sous sa forme nominale (*desport*) ou verbale (*desporter*), on lit la nécessité de faire mouvoir le corps. Il faut qu'il se « déporte » donc, c'est-à-dire qu'il s'ébroue, qu'il s'ébatte, qu'il s'exerce. Employé par Rabelais, il signifie « s'amuser » : dans son *Gargantua*, cette « exercitation corporelle »

1. Thierry Terret, *Histoire du sport*, PUF, 2010.

2. Ronald Hubscher, *L'Histoire en mouvements*, Armand Colin, 1992, chap. « Le sport : un objet mal identifié », p. 58.

est source de grande joie ; au cours de ses exercices sportifs, sous l'œil encourageant de son précepteur humaniste Ponocrates, Gargantua s'amuse follement. Et après s'être bien *desporté*, Gargantua va pouvoir s'exercer à un grand plaisir du corps car maintenant il a grand faim.

De sport il est donc question depuis fort longtemps, comme si cette activité était inhérente à l'homme et qu'elle répondait chez lui à un besoin naturel. C'est aussi l'avis de Jean-Manuel Roubineau, pour qui figurent dès la Grèce archaïque tous les ingrédients à la fois sociaux et idéologiques, techniques et individuels qui attestent manifestement d'une « culture sportive », avec ses structures et ses institutions[1].

Besoin social d'un côté, quand la pratique du sport fait lien, comme nous le verrons avec la pratique des tournois au Moyen Âge ; besoin individuel de l'autre, car l'homme, tel notre bon géant Gargantua, a besoin de s'éprouver. Ceci démontrant la permanence du fait sportif, il est intéressant de questionner notre modernité. N'y a-t-il pas un paradoxe contemporain dans le fait que plus l'homme se civilise, plus il revendique son attachement au sport – au point d'en avoir fait aujourd'hui un enjeu commercial de premier plan –, alors que cette pratique le ramène à ses origines primaires ? D'où nous vient ce besoin de sport ? Pourquoi se développe-t-il autant ?

Le sport comme pratique et comme usage. Une définition extensive

Parlons de pratiques sportives plutôt que de sports. Il en est tant. Près de quatre cents sports sont répertoriés aujourd'hui. Selon l'acception contemporaine, sont reconnus comme sport non seulement « un jeu qui met en action le corps dans un

1. Jean-Manuel Roubineau, *À poings fermés : une histoire la boxe antique*, PUF, 2022.

but général d'amélioration physique » (il s'agit ici de sport-santé), ni seulement non plus « une activité de loisirs dont la dominante est l'effort physique participant à la fois du jeu et du travail », mais « l'ensemble des exercices physiques se présentant sous forme de jeux individuels ou collectifs, donnant généralement lieu à compétition, pratiqués en observant certaines règles précises[1] ».

À force de conquérir un public toujours plus vaste, à force d'endosser des rôles de plus en plus grands, c'est la définition même du sport qui est devenue extensive. Considéré longtemps par les historiens comme marginal ou mineur, rangé au chapitre des plaisirs ou des divertissements, voici que le sport lancé à pleine foulée à travers les siècles pose sa pointe sur plusieurs territoires. La santé est une terre de conquête du sport depuis l'Antiquité (les textes de Galien nous le montreront) ; l'éducation vient ensuite où le sport se réfléchit comme pratique pédagogique. À partir de la Renaissance, on codifie les règles, c'est-à-dire qu'on ménage les hommes. Ainsi « le combat à outrance », mode de duel à l'épée qui n'était terminé que lorsque l'un des deux adversaires était mis hors de combat ou demandait grâce, se voit interdit. Le sport est vecteur de civilisation.

Longtemps pratiquée en amateur dans des cercles aristocratiques (cricket, billard, escrime), l'activité sportive codifiée est propriété d'une élite. Le XVIIIe siècle, si raffiné, fait du beau geste un art. Ce n'est qu'au siècle suivant qu'on démocratisera le sport en le dotant d'institutions.

De l'amateurisme au professionnalisme, dans tout cet élan sportif propre à toucher les foules qui sera caractéristique du XXe siècle, ce sont les questions d'argent et la constitution d'un marché du sport qui vont dominer. Rétribution des performances sportives, développement des équipements et des matériels par secteurs spécialisés, médiatisation

1. Georges Magnane, *Sociologie du sport*, Gallimard, 1964.

des événements, les enjeux du sport deviennent colossaux. Les olympiades de Los Angeles de 1984 resteront dans les mémoires comme ceux où les annonceurs des grandes enseignes auront profité de la popularité dont jouissent les grandes compétitions sportives pour en faire des vitrines publicitaires et des niches économiques. Le modèle de l'amateurisme pensé par le baron de Coubertin dans son projet de Jeux en 1894 semble avoir vécu.

Sport, une audience médiatique démultipliée

C'est donc le spectacle médiatique qui accompagne, promeut et valorise l'exploit sportif. Au point que ces deux domaines deviennent, à l'ère contemporaine, indissociables. Ils sont tant et si bien liés que la force médiatique a le pouvoir de populariser une discipline sportive qui, en retour, inscrira ses nouveaux adeptes dans un circuit de promotion économique et médiatique. La fantastique saga du Tour de France, championne des audiences télévisuelles et des parts de marchés, est, à son origine, intégralement liée au journal *L'Auto* (fondé en 1900 et qui deviendra *L'Équipe* en 1946). Henri Desgrange, son rédacteur en chef, a l'idée d'organiser, en 1903, une compétition cycliste pour dynamiser les ventes de son journal et ainsi pour *L'Auto* damner le pion au *Vélo*, son concurrent. Le succès ira au-delà des espérances de Desgrange, puisque le Tour demeure le plus grand moment sportif et médiatique de l'année. Il faudrait y ajouter, outre l'alternance bisannuelle des Jeux olympiques d'été et d'hiver, la Coupe du monde de football qui a lieu tous les quatre ans, la Ryder Cup en golf, la Coupe du monde de cricket, la finale du Super Bowl de football américain, la finale de la Champions League de foot européen, mais aussi, dans d'autres registres, le Grand Prix de Monaco de Formule 1, le départ du Vendée Globe, la course de ski de fond de la Vasalopet, le marathon de New York, les grands combats de boxe… La liste est longue et non exhaustive. Les médias, désormais, popularisent le sport.

Plus qu'une pratique, une religion

Porté par les médias, adulé par les foules qui demandent à vivre au plus près l'événement, le sport serait-il devenu la nouvelle religion qui aurait conquis toute la planète ? Troublantes sont les parentés entre la religion et le sport. Ce dernier est capable de réunir les foules et de les rassembler dans des lieux consacrés : ne dit-on pas du stade de Maracana en Argentine qu'il est « la cathédrale du foot » et de Wimbledon qu'il est « La Mecque du tennis » ? Le sport a aussi le pouvoir de souder les communautés par un fort sentiment d'appartenance. Et puis, au cœur de sa dramaturgie, le sport possède son lot de héros et de martyrs. Son projet est une édification spirituelle qui advient par le triomphe du corps.

Un corps qui *souffre* dans l'épreuve sportive : chaque col de première catégorie du Tour de France est un « calvaire », et chaque cycliste qui en vient à bout, y parvient par une sorte d'*imitatio Cristi*. La métaphore se décline aussi pour les boxeurs tombant bras en croix, pour les coureurs déchirant le ruban d'arrivée torse bombé, pour les rugbymen aplatissant le ballon ovale dans le camp adversaire, là-bas, sur « la terre promise ».

Religieuse est la ritualisation du geste sportif qui, à force de répétitions, s'apparente à une prière[1]. Depuis les Jeux funéraires des Grecs jusqu'au port de la flamme olympique et l'embrasement de la vasque annonçant l'ouverture des Jeux, le symbole se déploie. Tout rite est une mise en œuvre du sacré, et le sport, plus qu'à son tour, pousse le geste à faire sens.

1. Jean-Yves Tayac, *Symbolique et rituels sportifs*, Dervy, 1998.

Valeur cardinale et modèle triomphant

Face à un monde qui se vide de ses croyances communes et de ses utopies politiques, le sport apparaît comme un agent réenchanteur qui a le double pouvoir de « faire du bien » et de « créer de la ferveur ». En fait, le sport est porteur par essence d'un enseignement moral qui peut faire office de sagesse. Nos valeurs communes, celles à qui on demande de faire lien, s'y retrouvent, car l'exercice remet l'homme à sa place au cœur de la nature. Par le défi sportif, l'homme se mesure à ses limites ; par le dépassement de soi, il flirte avec le sentiment de transcendance. Il confine au divin. Mais c'est en suivant ce long chemin de l'exigence sportive qui le fait aller de l'apprentissage à la maîtrise de son geste, de l'effort consenti à la récompense et, enfin, au plus haut lieu, de la victoire à la défaite, qu'il fait pleinement l'expérience de sa condition d'homme. Le cinéma participe à cette exaltation : trois films à très gros succès sortis la même année 1981 – *Raging Bull* de Matrin Scorsese, *Les Chariots de feu* de Hugues Hudson et *À nous la victoire* de John Huston – ont mis en avant la valeur cardinale du sport qui promet la rédemption par la souffrance, et la victoire par l'abnégation. Le don de soi se paie dans la chair.

Tempérance, générosité, courage, altruisme, connaissance de soi, humilité, respect, effort : voici le sport paré de toutes les vertus. Elles sont peut-être trop. Norbert Elias et Eric Dunning ont montré que la pratique sportive, à travers un lent processus de codifications où la violence se trouve mise en règle et en jeu, ouvre la voie à une meilleure socialisation de rapports entre belligérants. Sa fonction est civilisatrice. Cette idée devenue un *topos* renforce la place du sport dans son hégémonie contemporaine. Comme si le sport moderne n'avait plus grand-chose à voir avec les affrontements guerriers et rituels de l'Antiquité ou les joutes du Moyen Âge, comme si l'égalité des chances pouvait gommer d'un coup toutes les différences sociales, comme si les codes de comportements jugulaient l'autre violence, celle qui se déroule dans le stade et en dehors du stade, comme si le spectacle sportif n'était qu'un pur simulacre plaisant. Un jeu.

Certes, le sport permet que « deux principaux prétendants au pouvoir règlent leurs différends par la violence mais par des moyens conformes à des règles[1] ». Certes, les règlements de plus en plus sourcilleux des compétitions sportives et l'ensemble des disciplines qui se sont uniformisés vers des usages grand public peuvent faire penser à tort que le spectacle de la violence est canalisé par le sport et que celui-ci deviendrait la solution toute chose. Mais que célèbre-t-on dans le sport ? N'est-il pas ambassadeur plus représentatif de l'économie capitaliste et soumis à la norme libérale que le sport tel qu'il se pratique aujourd'hui ? Machine éprise de perfection, le sportif cultive son corps afin de l'ériger comme modèle triomphant. Assujetti à la loi de la concurrence et du marché et s'il veut exercer au niveau professionnel, il lui faudra chaque jour repousser ses propres limites et « vendre » son corps qui est sa valeur marchande comme un bien rentable générateur de profits. Jusqu'au jour où, usé-blessé-brisé, il sera remplacé par un autre. Un autre plus fort que lui, évidemment.

Derrière le mythe du sport et ses valeurs morales (car il est, pour un Pierre de Coubertin, sous le muscle ou l'agilité du tissu de chair, d'essence morale) se joue aussi une course effrénée à la réussite, s'agitent des passions communautaires, se développe la corruption et s'insinue le dopage. « La psychologie du sportif est réduite à une obsession : le gain, la réussite ou la performance[2]. » *Être prêt à tout pour faire toujours plus* est la devise du sport réel. Le risque existe que

1. Norbert Elias et Eric Dunning, *Sport et civilisation*, *op. cit.*

2. François L'Yvonnet, *Sport, je t'aime moi non plus, entretien avec Robert Redeker*, Robert Laffont et Insep, 2022.

le culte de la performance et la demande constante de défis toujours plus spectaculaires précipitent les valeurs du sport dans un piège.

À l'ère du divertissement rentable, de la mise en scène des ego et de la surenchère médiatique, on peut se demander comment reconnaître les valeurs qui tiennent au sport lui-même. Peut-être persistent-elles encore dans la joie de la pratique et la vibration émotionnelle que suscite le sport ; ce besoin d'agiter notre corps pour y sentir battre la vie fait partie des fondements de notre humanité.

Une petite histoire du sport à travers les âges

Le sport serait donc né avec la société industrielle qui aurait eu le bénéfice de transformer un loisir en compétition institutionnalisée ? Voilà une conception qui priverait la grande histoire du sport de sa richesse et de ses récits. Ce n'est pas tout de vider la querelle de la définition du sport et peut-être de s'accorder sur celle qu'en livre aujourd'hui le Conseil de l'Europe qui définit le fait sportif comme « toutes les formes d'activités physiques qui, à travers une participation organisée ou non, ont pour objectif l'expression et l'amélioration de la condition physique et psychologique, le développement des relations sociales ou l'obtention de résultats en compétitions de différents niveaux », encore faut-il, et de nouveau, examiner la chronologie du sport à travers les âges.

Sur les vases et sur la pierre

Depuis les Jeux funèbres sous l'Antiquité jusqu'à nos grandes messes cathodiques, le sport est bien socialement ce qui se donne en modèle et en spectacle. Et même s'il ne saurait être totalement gratuit, désintéressé, désincarné comme le voudra Courbertin, il s'y observe un besoin constant, presque une nécessité, qui relie les époques et les hommes.

Quoi de plus naturel que de courir, de marcher et de sauter, des gestes immémoriaux animés déjà d'une vigueur athlétique que l'on retrouve sur certaines peintures rupestres du paléolithique inférieur (60 000 ans av. J.-C.) et sur d'autres au néolithique, qui révèlent la rivalité des coureurs et des lanceurs. Il est question de « sport » en Mésopotamie au IIIe millénaire avant notre ère où les épreuves entre les lutteurs sont attestées sur des petits vases en cuivre[1]. Et d'autres lutteurs, proches cousins égyptiens, de figurer vers 2400 av. J.-C. sur les bas-reliefs de la tombe de Ptahhotep à Saqqarah.

Calendrier des jeux grecs

Le récit par Homère au chant XXIII de l'*Iliade* des jeux organisés par Achille en l'honneur de son compagnon Patrocle qui a péri sur le champ de bataille nous plonge au cœur d'une des premières grandes narrations sportives. Les Jeux funéraires vont s'établir comme tradition tout au long de la période hellénique et se confondent avec les fêtes religieuses. À Delphes, à Némée, et sur l'Isthme, de jeunes grecs concourent en mesurant leur talent et leur force dans des disciplines telles que la lutte, le pugilat, le saut, le lancer de disque ou la course. Mais c'est à Olympie, dans la cité d'Élis sur la côte ouest du Péloponnèse, à partir de 776 av. J.-C., que s'ancre la tradition de l'organisation des Jeux.

Tous les quatre ans, les hommes libres venus de tout le monde grec consentent à s'affronter symboliquement au cours d'épreuves sportives : le premier jour est consacré aux fêtes religieuses et serments ; les deuxième et troisième jours se déroulent la course hippique et le pentathlon (composé de la course, la lutte, le lancer et le saut) ; le quatrième est un jour

1. Samuel Noah Kramer, *L'histoire commence à Sumer*, Arthaud, 1957.

de repos et d'offrandes ; les Jeux reprennent le cinquième jour avec, de nouveau, les courses à pied en sprint et fond, et les sports de combat, avant de se terminer par la course en armes menée par les hoplites qui sont les fantassins. Ceux-ci, de manière symbolique, marquent la fin de la trêve olympique durant laquelle les cités en guerre ne peuvent pas combattre.

Les Jeux olympiques antiques se perpétuent pendant douze siècles ! L'empereur romain Théodose Ier y met fin par décret en 394 apr. J.-C. Mais ces Jeux avaient une importance assez considérable, l'esprit d'unité était assez puissant pour que ce soit sur le repère de leurs dates – chaque cité grecque avait son calendrier propre – que les historiens établissent les faits historiques.

De grands champions marqueront l'histoire des Jeux. Contrairement à ce qu'a voulu faire croire la belle légende d'Olympie chère à Coubertin, les athlètes grecs concouraient davantage pour l'argent que pour la gloire. À Olympie, un athlète pouvait recevoir la somme de 500 drachmes pour une victoire, ce qui représentait une petite fortune. Grande est la valeur d'un Coroïbos d'Élis, premier vainqueur à Olympie en 776 av. J.-C., coureur valeureux, père de tous les champions, ou d'un Orsippos de Mégare, qui, en perdant le petit pagne qu'il porte en guise de cache-sexe lors de sa course, finit l'épreuve parfaitement nu et vainqueur. Un grand champion n'a rien à cacher. Affection particulière pour Agros de Pharsale, géant sympathique de 2 m 04 et gloire incontestée du pancrace aux 74e olympiades de 484 av. J.-C. Une statue lui sera érigée. Ou l'affrontement de deux pugilistes fameux aux mêmes jeux, Euthymos de Locres, et Théagène de Thasos, dont le romancier Maurice Genevoix fera un modèle de légende sportive[1]. Mais il n'y a pas plus grand champion que Milon de Crotone, le plus grand de tous les temps, qui remporte toutes les épreuves à la lutte des Jeux de 532 à 516 av. J.-C. Pindare lui consacre une ode dans ses *Olympiques*,

1. Maurice Genevoix, *Euthymos, vainqueur olympique*, Plon, 1924.

qui atteste de son immense renommée : « S'il ne lui fut pas possible de s'élever jusqu'aux cieux couleur de cendre, ses victoires à Olympie et dans les autres Jeux sacrés lui valurent toute la célébrité que nous, simples mortels, pouvons désirer et tout le bonheur qu'il nous est permis d'espérer[1]. »

Les ludi *à Rome*

Ce que nous appelons communément aujourd'hui « jeux du cirque » correspond, sous l'Empire romain, à une réalité sportive bien différente de celle du monde grec. Les *ludi* donnent une vision spectacularisée de la compétition tout entière destinée à asseoir la puissance du régime. Le grand cirque de Rome peut contenir jusqu'à 250 000 spectateurs. Des Grecs, puis des Étrusques, les Romains conservent un temps la tradition des *ludi funebres* (jeux funèbres) avant de basculer dans leurs *ludi circenses* (jeux du cirque). Les Jeux commencent par une procession religieuse appelée *pompa* qui en rappelle le caractère religieux, mais très vite place est faite au divertissement. L'arène du cirque est le plus grand des théâtres et s'y joue le plus grand des spectacles. On s'y passionne pour les courses de chevaux et les combats de gladiateurs. Pas de temps mort et peu de répit pour les combattants, puisque aux six jeux du calendrier officiel qui se déroulent à l'occasion de grandes fêtes religieuses s'ajoutent les jeux publics offerts par de riches particuliers, qui sont également très prisés.

Démonstration de force et d'autorité, les jeux, qui peuvent avoir lieu plus d'un jour sur trois sous l'Empire, permettent aux patriciens de s'attirer les bonnes grâces du peuple qu'on n'hésite pas, en plus du régal du spectacle, à abreuver de victuailles, de fruits et de vin[2]. Et même de petits cadeaux. Jour

---

1. Pindare, *Olympiques*, traduction d'Aimé Puech, Les Belles Lettres, 1922.

2. Jean-Noël Robert, *Les Plaisirs à Rome*, « Petite Bibliothèque Payot », 1994.

de jeux équivaut à jour de fête. Pour séduire le public, une surenchère de compétitions spectaculaires sévit. Un temps, au IIe siècle de notre ère, de véritables chasses au fauve (*venatio*) sont organisées contre des panthères, des lions ou des tigres affamés ; à l'époque de César, toujours plus grandioses et plus magistrales, des batailles navales (*naumachiae*) sont reconstituées sur le lac Fucin, un bassin artificiel conçu à cet effet. Tacite rapporte comment les exécutions publiques d'esclaves indisciplinés, de prisonniers ou de chrétiens étaient intégrées au programme des jeux, et comment la mise à mort d'hommes jetés aux bêtes, brulés vifs ou crucifiés, faisait partie intégrante du spectacle[1].

De ces jeux décrits à loisir par les historiens romains, c'est Suétone, dans *La Vie des douze Césars*, qui perce l'enflure et le grotesque quand l'empereur Néron descend lui-même dans l'arène car « il avait même résolu d'imiter aussi les exploits d'Hercule et avait, dit-on, fait préparer un lion qu'il devait, paraissant tout nu dans l'arène de l'amphithéâtre, soit assommer à coup de massue, soit étouffer entre ses bras, sous les regards du peuple[2] ». En 67, décidant de participer à une course de chars, quoique passablement saoul, Néron fait une chute. La course s'arrête, le temps que l'empereur se relève et achève la course en bon vainqueur. Toutes compétitions confondues, Néron aurait remporté 1 808 victoires. Pour un sportif très dilettante, c'est un exploit. Mais pour un tyran, cela l'est moins. Avec ses 96 victoires aux courses de char, le jeune Tuscus deviendra une véritable idole des foules et sa mort en course à l'âge de vingt-quatre ans fera de lui une légende à Rome.

Une fois converti au catholicisme, l'empereur Constantin supprime la tradition des jeux en 325. Le christianisme rompt

1. Paul Veyne, *Le Pain et le Cirque*, Seuil, 1976.

2. Suétone, *Vie des douze Césars*, traduction de Henri Ailloud, Les Belles Lettres, 1931-1932, livre VI.

à la fois avec une représentation noble et nue de l'athlète chez les Grecs et avec la folie des *ludi* romains relevant plus de la performance spectaculaire que de la sérénité sportive. Une chose disparaît, autre chose s'invente. Apparaissent un nouveau visage du héros et de nouvelles codifications sportives incarnés dans la personne du chevalier et des règles du tournoi.

L'art du tournoi au Moyen Âge

Honoré dans les *Chroniques de Tours* du XIe siècle, Geoffroi de Preuilly passe pour être l'inventeur des tournois qui sont des simulacres de batailles. Deux clans de chevaliers ou simplement deux chevaliers seuls s'y confrontent. L'enjeu n'est pas de tuer – en ce sens, le sport exerce bien sa fonction de désactivation de la violence aveugle –, mais de capturer l'adversaire pour constituer une rançon. Le tournoi peut être aussi convoqué, comme ce sera le cas plus tard avec le personnage de Lancelot du Lac, héros du cycle de la Table ronde, pour régler une question d'honneur.

Pour les participants au tournoi, il s'agit d'être en excellente forme physique et de maîtriser sa monture. Les chevaliers sont des athlètes accomplis, capables de supporter le poids d'une armure de 25 kilos en moyenne et d'une ou deux épées de 1,5 kilo chacune. Ils doivent de surcroît posséder les techniques de combat rapproché, tout en restant maître de leur monture. Ce sont des cavaliers hors pair. « Exercitez-vous », les exhorte le poète Eustache Deschamps qui chante leurs exploits au XIe siècle. Champion parmi les champions, Guillaume le Maréchal, maître d'arme anglo-normand à qui Georges Duby consacrera un ouvrage entier[1], s'illustrera brillamment sur tous les champs de batailles. En 1183, au tournoi de Lagny qui réunit plus de trois mille chevaliers, Guillaume

1. Georges Duby, *Guillaume le Maréchal ou le meilleur chevalier du monde*, Fayard, 1984.

le Maréchal se porte au secours d'Henri le Jeune, son roi, qui a perdu son heaume, et lui sauve la vie. Une autre fois, affrontant seul cinq chevaliers, il finit par triompher de tous. Sa gloire s'écrit.

Au fil du temps, les vastes espaces de batailles qui demeurent, en dépit de l'affrontement symbolique, fatales à un grand nombre de chevaliers se rétrécissent à celui d'un champ clos. Au XIVe siècle, le tournoi et la joute n'ont plus l'apparence que d'un divertissement guerrier. Mais il s'agit toujours d'une affaire sérieuse où se disputent très virilement la force et le courage. Bien des assauts virent à la témérité, si bien que plusieurs décrets paraissent, visant à faire interdire les joutes, ce qui n'empêche en rien que leur pratique chez les nobles chevaliers perdure. Même réglementée, même encadrée ou interdite, même devenue rituel courtois comme dans le jeu du « pas d'armes », la pratique du tournoi et de la joute demeure. Fondamentalement, elle permet au chevalier de montrer qu'il détient sa légitimité de sa force.

Dans son *Traité de la forme et devis d'un tournoi* (1450), René d'Anjou répertorie avec minutie les codes rituels du tournoi dont il dresse la nomenclature exhaustive. Mais à cette époque, le temps des tournois touche à sa fin. Il n'existe plus, à partir du XVe siècle, que sous la forme d'événement ou de spectacle censé représenter un idéal chevaleresque qu'il ne fait plus que mimer.

N'empêche, pour ces preux chevaliers, l'engagement doit demeurer le même et la préparation physique optimale. Leur quotidien est occupé par l'entraînement à la guerre. La course à la quintaine, mannequin de bois articulé sur un poteau, leur permet de mimer le combat et de s'exercer à la lance et à l'épée. Pour compléter les exercices de vigueur et d'agilité, on se mesure aussi au jeu de lances et à la lutte.

Au départ exercice militaire, la quintaine devient une discipline de tournoi à part entière, et même un jeu de village pratiqué par les paysans qui s'approprient également le tir au papegaut. Celui-ci consiste à toucher au tir à l'arc ou à l'arbalète un oiseau de bois souvent peint en vert qu'on a juché au sommet d'une haute perche.

À partir du XIe siècle est attestée la pratique de la soule dans le monde rural. Connue aussi sous le nom de « cholle », la soule est un combat qui oppose deux villages et où tous les coups sont permis : il s'agit de porter un éteuf, bille de bois ou ballon de cuir, dans un lieu déterminé du camp adversaire. Un déchaînement de violence s'exprime autour de ces joutes à mains nues dont les foules des villageois encouragent la pratique[1]. Mais la soule est aussi une façon de régler un différend entre deux villages ou de sceller une union, un mariage par exemple. Le peuple a donc lui aussi ses pratiques sportives qui servent de catharsis et jouent le rôle de régulateur des relations sociales entre communautés.

Le pas d'armes, substitut ou variante du tournoi, est nettement plus pacifique. Il peut être considéré comme un divertissement guerrier réservé aux nobles. Reconstitution d'une situation belliqueuse, il consiste à attaquer ou défendre un endroit ou un passage précis, qu'il soit un pont, une porte de ville, un croisement entre deux routes, l'entrée d'un château, etc. Dans cette sorte de jeux de rôles qui attribue une grande valeur à la mise en scène, on voit traditionnellement une dame ou une demoiselle accompagnée d'un chevalier qui devra libérer pour elle le passage en brisant des lances contre son adversaire.

Progressivement, la dimension de plaisir prend l'ascendant sur le combat téméraire. Le terme « tournoi » tel qu'il apparaît pour la première fois dans *Éric et Énide* en 1170 ne revêt plus tout à fait la même signification pour le roi René qui donne et règle en 1446 le « Pas de la Joyeuse Garde » près de Saumur, une des plus belles démonstrations de joute du

1. Jean-Jules Jusserand, *Les Sports et Jeux d'exercice dans l'ancienne France*, Plon, 1901.

siècle, qui s'achève sur des ballets de danse et un grand banquet. Henri II qui adorait pratiquer ces joutes de parade trouve la mort en juin 1559 lors d'une fête chevaleresque donnée à l'occasion du mariage de sa sœur Marguerite avec le duc de Savoie et d'Élisabeth de France avec Philipe II d'Espagne. Le traumatisme que provoqua cette mort entraîna le déclin, puis la disparition de la pratique des joutes dont la noblesse s'était tant éprise.

Plaisirs renaissants

La dimension de plaisir peut désormais entrer en ligne de compte. On ne combat plus pour tuer ou faire prisonnier, mais pour montrer son audace et son adresse. Le contentement, entre gaieté et joie, n'est pas à exclure de ces pratiques. Et Rabelais de décrire ce tableau animé où des hommes se rendaient « dans des près [et] jouaient à la balle, à la paume, à la pile trigone, exerçant vigoureusement leurs corps, comme ils avaient auparavant exercé leurs âmes[1] ».

Autre fait marquant : le sport s'évalue de manière plus analytique et intellectuelle. Ici et là fleurissent les manuels et les traités, à l'instar de *The Boke Named the Governour* de Thomas Elyot, paru en 1531, qui recommande pour l'éducation des jeunes nobles la pratique de plusieurs sports dont la chasse, la fauconnerie, la lutte, la course ou la natation. La pratique des pas d'armes née au Moyen Âge se perpétue et se raffine. Mieux qu'un lieu de combat, le pas d'armes est devenu un espace théâtral avec sa toponymie précise (tribunes, pavillons, balcons, aires de séparation) et ses codes (costumes, harnachements, références héraldiques, décors). Antoine de Plunivel en donne en 1620 une belle représentation dans *Instruction du Roy en l'exercice monter à cheval.*

1. Rabelais, *Gargantua*, Nicolas Le Cadet (éd.), in *Tout Rabelais*, Romain Menini (dir.), Bouquins la collection-Mollat, 2022, chap. XXIII, p. 382.

Au fond, si les chevaliers ne font plus la guerre sur le champ de bataille, la légitimité de leur statut d'homme fort doit encore apparaître dans les jeux.

Il existe dès le début de la Renaissance des traités d'éducation physique. Ainsi, *Florida Corona* d'Antoine Gazi, traité datant de 1491, illustre le désir de retrouver l'esprit antique dans les vertus médicinales de la pratique sportive. L'homme est bel et bien au centre de la création. Ainsi également, le souhait exprimé par Érasme, dans son *Éloge de la folie*, de montrer comment l'homme doit se rendre maître de ses affects. Aux enfants qui jouent, il conseille de séparer dans le jeu les notions de plaisirs et d'affects : « Dans les jeux honnêtes, montre de la bonne humeur, non cette pétulance qui amène les querelles ; jamais de tricheries, ni de mensonges[1]. »

À côté du renouveau artistique magnifié par ses grands peintres et du foisonnement intellectuel de ses grands savants, on assiste du point de vue sportif à une « Renaissance du corps[2] », tant la pratique, se faisant plus précise, repositionne l'homme au centre du jeu, voire du terrain de jeu. Pour preuve, outre l'engouement dans les milieux aristocratiques pour l'escrime qui supprime, en 1653, les coups de tranchant de l'épée pour ne conserver que la pratique du fleuret, la véritable folie du jeu de paume va enflammer la France et toucher toutes les classes sociales.

On compte au début du XVIe siècle 1 800 tripots et terrains de jeu à Paris. Des lieux établis mais parfois parfaitement improvisés selon l'envie des joueurs. C'en est au point que, par décret, le Parlement de Paris interdit en 1543 l'établissement de nouveaux jeux de paume dans la capitale.

Assimilée aux jeux de table et de hasard, tels que le trictrac ou les jeux de palet et de boules, la passion de la paume

---

1. Érasme, *Éloge de la folie*, chap. VI.

2. Laurent Turcot, *Sports et Loisirs. Une histoire des origines à nos jours*, Gallimard, 2016, chap. IV.

fait peser une menace sur l'ordre moral et risque d'éloigner l'honnête homme du bon chemin. Le temps accordé au jeu risque de détourner le travailleur de son labeur, le militaire de ses exercices et même les séminaristes de leurs devoirs religieux. On date d'ailleurs l'origine du jeu de paume dans les cloîtres au XIIIe siècle. Jeu des rois devenu « roi des jeux[1] », la paume, ancêtre du tennis et de la pelote, a remporté un succès considérable presque cinq siècles durant en France. Autour de ce sport s'étaient même développés tout un secteur commercial et une industrie du pari. Il aura en outre produit ses grands champions tels que Antoine-Henri Masson, « le grand Masson, le père des paumiers », déclare Léon de Wailly ; « un joueur merveilleux qui n'avait point eu d'égal et n'en aurait jamais », ajoute Manevieux. Admis à la Cour, il devient paumier du roi.

Le sport dicte ses règles à l'époque moderne

La Révolution française tente de renouer avec la pratique hellénique des Jeux olympiques.

Le 22 septembre 1796 (1er vendémiaire an V) se tiennent à Paris quatre compétitions sportives nommées « Première olympiade de la République ». Trois cent mille spectateurs assistent aux épreuves qui se déroulent sur le Champ-de-Mars, exclusivement des courses à pied et des courses de chevaux. Mais la greffe ne prendra pas. À Versailles, la salle du Jeu de paume accueille les députés du tiers État qui décident d'y tenir, le 20 juin 1789, leurs états généraux. Au palais où l'on a beaucoup dansé tout au long du XVIIe et du XVIIIe siècle, on danse moins…

Le sport tel qu'on l'entend, cette pratique du corps qui poursuit un but, sera un produit importé. Et il viendra d'Angleterre. Outre-Manche, depuis le XVIIe siècle, la liberté

1. Patrick Clastres et Paul Dietschy (dir.), *Paume et tennis en France XVe-XXe siècle*, Nouveau Monde, 2009.

d'associations permet à toutes sortes de clubs d'exister. Dans l'Angleterre victorienne, entre 1820 et 1870, le sport pratiqué dans les *high schools* est reconnu pour ses bienfaits sur la santé. Aussi multiplie-t-on les clubs. Parallèlement, on codifie les règles. La force de conviction et la ferveur religieuse d'un Thomas Arnold, grand théologien et directeur de l'école de Rugby, font fortement évoluer le sport. Il est le premier à édicter quarante règles pour le « rugby », ce qui popularisera grandement ce sport et, à sa suite, le football. À la sortie des universités, certainement parce qu'ils y ont trouvé beaucoup de plaisir, les élèves poursuivent la pratique de leurs sports favoris au sein des clubs. Un jeu, un cadre, des règles.

Dès 1792, l'Angleterre possède un périodique, le *Sporting Magazine*, consacré uniquement au sport. La boxe, le cricket et les courses de chevaux y ont la part belle. Cet essor est permis par l'industrialisation qui est génératrice de nouvelles envies et de nouveaux besoins. Peu à peu, la mode anglaise pénètre la France, et il est amusant de se souvenir que, bien avant le rugby, le football ou le cyclisme, le premier sport à s'établir en France fut le cricket. Sous le patronage de lord Cowley, ambassadeur britannique, le Cricket Club est fondé à Paris le 1er juillet 1863.

En 1854 paraît en France le premier journal consacré au sport et sobrement intitulé *Le Sport*. Ce journal dirigé par Eugène Chapuis s'adresse à un public aisé et dilettante, rallié à la mode anglaise du *sportman* dont il imite la pose en s'éprenant de courses hippiques et de yachting. Sport mondain ? Pas seulement. Au fil des épreuves, la compétition révèle son importance, car il y est aussi question de gains. *Le Figaro* tient dès 1870 sa rubrique sportive, mais c'est *Le Petit Journal* qui va largement populariser le sport en ouvrant ses tribunes aux courses de vélo. En 1891, Pierre Giffard, une des plumes du journal, organise un fameux Paris-Brest aller et retour. L'événement est d'une telle importance que la course obtient la une du journal.

Alors qu'il n'était, au début du XIXe siècle, qu'un loisir pratiqué par une élite aristocratique, le sport connaît un nouvel essor après 1870. À la suite à la défaite de Sedan, l'Empire cède la place à la Troisième République. Pour la « République des Jules », il apparaît manifeste, voire évident, que le corps patriotique doit se ressaisir et renaître. Quoi de mieux que le sport pour y parvenir ? L'éducation sportive trouve progressivement sa place dans les établissements scolaires, primaires puis secondaires. Au lycée Condorcet, on crée le Racing club en 1882, et l'année suivante le Stade français voit le jour au lycée Saint-Louis.

Au même moment, le baron Pierre de Coubertin qui, en tant que grand pédagogue, œuvra longtemps pour la place de l'éducation physique dans le parcours scolaire de tout élève lance l'idée de la réorganisation de Jeux olympiques. La réalisation du projet est à elle seule une épopée. Entre la création du Comité international olympique en 1894 et les premiers Jeux qui se déroulent à Athènes en 1896, il a fallu, en moins de deux ans, réunir 14 délégations nationales pour faire concourir plus de 400 athlètes répartis sur 23 épreuves. Si les Jeux des premières olympiades ne rencontrent pas un grand écho médiatique (à l'affiche des journaux de juillet 1896, les courses hippiques prennent plus de place que les Jeux), l'idée d'un rendez-vous mondial prônant la paix entre les peuples est amenée à se pérenniser. « D'où cette idée toujours plus insistante, à la bascule du siècle, d'un sport représentatif de valeurs, modèle de perfection possible, univers de récits et de légendes que la société se raconte à elle-même pour se grandir et se passionner[1]. »

Aux progrès techniques et industriels s'ajoutent la loi de 1901 sur les associations, puis l'institution du repos dominical. Tout concourt à ce que le sport trouve sa pleine expansion

1. Georges Vigarello, « D'Olympie à Athènes », *L'Express*, 17 juillet 2004.

et son audience publique. En 1903, le journal *L'Auto* organise le premier Tour de France cycliste. Il couvre 2 428 kilomètres en dix-neuf jours. On n'a jamais vu pareille épreuve. Ces « inconscients et rudes semeurs d'énergie que sont les grands routiers professionnels[1] », comme les décrit Desgrange, patron de *L'Auto* et promoteur de la course, dialoguent avec les héros homériques et les preux chevaliers. Le sportif n'est plus issu de la caste des gens du monde, il se confond avec un public populaire qu'il représente, à l'exemple de la première fédération sportive ouvrière qui naît en 1907. Dans le ciel avec l'exploit de Louis Blériot qui traverse la Manche en avion en 1909, sur les stades avec les oppositions entre grandes nations du rugby dès 1911, sur les routes à vélo avec l'inauguration de plusieurs vélodromes et sur l'eau où la pratique du canotage devenu aviron jouit d'un grand engouement, à la veille de la Première Guerre mondiale : le sport est partout, et son ascension ne s'arrêtera plus.

Sport et politique, politique du sport

La guerre porte un coup d'arrêt à la pratique et au spectacle sportif, mais dès que les accords de paix sont signés, toute une génération éprise de sensations se lance dans le sport. Les médias répercutent cette (im)pulsion. Suzanne Lenglen devient, juste après-guerre, une des premières icônes populaires en s'imposant à l'âge de vingt ans au tournoi de Wimbledon, tandis que le boxeur Georges Carpentier part défier Jack Demspey de l'autre côté de l'Atlantique. Les politiques, qui ont mis du temps à prendre la mesure du phénomène sportif, saisissent que l'enjeu dépasse le cadre du renouveau patriotique. À Lyon, un Édouard Herriot, maire de la ville et futur ministre, homme politique en avance sur son temps, plébiscite la construction de grandes

1. Henri Desgrange, éditorial de *L'Auto*, 1er juillet 1903.

infrastructures sportives. Il comprend que le sport parle directement aux foules et que, en ce sens il constitue un atout politique. Le stade Gerland, qui offre 35 000 places, est inauguré en 1926.

À qui le sport ne conviendrait-il pas ? Certainement pas aux radicaux qui, dans leur combat pour améliorer l'hygiène et la santé populaires, misent sur le sport ; certainement pas aux mouvements de patronages catholiques, très présents et investis sur les terrains, ce lieu idéal de propagation de la foi. Le sport est moyen de faire communauté. Un prêtre, l'abbé Deschamps, marquera son temps en restant directeur émérite de l'équipe de football de l'AJ Auxerre durant quarante ans[1]. Il sera décoré de la Légion d'honneur par Vincent Auriol.

Même les industriels se mêlent de pratiques sportives. Au Creusot ou à Montceau-les-Mines, dans le bassin industriel de Saône-et-Loire, on retrouve deux cités ouvrières voisines dont les activités sportives sont très tôt proposées et encadrées par le patronat, en l'espèce au sein d'un club de tir, puis de gymnastique, puis de natation, enfin de vélo. Ces structures sportives dirigées par des industriels ont pour but de maintenir une paix sociale et de faire peser une « forte emprise patronale sur les loisirs sportifs des travailleurs[2] ».

Léo Lagrange, sous-secrétaire d'État aux Sports et à l'Organisation des loisirs, prend en considération les pratiques sportives qui lui sont remontées par la base et par les maires : le Front populaire lance en 1936 une campagne d'équipements sportifs pour les municipalités. Le succès dépasse les

1. Laurence Munoz, *Histoire du sport catholique. La fédération sportive et culturelle de France 1898-2000*, L'Harmattan, 2003.

2. Karen Bretin-Maffiuletti, « Les loisirs sportifs en milieu de grande industrie : sport, patronat et organisations ouvrières au Creusot et à Montceau-les-Mines (1879-1939) », *Le Mouvement social*, n° 226, 2009.

prévisions : 6 000 municipalités répondent l'appel à projet, alors que le fonds dédié était prévu pour en équiper 250.

C'est de Gaulle qui, fort conscient que les équipements sportifs doivent être un service d'intérêt public et que leur mise en œuvre est du ressort de l'État, fait de leur déploiement une priorité. De 1961 à 1975, trois lois-programmes d'équipements sportifs et socio-éducatifs permettent la construction de 4 000 gymnases, 1 500 piscines et 8 000 terrains de sport. Sans compter la portée médiatique des Jeux de 1960 à Rome et de 1964 à Tokyo, qui offrent au sport un rayonnement mondial.

L'organisation du calendrier se fait autour de rendez-vous incontournables, d'événements majeurs : des critériums, des grands prix, des championnats de France, d'Europe, du monde, des coupes et des trophées en tous genres. De Gaulle, toujours lui, confie à l'alpiniste Maurice Herzog le rattrapage du retard de la nation en matière d'équipements sportifs. À Pierre Mazeau, un autre alpiniste, d'édifier par la suite une politique visant à la détection et la formation des sportifs. Depuis 1958, le ministère de l'Éducation nationale se dote d'un haut-commissariat à la jeunesse et au sport, doublé en 1967 de la création de l'Institut national du sport, de l'expertise et de la performance (Insep).

Désormais, les questions de santé, d'intégration, de citoyenneté et de cohésion sociale sont au cœur des préoccupations des élus. De jeu privatif et divertissant, le sport est passé à enjeu collectif et sociétal. Vice-président du Conseil d'État, Bruno Lasserre en fait le constat : « Par la manière dont il est pratiqué et les enjeux qu'il revêt d'un point de vue symbolique et politique comme économique ou social, le sport est en effet le révélateur des valeurs et de l'organisation de la société. La seule évocation des émotions provoquées par le sport nous donne d'ailleurs une idée de l'importance du sport dans la société. Il est à ce titre un enjeu politique et sociétal qui détermine les caractéristiques de la politique sportive dans un pays donné[1]. »

Sport is business

La professionnalisation des pratiques a propulsé le sport dans une nouvelle dimension. Il est devenu un secteur économique créateur de valeur et de richesses.

Ogre affamé, telle est la galaxie du sport dont rien ne semble pouvoir arrêter la marche. Les records battus sur les terrains ont pour écho les records d'audience, de droits de diffusion, de transferts de joueurs, de contrats publicitaires. Qu'est-ce désormais que le sport ? C'est une manne et de nouveau une guerre. Les Jeux olympiques, bastion historique de l'amateurisme, se sont professionnalisés entre 1988 et 1992. Annonceurs et équipementiers se sont infiltrés dans la brèche économique et affichent aujourd'hui des gains… records.

Le chiffre d'affaires déclaré du sport en France est de 91 milliards d'euros[2]. Il concerne aujourd'hui 112 000 entreprises. Ni l'investissement des collectivités, ni les gains des sponsors, ni la part des droits audiovisuels ne sont pris en compte dans ces revenus. Parmi les jeunes âgés de plus de quinze ans, 65 % déclarent avoir eu une pratique sportive au cours des douze derniers mois[3]. Sur tous les plans, le sport a semble-t-il gagné. L'avenir sera sportif ou ne sera pas. Mais quelle limite le sport peut-il encore franchir ? Celle du corps lui-même ?

On en revint toujours à lui, le corps, matière qu'on éprouve, qu'on exerce et qu'on martyrise, source de joie et de peine, chair programmée pour la performance que l'on pense indéfiniment perfectible. Dans le sport, l'homme n'expérimente

1. Discours de préambule au colloque « Place du sport dans la société » organisé par le Conseil d'État, octobre 2018.

2. Étude publiée en avril 2020 par le groupe BPCE.

3. Rapport INSEE.

rien d'autre que sa finitude. Il n'est pas exclu que demain, « parce que nous sommes déjà techniquement hybridés[1] », le sport incorpore prothèses, machines et outils sous la peau pour répondre au désir de la foule qui s'enivre de records et veut voir repousser les limites. Toujours plus loin, plus haut, plus fort, plus… fou.

Faire vivre le sport par le texte

L'idée de constituer une vaste anthologie du sport correspond à une envie autant qu'à un besoin. Quelques productions existent – peu à vrai dire – et toutes se sont focalisées sur le XXe siècle[2]. Notons le travail précieux et éminemment littéraire réalisé par l'Association des écrivains sportifs : en 1919, juste au sortir de la guerre, quelques jeunes gens épris d'art et de littérature se donnent rendez-vous tous les dimanches au stade Duvigneau de Lanneau pour pratiquer l'athlétisme. Agrégé de lettres, helléniste Marcel Berger, à qui nous empruntons quelques références de textes antiques dans cette anthologie, mène la course[3]. Au fil des rencontres, le petit groupe – qui prend le nom de Plume Palette Club par référence à une nouvelle d'Oscar Wilde – devient communauté, puis se constitue en Association des écrivains sportifs à partir de 1931, présidée par Tristan Bernard. Parmi les membres éminents, on trouve entre autres Jean Giraudoux, André Obey, Jean Prévost, Paul Vialar, Paul Morand, Dominique Braga. Ils sont repris dans cette anthologie où l'on découvrira le jardin secret de leur passion sportive : le sprint pour Giraudoux, le cheval pour Morand, le tennis pour Vialar, etc.

---

1. Isabelle Queval, *Le Sport, le diable au corps*, Robert Laffont, 2021.

2. Henri Le Targat et Jean-Claude Lyleire, *Anthologie de la littérature du sport*, PUL, 1988 ; Gilbert Prouteau, *L'Équipe de France. Anthologie des textes sportifs de la littérature française*, Plon, 1972.

3. Marcel Berger et Émile Moussat, *Anthologie des textes sportifs de l'Antiquité*, Grasset, 1927.

À partir des années 1920, portés par le succès de la presse sportive qui fait appel aux signatures prestigieuses de Jean Richepin, Pierre Louÿs, Pierre Loti ou Maurice Leblanc, des éditeurs, chasseurs de tendances comme on le sait, créent leurs collections de « romans sportifs » ; c'est le cas d'Ollendorff (« Romans de sport »), de Bias (« Sport de plein air »), de la Librairie Delagrave (« Sports et aventures ») ou encore d'Albin Michel (« Le roman de la vie sportive », puis « Le roman du sport »).

Désirant plébisciter ce genre nouveau qu'est la littérature sportive, l'Association des écrivains sportifs propose, à partir de 1943, un prix littéraire. Elle poursuit depuis fidèlement sa mission, sous la houlette de son président Thomas Bauer qui souligne que l'Association « a pour but de promouvoir le sport dans sa dimension culturelle et éducative à travers la littérature et toutes autres formes de médias ». Notre anthologie, qui doit beaucoup à cette impulsion, tente à sa manière d'en poursuivre le but.

Puissant dans des sources diverses, qui vont de l'épopée de Gilgamesh aux chroniques du Moyen Âge comme celles d'un Jean Froissart qui consigne les exploits des chevaliers ; rappelant la plume énergique d'un Albert Londres reporter qui suit les traces des « forçats de la route » du Tour 1913 ; revenant à Pindare et à ses odes athlétiques ; ou découvrant Colette qui décrit avec un brin d'ironie la mode de la gymnastique féminine, cette anthologie veut dévoiler le traitement des sports à travers les âges, c'est-à-dire dans sa diversité et sa richesse. On y trouvera donc des traités de gymnastique ou d'escrime autant que des confessions autobiographiques, des célébrations de victoires autant que des aveux de défaite, des conseils pratiques autant que des considérations philosophiques.

Sans viser l'exhaustivité ou la culture savante, la richesse des textes réunis ici soutient que le sport donne naissance à des formes littéraires infiniment variées et qu'il peut être raconté sous l'angle des loisirs, celui de la compétition, du dépassement de soi, ou encore de la recherche intime, en empruntant des genres aussi divers, aussi souples allions-nous dire, que la chronique, l'essai, le roman, l'article, le plaidoyer, la confession, etc. Tous les auteurs, qu'ils soient historiens, romanciers, journalistes, poètes, hommes politiques, scientifiques, sportifs professionnels ou amateurs éclairés, partagent le sentiment qu'une expérience intense du corps se joue dans l'acte sportif et qu'il doit se traduire par les mots. Plus que l'utilité du texte, c'est souvent le plaisir des mots ou la surprise de la découverte qui a guidé notre choix.

Quand les mots soulignent le geste

Il n'est point d'actes de bravoure sans le chantre qui les célèbre, pas de héros sans narration, pas d'exploits sans une dramatique récitée, pas de record sans témoin. Que serait devenu le marathon, sans la légende du messager grec Philippidès racontée par Hérodote et reprise par Plutarque ? Que serait le Tour de France sans Blondin ?

Le sport est une formidable matière littéraire qui a inspiré un nombre considérable d'auteurs, lesquels, à leur tour, ont redonné au terme « épreuve » tout son sens, c'est-à-dire « ce qui permet de juger de la valeur d'une chose ».

Donner un éclairage sur les grands textes qui mettent en scène le sport, c'est convier le lecteur à un grand voyage dans l'Histoire, c'est penser l'harmonie dans l'Antiquité, mener la guerre au Moyen Âge, se découvrir centre du monde à l'époque moderne, vouloir battre tous les records à l'ère contemporaine.

Pour qu'il rentre dans l'Histoire, s'inscrive dans la mémoire des hommes, l'élan du geste doit être sublimé par les mots. Le récit est indispensable à l'exploit. C'est certainement grâce à l'exercice de la plume – car comment pourrait-il en être autrement ? – que le sport est devenu notre grande mythologie des Temps modernes. Du reste, il est un fait que, à l'origine, le roman est un récit littéraire utilisé au Moyen Âge pour raconter les exploits des chevaliers. La postérité du moyen fut grande, celle du sport aussi !

Tant du point de vue social qu'économique, politique ou intellectuel, le sport n'a fait que croître en importance. Et, chemin faisant à travers le temps, c'est comme si le sport avait découvert la multitude des domaines qu'il portait en lui : la contrainte du corps, l'exigence de l'esprit, la visée de la reconnaissance, les valeurs de courage, de détermination, l'esprit d'équipe, la patience et l'ardeur, l'inspiration, le sens de l'anticipation et de la projection : autant de façons intenses d'être attentif à soi et au monde. Tout cet ensemble ne contribuerait-il pas à faire du sport, au fond, un exercice spirituel ? Le philosophe Michel Serres le pense fortement lorsqu'il confesse : « Nul professeur assis ne m'apprit le travail productif, le seul qui vaille, alors que mes maîtres de gymnastique, mes entraîneurs et, plus tard, mes guides en ont inscrit les conditions dans mes muscles et mes os. Ils enseignent ce que peut le corps[1]. »

D. G.

1. Michel Serres, *Variations sur le corps*, Éditions Le Pommier, 1999.

CHRONOLOGIE

5000 av. J.-C. Des moines taoïstes regroupent un ensemble d'exercices à visée thérapeutique propres à prolonger la longévité de la vie.

3000 av. J.-C. Mésopotamie. Autour des lieux de culte sacré, pratique de la danse et de l'acrobatie.

1000 av. J.-C. *Atharvavéda*, recueil d'hymnes indiens qui décrit des exercices et postures de bien-être pour le corps.

ANTIQUITÉ

1225 av. J.-C. Jason, chef des Argonautes, aurait institué à Lemnos le premier concours de penthatle remporté par Pelée.

776 av. J.-C. Apparition des Jeux olympiques. Sur l'initiative d'Iphitos, roi d'Élide, les premiers Jeux ont lieu à Olympie, ville située dans l'ouest de la Grèce.

ve siècle av. J.-C. Pindare relate dans ses *Hymnes olympiques* la gloire des héros du stade. Platon, dans la République, voit dans la gymnastique le moyen de former les défenseurs de la Cité.

Sous la République romaine, les courses de chars s'imposent comme le sport le plus populaire. Dans les cirques, les coureurs professionnels défendent les couleurs de leur équipe.

IVe siècle av. J.-C. Hippocrate compose *Du régime*, un des premiers traités de gymnastique médicale. Il y défend les vertus de la marche et de la lutte.

IIe siècle. Galien, médecin disciple d'Hippocrate, revendique les bienfaits de la gymnastique sur le corps humain. Il étudie le développement de la musculature.

Pausanias visite Olympie. Il décrit la cité sportive, vaste espace peuplé de monuments divers et de stades, organisé sur un quadrilatère de 780 mètres de long et 320 de large.

394. L'empereur romain Théodose abolit les fêtes païennes, dont les Jeux olympiques.

439. Derniers combats de gladiateurs à Rome, soit deux siècles après les premiers interdits de l'empereur Constantin.

MOYEN ÂGE

842. Le tournoi est mentionné par les chroniqueurs du Moyen Âge comme l'activité la plus prisée du siècle.

1000. À l'occasion de la Pâque, un grand tournoi rassemble la fine fleur de la chevalerie champenoise à Troyes où l'on déplorera plusieurs morts.

1174. Première mention écrite de la soule en France. Le jeu oppose deux équipes qui se disputent un ballon qu'il faut déposer dans un but. Il sera le sport le plus populaire du Moyen Âge.

1179. Au concile de Latran, le pape Alexandre III condamne la pratique du tournoi sans pourtant endiguer le phénomène.

1186. Le duc de Bretagne Geoffroy II Plantagenêt trouve la mort dans un tournoi à Paris.

1260. Le roi Saint Louis interdit la pratique du tournoi ; elle va pourtant se poursuivre jusqu'au XVe siècle.

1369. Ordonnance de Charles V qui enjoint ses sujets à délaisser les jeux populaires pour se consacrer à l'apprentissage des arts guerriers.

ÉPOQUE MODERNE

1510. La pratique du jeu de paume devient courante dans toute la France. Le pays se dote de terrains couverts et extérieurs.

1534. Publication de *Gargantua*. Rabelais répertorie et cite 218 sports et jeux. Dont la crosse, le billard, la soule, le croquet, etc.

1550. La Contre-Réforme fait place à la danse et à l'escrime dans le programme de ses établissements.

1559. Le roi Henri II est blessé à la suite d'une joute. La lance de son adversaire perce sa visière. Son cerveau est touché. Il meurt quelques jours plus tard.

1569. Publication à Venise du *De arte gymnastica*, de Mercurialis, premier grand traité de gymnastique.

1580. Publication des *Essais*. Grand cavalier et voyageur, Montaigne y considère que l'homme complet tient compte aussi bien du corps que de l'esprit.

1587. François de la Noue propose dans ses *Discours politiques et militaires* une série de réformes comportant la création d'académies royales qui accordent une place à l'éducation du corps.

1612. La corporation des paumiers obtient des lettres patentes de Louis XIII leur confirmant la promesse de ne pas autoriser de nouveaux jeux, pour éviter toute concurrence avec le jeu de paume.

1637. Descartes décrit le corps comme un automate. L'âme et le corps sont séparés en « substance pensante » et « substance étendue ».

1740. Organisation du premier championnat du monde du jeu de paume. Le Français François Clergé en est le premier vainqueur.

1762. Dans *Émile ou De l'éducation*, Rousseau défend une pédagogie de l'éveil et du développement fortement axée sur le corps et le rapport à la nature.

ÉPOQUE CONTEMPORAINE

1796. Organisation des olympiades de la République. Premiers chronométrages effectués et premiers relevés métriques utilisés dans les compétitions sportives.

1805. Traduction de l'ouvrage de Guuths Muths, *Gymnastique pour la jeunesse.*

1823. Premier match de rugby, à l'École publique de rugby, Angleterre.

1828. Thomas Arnold est nommé recteur au Collège de rugby. Le sport devient un outil dans la formation de la volonté et du caractère moral de la jeunesse.

1831. Pehr Henrik Ling est élu à l'Académie médicale suédoise. La pratique de sa gymnastique suédoise repose sur des séries d'exercices répétitifs sans recours à du matériel. Son but est de renforcer le système musculaire et cardio-vasculaire.

1836. Prix du Jockey Club. Lieu de divertissement et de représentation, les courses hippiques remportent un succès considérable.

1862. Le Tchèque Miroslav Tyrš fonde le mouvement « sokol », rassemblement de masse où se mêlent activités sportives et patriotisme. Son influence va se propager dans l'Europe entière.

1863. Fondation en Angleterre de la Football Association.

1868. Le rapport Hillairet recense les enseignants de gymnastique en France et identifie les besoins à pourvoir. « Depuis longtemps, on remarque que les élèves ne jouent plus », note-t-il.

1872. Premier match international de football disputé entre l'Angleterre et l'Écosse à Londres.

1875. Émergence de l'olympisme autour de l'Union des sociétés de gymnastique de France (USGF) qui regroupe 250 associations.

1882. Étienne-Jules Marey décompose, à l'aide de la chronophotographie, le mouvement d'un coureur. Ses expériences inaugurent l'ère de l'analyse scientifique du mouvement dans le sport.

1894. À l'initiative de Pierre de Coubertin s'ouvre un Congrès sportif international auquel participent 2 000 délégués de 12 pays. Les Jeux olympiques sont ressuscités. Le Comité international olympique (CIO) est né.

1896. Premiers Jeux olympiques de l'ère moderne, à Athènes, en Grèce. Ces Jeux se feront sans le soutien financier du gouvernement grec.

XXe-XXIe SIÈCLE

1900. Jeux de Paris. Pour la première fois, des femmes y prennent part. Elles concourent en marge, en tennis et en golf. Inauguration du vélodrome de Vincennes. Création du journal *L'Auto*.

1901. La loi sur les associations donne aux disciplines sportives un cadre pour les moyens de leur développement.

1903. Premier Tour de France. L'événement est créé par Henri Desgrange et le journal *L'Auto*.

1904. Sept fédérations européennes se regroupent pour former la Fifa (Fédération internationale de football association).

1917. Premier match de football féminin.

1919. Création de la FF, Jules Rimet en est le premier président. Suivront les fédérations françaises de rugby, d'athlétisme, de natation.

1924. Première radiodiffusion des épreuves olympiques. Olympiades d'été à Paris. Premiers Jeux d'hiver à Chamonix.

1925. Georges Hébert qui a expérimenté sur 1 200 soldats sa méthode naturelle et publie *Le Sport contre l'éducation physique*. Il y dénonce la spécialisation des disciplines sportives modernes.

1928. Jeux d'Amsterdam. Les femmes sont admises aux épreuves d'athlétisme et de gymnastique. La flamme olympique est allumée pour la première fois.

1930. Première Coupe du monde de football en Uruguay.

1936. Sous-secrétaire d'État aux Sports et à l'Organisation des loisirs sous le Front populaire, Léo Lagrange transforme la politique du sport. Rattraper le retard en matière de sport scolaire, démilitariser le sport, hausser le niveau des professionnels en compétition sont ses objectifs.

1936. Jeux olympiques de Berlin. Démonstration de force d'Adolf Hitler qui y fait la propagande du nazisme.

1945. Ordonnances qui instituent le monopole de l'État sur la délivrance des titres nationaux et la constitution des équipes de France. La question du sport est placée sous un régime de délégation de pouvoirs.

1947. Le Tour de France est remporté par Jean Robic. Énorme succès populaire. Création de *L'Équipe* et de *France football* qui succèdent à *L'Auto* et *Football*.

1952. Jeux d'Helsinki, en Finlande : réintégration de l'Allemagne, admission d'Israël et première participation soviétique.

1956. Jeux de Melbourne. Premier boycott politique lors d'un événement olympique.

1960. Jeux de Rome, les premiers à être entièrement retransmis à la télévision. Maurice Herzog est mandaté par le général de Gaulle d'une mission exceptionnelle de déploiement des équipements sportifs sur le territoire. L'encadrement sportif s'organise autour des directeurs techniques nationaux (DTN), entraîneurs nationaux et conseillers techniques. Premiers Jeux paralympiques à Stoke-Mandeville.

1963. Cadre de loi qui favorise le développement des constructions sportives, l'attribution de postes de fonctionnaires mis à la disposition des fédérations et la mise en place de brevets d'État d'éducateurs sportifs.

1967. Mort du coureur Tom Simpson sur le Tour de France. De ce jour, les contrôles antidopage vont être institués.

1975. Loi Mazeaud. Mise en place d'une politique de détection du sport de haut niveau au sein de l'Institut national du sport et de l'éducation physique (Insep). Le Comité national olympique et sportif français (CNOSF) devient un organisme unique où fusionnent le Comité national des sports (CNS) et le Comité olympique français (COF).

1976. La gymnaste Nadia Comaneci obtient la première note parfaite de l'histoire des Jeux olympiques.

1984. Loi Avive. Elle légifère sur le statut professionnel associatif de certaines associations sportives et reconnaît aux fédérations le pouvoir de délivrer des titres de champions nationaux.

1992. Professionnalisation des Jeux olympiques.

1998. L'équipe de France de football devient championne du monde. Une chaîne d'information sportive en continu voit le jour, L'Équipe TV, propriété du groupe Amaury.

2009. Le Tour de France est retransmis sur 78 chaînes de télévision dans 170 pays. C'est, avec les Jeux olympiques et la Coupe du monde de football, l'événement sportif le plus suivi au monde.

2010. Ouverture à la concurrence et à la régulation du secteur des jeux d'argent et de hasard en ligne pour les paris sportifs. Création de l'Autorité de régulation des jeux en ligne (Arjel).

2013. Le Musée national du sport, d'abord installé à Paris, rouvre ses portes à Nice.

2024. Cent ans après sa deuxième édition, Paris accueille pour la troisième fois les Jeux olympiques.

I

AU TEMPS DES DIEUX

NOBLESSE DU CORPS DANS L'ANTIQUITÉ

Courir, sauter, lancer, les bases de l'athlétisme sont déjà posées chez les Égyptiens 3 500 ans av. J.-C., même si ces exercices ont des fins militaires. Vers 1 500 av. J.-C., les Grecs organisent les premières compétitions sportives d'Olympie : les disciplines du javelot, du lancer de disque, du saut avec haltères, de la course et de la lutte sont répertoriées à Olympie.

L'homme de la noblesse grecque soigne son apparence physique, pour honorer les dieux et tenter de ressembler à l'image physique qu'il se fait d'eux. La pratique du sport dans la Grèce antique est porteuse d'une physiologie (la belle proportion) et d'une morale (le meilleur gagne). Le sport tel qu'il s'invente alors est une représentation du monde.

Avec l'arrivée des Romains, les jeux grecs sont remplacés par les *ludi*, où les courses de chars, l'athlétisme et la boxe triomphent. Vers 100 av. J.-C., les combats sanglants de gladiateurs complètent ces joutes.

L'ÉPOPÉE DE GILGAMESH

(Mésopotamie, XVIIIe siècle av. J.-C.)

Le texte de l'épopée de Gilgamesh a été établi à partir de fragments cunéiformes. Cet épisode met en présence deux héros : Enkidou qui défend la couche de la déesse Ishhara, opposé à Gilgamesh qui veut y entrer. Le meilleur moyen de départir la puissance des deux mâles est de les faire s'affronter à la lutte. Au terme de ce combat un enjeu : plus qu'un podium, un trône.

La lutte

Le lit était dressé pour la déesse Ishhara
dans la « maison nuptiale ».
Lorsque Gilgamesh, le soir, s'approche
pour rejoindre la déesse
devant lui Enkidou se dresse et lui barre le passage.

Gilgamesh voit Enkidou en fureur
L'homme qui est né dans la plaine
L'homme à la longue chevelure
il s'élance et se jette sur lui.
Ils s'affrontent sur le lieu même du marché
Enkidou barre la porte de la « maison nuptiale ».

Avec son pied
il empêche Gilgamesh d'entrer.

L'un tenant l'autre ils luttent.
Tels des taureaux sauvages ils mugissent
ils brisent le montant de la porte
et le mur tremble.
Gilgamesh et Enkidou se tenant l'un l'autre
luttent tels deux taureaux sauvages.
Lorsque Gilgamesh se courbe
son pied fixé au sol
sa fureur s'apaise,
il se redresse pour partir.
Sa colère calmée Enkidou parle ainsi à Gilgamesh :

« Tu es homme unique parmi les hommes
tu es vraiment le fils de ta mère
la déesse Ninsoun, la vache sauvage.
Elle t'a mis au monde
et le dieu Enlil
a élevé ta tête au-dessus des hommes
c'est ainsi qu'il t'a destiné à la royauté. »

Texte établi d'après les fragments babyloniens, assyriens, hittites et hourrites, traduit de l'arabe et adapté par Abed Azrié, *L'Épopée de Gilgamesh*,

STÈLE DE GIZA

(XIVe siècle av. J.-C.)

C'est sur la pierre tombale d'Aménophis II qui s'éteint vers 1400 av. J.-C. qu'on trouve les plus anciennes références sur la pratique de la course à pied et du tir à l'arc. Aménophis, homme fort à la vigueur peu commune, possède dès sa jeunesse toutes les caractéristiques d'un champion. En d'autres temps, on l'aurait appelé sportman.

Exploits sportifs d'Aménophis II alors qu'il était prince

Or donc Sa Majesté se leva comme roi en jeune homme achevé,
Arrivé à la fin de sa croissance,
Et il atteignit dix-huit ans avec la plénitude de sa force.
Il avait appris à connaître y tous les travaux de Montou,
Et il n'avait pas d'égal à lui sur les champs de bataille ;
Il avait appris à connaître l'équitation,
Et n'avait pas son pareil dans cette nombreuse armée.
Il n'y avait pas une seule personne qui pût bander son arc.
Il ne pouvait être atteint à la course.

Le rameur

Il était dur de bras et infatigable,
Aussi longtemps qu'il tenait la rame,
Et qu'il gouvernait à la poupe de son bateau royal,
Comme chef d'une équipe de deux cents hommes.
À l'arrêt, quand ces hommes avaient fait la moitié d'un atour de navigation,
Ils étaient affaiblis ;
Leurs membres étaient flasques ;
Ils étaient essoufflés.
Par contre, Sa Majesté était vigoureuse avec sa rame de vingt coudées de long.
À l'arrêt, lorsqu'elle amarrait son bateau royal,
Elle avait fait trois atours en gouvernant,
Sans avoir pris de repos dans l'appareillage.
Les gens étaient réjouis de la voir,
Lorsqu'elle faisait cela.

L'arc

Il banda trois cents arcs durs pour comparer le travail de leurs fabricants
Afin de distinguer un ouvrier ignorant d'un connaisseur.
Or, il alla même jusqu'à faire ces choses que je vais vous exposer.
Il entra donc sur son stand septentrional
Et trouva qu'on lui avait dressé quatre cibles en cuivre d'Asie d'un palme d'épaisseur.
Vingt coudées séparaient un poteau du suivant.
Quand Sa Majesté apparut sur un attelage,
Comme Montou dans sa puissance,
Elle saisit son arc,
Elle empoigna quatre flèches à la fois,
Et elle s'avança en tirant sur les cibles,
Comme Montou dans son harnois.

Chacune de ses flèches transperçait la cible
Et Sa Majesté attaquait la suivante.
Ce fut certes un coup qu'on n'avait jamais fait depuis que le monde existe,
Ni qu'on n'avait jamais entendu raconter,
Que de tirer une flèche contre une cible de cuivre,
Qu'elle sortît, Et tombât à terre,
Si ce n'est du Roi, qui inspire partout le respect,
Qu'Amon Rê a rendu vigoureux,
Le Roi de Haute et de Basse-Égypte Akheperourê,
Qui fait montre de son bras comme Montou.

Le cavalier

Or, comme il était un jeune prince,
Il aimait les chevaux ;
Il se réjouissait d'eux ;
Il mettait tout son cœur à leur rendement ;
Apprenant à connaître leur forme ;
Expérimenté dans leur… ; Il avait pénétré au fond de la question.
Cela fut entendu dans le palais royal
Par son père l'Horus, taureau vigoureux, se levant dans Thèbes.
Le cœur de Sa Majesté fut content.
Lorsqu'elle entendit cela.
Et elle se réjouit de ce que l'on disait de son fils aîné,
Tout en se disant dans son cœur :
« C'est lui qui sera le maître de la Terre Entière.
Il n'arrêtera pas celui qui est porté à la bravoure,
Ni celui qui se complaît dans la dureté.
Alors qu'il n'était qu'un adolescent parfait d'amour,
Qui n'avait pas encore Mite son intelligence,
Et qui n'était pas arrivé à l'heure de faire l'œuvre de Montou,
Il a méprisé les besoins du corps ;
Il aimait la dureté.

C'était un Dieu qui l'a prédestiné à protéger l'Égypte,
Et à avoir la souveraineté de la terre. »
Alors Sa Majesté dit à des gens qui étaient auprès de lui :
« Qu'on lui donne un attelage absolument parfait de l'Écurie de Ma Majesté qui est à Memphis.
Et dites-lui :
Occupe-toi de lui, Rends-le obéissant, Fais-le trotter, Soigne-le… »

Donc, à la suite de ce discours,
On proposa au Fils du Roi de prendre soin d'un attelage de l'Écurie royale ;
Et il fit alors ce qui lui avait été proposé.
Rechep et Astarté furent satisfaits de lui,
En le voyant s'en donner à cœur joie.
Il en fit des chevaux qui n'avaient pas leurs pareils.
Ils étaient infatigables, aussi longtemps qu'il tenait les rênes ;
Ils n'entraient pas en transpiration dans une longue course.
Il attelait à Memphis dans le palais (Ujt')
Et il s'arrêtait au reposoir d'Harmakhis,
Il y passait un certain temps à les dételer et les déharnacher,
Tout en contemplant l'habile conception de ce reposoir de Khéops et Khéphren justifiés.
Son cœur désira faire vivre leurs noms,
Mais il réserva sa décision intime
Jusqu'à ce qu'advînt ce qu'avait décidé pour lui son père Rê.

Traduction de la stèle de Giza par Alexandre Varillle, égyptologue, *Bulletin français d'archéologie orientale*, t. LI, Le Caire, 1942.

HOMÈRE

(IXe siècle av. J.-C.)

*Un chant entier de l'*Iliade *est consacré aux épreuves sportives. Pour honorer son compagnon Patrocle tué par Hector, Achille organise des Jeux funèbres. Ces jeux commémoratifs se maintiendront tout au long de l'âge grec. De nombreux champions concourent ici et rivalisent de force, d'adresse et de courage. À la course de char, à la lutte et à la course à pied, ils s'affrontent ; même si* in fine *ce sont toujours les dieux qui décident qui doit remporter la victoire.*

Épreuves… et sourires

Le fils de Pélée sur-le-champ offrit, pour la troisième fois, d'autres prix, en les montrant aux Danaens, ceux de l'art douloureux de la lutte : pour le vainqueur, un grand trépied allant au feu, que les Achéens entre eux estimèrent à douze bœufs. Pour le vaincu, il mit au milieu une femme qui savait maints ouvrages et qu'ils estimèrent à quatre bœufs. Achille se mit debout et devant les Argiens prit la parole :

— Les deux qui vont tenter cette autre épreuve, levez-vous !

Ce furent ses paroles. Alors le grand Ajax, fils de Télamon, se leva et debout se dressa Ulysse aux mille desseins, expert en ruses. S'étant ceints, ils marchèrent au centre du terrain des jeux et de leurs mains solides s'embrasèrent, comme les chevrons, au haut de la demeure qu'ajuste un charpentier renommé, cherchant à esquiver la violence des vents. Les bras intrépides faisaient crier les dos qu'ils tiraient durement. Et ruisselait la sueur humide ; et se multipliaient à leurs flancs, à leurs épaules, les meurtrissures qui surgirent, de sang empourprées. Et en eux, sans cesse aucune, l'envie de vaincre, pour avoir le trépied bien fait. Ulysse ne pouvait faire trébucher Ajax et lui faire toucher le sol ; pas plus qu'Ajax ne le pouvait : la puissante vigueur d'Ulysse tenait bon. Au moment où ils étaient en train d'ennuyer les Achéens porteurs de bonnes jambières, le grand Ajax, fils de Télamon, dit à Ulysse :

— Fils de Laerte, race de Zeus, Ulysse aux milles inventions, lève-moi en l'air ou je te lève… Et tout cela, Zeus y pensera !

Ce disant, il tenta de le lever en l'air. Mais Ulysse se souvint d'une ruse. Il réussit à frapper Ajax au jarret, par-derrière. Il lui défit le lien des genoux. L'autre tomba en arrière et Ulysse s'abattit sur sa poitrine. Et la foule de regarder, admirative et stupéfaite. Alors, à son tour, le divin Ulysse porteur de tant de maux, tenta de lever Ajax en l'air. Il le remua quelque peu du sol, sans le soulever. Il lui accrocha le genou. Tous deux s'abattirent sur le sol, tout près l'un de l'autre, et furent souillés de poussière. Pour la troisième fois, ils s'élancèrent et de nouveau eussent lutté, si Achille en personne ne se fût levé et ne les eût arrêtés.

— Cessez de vous acharner l'un sur l'autre et de vous épuiser à vous faire du mal. La victoire est à tous les deux. Enlevez des prix égaux et partez, pour que d'autres Achéens aussi prennent part au jeu.

Telles furent ses paroles. Eux l'entendirent fort bien et lui obéirent. Ils s'essuyèrent pour ôter la poussière et revêtir leur tunique.

Le Péléide offrit aussitôt d'autres prix pour la vitesse. C'était un cratère en argent d'un travail achevé, contenant six mesures. Sur toute la terre, il l'emportait de loin pour la beauté. De grands artistes de Sidon y avaient mis leur beau talent. Des hommes de Phénicie l'avaient emmené sur le large embrumé, produit dans les ports, donné en présent à Thoas. Eunéos, fils de Jason, l'avait donné au preux Patrocle pour racheter Lycaon, le fils de Priam… Achille l'offrit comme prix, en l'honneur de son compagnon, à celui que la vitesse de ses pieds rendrait le plus léger. Pour le second, il offrit un gros bœuf riche en graisse. Pour le dernier, il offrit un demi-talent d'or. Il se dressa debout et, devant les Argiens, prit la parole :

— Ceux qui vont tenter cette autre épreuve, levez-vous !

Ce furent ses paroles. Aussitôt, le rapide Ajax, fils d'Oïlée, se leva ; et se mirent debout Ulysse aux mille desseins, puis Antiloque, le fils de Nestor. Celui-ci, à la course, triomphait encore de tous les jeunes gens. Ils se placèrent en ligne. Achille leur signala la borne.

À partir de la borne, leur course devint plus tendue. Alors le fils d'Oïlée promptement s'emporta. À sa suite, le divin Ulysse s'élança, tout près de lui. Une verge de tissage est toute proche de la poitrine d'une femme à la belle ceinture, quand sa main la tend très fort vers elle, alors qu'elle tire dehors la bobine au-delà de la chaîne, tenant la verge tout près de sa poitrine… Ainsi Ulysse courait tout près d'Ajax, et de ses pieds, il frappait derrière lui ses traces avant que la poussière n'eût coulé tout autour. Sur sa tête, le divin Ulysse, toujours rapide et vif, faisait couler son souffle. Et là-dessus, tous les Achéens de pousser des cris, soutenant son désir de victoire, encourageant grandement ses efforts.

À l'instant même où ils accomplissaient la dernière partie de la course, Ulysse, dans le fond de son cœur, pria Athéna à face de chouette :

— Entends-moi, déesse, sois bonne pour moi et viens en aide à mes jambes !

Telle fut sa prière, et Pallas Athéna l'entendit. Elle rendit ses membres légers : ses jambes et, au-dessus, ses bras. Au moment où ils allaient bientôt bondir sur le prix, Ajax glissa, en pleine course. Athéna l'avait fait s'empêtrer à l'endroit où était étalée une bouse, laissée par des bœufs si fort mugissants qu'on avait abattus et qu'Achille aux pieds prompts avait tués en l'honneur de Patrocle. Sa bouche et son nez s'emplirent de la bouse des bœufs. Et le divin Ulysse porteur de tant de maux enleva le cratère, ayant devancé Ajax à l'arrivée. L'illustre Ajax saisit le bœuf. Debout, dans les mains la corne du bœuf parqué aux champs, recrachant la bouse, au milieu des Achéens il dit :

— Ah, elle a empêtré mes pieds, la déesse qui, jusqu'à ce jour, assiste Ulysse comme une mère et lui apporte son secours !

Ainsi parla-t-il, et tous les autres se mirent à rire gaiement de lui. Antiloque emporta le dernier prix en souriant et dit devant les Argiens :

— Tous, amis, vous savez ce que je vais dire, car à présent encore les Immortels honorent les hommes les plus vieux. Ajax est un peu plus âgé que moi ; mais celui-là est de la génération précédente, celle des hommes qui nous ont précédés. C'est, dit-on de lui, un vert vieillard, et il est terriblement difficile pour les Achéens d'entrer en rivalité à la course avec lui, Achille mis à part.

Ainsi parla-t-il. Il avait glorifié le Péléide aux pieds prompts et, s'adressant à lui, Achille en réponse lui dit :

— Antiloque, tu n'auras pas fait mon éloge inutilement. J'ajouterai pour toi un demi-talent d'or.

À ces mots, il le lui mit dans la main, et l'autre le reçut tout joyeux.

Alors le Péléide apporta sur le terrain des jeux et déposa une javeline dont l'ombre s'allonge. Il y déposa un bouclier et un casque. C'étaient les armes de Sarpédon, que Patrocle lui avait enlevées.

Il se dressa debout et devant les Argiens prit la parole :

— J'invite deux hommes, et certes les meilleurs, à revêtir leurs armes pour avoir ces enjeux, et, ayant saisi le bronze qui coupe la peau, à se mesurer l'un avec l'autre devant la foule. Celui des deux qui le premier atteindra la belle peau et, traversant les armes et le sang noir, touchera la chair au-dedans, je lui donnerai cette belle épée de Thrace, cloutée d'argent, que j'ai enlevée à Astéropaïos. Et ces armes-là, qu'ils les emportent tous deux, pour leur usage commun, et nous leur servirons un honnête festin dans les pavillons.

Ce furent ses paroles. Alors le grand Ajax, fils de Télamon, se leva, et se leva le fils de Tydée, le puissant Diomède.

Après s'être armés de part et d'autre de la foule, ils se rencontrèrent au centre du terrain, tous deux brûlant de combattre, avec des regards terribles ; et la stupeur tenait tous les Achéens. Leur marche opposée les ayant rapprochés, trois fois, ils s'élancèrent, trois fois ils bondirent pour se rapprocher. Alors, à ce moment, Ajax piqua contre le bouclier parfaitement équilibré, sans atteindre la peau. La cuirasse au-dedans fut une sauvegarde. Puis, le fils de Tydée, pardessus le grand bouclier, chercha sans répit à rencontrer le cou, avec la pointe de sa pique brillante. Alors les Achéens, ayant très peur pour Ajax, les invitèrent à s'arrêter et à enlever les prix en parts égales. Mais le héros donna au fils de Tydée la grande épée qu'il rapporta avec le fourreau et le baudrier bien taillé.

Alors le Péléide offrit une pièce de métal, telle qu'elle était sortie du creuset. La grande force d'Éétiôn auparavant la lançait. Mais le divin Achille aux pieds prompts à la rescousse, en vérité, avait tué Éétiôn et emporté la pièce sur ses nefs, avec le reste de ses biens. Il se dressa debout et devant les Argiens, prit la parole :

— Les deux qui vont tenter cette épreuve, levez-vous ! Quiconque possède des champs gras, fussent-ils très forts éloignés, gardera la pièce de métal, et même durant la ronde de cinq années, à son service. Il n'y aura berger ni laboureur qui, manquant de fer, ira à la ville. Il leur en fournira.

Telles furent ses paroles. Alors Polypoïtès inébranlable à la guerre se leva. Et se leva la puissante vigueur de Léontée, égal aux dieux. Et se levèrent Ajax, fils de Télamon, et le divin Épéios. Ils se placèrent en ligne. Le divin Épéios prit la pièce de métal, la fit tourner, l'envoya, et là-dessus, tous les Achéens se mirent à rire. Alors, à son tour, Léontée, un rejeton d'Arès, l'envoya. En troisième lieu, le grand Ajax, fils de Télamon à son tour la lança de sa main massive et la jeta au-delà des marques de tous. Mais, quand Polypoïtès inébranlable à la guerre eut saisi la pièce, telle la portée d'un bâton que lance un bouvier et qui s'envole en tournoyant à travers les vaches du troupeau, tel son lancer dépassa ceux de toute la compétition. Et les Achéens de crier. Et les compagnons du puissant Polypoïtès se levèrent et emportèrent vers les nefs creuses le prix de leur roi.

Iliade, chant XXIII
traduit du grec par Louis Bardollet,
Robert Laffont, coll. « Bouquins », 1995.

Ulysse est l'hôte du roi des Phéaciens. En son honneur, on organise des jeux. Ulysse ne peut se dérober : il n'a d'autre choix que de concourir pour démontrer sa valeur. À l'épreuve du lancer du disque, il va prouver que pour un « vétéran » – car c'est ainsi qu'on le nomme –, il possède encore de beaux restes. L'assistance est subjuguée.

Ulysse relève le défi au lancer de disque

Quand ils se furent tous réjouis l'âme avec les jeux, Laodamas, le fils d'Alcinoos, au milieu d'eux parla :

— Holà, mes amis, demandons à l'étranger s'il connaît, s'il a appris un sport de compétition. À voir en tout cas sa prestance, ses cuisses, ses jambes, plus haut sa paire de bras, son cou massif, sa grande force, il n'est pas homme de rien. S'il est vrai que la vigueur de la jeunesse ne lui manque point, des malheurs nombreux l'ont brisé. Je vous le dis, moi : il n'est rien de pire que la mer pour ruiner un homme, fût-il très robuste.

Élevant alors la voix, Euryalos lui répondit :

— Ce que tu as dit là, tu l'as bien dit comme il convient Laodamas. Va maintenant toi-même l'interpeller et lui expliquer ton propos.

Quand le noble fils d'Alcinoos eut entendu cela, il alla se poster au milieu du terrain et dit à Ulysse :

— Viens ici, voyons, toi aussi, père étranger ! Essaie-toi au jeu, à ceux que tu as, je suppose, appris. Tu connais les sports de compétition, n'est-ce pas ? Car il n'est pas de gloire plus grande pour un homme, tant qu'il existe, que les performances de ses pieds et de ses bras. Voyons, essaie-toi aux jeux et disperse les soucis loin de ton cœur. Ton voyage, tu ne seras plus longtemps sans l'avoir. Déjà on a tiré pour toi une nef à l'eau, tes compagnons sont prêts.

Ulysse aux mille desseins en réponse, lui dit :

— Pourquoi ces railleries, Laodamas, dans votre invitation ? J'ai les soucis dans l'âme encore plus que les jeux, après tant et tant d'épreuves, après tant de fatigues. Et si maintenant je suis assis au milieu de votre assemblée, c'est que je désire un retour que je demande avec prière au roi, au peuple entier.

Cherchant alors une dispute ouverte, Euryalos lui répondit :

— Non étranger, non, je ne te compare pas à un homme qui a appris à concourir aux jeux, comme il en est tant par le monde, mais à quelqu'un qui va, qui vient, en même temps que sa nef aux multiples tolets, peut-être un chef de marins trafiquants, un homme qui n'oublie pas la cargaison, qui veille sur les marchandises, sur les gains des rapines… Non, tu n'as pas l'air d'un athlète !

Ulysse aux mille desseins le regarda en dessous et lui dit :

— Tu n'as pas bien parlé, mon hôte ! Un homme pleinement égaré, c'est ce dont tu as l'air ! Prestance, intelligence, éloquence, ainsi donc les dieux n'accordent pas leurs dons aimables à tout le monde ! […] Chez toi la beauté est fort remarquable – non, un dieu même n'eût pas d'autre manière ouvré –, mais pour l'intelligence tu es décevant. Tes paroles sans correction, dans ma poitrine m'ont ému le cœur. Je ne suis pas un ignorant, comme tu le racontes, en matière de compétitions. J'étais, je pense, des premiers, tant que j'avais foi dans la jeune vigueur de mes bras. À présent, le malheur me tient et la souffrance. J'en ai tant supporté à traverser la guerre chez les hommes et la souffrance parmi les flots ! Pourtant, même ainsi, après tant de maux que j'ai subis, je m'essaierai aux jeux. Tes propos m'ont mordu le cœur ! Tes paroles m'ont provoqué !

À ces mots, il bondit, et comme cela, avec son manteau, il prit un disque plus grand que les autres, épais, beaucoup plus massif que les disques du type utilisé par les Phéaciens dans leurs compétitions. Il le fit tourner autour de lui et le laissa s'échapper de sa solide main. Le palet ronfla, et les Phéaciens aux longues rames, les hommes renommés pour leurs nefs, se firent tout petits contre le sol, sous le jet de la pierre qui vola de la main d'Ulysse, rapide et vive, et dépassa les marques de tous.

C'était Athéna qui avait établi les points de chute. Elle avait la stature d'un homme, et elle dit en détachant les mots :

— Même un aveugle à tâtons distinguerait ta marque, étranger. Elle n'est point mêlée à la foule des autres ; elle est de loin la première. Pour cette épreuve des jeux, sois tranquille. Nul des Phéaciens n'atteindra ce point, ni n'effectuera un lancer supérieur.

[…] Alors d'une voix plus légère Ulysse dit en s'adressant aux Phéaciens :

— Atteignez donc celui-là, jeunes gens ! Et je vais vite en lancer un autre derrière, d'égale portée ou de plus longue encore, j'en ai le sentiment ! Quant aux autres, s'il en est un parmi eux que presse l'impétuosité de son cœur, eh bien, qu'il vienne ici s'essayer avec moi – car vous m'avez par trop mis en colère – au pugilat, à la lutte, à la course à pied : je n'y mets point d'obstacle et parle de tous les Phéaciens, à l'exception du seul Laodamas. C'est mon hôte : qui combattrait un ami ? Celui-là est un homme privé de sens, un homme de rien, qui, étant en pays étranger, propose à un hôte accueillant de rivaliser avec lui dans les jeux. Il se mutile entièrement lui-même… Mais je ne refuse ni ne méprise aucun des autres ; je veux les connaître et m'essayer avec eux face à face. Autant qu'il est de compétitions parmi les hommes, je ne suis pas totalement sans valeur. Je sais en vérité tenir en main avec bonheur un arc bien poli. J'ai des chances d'être le premier à frapper mon homme d'une flèche dans une foule d'ennemis, eussé-je tout près, debout à mes côtés, maints et maints compagnons tirant contre eux de leur arc. […] Et quand je plante la pointe de ma javeline, la flèche de nul autre n'en égale la portée. Il n'y a que la course à pied où j'ai peur que quelque Phéacien ne me dépasse. Dans les vagues sans nombre, un sort par trop indigne m'a dompté. Je n'avais pas toujours sur ma nef de quoi me soigner, aussi les liens de mes membres sont-ils défaits.

Ainsi parla-t-il. Les autres gardèrent tous le silence, sans bouger, hormis Alcinoos qui en réponse lui dit :

— Écoute-moi, étranger, car les discours que tu nous adresses là ne sont pas déplaisants… Si tu veux faire paraître ta valeur, qui est ta compagne, c'est que tu es en colère, parce que l'homme que voilà s'est mis debout à tes côtés sur le terrain des jeux et t'a cherché querelle. Nul mortel, capable d'ajuster son langage à sa pensée, ne saurait trouver à redire à ta valeur… Mais voyons, comprends donc mes paroles : quand un autre à son tour parmi les preux prendra sa part de banquer dans ton manoir, auprès de ton épouse et de tes enfants, je veux que, gardant le souvenir de notre valeur, tu lui dises quelles sortes d'œuvres Zeus nous attribue, à nous aussi, depuis le temps de nos pères et sans interruption. Nous ne sommes pas des lutteurs, des pugilistes impeccables ; nous sommes rapides à la course à pied, excellents navigateurs, et de toujours amis des banquets, de la cithare et des danses, des changements de toilettes, des bains chauds et du lit. Allons, tous les meilleurs danseurs phéaciens, à vous de jouer ! Je veux que, navigation, course à pied, chant et danse, notre hôte, de retour chez lui, conte aux siens combien nous sommes supérieurs aux autres. Qu'on aille vite et rapporte à Démodocos sa lyre au chant clair, qui se trouve quelque part dans notre demeure.

Ainsi parla Alcinoos comparable à un dieu. Un héraut se leva pour rapporter la lyre creuse de la demeure du roi. Les arbitres se mirent debout. Ils étaient neuf en tout, choisis parmi le peuple, et dans chaque compétition, ils assuraient la bonne mise au point de tous les détails. Ils aplanirent le terrain de danse et dégagèrent un bel emplacement pour l'assemblée. Le héraut s'approcha, apportant à Démodocos sa lyre au chant clair. Celui-ci se rendit alors au milieu du terrain. Des garçons dans la première vigueur de la jeunesse se placèrent autour de lui. Ils étaient formés à la danse, et leurs pieds rythmèrent une danse divine. Ulysse contemplait le jeu éblouissant de leurs pieds et s'émerveillait dans son cœur.

Démodocos alors commença un beau chant en jouant sur la lyre.

[…] Ensuite Alcinoos invita Halios et Laodamas à danser seuls, car ils n'avaient point de rivaux. Ils prirent dans leurs mains un beau ballon pourpre que le sage Polybe leur avait fait. Et l'un d'eux, courbé en arrière, de le lancer jusqu'aux nuées pleines d'ombre ; et l'autre, s'enlevant du sol en hauteur, de le saisir sans peine à son tour, avant de venir toucher terre avec ses pieds. Lorsqu'ils se furent essayés au jeu du ballon en hauteur, ils dansèrent sur le sol qui tant d'être nourrit, en rapide alternance. Les autres garçons, debout tout le long du terrain des jeux, marquaient la mesure. Et peu à peu naquit un grand vacarme. Alors, élevant la voix, le divin Ulysse dit à Alcinoos :

— Puissant Alcinoos, illustre parmi tout le peuple, tu t'es vanté que vos danseurs étaient les meilleurs, et c'était chose réelle. Quand je les regarde, j'ai l'impression d'un miracle.

Odyssée, chant VIII,
ibid.

PINDARE

(VIe siècle av. J.-C.)

Pindare compose des odes triomphales en l'honneur des champions des Jeux. Poussant la maîtrise stylistique jusqu'au paroxysme, son art poétique deviendra canon. Touchante est sa toute première ode composée à l'âge de vingt ans en l'honneur du champion Hippoclès. L'élégance du verbe, le souci de précision et l'émotion vibrante qui se dégagent de ses odes magnifient le champion sportif statufié de son vivant.

À Hippoclès, Thessalien, vainqueur à la course

Ô fortunée Lacédémone, et vous heureuses campagnes de la Thessalie où règnent, sortis d'une même lige, les descendants d'Hercule, le plus vaillant des guerriers, serait-ce à contretemps que je vous célébrerais aujourd'hui dans mes chants ? Non… mais Pytho, Pélinnée et les enfants d'Aleüas m'appellent ; ils veulent que mes plus nobles accents consacrés à la gloire des héros, chantent la victoire d'Hippoclès.

À peine ce jeune athlète eut-il pris part à nos jeux solennels que l'auguste assemblée des Amphictions réunis dans les vallées du Parnasse le proclama vainqueur de ses rivaux, pour avoir deux fois parcouru la vaste étendue de la carrière. « Le mortel qu'un dieu daigne conduire voit toujours un commencement prospère couronné d'une fin glorieuse. » C'est ainsi, ô Apollon ! qu'Hippoclès a vaincu sous tes auspices.

Cependant il doit encore à sa valeur naturelle l'honneur de marcher sur les traces de Phricias, son père. Deux fois vainqueur à Olympie, sous l'armure pesante de Mars, cet heureux père fut encore couronné à la course légère dans les prairies qu'ombrage le rocher de Cirrha. Puisse le Destin favorable répandre sur le père et le fils la gloire et le bonheur ! Puissent aussi leurs richesses croître comme des fleurs brillantes !

Le sort pour eux ne fut jamais avare de ses dons ; il leur a prodigué ces triomphes qui font l'orgueil des enfants de la Grèce. Ah ! plaise aux Immortels de leur être toujours propices, et d'éloigner d'eux les coups funestes de l'Envie ! Celui que les sages aiment à célébrer comme le plus fortuné des mortels, est l'athlète qui, par la vigueur de son bras, la légèreté de ses pieds et sa noble audace a conquis la palme de la victoire ; surtout, s'il peut voir au déclin de ses jours un jeune fils ceindre son front des couronnes pythiques. Cependant jamais ce ciel d'airain ne sera accessible aux mortels. Ballottée sur l'océan de la vie, notre frêle nacelle arrive au terme de la navigation alors seulement que le bonheur nous luit. Eh ! quel homme a pu jusqu'à ce jour se frayer par mer ou par terre la route merveilleuse qui conduit aux régions hyperborées. Le seul Persée y pénétra : admis dans les demeures de leurs habitants, il s'assit à leurs festins et prit part à ces magnifiques hécatombes d'onagres qu'ils immolent à Apollon. Ce dieu prend plaisir à leurs fêtes, à leurs acclamations de joie, et sourit en voyant ces animaux d'une taille prodigieuse bondir et se débattre sous le couteau sacré.

Ces peuples ne sont point étrangers aux Muses. Partout chez eux les jeunes vierges se réunissent en chœur, partout retentissent les accents de la lyre mariés aux sons éclatants de la flûte. Couronnés de laurier, les habitants de ces climats heureux se livrent gaiement aux plaisirs de la table ; jamais la triste vieillesse, jamais les maladies ne les atteignirent ; ils ne connaissent ni les travaux pénibles, ni les fureurs de la guerre, ni les vengeances de Némésis. C'est parmi ces sages qu'arriva jadis, conduit par Minerve, l'intrépide fils de Danaé ; il tua la Gorgone, et s'étant saisi de sa tête hérissée de serpents il la porta aux habitants de Sériphe, qui, à sa vue, ô prodige étonnant ! furent changés en pierres. Qu'y a-t-il d'incroyable pour moi, quand la toute-puissance des dieux commande et exécute ! Mais, ô ma Muse, arrête ici les rames ; hâte-toi de jeter l'ancre et de l'enfoncer dans la terre pour mettre ta nef à l'abri des écueils que recèle l'onde amère ; car, telle que l'abeille qui voltige de fleur en fleur, tu distribues les louanges de tes hymnes tantôt aux uns tantôt aux autres, errant avec rapidité sur différents sujets.

J'ai néanmoins la douce espérance que mes chants harmonieux répétés par des Éphyriens sur les bords du Penée, prêteront un éclat durable aux couronnes d'Hippoclès, et que les vieillards, les hommes de son âge et les jeunes filles, quoique dominés par des attraits divers, le chériront et rendront hommage à sa victoire.

Celui qui, emporté par ses désirs, posséda enfin le bonheur après lequel il a tant soupiré doit se hâter d'en jouir, car il n'est point de signes auxquels l'homme puisse prévoir même les événements d'une seule année.

Pour moi, guidé par les nobles élans de mon cœur, j'ai répondu par cet hymne à l'amitié de Thorax. Il me l'a demandé : pouvais-je moins faire pour un hôte si cher dont les mains ont attelé pour moi le char éclatant des Muses ! Comme l'or brille sur la pierre qui l'éprouve, ainsi le bon esprit d'un ami se montre par l'expérience. Puis-je donc refuser le tribut de mes chants aux généreux frères de Thorax ! La sagesse de leurs lois fait resplendir au loin la gloire de la

Thessalie, et la justice de leur gouvernement assure à jamais la prospérité de cet empire.

Pythiques, X,
traduit du grec par Jean-Aloys Perrault-Maynand, 1857.

Gloire aux champions chantés par les aèdes. Après le coureur, et entre autres sportifs s'étant illustrés dans les épreuves du pugilat ou de la course de chars, Pindare chante Alcimédon d'Égine, champion de lutte. Non seulement Alkimédon est jeune, mais en plus il est beau. Kalos kagathos ! Pour les Grecs, la belle *chose est aussi la chose* bonne. *Parfaite harmonie.*

Au jeune Alcimédon, vainqueur à la lutte

Ô tendre mère ! qui te plais à orner de brillantes couronnes le front de tes athlètes, Olympie, prête l'oreille à mes accents !

Sanctuaire de la vérité, c'est dans ton enceinte que d'augustes sacrificateurs demandent aux entrailles fumantes des victimes les volontés du maître du tonnerre, sur ces hommes que de pénibles travaux conduisent aux vertus les plus sublimes et au repos, digne récompense de leurs succès ; et Jupiter, sensible à leur piété et à leurs prières, leur manifeste ses décrets.

Et toi, verdoyant Altis, dont l'épais ombrage embellit le cours de l'Alphée, reçois cet hymne et ces couronnes. Quelle gloire n'est pas réservée au mortel assez heureux pour obtenir une de tes palmes ! Mais les mêmes biens ne sont pas réservés à tous les hommes, et les dieux dans leur bonté ont ouvert mille chemins pour aller au bonheur.

C'est ainsi, ô Timosthènes ! que la fortune a attiré sur ton frère et sur toi les bienfaits de Jupiter, souche de ta race, en te faisant remporter la victoire à Némée et en donnant à Alcimédon la palme d'Olympie, au pied de la colline de Saturne. Qu'il faisait beau le voir ! et combien sa valeur prêtait de charmes aux grâces de son visage ! Vainqueur à la lutte, il a couvert de gloire sa patrie puissante sur les mers Égine, où Thémis, conseillère de Jupiter Hospitalier, est honorée d'un culte solennel.

Il est sans doute bien difficile de juger avec sagesse au milieu de tant de passions et d'intérêts divers. Mais les dieux, par un décret spécial, ont voulu que cette terre s'élevât comme une colonne au milieu des flots et que les étrangers y trouvassent un égal appui. Ah ! que le temps dans son vol rapide ne l'ébranle jamais !

Égine fut gouvernée par les Doriens, depuis Éaque, que le fils de Latone et le puissant Neptune associèrent à leurs travaux lorsqu'ils s'apprêtaient à achever les murailles de Troie. Ainsi l'avait arrêté le Destin pour que les remparts d'Ilion pussent s'écrouler au milieu de noirs tourbillons de fumée et des ravages sanglants de la guerre. À peine le mur fatal est-il achevé que trois dragons s'élancent contre ces nouveaux retranchements : deux tombent et roulent au pied des tours où ils expirent épouvantés ; mais le troisième se jette dans la ville et pousse d'horribles sifflements. Alors Apollon, méditant sur ce funeste présage, fait entendre ces paroles : « Je vois Pergame prise par cet endroit même que tes mains viennent de fortifier, ô Éaque ! ainsi me l'expliquent les prodiges que nous envoie le fils de Saturne, le puissant maître du tonnerre. Tes enfants ne sont point étrangers à cette catastrophe : je vois tes fils la commencer et tes arrière-neveux la consommer. »

À ces mots, interprète des volontés du Destin, Apollon s'éloigne et va parcourir les bords du Xanthe ; puis il se retire chez les belliqueuses Amazones et dans les régions que l'Ister arrose. Le dieu dont les mains sont armées du trident laisse Éaque retourner à Égine et dirige ses coursiers brillants d'or vers les hauteurs de Corinthe, pour contempler les jeux qu'un y célèbre en son honneur.

Jamais on ne peut plaire également aux mortels. Que l'envie ne s'irrite donc point contre moi si je célèbre par mes hymnes la gloire que recueille Milésias des succès de ses jeunes élèves : Némée le vit aussi se distinguer lui-même ; plus tard, dans l'âge viril, la victoire couronna ses efforts au combat du pancrace. Instruire est chose facile pour un maître habile ; mais enseigner sans avoir la connaissance de son art est la plus grande des folies : tout précepte qui n'est pas fondé sur l'expérience est inutile et vain.

Qui mieux que Milésias peut apprendre par quels travaux doit se former l'athlète qui brûle de remporter la victoire dans nos combats sacrés. Ah ! combien il est maintenant récompensé de ses soins pour Alcimédon ! ce jeune héros vient de cueillir une palme que trente autres avant lui durent aux leçons de Milésias. La fortune, à la vérité, lui prodigua ses faveurs ; mais ne doit-il pas à son courage d'avoir imprimé sur les membres de quatre jeunes rivaux les marques de leur défaite et de les avoir forcés à cacher leur honte dans l'obscurité et le silence ? La joie qu'en ressentit son aïeul rajeunit ses vieux ans, car la prospérité et la gloire font aisément oublier à l'homme la mort et le sombre empire…

Mais, en célébrant la victoire d'Alcimédon, ne dois-je pas rappeler le souvenir des Blepsiades. Jadis leurs mains cueillirent aussi les palmes du triomphe : aujourd'hui leur digne rejeton ajoute une sixième couronne à celles qu'on leur vit mériter dans nos combats. Ainsi la gloire des vivants rejaillit sur ceux qui ne sont plus, et la poussière du tombeau ne déshérite point les enfants de la gloire de leurs enfants.

Ô Iphion ! dès que la Renommée, fille de Mercure, t'aura apporté aux Enfers la nouvelle de la victoire de ton fils, hâte-toi d'en instruire Callimaque ; qu'il apprenne qu'un athlète sorti de son sang s'est montré cligne de la faveur de Jupiter et des honneurs d'Olympie.

Puisse ce dieu favorable combler toujours de ses bienfaits les descendants des Blepsiades ! Puisse-t-il chasser loin d'eux les maladies promptes et cruelles ! Puisse-t-il forcer Némésis à ne jamais leur envier une félicité qu'ils ne doivent qu'à leurs vertus, leur accorder une vie exempte de maux et accroître leur bonheur et la prospérité de leur patrie !

Olympiques, VIII,
traduit du grec par Jean-Aloys Perrault-Maynand, 1857.

THUCYDIDE

(Ve siècle av. J.-C.)

Homme politique, stratège, historien, Thucydide rappelle ici la querelle qui opposa Lacédémoniens et Énéens lors de la guerre du Péloponnèse. Voici les Lacédémoniens empêchés par les Éléens d'accomplir le sacrifice et de prendre part aux Jeux. Une tension diplomatique extrême, comme un lointain écho aux rivalités entre les blocs Est et Ouest des Jeux olympiques au temps de la guerre froide.

Le respect de la trêve olympique

Cet été se célébrèrent les jeux olympiques, où Androsthène d'Arcadie remporta, pour la première fois, le prix de pancrace. Les Lacédémoniens, pour n'avoir pas payé l'amende à laquelle les avaient condamnés les lois de l'Olympie, furent écartés, par les Éléens, de l'hiéron, et privés du droit d'offrir des sacrifices et de participer aux jeux. On Les accusait d'avoir tenté une attaque sur le fort de Phyrcus, et d'avoir fait marcher de leurs hoplites sur Lépréum pendant la durée de la trêve olympique. L'amende était de deux mille mines, à deux mines par hoplites, suivant la loi.

Les Lacédémoniens envoyèrent des députés réclamer contre l'iniquité du jugement, et représenter que la trêve n'était pas encore déclarée à Lacédémone quand ils avaient envoyé les hoplites. Les Éléens répondirent que dès lors existait chez eux la suspension d'armes ; qu'ils avaient l'usage de la proclamer d'abord sur leur territoire, et qu'ils étaient dans une parfaite sécurité, comme dans un temps de trêve, lorsque tout à coup ils s'étaient vus inopinément attaqués.

Les Lacédémoniens répliquaient que si Élis se trouvait lésée par eux, elle n'avait plus à leur envoyer des députés ; qu'en le faisant, elle devait éloigner toute idée d'offense reçue et s'abstenir de toutes hostilités ultérieures. Les Éléens persistaient dans le même langage, disant qu'on ne leur persuaderait pas qu'ils n'eussent point été offensés ; mais que si les Lacédémoniens voulaient rendre Lépréum, ils leur feraient, sur le montant de l'amende, remise de la somme qui leur revenait, et paieraient pour eux celle qui appartenait aux dieux.

Les Lacédémoniens n'accueillaient pas ces propositions. Les Éléens alors leur dirent de ne point rendre Lépréum, puisqu'ils ne le voulaient pas ; mais, puisqu'ils désiraient ardemment leur admission dans l'hiéron, de monter à l'autel de Jupiter olympien, et de jurer, en présence des Hellènes, qu'ils paieraient un jour l'amende. Comme ils se refusaient même à cette nouvelle proposition, ils se virent interdites l'entrée de l'hiéron et toute communication aux sacrifices et aux jeux, et remplirent chez eux les actes de religion. Le reste de l'Hellade se rendit à la solennité, excepté les Lépréates.

Néanmoins les Éléens, craignant que les Lacédémoniens n'employassent la force pour être admis aux sacrifices, établirent une garde de jeunes gens armés, auxquels se joignirent mille Argiens, autant de Mantinéens, et des cavaliers d'Athènes, qui attendaient à Argos la célébration de la fête : car on appréhendait fort, dans cette assemblée solennelle, de voir les Lacédémoniens arriver en armes, surtout depuis que Lichas de Lacédémone, fils d'Arcésilas, avait été battu dans la lice par les rhabdouques [c'est-à-dire, les juges des combats]. Ses coursiers avaient vaincu : mais, comme il ne lui était pas permis de concourir, la République béotienne avait été proclamée par le héraut, qui, s'avançant dans la lice, ceignit d'une bandelette le conducteur du char, pour montrer que ce char lui appartenait. Cet incident augmenta la crainte de tous les spectateurs ; on s'attendait à un événement. Cependant les Lacédémoniens se tinrent en repos, et les fêtes se passèrent sans trouble.

Guerre du Péloponnèse, V, 49-50,
traduit du grec par Jean-Baptiste Gail,
Anselin, 1835.

PLATON

(ve siècle av. J.-C.)

Faut-il séparer, dans l'éducation, l'apprentissage de la musique de celui de la gymnastique ? Et surtout les différencier par nature ? « Absolument pas », répond Platon dans ce dialogue mettant en scène Socrate. C'est dans l'enseignement harmonieux de la musique et de la gymnastique que se joue un équilibre nécessaire pour le corps comme pour l'âme. Au-delà, cet apprentissage conjoint sera aussi le garant du bon fonctionnement de la Cité.

L'éducation intellectuelle et sportive

SOCRATE. – Crois-tu, Glaucon, que l'éducation fondée sur la musique et la gymnastique ait pour but, comme on le croit, de former par l'une le corps, par l'autre l'âme ?

GLAUCON. – Quel autre but pourrait-elle viser ?

SOCRATE. – Il se peut fort bien que l'une et l'autre aient été établies principalement pour l'âme.

GLAUCON. – Comment cela ?

SOCRATE. – N'as-tu pas remarqué quel est le caractère des gens qui pratiquent assidûment la gymnastique sans toucher à la musique, et de ceux qui font l'inverse ?

GLAUCON. – De quoi entends-tu parler ?

SOCRATE. – De la sauvagerie et de la dureté des uns, de la mollesse et de la douceur des autres.

GLAUCON. – Oui, j'ai remarqué que ceux qui s'adonnent uniquement à la gymnastique y contractent une brutalité excessive, et que ceux qui cultivent exclusivement la musique deviennent d'une mollesse dégradante.

SOCRATE. – Et cependant, cette brutalité vient d'un naturel ardent, qui, bien dirigé, se tourne en courage, mais qui, trop tendu, aboutit naturellement à une intraitable dureté.

GLAUCON. – Je le crois.

SOCRATE. – Et la douceur ne vient-elle pas d'un caractère philosophe, qui, trop relâché, devient plus mou que de raison, tandis que, bien dirigé, il reste doux et réglé ?

GLAUCON. – C'est exact.

SOCRATE. – Or nous prétendons que ces deux naturels doivent se trouver réunis dans nos guerriers.

GLAUCON. – Il le faut en effet.

SOCRATE. – Il faut donc les mettre en harmonie l'un avec l'autre.

GLAUCON. – Sans aucun doute.

SOCRATE. – Et leur harmonie rend l'âme à la fois tempérante et courageuse.

GLAUCON. – Assurément.

SOCRATE. – Et leur désaccord la rend lâche et brutale.

GLAUCON. – Oui, certainement.

SOCRATE. – Lors donc qu'un homme laisse la musique l'enchanter au son de la flûte et verser en son âme, par le canal des oreilles comme par un entonnoir, les harmonies suaves, molles et plaintives dont nous parlions tout à l'heure, et qu'il passe toute sa vie à fredonner et à savourer la beauté du chant, tout d'abord il adoucit par là l'élément irascible qui se trouve en son âme, comme le feu amollit le fer, et il perd la rudesse qui le rendait inutile auparavant ; mais s'il continue à s'adonner à la musique et à ses ravissements, son courage ne tarde pas à se dissoudre et à se fondre, jusqu'à ce qu'il soit entièrement dissipé, que son âme ait perdu tout ressort, et qu'il ne soit plus qu'un « guerrier sans vigueur ».

GLAUCON. – C'est bien ainsi que les choses se passent.

SOCRATE. – Et si la nature l'a doué à sa naissance d'une âme molle, cet effet ne se fait pas attendre ; si au contraire elle l'a doué d'une âme courageuse, son cœur est bientôt énervé, impressionnable, prompt à s'emporter et à s'apaiser pour des riens ; de courageux qu'il était, il est devenu violent, irascible, atrabilaire.

GLAUCON. – C'est vrai.

SOCRATE. – Si au rebours il s'adonne assidûment à la gymnastique et à la bonne chère, sans se soucier de la musique et de la philosophie, tout d'abord la conscience de sa vigueur ne le remplit-elle pas de fierté et de courage, et ne devient-il pas plus brave qu'il n'était ?

GLAUCON. – Si, assurément.

SOCRATE. – Mais s'il n'a d'autre occupation que la gymnastique et n'a aucun commerce avec la muse, il a beau avoir dans l'âme un certain désir d'apprendre ; comme il ne goûte à aucune science, ne prend part à aucune recherche, à aucune discussion, ni à aucune partie de la musique, ce désir s'affaiblit et devient comme sourd et aveugle, parce que, confiné dans ses sensations grossières, il ne sait ni l'éveiller ni l'entretenir.

GLAUCON. – C'est en effet ce qui arrive.

SOCRATE. – Dès lors cet homme devient à coup sûr ennemi des lettres, étranger aux Muses ; il n'a plus recours aux raisons pour persuader ; en toute occasion, c'est par la violence et la sauvagerie qu'il marche à ses fins, comme une bête féroce, et il vit dans l'ignorance et la grossièreté, privé du sens de l'harmonie et de la grâce.

GLAUCON. – C'est tout à fait exact.

SOCRATE. – Je puis donc dire, ce me semble, que c'est en vue de ces deux choses, le courage et la philosophie, qu'un dieu a donné aux hommes les deux arts de la musique et de la gymnastique. Il ne les a pas donnés pour l'âme et pour le corps, si ce n'est en manière d'accessoire, mais bien pour ces deux qualités, courage et philosophie, afin qu'elles s'harmonisent ensemble par le juste degré de tension ou de relâchement qu'on leur donne.

GLAUCON. – Il semble bien.

SOCRATE. – Ainsi donc celui qui mêle la gymnastique à la musique dans la plus belle proportion et qui les applique à son âme dans la plus juste mesure, celui-là est, nous avons le droit de le dire, le musicien le plus parfait et le plus habile en harmonie, et il l'est beaucoup plus que celui qui accorde ensemble les cordes d'un instrument.

GLAUCON. – Nous pouvons le dire à juste titre, Socrate.

SOCRATE. – Nous aurons donc aussi besoin dans notre État, Glaucon, d'un gouverneur qui sache régler ce tempérament, si nous voulons sauver notre constitution.

GLAUCON. – Il nous le faudra assurément, et aussi habile que possible.

La République, livre III, 410b-412b,
traduit du grec par Émile Chambry, Les Belles Lettres, 1932.

ARISTOTE

(IVe siècle av. J.-C.)

Pour Aristote, le philosophe macédonien dont le savoir couvre toutes les sciences, sous l'Antiquité, le sport révèle toute sa portée éducative dans sa dimension pratique. Prolongeant l'œuvre de Platon, Aristote se défie d'un modèle d'éducation sportive qui serait seulement réduite au modèle spartiate, c'est-à-dire militaire.

Équilibre du corps et de l'esprit

Dans les gouvernements qui paraissent s'occuper tout particulièrement de l'éducation de la jeunesse, on cherche le plus souvent à former des athlètes ; et l'on nuit également à la grâce et à la croissance du corps. Les Spartiates, en évitant cette faute, en commettent une autre ; à force d'endurcir les enfants, ils les rendent féroces, sous prétexte de les rendre courageux. Mais, je le répète encore une fois, on ne doit point s'attacher exclusivement à un seul objet, et à celui-là moins qu'à tout autre. Si l'on ne songe qu'à développer le courage, on n'atteint même pas ce but. Le courage, dans les animaux non plus que dans les hommes, n'appartient pas aux plus sauvages ; il appartient, au contraire, à ceux qui réunissent la douceur et la magnanimité du lion. Quelques peuplades des bords du Pont-Euxin, les Achéens, les Hénioques, ont l'habitude du meurtre et sont anthropophages. D'autres nations, plus avant dans les terres, ont des mœurs pareilles, quelquefois même plus horribles encore ; mais ce ne sont que des brigands ; ils n'ont pas de véritable courage. Nous voyons les Lacédémoniens eux-mêmes, qui durent d'abord leur supériorité à des habitudes d'exercices et de fatigues, surpassés aujourd'hui par bien d'autres peuples, à la gymnastique et même au combat ; c'est que leur supériorité reposait bien moins sur l'éducation de leur jeunesse que sur l'ignorance de leurs adversaires en gymnastique. Il faut donc mettre au premier rang un courage généreux, et non point la férocité. Braver noblement le danger n'est le partage ni d'un loup, ni d'une bête fauve ; c'est le partage exclusif de l'homme courageux. En donnant trop d'importance à cette partie toute secondaire de l'éducation, et en négligeant les objets indispensables, vous ne faites de vos enfants que de véritables manœuvres ; vous n'avez voulu les rendre bons qu'à une seule occupation dans la société, et ils restent, même dans cette spécialité, inférieurs à bien d'autres, comme la raison le dit assez. C'est qu'il faut juger des choses, non sur les faits passés, mais sur les faits actuels ; on a aujourd'hui des rivaux aussi instruits qu'on peut l'être soi-même ; jadis on n'en avait pas. On doit donc nous accorder, et que l'emploi de la gymnastique est nécessaire, et que les limites que nous lui posons sont les vraies. Jusqu'à l'adolescence, les exercices doivent être légers ; et l'on repoussera une alimentation trop substantielle, et des travaux trop pénibles, de peur d'arrêter la croissance du corps. Le danger de ces fatigues prématurées est prouvé par un grave témoignage : c'est à peine si, dans les fastes d'Olympie, deux ou trois vainqueurs, couronnés dans leur enfance, ont plus tard remporté le prix dans l'âge mûr ; les exercices trop violents du premier âge leur avaient enlevé toute leur vigueur. Trois années, au sortir de l'adolescence, seront donc consacrées à des études d'un autre genre ; et alors on pourra, convenablement, soumettre les années qui suivront aux rudes exercices et au régime le plus sévère. Ainsi, l'on évitera de fatiguer à la fois le corps et l'esprit, dont les travaux produisent, dans l'ordre naturel des choses, des effets tout contraires : les travaux du corps nuisent à l'esprit ; les travaux de l'esprit sont funestes au corps.

La Politique, V, 3,
traduit du grec par Jules Barthélémy Saint-Hilaire,
Librairie philosophique de Ladrange, 1874.

THÉOCRITE

(IIIe siècle av. J.-C.)

Le poète originaire de Syracuse en Sicile est connu pour ses descriptions bucoliques dont il sait rendre l'exquis et le merveilleux. Ce sont ses fameuses Idylles. *Mais c'est aussi un formidable conteur d'histoires. En témoigne le récit vibrant qu'il fait du combat de boxe opposant Pollux à Amycus. L'espace du « ring » est par nature un espace dramaturgique.*

Le combat de boxe : deux rounds

Là, seul, sans autre toit que le ciel, habitait un audacieux mortel, au farouche regard, aux oreilles meurtries sous les coups du ceste ; sa vaste poitrine s'élevait en s'arrondissant comme un globe, et son large dos était revêtu d'une peau plus dure que le fer ; on eût dit un colosse forgé sous le marteau. Sur son bras nerveux, à l'extrémité de l'épaule, se prononçaient des muscles vigoureux : tels ces cailloux qu'un torrent a arrondis en les roulant dans ses flots. La dépouille d'un lion couvrait ses épaules et descendait jusqu'à terre.

L'intrépide Pollux le premier lui adresse la parole :

POLLUX. – Salut, étranger. Quel peuple habite ces contrées ?

AMYCUS. – Pourquoi salut, quand je vois des hommes que je ne connais pas ?

POLLUX. – Ne crains rien ; je suis juste et fils de parents vertueux.

AMYCUS. – Moi, craindre ? ce n'est pas à toi à me l'apprendre.

POLLUX. – Tu es vain, irascible et farouche.

AMYCUS. – Je suis tel que tu vois ; d'ailleurs la terre que je foule n'est point la tienne.

POLLUX. – Si c'était la mienne, tu ne retournerais pas chez toi sans avoir reçu l'offrande hospitalière.

AMYCUS. – Jamais je ne serai ton hôte ; pour mes dons, il n'est pas facile de les obtenir.

POLLUX. – Quoi ! mon ami, nous ne pourrons pas même nous désaltérer à cette source ?

AMYCUS. – Tu le sauras quand ta soif aura desséché tes lèvres.

POLLUX. – Faut-il de l'or pour cette faveur ? Quel prix y mets-tu ?

AMYCUS. – Celui de combattre corps à corps, armé du ceste, contre un athlète redoutable, serrant tes mains contre ses mains, tes cuisses contre ses cuisses, le bravant des yeux et du poing, et usant de toute ton adresse.

POLLUX. – Où donc est l'athlète ?

AMYCUS. – Devant toi ; Amycus est ton rival.

POLLUX. – Et le prix du combat ?

AMYCUS. – Vaincu, je suis à toi ; vainqueur, tu seras mon esclave.

POLLUX. – Ces combats sont des combats de coqs.

AMYCUS. – De coqs ou de lions, peu m'importe ; nous ne combattrons qu'à ce prix.

Ainsi dit Amycus, et soudain l'air retentit de sa conque marine. À ce signal, les Bébryces, si soigneux de leur longue chevelure, se rassemblent en foule sous des platanes. De son côté, l'intrépide Castor vole vers le vaisseau et appelle tous ses illustres compagnons.

Les deux rivaux s'arment du ceste, attaché à leurs bras par de longues courroies entrelacées, et entrent dans l'arène, les yeux étincelants de fureur.

D'abord ils se disputent l'avantage de présenter le dos aux rayons du soleil. Ton adresse, ô Pollux ! l'emporte sur ton colossal ennemi, et les rayons de l'astre du jour tombent d'aplomb sur le visage d'Amycus, qui, transporté de rage, s'avance en cherchant à porter les premiers coups, mais le fils de Tyndare le prévient et le frappe sur la joue. Alors la fureur du géant redouble, il marche en avant et le combat s'anime. Les Bébryces font retentir l'air de leurs cris de joie. Les héros grecs encouragent le vaillant Pollux et tremblent que ce nouveau Tityus ne l'accable de son horrible masse dans cette arène si étroite. Mais le fils de Jupiter le presse de tous côtés, frappe tour à tour des deux mains et repousse les attaques de l'insolent fils de Neptune. Celui-ci s'arrête, comme enivré de coups ; il vomit un sang noir, ses joues et ses mâchoires sont meurtries, et ses yeux paraissent à peine à travers l'enflure de son visage. À ce spectacle, les princes grecs font retentir le rivage d'un cri de joie.

Cependant Pollux harcèle sans relâche son ennemi par de fausses attaques. Enfin, le voyant incertain sur sa défense, il lui assène un coup de son ceste au-dessus du nez, entre les sourcils, et lui dépouille le front jusqu'à l'os. Le géant, chancelle, tombe et roule sur le gazon ensanglanté.

Bientôt il se relève, et le combat recommence avec une nouvelle fureur. Les deux rivaux se portent des coups terribles ; mais ceux du chef des Bébryces ne tombent que sur la poitrine et loin de la tête de son adversaire, tandis que les coups de l'invincible Pollux couvrent de plaies dégoûtantes le visage d'Amycus. Alors, inondé de sueur, haletant de fatigue, le farouche géant n'est plus qu'un homme ordinaire, au lieu que le frère de Castor semble puiser dans le combat des forces nouvelles : ses membres deviennent plus vigoureux, ses traits se colorent d'un plus vif incarnat.

Muse, dis-moi, tu le sais, dis-moi comment le fils de Jupiter terrassa ce féroce mortel ; interprète fidèle, je répéterai à ton gré ton langage sacré.

Méditant un coup décisif, Amycus saisit de sa main gauche la main gauche de Pollux, et là, penché hors de la portée des coups, il lève vivement la main droite pour frapper son rival. Ce moment allait être funeste au roi d'Amyclée ; mais il baisse la tête, se glisse sous le bras du géant et le frappe à la tempe gauche de son ceste redoutable qui retombe sur son épaule. Aussitôt un sang noir ruisselle ; et du poing gauche, Pollux lui meurtrit la bouche, lui fracasse les dents, multiplie ses coups sur ses joues et lui brise les os.

Étendu sur la terre, désespérant de la victoire, existant à peine, Amycus soulève avec effort ses mains suppliantes et avoue sa défaite.

Magnanime Pollux, tu n'abusas point de la victoire, et lui te jura par son père de se montrer désormais plus humain envers les étrangers.

Idylles, XXII,
traduit du grec par B. de L., 1838.

POLYBE

(IIe siècle av. J.-C.)

La gloire du champion ne tient pas tant à la somme de ses exploits accomplis qu'à la façon qu'il a d'enthousiasmer le public. L'historien Polybe narre ici comment la foule, cette masse versatile, peut se retourner promptement et accorder ses faveurs à un camp, puis à un autre.

Sur le comportement du public

Dès que la nouvelle du combat de cavalerie et de la victoire des Macédoniens se fut répandue dans la Grèce, les bonnes dispositions des Grecs à l'égard de Persée, jusqu'alors soigneusement cachées par la plupart, éclatèrent aussitôt de tout côté, ainsi qu'une flamme. Il en fut de cette manifestation comme de celles que souvent éveillent les jeux du cirque. Lorsqu'à un athlète illustre et regardé comme invincible, on en voit opposer un obscur et de beaucoup inférieur en force, la multitude lui accorde tout d'abord sa bienveillance ; elle l'exhorte à avoir bon courage et le soutient de ses applaudissements. Que s'il atteint son adversaire au visage et montre qu'il lui a fait quelque blessure, les esprits s'aigrissent en s'échauffant, et quelquefois même on va jusqu'à railler le blessé, sans que le mépris ou le blâme y soit pour rien, par le seul effet d'une sympathie instinctive, d'une compassion naturelle pour le plus faible. Mais qu'on adresse à propos à ces spectateurs quelque sage représentation, ils changent sur-le-champ et reconnaissent leur erreur.

Ainsi fit Clitomaque. Il passait pour invincible, dans l'art des athlètes, et sa réputation s'était répandue par tout l'univers. Ptolémée, désireux d'abaisser cette gloire, fit préparer avec un soin particulier l'athlète Aristonique qu'on regardait comme merveilleusement doué pour ces luttes, et l'envoya en Grèce. Aristonique se rendit aux Jeux olympiques, y provoqua Clitomaque, et, suivant l'usage, la multitude ne manqua pas d'encourager, d'exciter son ardeur, joyeuse de voir qu'on osât se mesurer à tel adversaire. Enfin quand descendu dans la lice, il se montra digne de cette lutte difficile, et qu'il eut même blessé grièvement son ennemi, des applaudissements retentirent de tous les côtés, et bon nombre de spectateurs le soutinrent de leurs vœux et l'engagèrent à tenir ferme. C'est alors que Clitomaque, après s'être un moment retiré pour reprendre baleine, se tourna, dit-on, vers l'assemblée et lui demanda pourquoi elle encourageait ainsi Aristonique et l'aidait de tout son pouvoir ? N'avait-il donc pas combattu loyalement ? ignoraient-ils que lui Clitomaque luttait pour la gloire de la Grèce et Aristonique pour celle du roi Ptolémée ? Aimaient-ils mieux voir un Égyptien vainqueur des Grecs et paré de la couronne olympique que d'entendre proclamer pour vainqueur au pugilat un Thébain et un Béotien ? À ces paroles la disposition des esprits tourna si subitement qu'Aristonique fut vaincu plus encore par ce changement de la multitude que par Clitomaque lui-même.

C'est ce qui eut lieu à l'égard de Persée chez les masses. Que quelqu'un leur eût brusquement demandé, à la vue de leur enthousiasme, si elles désiraient voir une telle puissance échoir à un seul homme et faire sous lui l'épreuve de l'autorité d'un monarque et du despotisme, je pense qu'elles auraient aussitôt changé d'opinion pour en adopter une toute contraire. Supposons encore qu'on leur eût alors rappelé en peu de mots la tyrannie de la maison de Macédoine sur la Grèce et les avantages que lui avait procurés la domination de Rome, avec quelle promptitude ne seraient-elles pas revenues de leur erreur ! Cependant par un premier mouvement invincible, une joie manifeste accueillit la nouvelle de cette victoire, charmé qu'on était de voir un digne adversaire s'élever enfin tout à coup contre les Romains. Je me suis étendu sur ce sujet, de peur que, faute de connaître le cœur humain, on ne se crût en droit de reprocher ici aux Grecs leur légèreté et leur ingratitude.

Histoire générale, livre XXVII,
traduit du grec par Félix Bouchot
Librairie Charpentier, 1847.

ÉPICTÈTE

(IIe siècle av. J.-C.)

On pourrait croire de prime abord que la pratique sportive en ce qu'elle est excitante et divertissante se trouve fort éloignée de la morale stoïque d'un Épictète. Ce serait mal comprendre que le sport est en premier lieu affaire d'exigence, de discipline et de contrôle de soi. Épictète aime le sport car toute son activité tend vers un but précis.

En toute chose il faut considérer la fin

Dans toute affaire, examine bien les *antécédents* et les *conséquents*, et alors entreprends. Sinon, tu seras d'abord plein de feu, parce que tu n'as pas réfléchi à l'enchaînement des choses ; et plus tard, quand quelques difficultés se produiront, tu renonceras honteusement.

Tu veux être vainqueur aux jeux olympiques ? Et moi aussi, de par les dieux ; car c'est une belle chose. Mais examine bien les *antécédents* et les *conséquents*, et alors entreprends. Il faut obéir à une discipline, manger de force, t'abstenir de gâteau, faire des exercices forcés, à des heures réglées, par le chaud, par le froid, ne boire ni eau fraîche ni vin indifféremment, en un mot, te mettre entre les mains du dresseur comme entre celles d'un médecin ; puis, dans l'arène, il faut creuser des fosses, quelquefois se démettre un bras, se donner une entorse, avaler force poussière, quelquefois être fouetté, et avec tout cela être vaincu.

Quand tu auras bien pesé tout cela, si tu persistes, fais-toi athlète. Sinon, tu seras comme les petits enfants qui jouent tantôt au lutteur, tantôt au gladiateur, qui tantôt sonnent de la trompette, tantôt déclament ; de même, tu seras tantôt athlète, tantôt gladiateur, puis rhéteur, ensuite philosophe, et jamais rien du fond de l'âme ; tu imiteras comme un singe tout ce que tu verras faire, et chaque chose te plaira à son tour. C'est qu'avant d'entreprendre tu n'as pas bien examiné, retourné la chose sous toutes ses faces ; tu vas au hasard et sans désirer vivement. C'est ainsi que certaines gens pour avoir vu un philosophe, pour avoir entendu parler comme parle Euphrate (et pourtant qui peut parler comme Euphrate ?), veulent aussi être philosophes.

Mais, pauvre homme, examine d'abord ce que c'est que d'être philosophe ; ensuite étudie ta propre nature, pour voir si tu es de force. Tu veux être pentathle ou lutteur ? Considère tes bras, tes cuisses, examine tes reins. L'un est doué pour une chose, l'autre pour une autre. Crois-tu qu'en te faisant philosophe tu peux manger et boire de la même manière, avoir les mêmes *désirs*, les mêmes *aversions* ? Il faut veiller, peiner, te séparer des tiens, t'exposer au mépris d'un petit esclave, aux risées des passants, avoir le dessous partout, en honneurs, en dignités, devant les juges, enfin en toute chose.

Pèse bien tout cela. Maintenant si tu tiens à avoir en échange *l'impassibilité*, *la liberté*, *le calme*, c'est bien ; sinon, retire-toi. Ne fais pas comme les enfants ; ne sois pas maintenant philosophe, ensuite percepteur, puis rhéteur, puis procurateur de César. Tout cela ne saurait s'accorder. Il faut que tu sois un, ou vertueux ou vicieux ; il faut cultiver ou ton âme ou les choses *du dehors*, l'appliquer ou aux choses *intérieures* ou aux choses *extérieures*, c'est-à-dire, rester ou philosophe ou *non-philosophe*.

Manuel, XXIX,
traduit du grec par Jean-François Thurot,
Librairie Hachette et Cie, 1889.

PAUSANIAS

(IIe siècle av. J.-C.)

Le leg Pausanias est un guide extrêmement documenté et précis sur la géographie et les monuments de la Grèce. Sans ce géographe, les historiens seraient perdus. Ce que nous savons d'Olympie, la cité des Jeux, c'est à Pausanias que nous le devons. Et aussi le chant de la gloire des tout premiers champions.

Polydamas de Scotusse, l'homme le plus grand de son temps

La statue qu'on voit sur un piédestal très élevé, et qui a été faite par Lysippe, est celle de l'homme de la plus haute stature qu'on ait vu depuis le temps des héros et la race d'hommes qui les a précédés, si toutefois il y en a eu avant eux ; certainement ce Polydamas, fils de Nicias, a été l'homme le plus grand de l'âge où nous vivons. Scotusse, sa patrie, n'est plus habitée maintenant ; en effet, Alexandre, tyran de Phères, s'empara de cette ville, quoique en paix avec elle, et y étant entré au moment où les habitants étaient tous réunis dans le théâtre pour une assemblée, il les fit entourer par ses troupes légères et ses archers, et les fit tuer à coups de flèches ; il fit ensuite massacrer tous ceux qui étaient audessus de l'âge de puberté, et vendit les femmes et les enfants pour avoir de quoi payer les troupes étrangères qu'il avait à sa solde. Ce désastre des Scotussiens arriva dans la seconde année de la cent deuxième olympiade, où Dumon, de Thurium, remporta pour la seconde fois le prix ; Phrasiclide était alors archonte à Athènes. Il n'échappa qu'un petit nombre d'habitants à ce massacre, et ils abandonnèrent de nouveau leur ville, se trouvant trop faibles pour la défendre, lorsque la fortune eut fait succomber pour la seconde fois tous les Grecs dans leur guerre contre les Macédoniens. D'autres athlètes ont aussi remporté des victoires célèbres au pancrace, mais outre celles-là, en voici d'un autre genre que Polydamas a remportées. La partie montueuse de la Thrace qui entoure le fleuve Nestus, à travers le pays des Abdéritains, produit des bêtes féroces, et particulièrement des lions. Ces animaux se jetèrent sur l'armée de Xerxès, et déchirèrent les chameaux qui portaient les vivres. Les lions s'écartent souvent jusque dans les pays adjacents à l'Olympe (on sait que cette montagne regarde d'un côté la Macédoine et de l'autre la Thessalie et le fleuve Pénée) ; c'est dans ces environs de l'Olympe que Polydamas, sans aucune arme, tua un lion grand et vigoureux ; il se porta à cette action téméraire par envie de rivaliser avec Hercule, qui avait dompté le lion de Némée, selon la tradition. Voici une autre preuve non moins étonnante de la force de Polydamas. En entrant dans un troupeau de bœufs, il saisit le taureau le plus grand et le plus farouche par l'un des pieds de derrière, et le tenant par la corne, il ne le lâcha pas, quelques sauts et quelques efforts qu'il fît ; de sorte que le taureau ne parvint enfin à se dégager qu'en employant toutes ses forces, et en laissant la corne de son pied dans la main de Polydamas. On dit que celui-ci arrêtait un char, malgré tous les efforts du conducteur pour pousser ses chevaux en avant, et n'avait besoin que de saisir d'une main le derrière du char. Darius, fils naturel d'Artaxerxés, qui, secondé par les Perses, avait détrôné Sogdianus, fils légitime d'Artaxerxés, et s'était fait roi à sa place, ayant entendu parler des actions de

Polydamas, lui envoya des gens qui l'engagèrent par des promesses à venir à Suses, et à paraître devant lui. À son arrivée, Polydamas ayant été défié par trois de ces Perses qu'on nomme les Immortels, il les tua tous trois, quoiqu'ils l'eussent attaqué ensemble. De toutes les actions dont je viens de parler, les unes sont sculptées sur la base de sa statue à Olympie, les autres sont rapportées dans l'inscription.

Ce qui a été prédit par Homère à ceux qui comptent trop sur leurs forces, devait arriver à Polydamas. Étant entré au moment de la grande chaleur avec quelques-uns de ses compagnons de table dans une caverne, le malheur voulut que la voûte s'entrouvrît : il était évident qu'elle ne tarderait point à tomber ; dès qu'on s'aperçut du danger dont on était menacé, tous prirent la fuite, hors Polydamas qui voulut rester ; il étendit les mains comme pour soutenir la caverne, persuadé que le poids de la montagne ne serait pas au-dessus de ses forces ; et ce fut là qu'il trouva la fin de ses jours.

Description de la Grèce, livre VI, « Élide », chap. v,
traduit du grec par M. Clavier, A. Bobée, 1821.

VIRGILE

(Ier siècle av. J.-C.)

*On assiste ici aux origines des célébrations olympiques, des Jeux funèbres. Homère les évoque longuement dans l'*Iliade. *Au tour du poète latin Virgile de transposer la tradition grecque dans le monde latin. Cette fois, c'est à la suite de la mort de son père et pour lui rendre hommage qu'Énée, et non plus Achille, organise les Jeux.*

J'ordonnerai des jeux…

Alors le pieux Énée : « Je vois bien depuis longtemps que les vents nous commandent, et que vous vous roidissez en vain contre leur fureur. Tournez donc la voile du côté de la Sicile : est-il une terre plus douce à mon cœur, et où je souhaite plus de voir relâcher mes vaisseaux fatigués, que celle qui me garde un hôte du sang troyen, Aceste ; que celle qui a recueilli dans son sein les os de mon père Anchise ? » Il dit : on gagne les ports de la Sicile ; les voiles s'enflent au souffle heureux des zéphyrs ; la flotte est emportée sur les ondes, et les Troyens joyeux touchent enfin ces rivages connus.

Cependant, du sommet d'une montagne, Aceste étonné a découvert l'arrivée des Troyens, et leurs vaisseaux amis : il accourt au rivage, couvert de la peau d'une panthère de

Libye, et brandissant le terrible dard des chasseurs. Né d'une mère troyenne et du fleuve Crimise, Aceste n'a point oublié ses ancêtres : il témoigne donc aux Troyens sa joie de les revoir, les reçoit avec le luxe royal d'une hospitalité champêtre, les relève et les console par tous les secours de l'amitié. Le lendemain, dès que les premiers traits de la lumière partis de l'orient eurent mis en fuite les étoiles, Énée convoqua sur le rivage ses compagnons, et du haut d'un tertre leur parla ainsi :

« Illustres enfants de Dardanus, vous de qui le sang remonte jusqu'aux dieux, l'année a parcouru le cercle entier des mois révolus, depuis que les restes mortels de mon père et ses os ont été déposés par nous dans le sein de la terre, et que nous avons consacré à ses mânes divins de funèbres autels. Voici venir ce jour de lugubre mémoire, ce jour (vous le voulûtes ainsi, grands dieux !) qui sera pour moi à jamais funeste, à jamais vénérable. Quand je vivrais exilé dans les sables de Gétulie, quand les mers de la Grèce m'auraient livré captif à l'odieuse Mycènes, je ne laisserais pas d'accomplir ces vœux annuels, d'honorer ce jour par des pompes solennelles, de parer les autels des dons chers aux morts. Nous voici sur la tombe et sur la cendre même de mon père ; et ce n'est pas sans la volonté, sans la faveur singulière des dieux : l'onde elle-même nous a amenés dans un port ami. Honorons donc à l'envi la mémoire d'Anchise ; demandons-lui des vents favorables ; et qu'il veuille bien, quand j'aurai bâti une ville, que je renouvelle chaque année ces sacrifices dans des temples consacrés à sa mémoire. Aceste, comme nous enfant de Troie, vous fait présent de deux bœufs pour chaque navire : appelez à vos festins les pénates de la patrie et ceux qu'adore votre hôte, Aceste. Ce n'est pas tout : si la neuvième Aurore fait briller pour les mortels un jour serein, et illumine le monde de ses traits rayonnants, j'ordonnerai des jeux, et vos rapides galères ouvriront le combat sur les eaux. Que ceux qui sont légers à la course, qui excellent à déployer leurs forces, à lancer le javelot et la flèche légère, ou qui, plus hardis, ne craignent pas d'engager la lutte avec le ceste aux rudes lanières, se présentent, et viennent se disputer des palmes méritées. Vous tous cependant priez, et ceignez vos fronts de feuillage. »

L'Énéide, livre V, traduit du latin par Auguste Nisard,
Firmin Didot, 1868.

DION CHRYSOSTOME

(Ier siècle av. J.-C.)

Pour Dion Chrysostome, dont l'œuvre fait la liaison entre hellénisme et romanisme, la « modernité » a corrompu la figure de l'athlète. L'exemple de Mélancomas, champion modeste et intègre, a été remplacé par Iatroklès, vedette narcissique et intéressée. Pour s'en souvenir, peut-être la faire renaître, rappelons la grandeur de Mélancomas, athlète idéal.

Mélancomas

Mélancomas était non seulement le plus courageux et le plus grand de tous ses rivaux de l'époque, mais aussi le plus beau. Quand il aurait vécu retiré sans rien faire, il eût été célèbre pour sa beauté : où qu'il allât, tous les yeux se tournaient vers lui, même quand on ignorait qui il était. Il n'y avait nulle recherche dans sa tenue et il cherchait beaucoup plus à passer inaperçu qu'à être reconnu. Mais dès qu'il s'était dévêtu, on ne pouvait plus regarder que lui, malgré la présence de nombreux jeunes gens et de nombreux hommes qui eux aussi s'entraînaient tout nus.

Bien que la beauté conduise à une vie relâchée même quand elle n'est qu'une beauté ordinaire, lui, malgré cette beauté insigne, n'en marquait que plus de retenue ; tout méprisant qu'il fût de cette beauté, il la conservait dans les difficultés de sa profession : après un combat de boxe, il était aussi intact qu'un coureur. Il était à ce point entraîné et doué d'une telle résistance qu'il pouvait demeurer deux jours les bras étendus sans qu'on le vît les abaisser ou se reposer le moins du monde comme on le fait à l'ordinaire. Ainsi contraignait-il ses adversaires à abandonner, non seulement avant d'avoir été touché mais même sans les avoir touchés. C'est qu'il n'estimait pas que le courage consistât à cogner ou à encaisser ; bien plus, c'était là, pensait-il, tactique de gens incapables de tenir et pressés d'en finir. Mais être vainqueur du temps, sans être battu ni par le poids des poings, ni par le manque de souffle, ni par la chaleur, voilà en quoi pour lui consistait le courage…

Dès ses débuts aux Jeux Pythiques, il fut le premier de ceux que nous avons connus et remporta les couronnes les plus nombreuses et les plus importantes sur des adversaires qui n'étaient pourtant négligeables ni par la valeur, ni par le nombre. Son père, Mélancomas de Carie, athlète assez connu, qui entre autres victoires avait triomphé à Olympie, fut vaincu par lui avant même que le jeune homme eût atteint l'âge viril. C'est que le père ne s'astreignait pas à un entraînement aussi sévère.

Voilà ce que fut cet athlète ! Eh bien, après tant de peines que lui ont coûtées les combats, il est mort misérablement, sans avoir goûté dans sa vie le moindre plaisir. Pourtant son amour-propre d'athlète était tel, qu'à la veille de mourir il demandait au pancratiaste Athénodore, son ami d'enfance, combien de jours lui restaient à combattre… Homme de valeur, malgré tout ! Tous ceux qui l'ont connu ont été désolés de sa perte.

— Il ne convient pas, dis-je à mon tour, de l'appeler malheureux. Bien au contraire il fut le plus heureux des hommes, s'il a été vraiment ce que tu prétends, puisqu'il possédait la beauté, le courage, la force et la modération, qui sont les plus grands de tous les biens. Et ce qui est le plus admirable en lui, c'est que non seulement il ne fut pas vaincu par les hommes, mais qu'il sut triompher de la fatigue, de la chaleur, de la faim et des tentations de l'amour. C'est en effet une nécessité de commencer par triompher de tous ces dangers, si l'on ne veut pas être surpris par ses adversaires.

Il connut des voluptés supérieures, lui qui, ambitieux, fut toujours vainqueur et se sentit admiré. Et il me semble qu'il fut chéri des dieux, et surtout distingué par eux dans sa mort, puisque toute peine lui fut épargnée. S'il avait vécu plus âgé, il eût nécessairement perdu sa beauté et sa force ; il eût peut-être connu la défaite. Celui qui après avoir connu les plus grandes félicités, périt en accomplissant de grands exploits, celui-là succombe en plein bonheur.

Mélancomas, I, discours XXVIII.

LUCIEN DE SAMOSATE

(IIe siècle apr. J.-C.)

*Enfin un peu de pratique et l'avis d'un expert : l'*Anarchasis *de Lucien est l'un des tout premiers traités de sport. L'auteur y fait par le menu la description de plusieurs sports et en vante les mérites, entre autres l'adresse, l'endurance, la combativité, la vaillance. Indubitablement, le sport est utile puisqu'il forme les jeunes gens à être « les braves défenseurs de la cité ».*

Endurcir le corps dès le plus jeune âge

Quant aux corps, ce que tu désires plus particulièrement savoir, voici comment nous les exerçons. Nous les faisons mettre à nu, comme je te l'ai dit, lorsqu'ils cessent d'être faibles et sans consistance ; notre intention est de les accoutumer à l'air, de les familiariser avec toutes les saisons, de manière à n'être ni incommodés par la chaleur ni sensibles aux atteintes du froid. Nous les frottons d'huile et nous les frictionnons, afin de mieux tendre les muscles. Il serait, en effet, absurde de croire que des peaux amollies par l'huile deviennent plus difficiles à rompre et capables de résister plus longtemps, quoique déjà mortes, et qu'un corps, où circule la vie, ne retirera pas encore plus d'avantage de la même onction.

Ensuite nous avons imaginé différents exercices pour chacun desquels sont établis des maîtres. À l'un, ils enseignent le pugilat, à l'autre le pancrace, afin que tous s'habituent à supporter le travail, à affronter les coups d'un adversaire, à ne pas se détourner par crainte des blessures. Cette habitude produit en eux deux effets qui sont pour nous de la plus grande utilité : elle nous les rend plus intrépides dans les périls, plus prodigues de leur personne et, d'autre part, plus vigoureux et plus patients.

Ces jeunes gens qui luttent tête baissée apprennent à tomber sans danger, à se relever avec facilité, à pousser rudement un adversaire, à l'enlacer, à le faire ployer, à le serrer à la gorge, à l'enlever de terre : exercice éminemment utile, puisqu'il leur fait acquérir la première et la plus précieuse des qualités qui est d'avoir un corps endurci à la fatigue et presque insensible à la douleur.

Anacharsis ou les Gymnases, 24,
traduit du grec par Eugène Talbot,
Librairie de L. Hachette et Cie, 1866.

GALIEN

(IIᵉ siècle apr. J.-C.)

Selon Galien, l'un des plus grands médecins de l'Antiquité, avec Hippocrate, la principale vertu du sport est de permettre à tout homme de conserver une bonne santé. Pour Galien, la compétition n'a aucun intérêt. Elle use les organes. C'est l'exercice mesuré et répété qui est vraiment bénéfique pour le corps.

L'entraînement et la méthode

La force. – Les différents sports présentent des particularités différentes. Les uns exigent des mouvements lents, d'autres des mouvements très rapides, les uns de la force, d'autres de la souplesse, les uns se pratiquent avec violence, d'autres avec modération. Celui qui exige de la force sans vitesse, je le nomme intense ; celui qui exige de la force et de la vitesse, je le nomme violent… Par exemple celui qui conduit à quatre chevaux dépense une énergie considérable sans courir lui-même ; de même pour celui qui, soulevant un poids considérable, ne bouge pas ou ne fait que quelques pas. Tous les gens qui se promènent sont un peu dans le même cas ; en effet les organes essentiels de la marche soutiennent et supportent comme un fardeau le reste du corps. De même encore ceux qui grimpent à la corde, exercice que pratiquent les enfants dans la palestre pour acquérir de la force ; je dirai plus, à savoir que, si tenant la corde ou la perche, on s'y maintient longtemps suspendu en l'air, on fournit un grand travail de force sans cependant réaliser le moindre mouvement. C'est un exercice analogue que de fermer les poings, de les tendre en avant ou de les lever en l'air et de demeurer longtemps dans la même attitude : et si l'on invite un assistant à essayer d'abaisser les bras tendus et qu'on résiste à cet effort, on fortifie ses muscles et ses nerfs encore davantage : d'ailleurs ce sont là des exercices spéciaux pour l'entraînement musculaire. L'effort sera encore plus considérable si on fait travailler ses muscles séparément, c'est-à-dire si, portant un poids avec l'extrémité des mains (l'exercice d'haltères du gymnase), on demeure ainsi immobile bras tendus ou levés.

Autre chose : si tu pries quelqu'un de te déplacer ou de te courber de force, en demeurant toi-même immobile et raidi non seulement des bras, mais des jambes et de l'épine dorsale, ce ne sera pas un exercice négligeable pour fortifier les organes. C'est d'ailleurs ainsi que s'entraînait, dit-on, ce fameux Milon : tantôt il chargeait quelque personne de bonne volonté de l'ébranler et de le déplacer (c'était surtout un entraînement pour ses jambes) ; tantôt quand il voulait exercer ses bras et ses mains, il priait qu'on lui ouvrît le poing fermé, ou bien tenant une grenade dans sa main il demandait à qui voulait de la lui arracher. Ces exercices constituent une démonstration de force en même temps qu'un entraînement.

C'est également un excellent exercice de force, que de prendre quelqu'un à bras-le-corps ou de se faire saisir ainsi avec les mains croisées et d'inviter celui que l'on tient ainsi à se dégager, ou d'essayer de le faire soi-même. On peut également, son partenaire couché sur le côté, le saisir avec les mains par le flanc, le soulever comme un fardeau, et l'élever ou le porter en avant alternativement : l'exercice est encore meilleur si en le portant on se livre soi-même à des flexions alternatives du corps, car c'est toute la colonne vertébrale que l'on fortifie ainsi. De même encore, en commençant par s'appuyer poitrine contre poitrine, on peut se plier en arrière et répéter plusieurs fois ce mouvement de toute sa force. On entraîne également quelqu'un aux exercices de force en le suspendant par la nuque et en le tirant de haut en bas. D'ailleurs de tels exercices n'exigent pas la palestre ni le terrain meuble : on peut s'y livrer debout sur tout terrain de terre battue.

C'est le contraire pour l'entraînement des lutteurs. Voici des exemples de leurs exercices à eux. Les deux lutteurs s'emprisonnent mutuellement une jambe entre les leurs, et pèsent fortement d'une main sur la nuque de l'adversaire, de l'autre sur son bras ; on peut également faire une prise de tête par l'occiput et essayer de l'incliner de force, genre de prise qui fortifie également les deux lutteurs. On peut aussi échanger des crocs-en-jambe, simples ou doubles et essayer ainsi de se renverser, exercice qui lui aussi fortifie les deux adversaires. On pratique des milliers d'exercices de force de ce genre dans les écoles de lutteurs : le pédotribe en connaît la théorie et la pratique, tout en étant lui-même aussi distinctement spécialisé du professeur de gymnastique que le cuisinier l'est du médecin, et ceci également mériterait examen. Mais j'en ai déjà parlé dans le livre intitulé *Thrasybule*, et nous ne dirons ici que ce qui est indispensable à notre sujet actuel, après avoir passé en revue les différences qui séparent les divers sports.

La vitesse. – Nous venons de parler des sports de force. Il nous reste à parler des sports de vitesse, qui excluent toute force, toute violence. Dans cette catégorie, il faut ranger la course à pied, l'escrime, la lutte avec les mains, le ballon et la balle, quand on pratique ces jeux en courant et à grande distance. De ce genre encore sont le parcours du plèthre et le mouvement alternatif des bras (pitylisme). La course du plèthre consiste à parcourir à plusieurs reprises aller et retour le plèthre en ligne droite, en diminuant un peu la distance à chaque course jusqu'à ce qu'elle soit réduite à un seul pas. Le pitylisme consiste à marcher sur la pointe des pieds, les bras élevés en l'air, l'un en avant et l'autre en arrière et en les agitant à toute vitesse. Cet exercice s'exécute surtout de pied ferme devant un mur afin que si l'on trébuche on puisse aisément se retenir au mur : mais cette précaution présente l'inconvénient de dissimuler les faux pas et diminue la valeur de l'exercice. Des exercices de rapidité excluant la force sont également ceux qu'on exécute dans l'école de lutte quand on se roule à terre à toute vitesse soit enlacé à un camarade soit individuellement. On peut aussi, debout, tenant embrassé un camarade et se déplaçant avec rapidité, réaliser un excellent exercice de vitesse. On peut encore exercer à la vitesse seulement ses jambes, en accomplissant debout des sauts sur place et en portant rapidement et alternativement chacune de ses jambes en arrière ou en avant. Quant aux exercices destinés à donner de la vitesse aux bras, à l'exclusion des haltères, on peut citer celui qui consiste à porter dans le vide des coups nombreux et rapides le poing fermé ou la main ouverte. Tel est l'entraînement à la vitesse, limité aux exemples que j'ai cités.

La force et la vitesse. – Le moment est venu de parler du sport violent. J'appelle ainsi, je le rappelle, tout sport qui réunit la force et la vitesse. Tout sport intense peut devenir violent dès qu'à la dépense de force on ajoute la rapidité des mouvements. Les plus importants de ces exercices consistent à creuser la terre, à lancer le disque, à se déplacer et à sauter sans interruption ; de même encore le jet du javelot répété le plus longtemps possible ou les mouvements rapides sous une lourde armure. Et sans doute ceux qui se livrent à de tels exercices font de courtes pauses. Car il faut ici établir une distinction entre les exercices qui s'exécutent sans interruption et ceux qui exigent des repos. Tous les sports dont nous venons de parler se pratiquent habituellement avec de courtes pauses et le cas est encore plus fréquent s'il s'agit de sports-travaux comme le métier de terrassier et celui de rameur. Au contraire les exercices qui exigent moins de force s'exécutent de préférence sans interruption : c'est le cas de la course de fond (dolique) et de la marche.

De la protection de la santé, II, 9-11.

TITE-LIVE

(Ier siècle apr. J.-C.)

Épisode légendaire de l'histoire de Rome, c'est lors des jeux solennels voulus par Romulus pour rendre hommage à Neptune que les Romains enlevèrent les Sabines. Cette violation des lois de la Cité constitua un véritable choc. Quand la trêve n'est plus respectée et que la règle d'hospitalité est bafouée, c'est que la guerre a repris ses droits sur l'espace sacré qu'offrent les Jeux.

Les Jeux pour guet-apens

« Vous ne l'ignorez pas, les dieux ont présidé à la naissance de Rome, et la valeur romaine ne fera pas défaut à cette céleste origine ; vous ne devez donc pas dédaigner de mêler avec des hommes comme eux votre sang et votre race. » Nulle part la députation ne fut bien accueillie, tant ces peuples méprisaient et redoutaient à la fois pour eux et leurs descendants cette puissance qui s'élevait menaçante au milieu d'eux. La plupart demandèrent aux députés en les congédiant : « Pourquoi ils n'avaient pas ouvert aussi un asile pour les femmes ? Qu'au fond c'était le seul moyen d'avoir des mariages sortables. » La jeunesse romaine ressentit cette injure, et tout sembla dès lors faire présager la violence. Mais, dans la pensée de ménager une circonstance et un lieu favorables, Romulus dissimule son ressentiment et prépare, en l'honneur de Neptune Équestre, des jeux solennels, sous le nom de *Consuales*. Il fait annoncer ce spectacle dans les cantons voisins, et toute la pompe que comportaient l'état des arts et la puissance romaine se déploie dans les préparatifs de la fête, afin de lui donner de l'éclat et d'éveiller la curiosité. Les spectateurs y accourent en foule, attirés aussi par le désir de voir la nouvelle ville, surtout les peuples les plus voisins : les Céniniens, les Crustuminiens, les Antemnates. La nation entière des Sabins vint aussi avec les femmes et les enfants. L'hospitalité leur ouvrit les demeures des Romains, et à la vue de la ville, de son heureuse situation, de ses remparts, du grand nombre de maisons qu'elle renfermait, déjà ils s'émerveillaient de son rapide accroissement. Arrive le jour de la célébration des jeux. Comme ils captivaient les yeux et les esprits, le projet concerté s'exécute : au signal donné, la jeunesse romaine s'élance de toutes parts pour enlever les jeunes filles. Le plus grand nombre devient la proie du premier ravisseur. Quelques-unes des plus belles, réservées aux principaux sénateurs, étaient portées dans leurs maisons par des plébéiens chargés de ce soin. Une entre autres, bien supérieure à ses compagnes par sa taille et sa beauté, était, dit-on, entraînée par la troupe d'un sénateur nommé Talassius ; comme on ne cessait de leur demander à qui ils la conduisaient, pour la préserver de toute insulte, ils criaient en marchant : *à Talassius*. C'est là l'origine de ce mot consacré dans la cérémonie des noces. La terreur jette le trouble dans la fête, les parents des jeunes filles s'enfuient frappés de douleur ; et, se récriant contre cette violation des droits de l'hospitalité, invoquent le dieu dont le nom, en les attirant à la solennité de ces jeux, a couvert un perfide et sacrilège guet-apens.

Histoire romaine I, 9, traduit du latin par M. Nisard, Firmin Didot Frères, 1864.

TERTULLIEN

(IIe siècle apr. J.-C.)

Pour le chrétien Tertullien, les Jeux tels qu'ils se pratiquent à Rome n'ont plus rien à voir avec ceux d'Olympie, de Delphes, de Corinthe et de Némée. Dans les ludi, *l'esprit des Jeux a dégénéré. À l'instar des combats de gladiateurs qui ne sont qu'une parodie sanglante et grotesque du spectacle sportif. Tertullien déplore que les instincts meurtriers de la foule manifestent une joie exsudative à ce spectacle.*

On ne doit pas assister aux Jeux !

Qu'elle est donc vaine, ou plutôt qu'elle est misérable, l'argumentation de ceux qui, par la crainte de perdre un plaisir, prétendent que les Écritures ne renferment aucune mention particulière qui oblige à s'en abstenir, ou qui empêche directement le serviteur de Dieu de paraître dans ces assemblées ! J'ai entendu dernièrement la défense toute nouvelle d'un de ces partisans des jeux : « Le soleil, disait-il, je me trompe, Dieu lui-même regarde les spectacles du haut du ciel : est-il souillé pour cela ? » Sans doute, le soleil traverse de ses rayons les égouts, sans en devenir moins pur. Mais qu'il serait à souhaiter que Dieu ne regardât pas les infamies des hommes, afin qu'il nous fût possible de nous dérober tous à ses jugements ! Mais il les voit. Il voit nos brigandages, nos fourberies, nos adultères, nos idolâtries, nos spectacles eux-mêmes. Voilà pourquoi nous ne devons pas y assister, afin que celui qui aperçoit tout ne nous y aperçoive pas. Insensés ! vous comparez le coupable avec son juge ! L'un est coupable parce qu'il a été découvert, l'autre est juge, parce qu'il n'y a rien qu'il ne découvre. Ne nous sera-t-il pas libre aussi, selon vous, de nous abandonner à la fureur hors du Cirque, à l'impudicité hors du théâtre, à l'insolence hors du stade, à l'inhumanité hors de l'amphithéâtre, puisque Dieu a des yeux aussi hors des loges, hors des degrés, hors des portiques ? Illusion ! En aucun temps, en aucun lieu, ce que Dieu condamne n'est excusable. En aucun temps, en aucun lieu n'est permis ce qui n'est pas permis partout et toujours. Voilà quelle est l'intégrité de la vérité, quelle est la plénitude de la soumission qui lui est due, quelle est l'égalité de la crainte, quelle est la fidélité de l'obéissance : garder immuable ce précepte, et ne pas faire fléchir la justice. Ce qui est bon ou mauvais par soi-même ne saurait jamais être autre chose. Tout est irrévocablement fixé dans la vérité de Dieu.

Les païens, chez qui ne réside pas la plénitude de la vérité, parce qu'ils n'ont pas le Dieu qui enseigne la vérité, jugent du bien et du mal d'après leur fantaisie et leur caprice, appelant bien ce qu'hier ils appelaient mal, et mal ce qu'hier ils appelaient bien. Il arrive de là que dans une rue le même qui soulève à peine sa tunique pour une nécessité de la nature, au Cirque perd la pudeur jusqu'à livrer, aux regards de tous, les secrets de l'organisation humaine. Chez lui, il ferme les oreilles de sa fille à toute parole impure, puis il la conduit aux discours et aux gestes dissolus du théâtre : sur les places publiques, il apaise et condamne les querelles ; dans le stade, il applaudit aux sanglantes meurtrissures des athlètes. À l'aspect du cadavre d'un homme qu'a enlevé une mort naturelle, il frémit d'horreur ; dans l'amphithéâtre, il repaît avidement ses yeux du spectacle d'un corps déchiré, mis en pièces et nageant dans son sang. Il y a mieux : il vient à l'amphithéâtre pour châtier un homicide, puis le voilà qui, le fouet à la main, pousse un gladiateur à devenir homicide malgré lui. Il demande qu'on jette au lion le plus fameux assassin ; ailleurs il sollicite les insignes de la liberté pour le plus cruel gladiateur. Le gladiateur vient-il à succomber dans la lutte, il va savourer de près la mort de celui qu'il a voulu tuer de loin, d'autant plus barbare en ce moment, si tout à l'heure il ne le voulait pas.

Pourquoi nous étonner des contradictions de ces hommes qui mêlent et confondent l'essence du bien et du mal, par l'inconstance de leurs opinions et la mobilité de leurs jugements ? En effet, les conducteurs de chars, les athlètes, les comédiens, les gladiateurs, tous ces favoris auxquels les hommes prostituent leur âme ; auxquels les femmes et souvent même les hommes prostituent leur corps, à cause desquels ils se jettent dans des dissolutions qu'ils réprouvent en public, les auteurs et les administrateurs des jeux les excluent de toute charge honorable, en vertu de cette même profession pour laquelle ils les glorifient. Il y a mieux : on condamne par des arrêts publics toute cette classe à l'infamie légale ; on la bannit du palais, de la tribune aux harangues, du sénat, de l'ordre équestre ; on lui interdit toutes les dignités et jusqu'à certains ornements. Ô étrange renversement de toutes les idées ! Aimer ceux que l'on châtie ! mépriser ceux que l'on approuve ! exalter l'art et flétrir l'artiste ! Singulière justice, qui condamne un homme pour les mêmes choses qui lui méritent la faveur ! Je me trompe, quel éclatant aveu que la chose est mauvaise, puisque les auteurs, si bien accueillis qu'ils soient, vivent sous le poids de l'infamie !

Contre les spectacles, XX-XXII,
traduit du latin par Antoine-Eugène Genoude,
Éditions Louis Vivès, 1852.

PHILOSTRATE

(IIIᵉ siècle apr. J.-C.)

À chaque discipline sa spécificité technique et à chaque athlète un corps travaillé par son sport. À son « torse bombé », ses « veines saillantes » et sa « cuisse ferme et musculeuse », on reconnaîtra aisément le lutteur. Il existe une physiologie très précise de l'athlète dont Philostrate fait l'étude comparative.

Pédagogie sportive

Nous allons voir maintenant ce que doit être et ce que doit savoir le professeur d'éducation sportive, chargé de diriger un athlète. Il ne devra être ni bavard, ni trop inexpert en fait de parole : bavard, son enseignement manquerait d'énergie ; inexpert, il aurait l'air d'un rustre sans raison. Il doit être en outre un parfait psychologue. Voici pourquoi je demande cela : mis en présence d'un jeune athlète, un Hellanodice ou un Amphictyon se prononcera d'après les renseignements suivants : il s'informera de sa tribu, de sa patrie, de son père, de sa famille, il demandera s'il est de naissance libre et non illégitime et surtout s'il a encore l'âge de figurer dans les juniores. Par exemple, le garçon est-il sobre ou intempérant, ivrogne, gourmand, hardi ou couard ? Tout cela lui échappe ; et, le saurait-il, les règlements sont muets sur de telles questions.

Le professeur d'éducation physique, justement, doit savoir tout cela et se montrer un critique averti de la nature ; qu'il sache lire le caractère dans le regard ; c'est le regard qui chez les hommes dénonce la paresse, révèle l'énergie, la dissimulation, le manque de suite dans les idées, l'intempérance…

Et puisqu'on doit toujours commencer par la naissance, que le maître qui prend contact pour la première fois avec un jeune athlète apprenne donc à le connaître par ses parents : étaient-ils jeunes et harmonieusement unis, de bonne naissance, et exempts des maladies qui affectent les nerfs, les organes de la vue, les oreilles ou le cœur ? Car ces maladies sont organiques et héréditaires ; elles ont beau se dissimuler chez les petits enfants, elles éclatent avec les inconvénients de l'âge, parce qu'évoluant de façon cachée, c'est par le sang qu'elles se transmettent.

Des parents jeunes, s'ils sont en même temps tous les deux de bonne race, assurent à l'athlète la vigueur et la force, un sang pur, une ossature robuste, des humeurs non viciées, une taille harmonieuse, j'ajouterai même la beauté…

Il s'est agi jusqu'ici de la race des futurs champions ; il convient maintenant d'examiner la spécialité qui peut convenir à chacun. Celui qui veut s'entraîner au pentathle doit être d'un poids intermédiaire entre les poids légers et les poids lourds, d'une bonne taille, solide, élancé, sans excès de muscles ni maigreur. Il doit avoir les jambes plutôt longues, les reins souples et agiles pour les torsions qu'exigent le javelot et le disque et pour le saut ; il aura moins de peine à bondir et ne forcera aucune partie de son corps, s'il a la hanche quelque peu effacée à l'emboîtement du fémur. Il doit encore avoir les mains grandes, les doigts longs ; il lancera le disque beaucoup mieux, si la longueur de ses doigts lui permet de s'en assurer une meilleure prise sur le bord, et il brandira plus aisément le javelot, s'il n'a pas les doigts trop petits pour en couvrir la tige.

Quiconque veut remporter des succès dans les courses de fond doit avoir les épaules et le cou solides, à peu près comme pour le pentathle, mais les jambes élancées et légères ; de même, d'ailleurs, que les coureurs de vitesse… [lacune].

Les coureurs de vitesse agitent leurs bras au rythme de leurs jambes, pour accélérer leur course, comme si leurs mains étaient des ailes ; c'est ce que font aussi les coureurs de fond au moment du sprint final ; mais ceux-ci le reste du temps font leurs foulées en gardant les mains dans la position de la garde, ce qui assure plus de force à leurs épaules.

Quant à la course en tenue de campagne, à celle du « stade » et du « diaule », je ne vois pas qu'on en puisse discerner un champion depuis l'époque où Léonidas de Rhodes remporta dans quatre Olympiades successives cette triple victoire : il est bon, en tout cas, d'établir une distinction entre ceux qui s'entraîneront à l'une quelconque de ces épreuves ou aux trois épreuves à la fois. La course en armes exige un torse puissant, des flancs, des épaules solides et le genou assez effacé pour ne pas gêner le bouclier quand on le porte. Les meilleurs coureurs du « stade », l'épreuve qui exige le plus de légèreté, sont d'une taille moyenne ou, de préférence encore, légèrement supérieure à la moyenne : l'excès de grandeur compromet l'équilibre, ce qui est également le cas pour les plantes d'une croissance exagérée. Une assiette solide leur est indispensable, car pour bien courir il faut commencer par être solide sur ses jambes. Voici quelles doivent être les proportions des coureurs de vitesse : les jambes doivent faire équilibre aux épaules, la poitrine être au-dessous de la moyenne mais pourvue d'organes sains, la cuisse élancée, la jambe droite, les mains longues ; pas de musculature exagérée ; elle est une entrave à la vitesse. Les champions du diaulos doivent exercer leur force musculaire plus que ceux du stade, mais moins que ceux de la course en armes. Quant aux champions des trois épreuves, « sélectionnés » dans l'élite, ils devront réunir les qualités des chacune des trois spécialités. Qu'on n'aille pas crier à l'impossibilité ; même de notre temps, il existe encore des coureurs des trois épreuves.

Le boxeur doit avoir les mains larges et courtes, le haut de l'avant-bras et les épaules relativement dégagés, la tête haute et le cou élancé. Si une articulation du coude très musclée assure au coup plus de poids, une musculature moins développée permet plus d'agilité et d'aisance dans le jeu des bras. Il doit pouvoir prendre appui sur un bassin robuste ; la position de la garde déséquilibre en effet le corps, si celui-ci ne repose pas sur des hanches bien d'aplomb. Je n'aime les jambes trapues pour aucun sport, mais encore moins pour la boxe que pour tout autre ; car elles pêchent par excès de lenteur, quand il s'agit de se porter vers celles de l'adversaire, et elles sont des objectifs trop aisés pour l'adversaire qui se porte contre vous. Le boxeur doit avoir la jambe droite et les cuisses proportionnées, dégagées et bien écartées, car sa garde lui permet une détente plus rapide quand ses cuisses ne sont pas rapprochées ; mieux vaut ne pas avoir de ventre : on est plus léger et on a plus de souffle. Cependant, le ventre peut ne pas être inutile à un boxeur, en lui évitant des coups à la figure, puisqu'il s'offre tout naturellement comme but à la portée de l'assaillant.

Venons-en aux apprentis lutteurs : le lutteur normal doit être de haute plutôt que de moyenne taille, mais aussi bien proportionné qu'un homme moyen ; n'avoir ni le cou trop élancé, ni la tête soudée aux épaules ; car des attaches courtes semblent plutôt le fait d'un homme étriqué et craintif que d'un homme entraîné et conscient de sa force : parmi les statues d'Héraklès, combien sont plus élégantes et de caractère plus divin celles qui le représentent le cou libre et non rentré dans les épaules ! Donc, un port de tête hardi, comme celui d'un beau cheval qui a le sentiment de sa valeur ! La base de la gorge doit s'étendre unie jusqu'aux deux clavicules ; la jonction et le développement harmonieux des muscles des épaules confèrent au lutteur plus de prestance, plus de force et plus de facilité à lutter : de pareilles épaules constituent un excellent élément de défense quand au cours de la lutte la nuque est courbée ou tordue ; elles fonrnissent à la tête un point d'appui qui la relie aux bras. Un bras « significatif » est un avantage pour un lutteur ; j'entends par bras « significatif » un bras comportant de chaque côté de larges veines qui prenant naissance à la nuque et à la gorge, ne se terminent qu'aux mains après être demeurées visibles sur tout le parcours du bras et l'avant-bras. Qu'on possède des veines en saillie et plus apparentes que la normale, l'avantage est inexistant ; l'aspect de telles veines est aussi affreux que celui de varices ; mais si l'on a de grosses veines ondulant mollement, le sang des mains en est réchauffé, elles conservent jeunes les bras des vétérans et apportent à de jeunes athlètes la promesse allègre qu'ils seront des lutteurs.

Le meilleur torse est le torse bombé et saillant où soient installés, comme dans une demeure solide et imposante, des organes vaillants, robustes, sains, courageux quand il le faut. Les torses élégants et ne saillant que modérément, mais aux lignes dures, sont aussi robustes et résistants ; moins désignés pour la lutte que les torses bombés, ils le sont cependant davantage que les autres. Les hommes au torse grêle et rentrant ne doivent, je pense, ni se dévêtir ni s'entraîner : car c'est être vaincu d'avance que d'avoir mauvais estomac, cœur peu solide et souffle court.

Le bas du ventre doit s'effacer ; il n'est pas un poids utile pour le lutteur ; il ne doit pas s'appuyer sur des aînes creuses ; les muscles de celles-ci doivent être ramassés ; car c'est avec eux qu'en luttant on étreint toute partie qui se présente au coup de l'adversaire…

Le dos rectiligne a de l'élégance ; légèrement convexe, il est plus athlétique et se rattache mieux à la ligne de l'omolate, elle-même courbe et inclinée en avant. Pour la colonne vertébrale elle-même, l'important c'est qu'elle ne présente pas de concavité ; car ce défaut nuirait à la moelle épinière et les vertèbres dorsales pourraient être, du fait de quelque prise, déviées et forcées, voire enfoncées : accident déjà pénible à se représenter, mais plus pénible encore si l'on en est témoin.

La hanche, os placé comme un axe entre le haut et le bas du corps, doit être souple, agile et flexible. Elle n'est tout cela que longue et, par Zeus, bien en chair et au-dessus de la moyenne. Quant aux membres inférieurs, ils ne doivent être ni trop maigres, ni trop gras ; ce qui serait signe dans un cas de faiblesse, et signe dans l'autre d'entraînement insuffisant ; ils doivent être vigoureusement cambrés et bien pris chez un lutteur. La souplesse de flancs sur lesquels la poitrine repose à l'aise est un élément favorable pour l'offensive comme pour la défensive. Un athlète ainsi bâti n'est pas plus facile à saisir quand il est dessous qu'il n'est aisé d'échapper à son étreinte quand il est dessus. L'étroitesse du bassin signifie manque de force, sa largeur exagérée manque d'énergie, ses bonnes proportions aptitude à tous les sports. La cuisse ferme et musculeuse est signe de force parvenue à son plein développement ; elle rend apte à toutes épreuves, surtout si la partie inférieure de la jambe n'est pas déviée et si la cuisse prend son appui exactement dans le prolongement du genou. Les jambes qui, au lieu de monter toutes droites à partir des chevilles, sont obliques et tournées vers l'intérieur, exposent le corps à trébucher, exactement comme des colonnes dont la base manquerait d'aplomb.

Le Gymnaste, 38-62.

SUÉTONE

(Ier-IIe siècle apr. J.-C.)

Il parade en vainqueur sur un char traîné par des chevaux blancs, couronne olympique sur la tête et couronne pythique à la main, comme le veut la coutume. Mais ce vainqueur-là est un tyran et un tricheur. C'est Néron vu par Suétone. À l'heure de la décadence romaine, les Jeux sont faits. Ils vont disparaître pour longtemps.

Néron, seul vainqueur

Il se soumettait, pendant la lutte, à toutes les lois du théâtre, au point de ne pas oser cracher, et d'essuyer avec son bras la sueur de son front. Ayant, dans une tragédie, laissé tomber son sceptre, il le ramassa aussitôt d'une main inquiète et tremblante, tant il craignait que, pour cette faute, on ne le mit hors du concours. Il fallut, pour le rassurer, que son pantomime lui protestât que ce mouvement n'avait pas été aperçu, au milieu de la joie et des acclamations du peuple. Lui-même se proclamait vainqueur : aussi concourait-il toujours pour l'emploi de héraut. Voulant effacer toute trace et tout souvenir d'autres victoires que des siennes, il fit renverser, traîner avec un croc par les rues et jeter dans les latrines les statues et les bustes de tous les vainqueurs. Il disputa aussi le prix de la course des chars, et, aux Jeux olympiques, il en conduisit un attelé de dix chevaux, quoiqu'il eût blâmé, dans ses vers, cette même prétention du roi Mithridate. Mais, lancé hors de son char et replacé dedans, il n'y put rester, et il en descendit avant la fin de la lutte ; ce qui ne l'empêcha pas d'être couronné. Avant de partir, il fit don de la liberté à toute la province, et aux juges, d'une somme considérable, avec le droit de cité romaine. Il annonça lui-même ces bienfaits, du milieu du stade, le jour des jeux Isthmiques.

À son retour de la Grèce, il entra dans Naples, théâtre de ses débuts, sur un char traîné par des chevaux blancs, et, selon le privilège des vainqueurs aux jeux sacrés, par une brèche faite à la muraille. Il entra de la même manière dans Antium, dans Albanum et dans Rome. Il fit son entrée à Rome sur le char qui avait servi au triomphe d'Auguste, avec une robe de pourpre, une chlamyde parsemée d'étoiles d'or, la couronne olympique sur la tête, et dans la main droite celle des jeux Pythiens. Les autres étaient pompeusement portées devant lui, avec des inscriptions qui disaient « où il les avait gagnées, contre qui, dans quelles pièces, dans quels rôles ». Derrière le char se pressaient des applaudisseurs à gages, criant, comme dans les ovations, « qu'ils étaient les compagnons de sa gloire et les soldats de son triomphe ». On démolit ensuite une arcade du grand Cirque, et il se dirigea, par le Vélabrum et le Forum, vers le mont Palatin et le temple d'Apollon. Partout sur son passage on immolait des victimes, on parsemait les rues de poudre de safran, on jetait des oiseaux, des rubans, des gâteaux. Il suspendit les couronnes sacrées dans ses chambres à coucher, autour des lits. Il remplit aussi ses appartements de statues qui le représentaient en musicien, et il fit frapper une médaille où il portait ce costume. Loin de se refroidir, avec le temps, pour son art, et de le négliger, il avait soin, pour conserver sa voix, de ne faire de proclamation aux soldats que lorsqu'il était absent, ou d'y employer l'organe d'un autre ; et quelque chose qu'il fit, affaire sérieuse ou non, il avait toujours auprès de lui son maître de chant, qui l'avertissait de ménager sa poitrine et de tenir un linge devant sa bouche. Enfin, il réglait le plus souvent sa haine ou son amitié sur le plus ou le moins de louanges que l'on donnait à ses talents.

Vie des douze Césars, Néron, XXIV-XXV,
traduit du latin par Théophile Baudement 1845.

II

CODES DU MOYEN ÂGE

DU CHEVALIER AU JOUEUR

Au Moyen Âge, le « sport » comme activité de plaisir s'ouvre à toute la société. On distingue clairement un domaine réservé à la noblesse, celui des jeux d'équitation, d'armes (épée, arbalète, arc), de défis, de joutes. La force, la bravoure et l'agilité sont au cœur de ces disciplines sportives. Les nobles se réservent aussi le domaine de la chasse, véritable scène sportive qui comporte ses attributs et ses règles.

Le roman, nouveau genre littéraire, met en scène un ordre singulier de valeurs fondées sur l'amour courtois et les règles de la chevalerie. Les chroniqueurs, qui satisfont les commandes des seigneurs, donnent le beau rôle aux combattants du tournoi, ils spectacularisent la réalité et construisent la légende du héros par le récit.

Dans cette société très codifiée, où la place de chacun est rigoureusement attribuée, on découvre cependant dans la littérature qui les y consacre, que les femmes peuvent investir le champ du tournoi et y fourbir des armes qui n'ont rien de courtois.

Entre esthétisme et héroïsme, édification de la figure du chevalier et d'un décorum (codes couleurs, faste des équipements, annonce des crieurs, musique, parade, public mis sous tension, etc.), la société se donne en spectacle.

Jeux à terre, jeux de balle et joutes collectives sont l'apanage du peuple. Dans les villes et les villages, le peuple s’affronte individuellement à la lutte et au jeu de paume, et, collectivement, à la soule ou à la crosse. Natation, saut, grimpe ou lancer, notamment de pierre, ont également leurs pratiquants.

EGINHARD

(vers 770-840)

Eginhard est un érudit qui participe du « premier cercle » du roi Charlemagne dont il fut le premier biographe. Être témoin ne dispose pas à toutes les libertés, et sa biographie confine à l'hagiographie. Néanmoins, de précieux renseignements nous sont livrés sur la vie du premier monarque carolingien. Parmi eux, le fait que le roi était un grand nageur !

Portrait sportif de Charlemagne

Charlemagne, roi et empereur, était grand et robuste de corps ; sa taille était haute, mais non extraordinaire ; elle était de sept fois la longueur de son pied ; il avait la tête ronde au sommet, les yeux grands et vifs, le nez un peu long, le teint frais ; l'ensemble de son visage ouvert et riant semblait répandre une certaine grâce sur toute sa personne, soit qu'il fût assis ou debout, et quoiqu'il eût le cou gros et court, et le ventre un peu saillant ; du reste ses membres étaient bien proportionnés à son corps : sa démarche était assurée et son maintien grave et uniforme ; sa voix était claire et sonore, mais trop faible relativement à sa corpulence. Il fut toute sa vie sain et robuste, excepté pendant les quatre dernières années, durant lesquelles il fut sujet aux fièvres, et devint même infirme d'un pied. Malgré ces indispositions, il se gouverna plus à sa fantaisie que selon l'avis des médecins qu'il n'aimait guère, parce qu'ils lui défendaient le rôti qui avait toujours flatté son goût, et voulaient qu'il remplaçât ce mets par la viande bouillie.

Il se livrait fréquemment aux exercices du cheval et de la chasse, comme c'était alors d'usage chez les Français, auxquels peut-être aucun peuple ne pouvait être comparé pour ces sortes d'exercices.

Il prenait plaisir aux bains d'eau provenant de source chaude. Il s'exerça tant à nager, et devint si habile nageur, qu'il eût été impossible d'en trouver un plus fort que lui. Pour prendre ce plaisir plus à son aise, il fit bâtir de superbes bains à Aix, où, sur la fin de sa vie, il fixa sa demeure jusqu'à sa mort. Il n'invitait pas seulement ses enfants à partager cet innocent plaisir, mais aussi les grands de sa cour, ses confidents, et même quelquefois les officiers de ses gardes, de façon qu'on eût pu trouver parfois jusqu'à cent personnes et plus se baignant avec le roi, toutes ensemble dans le même local.

Vie de Charlemagne, chap. XXII,
texte établi et traduit par Louis Halphen,
Honoré Champion, 1923.

TUROLD

(XIe siècle)

Dans cet extrait du grand poème épique, Roland pressent que Ganelon, beau-frère envieux de Charlemagne depuis que le roi a écarté son neveu du pouvoir, est prêt à trahir. Il demande à ce qu'on l'arme pour être fin prêt au combat. Par la remise de l'arc, le voici intronisé combattant. L'arc Charlemagne, à l'instar d'un relai paré du pouvoir symbolique de la transmission de la force, le pousse à accepter sa mission et à accomplir un exploit.

Chanson de Roland

LXI

« Droit empereur, dit Roland le baron, donnez-moi l'arc que vous tenez au poing. Nul ne me reprochera, je crois, de l'avoir laissé choir, comme fit Ganelon du bâton qu'avait reçu sa main droite. » L'empereur tient la tête baissée. Il lisse sa barbe, tord sa moustache. Il pleure, il ne peut s'en tenir.

LXII

Alors vint Naimes : en la cour il n'y a pas meilleur vassal. Il dit au roi : « Vous l'avez entendu, le comte Roland est rempli de colère. Le voilà marqué pour l'arrière-garde : vous n'avez pas un baron qui puisse rien y changer. Donnez-lui l'arc que vous avez tendu, et trouvez-lui qui bien l'assiste ! » Le roi donne l'arc et Roland l'a reçu.

LXIII

L'empereur dit à son neveu Roland : « Beau sire neveu, vous le savez bien, c'est la moitié de mes armées que je vous offre et vous laisserai. Gardez avec vous ces troupes, c'est votre salut. » Le comte dit : « Je n'en ferai rien. Dieu me confonde, si je démens mon lignage ! Je garderai avec moi vingt mille Français bien vaillants. En toute assurance passez les ports. Vous auriez tort de craindre personne, moi vivant. »

LXIV

Le comte Roland est monté sur son destrier. Vers lui vient son compagnon, Olivier. Gerin vient et le preux comte Gerier, et Oton vient et Bérengier vient, et Astor vient, et Anseïs le fier, et Gérard de Roussillon le vieux, et le riche duc Gaifier est venu. L'archevêque dit : « Par mon chef, j'irai ! – Et moi avec vous, dit le comte Gautier ; je suis homme de Roland, je ne dois pas lui faillir. » Ils choisissent entre eux vingt mille chevaliers.

LXV

Le comte Roland appelle Gautier de l'Hum : « Prenez mille Français de France, notre terre, et tenez les défilés et les hauteurs, afin que l'empereur ne perde pas un seul des hommes qui sont avec lui. » Gautier répond : « Pour vous je le dois bien faire. » Avec mille Français de France, qui est leur terre, Gautier sort des rangs et va par les défilés et les hauteurs. Pour les pires nouvelles il n'en redescendra pas avant que des épées sans nombre aient été dégainées. Ce jour-là même, le roi Almaris, du pays de Belferne, leur livra une bataille dure.

Chanson de Roland, attribuée à Turold,
traduction de Joseph Bédier, H. Piazza, 1922.

CHRÉTIEN DE TROYES

(1130 ?-1195 ?)

Afin de prouver sa bravoure à son épouse et défendre son statut de chevalier qui est contesté par la rumeur publique, Érec part en quête d'aventures. Équipé de pied en cap, armes rutilantes à la main, gonflé d'une toute neuve énergie, il a les allures d'un champion en route vers l'exploit. C'est là un topos *narratif repris de nombreuses fois en littérature.*

Érec et Énide

La bataille tardait à Érec. On lui donna les armes qu'il avait demandées. La pucelle elle-même l'équipa. Il n'y eut là sortilèges ni charmes, Elle lui laça ses chausses d'acier avec des courroies de cerf, le revêtit d'un haubert de bonne maille, et lui attacha sa ventaille. Quand elle lui eut mis en tête le heaume bruni et ceint l'épée, et qu'il fut armé de pied en chef, il commanda qu'on amenât son cheval. Ce qui fut fait sur-le-champ. Il l'enfourche d'un saut. La pucelle lui apporte l'écu et la forte lance ; il prend de ses mains l'écu et le pend à son cou par la guiche ; elle lui tend la lance qu'il a prise par l'arrêt. Puis Érec a dit au gentil vavasseur : « Beau sire, s'il vous plaît, faites préparer votre fille, car je vais l'emmener à l'épervier, comme il est convenu. » Le vavasseur fit aussitôt seller un palefroi bai : il n'y a rien à dire du harnais, il était pauvre comme son possesseur. La pucelle sans manteau ni ceinture monta de bonne grâce. Ils partirent aussitôt, le chevalier et la pucelle, puis le sire et la dame qui les suivaient par-derrière. Érec chevauche lance droite, près de lui la pucelle gracieuse. Tous le regardaient par les rues, grands et petits. L'un disait : « Quel est ce chevalier ? Il doit être bien hardi et fier pour emmener cette pucelle ! »

Érec et Énide (vers 1160),
traduction d'André Mary, Boivin et Cie, 1923.

LA CHANSON DE GUILLAUME

(chanson de geste anonyme, vers 1140)

Avec La Chanson de Roland *et* Gormont et Isambart*,* La Chanson de Guillaume *fait partie des grandes chansons de geste du* XII*e* *siècle. Vivien, neveu de Guillaume d'Orange, lutte contre les Sarrasins. « Demeuré seul contre tous », il est contraint de se surpasser. Au cœur de l'action, le héros se révèle champion toute catégorie. Le registre hyperbolique accompagne le chant de l'exploit.*

LXIV

Le comte Vivien a perdu dix de ses vingt compagnons, et les survivants lui demandent :

« Qu'allons-nous faire, ami ? »

« Nous battre, seigneurs, au nom de Dieu ; vous voyez bien que j'ai envoyé Girard en porter la nouvelle, et dès aujourd'hui Guillaume ou Louis vont arriver. Que l'un ou l'autre vienne, et nous vaincrons les Arabes. »

Et les autres de répondre :

« Allons, seigneur marquis ! »

Alors, avec ses dix hommes, il repartit à l'attaque, mais les païens le mirent au comble du péril, car sur ses dix hommes ils n'en laissèrent aucun vivant. Il était seul maintenant pour poursuivre la lutte,

Lundi au soir,
Il était seul guerrier survivant dans la mêlée.

LXV

Une fois qu'il est demeuré seul pour combattre, il leur livre sans arrêt de brefs assauts ; avec sa seule lance, il en a jeté cent à terre.

Et les païens disent :

« Jamais nous ne le verrons vaincu, tant que nous laisserons son cheval vivant sous lui. Jamais nous ne viendrons à bout du noble combattant, si nous laissons son cheval vivant sous lui. »

Alors, par collines et par vallées ils le pourchassèrent, comme une bête sauvage que l'on prend à l'affût. Une troupe l'attaqua dans une plaine, et à force de lui jeter javelines et javelots tranchants, ils criblèrent tellement le corps de son cheval que le poids des hampes eût suffi à la charge d'un char.

Mais voici qu'arrive un Berbère, galopant à travers une vallée ; il a sous ses cuisses un cheval rapide, et brandit dans son poing droit un javelot tranchant. Il le balance trois fois avant de le lâcher et atteint Vivien du côté gauche de la broigne ; le coup abat trente mailles et laisse dans le corps une grande plaie. L'enseigne blanche tombe du bras droit du héros ; jamais plus il ne la relèvera,

Lundi au soir,
Jamais plus il ne la relèvera de terre.

LXVI

Alors il cherche de la main, derrière son dos, la hampe du javelot, arrache le dard de son corps, en frappe le païen sur la broigne qui lui couvre le dos, lui fait ressortir le fer derrière l'échine, et le jette à terre, mort sur le coup.

« Disparais, gredin, Berbère infâme ! » crie Vivien, le jeune chevalier ; « tu ne retourneras pas au pays d'où tu viens, et jamais tu ne pourras te glorifier d'avoir tué le guerrier de Louis ! ».

Puis il tire son épée et se met à distribuer des coups. Lorsqu'il atteint quelqu'un sur le haubert ou sur le heaume, son épée ne s'arrête point avant d'avoir frappé jusqu'à terre.

« Sainte Marie, vierge pucelle, noble dame, envoyez-moi Louis ou Guillaume ! »

Telle est la prière de Vivien au milieu de la presse.

La Chanson de Guillaume,
traduction de François Suard,
Bordas, 1991, © Classiques Garnier, 1999.

MATTHIEU PARIS
(vers 1200-1259)

Surpris en pleine nuit par une attaque des Sarrasins, Richard Cœur de Lion rassemble prestement ses troupes pour organiser la contre-attaque. La portée de la parole du chef exhortant au sursaut et au courage galvanise ses hommes, pourtant très inférieurs en nombre face à leurs adversaires. Les Sarrasins apprendront à leurs dépens qu'aucun combat n'est jamais gagné d'avance…

Il bat, avec une poignée de soldats, 62 000 infidèles

Le lendemain, lorsque Saladin apprit que le roi était arrivé avec une petite armée et qu'il n'avait avec lui que quatre-vingts chevaliers et un corps de quatre cents arbalétriers, il entra dans une violente fureur et s'indigna contre ses troupes, en voyant que tant de milliers d'hommes s'étaient laissé battre par une poignée de soldats. Alors, pour les combler de honte, il fit le dénombrement de ses troupes, qui s'élevaient à soixante-deux mille ; il leur ordonna, par un édit souverain, de retourner au plus vite à Joppé, et de lui amener, le lendemain, le roi vivant et prisonnier.

Richard et les siens avaient passé la nuit dans leurs tentes, ne soupçonnant aucun événement funeste. Au point du jour, tous les mécréants arrivent et entourent le camp du roi. Afin de couper toute retraite du côté de la ville, une grande partie des Sarrasins va se poster entre Joppé et les tentes du roi. Réveillés en sursaut par le bruit et par les clameurs, l'illustre Richard et tous les chrétiens furent plongés dans la stupeur en se voyant cernés de tous côtés par les ennemis du Christ. À ce péril soudain et imprévu, le roi revêt aussitôt son armure, monte à cheval avec la légèreté d'un oiseau, et, loin de craindre aucunement la mort, il anime, par des paroles d'encouragement, les siens à bien combattre.

La multitude des ennemis semble accroître son audace : alors il s'élance intrépidement au milieu des Sarrasins, accompagné de onze cavaliers, qui seuls avaient des chevaux. Sa lance se brise ; il tire aussitôt son épée du fourreau, et semble lancer la foudre par les coups vigoureux qu'il assène sur les casques des ennemis. Il fait vider les arçons à plusieurs Sarrasins, et donne leurs chevaux arabes à ses chevaliers qui combattaient à pied. Ceux-ci montent avec agilité sur leurs nouveaux coursiers, et toujours guidés par le roi, sèment la mort à droite et à gauche dans les rangs ennemis, et tuent sans pitié tous ceux qui se présentent à eux. Les païens, en tombant, poussent d'affreux mugissements, et rendent au milieu des flots de leur sang leurs âmes, que les démons emportent.

En tête marchaient les arbalétriers, qui, dans cette journée, méritèrent les plus grands éloges. Leur incomparable courage repoussait le choc des ennemis, dont l'audace et la férocité tombaient peu à peu. En effet, tandis que les Sarrasins cherchaient à se garantir de leurs traits, ils ne voyaient pas venir les assaillants et ne pouvaient éviter leur choc. L'intrépidité que le roi déploya dans cette journée, le courage de ses chevaliers, tant de milliers d'ennemis obligés de quitter le champ de bataille, tout cela donnerait lieu à un récit qui paraîtrait incroyable, si l'on ne faisait attention que la main de Dieu était là.

Qui croirait en effet que quatre-vingts chevaliers, luttant un jour entier contre soixante-deux mille hommes, exposés aux coups de tant de flèches, aux atteintes de tant de lances, aient pu l'emporter tellement sur leurs ennemis, que non seulement ils échappèrent sains et saufs, mais que même ils ne reculèrent pas d'un pas du poste qu'ils s'étaient choisi ? Qui pourrait imaginer qu'ils renversèrent partout leurs adversaires, et qu'ils remportèrent, par la fuite de leurs ennemis, une victoire aussi heureuse qu'inespérée, si l'on ne voyait dans cet événement un effet de la puissance de Dieu et de la protection qu'il accorde aux siens ?

Enfin, ceux qui étaient restés dans la ville de Joppé pour la garder, s'apercevant que le roi et les siens ont été invincibles, sortent de la ville et tombent par-derrière sur les ennemis : cette attaque soudaine, l'infatigable activité de Richard et des siens, portent dans leurs rangs le plus affreux désordre. Ils tournent dos, après avoir perdu une grande partie des leurs, et vont se cacher dans les antres et dans les cavernes.

Saladin, en apprenant cette étonnante victoire, ne put s'empêcher, quoique malgré lui, de rendre gloire au Christ, Seigneur et Dieu des chrétiens ; il ajouta que de tous les princes de l'univers, le plus digne, sans contredit, d'admiration, serait le roi Richard, s'il était moins prodigue de sa propre vie ; car il prétendait qu'un roi ne devait pas s'exposer à tous les périls qui se présentaient ; mais si quelque illustre souverain, s'écriait-il, avait avec lui mille compagnons d'armes pareils au roi Richard, en peu de temps il soumettrait le monde entier.

La Grande Chronique de Richard I Cœur de Lion,
traduction d'Alphonse Huillard-Bréholles,
Paulin, 1840.

HUGUES III, SEIGNEUR D'OISY

(1145-1190)

Drôle de fantaisie : dans ce poème qui demeure une chronique très précise des mœurs du XIIe siècle, des dames, afin de mesurer le danger auxquels s'exposent les chevaliers en joutant en leur honneur, prennent leur place et s'affrontent entre elles ! Contrairement à l'idéal olympique d'un Coubertin qui écartera de son projet les femmes de toute compétition, il est surprenant de découvrir ici, au cœur du Moyen Âge, une célébration de l'égalité des sexes.

Un tournoi dameret

En l'an où les chevaliers sont déconfits,
Où de courageux faits d'armes ils sont en reste,
Les dames vont tournoyer à Lagny,
Le tournoi promis.

La comtesse de Crespi
Et ma Dame de Coucy
Disent qu'elles voudraient savoir
Quels sont les coups
Que pour elles se portent
Leurs amis.

Les dames parcourent le pays
Pour chercher,
Qui elles emmèneront
Chacune avec elle.
Quand elles sont arrivées dans la prairie,
Elles se préparent en armes,
Elles se rassemblent
Devant Torcy.

Yolande de Cailly
Se hâte et entre en lice,
Marguerite d'Oisy
Se porte jusqu'à elle pour jouter.
Amisse, au cœur hardi,
Va lui saisir le mors.

Quand Marguerite se voit attaquée,
Elle crie « Cambrai ! » tire sur les rênes.
Pour faire face et se jette dans la mêlée.

Quand Catherine au visage clair
Commence à s'écarter,
Elle crie « Passe avant ! »,
Se jette dans le combat
Tire les rênes
Et donne des coups de tous côtés
Et brise de grosses lances.

Et les fers résonnent
Et retentissent
Des casques se heurtant
Et qui tombent à terre
Dans un grand fracas.

Une grande aide vient par l'arrière,
C'est Isabelle qui se hâte de frapper,
Elle se précipite vers les assaillantes.
La sénéchale elle-même
Ne fait pas dans la retenue.
Une troupe surgit tout autour,
Alix de Nanteuil s'élance en criant,
Avec la sénéchale Yolande,
Alix se précipite devant.
Criant « De Trie, Aiguillon ! »
Elle cherche à saisir les mors,
La reine sur son destrier Ferrant
Arrive devant,
La frappe
Avec une masse sur le haubert blanc,
Et aussitôt,
Au milieu du champ,
Elle se trouve portée.

Jeanne la Gaigne vient pleine de hargne,
Amenant maints sergents.
Isabelle promptement
Les assaille.
De Mouciaux la voyant
Reprend confiance.
Et un petit cheval trottant
L'emmena vivement.

La comtesse de Champagne
Vient sur un cheval d'Espagne,
Ne fait pas de longue hésitation
Avec ses gens.

Ils se rencontrent tous et s'observent,
Puis combattent très courageusement,

Sur elle il en tombe plus de cent.
Alix tend ses mains
Elle saisit le mors
Avec sa compagne
Criant « Montfort ! »
Et la désarçonne
Bien qu'elle se défende
Et Yolande, l'otage,
Se débat fortement
Contre l'eau profonde.

Elle n'est pas d'Allemagne
Isabelle, nous le savons,
Qui vient avec ardeur dans la plaine,
Et frappe sans retenue,
Souvent l'enseigne crie :
« Louange à Châtillon ! »
Une troupe vient de là-bas,
Amisse habilement la prend de revers
Et sa lance brise leur blason,
« Lille ! » crie-t-elle « à leur louange »,
À toutes brides elles s'enfuient.

La comtesse de Clermont
Est frappée d'un tronçon de lance,
Au milieu du front,
Qui l'a couchée dans un fossé.

Clémence frappe avec un bâton
Et, hors d'elle,
Crie « Biairsart ! »
Toutes sont défaites,
Elles s'enfuient,
Aucune d'entre elles
N'y demeure

Quand crie « Boulogne ! »
Yde, au corps honoré.

La première trouva la mort
Au passage d'un fossé
La comtesse dont la bride fut prise
Elle a crié « Dieu me vienne en aide ! »
Tant était grande la blessure qu'elle reçut.

Isabelle de Marly crie
« Dieu m'assiste ! », elle reçut et donna maints coups.
Une troupe surgit,
Gertrude, qui cria « Merlou ! »
Les chassa au milieu des gués.

Agnès de Tricot tournoie,
Qui maints coups dans les bras,
Tout le jour sentit,
Elle brise maintes lances,
Elle tire maintes rênes,
Donne maints coups,
Et en reçoit beaucoup.

Béatrice cria « Poissy ! »
Il n'y en a pas de meilleure qu'elle,
Et Joie d'Arsy
Se lance contre Maryse de Juilly
Et la fait tomber à terre,

Puis elle commence à crier
« Saint-Denis ! » à pleine voix,
Toutes les blessées y viennent aussitôt
Alix de Rolleiz au corps paré,
Clémence vient de Bruai
Cécile vient tout droit

De Coupigny
Et frappe Isabelle d'Aunoy
Qu'au milieu des siens elle mit à terre.
Fond sur elle,
Très courageusement,
La belle Alix,
Qui crie « Garlandon ! »
Agnès arrive
En criant « Paris ! ».

Ade de Persan les voit,
Elle crie « Biaumont ! »
Et les poursuit.
À travers sa visière,
Agnès voit
Venir rapidement les siens, ceux de Cresson-Essart,
Isabelle de Villegaignart arrive aussi,
Cherchant la victoire.
Le tournoi est interrompu
Avant qu'il soit trop tard.

J'ai peu dit et raconté, je le regrette,
Le lendemain, le tournoi a été crié.
Je vous dirai des exploits de Yolande :
Tout de suite, le casque fermé,
Sur son cheval noir rapide
Elle prend l'écu triangulaire,
Et fait chevaucher les demoiselles.
Avec les trois lances qu'elle porte,
Elle en affronte cent
Sans demander de trêve,
Sans s'arrêter,
Elle va pour jouter
Droit sur les gens.
Elles se sont entremêlées et affrontées

Elles se sont durement regardées,
Elle a vaincu et surmonté
De toutes parts.
Sous Torcy dans le pré,
Elle a dressé son pavillon
Là furent données des réjouissances
Durant toute la nuit.

Tournoi des Dames (entre 1188 et 1190).

GUILLAUME LE MARÉCHAL

(vers 1146-1219)

Chevalier anglo-normand et tournoyeur réputé, Guillaume le Maréchal sert Henri II, Richard Cœur Lion et Jean Sans Terre. De l'avis de son contemporain Guillaume des Barres, il n'est ni plus ni moins que « le plus grand chevalier du monde ». Dès son plus jeune âge, on peut déceler chez lui des prédispositions. Rien que dans son aspect physique, Guillaume le Maréchal est déjà impressionnant...

Un chevalier hors norme

En poi de tens & en poi de anz
Fu Guillaume cr[e]üz e granz,
E fu de cors si bien taillez
Que, s'il fust par art antaillez,
N'eüst il, veir, nul si beal menbre,
Quer bien les vi e bien m'en menbre ;
S'out trop beals piez & beles mains,
Mais tot ce fu encor del mains
Avers la faiture del cors :
Qui bien l'esgardast [par] defors
Si li semblast bien feit e dreit,
Que, s'il s[e]üst jugier a dreit,
Jugier porreit k'a la roonde

N'eüst mielz fait de cors el munde.
S'out brune la chevel[e]üre,
E le vis, mais de la faiture
Resemblout il asez haut home
Por estre e[m]perére de Rome.
Si out large la forcheüre,
E fu de si bele estature
Comme nuls gentiz hom puet estre.
Mult out a lui taillier boen mestre.
Dement[i]ers que Guilleumes crut,
E li reis Estenne morut
E si fu coronez li reis [19 déc. 1154]
Henriz, qui fu pruz & corteis
E si out ja fame & enfanz,
Filz e fillez petiz e granz.
Li Mareschals se porpensa
Que Guillaume en enverra
E[n] Normandie a Tankarvile
Al Chamberlenc kui pas n'avile
Son lingnage ne jor ne ore,
Einz l'eime & essauce & enore ;
E il ert lor cosins germains.
Esi com il out pris en mains
Il fist atorner son afaire
Comme a gentil home estuet feire

L'Histoire de Guillaume le Maréchal,
comte de Striguil et de Pembroke, régent d'Angleterre
de 1216 à 1219. Poème français,
édité par Paul Meyer, Renouard, 1891.

GERBERT DE MONTREUIL

(XIIIe siècle)

Une des fonctions de la joute, spectacle ritualisé opposant deux chevaliers s'affrontant à la lance, est de rétablir un équilibre. À celui qui réclame justice de se présenter et de se mesurer à son adversaire. Pour effacer l'affront que le comte de Forez a fait à la belle Euriaut sa promise, Gérard se rend secrètement au tournoi de Montargis pour le défier.

Le tournoi de Montargis

La bonne humeur est générale au château du duc de Metz. Nombreux sont les seigneurs, les dames et les demoiselles qui entourent Gérart et Euriaut. Chacun commente leurs aventures et se réjouit que les jeunes gens soient ainsi de nouveau réunis.

Un messager se présente. Il demande à parler au duc. Celui-ci s'empresse de le recevoir. Le jeune homme entre dans la salle. Il dit au duc, après l'avoir salué ainsi que l'assemblée :

— Messire, je précède mon seigneur, le comte d'Alost. Il vous demande de lui accorder l'hospitalité pour la nuit, ainsi qu'à son escorte. Il vous prie, en outre, d'accepter de l'accompagner à un tournoi qui doit se tenir prochainement tout près de Montargis, en présence du roi Louis. Mon seigneur se range du côté d'Amaury, comte de Montfort. Celui-ci a défié Lisiart, comte de Forez. Il l'accuse d'avoir déshonoré sa nièce Euriaut. La jeune fille a disparu depuis ainsi que son ami, Gérart de Nevers.

— Allez dire à votre seigneur, répond le duc, que nous l'accueillerons avec joie et que nous ne manquerons pas de l'accompagner à Montargis.

Gérart se réjouit de ces paroles. Il va pouvoir rencontrer Lisiart en présence du roi Louis et de sa cour.

Tandis que Gérart converse avec le duc, le comte d'Alost arrive au château. Le meilleur accueil lui est réservé ainsi qu'à son escorte.

Peu après, le dîner est servi. Il est composé de mets délicats et raffinés. La soirée est gaie et animée. Puis, chacun s'en va coucher.

Au matin, tous les chevaliers prennent le chemin de Montargis. Ils ne s'attardent pas. Ils vont à longues étapes sans encombre. Enfin, ils approchent de la cité.

Gérart ne veut pas être reconnu. Il chevauche en armure blanche, le heaume baissé. Il laisse Euriaut dans une riche demeure à l'écart de la ville.

Le moment venu, tous les compagnons sont sur les lieux prévus pour les joutes. Un doux soleil éclaire la plaine. Le roi Louis se tient sous un arbre, entouré de vaillants chevaliers.

Le tournoi commence. Amaury de Montfort s'apprête à défier Lisiart. Mais Gérart s'interpose.

— Avec votre permission, dit-il au comte, je lutterai le premier contre ce chevalier.

— Qu'il en soit comme il vous plaira, messire, répond le comte de Montfort.

Gérart baisse sa lance, pique des deux et court sus à Lisiart. Il frappe avec violence l'écu de son adversaire. Le comte de Forez est désarçonné sous le choc. En passant près de lui, Gérart lui crie :

— Souviens-toi d'Euriaut et de Gérart !

La mêlée ne tarde pas à devenir générale. Le comte Amaury de Montfort et ses amis font mordre la poussière à maints chevaliers réputés pour leurs talents de jouteurs. Au cours des affrontements, Gérart accomplit de nombreux exploits. Tous les assistants pensent qu'il emportera le prix du tournoi. À chaque fois qu'il croise Lisiart, il ne manque pas de lui dire :

— Souviens-toi d'Euriaut et de Gérart !

Le comte de Forez est étonné et irrité de ces paroles.

La soirée approche. Il est mis fin aux épreuves. On ne compte plus le nombre d'adversaires dont Gérart a triomphé. Lisiart, en revanche, n'a réussi à réduire personne à merci. Avant de se retirer, le roi Louis fait savoir qu'il souhaite rencontrer le vainqueur le lendemain.

Le soir venu, ils sont nombreux à se rendre au logis de Gérart pour le féliciter. Seuls ses amis le reconnaissent. Ils se réjouissent de l'avoir retrouvé. Les autres demandent qui est ce vaillant chevalier.

Enfin, la nuit tombe sur la ville et chacun regagne la place où il est hébergé.

Le Roman de la Violette,
traduction de François Johan,

GUILLAUME DE LORRIS et JEAN DE MEUNG

(XIIIe siècle)

Chef-d'œuvre de la poésie du Moyen Âge, modèle narratif de l'initiation amoureuse, Le Roman de la Rose *fait la part belle aux jeux de spéculations intellectuelles, mais aussi aux plaisirs du corps. L'activité de la danse telle qu'ici décrite nous renseigne sur l'importance d'une pratique qui répond, tout comme dans une discipline sportive, à des règles, à des codes, à un savoir-faire particulier qui distille son charme et fait son effet.*

Grâces de la danse

Ailleurs mille beautés, par leur danse et leurs jeux,
Cherchaient à captiver un regard amoureux.
Liesse est noble et fière, et, d'une voix divine,
Répète en gémissant, d'une amante plaintive,
Les douleurs de l'oubli de son cruel amant,
De son cœur malheureux le pénible tourment.
Ses yeux semblaient pleurer ; de passion émue,
À ses accents divins notre ame se remue,
Chacun l'écoute encore et chacun l'applaudit,
Mais qui la flatte plus ? Le baiser de Déduit !
Aux accents de Courtoise une troupe folâtre,
De roses couronnée, arrive quatre à quatre,

Tenant dans leurs filets un amoureux berger
Que le fils de Vénus éloigna du verger.
De blanc, de bleu, d'orange, et de vert et de rose,
Chacune avait en main une fleur demi-close :
D'elle chacune prit l'emblème et la couleur,
Et même en leur costume elle imite la fleur.
Les unes se courbant, d'autres plus haut placées,
Par les diverses fleurs qui dans les airs jetées,
Formaient ou la cascade ou bien un beau jet d'eau.
Les bergers prisonniers, pour rompre ce tableau,
Recevaient dans leurs bras leurs nouvelles amantes,
Et par de doux baisers se passent les attentes
Du moment de la danse invitant le repos.
L'une comme Narcisse admire dans les eaux,
Sa beauté, son éclat, et meurt de jalousie ;
En long gémissement, pleurant son agonie,
Toutes feignent pleurer cet horrible malheur,
Et toutes s'arrangeant imitent cette fleur,
Et ces mille beautés ne sont qu'un narcisse
Que les galants bergers cueillent avec malice ;
De Vénus triomphante elles forment le char,
Se métamorphosant, et de suite avec art,
Cent tableaux variés offrant l'illusion
Nous font des sentiments savoir l'expression.

Le Roman de la Rose (1230-1280),
traduction d'Étienne Huard, Louis Rosier, 1835.

JOUFROI DE POITIERS

(roman anonyme, XIIIe siècle)

Inspiré probablement de la vie de Guillaume VII, le roman met en scène les aventures de Joufroi, un chevalier de retour en son pays de Poitou pour devenir comte. C'est bien évidemment pour une femme – l'honneur de la reine Alice – que Joufroi va combattre. La confrontation qui se mue en duel acharné est mise en scène avec un art consommé du suspense. Qui va gagner ?

Veillée d'armes et combat singulier Joufroi vainqueur. Amour triomphe

Alors la foule se dispersa, les clauses du combat ayant été fixées. Tandis que chacun s'en retourne à son logis, le roi apprête tout de suite chevaux, hauberts, beaux habits et armures nouvelles et récemment forgées, pour adouber les jeunes nobles et faire de nouveaux chevaliers.

Bien avant le combat, le roi les avait tous si bien adoubés, le jeune homme et ses compagnons, qu'il ne leur manquait même pas les éperons. Et quand ce fut le moment du combat, il y eut une foule immense à Winchester où le roi avait fixé le champ.

Vous auriez vu, la nuit, maints cierges allumés dans l'église où le jeune homme alla veiller, devant l'autel du crucifix, pour implorer la miséricorde du seigneur Dieu de lui accorder l'honneur du champ de bataille. Cinq cents chevaliers qui l'aimaient, déchaussés, les pieds nus, tous en chemise, veillèrent pour lui toute la nuit, par fidélité et compagnonnage. Devant l'autel de sainte Marie veilla la reine Alice et avec elle il y avait bien mille dames du pays, toutes en chemise. Il aurait vraiment le cœur bien endurci celui qui les aurait vues prier, en cette nuit, sans être saisi d'une grande compassion ; il fallait les voir prier Dieu, battre leur coulpe, baiser la terre, s'agenouiller, dire leurs oraisons, faire des aumônes, lire leur psautier, la plupart pleurer de pitié et supplier Notre-Seigneur qu'il donnât la victoire au fils du comte et qu'il sauvât leur dame du déshonneur.

Le sénéchal dormait tranquillement dans sa demeure. Il avait une telle confiance en sa force qu'il n'attachait pas le moindre prix au combat qu'il devait livrer. La souffrance à endurer ne méritait pas une nuit de veille puisqu'au matin il comptait bien se venger.

La nuit cède et l'aube point ; le jour s'étend et le soleil se lève. Les cloches sonnent par la cité. Dans les églises, les clercs lettrés s'habillent pour servir Dieu. Le jeune homme va entendre la messe à l'autel principal. Il prie le Dieu céleste, qui fut véritablement mis en croix où il mourut et ressuscita, qu'il lui donne force et raison contre le sénéchal félon qui était traître envers le roi. Sa prière dite, sans perdre de temps, il va faire son offrande. Sur l'autel, il dépose deux ciboires, tous deux d'argent fin ; ils ne contenaient ni eau ni vin mais des besants d'or et des pierres précieuses, des rubis et des émeraudes de prix et autres pierres nommés saphirs. Ensuite, ses compagnons et ceux qui le suivaient font leurs offrandes d'un besant chacun.

Quand la messe fut chantée, le jeune homme lève la main pour se signer, il se recommande à Dieu, puis il réclame son armure. On la lui apporte. On dépose devant lui les pièces de l'armure dont il est aussitôt revêtu. Les chausses de fer sont lacées avec de bonnes courroies en cuir de cerf. Il revêt ensuite le haubert de blanches mailles dont le ventail avant est abaissé. Il se couvre la tête d'un heaume solide ; une grande foison de pierreries forment un cercle autour de la visière. Puis il ceint une épée de valeur, solide au plus haut point, fabriquée outre-Rhin en la ville de Cologne. On lui amène son cheval, un bon destrier gris pommelé de Gascogne, couvert de fer de l'encolure à la croupe. Le jeune homme le monte tel un preux et gracieux chevalier. À son cou pend un bouclier à bandes d'or et d'azur ; une merveilleuse lance en fer tranchant de Toulouse, bien plus brillante que le heaume, lui est mise au poing par un chevalier. Ainsi monté sur son destrier, armé de toutes pièces, il a bien l'air d'un chevalier, ni trop frêle ni trop gros. Le haubert lui sied bien sur son dos, de même que sur sa tête le heaume serti de pierreries, et l'épée qu'il a ceinte au côté et l'écu pendu à son cou.

Il ne ressemble en rien à un fou, car il était plus habile aux armes que ne l'est un frère convers aux tâches domestiques. La lance bien droite à la main, il arrive sur le champ de bataille pour défendre la reine Alice et tenir son engagement. Après lui, arrive le sénéchal tout armé sur son cheval, plus désireux de combattre que l'épervier ne l'est de chasser la caille.

Quand ils furent tous deux arrivés, ils mirent pied à terre sur le champ de bataille. On leur fit apporter les reliques. Le sénéchal, qui avait accusé la reine, alla prêter serment. Il posa sa main armée sur les reliques ; à la vue de tous, il fit le serment que ce qu'il avait dit était vrai. Le jeune homme jura après lui et dit qu'il le tenait pour parjure d'avoir fait ce serment et qu'il ferait de lui un vaincu.

Les serments accomplis, le jeune homme s'empare de son cheval et le monte par l'étrier gauche. Le sénéchal, persuadé qu'il le couvrira de honte, se dirige du côté droit du terrain et monte sur son cheval. Chacun place sa lance sur son feutre puis ils se défient du regard. Le sénéchal se plante sur ses étriers ; des éperons qu'il a chaussés, il pique son cheval, baisse sa lance et s'élance au galop contre le jeune homme. Celui-ci pique des deux contre lui ; derrière son bouclier, tel un faucon, il vole à l'attaque. De toute la puissance qu'ils tirent de leurs chevaux, ils s'approchent et se frappent l'un l'autre de sorte que les fers tranchants bien aiguisés transpercent les boucliers. Ils brisent les lances sous la force du choc. Quand ils sont au contact l'un de l'autre, leurs boucliers, leurs chevaux et leurs corps se heurtent avec tant de violence qu'ils fracassent tout ce qu'ils touchent ; les arçons d'arrière se rompent, se rompent aussi les étriers et les courroies, les poitrails et les contresangles, en sorte que chevaux et chevaliers tombent à la renverse sur le sol, l'un à côté de l'autre, estourbis.

Une très grande clameur allait s'élever, car la foule les croyait morts, lorsque le roi fit crier très haut son ban, proclamant que quiconque parlerait serait pendu sans le moindre délai. Ce qui explique qu'ils se tinrent cois et silencieux. Quand les deux braves qui venaient de jouter eurent retrouvé leurs esprits, ils se relevèrent aussi vite qu'ils purent.

Traduction d'André Dyué, in *Récits d'amour et de chevalerie*, Robert Laffont, coll. « Bouquins », 2000, chap. III, v. 311-632.

ROBERT DE BORON

(début du XIIIe siècle)

Nombreux sont, dans le Cycle arthurien, les exemples de bravoure des chevaliers de la Table ronde. Le Merlin *attribué à Robert de Boron présente Perceval, convaincu de participer au plus prestigieux tournoi de son temps. Celui qui remportera le tournoi du Blanc Chastel obtiendra la main de la demoiselle promise, héritière du château. C'est toujours une récompense – lauriers, coupe, fortune, mariage, renommée – qui accrédite la prouesse du vainqueur.*

Le tournoi du Blanc Chastel

Perceval quitta donc son oncle et chevaucha par la forêt jusqu'à l'octave de la Pentecôte. Ce jour-là, il ne cessa de chevaucher jusqu'à l'heure de none sans trouver d'aventure. Mais alors, regardant devant lui, il aperçut des écuyers : ils étaient bien quatre, chacun portait un écu au cou, ils conduisaient des chevaux de somme et des destriers et faisaient tirer derrière eux une pleine charrette de lances. Dès que Perceval les vit, il éperonna son cheval pour les rejoindre et leur demanda où ils comptaient mener cet équipage et qui était leur maître.

— Cher seigneur, répondirent-ils, nous appartenons à Mélian de Lis et nous nous rendons au tournoi qui doit se dérouler au Blanc Chastel, un château qui appartient à l'une des plus belles demoiselles du monde. Tous ceux qui l'ont vue s'accordent pour dire que, si tous les appas de toutes les dames de ce monde étaient réunis, ils ne seraient rien, comparés à ceux de cette jeune fille. Et, en plus de sa beauté, elle a de très grands biens. De nombreux chevaliers ont demandé sa main, des comtes, des ducs, d'autres seigneurs encore, mais aucun n'a su lui plaire. La dame du Blanc Chastel a donc fait crier un tournoi au nom de sa très courtoise fille et elle a posé les conditions suivantes : le chevalier qui pourra gagner le tournoi obtiendra la jeune fille, aussi pauvre soit-il. Elle fera de lui un homme puissant et il sera maître de sa personne et de tout ce qu'elle possède. Celui à qui Dieu accordera cette chance, ce sera, sachez-le, l'homme le plus puissant du monde et le mieux nanti qui soit dans toute la terre de Bretagne, à l'exception du roi Arthur. Et si monseigneur Mélian de Lis se rend à ce tournoi, c'est parce qu'il aime depuis longtemps cette jeune fille et il voudrait faire en sorte d'être vainqueur afin de pouvoir en faire sa femme.

Perceval leur demanda alors quelle était selon eux la date du tournoi.

— Cher seigneur, dans trois jours.

— Et y aura-t-il beaucoup de chevaliers ?

La question fit rire l'écuyer qui répondit à Perceval :

— Seigneur chevalier, inutile de le demander ! Le tournoi a été crié à la cour du puissant roi Arthur. Je sais donc bien que tous les chevaliers de la Table ronde y participeront : à cette dernière Pentecôte, en effet, ils sont tous revenus à la cour car ils ont échoué dans la quête du Graal. Et le roi Arthur a tenu à cette Pentecôte la plus grande fête qu'il ait jamais tenue. C'est alors qu'a été crié le tournoi et soyez sûr qu'ils seront plus de cinq mille à venir de cette cour. Viendront, je le sais, monseigneur Gauvain, Lancelot du Lac, Keu le sénéchal, Bedoier ainsi que Mordret, Guerrehet et Gaheriet – ces trois-là sont les frères de monseigneur Gauvain.

Apprenez encore que Keu le sénéchal s'est fait fort, en présence de tous les barons, de ramener la jeune fille à la cour d'Arthur et de la conquérir par ses faits d'armes. Les chevaliers en ont bien ri et se sont bien raillés de sa folie. Le roi Arthur lui-même l'a sévèrement réprimandé et s'est à plusieurs reprises moqué de lui, ajoutant que, si Perceval entendait parler de ce tournoi, il s'y rendrait. Aucun chevalier ne serait alors capable de lui résister, lui qui a envoyé plus de cent cinquante prisonniers sur parole à la cour. Mais le roi est très affecté de ne pas l'avoir revu et il pense qu'il est mort.

« Donc, nous vous avons dit toute la vérité en réponse à votre question. Mais dites-nous maintenant si vous vous joindrez à nous. »

Perceval leur répondit que, pour l'heure, il ne viendrait pas avec eux.

— Que Dieu nous aide ! Vous avez bien raison, car vous n'y avanceriez guère vos affaires !

Sur ce, les écuyers quittèrent Perceval et reprirent leur route. Perceval repartit de son côté, bien décidé à se rendre au tournoi.

Il chevaucha à allure modérée jusqu'à vêpres. Regardant alors devant lui sur le chemin, il aperçut la maison d'un vavasseur, une maison bien protégée par un mur d'enceinte. Perceval fut très content de la voir et il s'y rendit à vive allure. Il trouva le seigneur assis sur le pont, entouré de ses serviteurs : tous regardaient passer ceux qui se rendaient au tournoi. Dès que le seigneur vit venir Perceval, il se précipita à sa rencontre, lui souhaitant joyeusement la bienvenue et il lui offrit bien volontiers l'hospitalité dans sa demeure. Tout content, Perceval l'en remercia vivement et mit aussitôt pied à terre. Les serviteurs du seigneur se précipitèrent pour l'aider à se désarmer. L'un d'eux conduisit son cheval à l'écurie et le pansa du mieux qu'il put. Les autres emportèrent ses armes dans une chambre et le jeune homme demeura ainsi désarmé. Le seigneur, sachez-le, le regardait avec beaucoup d'intérêt car c'était le plus beau chevalier du monde et il murmura entre ses dents, sans que Perceval pût l'entendre :

— Ce serait vraiment bien dommage si la prouesse faisait défaut à un aussi beau chevalier !

Merlin en prose, chap. XI,
traduction d'Emmanuèle Baumgartner,
in *La Légende arthurienne*,
Robert Laffont, coll. « Bouquins », 1989.

L'ÂTRE PÉRILLEUX

(récit anonyme, milieu du XIIIe siècle)

Deux contre un, ce n'est pas du jeu ! Si deux chevaliers chargent contre un seul et, qui plus est, sans raison apparente comme ici, l'honneur commande de réagir. La provocation au duel est une sorte de match avant le match, qui nourrit la dramaturgie de la rencontre, mise en scène dans ce roman anonyme. Une fois que les rôles sont distribués (le bon contre le méchant, le faible contre le fort, le justicier contre le belliqueux), l'épreuve peut commencer.

Le chevalier à l'armure noire

Tout en parlant ainsi ils continuaient leur route, si bien qu'ils parvinrent à l'endroit où Gauvain s'était séparé d'Espinogre, son cher compagnon. Ils mirent pied à terre là, près du carrefour. C'est alors que survint, monté sur un cheval plus noir que mûre, un chevalier lancé au galop. Son destrier était incroyablement rapide ; à dire vrai, on n'aurait pu trouver son pareil dans toute la terre du roi Arthur. Le chevalier voyageait en toute sécurité : il était tellement bien armé, sans mentir, qu'il n'avait à redouter aucun coup, d'épée ou d'une autre arme. Il descendit de cheval à l'abri d'un charme, pour sangler plus étroitement son destrier. L'Orgueilleux Faé l'aperçut et dit aussitôt à Gauvain :

— Seigneur, j'ai bien l'impression, à voir là un chevalier sanglant son cheval et laçant son heaume étincelant de gemmes, qu'il a dans l'idée de vous faire quelque affront. Je veux être en votre service, aussi vais-je m'informer de ce que vous avez envie de savoir, d'où il vient et ce qu'il cherche.

Pendant qu'il tenait ces propos à Gauvain, voilà qu'arrivèrent à travers une plaine deux chevaliers armés de pied en cap. Il paraissait bien à leurs écus qu'ils s'étaient livrés un combat acharné : ils étaient tout couverts de sang. L'un montait un destrier blanc, l'autre, un alezan ; ce dernier n'était autre que Gomeret le Maure, chevalier de grande valeur. Espinogre le précédait, chevauchant le destrier blanc. Le chevalier à l'armure noire l'aperçoit, tandis qu'ils venaient en traversant le champ. Il monte alors sur son bon destrier rapide, et empoigne son écu et sa lance. Il se hâte d'éperonner dans leur direction, et lance son cheval pour l'attaque. Il se dirige vers Espinogre. Quand celui-ci le voit arriver sur lui, il se porte à ses devants avec fureur. Sans échanger une parole, sans se défier, ils se frappent sur les écus de leurs lances, et les écus se percent et se brisent ; mais les lances, massives et solides, résistent. Le chevalier se jette sur Espinogre avec une violence telle qu'il l'abat sur le gravier sans que l'autre puisse résister. Il s'élance une nouvelle fois : il frappe Gomeret sur son écu gris, et par-dessus la croupe du destrier l'envoie rouler à terre. Puis il s'empare des deux chevaux, sans se soucier de leurs cavaliers, et s'en revient à toute allure vers les deux qui, à l'ombre du bosquet, l'observaient depuis longtemps. Monseigneur Gauvain le courtois avait reconnu le cheval blanc. Il eut aussitôt la certitude que c'était à son compagnon que l'autre avait fait mordre la poussière. Il avait déjà saisi son vaillant destrier pour aller affronter le chevalier noir assez insensé pour partir seul en aventure. Gauvain n'imaginait pas en effet qu'il pût exister un chevalier assez valeureux pour se défendre de ses assauts, et il n'avait pas l'intention de laisser emmener les chevaux par quiconque.

— Seigneur, dit alors l'Orgueilleux Faé, je vais lui dire de venir vers vous ; et si son arrogance est telle qu'il ne veuille se déplacer à ma prière, je vous fais la promesse solennelle que cela ne finira pas sans bataille. Je lui ficherai dans le cerveau ma bonne épée bien tranchante. Je vous en prie : consentez à m'y laisser aller.

Gauvain s'amusa fort de cette requête, car telle était la coutume en ce temps-là : si, dans un assaut, un chevalier se lançait à l'attaque, un seul adversaire devait l'affronter ; s'il s'en présentait deux ensemble, ces derniers étaient aussitôt, à ce que je crois, hors de jeu et déshonorés. Nul ne se serait jamais mis à leur service dans une cour royale, si la chose était sue. C'est à cause de cette coutume que l'Orgueilleux prit les devants pour se mesurer au chevalier noir ; mais il pensait peut-être que son compagnon le tiendrait pour présomptueux.

Traduction de Marie-Louise Ollier, in *La Légende arthurienne*, Robert Laffont, coll. « Bouquins », 1989, chap. XIV.

RAYMOND LULLE

(vers 1233-1315)

Embrasser une discipline, c'est embrasser une condition. Le pacte qui lie le chevalier à son ordre témoigne de son respect de la règle et de son engagement total. On est proche de l'acte de foi. Il en sera de même plus tard chez les grands professionnels sportifs qui, en entrant dans une congrégation, rejoignent une caste. Tous font un vœu.

Livre de l'ordre de chevalerie

Quiconque veut entrer dans l'ordre de chevalerie se doit de considérer et de penser au noble début de la chevalerie. Il convient que la noblesse de son courage et sa bonne éducation concordent et s'accordent à l'origine de la chevalerie. […] Écuyer, sois attentif à ce que tu vas faire si tu entres dans l'ordre de chevalerie […]. Élection, cheval, armes et seigneurie ne suffisent encore au grand honneur propre au chevalier. Il convient qu'on lui donne aussi un écuyer et un palefrenier qui le servent et qui prennent soin des bêtes. Il convient également que le peuple laboure, bêche et peine pour que la terre produise les fruits dont se nourrissent le chevalier et ses bêtes, et que le chevalier chevauche, exerce sa seigneurie et tire du bonheur de ces choses pour lesquelles les hommes tirent peine et malheur.

[…] La science et l'école de l'ordre de chevalerie exigent du chevalier qu'il fasse apprendre à son fils à chevaucher dès sa jeunesse, et il n'apprendra pas dans sa vieillesse. Et il convient que le fils du chevalier, pendant qu'il est écuyer, sache prendre soin du cheval. Il convient également qu'il soit sujet avant d'être seigneur, et qu'il sache servir un seigneur, car autrement, quand il sera chevalier, il ne connaîtra pas la noblesse de sa seigneurie. C'est pourquoi tout chevalier doit mettre son fils au service d'un autre chevalier pour qu'il apprenne à tailler la viande, à harnacher les montures, et toutes les choses qui appartiennent à l'honneur du chevalier. […] Les fils de chevaliers doivent apprendre d'abord la science propre à la chevalerie, puis être écuyers et voyager avec les chevaliers en divers pays.

[…] Avoir son harnais en bon état et avoir soin de son cheval appartiennent au métier de chevalier. […] Chevaucher, jouter, courir une lance, porter les armes, prendre part aux tournois, tenir tables rondes, manier l'épée, chasser le cerf, l'ours, le sanglier, le lion et autres choses semblables, constituent le métier de chevalier. Car, par tous ces actes, les chevaliers s'habituent aux faits d'armes et à maintenir l'ordre de chevalerie. Donc, comme tous les usages susdits sont propres au chevalier quant à son corps, la justice, la sagesse, la charité, la loyauté, la vérité, l'humilité, la force, l'espérance, l'expérience et les vertus semblables à celles-ci sont propres au chevalier quant à l'âme.

Le métier de chevalier est de maintenir et de défendre la sainte foi catholique […]. Tant est noble le métier de chevalier que chaque chevalier devrait être seigneur et gouverneur d'une terre, mais si nombreux sont les chevaliers que la terre n'y suffirait pas. […] Comme l'empereur ne peut à lui seul gouverner tous les chevaliers, il convient qu'il ait sous son pouvoir des rois qui soient chevaliers et qui l'aident à maintenir l'ordre de chevalerie. Et les rois doivent avoir sous leur pouvoir des comtes, des vicomtes, des vavasseurs et aussi d'autres grades de chevalerie. […]

Le métier de chevalier est de maintenir et de défendre son seigneur terrestre […]. Le métier du chevalier est de maintenir la terre, car par peur des chevaliers, les gens redoutent de ravager les terres et, par crainte des chevaliers, les rois et les princes redoutent de s'opposer les uns aux autres […]. Le métier de chevalier exige de posséder château et cheval pour garder les chemins et défendre les paysans. Il exige d'avoir villes et cités pour maintenir la droiture du peuple, réunir et assembler en un lieu des charpentiers, des forgerons, des savetiers, des drapiers, des marchands et autres métiers correspondant à l'ordonnance de ce monde et indispensables pour subvenir aux besoins du corps […].

Les traîtres, les larrons, les voleurs doivent être poursuivis par les chevaliers. […] Le métier du chevalier est de défendre les veuves, les orphelins et les impotents. […]

De l'examen que doit subir l'écuyer qui veut entrer dans l'ordre de chevalerie

Comme la chevalerie est une pure ordination de la valeur, tout écuyer doit être examiné avant d'être fait nouveau chevalier […]. Pour l'examen d'un écuyer, il convient que l'examinateur soit chevalier et qu'il aime l'ordre de chevalerie, car il est des chevaliers qui préfèrent un grand nombre de chevaliers au fait qu'ils soient bons. La chevalerie n'a pas d'égards pour la quantité et elle aime la noblesse du courage et les bonnes aptitudes, c'est pourquoi si l'examinateur préfère la quantité des chevaliers à la noblesse de la chevalerie, il est indigne d'être examinateur et il faudrait qu'on l'examinât et le blâmât du tort qu'il fait au haut honneur de la chevalerie.

En premier lieu, il convient de demander à l'écuyer qui veut être chevalier s'il aime et craint Dieu […]. L'âge du nouveau chevalier doit être celui qui convient car si l'écuyer qui veut être fait chevalier est trop jeune, il ne peut avoir appris les enseignements propres d'un écuyer avant d'être chevalier. [...]. La haute naissance et la chevalerie conviennent et concordent, car le rang n'est autre chose que la continuation de l'honneur ancien. [...]. Pour l'examen de l'écuyer qui veut être chevalier, il convient que l'on s'enquière de ses aptitudes et de ses mœurs. [...] Tu dois savoir dans quelle intention l'écuyer a la volonté d'être chevalier [...] [attention à ceux qui veulent le devenir « pour être riche ou vivre en seigneur, pour être honoré sans honorer la chevalerie »].

L'écuyer sans armes et sans la richesse nécessaire pour maintenir la chevalerie ne doit pas devenir chevalier. [...]. L'homme contrefait, trop gros ou ayant d'autres défauts corporels qui l'empêchent d'accomplir son métier de chevalier ne doit pas entrer dans l'ordre de chevalerie. [...] On doit interroger et s'enquérir de l'écuyer qui demande à être chevalier s'il a commis une méchanceté ou une tromperie contre l'ordre [...]. Si l'écuyer tire une vaine gloire de ce qu'il fait, il semble ne pas être apte au grade de chevalier, car la vaine gloire est un vice qui détruit les mérites, les récompenses, les bénéfices que peut donner la chevalerie. L'écuyer flatteur ne saurait convenir au métier de chevalier, car le flatteur a une intention corrompue grâce à laquelle il détruit et anéantit la volonté et la loyauté qui conviennent au courage du chevalier. Écuyer orgueilleux, mal élevé, grossier en ses paroles et sale en ses vêtements, au cœur cruel, avare, menteur, déloyal, paresseux, coléreux et luxurieux, ivrogne, gourmand, parjure et qui a d'autres vices semblables à ceux-ci, ne saurait convenir à l'ordre de la chevalerie.

Livre de l'ordre de chevalerie (1275),
traduit du catalan et présenté par Patrick Gifreu,
Édition La Différence, 1991.

JACQUES BRETEL

(XIIIe siècle)

Dans ce tournoi, le comte de Luxembourg et Renaud de Trie vont se livrer une bataille sans merci. Les grandes confrontions poussent les combattants à aller au bout d'eux-mêmes. On exige des protagonistes qu'ils livrent toute leur force dans la bataille. C'est le temps de l'épreuve, ici violente, brutale, bestiale, qui transcende l'affrontement.

Tournoi de Chauvency
(1er-12 octobre 1285)

Lorsque nos deux héros se virent,
vraiment bien en garde ils se mirent,
Et se donnent de prodigieux coups
sur les bras, la tête et le cou,
frappant les heaumes retentissants,
les défonçant et fracassant,
si près s'approchent, que des pommeaux [des épées]
ils se frappent en pleins nasaux
Après les coups, des bras s'enlacent,
Prenant les heaumes, ils s'entrelacent,
Ils tirent, se traînent et se bousculent
Presque à la renverse ils basculent,
Et quand ils peuvent s'échapper,

d'épées d'acier se vont frapper
grands coups pesants, démesurés,
dessus les heaumes azurés.
Fallait voir la mêlée grouiller,
les uns les autres s'escrimer,
couper visages, rênes brisées,
fuir dans les troupes, se pourchasse,
perdre cheval, cheval ravir,
ici furie, là accalmie !
En bien mauvais pas se sont mis,
À mon avis, les mal montés,
Malgré leur bonne volonté !

Tournoi de Chauvency, vers 3775-3800,
version remaniée dont une première version est parue
dans la revue *Histoire médiévale*,

JEAN FROISSART

(1337-1414)

Parmi les nombreuses batailles rapportées dans ses Chroniques *(1369-1410) par Jean Froissart figure celle de Crécy qui se déroula le 26 août 1346. Elle opposa – déjà ! – le royaume de France à l'armée d'Angleterre. Forces en présence sur le terrain militaire, tactiques élaborées, alliances signées, mais aussi retournements de situation imprévisibles, sur un champ de bataille, quand héros et lâches se révèlent, tout peut arriver...*

La bataille de Crécy

Entre eux et les Français il y avait une grande haie de gens d'armes, montés et parés très richement, qui regardaient où en étaient les Gênois. Or, quand ils voulurent s'en retourner, ils ne le purent ; car le roi de France, fort mécontent de les voir ainsi déconfits, commanda et dit : « Or tôt, tuez toute cette ribaudaille, car ils nous empêchent la voie sans raison. » Là vous auriez vu des gens d'armes fondant sur eux pour les férir et frapper, et les plusieurs trébucher et choir parmi eux, qui ne se relevèrent pas. Et toujours tiraient les Anglais plus fort, qui rien ne perdaient de leur trait ; car ils empalaient et ferraient le corps ou les membres des gens et chevaux qui là chutaient et trébuchaient à grand-peine et ne pouvaient être relevés, si ce n'était par force et par l'aide de gens. Ainsi se commença la bataille entre la Broye et Crécy-en-Ponthieu, ce samedi à l'heure de vêpres.

Le vaillant et gentil roi de Behaigne, qui s'appelait messire Jean de Luxembourg, car il était fils de l'empereur Henri de Luxembourg, entendit par ses gens que la bataille était commencée ; car quoiqu'il fût là armé et en grand équipement, il ne voyait goutte, car il était aveugle. Aussi demanda-t-il aux chevaliers qui étaient proches de lui comment l'ordonnance de leurs gens se portait. Ils lui en rapportèrent la vérité et lui dirent : « Monseigneur, ainsi et ainsi est ; tous les Gênois sont déconfits, et a commandé le roi de tous les tuer ; et la mêlée entre nos gens et eux est si grande, que c'est merveille, car ils choient et trébuchent l'un sur l'autre, et nous empêchent trop grandement. » – « Ha ! répondit le roi de Behaigne, c'est un triste signe pour nous. » Lors demanda-t-il après le roi d'Allemaigne son fils et dit : « Où est messire Charles mon fils ? » Ils répondirent : « Monseigneur, nous ne savons ; nous croyons bien qu'il soit d'autre part et qu'il combatte. » Alors, le roi dit à ses gens avec vaillance : « Seigneurs, vous êtes mes hommes, mes amis et mes compagnons ; aujourd'hui, je vous prie et requiers très spécialement de me mener si avant que je puisse férir un coup d'épée. » Et ceux qui étaient avec lui et qui aimaient son honneur, lui accordèrent. Il y avait là le Moine de Basele, qui ne l'eût pas laissé ; et aussi plusieurs bons chevaliers de la comté de Luxembourg qui l'entouraient : aussi, pour s'acquitter de leur promesse et ne pas le perdre dans la mêlée, ils se lièrent par les freins de leurs chevaux tous ensemble et mirent le roi leur seigneur tout devant, pour mieux accomplir son désir ; et ainsi s'en allèrent-ils sur leurs ennemis.

Vérité est de dire que de si grands gens d'armes et de si noble chevalerie et en tel nombre étaient avec le roi de France, il en résulta trop peu de grands faits d'armes ; car la bataille commença tard et les Français étaient fort las à leur arrivée. Toutefois, les vaillants hommes et les bons chevaliers, pour leur honneur, chevauchaient toujours avant, et préféraient mourir que se voir reprocher la fuite. Il y avait là le comte d'Alençon, le comte de Blois, le comte de Flandre, le duc de Lorraine, le comte de Harecourt, le comte de Saint-Pol, le comte de Namur, le comte d'Auxerre, le comte d'Aumale, le comte de Sancerre, le comte de Salebruche, et tant de comtes, de barons et de chevaliers qu'on ne pouvait les compter.

Il y avait aussi messire Charles de Behaigne, qui s'appelait et s'écrivait déjà roi d'Allemaigne et en portait les armes. Il vint avec une troupe nombreuse jusqu'à la bataille ; mais quand il vit que la chose allait mal pour eux, il s'en alla : je ne sais pas quel chemin il prit. Ce que ne fit pas le bon roi son père, car il alla si avant sur ses ennemis qu'il férit un coup d'épée, voire trois, voire quatre, et combattit très vaillamment. Tous ceux qui l'accompagnaient firent de même ; et ils le servirent si bien et fondirent si avant sur les Anglais, que tous y demeurèrent, aucun n'en revint. On les trouva le lendemain sur la place autour de leur seigneur et leurs chevaux tous attachés ensemble.

Les Chroniques de sire Jean Froissart,
livre I, chap. 287-288, texte établi
par J. A. C. Buchon, 1369, Auguste Desrez libraire-éditeur, 1835.

EUSTACHE DESCHAMPS

(1346 ?-1407 ?)

Soutenant que chacun peut être poète par la grâce de l'inspiration, Eustache Deschamps était aussi huissier d'armes de Charles V et écuyer du duc d'Orléans. Un combattant accompli. C'est dans ce « Notable enseignement » que se trouve le fameux « exercitez-vous » (exercez-vous). Alimentation, sommeil, hygiène : le régime de vie du sportif-chevalier s'y trouve intégralement décrit.

Notable enseignement

Gardez-vous de replection
De viande, et de poisson,
Et de travail après manger,
Car nature en souffre danger.

Châtaignes, pommes, nèfles, poires,
Blanches prunes, grosses ou noires,
Ne mangez, ne semblables fruits,
Car ils nuisent et crus et cuis.

Exercitez-vous au matin,
Si l'air est cler et enterin,

Et soient vos mouvements trempés,
Par les champs, les bois et les prés

Et si le temps n'est de saison,
Prenez l'esbat en votre maison,
Ou autre part en lieux plaisants.
Vivez toujours liés et joyeux ;

Gardez-vous en hiver du froid,
Vêtez-vous et fourrez adroit
De robe et de bon garnement ;
Et si vous couchez mollement,

En vous faisant si bien couvrir
Que le vent ne puisse courir
Ne demeurez en votre chambre ;
Faites bon feu d'encens et d'ambre,

Ou de genièvre faites fumée
Par l'air gros en votre cheminée,
Et en été tout le contraire
Pour le soleil vous convient faire.

Avoir haute chambre et joyeuse,
Le mai et herbe gracieuse,
L'eau rose à vous rafraîchir,
Lit de coton pour vous gésir.

Pour couvrir, garder des crucelles ;
Et si devez toudis vos selles
Évacuer, quand l'appétit
Vous fassiez, tant y fassiez petit.

Robe de fin drap ou de soie,
Légère avoir et sans courroie,

Double de cendal qui l'ara,
Ou d'autre qui mieux ne pourra.

Eau de chiches bien souvent
User, car je vous y convaincs,
Que profitable est à tout homme ;
Et si après dîner vous prenez somme,

Incontinent dormir allez ;
Avant un peu vous ébattre
Et tout pour la replection
Qui engendre indigestion,

Remue flemme et maint autre mal ;
Et si aller vous faut à cheval,
Chevauchez à la matinée
Assez fort, mais puis la dînée
Devez chevaucher doucement.

Poésies morales et historiques : Notable enseignement,
De L'Imprimerie de Crapelet, 1832.

ENGUERRAND DE MONSTRELET

(1390 ?-1453)

Comment remporter une victoire ? La bravoure est une vertu, c'est entendu. Mais la ruse et le don d'observation sont peut-être les qualités que partage tout vainqueur de combat. La tête et les jambes : vieille antienne. Appliquant un schéma tactique propre à endormir la vigilance de l'adversaire, cette fois ce sont les Anglais qui se rendent maîtres des Français.

Le comte Waleran de Saint-Pol mena une armée devant le château de Merck et fut vaincu par les Anglais

Aux environs du mois de mai de cette année, Waleran de Luxembourg, comte de Ligny et de Saint-Pol, capitaine de Picardie et du territoire de Boulogne, au nom du roi de France, rassembla une armée en Picardie ; il y eut cinq cents archers, cinquante arbalétriers génois et environ mille flamands venus des marches de Gravelines. Il conduisit cette armée à Saint-Omer, vers Tournehan et de là, il alla assiéger une forteresse anglaise nommée Merck, située à une lieue environ de Calais. Les Anglais de cette forteresse, accompagnés d'autres garnisons des environs couraient actuellement le territoire de Boulogne et les terres voisines. Le comte fit lever des engins de siège devant les murs de Merck ; il en avait un grand nombre à sa disposition, et parvint à causer de grands dommages. Les Anglais se défendirent vaillamment pourtant, et le comte ne put venir à bout de cette place par la force. Il se rendit compte qu'il devrait sacrifier beaucoup d'hommes s'il voulait prendre la forteresse, et cette solution était loin de le convaincre.

Finalement, il logea ses hommes dans des maisons de la ville, laquelle était entourée de vieux fossés que le comte fit réparer pour se prémunir d'éventuelles attaques d'Anglais venus de Calais ou d'autres garnisons. Le lendemain, il fit attaquer la garnison du château et la place fut prise. Les assaillants y prirent des chevaux, des juments, des vaches et des brebis. Lors de cet assaut Jean de Bérangeville fut gravement blessé et il en mourut peu de temps après.

Le même jour, environ cent mille hommes d'armes chevauchèrent non loin des positions françaises ; ils les regardèrent, se firent voir, puis rentrèrent à Calais. Par l'intermédiaire d'un héraut, ils firent savoir au comte de Saint-Pol, dès le lendemain, qu'ils dîneraient volontiers avec lui, s'il voulait bien les attendre. Il leur fut répondu, par le même héraut, qu'ils trouveraient le dîner préparé et seraient honorablement reçus.

Le lendemain matin, deux cents hommes d'armes sortirent à nouveau de Calais ; il y avait avec eux deux cents archers et environ trois cents homme de pied, légèrement armés. Ils menaient avec eux douze ou treize chariots, remplis de vivre et d'artillerie. Le responsable de ce convoi se nommait Richard Aston ; c'était un chevalier anglais qui travaillait pour le compte de Sombreset, le frère d'Henri de Lancastre, roi d'Angleterre. Ils se mirent en route tranquillement, jusqu'à ce qu'ils soient en vue des positions ennemies. Les espions et les éclaireurs des Anglais rapportèrent alors que l'ennemi ne semblait pas se préparer au combat, comme il aurait dû le faire. Les hommes restaient sans rien faire, dans les fossés. Au bout d'un long moment, les Anglais profitèrent de l'oisiveté de leurs ennemis. Ils se mirent à tirer flèches et traits, sans que les Français puissent se défendre correctement. Peu de temps après, les Flamands et les gens de pied prirent la fuite pour éviter les flèches ennemies. De nombreux gens d'armes les imitèrent, tout comme les arbalétriers génois, qui depuis le combat de la veille, n'avaient pas réparé leurs armes ni préparé de nouveaux projectiles pour leurs arbalètes. Leur artillerie était encore dans les chars et leur défense en souffrit considérablement.

Ainsi, les Anglais vainquirent les Français sans faire trop d'efforts et sans trop de pertes. Ils furent victorieux et emportèrent la place.

Chronique, 1400-1444, t. 1, « Chronique 1405 », chap. XXIV,
traduction de Nathalie Desgrugillers,

CHRISTINE DE PISAN

(1364 ?-1430 ?)

Dans une biographie extrêmement documentée, texte d'analyse de première main sur la guerre de Cent Ans, Christine de Pisan consigne chaque fait de la vie de son maître et mentor Charles V. Parmi les qualités de ce dernier, son aptitude à être un grand chevalier. Qu'est-ce qu'un grand chevalier ? Christine de Pisan répertorie et décrit les « quatre grâces nécessaires à chevalerie » que possède son bon roi.

Les nobles vertus de chevalerie

Quelquefois il advenait, et assez souvent dans le temps de l'été, que le roi allait s'ébattre en ses villes et châteaux hors de Paris, lesquels fort richement il avait fait refaire et réparer en somptueux édifices, comme à Melun, Montargis, Creil, Saint-Germain en Laye, au bois de Vincennes, à Beauté et maints autres lieux. Là il chassait quelquefois et se promenait pour la santé de son corps, désireux d'avoir un air doux et frais. Mais en toutes ses allées, venues et séjours, tout ordre et toute mesure se trouvaient gardés ; car jamais il ne laissa d'expédier ses besognes quotidiennes ainsi qu'il le faisait à Paris.

Sa manière accoutumée de chevaucher était d'ordre notable, avec une très grande compagnie de barons et princes et gentilshommes bien montés et en riches habits, lui monté sur un palefroi de grand prix, de tout temps vêtu en habit royal, chevauchant entre ses gens ; lesquels étaient si loin de lui, par telle et si honorable ordonnance, que, par le maintien orné de sa belle contenance, tout homme, étranger ou autre, pouvait bien savoir et connaître lequel de tous était le roi ; ses gentilshommes devant lui rangés, et ses gens d'armes, tous apprêtés comme pour combattre, au nombre et quantité de plusieurs lances, lesquels étaient sous le commandement de capitaines, chevaliers notables, et tous recevaient de beaux gages pour l'exercice de cet office ; les fleurs de lis en écharpe portées devant lui, et le manteau d'hermines porté par l'écuyer d'écurie, ainsi que l'épée et la couronne royales, selon les nobles anciennes coutumes royales.

Devant et après, les plus prochains du roi, chevauchaient les princes et les barons de son sang, ses frères ou autres ; mais jamais personne ne l'approchait, à moins qu'il ne fût appelé. Après lui étaient menés en main plusieurs gros destriers fort beaux, ornés de fort riches harnais de livrée ; et quand il entrait dans les bonnes villes où il était reçu par le peuple à grand'joie, ou lorsqu'il chevauchait dans Paris où toute ordonnance était gardée, cela semblait bien la suite de très haut, magnifique, très puissant et très ordonné prince.

Et ainsi ce très sage roi avait à cœur en toutes ses actions la noble vertu d'ordre et de convenable mesure. Et ces cérémonies royales, il ne les accomplissait pas tant au goût de son plaisir, que pour garder, maintenir et donner exemple à ses successeurs à venir, et leur faire savoir que, par ordre solennel, se doit tenir et mener le très digne degré de la haute couronne de France, à laquelle toute magnificence souveraine est due et appartient.

Le Livre des faits et bonnes mœurs du sage roi Charles V, chap. 11, Société de Saint-Augustin, Desclée, De Brouwer et Cie, 1892.

RENÉ Ier, DUC D'ANJOU

(1409-1480)

Nostalgique d'une époque révolue, ce livre richement illuminé compile les usages des tournois de chevalerie. On y découvre à quel point le protocole et la codification des règles pèsent sur le jeu. Le tournoi est une représentation symbolique de la guerre, son artefact. Mais c'est tout autant, comme pour les grandes joutes sportives d'aujourd'hui, une affaire sérieuse qui doit se parer d'un décorum.

Comment se préparer au tournoi

Les lices doivent être d'un quart plus longues que larges, et de la hauteur d'un homme, ou d'une brasse et demie, de fort bois carré à deux travers, l'un haut et l'autre bas jusques au genou ; et doivent être doubles, c'est-à-dire d'autres lices par dehors à quatre pas près des premières lices, pour les serviteurs à pied, afin les préserver hors de la mêlée. Là-dedans doivent se tenir les gens armés et non armés commis de par les juges pour garder les participants au tournoi de la foule du peuple. Et quant à la grandeur de la place des lices, il les faut faire grandes ou petites selon la quantité des participants au tournoi l'avis des juges.

Et pour ce qu'il me semble que désormais les harnais et les habillements pour tournoyer sont assez suffisamment décrits, je retourne à diviser et déclarer les façons, statuts et cérémonies qu'il convient de garder pour bien et honorablement faire et accomplir ledit tournoi.

Et pour commencer, vous avez pu entendre par le cri du roi d'armes comment il fait savoir à tous ceux qui doivent participer audit tournoi, qu'il n'y ait faute, de quelque façon que ce soit ; qu'ils ne soient, le jeudi troisième jour avant le jour du tournoi, avant l'heure de tierce, rendus à leurs auberges, sous peine de ne pas être reçus audit tournoi, pour arborer leurs blasons aux fenêtres. Il est donc nécessaire de savoir l'ordonnance et la manière comment les tournoyeurs doivent entrer en la ville où se doit tenir ledit tournoi.

Et premièrement, les princes, seigneurs, ou barons qui voudront déployer leur bannière au tournoi, doivent se mettre en peine d'être accompagnés, principalement à l'entrée qu'ils feront en la ville, de la plus grande quantité de chevaliers et écuyers tournoyants qu'ils pourront rassembler ; ainsi doivent-ils faire ; leur entrée comme ci-après s'ensuit.

Le destrier du prince, seigneur ou baron en chef des autres chevaliers et écuyers qui l'accompagnent, doit être le premier entrant dans la ville, couvert de la devise du seigneur et quatre écussons de ses armes placés aux quatre membres dudit cheval, et la teste emplumée de plumes d'autruche, et au col le collier de clochettes, un bien petit page sur le dos ou en selle, comme mieux lui plaira. Et à la suite dudit destrier doivent pareillement entrer les destriers des autres chevaliers et écuyers tournoyants de sa compagnie, deux par deux, ou chacun par soi à leur plaisir, ayant toutefois leurs armes aux quatre membres, ainsi qu'il a été dit avant. Et après lesdits destriers doivent aller les trompettes et ménestrels, cornant et sonnant, ou autres instruments tels qu'il leur plaira ; et puis après, leurs héraults ou poursuivants revêtus de leurs cottes d'armes ; et après eux, lesdits chevaliers et écuyers tournoyants avec leur suite de tous leurs gens.

Le Livre des tournois du roi René,
texte établi par Théodore de Quatrebarbes,
Cosnier et Lachèse, 1843.

LE PAS DU PERRON FÉE

(récit anonyme, xve siècle)

Un « pas d'armes » est un exercice de joute où les chevaliers se disputent un terrain selon des modalités très précises. Ce récit raconte le « pas » que tint Philippe de Lalaing, seigneur flamand, en 1463 à Bruges. Espace plus théâtral que belliqueux, le « pas d'armes » permet de rejouer les assauts des chevaliers d'antan. Organisé autour d'un scénario complexe qui désamorce la violence, l'affrontement y devient courtois, voire ludique.

Le nain annonce au chevalier les conditions dictées par la dame du Perron Fée

La dame veut que dès le premier dimanche de février vous soyez au Perron, prêt à commencer votre entreprise.

S'il advenait (ce que Dieu ne veuille !) que, en exécutant les pénibles et dangereuses conditions prescrites ci-dessus, vous fussiez blessé ou gravement atteint et que vous ne puissiez plus être capable de porter les armes, celui qui vous aurait ainsi atteint ou blessé serait tenu d'achever en votre nom le reste de l'entreprise. C'est la volonté de ma dame. Vous serez tenu dans ce cas de laisser vos chevaux, harnais et habillements pour qu'on vienne à bout de votre entreprise mais si, les jours suivants, vous voulez rentrer en vos possessions, vous le pourrez.

Et afin que l'on puisse, parmi tant de chevaliers et de nobles hommes, trouver le meilleur, celui qui aura été reconnu pour avoir accompli les exploits les plus excellents conformément à l'écu qu'il aura touché, celui qui aura rempli les trois conditions du Pas entre tous les autres, celui-là seul et nul autre gagnera le premier prix ; ce dernier lui sera donné et présenté au lieu et en la manière que la dame se réserve de décider quand il en sera temps.

Ma dame veut – il faut le signifier ainsi – que tous les chevaliers et écuyers en récompense de la peine qu'ils auront prise pour vous délivrer, reçoivent chacun un prix égal lors d'une cérémonie dont le mystère sera plaisant et ne suscitera pas l'envie. La remise du prix aura lieu le soir du dernier jour.

Ma dame m'a commandé de vous dire que les jours où vous combattrez selon lesdits écus, il y aura un pavillon de bois ; des chevaliers accompagnés d'officiers d'armes qui seront vos juges s'y installeront ; vous et les autres serez tenus de faire ce qu'ils vous ordonneront. Ils rapporteront aussi les exploits de chacun à leur dame afin qu'on puisse donner le prix à ceux qui l'auront mérité.

Au perron, il y aura un cor pendu ; ma dame veut que lorsqu'un chevalier ou écuyer l'aura sonné, vous vous retiriez incontinent. Car on ne le sonnera point à nouveau avant que le combat contre tous ceux de l'écu qui sera touché ne soit achevé.

Le chevalier remercia à nouveau la dame et le nain ; pour abréger le temps de sa captivité, il s'avisa de dicter ces lettres. Et moi, qui d'aventure étais là, j'ai pris la charge de venir les apporter et d'annoncer l'aventure du Perron Fée.

Traduction de Colette Beaune,
in *Splendeurs de la cour de Bourgogne*,
Robert Laffont, coll. « Bouquins », 1995.

PONTHUS ET SIDOINE

(récit anonyme, XVe siècle)

Le vrai vainqueur n'humiliera pas le vaincu. Il dévoilera sa bonté d'âme et témoignera à son partenaire tout le respect qu'il lui doit. Ainsi, dans l'extrait de ce roman, un énigmatique Chevalier Noir épargne Landry de La Tour. Le roman de chevalerie du Moyen Âge tardif se réapproprie les codes chevaleresques en les glorifiant. Le récit sportif, à son tour, s'imprégnera de cet idéal.

Combat du Chevalier Noir contre Landry de La Tour

Le jour était beau et ensoleillé. Le seigneur de Lusignan, qui était un excellent chevalier, s'équipa de toutes ses armes et vint devant la fontaine. Le Chevalier Noir sortit du pavillon, la lance au poing, l'écu au cou. Dès que les deux hommes se virent, ils lâchèrent la bride à leurs chevaux ; ils échangèrent des coups si violents que les chevaux tombèrent sur leur arrière-train et les cavaliers manquèrent de tomber avec eux. Ils se relevèrent, reprirent d'autres lances robustes, massives et munies d'un fer tranchant ; ils s'éloignèrent puis vinrent de toute la vitesse possible pour s'affronter, hommes et chevaux. Ils se donnèrent des coups si violents sur leurs écus à bosse qu'ils tombèrent avec leurs chevaux ; le choc fut si rude que le cheval de Geoffroi de Lusignan tomba sur lui, la tête du cheval sous le cavalier. Ni le cavalier ni le cheval ne pouvaient bouger, car Geoffroi avait la cuisse et la jambe écrasées par le poids du cheval et se trouvait très mal en point. Ponthus, quant à lui, se releva avec son cheval et tout son harnachement, honteux d'avoir été ainsi abattu. Il regarda le chevalier qui ne pouvait se dégager de dessous son cheval. Il mit alors pied à terre et, venant aider son adversaire, réussit à le libérer. Geoffroi avait le pied démis et ne pouvait se tenir que sur l'autre ; néanmoins, en homme de grand courage et de grande vaillance, il mettait la main à l'épée. Mais Ponthus, voyant qu'il ne pouvait s'appuyer que sur un pied, ne voulut pas le frapper et le laissa donner un coup ou deux puis lui dit :

« Seigneur chevalier, je vous vois en situation difficile et il serait honteux de ma part de me battre contre vous.

— Pourquoi, dit Geoffroi, je ne me tiens pas pour vaincu aussi longtemps que je pourrai tenir mon épée. »

Tandis qu'il mettait toute son énergie à frapper Ponthus, son pied heurta une pierre et il tomba à terre. Ponthus l'aida à se relever.

« Seigneur, si vous étiez parfaitement valide, je vous attaquerais, mais je vois bien que vous êtes blessé. Ce n'est pas à moi que vous vous rendrez, mais à la plus belle demoiselle de Bretagne à l'autorité de qui vous vous soumettrez ; saluez-la de la part du Chevalier Noir. Je vous en prie, ne poursuivons pas davantage, car je sais bien que, si vous étiez en pleine possession de vos moyens, vous ne me causeriez pas aussi peu de dommage, car je connais votre vaillance depuis longtemps. »

Quand Geoffroi vit la générosité du chevalier, il l'en apprécia encore davantage et lui dit :

« Seigneur, j'irai là où il vous plaira de me l'ordonner. Si je pensais que cela ne vous était pas désagréable, je vous demanderais votre nom.

— Seigneur, ni vous ni quiconque ne le saurez pour le moment. »

Geoffroi se tait sans chercher à en savoir plus.

Ponthus prit congé de lui et regagna la forêt par les chemins cachés qu'il connaissait, comme il l'avait fait la fois précédente. Les gens qui avaient assisté à la bataille étaient très étonnés et disaient entre eux :

« Le Chevalier Noir est très noble et très courtois. N'avez-vous pas vu sa générosité : il n'a pas voulu toucher le chevalier quand il l'a vu si mal en point et il l'a relevé par deux fois. »

Traduction de Marie-Claude de Crécy,
in *Récits d'amour et de chevalerie*
Robert Laffont, coll. « Bouquins », 2000, chap. VIII.

III

ÉPOQUE MODERNE

UNE MORALE DU CORPS EN ACTION

À la fin du Moyen Âge, la pratique du sport s'affranchit clairement de sa coutume militaire. S'il en reste un usage, c'est dans l'exigence que réclame une pratique. D'un autre côté, l'activité physique devient éducation physique. Ce corps qui se plaît de plus en plus à « s'exerciter », comme le dit Rabelais, trouve aussi du plaisir à se mettre en scène. Désormais socialisé, volontiers en représentation, le corps se redécouvre un fondement moral qu'il avait oublié depuis ses racines culturelles grecques. Bien se tenir, c'est bien présenter, mais c'est aussi bien agir. La notion de beau jeu fait son apparition.

Au XVIIe siècle, la folie du jeu de paume et de la courte paume s'empare de la France. Le terrain de sport investit la ville. Le jeu de paume devient « le roi des sports et le sport des rois ». Henri IV, qui en est toqué, le pratique avec foi et ardeur. Réglementation des gains, officialisation des pratiques, la voie du sport professionnel est ouverte.

Le XVIIIe siècle sera le siècle de l'apparition des cours d'éducation physique. On pense un homme nouveau à travers une morale du corps. L'esprit des Lumières vient éclairer le corps. On organise les premières olympiades. Thomas Arnold révolutionne le système pédagogique anglais. Sa devise : « Entraîner les corps et les esprits. »

L'étonnant développement des savoirs, en anatomie par exemple, permet de mieux comprendre le fonctionnement du corps. Celui du sportif se révèle comme une belle machine qu'on scrute de près. Escrime, équitation et danse permettent à l'honnête homme de le fortifier et, à l'instar de la chasse, de se préparer à la guerre. L'École royale militaire (1751-1777) ainsi que les collèges militaires donnent au maniement des armes une place de choix dans leur entraînement.

CHARLES D'ORLÉANS

(1394-1465)

Au XVe siècle, la folie du jeu de paume a envahi la France. Le poète Charles d'Orléans, féru de ce sport ancêtre du tennis, exploite subtilement le registre lexical du jeu (l'« avantage », le « bon gage », les « chasses ») pour dire les assauts du temps sur un corps qui vieillit mais s'évertue encore à jouer. Le déroulement d'une partie est à sa façon une métaphore de l'existence.

Ballade

J'ay tant joué avecques Aage
À la paulme que maintenant
J'ay quarante-cinq ; sur bon gage
Nous jouons, non pas pour néant.
Assez me sens fort et puissant
De garder mon jeu jusqu'à cy,
Ne je ne crains riens que Soussy.

Car Soussy tant me descourage
De jouer, et va estouppant
Les cops que fiers a l'avantage.
Trop seurement est rachassant ;
Fortune si lui est aidant :

Mais Espoir est mon bon amy,
Ne je ne crains rien que Soussy.

Vieillesse de douleur enrage
De ce que le jeu dure tant,
Et dit, en son felon langage,
Que les chasses dorenavant
Merchera, pour m'estre nuisant ;
Mais ne m'en chault, je la deffy,
Ne je ne crains riens que Soussy.

Se Bon Eur me tient convenant,
Je ne doubte, ne tant ne quant,
Tout mon adversaire party,
Ne je ne crains riens que Soussy.

Ballade, 1460.

FRANÇOIS RABELAIS

(1483/1493-1553)

Gargantua fait du sport ! La liste de ses pratiques sportives est impressionnante, ces « exercitations corporelles » sont au nombre de 218. Équitation, natation, escrime, jeu de balle et de paume, etc. Dans cet extrait, la pédagogie de son précepteur Ponocrates place l'activité physique comme un parachèvement des apprentissages intellectuels. C'est par le sport que Gargantua devient un homme accompli. Équilibre retrouvé, le modèle renaissant est né.

Comment Gargantua fut éduqué par Ponocrate selon une méthode qui lui permettait de ne pas perdre une heure de la journée

Quand Ponocrate connut la vicieuse manière de vivre de Gargantua, il décida de lui enseigner les lettres d'une autre façon. Mais, pour les premiers jours, il laissa faire, considérant que la nature ne supporte pas de soudaines mutations sans grande violence.

Ainsi, pour mieux commencer son œuvre, il pria un savant médecin de ce temps-là, nommé Maître Théodore, de considérer s'il était possible de remettre Gargantua en meilleure voie. Ce médecin le purgea selon les règles avec de l'ellébore d'Anticyre, et, grâce à ce médicament, lui nettoya le cerveau de toute altération et perverse habitude. Par ce moyen, Ponocrate lui fit aussi oublier tout ce qu'il avait appris avec ses anciens précepteurs, comme le faisait Timothée avec les disciples qui avaient été instruits par d'autres musiciens.

Pour mieux y parvenir, il l'introduisit dans les cercles de savants qui se trouvaient là. Par émulation, son esprit se développa, ainsi que le désir d'étudier autrement et de montrer sa valeur.

Ensuite, il le soumit à un rythme d'étude tel qu'il ne perdait pas une heure de la journée, mais consacrait au contraire tout son temps aux lettres et au noble savoir.

Gargantua s'éveillait donc vers quatre heures du matin. Pendant qu'on le frictionnait, on lui lisait une page des saintes Écritures, à voix haute et claire, avec la prononciation requise par le sujet. Cette tâche était dévolue à un jeune page natif de Basché, nommé Anagnoste. Suivant le propos et l'argument du passage, bien souvent, il s'employait à révérer, adorer, prier et supplier le bon Dieu, dont la majesté et les merveilleux jugements apparaissaient à la lecture.

Puis il allait aux lieux d'aisance excréter le produit des digestions naturelles. Là, son précepteur répétait ce qu'on avait lu, en lui expliquant les points les plus obscurs et les plus difficiles.

En revenant, ils considéraient l'état du ciel, se demandant s'il était tel qu'ils l'avaient observé la veille au soir, et en quels signes le Soleil ainsi que la Lune entraient ce jour-là.

Cela fait, il était habillé, peigné, coiffé, apprêté et parfumé. Pendant ce temps, on lui répétait les leçons de la veille. Lui-même les récitait par cœur et y appliquait des cas pratiques concernant la condition humaine, qu'ils développaient parfois pendant deux ou trois heures – mais d'ordinaire ils s'arrêtaient lorsqu'il était complètement habillé.

Puis, pendant trois bonnes heures, on lui faisait la lecture.

Cela fait, ils sortaient, en discutant toujours du sujet de la lecture, et ils se rendaient au Grand Braque ou dans les prés. Ils jouaient à la balle, à la paume, à la pile trigone, exerçant vigoureusement leurs corps, comme ils avaient auparavant exercé leurs âmes.

Tous leurs jeux n'étaient que liberté, car ils abandonnaient la partie quand il leur plaisait, et ils s'arrêtaient d'ordinaire lorsque la sueur leur coulait sur le corps ou qu'ils manifestaient un autre signe de fatigue. Ils étaient alors très bien essuyés et frottés, changeaient de chemise et, en se promenant doucement, allaient voir si le repas était prêt. Là, en attendant, ils récitaient d'une voix forte et avec éloquence quelques sentences retenues de la leçon.

Cependant, Monsieur l'Appétit venait, et ils s'asseyaient à table à point nommé.

Au début du repas, on lisait quelque plaisante histoire des anciennes prouesses, jusqu'à ce que Gargantua eût pris son vin. Alors, si bon leur semblait, on continuait la lecture, ou bien ils commençaient à deviser joyeusement ensemble. Les premiers mois, ils parlèrent des vertus, propriétés, effets et qualités naturelles de tout ce qui leur était servi à table : du pain, du vin, de l'eau, du sel, des viandes, des poissons, des fruits, des herbes, des racines, et de la manière de les apprêter. Ce faisant, Gargantua apprit en peu de temps tous les passages relatifs à ce sujet chez Pline, Athénée, Dioscoride, Julius Pollux, Galien, Porphyre, Oppien, Polybe, Héliodore, Aristote, Élien et d'autres. Ces propos tenus, ils faisaient souvent, pour plus de sûreté, apporter à table les livres en question. Et Gargantua retint si bien et si complètement ce qui était dit qu'il n'y avait pas alors un seul médecin qui en savait seulement la moitié.

Après, ils s'entretenaient des leçons lues le matin et parachevaient leur repas avec une confiture de coings. Gargantua se curait les dents avec un tronc de lentisque, se lavait les mains et les yeux de belle eau fraîche, et tous rendaient grâce à Dieu en chantant de beaux cantiques à la louange de la munificence et de la bienveillance divines. Sur ce, on apportait des cartes, non pour jouer mais pour y apprendre mille petites subtilités et inventions nouvelles, qui relevaient toutes de l'arithmétique.

Par ce moyen, il se mit à aimer cette science des nombres et, tous les jours après le déjeuner et le dîner, y passait du temps avec autant de plaisir qu'il en prenait d'habitude aux dés ou aux cartes. Il en sut si bien la théorie et la pratique que Tunstall l'Anglais, qui avait abondamment écrit sur la question, confessa que vraiment, comparé à lui, il n'y comprenait que le haut-allemand.

Il prit goût non seulement à cette discipline mais également aux autres sciences mathématiques, comme la géométrie, l'astronomie et la musique. En effet, pendant qu'il assimilait et digérait son repas, ils faisaient mille jolis instruments et figures géométriques, et mettaient aussi en pratique les lois de l'astronomie. Après quoi ils s'amusaient à chanter harmonieusement à quatre ou cinq voix, ou sur un thème donné, à pleine gorge.

Quant aux instruments de musique, il apprit à jouer du luth, de l'épinette, de la harpe, de la flûte traversière et de la flûte à neuf trous, de la viole et de la saqueboute.

Cette heure ainsi employée, la digestion parachevée, il se purgeait des excréments naturels, puis se remettait à son étude principale pendant trois heures ou plus, tant pour répéter la lecture matinale que pour poursuivre le livre entrepris et aussi pour écrire, bien tracer et bien former les antiques lettres romaines.

Cela fait, ils sortaient de leur demeure en compagnie d'un jeune gentilhomme de Touraine nommé l'écuyer Gymnaste, qui lui enseignait l'art de chevalerie.

Changeant alors de vêtements, il montait un coursier, un roussin, un genet, un cheval barbe, cheval léger, et le faisait courir de tous côtés, volter en l'air, franchir le fossé, sauter la barrière, tourner court dans un cercle, aussi bien à droite qu'à gauche.

Alors, il ne rompait pas la lance, car c'est la plus grande sottise du monde que de dire : « J'ay rompu dix lances au tournoi, ou à la bataille. » Un charpentier en ferait autant ! Mais une louable gloire attend celui qui, d'une lance, a rompu dix de ses ennemis.

Donc, de sa lance acérée, solide et rigide, il rompait une porte, enfonçait une armure, renversait un arbre, enfilait un anneau, enlevait une selle d'armes, un haubert, un gantelet.

Tout cela, il le faisait armé de pied en cap. Quant aux parades en musique et aux petits sons de la bouche, nul cavalier ne s'y entendait mieux que lui. Le voltigeur de Ferrare n'était qu'un singe en comparaison. En particulier, on lui apprenait à sauter rapidement d'un cheval sur un autre sans mettre pied à terre – on les appelait *chevaux de voltige* –, à monter sans étriers des deux côtés, la lance au poing, et à guider sans bride le cheval à sa guise, car de telles choses sont utiles pour la discipline militaire.

Un autre jour, il s'exerçait à la hache. Il la faisait si bien glisser, la resserrait si vite pour ses coups de pointe, l'abaissait si souplement pour donner un coup de taille en cercle, qu'il aurait pu passer chevalier d'armes en campagne et dans toutes les épreuves.

Puis, il brandissait la pique, frappait de l'épée à deux mains, de l'épée bâtarde, de la rapière espagnole, de la dague et du poignard, avec ou sans armure, au bouclier, à la cape ou à la rondache.

Il courait le cerf, le chevreuil, l'ours, le daim, le sanglier, le lièvre, la perdrix, le faisan, l'outarde. Il jouait au ballon et le faisait bondir, avec le pied et avec le poing.

Il luttait, courait, sautait, non avec trois pas d'élan, ni à cloche-pied, ni à l'allemande, car Gymnaste disait que de tels sauts sont inutiles et sans intérêt en temps de guerre. Mais d'un saut il franchissait un fossé, volait par-dessus une haie, montait de six pas contre une muraille et grimpait de cette façon jusqu'à une fenêtre de la hauteur d'une lance.

Il nageait en eau profonde, sur le ventre, sur le dos, sur le côté, en se servant de tout le corps ou seulement des pieds ; ou bien, la main en l'air refermée sur un livre, il traversait toute la Seine sans mouiller ce dernier, en traînant son manteau avec les dents, comme le faisait Jules César. Puis, en prenant appui sur une main, il montait avec vigueur dans un bateau, d'où il se jetait de nouveau à l'eau, la tête la première, sondait le fond, explorait le creux des rochers, plongeait dans les abîmes et les gouffres. Puis il tournait le bateau, le gouvernait, le menait rapidement, lentement, au fil de l'eau, à contre-courant, le retenait au milieu d'une écluse, le guidait d'une main, s'escrimait de l'autre avec un grand aviron, tendait la voile, montait au mât par les cordages, courait sur les vergues, ajustait la boussole, tendait les boulines contre le vent, serrait fort le gouvernail.

Sortant de l'eau, il gravissait rapidement la montagne et la dévalait aussi résolument, grimpait aux arbres comme un chat, sautait de l'un à l'autre comme un écureuil, abattait les grosses branches comme un autre Milon. Avec deux poignards acérés et deux poinçons à toute épreuve, il montait en haut d'une maison comme un rat, puis sautait en bas, les membres positionnés de telle façon qu'il ne ressortait pas du tout blessé de la chute.

Il lançait le dard, la barre, la pierre, la javeline, l'épieu, la hallebarde. Il tendait l'arc, bandait à la force des reins les fortes arbalètes de siège, visait à l'œil nu avec l'arquebuse, affûtait le canon, tirait à la butte, au perroquet, de bas en haut, de haut en bas, devant, sur le côté, en arrière comme les Parthes.

On lui attachait à une haute tour un câble qui pendait jusqu'à terre : il y montait à deux mains, puis redescendait si vite et si sûrement que vous ne feriez pas mieux dans un pré bien nivelé.

On lui fixait une grosse perche entre deux arbres : il s'y pendait par les mains, allait et venait sans rien toucher des pieds, si bien que même en courant à toute vitesse on n'aurait pu le rattraper.

Pour s'exercer le thorax et les poumons, il criait comme tous les diables. Je l'ai entendu une fois appeler Eudémon depuis la porte Saint-Victor jusqu'à Montmatre. Stentor n'eut jamais une telle voix à la bataille de Troie.

Pour fortifier ses muscles, on lui avait fait deux gros saumons de plomb, pesant chacun huit mille sept cents quintaux – il les nommait « altères ». Il les prenait au sol, dans chaque main, et les élevait au-dessus de sa tête. Il les tenait ainsi, sans bouger, trois quarts d'heure et plus – ce qui était un tour de force incomparable.

Il jouait aux barres avec les plus forts. Et au moment du choc, il était si bien campé sur ses jambes qu'il défiait les plus téméraires de le faire bouger de sa place, comme jadis Milon.

À l'imitation de ce dernier, il tenait aussi une grenade à la main et l'offrait à qui pourrait la lui ôter.

Ayant ainsi employé son temps, une fois frictionné, nettoyé, les vêtements changés, il s'en retournait tout doucement. Alors, passant par des prés ou d'autres lieux herbus, ils examinaient les arbres et les plantes, les confrontant avec les livres des Anciens qui en ont écrit, comme Théophraste, Dioscoride, Marinus, Pline, Nicandre, Æmilius Macer et Galien. Ils revenaient au logis les mains pleines de plantes dont un jeune page nommé Rhizotome avait la charge, ainsi que des binettes, des pioches, des serfouettes, des bêches, des houes et autres instruments requis pour bien herboriser.

Une fois arrivés au logis, pendant qu'on préparait le dîner, ils répétaient quelques passages de ce qui avait été lu, et ils s'asseyaient à table.

Notez ici que son déjeuner était sobre et frugal, car il ne mangeait que pour refréner les abois de l'estomac, mais le dîner était copieux et riche, car il prenait tout ce qui lui était nécessaire pour s'entretenir et se nourrir. Tel est le vrai régime prescrit par l'art de la bonne et sûre médecine, même si un tas de sots médecins, tourmentés dans l'officine des sophistes, conseillent le contraire.

Durant ce repas, on continuait la leçon du déjeuner, tant que bon leur semblait ; le reste se passait en bons propos, tous érudits et utiles.

Après avoir rendu grâce, ils s'employaient à chanter mélodieusement, à jouer d'instruments harmonieux, ou bien ils se livraient à ces petits passe-temps que constituent les cartes, les dés et les cornets. Ils demeuraient là, faisant grande chère et s'amusant parfois jusqu'à l'heure du coucher. Quelquefois, ils allaient rendre visite à des cercles de lettrés ou de gens qui avaient vu des pays étrangers.

En pleine nuit, avant de se retirer, ils allaient à l'endroit le plus découvert du logis pour voir l'aspect du ciel, et là, ils observaient les comètes – s'il y en avait –, les figures, les situations, les positions, les oppositions et les conjonctions des astres.

Puis avec son précepteur, Gargantua récapitulait brièvement, à la façon des pythagoriciens, tout ce qu'il avait lu, vu, su, fait et entendu au cours de toute la journée.

Alors, ils priaient Dieu le créateur, l'adorant et confirmant leur foi en lui. En le glorifiant pour son immense bonté, en lui rendant grâce pour tout le temps passé, ils se recommandaient à sa divine clémence pour tout l'avenir. Sur ce, ils prenaient leur repos.

Gargantua, chap. XXIII, translation par Nicolas Le Cadet,
in *Tout Rabelais*, Romain Menini (dir.),
Bouquins la collection-Mollat, 2022.

OLIVIER DE LA MARCHE

(1426-1502)

Diplomate, officier-capitaine, chroniqueur de la cour bourguignonne, Olivier de La Marche est aussi poète et dramaturge. Sous sa plume, les exploits du chevalier Frederik contre les Sarrasins ont tout du parcours épique porté par une dramaturgie haletante. La littérature sportive telle qu'elle se développera au XX*e siècle rependra à son compte ces thèmes propres à l'épopée.*

De la guerre qu'eurent les archiducs d'Austrice contre les Sarrazins ; et comment icelles armes furent par le jeune duc renouvellées

Et en ce temps estoit l'archiduchié departie en plusieurs mains, par partaige d'enffans, successeurs chascun en son droit, et tous se disoient archiducs d'Austrice, comme encoires font et par touttes les seigneuries d'Alemaigne. Sy estoit l'aisné et le chief, au temps de lors, ung noble prince nommé Jaspar. Il avoit nulz enffans et avoit ung jeune frere de 20 ans, nommé Frederick, beau chevalier et de grant corsaige. Et n'estoient pas si bons amis enssamble, pour aucunes questions de partaige, que freres devroient estre par raison. Toutesfois icelluy Frederick fist son assemblée grande et puissante, et marcha pour servir son Dieu et sa loy, garder son honneur, aydier son frere et son chief, et deffendre sa part de la seigneurie d'Austrice. L'archiduc se trouva surprins de la venue des Sarrazins avant que Frederick, son frere, se peust joindre avecques sa compaignie, combien que moult vaillamment ledit Jaspar et les Crestiens reçeurent les mescreans. Là eut moult cruele bataille, et moult de gens mors d'une part et d'autre. Mais les Sarrazins estoient en si grant nombre qu'ilz reculerent les Crestiens à leur grant perte et dommaige, et estoient les Crestiens desconfitz sans remede, quant Frederick, le maisné, arriva sur la place et sa compaignie où pluseurs fugitifz crestiens se ralierent. Et neantmoins, par [la] grant force des Sarrazins, toutes les ensaignes, estandars, banieres, tant de l'archiduc Jaspar comme de Frederick, son frere, furent abbatues et reversées au grant dangier et peril de la fortune. Frederick avoit une blanche parure sur son harnas, pour estre cogneu entre ses hommes, et portoit à son bras dextre ung grand volet de blanche soye. Et pour ce qu'il trouva toutes les banieres et ensaignes de son seigneur et frere et les siennes abbatues et perdues, il prist le vollet [blanc en sa main et plongea ledict volet] au sang des mors telement qu'il fut tout tainct en rouge couleur, excepté le milieu du vollet qu'il tenoit en sa main, qui demoura blanc. De ce fist une nouvelle baniere et s'escria : « Austrice, serviteur de Jhesucrist ! » et se ferist sy merveilleusement et de tel courage parmy les Sarrazins, et tant en occist, abbaty et mehaigna à la bonne suyte qu'il eut, qu'il recouvra la bataille, et furent Sarrazins desconfiz. Et fut le bon Frederick telement blechié et navré sur son corps en diverses parties, que la blanche parure dont ses armes furent couvertes et dont j'ay cy devant touchié, fut toute taincte et rougie de son sang, excepté ce qu'il demoura soubz la chainture de son espée, laquelle demoura blanche. Et comme le blanc demoura en la pongnie du vollet et fist face parmy le vermeil, fist le blanc demouré soubz la chainture face à la parure taincte du sang vermeil, venant du noble prince pour la deffense de nostre foy ; et la bataille gaignie par le vaillant Frederick, il fut sy bien pensé, mediciné, que en brief temps il fut gary, et regna depuis si longhement que par vraye succession il fut seigneur et archiduc d'Austrice, et d'icelluy Frederick vous estes, par succession succedant, venu et yssu. Et pour memoire de la victoire, ledit Frederick, par conseil de sa noblesse, chargea de là en avant les secondes armes teles que je les ay declarées cy dessus.

Or vous ay je monstré pourquoy les armes furent muées et chambgées en Austrice, et pourquoy et comment l'on dist que la vielle Austrice en ses armes porte d'azur à cincq alouettes d'or, et la neufve Austrice porte de gheules à une face d'argent. Et ainsy pourrez entendre par mon escripture et veoir par les blasons entresuivans ce present chapitre, queles sont les armes de la vielle Austrice et de la nouvelle, et comment elles se blasonnent.

Mémoires d'Olivier de La Marche (1562),
Librairie Renouard, 1883, t. I, chap. 2.

MARÉCHAL DE VIEILLEVILLE

(1509-1571)

Gouverneur et diplomate, ambassadeur et conseiller du roi, ce grand noble est au centre du pouvoir. La mort d'Henri II survenue après un tournoi organisé le 30 juin 1559 rue Saint-Antoine est vécue comme un grand choc et met fin aux jeux de chevalerie. À partir de cette date charnière, la pratique des joutes recule considérablement pour laisser la place à des pratiques plus apparentées à des loisirs tels que la danse ou le jeu de paume.

Funeste tournoi

Or faut-il noter, premier que d'entrer en ce mortel discours, qu'à toutes courses, et tant qu'elles durent, toutes les trompettes et clairons sonnent et fanfarent sans cesse, à tue teste et estourdissements d'oreilles. Mais incontinant que tous deux furent entrés en lice, et commencé leurs courses, elles se turent toutes coyes, sans aulcunement sonner, qui nous fist avec horreur présaiger le malheureux désastre qui en advint : car ayants tous deux fort valeureusement couru et rompu d'une grande dexterité et addresse leurs lances, ce mal habile Lorges ne jecta pas, selon l'ordinaire coustume, le tronsson qui demeure en la main, la lance rompue, mais le porta toujours baissé ; et en courant rencontre la teste du Roy, duquel il donna droict dedans la visiere, que le coup haulsa, et luy creva ung œil ; qui contraignit Sa Majesté d'embrasser le col de son cheval, lequel ayant la bride laschée, paracheva sa carriere, au bout de laquelle le grand et premier escuyer se trouverent pour l'arrester, selon la coustume : car, à toutes les courses que faisoit le Roy, ces deux officiers en faisoient aultant hors lice ; et luy osterent son habillement de teste, après avoir descendu de cheval, pour le mener en sa chambre ; leur disant avec parolle fort foible qu'il estoit mort, et que M. de Vieilleville avoit bien preveu ce malheur quand il l'armoit ; et que auparavant il l'avoit instamment voulu divertir de recommencer le tournoy, « et qu'encore tout à ceste heure, il a faict ce qu'il a pu pour m'empescher de faire ceste mauldicte course » ; mais que l'on ne pouvoit fuir ny éviter son destin. Et sur ces propos, il fut conduict et porté en sa chambre par M. Le Grand et M. de Vieilleville, qui fut fermée et interdicte à tout le monde ; de laquelle le Roy ordonna M. de Vieilleville surintendant general, affin que personne n'y entrast, sinon ceulx qui y pouvoient faire service ; comme medecins, chirurgiens, appoticquaires, valets de chambre et de garderobbe qui estoient en quartier ; mesme la Royne n'y sceust entrer, crainte de luy accroistre ses douleurs, ny pas ung des princes se presenta.

Cinq ou six chirurgiens des plus experts de France firent toute diligence et devoir de profondir la playe, et sondre l'endroict du cerveau où les esquilles du tronsson de la lance pouvoient avoir donné. Mais il ne leur fust possible, encores que durant quatre jours ils eussent anatomisé quatre testes de criminels que l'on avoit decapitez en la Conciergerie du palais et aux prisons du grand Chastelet ; contre lesquelles testes on coignoit le tronsson par grande force au pareil costé qu'il estoit entré dedans celle du Roy ; mais en vain.

Le quatriesme jour il reprint ses esprits, car la fievre continue l'avoit laissé, laquelle, depuis l'heure de sa blesseure, ne l'avoit abandonné, et fist appeller la Royne ; et se presentant toute esplorée, il luy commanda de faire depescher les nopces de sa sœur le plustost qu'il luy seroit possible. Puis il demanda à M. de Vieilleville, qui n'avoit jamais abandonné son lict sans se despouiller, et tousjours present quand on le pensoit, où estoit le brevet de l'estat de mareschal de France, qui luy fut incontinant presenté ; et l'ayant Sa Majesté, le bailla à ladicte dame, la priant de le signer tout à l'instant, et en sa presence, ce qu'elle fist ; et luy enjoignist, comme par testament et derniere volonté, d'executer la teneur dudict brevet, sans fraude ny connivence, tout aussi-tost que l'occasion s'y offriroit : ce qu'elle promist sur son honneur et sur son ame.

Puis luy recommanda l'administration du royaume, avec leur fils aisné encores bien jeune, qui luy succedoit ; et qu'elle eust soing de leurs aultres enfants, et qu'elle et eulx priassent et fissent prier Dieu pour son ame ; car, de son corps, il sentoit bien, par l'horrible mal qu'il souffroit, que c'estoit faict de sa vie : la priant là-dessus de se retirer. Ce propos finy, elle le laissa ; Mais si M. de Vieilleville ne l'eust soutenue elle tomboit à terre ; et la fallut porter en sa chambre, où arrivée, et revenue à soy, commencea en toute diligence de donner ordre pour les susdictes nopces, qui furent faictes cinq jours après le commandement, et ressembloient mieulx ung convoy de mortuaire et funerailles, que à aultre chose ; car, au lieu de haultbois, violons et aultres resjouissances, ce n'estoient que pleurs, sanglots, tristesses et regrets ; et, pour mieulx representer ung enterrement, ils espouzerent ung peu après minuict, en l'église Sainct-Paul, avec torches, flambeaux, et toutes aultres sortes de luminaires, pour esclairer toute la suicte : car le Roy avoit desja perdu la parolle, le jugement et tout usaige de raison, ne cognoissant plus personne. Si bien que le lendemain des nopces, qui estoit le dixiesme de juillet 1559, Dieu en fit sa volonté ; et luy, rendit l'esprit.

Laissant, par sa mort, Paris universellement troublé, et le royaume quasi remply de tristesses, d'extremes fascheries et ennuys ; car toute la grandeur des prélats, des seigneurs et de la principale noblesse de France, estoit alors venue en ladite ville pour l'ardant desir que toutes personnes de moyen et de qualité avoient de participer en tant d'aises et de contentements des mariaiges des filles de nos Roys, et du bien de la paix tant desirée et necessaire.

Mémoires de Vieilleville (1559),
chap. XXVIII, « Mort d'Henri II ».

GIROLAMO MERCURIALE

(1530-1606)

Une recherche d'harmonie entre l'homme et le monde : tel est le projet de Mercuriale, médecin de renom officiant à Rome qui concilie habilement les références antiques et les pratiques modernes dans le domaine de la gymnastique. En tous points, l'exercice est bon pour l'homme. Pour sa santé, pour l'organisation de la cité et même pour ses exercices spirituels ! Ce traité, quintessence de l'esprit renaissant, rencontrera un succès considérable.

En quoi diffèrent les trois espèces de gymnastique : la gymnastique guerrière, la gymnastique légitime ou médicale et la gymnastique dévoyée ou athlétique

Pour quiconque se propose de traiter avec précision d'un art ou de quelque sujet, il est bon non seulement d'en exposer la nature et les caractères spécifiques, mais encore de le distinguer de ceux qui, par la nature comme par le nom, présentent en apparence des ressemblances avec lui, afin que les lecteurs, abusés par la similitude des appellations, ne se laissent pas aussi abuser gravement sur l'objet même dont il est question. Étant donné donc que, pour notre part, nous nous sommes proposés de traiter de la gymnastique authentique

que nous avons déjà définie comme une partie de la médecine, mais qu'il existe d'autres sortes de gymnastiques qui s'occupent à peu près des mêmes objets, je pense nécessaire d'en parler afin qu'ainsi on puisse reconnaître très facilement ce qui les différencie.

Reprenant donc ce que nous avons dit précédemment, nous maintenons que la gymnastique tout entière se divise en trois catégories : la gymnastique authentique ou légitime (pour parler comme Galien), la gymnastique guerrière et une troisième sorte, que Galien a appelée « dévoyée ». Bien que toutes trois s'occupent sur le plan théorique et pratique à peu près des mêmes exercices physiques, néanmoins elles diffèrent grandement, ainsi que nous l'avons montré également plus haut, par les buts en vue desquels chacune d'elles a été instaurée. Car la gymnastique pure, qui fait partie de la médecine, se soucie uniquement, par un usage mesuré des exercices, de procurer aux hommes la santé ou de la leur conserver ainsi que de leur permettre d'acquérir une bonne constitution. Ὁμολογῶ, disait Platon, μὴ τὰ πολλά, ἀλλὰ τὰ μέτρια γυμνάσια τὴν εὐεξίαν ἐμποιεῖν τοῖς ἀνθρώποις, ce qui signifie : *Ce n'est pas le nombre des exercices, je le reconnais, mais la modération avec laquelle on les pratique qui favorise chez l'homme le développement d'une bonne constitution*. Étant donné que Galien, tant dans son traité *Ad Thrasybulum* que dans son livre *De tuenda ualetudine*, a montré d'une façon aussi abondante que brillante qu'il en était bien ainsi et comme nous aussi, dans les pages précédentes, nous avons présenté un certain nombre d'éléments concernant cette catégorie, je ne m'attarderai pas davantage à la célébrer en paroles, mais je passerai à la gymnastique guerrière.

Celle-ci visait uniquement à préparer et à former les hommes, les enfants et même, chez certains peuples, les femmes, à l'aide de ces mêmes exercices de façon qu'ils pussent tout à la fois se comporter courageusement à la guerre, repousser l'ennemi, protéger leur patrie et en somme avoir à leur disposition tout le savoir-faire militaire. De fait, bien que ce type de gymnastique procure aussi, comme le précédent, une robuste constitution physique et que d'une certaine façon, il préserve la santé, comme cependant son but premier est de rendre les hommes aptes à faire la guerre avec courage, il est parfaitement clair par conséquent qu'il ne se confond pas avec celui-ci. Mais pour prouver que la gymnastique guerrière ne comporte aucun autre aspect que ceux que j'ai exposés, j'invoquerai un témoignage très solide, celui de Platon qui, au livre VII des *Lois* (après avoir déclaré que dans un état, l'éducation des jeunes gens et des enfants jouait un rôle primordial), prescrit qu'il faut nommer des maîtres publics pour enseigner la gymnastique aux garçons, aux petites filles et aux jeunes filles parce que, pour acquérir les qualités militaires, rien ne vaut ces deux disciplines de la gymnastique, la palestrique et la danse – affirmation souvent reprise, dans un style très élégant, encore au livre III de *La République* et ailleurs.

Après Platon, Aristote, de façon semblable, au livre VIII de *La Politique*, a clairement fait allusion à la gymnastique guerrière, dans le passage où il blâme aussi bien *les cités qui, en imposant aux jeunes gens des comportements d'athlètes, ne cherchent qu'à déformer leur corps et à freiner leur croissance* que *les Lacédémoniens qui, par les épreuves qu'ils font subir aux adolescents, les changent en bêtes sauvages* et il conseille d'enseigner aux enfants une gymnastique susceptible, *en les soumettant à un entraînement moins dur et à des exercices plus modérés*, de les rendre robustes et véritablement courageux dans les travaux de la guerre. Galien, à ma connaissance, n'a pas expressément traité de cette sorte de gymnastique à moins de considérer que lorsqu'il célèbre la gymnastique légitime, il l'y inclut parce que la gymnastique militaire aussi vise à faire acquérir une bonne constitution bien qu'elle concentre tous ses efforts sur l'adresse et les qualités militaires ; au reste, ceux qui s'adonnent à la gymnastique médicale, sont capables aussi, au besoin, de pratiquer la gymnastique guerrière. Chez les Latins, Végèce a remarquablement montré dans son traité *De re militari* quels services pouvait rendre au métier de soldat cette sorte de gymnastique, comment on devait l'apprendre et la pratiquer. Personne donc ne doit douter de l'estime en laquelle chez les peuples grec et latin était tenue cette sorte d'art.

Outre ces deux types de gymnastique, il en existe encore une troisième sorte, la gymnastique que Galien a appelée dévoyée ou athlétique ; celle-ci s'appliquait à rendre les hommes robustes (comme le furent en effet Milon de Crotone et cet athlète dont Olympiodore, *Météores* IV, chapitre *De duro et molli*, écrit qu'il avait l'habitude *de briser* τὰ βώλια) afin qu'ils pussent vaincre dans les concours et remporter récompenses et couronnes. Je trouve cette gymnastique appelée de divers noms chez les auteurs. Les Grecs en effet la nomment tantôt ἀγωνιστική, tantôt ιεροὶ ἀγῶνες, tantôt ἀθλητική, tantôt γυμνική. Les Latins disent parfois concours gymniques, parfois concours sacrés, parfois jeux, parfois jeux gymniques, parfois art athlétique. Lorsque des concours de cette sorte étaient célébrés en l'honneur de tel de leurs dieux, on les appelait concours sacrés ou ιεροὶ ἀγῶνες et ceux qui y participaient, d'après mes recherches, étaient parfois nommés athlètes des concours sacrés comme on le voit chez Xénophon dans son livre *De dictis et factis Socratis* : ὥσπερ τῶν γυμνικῶν ἀγώνων ἀθληταὶ ῥᾳδίως πρωτεύσαντες ἀμελοῦσι τῆς ἀσκήσεως, c'est-à-dire : *Tels des athlètes des jeux gymniques qui, habitués à occuper les premières places, négligent leur entraînement* ; mais ces concours recevaient d'autres noms lorsque, pour distraire le peuple, ils se déroulaient dans des amphithéâtres ou dans des cirques ou lorsqu'ils n'avaient lieu qu'à des fins d'entraînement dans des gymnases ou dans d'autres lieux publics.

L'Art de la gymnastique (1569), chap. XIII,
traduction de Jean-Michel Agasse,

MICHEL DE MONTAIGNE

(1533-1292)

Dans une expérience traumatisante s'il en est, Montaigne fait en 1574 une grave chute de cheval qui le laisse gisant et inconscient durant plusieurs heures. La pratique du sport possède sa part de dangerosité. Que peut le corps face à l'imprévu ? Chez Montaigne, dont le frère trouva la mort lors d'une partie de jeu de paume, ce moment tout particulier où le corps perd le contrôle est l'occasion d'une méditation sur le sens de la vie.

À quoi sert de craindre

J'ai passé une bonne partie de mon âge en une parfaite et entière santé, je veux dire non seulement entière, mais encore allègre et bouillante. Cet état plein de verdeur et de fête me faisait trouver si horrible l'idée des maladies que, quand j'en suis venu à les expérimenter, j'ai trouvé leurs morsures molles et lâches au prix de ma crainte. Voici une chose que j'expérimente tous les jours : suis-je à couvert chaudement dans une bonne salle pendant une nuit d'orage et de tempête ? Je me frappe et m'afflige pour ceux qui sont alors à battre la campagne. Y suis-je moi-même ? Je ne désire pas seulement d'être ailleurs ! Le seul fait d'être tout le jour enfermé dans une chambre me semblait insupportable : je fus sur-le-champ dressé à y rester une semaine, et un mois, plein d'agitation, d'altération et de faiblesse. Et j'ai trouvé que, lorsque j'étais bien portant, je plaignais les malades beaucoup plus que je ne me trouve à plaindre moi-même quand je suis de leur nombre, et que la force de mon appréhension renchérissait de près de moitié l'être et la vérité de la chose. J'espère qu'il m'en adviendra de même de la mort, et qu'elle ne vaut pas la peine que je prends à dresser tant d'apprêts, et à appeler et rassembler tant de secours pour en soutenir l'effort. Mais, à toutes aventures, nous ne pouvons nous donner trop d'avantages contre elle.

Pendant nos troisièmes troubles, ou deuxièmes (il ne me souvient pas bien de cela), m'étant allé un jour promener à une lieue de chez moi, qui suis installé au beau milieu de tout le trouble des guerres civiles de France, estimant être en toute sûreté, et si voisin de ma retraite que je n'avais point besoin de meilleur équipage, j'avais pris un cheval aisé, mais non guère ferme. À mon retour, une occasion soudaine s'étant présentée de m'aider de ce cheval pour un service qui n'était pas bien de son usage, un de mes gens, grand et fort, monté sur un puissant roussin, qui avait une bouche désespérée, frais au demeurant et vigoureux, pour faire le hardi et devancer ses compagnons, vint à le pousser à toute bride droit dans ma route, et à fondre comme un colosse sur le petit homme et le petit cheval, et à le foudroyer de sa roideur et de sa pesanteur, nous envoyant l'un et l'autre les pieds contremont, si bien que voilà le cheval abattu et couché tout étourdi, moi à dix ou douze pas au-delà, étendu à la renverse, le visage tout meurtri et tout écorché, mon épée que j'avais à la main, à plus de dix pas de là, ma ceinture en pièces, n'ayant ni mouvement, ni sentiment non plus qu'une souche. C'est le seul évanouissement que j'aie ressenti jusqu'à cette heure. Ceux qui étaient avec moi, après avoir essayé par tous les moyens qu'ils purent, de me faire revenir, me tenant pour mort, me prirent entre leurs bras, et ils m'emportaient avec beaucoup de difficulté jusqu'à ma maison, qui était à environ une demi-lieue française. Sur le chemin, et après avoir été plus de deux grosses heures tenu pour trépassé, je commençai à me mouvoir et à respirer, car il était tombé une si grande abondance de sang dans mon estomac que pour l'en décharger Nature eut besoin de ressusciter ses forces. On me dressa sur mes pieds et je rendis alors un plein seau de bouillons de sang pur, et plusieurs fois sur le chemin, il m'en fallut faire de même. Par là je commençai à reprendre un peu de vie, mais ce fut par le menu, et au prix d'un si long trait de temps que mes premiers sentiments étaient beaucoup plus approchants de la mort que de la vie :

Pour cela qu'incertain de son retour encore,
L'esprit tout étonné ne se peut affermir
Perche dubbiosa anchor del suo ritorno
Non s'assecura attonita la mente.

Cette réminiscence que j'en ai fort empreinte en mon âme, en me représentant le visage de la mort et son idée si près du naturel, me réconcilie un peu avec elle. Quand je commençai à y voir, ce fut d'une vue si trouble, si faible, et si morte que je ne discernais encore rien que la lumière,

Comme tel qui tantôt ouvre et tantôt referme
Les yeux, moitié dormant et moitié réveillé
Come quel ch'or apre, or chiude
Gli occhi, mezzo tra'l sonno è l'esser desto.

Quant aux fonctions de l'âme, elles renaissaient avec le même progrès que celles du corps. Je me vis tout sanglant, car mon pourpoint était partout taché du sang que j'avais rendu. La première pensée qui me vint, ce fut que j'avais reçu une arquebusade à la tête : de fait, en même temps, il s'en tirait plusieurs autour de nous. Il me semblait que ma vie ne me tenait plus que du bout des lèvres : je fermais les yeux pour aider, me semblait-il, à la pousser hors, et je prenais plaisir à m'alanguir et à me laisser aller. C'était une imagination qui ne faisait que flotter superficiellement dans mon âme, aussi tendre et aussi faible que tout le reste, mais à la vérité non seulement exempte de déplaisir, mais mêlée à cette douceur que ressentent ceux qui se laissent glisser dans le sommeil.

Je crois que c'est dans ce même état que se trouvent ceux qu'on voit défaillir de faiblesse dans l'agonie de la mort. Et je tiens que nous les plaignons sans cause quand nous croyons qu'ils soient agités de graves douleurs ou qu'ils aient l'âme oppressée de pensées pénibles.

Les Essais (1580), livre II, chap. VI, « De l'exercitation »,
Bernard Combeaud (éd.),
Robert Laffont-Mollat, coll. « Bouquins », 2019.

Montaigne pratiquait la soule et le jeu de paume, mais il est surtout un cavalier hors pair. Dans « Des destiers », chapitre des Essais *uniquement consacré à la monte du cheval, il explique pourquoi cet art a toujours été décisif lors des combats. Son répertoire des héros de bataille montre qu'il n'est pas de grand cavalier sans grand cheval.*

Des destriers

Me voici devenu grammairien, moi qui n'appris jamais langue que par routine, et qui ne sais encore ce que c'est qu'adjectif, subjonctif, et ablatif ! Il me semble avoir ouï dire que les Romains avaient des chevaux qu'ils appelaient *funales* ou *dextrarios*, qui se menaient « à dextre », ou se prenaient aux relais pour les avoir tout frais au besoin, et de là vient que nous appelons *destriers* les chevaux de service. Et nos romans disent ordinairement *adestrer* pour *accompagner*. Ils appelaient aussi *desultorios equos* des chevaux qui étaient dressés de façon que, courant de toute leur roideur, accouplés côte à côte l'un de l'autre, sans bride, sans selle, les gentilshommes romains, même tout armés, se jetaient et rejetaient de l'un à l'autre en pleine course. Les hommes d'armes numides menaient en main un second cheval pour changer au plus chaud de la mêlée, eux qui avaient coutume, à la mode de nos écuyers, d'emmener une paire de chevaux pour se jeter souvent au plus chaud du combat de la monture recrue sur la fraîche, tant est grande leur célérité, tant docile la race de leurs chevaux *quibus, desultorum in modum, binos trahentibus equos inter acerrimam sœpe pugnam in recentem equum ex fesso armatis transsultare mos erat, tanta uelocitas ipsis, tamque docile equorum genus* ! Il se trouve plusieurs chevaux dressés à secourir leur maître, à courir sus à qui leur présente une épée nue, à se jeter des pieds et des dents sur ceux qui les attaquent et les affrontent. Mais il leur advient plus souvent de nuire aux amis qu'aux ennemis. Joint que vous ne les déprenez pas à votre guise quand ils se sont une fois engagés, et que vous demeurez à la merci de leur combat. Bien mal en prit à Artibie, général de l'armée de Perse, tandis qu'il combattait homme à homme contre Onésile, le roi de Salamine, d'être monté sur un cheval façonné à cette école, car il fut cause de sa mort, l'écuyer d'Onésile l'ayant cueilli avec une faux entre les deux épaules au moment où il s'était cabré contre son maître. Quant à ce que les Italiens disent qu'à la bataille de Fornoue le cheval du roi Charles, en ruant et en bottant, se libéra des ennemis qui le pressaient, et qu'il était perdu sans cela, ce fut un grand coup de hasard, si la chose est vraie. Les Mameluks se vantent d'avoir les chevaux les plus adroits de tous les hommes d'armes au monde. Que, par nature et par coutume, ils sont faits à connaître et distinguer l'ennemi, et sur qui il faut qu'ils se ruent de dents et de pieds selon la voix ou signe qu'on leur fait. Et pareillement à ramasser à la bouche les lances et les dards au milieu de la place et à les offrir au maître, selon qu'il le commande.

On dit de César, et aussi du grand Pompée, que parmi leurs autres excellentes qualités ils étaient fort bons cavaliers, et de César qu'en sa jeunesse, monté à cru sur un cheval, et sans bride, il lui faisait prendre carrière en gardant les mains dans le dos. De même que Nature a voulu faire de ce personnage, et d'Alexandre, deux miracles dans l'art militaire, vous diriez qu'elle s'est aussi efforcée de les armer extraordinairement, car chacun sait du cheval d'Alexandre, Bucéphale, qu'il avait la tête « semblable à celle d'un taureau », qu'il ne se souffrait pas d'être monté par un autre que son maître, qu'il ne put être dressé que par lui-même, qu'il fut honoré après sa mort et qu'une ville fut même élevée en son nom. César en avait aussi un autre qui avait les pieds de devant comme un homme, ayant l'ongle coupé en forme de doigts, lequel ne put être monté ni dressé que par César, qui dédia à la déesse Vénus la statue qu'il en fit faire après sa mort.

Je ne démonte pas volontiers quand je suis à cheval, car c'est l'assiette dans laquelle je me trouve le mieux que je sois bien portant ou malade. Platon la recommande pour la santé ; Pline dit aussi qu'elle est salutaire à l'estomac et aux jointures.

Les Essais (1580), livre I, chap. XLVIII, « Des destriers »,
Bernard Combeaud (éd.),
Robert Laffont-Mollat, coll. « Bouquins », 2019.

PIERRE DE L'ESTOILE

(1546-1611)

Le bon roi Henri est un joueur de paume invétéré. Dès qu'une occasion se présente, il joue ! Redoutable compétiteur, Henri IV s'apprête à disputer une nouvelle partie. Une mise est en jeu. Il est savoureux de découvrir que, confiant en son talent et en sa réussite, le roi se dit qu'il pourra, en cas de victoire, soustraire cette recette à l'impôt.

Éloge de la paume

Le vendredi 16 septembre 1594, le roi joua à la paume tout le long de l'après-dînée, dans le jeu de paume de la Sphère, avec M. d'O.

Le samedi, 24 du même mois, le roi joua tout le long du jour à la paume dans le jeu de la Sphère. Il estoit tout en chemise, encore estoit-elle déchirée sur le dos, et avoit des chausses grises à jambes de chien, qu'on appele, ne pouvant bien aller à l'esteuf parce qu'il estoit las, et, dit-il, qu'il ressembloit aux asnes qui faillent par le pied ; puis, à l'instigation de l'avocat Duret, qui dit à Sa Majesté que, si elle vouloit avoir du plaisir, elle fit fouiller un nacquet qui faisoit le mitouard sous la galerie et qu'on lui ôtât son manteau, on lui trouveroit une grosse de balles qu'il avoit dérobées, commanda à M. d'O de ce faire, et lui ayant été trouvé ce qu'il avoit dit, le roi en rit bien et fort, et ayant fait venir le nacquet, l'arraisonna assez longtemps et en tira du plaisir.

Le jeudi, 27 octobre même année, le roi ayant gaigné 400 écus à la paume, qui estoient sous la corde, les fit ramasser par des nacquets et mettre dans son chapeau, puis dit tout haut : Je tiens bien ceux-ci, on ne me les dérobera pas, car ils ne passeront pas par les mains de mes trésoriers.

Sur la fin du mois de mai 1597, le roi envoya quérir des principaux de ses cours et de ceux qu'il savait être des plus aisés de la ville de Paris, et leur demanda de l'argent d'une façon qu'ils se trouvaient bien empeschés de l'esconduire, encore qu'ils en eussent volonté. Cependant il passait tout son temps à jouer à la paume, et était ordinairement à la Sphère, où madame la marquise et mesdames de Sourdis et de Sagone se trouvaient tous les jours pour le regarder jouer ; se faisait prêter de l'argent par madame de Monceaux, laquelle il caressait fort et baisait devant tout le monde. Et ne laissait pour cela Sa Majesté de veiller et donner ordre à tout ce qui estait nécessaire au sujet d'Amiens pour le mois suivant, lequel étant venu, il donna congé au jeu et à l'amour et y marcha en personne, faisant office de roi, de capitaine et de soldat tout ensemble, et plantant, par ses généreuses actions, autant d'épouvante au cœur de ses ennemis comme en celui des siens d'ardeur et d'émulation de bien faire à son exemple.

Journal du règne de Henri IV (1594),
Firmin Didot, 1854.

THOMAS HOBBES

(1588-1679)

Pour Hobbes, l'homme doit se battre pour protéger sa vie. Sa sécurité ne lui est jamais assurée. Aussi l'état du coureur décrit et résume parfaitement pour lui la condition de l'homme. Toujours en alerte, toujours en action, contraint de se surpasser, le coureur doit sans cesse aller de l'avant. Texte étonnant, d'une grande modernité, qui questionne philosophiquement le grand conflit qui nous anime : pourrons-nous jamais satisfaire nos désirs ?

La vie est une course

La vie humaine peut être comparée à une course, et quoique la comparaison ne soit pas juste à tous égards, elle suffit pour nous remettre sous les yeux toutes les passions dont nous venons de parler. Mais nous devons supposer que dans cette course on n'a d'autre but et d'autre récompense que de devancer ses concurrents.

S'efforcer, c'est appéter ou désirer.
Se relâcher, c'est sensualité.
Regarder ceux qui sont en arrière, c'est gloire.
Regarder ceux qui précèdent, c'est humilité.
Perdre du terrain en regardant en arrière, c'est vaine gloire.

Être retenu, c'est haine.
Retourner sur ses pas, c'est repentir.
Être en haleine, c'est espérance.
Être excédé, c'est désespoir.
Tâcher d'atteindre celui qui précède, c'est émulation.
Le supplanter ou le renverser, c'est envie.
Se résoudre à franchir un obstacle prévu, c'est courage.
Franchir un obstacle soudain, c'est colère.
Franchir avec aisance, c'est grandeur d'âme.
Perdre du terrain par de petits obstacles, c'est pusillanimité.
Tomber subitement, c'est disposition à pleurer.
Voir tomber un autre, c'est disposition à rire.
Voir surpasser quelqu'un contre notre gré, c'est pitié.
Voir gagner le devant à celui que nous n'aimons pas, c'est indignation.
Serrer de près quelqu'un, c'est amour.
Pousser en avant celui qu'on serre, c'est charité.
Se blesser par trop de précipitation, c'est honte.
Être continuellement devancé, c'est malheur.
Surpasser continuellement celui qui précédait, c'est félicité.
Abandonner la course, c'est mourir.

De la nature humaine (1640),
traduction du baron d'Holbach, 1771.

JOHN LOCKE
(1632-1704)

Pour devenir un parfait gentleman, rien de tel que de soumettre son corps à une discipline sportive. La danse, l'escrime et l'équitation sont chaudement recommandées. Dans ce traité d'éducation où le philosophe pose les fondements d'une pédagogie fonctionnelle, le sport a vraiment toute sa place. Novateur, Locke pose en outre qu'un bon pédagogue sait repérer et exploiter l'appétence naturelle de tout enfant pour la dépense physique et le jeu. D'abord jouer.

Arts d'agrément. La danse

Outre ce qu'il doit apprendre par l'étude et dans les livres, il y a d'autres qualités nécessaires à un gentleman, qualités qu'il faut acquérir par l'exercice, en y consacrant un certain temps et sous la direction de maîtres particuliers.

Comme c'est la danse qui donne pour toute la vie l'habitude des mouvements gracieux, qui surtout procure l'air mâle et cette assurance qui convient aux jeunes gens, je crois qu'on ne saurait trop tôt leur apprendre à danser, une fois qu'ils ont l'âge et la vigueur nécessaires. Mais il faut s'assurer d'un bon maître qui sache et qui puisse enseigner ce qui est vraiment gracieux et convenable, ce qui donne à tous les mouvements du corps une allure libre et aisée. Si un maître n'enseigne pas cela, il vaut mieux n'en avoir pas du tout ! La gaucherie naturelle, en effet, est préférable à ces poses affectées qui font qu'un enfant ressemble à un singe, et je pense qu'il vaut bien mieux saluer et faire la révérence, comme un brave gentilhomme de campagne, que comme un maître à danser aux mauvaises façons. Quant aux figures diverses de la danse, je compte cela pour rien ou pour peu de chose, excepté dans la mesure où ces exercices tendent à donner à la contenance une grâce parfaite.

L'escrime, l'équitation

L'escrime et l'art de monter à cheval passent pour des parties si nécessaires d'une bonne éducation, que l'on me reprocherait comme une grave omission de n'en pas parler. L'équitation qu'on ne peut guère apprendre que dans les grandes villes, est pour la santé un des meilleurs exercices qu'on puisse se procurer dans ces foyers de plaisir et de luxe ; et pour cette raison un jeune gentleman, pendant le séjour qu'il y fait, doit y consacrer une bonne partie de son temps. Tant que l'équitation n'a pour but que de donner au cavalier une attitude solide et aisée, de le mettre en état de dresser son cheval à s'arrêter, à tourner court, enfin de lui apprendre à être ferme sur ses hanches, c'est un exercice utile à un gentleman, dans la paix comme dans la guerre. Mais si cet exercice mérite ou non que les jeunes gens s'en fassent une affaire, et s'il a assez d'importance pour qu'ils lui consacrent plus de temps qu'ils n'en devraient employer, par intervalles, à ces sortes d'exercices violents, dans le seul intérêt de leur santé, c'est une question que je laisse le soin de résoudre à la sagesse des parents et des gouverneurs. Qu'ils se rappellent seulement que, dans toutes les parties de l'éducation, ce qui réclame le plus de temps et le plus d'efforts, ce sont les connaissances qui vraisemblablement seront de la plus grande conséquence, et du plus fréquent usage, dans le cours ordinaire et dans les circonstances de la vie à laquelle est destiné le jeune homme.

Quant à l'escrime, elle peut être un bon exercice pour la santé, mais elle est dangereuse pour la vie, parce que la conscience d'y être habile peut engager dans des querelles les jeunes gens qui croient avoir appris à bien manier le fer. Cette confiance présomptueuse les rend plus sensibles qu'il ne faudrait sur le point d'honneur, pour des provocations légères ou même absolument insignifiantes. Les jeunes gens, dans la chaleur de leur sang, sont disposés à croire qu'ils ont inutilement appris l'escrime, s'ils ne trouvent pas l'occasion de déployer dans un duel leur adresse et leur courage, et il semble qu'ils aient raison. Mais de combien de tristes tragédies cette disposition d'esprit a été l'occasion, c'est ce dont pourraient témoigner les larmes de beaucoup de mères. Un homme qui ne s'entend pas aux armes, sera plus disposé à éviter la société des joueurs et des bretteurs, et ne sera pas de moitié aussi pointilleux sur les questions d'honneur, ni aussi prompt à faire affront aux autres ou à soutenir fièrement son opinion, ce qui est la cause ordinaire des querelles. D'autre part quand un homme est sur le terrain, une adresse médiocre à manier les armes l'exposera plutôt aux coups de son adversaire qu'elle ne servira à l'en garantir. Et certainement un homme de courage, qui n'entend absolument rien à l'escrime, et qui, par conséquent, ne s'amusant pas à parer, met toute sa confiance dans un seul coup vigoureusement poussé, a l'avantage sur un ferrailleur médiocrement habile, surtout s'il est adroit à la lutte. Par conséquent, s'il faut prendre quelques précautions contre de tels accidents, et si un père doit préparer son fils à soutenir des duels, j'aimerais mieux de beaucoup que mon fils fût un habile lutteur qu'un ferrailleur médiocre, et c'est tout ce que peut être un gentleman, à moins qu'il ne passe sa vie à la salle d'armes et qu'il ne s'exerce chaque jour. Toutefois, l'escrime et l'équitation étant généralement regardées comme des qualités nécessaires à un gentleman bien élevé, il serait peut-être trop rigoureux de refuser complètement à un jeune homme de ce rang ces marques de distinction. Je laisserai donc à son père le soin de décider jusqu'à quel point le tempérament de son fils et le poste qu'il doit occuper dans la vie, lui permettent ou l'obligent de condescendre à des usages qui d'une part ne servent pas à grand'chose dans la vie civile, qui d'autre part étaient autrefois inconnus aux nations les plus belliqueuses, qui enfin semblent n'accroître que peu la force ou le courage de celles qui s'y sont soumises, à moins qu'on ne s'imagine que la valeur, la bravoure militaire a été favorisée et accrue par la mode des duels, avec laquelle l'escrime a fait son entrée dans le monde, et avec laquelle aussi j'espère qu'elle en sortira.

Telles sont pour le moment mes pensées sur les études et sur les arts d'agrément qui doivent s'y ajouter. Mais la grande affaire c'est par dessus tout la vertu et la sagesse :

Nullum numen abest si sit *prudentia*[1].

Que l'enfant apprenne sous votre direction à dominer ses inclinations, et à soumettre ses appétits à la raison. Si vous obtenez cela, et si par une pratique constante vous lui en faites une habitude, vous aurez rempli la partie la plus difficile de votre tâche. Et pour qu'un jeune homme en vienne là, je ne connais pas de moyen plus efficace que le désir d'être loué et d'être estimé : c'est donc ce sentiment qu'il faut lui inspirer par tous les moyens imaginables. Rendez-le sensible à l'honneur et à la honte, autant que possible. Lorsque vous y serez parvenu, vous aurez jeté dans son esprit un principe

1. « Rien ne manque à l'homme qui possède la prudence. »

qui influencera sa conduite, quand vous ne serez plus auprès de lui, un principe auquel ne peut être comparé la crainte du fouet et de la petite douleur que cause le fouet, et qui sera enfin la tige sur laquelle vous pourrez ensuite greffer les vrais principes de la moralité et de la religion.

Quelques Pensées sur l'éducation (1693),
« Danse, escrime, équitation »,
traduction de Gabriel Compayré, Librairie Hachette, 1882.

SIEUR DE PRÉVILLE

(XVIIe-XVIIIe siècle)

Pour être un cavalier, il faut en premier lieu avoir des qualités physiques et une vraie connaissance de sa monture. Mais, comme le soutient le sieur de Préville, écuyer accompli et maître enseignant, le vrai cavalier se distingue par sa force d'âme et ses « beaux sentiments ». Une noblesse qui, « même si elle n'est pas de naissance », qualifie le bon cavalier.

Quels sont les caractères d'un brave homme de cheval ?

Ceux qui font profession de cavallerie sont regardés sur le pied de personnes nobles, quand même ils ne le seraient pas de naissance.

L'adresse, le jugement, le courage et la patience que doit avoir un écuyer sont sans cela des qualités suffisantes pour lui attirer cette distinction.

On voit ordinairement qu'un habile homme en fait de cavallerie a un génie qui n'est pas borné dans les dehors de cette science.

Ce génie se trouve le plus souvent accompagné non seulement d'autres connaissances, mais aussi de certains beaux sentiments qui ne se rencontrent pas dans toutes sortes de personnes.

On remarque deux espèces d'intelligence en matière de cavallerie, selon les deux espèces d'inclination qui se trouvent parmi ceux qui s'en mêlent.

La fausse inclination, et par conséquent fausse intelligence, appartient au grand nombre de ceux qui, n'étant guère nés pour la cavallerie, ne s'y attachent que mécaniquement et dans la vue du gain, ou bien par caprice et par imitation.

La belle inclination au contraire, et par conséquent la véritable intelligence, est du petit nombre des personnes qui y ont un talent en tout bien soutenu.

Les caractères d'un homme de cheval, qui a dans toutes les formes la belle inclination, sont :

- une passable connaissance de la nature en général ;
- une profonde intelligence en particulier des qualités extérieures et intérieures du cheval ;
- une subtile pénétration dans les choses du métier les plus cachées ;
- du goût pour les chevaux nobles et du premier ordre ;
- de l'antipathie pour les chevaux de petit mérite ;
- un amour pour le métier à l'épreuve de toute fatigue ;
- un naturel de fierté et de douceur, de promptitude et de patience, assaisonnés à propos l'un avec l'autre ;
- un fond d'industrie et de discernement ;
- enfin, de la grandeur d'âme et l'esprit élevé.

Ce ne sont pas les seules dispositions du corps qui font le grand homme dans ce noble exercice.

Il y a assez de personnes qui sont bien ou fermes à cheval, mais il y en a très peu qui entendent avec cela le métier à fond.

Ces deux choses, d'être bel homme de cheval et d'être bon homme de cheval, ne doivent pas se confondre ; cependant on y fait souvent aussi peu de différence qu'entre la fausse et la belle inclination pour la cavallerie.

Ceux qui ont peu ou rien du tout des qualités et des sentiments qui doivent accompagner la belle inclination sont misérablement bornés dans leur savoir-faire ; lequel se retranche peut-être dans le seul avantage qu'ils ont d'être hardis et déterminés à cheval.

La petitesse du génie paraît principalement dans le goût qu'on a de s'attacher à des chevaux du bas ordre, préférablement aux chevaux d'importance.

Une certaine destinée sympathique empêche qu'il ne tombe de vaillants chevaux entre les mains de gens qui n'ont pas la belle inclination ; de la même manière que cette même destinée éloigne les chevaux rosses d'une écurie bien entendue.

Le Sieur de Préville. La science d'un écuyer visionnaire, 1717.

PIERRE RAMEAU
(1674-1748)

Maître de danse auprès de la reine d'Espagne, puis de France, Pierre Rameau (à ne pas confondre avec le compositeur Jean-Philippe Rameau) prolonge le travail sur la chorégraphie de son aîné Raoul Feuillet. Son traité décrit avec précision chaque posture. Pour les danses de ville et de théâtre, son ouvrage s'impose comme une référence incontournable. Sous la forme d'un langage codifié et mondain, l'activité sportive fait son entrée à la Cour.

Des agréments que l'on peut faire dans le menuet, et l'attention qu'il faut avoir pour le figurer également

Quoique le menuet le plus uni selon le goût de beaucoup de personnes soit le mieux dansé, cependant j'y ai vu faire quelques agréments qui lui donnent plus d'enjouement et plus de grâce, et comme je vois qu'ils sont fort en usage, c'est ce qui m'engage de vous donner l'intelligence de les faire, afin que l'on puisse les mettre en pratique, soit en donnant la main, ou dans d'autres endroits.

Ainsi, pour faire cet agrément dans le menuet, je commencerai par celui qui se fait en avant. Ayant fini votre pas de menuet en avant, et le corps posé sur le pied gauche, vous approchez le pied droit auprès, vous pliez et vous vous relevez du même temps, ensuite vous glissez le pied droit devant jusqu'à la quatrième position et vous élevez dessus, et faites un jeté échappé du pied gauche, et reprenez votre pas de menuet. Mais pour se mettre dans l'habitude de le faire facilement, c'est de s'exercer, d'en faire plusieurs alternativement avec un pas de menuet, et lorsque vous avez acquis cette facilité de le faire, vous les placez dans des endroits convenables, où ils font un effet tout des plus gracieux : par exemple en présentant la main lorsque vous avez fini votre pas de menuet, en revenant du côté gauche et en allant à la demoiselle, vous levez le bras droit, comme je l'ai déjà dit, dans la manière de présenter les mains dans ce même temps à la place d'un pas de menuet en avant. Vous faites ce temps qui doit être fort soutenu. On peut dans ce même temps faire un petit mouvement du corps, et la tête fait aussi une légère inclination, et le corps et la tête se redressent en faisant le jeté échappé. Et vous reprenez de suite votre pas de menuet en continuant la figure que vous devez faire.

Je dis « jeté échappé », parce que lorsque vous avez fait ce temps soutenu et que vous vous êtes élevé dessus le droit, les jambes étendues, aussitôt le genou droit se plie, qui par son mouvement rejette le corps sur la jambe gauche qui se passe doucement devant, en se laissant tomber sur son pied, ce qui ne peut s'appeler autrement, d'autant qu'il n'est sauté qu'à demi.

Le Maître à danser, qui enseigne la manière de faire tous les différents pas de danse dans toute la régularité de l'art, et de conduire les bras à chaque pas,
À Paris chez Jean Villette, 1725.

JEAN-JACQUES ROUSSEAU

(1712-1778)

Pour Rousseau, il importe de ne pas minorer le potentiel physique de l'enfant. C'est par l'exercice du jeu qu'il peut très vite apprendre et assimiler des savoirs. Dans L'Émile, ou De l'éducation*, le philosophe des Lumières s'en prend aux conformismes pédagogiques de son époque et préconise les jeux de « mail, paume, arc, ballons », toutes pratiques qu'il juge saines et surtout épanouissantes. Le sport est une philosophie au grand air.*

Aptitudes des enfants

Quand un enfant joue au volant, il s'exerce l'œil et le bras à la justesse ; quand il fouette un sabot, il accroît sa force en s'en servant, mais sans rien apprendre. J'ai demandé quelquefois pourquoi l'on n'offrait pas aux enfants les mêmes jeux d'adresse qu'ont les hommes : la paume, le mail, le billard, l'arc, le ballon, les instruments de musique. On m'a répondu que quelques-uns de ces jeux étaient au-dessus de leurs forces, et que leurs membres et leurs organes n'étaient pas assez formés pour les autres. Je trouve ces raisons mauvaises : un enfant n'a pas la taille d'un homme, et ne laisse pas de porter un habit fait comme le sien. Je n'entends pas qu'il joue avec nos masses sur un billard haut de trois pieds ;

je n'entends pas qu'il aille peloter dans nos tripots, ni qu'on charge sa petite main d'une raquette de paumier ; mais qu'il joue dans une salle dont on aura garanti les fenêtres ; qu'il ne se serve d'abord que de balles molles ; que ses premières raquettes soient de bois, puis de parchemin, et enfin de corde en boyau bandée à proportion de son progrès. Vous préférez le volant, parce qu'il fatigue moins et qu'il est sans danger. Vous avez tort par ces deux raisons. Le volant est un jeu de femmes ; mais il n'y en a pas une que ne fît fuir une balle en mouvement. Leurs blanches peaux ne doivent pas s'endurcir aux meurtrissures, et ce ne sont pas des contusions qu'attendent leurs visages. Mais nous, faits pour être vigoureux, croyons-nous le devenir sans peine ? et de quelle défense serons-nous capables, si nous ne sommes jamais attaqués ? On joue toujours lâchement les jeux où l'on peut être maladroit sans risque : un volant qui tombe ne fait de mal à personne ; mais rien ne dégourdit les bras comme d'avoir à couvrir la tête, rien ne rend le coup d'œil si juste que d'avoir à garantir les yeux. S'élancer du bout d'une salle à l'autre, juger le bond d'une balle encore en l'air, la renvoyer d'une main forte et sûre ; de tels jeux conviennent moins à l'homme qu'ils ne servent à le former.

Les fibres d'un enfant, dit-on, sont trop molles ! Elles ont moins de ressort, mais elles en sont plus flexibles ; son bras est faible, mais enfin c'est un bras ; on en doit faire, proportion gardée, tout ce qu'on fait d'une autre machine semblable. Les enfants n'ont dans les mains nulle adresse ; c'est pour cela que je veux qu'on leur en donne : un homme aussi peu exercé qu'eux n'en aurait pas davantage ; nous ne pouvons connaître l'usage de nos organes qu'après les avoir employés. Il n'y a qu'une longue expérience qui nous apprenne à tirer parti de nous-mêmes, et cette expérience est la véritable étude à laquelle on ne peut trop tôt nous appliquer.

Tout ce qui se fait est faisable. Or, rien n'est plus commun que de voir des enfants adroits découplés avoir dans les membres la même agilité que peut avoir un homme. Dans presque toutes les foires on en voit faire des équilibres, marcher sur les mains, sauter, danser sur la corde. Durant combien d'années des troupes d'enfants n'ont-elles pas attiré par leurs ballets des spectateurs à la Comédie italienne ! Qui est-ce qui n'a pas ouï parler en Allemagne et en Italie de la troupe pantomime du célèbre Nicolini ? Quelqu'un a-t-il jamais remarqué dans ces enfants des mouvements moins développés, des attitudes moins gracieuses, une oreille moins juste, une danse moins légère que dans les danseurs tout formés ? Qu'on ait d'abord les doigts épais, courts, peu mobiles, les mains potelées et peu capables de rien empoigner ; cela empêche-t-il que plusieurs enfants ne sachent écrire ou dessiner à l'âge où d'autres ne savent pas encore tenir le crayon ni la plume ? Tout Paris se souvient encore de la petite Anglaise qui faisait à dix ans des prodiges sur le clavecin. J'ai vu chez un magistrat son fils, petit bonhomme de huit ans, qu'on mettait sur la table au dessert, comme une statue au milieu des plateaux, jouer là d'un violon presque aussi grand que lui, et surprendre par son exécution les artistes mêmes.

Tous ces exemples et cent mille autres prouvent, ce me semble, que l'inaptitude qu'on suppose aux enfants pour nos exercices est imaginaire, et que, si on ne les voit point réussir dans quelques-uns, c'est qu'on ne les y a jamais exercés.

On me dira que je tombe ici, par rapport au corps, dans le défaut de la culture prématurée que je blâme dans les enfants par rapport à l'esprit. La différence est très grande ; car l'un de ces progrès n'est qu'apparent, mais l'autre est réel. J'ai prouvé que l'esprit qu'ils paraissent avoir, ils ne l'ont pas, au lieu que tout ce qu'ils paraissent faire, ils le font. D'ailleurs, on doit toujours songer que tout ceci n'est ou ne doit être que jeu, direction facile et volontaire des mouvements que la nature leur demande, art de varier leurs amusements pour les leur rendre plus agréables, sans que jamais la moindre contrainte les tourne en travail ; car enfin, de quoi s'amuseront-ils dont je ne puisse faire un objet d'instruction pour eux ? et quand je ne le pourrais pas, pourvu qu'ils s'amusent sans inconvénient, et que le temps se passe, leur progrès en toute chose n'importe pas quant à présent ; au lieu que, lorsqu'il faut nécessairement leur apprendre ceci ou cela, comme qu'on s'y prenne, il est toujours impossible qu'on en vienne à bout sans contrainte, sans fâcherie, et sans ennui.

Émile, ou De l'éducation (1762), livre II.

GABRIEL-FRANCOIS COYER

(1707-1782)

En homme de son temps, l'abbé Coyer se piqua de tous les savoirs : économie, histoire, religion. Dans son Plan d'éducation publique*, il en vient à considérer la place des activités sportives. Remémorant la place de la gymnastique dans l'Antiquité, il appelle de ses vœux à renouer avec le modèle antique. Bien avant Coubertin, en 1796, furent même organisés des Jeux olympiques sur le Champ-de-Mars.*

Panégyrique de la gymnastique

La gymnastique est l'école de la souplesse et de la vigueur, l'art d'exercer les forces et l'adresse. Instituteurs modernes, vous traduisez en latin le mot « collège » par celui de « gymnasium », gymnase. Rayez ce terme, il valait mieux retenir la chose que le mot. Vous savez, comme nous, que dans le Gymnase d'Athènes, on s'exerçait au disque, au ballon, à la paume, au pancrace, au pugilat, à la lutte, à tirer de l'arc, à lancer le javelot, à sauter, à danser, à courir à pied, à cheval et sur des chars. Non, vos collèges ne sont point des gymnases. Vous n'y cultivez que les qualités de l'esprit, que vous réduisez presque au latin. Les Grecs, qui vous ont tout appris, voulaient aussi les qualités du corps. Ils avaient élevé des autels aux inventeurs des jeux et des combats qui faisaient le fond de la gymnastique. Personne n'ignore la célébrité des Jeux olympiques, isthmiques, néméens. Les noms des vainqueurs étaient inscrits dans les fastes publics. Les plus grands poètes chantaient leur gloire. « Je chantais vos louanges, fils de Clinias, pour avoir remporté le premier, le deuxième et le troisième prix dans les courses des charriots aux Jeux olympiques » : c'est le commencement d'une ode d'Euripide à l'honneur d'Alcibiade.

Rome prit de la gymnastique grecque ce qui lui convenait, et y ajouta du sien… Toujours des Romains ou des Grecs pour exemples ! On en est excédé… Aimez-vous mieux que je vous propose les sybarites ? Vous savez leur triste fin. Il faut prendre la vertu où elle est. Quand on lit dans l'Histoire l'adresse, la force, les travaux immenses, la patience inaltérable des soldats romains ; quand Cicéron écrit qu'ils portaient leur nourriture pour plus de quinze jours, tout ce qui était nécessaire à leur usage, tout ce qu'il fallait pour se fortifier, et qu'avec des armes plus pesantes que celles de quelque autre peuple que ce fût, ils n'en étaient pas plus embarrassés que de leurs mains ; quand Josèphe ajoute qu'il n'y avait point de différence entre eux et les chevaux chargés, on est tenté de croire que l'Histoire en impose. C'est qu'on ne pense pas à la gymnastique du temps.

On les accoutumait au pas militaire, c'est-à-dire à faire en cinq heures vingt milles et quelquefois vingt-quatre. Pendant ces marches, on leur faisait porter le poids de soixante livres, on les entretenait dans l'habitude de courir et sauter tout armés. Ils prenaient dans leurs exercices des épées, des javelots, des flèches d'une pesanteur double des armes ordinaires. S'ils n'étaient pas aux prises avec l'ennemi, ils creusaient des canaux, ils détournaient des fleuves, ils ouvraient des montagnes, ils faisaient des chemins, et ces exercices étaient continuels : continuité qui conserve les soldats. Ils ne périssent ordinairement qu'en passant de l'extrême oisiveté à l'extrême travail.

Venons aux citoyens dans le sein de Rome. Le champ de Mars était aussi fréquenté par la jeunesse romaine de tous les ordres que les écoles des rhéteurs et des philosophes. Et les philosophes enseignaient que la perfection de l'homme est d'avoir l'âme d'un sage dans le corps d'un athlète.

« Ceux qui critiquent Homère, dit le président de Montesquieu, dans ce qu'il relève ordinairement dans ses héros la force, l'adresse ou l'agilité du corps, devraient trouver Salluste bien ridicule, qui loue Pompée de ce qu'il courait, sautait et portait un fardeau, aussi bien qu'homme de son temps. » Marius, après bien des triomphes et plusieurs consulats, en faisait autant. On n'en est peut-être pas si surpris, parce que, né plébéien, il s'était élevé du plus bas degré au faîte des honneurs et du pouvoir. Mais Pompée était, je pense, d'assez bonne maison pour être sans nerf. Il en avait pourtant encore à l'âge de cinquante-huit ans, lorsqu'il allait combattre tout armé avec les jeunes gens, montant à cheval, courant à bride abattue et lançant des javelots. Il faut avouer que de tels hommes étaient faits pour subjuguer le monde.

Les Gaulois, conquis par les Romains, eurent du moins la consolation d'en recevoir les bonnes lois et des arts utiles. La gymnastique en fut un. Les Francs, vainqueurs des Gaules, à leur tour, négligèrent la gymnastique romaine ; mais en fin, ils avaient des joutes, des tournois et d'autres institutions très formelles pour exercer la jeunesse. Une émulation de gloire opérait des prodiges de force et d'adresse.

Plan d'éducation publique,
Veuve Duchesne, 1770.

LOUIS DE JAUCOURT

(1704-1780)

*Cette contribution à l'*Encyclopédie *vise à différencier, voire à typologiser, les pratiques de la gymnastique : pratique militaire, pratique athlétique, etc. Mais l'usage édifiant qu'en retient Jaucourt est en premier lieu la pratique médicinale. L'héritage d'Hippocrate et de Galien est retrouvé. Et même refondé.*

Gymnastique médicinale

C'était cette partie de la gymnastique qui enseignait la méthode de conserver et rétablir la santé par le moyen de l'exercice. Hérodicus de Lentini, autrefois Léontini, en Sicile, né quelque temps avant Hippocrate et son contemporain, est déclaré par Platon pour être l'inventeur de la gymnastique médicinale, fille de la gymnastique militaire. Hérodicus était médecin, et de plus maître d'une académie où la jeunesse venait s'exercer pour les jeux publics qu'on célébrait en divers lieux de la Grèce avec tant de solennité. Hérodicus ayant remarqué que les jeunes gens qu'il avait sous sa conduite, et qui apprenaient ces exercices, étaient pour l'ordinaire d'une très forte santé, il imputa d'abord ce bonheur au continuel exercice qu'ils faisaient ; ensuite il poussa plus loin cette première réflexion qui était fort naturelle, et se persuada qu'on pouvait tirer beaucoup d'autres avantages de l'exercice, si on se proposait uniquement pour but l'acquisition ou la conservation de la santé.

Sur ces principes, il laissa la gymnastique militaire et celle des athlètes, pour ne s'attacher qu'à la gymnastique médicinale, et pour donner là-dessus les règles et les préceptes qu'il jugea nécessaires. Nous ne savons pas quelles étaient ces règles ; mais il y a de l'apparence qu'elles regardaient d'un côté les différentes sortes d'exercices que l'on pouvait pratiquer pour la santé, et de l'autre les précautions dont il fallait user selon la différence des sexes, des saisons, des maladies, etc. Hérodicus réglait encore sans doute la manière de se nourrir ou de faire abstinence, par rapport aux différents exercices que l'on ferait ; en sorte que la gymnastique renfermait la diététique, cette partie de la médecine auparavant inconnue, et qui fut depuis très cultivée.

Hippocrate avait des idées si sages, et ne manqua d'employer la gymnastique en diverses maladies. Tous les médecins qui lui succédèrent goûtèrent tellement ce genre de médecine, qu'il n'y en eut point qui ne le regardât comme une partie essentielle de l'art : nous n'avons plus les écrits que Dioclès, Praxagore, Philotime, Érasistrate, Hérophile, Asclépiade et plusieurs avaient donnés sur cette matière ; mais ce qui s'en trouve dans Galien et dans les auteurs qui citent ceux qu'on vient de nommer suffit pour justifier en quelle estime était la *gymnastique médicinale* parmi les anciens.

Les médecins n'étaient pas les seuls qui la recommandassent ; tout le monde en général se convainquit si fort de l'utilité qu'on en retirait, qu'il y avait une infirmité de gens qui passaient une partie de leur vie dans les lieux d'exercice qu'on appelait *gymnases* : il est vrai néanmoins que ces lieux étaient autant destinés à la *gymnastique athlétique* qu'à la *gymnastique médicinale*.

Les exercices qu'on y faisait consistaient à se promener dans des allées couvertes et découvertes ; à jouer au palet, à la paume, au ballon ; à lancer le javelot ; à tirer à l'arc ; à lutter ; à sauter ; à danser ; à courir ; à monter à cheval ; etc. Une partie de ces exercices était pratiquée par toutes sortes de personnes pour la santé ; mais les appartements affectés à ce dernier usage étaient le lieu des bains, celui où l'on se déshabillait, où l'on se faisait décrasser, frotter avec des instruments faits exprès, et oindre avec certaines drogues, etc. Chacun usait de ces exercices comme il lui plaisait ; les uns ne prenaient part qu'à un seul, pendant que d'autres s'occupaient successivement de plusieurs. Les gens de lettres commençaient par ouïr les philosophes et les savants qui s'y rendaient ; ils jouaient ensuite à la paume, ou bien ils s'exerçaient de quelque autre manière, et enfin ils entraient dans le bain : il n'y a rien de plus naturel que cette espèce de médecine gymnastique ; tout homme judicieux la doit préférer à celle qui consiste dans l'usage des médicaments, parce que cette dernière est toujours palliative, désagréable, et souvent dangereuse.

Les Romains ne commencèrent à bâtir des lieux d'exercices que longtemps après les Grecs ; mais ils les surpassèrent de beaucoup soit par le nombre, soit par la magnificence des bâtiments, comme on peut en juger par les descriptions des auteurs, et par les ruines qui subsistent encore : on en était si fort épris à Rome que, selon la remarque de Varron, quoique chacun eût le sien, à peine était-on content.

La gymnastique médicinale était déjà tombée dans des minuties aussi nombreuses que frivoles, témoin les conseils des trois livres intitulés *Du régime*, attribués à Hippocrate : ils ne roulent que sur les différents temps propres à s'exercer ; ils indiquent si ce doit être à jeun ou après avoir pris de la nourriture, le matin ou le soir, à l'air, au soleil ou à l'ombre ; s'il faut être nu, c'est-à-dire sans manteau, ou s'il faut être habillé ; quand il convient d'aller lentement, et quand il est nécessaire d'aller vite ou de courir ; ce même ouvrage traite de plusieurs autres minuties, comme d'un jeu de main et de doigts prétendu très utile pour la santé, et qui s'appelait *chironomie* ; il y est aussi parlé d'une espèce de ballon suspendu qu'on nommait *corycus* et qu'on poussait avec toute sa force avec les bras.

Mais comme les bains composaient principalement la gymnastique médicinale, aussi bien que la coutume de se faire frotter et de se faire oindre, il arriva que l'application des huiles, des onguents et des parfums liquides dont on se servait, soit avant, soit après le bain, soit dans d'autres conjonctures, occupât chez les Romains, dans le temps de leur décadence, autant de personnes que les bains mêmes.

Ceux qui faisaient profession d'ordonner ces onguents ou ces huiles aux malades et aux gens sains s'appelaient *jatraliptae*, c'est-à-dire « médecins des onguents » ; ils avaient sous leurs ordres des gens qu'on nommait *unctores*, qui ne servaient qu'à oindre et qu'il faut distinguer non seulement des *unguentarii*, ou vendeurs d'huiles et d'onguents, mais encore des *olearii*, lesquels étaient des esclaves qui portaient le pot à essence pour leurs maîtres, lorsqu'ils allaient au bain.

Après avoir oint, et avant qu'on oignît, on frottait et on raclait la peau ; ce qui était l'office des frotteurs, *fricatores* : ils se servaient pour cela d'un instrument appelé *strigil*, fait exprès pour décrasser la peau, pour en ôter les restes de l'huile et même de la poussière dont on se couvrait lorsqu'on voulait lutter ou prendre quelque autre exercice.

Ce n'est pas tout, les jatraliptes avaient encore sous eux les gens qui se mêlaient de manier doucement les jointures et les autres parties du corps, pour les rendre plus souples ; on nommait ceux-ci *tractatores*. C'est de ces gens-là que parle Sénèque lorsqu'il dit, indigné des abus qui se commettaient à cet égard : « Faut-il que je donne mes jointures à amollir à ces efféminés ? ou faut-il que je souffre que quelque femmelette ou quelque homme changé en femme m'étende mes doigts délicats ? Pourquoi n'estimerais-je pas plus heureux un Mucius Sævola qui maniait aussi aisément le feu avec la main que s'il l'eût tendue à un de ceux qui professent l'art de manier les jointures ? » Ce qui mettait de mauvaise humeur contre cette espèce de remède et contre ceux qui le pratiquaient, c'est qu'ils se faisaient la plupart par mignardise et par délicatesse.

Pour dire ici quelque chose de plus honteux, les hommes employaient à cet usage des femmes choisies que l'on appelait *tractatrices* ; je ne veux, pour preuve de cette dépravation, que l'épigramme de Martial contre un riche voluptueux de son temps :

Percurrit agile corpus arte tractatrix,
Manumque doctam spargit omnibus membris
(livre III, épig. 8l).

Enfin dans ce genre de luxe, comme les huiles, les onguents, les parfums liquides ne pouvaient pas être commodément administrés qu'on n'ôtât le poil, on dépilait industrieusement avec des pincettes, des pierres ponces et toutes sortes de dépilatoires composés avec art : les hommes qui servaient à cet office, étaient appelés *dropacistæ* et *alipilarii*, et les femmes *picatrices* et *paratiltriæ*. Ainsi la médecine gymnastique, simple dans son origine, devint minutieuse dans la pratique et finit par dégénérer en raffinement de luxe, de mollesse, et de volupté.

Encyclopédie. Dictionnaire raisonné des sciences, des arts et des métiers, 1772, article « Gymnastique ».

JEAN-NICOLAS COUTERAN

(XVIIIe siècle)

Une autre dimension du sport est la confrontation du corps aux éléments pour en éprouver la capacité de résistance. En 1775, une expédition menée par quatre hommes, dont Jean-Nicolas Couteran, part à l'assaut du mont Blanc. Leur arrivée au sommet, le 14 juillet, est une première. Cette entreprise relève du défi sportif, et constitue, pour l'époque, un exploit complet.

Itinéraire vers le sommet

Au-dessus de nous s'élevait assez haut un roc terminé en pointe qui nous présentait deux faces d'un triangle parfait, tapissées de gazon jusqu'au sommet ; cela nous a fait illusion et nous crûmes un instant voir une des fameuses pyramides d'Égypte.

Sur les huit heures du matin nous quittâmes la montagne pour entrer sur une plaine de glace située au pied du Mont Blanc et qui nourrit les glaciers de Taconaz et des Bossons[1] ; elle nous parut n'avoir qu'une demi-lieue, et nous mîmes plus de trois heures à la traverser, parce qu'il nous fallait continuellement faire des détours pour éviter les fentes considérables

1. Appelée aujourd'hui la « Jonction ».

qui la coupent ; la plupart, cependant, étaient encore couvertes de neige qui nous servait de pont pour passer et nous observâmes que si nous avions différé notre voyage de quelque temps, nous l'aurions fait inutilement à cause de la fonte des neiges [...].

Nous rencontrâmes un petit lac creusé profondément dans la glace, sous la forme d'un croissant ; les murs qui l'entouraient étaient perpendiculaires et unis ; la couleur de ses ondes était d'un bleu céleste très vif et elles réfléchissaient ses bords qui se teignaient de leurs éclatantes nuances. Un pont de glace, le plus hardi que l'on conçoive, traversait ce lac dans toute sa largeur, sa transparence était aussi pure que celle de la plus belle porcelaine ; sa magnificence seule nous aurait dédommagés de plus grandes peines encore que celles que nous avions prises pour parvenir jusque-là.

De ce lieu élevé, nous découvrîmes le lac de Genève, mais si petit qu'il ne nous semblait qu'une pièce de toile étendue dans un champ. Puis, il nous fallut monter par une pente de neige fort rapide, qui était surmontée de deux murs de glace d'une hauteur prodigieuse, flanquée symétriquement de tours élevées du double et crevassées comme les meurtrières d'une antique forteresse. Nous ne les contemplâmes pas sans admiration, quoique nous fussions dans la crainte de leur chute, par le délié, le peu d'épaisseur de quelques parties. Ne pouvant les escalader, nous tirâmes de côté, nous avançâmes d'abord assez bien, mais le soleil, qui amollissait toujours plus les neiges, rendit notre marche fatigante, et souvent nous enfoncions jusqu'à la ceinture. Nous laissions à notre gauche un roc aplati au milieu des neiges [...]. Nous commençâmes bientôt à éprouver une chaleur des plus violentes, au point que nous fûmes obligés de couvrir de neige nos chapeaux pour nous garantir la tête des coups de soleil. Une sorte de lassitude, dont nous n'étions pas les maîtres, se faisait aussi sentir et nous empêchait de marcher, nous ne pûmes la vaincre que par le secours de la liqueur. Ayant marché encore quelque temps, nous parvînmes dans un grand creux dont le dessus était hérissé d'aiguilles de vive glace, qui ne permettaient aucun passage […] ce lieu nous parut le *non plus ultra*, mais un détour que nous fîmes sur la gauche nous fit découvrir un défilé par-derrière ces pointes de glace, qui nous conduisit aisément sur un cône, d'où nous vîmes la sommité du Mont Blanc, si rapprochée de nous que nous crûmes n'en être éloignés que d'une lieue ; mais nous ne tardâmes pas à voir notre erreur, quelques pas de plus nous la montrèrent sous un autre aspect, et la plus éloignée du double. Cette erreur qui est commune sur les grandes hauteurs est l'effet de la pureté de l'air, de sa vivacité qui rapproche les objets.

« Relation de 1775 », *in* M. Bourrit,
Nouvelle Description des glacières et glaciers de Savoie,
Genève, Paul Barde, 1785.

LOUIS-SÉBASTIEN MERCIER

(1740-1814)

La société d'Ancien Régime se meurt. Avec vigueur, nerf et souvent sarcasme, Mercier est le meilleur observateur des mutations de la ville. Son regard perçant juge à hauteur d'homme. Dans cet extrait qui décrit une rencontre hippique à Boulogne, Mercier dresse une physionomie morale. À chaque spectacle sportif son public et sa pratique sociale.

Courses de chevaux

Nous les avons copiées des Anglais ; c'est la bête qui remporte les prix : on fait jeûner le jockey qui doit conduire, afin qu'il pèse moins. Les paris s'ouvrent, et il se perd beaucoup d'argent.

C'était aussi la manie des Grecs : ce peuple attacha à la vitesse des chevaux un honneur qui rendait leur maître célèbre. Qu'on eût couronné celui qui conduisait le char, il avait montré une certaine fermeté et de l'adresse ; mais le vainqueur parmi nous, n'est-il pas un peu ridicule lorsqu'il se vante d'avoir su acheter une cavale plus légère que celle de son adversaire ?

Euripide autrefois se moqua complètement de ce singulier vainqueur dans une ode même à sa louange. Il lui dit en propres termes : *Ô fils de Clinias, la plus belle des victoires est celle dont les dieux n'ont favorisé que vous ; on vous a vu remporter les trois premiers prix, être proclamé vainqueur au milieu des applaudissements, sans avoir pris la moindre peine.*

Sans avoir pris la moindre peine ! Qui se serait attendu à une pareille chute ?

Il est dommage que nous ne soyons pas originaux dans ce ridicule que nous avons adopté ; mais aussi nous avons voulu placer une gloire d'éclat dans le mérite de nos jockeys.

On ne parle donc plus *du cheval barbare*, *du petit duc* ; et le goût des chevaux qui courent a succédé à l'esprit de la chevalerie entièrement éteint. On se transporte dans la plaine des Sablons pour voir courir des animaux efflanqués, qui passent comme un trait, tous couverts de sueur au bout de six minutes ; et nous mettrons ensuite dans les discussions qui résultent de ces courses un air de profondeur et une importance qui ont quelque chose de burlesque.

Cette singerie de nos voisins n'a pas rétabli, comme chez eux, ainsi qu'on l'eût d'abord imaginé, la perfection des races ; c'est que l'on n'a permis ces jeux olympiques qu'aux princes et aux grands seigneurs. Ils eussent été néanmoins plus utiles dans des rangs moins élevés.

On a fait une petite comédie, dont le sujet est une femme qu'on dispute et qu'on gagne à la course, et ce sujet n'a point paru sortir des bornes de la vraisemblance. Un interlocuteur, homme *d'un très bon ton*, y dit : *Veux-tu recourir la comtesse ?* Et comme telle est la manière de ces *hommes qu'on connaît*, cela a paru délicieux, unique.

Tableau de Paris, 1782, chap. CDXXI.

JEAN-JACQUES ROUSSEAU

(1712-1778)

« La vie ambulante est celle qu'il me faut. » La nature est au cœur de la préoccupation du siècle des Lumières, qui repense l'homme. Le corps n'est plus un tombeau, le corps échauffe l'esprit. Rousseau, grand promeneur devant l'éternel, fait l'éloge de la marche.

Les vertus de la marche

La chose que je regrette le plus dans les détails de ma vie dont j'ai perdu la mémoire est de n'avoir pas fait des journaux de mes voyages. Jamais je n'ai tant pensé, tant existé, tant vécu, tant été moi, si j'ose ainsi dire, que dans ceux que j'ai faits seul à pied. La marche a quelque chose qui anime et avive mes idées : je ne puis presque penser quand je reste en place ; il faut que mon corps soit en branle pour y mettre mon esprit. La vue de la campagne, la succession des aspects agréables, le grand air, le grand appétit, la bonne santé que je gagne en marchant, la liberté du cabaret, l'éloignement de tout ce qui me fait sentir ma dépendance, de tout ce qui me rappelle à ma situation, tout cela dégage mon âme, me donne une plus grande audace de penser, me jette en quelque sorte dans l'immensité des êtres pour les combiner, les choisir, me les approprier à mon gré, sans gêne et sans crainte.

Je dispose en maître de la nature entière ; mon cœur, errant d'objet en objet, s'unit, s'identifie à ceux qui le flattent, s'entoure d'images charmantes, s'enivre de sentiments délicieux. Si pour les fixer je m'amuse à les décrire en moi-même, quelle vigueur de pinceau, quelle fraîcheur de coloris, quelle énergie d'expression je leur donne ! On a, dit-on, trouvé de tout cela dans mes ouvrages, quoique écrits vers le déclin de mes ans. Oh ! si l'on eût vu ceux de ma première jeunesse, ceux que j'ai faits durant mes voyages, ceux que j'ai composés et que je n'ai jamais écrits !... Pourquoi, direz-vous, ne les pas écrire ? Et pourquoi les écrire ? vous répondrai-je : pourquoi m'ôter le charme actuel de la jouissance, pour dire à d'autres que j'avais joui ? Que m'importaient des lecteurs, un public, et toute la terre, tandis que je planais dans le ciel ? D'ailleurs, portais-je avec moi du papier, des plumes ? Si j'avais pensé à tout cela, rien ne me serait venu. Je ne prévoyais pas que j'aurais des idées ; elles viennent quand il leur plaît, non quand il me plaît. Elles ne viennent point, ou elles viennent en foule ; elles m'accablent de leur nombre et de leur force. Dix volumes par jour n'auraient pas suffi. Où prendre du temps pour les écrire ? En arrivant je ne songeais qu'à bien dîner ; en partant je ne songeais qu'à bien marcher. Je sentais qu'un nouveau paradis m'attendait à la porte ; je ne songeais qu'à l'aller chercher.

Les Confessions, 1782, livre IV.

MADAME DE GENLIS

(1746-1830)

Préceptrice dans leur jeunesse des ducs de Chartres et de Montpensier, Madame de Genlis est une pédagogue acharnée. Son but : forger des corps robustes, actifs et dégourdis. Aussi, avant l'apprentissage des langues, des mathématiques ou de la musique, elle met au cœur de son enseignement l'exercice physique. Son programme sportif, original et inventif, va jusqu'à chausser les enfants de semelles de plomb pour intensifier leur effort.

Un sérieux programme

J'ai remis il y a six mois l'enfant entre les mains de son père, et je ne crois pas qu'il existe un jeune homme, dans sa quinzième année, plus leste, plus fort, plus adroit, d'une taille plus régulière et mieux développée, et d'une santé plus robuste et mieux affermie. Voici les moyens que j'ai employés relativement à cette partie d'éducation :

1° Des souliers à *semelles de plomb*, que mes élèves ont portés depuis l'instant où ils m'ont été confiés jusqu'à celui où ils m'ont quittée. Cette semelle était d'abord extrêmement mince, on en a augmenté insensiblement l'épaisseur. Quand M. de Chartres m'a quittée, chacun de ses souliers pesait une livre et demie, par conséquent les deux pesaient trois livres, et il faisait avec ce poids et des courses et des sauts, et trois ou quatre lieues à pied, d'un pas très vite, et sans éprouver la moindre fatigue. Les souliers de Mademoiselle d'Orléans pèsent, dans ce moment, deux livres ; elle ne les quitte jamais que pour danser ; elle marche et court avec sans qu'on puisse s'apercevoir qu'elle a de telles entraves. Sa constitution est naturellement fort délicate, et elle n'a pas quatorze ans. Outre la force et la légèreté que doit nécessairement donner l'habitude de porter de lourdes semelles, elles ont encore deux avantages, celui de garantir les pieds de toute humidité et celui d'aider la croissance, en tirant doucement les muscles des jambes.

2° L'exercice des *haltères*, que je plaçais avant le déjeuner. Il ne dure que 10 ou 12 minutes. C'est un ancien exercice que Galien prescrivait à ses malades convalescents ; on en trouvera le détail dans l'*Encyclopédie* où je l'ai pris, au mot « Haltères ». Après cet exercice, les enfants portaient, pendant autant de temps et en marchant, des cruches pleines d'eau. À la campagne, ils traversaient un grand espace de jardin, allaient remplir leurs cruches à une fontaine naturelle et rapportaient cette eau dans leur chambre dont ils remplissaient les carafes pour le dîner. Comme cet exercice avait un objet d'utilité, ils le faisaient avec plaisir à la campagne ; mais à Paris où l'on n'avait point de fontaine naturelle, on se contentait de porter des cruches pleines de sablon d'un appartement à l'autre, et alors ce n'était plus qu'une leçon qu'on prenait sans goût et sans activité. Ainsi, autant qu'il est possible, il faut donner à ces exercices une apparence d'utilité, ce qui est très aisé à la campagne et fort difficile à Paris. On augmente la grosseur des cruches avec l'âge. M. de Chartres a porté dans chaque cruche le poids de 92 livres, ce qui fait 184 pour les deux. Il faut, pour cet exercice, des cruches d'une forme ronde avec une ouverture étroite et une anse qui, au lieu d'être portée de côté, embrasse et partage l'ouverture.

On faisait les deux exercices détaillés ci-dessus le matin en se levant et avant le déjeuner.

3° L'exercice de *la poulie*. M. Tronchin l'avait imaginé et pratiqué jadis avec succès pour redresser les tailles d'enfants contrefaits. Il me conta ce fait il y a treize ans et, de ce moment, j'appliquai cette idée à l'éducation. Cette poulie attachée au plancher est parfaitement semblable à celle d'un puits, seulement au lieu de mettre un seau à la corde, on y attache un sac de peau rempli de sablon. J'ai fait placer autour de cette poulie, fixée contre le lambris, une balustrade fermée pour prévenir les accidents que pourrait causer la chute des poids. Il faut pour cet exercice que l'enfant soit bien posé d'aplomb, que ses pieds soient l'un contre l'autre, qu'ils ne s'élèvent jamais sur leurs pointes en tirant la poulie, et qu'il ne laisse pas glisser la corde dans ses mains en descendant le poids. À la campagne, on faisait cet exercice sur de véritables puits placés dans les petits jardins des enfants, c'est-à-dire un grand tonneau rempli d'eau au-dessus duquel était posée la poulie. On tirait de l'eau pour arroser le jardin, et comme on ne pouvait pas augmenter la grosseur des seaux, parce qu'il fallait qu'ils fussent proportionnés à la petitesse du puits, j'avais imaginé de faire mettre à ces seaux un double fond dans lequel on pouvait glisser des poids.

4° L'exercice *des hottes*. Je l'avais placé de manière à couper pendant un quart d'heure la leçon de dessin. Au milieu de la leçon on se levait, on chargeait sur ses épaules une hotte proportionnée à sa taille et chargée suivant les forces ; on descendait et l'on montait plusieurs étages avec ces charges. Quand M. de Chartres est parti pour Vendôme, il portait dans sa hotte 225 livres, et descendait et montait ainsi l'escalier, ce qui est extrêmement fort, et ce qu'aucun homme de la société que nous connaissons n'a pu faire avec 40 livres de moins.

5° L'exercice *de la corde*. C'est une grosse corde attachée au plafond et au milieu de la chambre. Cet exercice, qui ne peut convenir qu'à des hommes, consiste à monter, au moyen de cette corde, jusqu'au plafond. Il est très difficile d'y parvenir sans le secours de ses jambes, c'est-à-dire en les écartant au lieu de les entrelacer autour de la corde, parce qu'alors tout le poids du corps porte seulement sur les poignets. Cependant, M. de Chartres, MM. ses frères et mon neveu faisaient également bien cet exercice de cette manière. Cette facilité à monter et à descendre avec le simple secours d'une corde peut être de la plus grande utilité dans mille circonstances de la vie, dans un incendie si le feu bouche le passage des portes, dans les voyages s'il s'agit de descendre dans ces grottes profondes et curieuses que tant de voyageurs, faute de cette habitude, ou n'ont pu voir ou n'ont vues qu'avec un très grand danger. J'employais cet exercice, ainsi que celui de la poulie, à couper les études. L'hiver, à Bellechasse, entre chaque leçon de langue et après notre lecture, mes élèves, pendant 10 ou 12 minutes, ou tiraient la poulie, ou montaient à la corde, ou s'exerçaient à la lutte des poignets.

6° L'exercice *des poids aux pieds*. Celui-ci a été imaginé par M. de Montpensier et mon neveu, qui s'y sont exercés pendant six mois tous les jours. Cet exercice a singulièrement développé leur croissance. On s'attache à chaque pied un poids aussi lourd qu'on le peut porter sans un grand effort ; ensuite on se suspend avec les deux mains à la corde attachée au plafond, de manière que les pieds soient à deux ou trois pieds de terre. Alors, pendant quelques minutes, on retire et on étend alternativement avec force tantôt une jambe et tantôt l'autre. Les poids que M. de Montpensier s'attachait aux pieds l'hiver dernier pesaient tous deux 50 livres, par conséquent 25 chaque.

7° *Les sauts*. Il y a trois manières de sauter : l'une horizontalement, la seconde en franchissant une chose élevée, et la troisième en sautant d'une élévation à terre. Cette dernière manière est dangereuse ; c'est dans cette espèce de saut que l'on risque de se casser la jambe pour peu qu'en tombant elle porte à faux. Ainsi, l'on doit proscrire cet exercice, d'autant mieux que si l'on saute parfaitement des deux autres manières, on sautera bien de celle-ci dans le cas où, pour éviter un danger, on serait obligé de risquer cette sorte de saut. J'ai fait faire, dans le jardin de la maison de campagne où nous passions les étés, une pièce de terre labourée de la forme d'un carré long d'environ 20 pieds. Ce morceau de terre labourée que nous appelions *sautoir* était situé sous les fenêtres de ma chambre et sur une vaste pelouse où l'on faisait les courses, de manière que, sans sortir de ma chambre, je pouvais voir sauter, courir et jouer aux barres. On sautait dans ce sautoir, et comme la terre était molle, on pouvait y tomber sans le moindre inconvénient. On sautait ainsi à toute course, c'est-à-dire en prenant de l'élan. Il faut ne prendre l'élan ni de trop près, ni de trop loin : 12 ou 15 pas suffisent. Il faut, en sautant, que les pieds ne soient pas séparés l'un de l'autre, et en même temps lancer les jambes en avant, de manière que, si l'on tombe, on se trouve assis ; car si l'on tombe sur les genoux, c'est une preuve que le saut a été mal pris. Pour sauteur en hauteur, je faisais mettre sur le bord d'un sautoir une ficelle posée sur deux crochets de bois ; il s'agissait de franchir cette ficelle, ce qui se fait de deux manières, en prenant de l'élan ou à pieds joints, c'est-à-dire sans prendre d'élan. Il faut que la ficelle ne soit que posée sur les crochets de bois et non attachée, afin qu'elle puisse céder si on manque le saut et si on l'accroche avec les pieds, sans quoi la résistance ferait tomber, et d'une manière fâcheuse, à la renverse et hors du sautoir. Quand on saute parfaitement de cette manière, on peut faire sauter de vraies barrières avec l'attention de les choisir d'une hauteur au-dessous de celle que l'élève saute facilement d'habitude : par exemple, s'il saute communément quatre pieds à l'exercice de la ficelle lâche, il faut que la barrière n'ait que trois pieds, etc. On est bien sûr que si quelque danger pressant l'oblige à sauter une barrière, il s'élèvera alors à la hauteur qu'elle peut atteindre. M. de Chartres n'est pas celui de mes élèves qui a le mieux réussi à cette espèce d'exercice, mais il sautait *horizontalement* avec élan 21 semelles.

8° *Les courses*. Je les avais divisées en deux espèces : les courses de vitesse et les courses d'haleine. Dans ces dernières, on ne court pas de toute sa force et l'on peut, avec l'habitude, courir très longtemps, même dans l'enfance. Mademoiselle d'Orléans, à douze ans, faisait une lieue exactement mesurée, en courant sans s'arrêter et sans marcher un instant. On sait qu'on doit avoir en marchant le corps droit et les pieds en dehors, et qu'à chaque pas la jambe doit précéder le corps, car on marche très mal quand le corps se porte en avant en même temps que la jambe. Pour la course, c'est tout le contraire, il faut que le corps soit penché en avant, que les pieds ne soient ni en dehors, ni en dedans, mais tout droits, et que le corps s'élance avec les jambes.

Leçons d'une gouvernante à ses élèves,
Onfroy, 1791.

PIERRE-JOSEPH BUCHOZ

(1731-1807)

La Révolution française redécouvre l'héritage grec et cherche à construire des filiations avec ce passé. Pour la première fois, on entreprend d'établir l'histoire de pratiques ludiques en observant de près leurs règles et leurs équipements. Le « sport » à proprement parler n'existe pas encore – on lui préfère encore le terme « jeu » –, mais tout prédispose à son éclosion.

Les jeux des Anciens

Les premiers jeux pratiqués en France sont ceux d'exercice, dont les principaux étaient connus des Grecs sous la dénomination générale de *gymnastique*, et pour lesquels il y avait des prix proposés dans les fameuses fêtes qui se célébraient à Olympie et dans l'isthme de Corinthe ; ils consistaient dans la course tant à pied qu'en char. La lutte à laquelle s'exerçaient les athlètes, le combat à coups de poing, le disque ou palet, que l'on jetait aussi près du but qu'il était possible, tous ces jeux sont actuellement oubliés.

La *spéristique* était encore un genre d'exercice très usité et très estimé chez les Grecs, et qui a passé dans les Gaules, soit directement de la Grèce par Marseille, soit lorsque les Romains s'y sont établis : de ce genre sont tous les jeux dans lesquels on se sert de la balle ou du ballon.

Les balles des anciens paraissaient être faites, comme quelques-unes des nôtres, de plusieurs enveloppes de peau, qui renfermaient du sable, ou un petit paquet de laine. Les balles de corde, de drap, et celles dont l'enveloppe est tricotée, sont plus modernes ; on les poussait avec la main nue : c'est de là qu'est venu le nom de *paume*. L'invention des *raquettes*, des *battoirs* et des *brassards* pour le *ballon*, n'est pas fort ancienne ; on n'a commencé à connaître les *raquettes* qu'au milieu du quinzième siècle : le *battoir*, qui sert à la longue *paume*, et le *brassard*, sont encore postérieurs à la *raquette*. Les jeux de *paume* des anciens étaient les mêmes que les nôtres, à la forme près, et à la manière de compter les parties. Le *ballon* a toujours consisté, dans tous les temps, dans une vessie de cochon remplie de vent, et revêtue d'une peau, pour qu'elle ne crevât pas si aisément.

Un jeu, dont les anciens faisaient un grand usage, et qui leur était recommandé par leurs médecins, était le *corycus*, qu'on ne pratique plus du tout ; il consistait à suspendre par une corde, à une poutre ou solive du plancher, un sac rempli de son ou de farine, et à se le jeter l'un à l'autre dans un corridor étroit, ou entre deux lignes dont il n'était pas permis de s'écarter ; il fallait donc attendre de pied ferme le sac, le renvoyer avec force contre son adversaire, et tâcher de le renverser.

Le jeu du *volant* dérive de la *paume* ; mais il est assez moderne, étant postérieur à l'invention de la *raquette*. Les *boules de bois* n'étaient point connues des Romains, et on ignore le temps où elles l'ont été en France ; mais on sait que le jeu de *mail* a été autrefois très estimé, et regardé comme un jeu royal.

Dissertation sur les amusements des Français depuis le commencement de la monarchie jusqu'à nos jours, Strasbourg, Impression ordinaire du roi, 1789.

CONDORCET
(1743-1794)

Dans son Discours sur l'organisation générale de l'instruction publique*, Condorcet définit un but pour l'enseignement : « cultiver les facultés physiques, intellectuelles et morales de chacun ». Créer des citoyens, c'est aussi façonner des corps. L'État prendra en charge l'éducation des enfants âgés de cinq à douze ans. Mais l'éducation physique et sportive (EPS) n'en est qu'à ses prémices. Il faudra attendre 1869 pour qu'elle soit instituée par décret en tant que discipline scolaire d'enseignement obligatoire.*

Discours sur l'organisation générale de l'instruction publique

Messieurs,

Offrir à tous les individus de l'espèce humaine les moyens de pourvoir à leurs besoins, d'assurer leur bien-être, de connaître et d'exercer leurs droits, d'entendre et de remplir leurs devoirs ; assurer à chacun d'eux la facilité de perfectionner son industrie, de se rendre capable des fonctions sociales auxquelles il a droit d'être appelé, de développer toute l'étendue des talents qu'il a reçus de la nature, et par là, établir entre les citoyens une égalité de fait, et rendre réelle l'égalité politique reconnue par la loi. Tel doit être le premier but d'une instruction nationale ; et, sous ce point de vue, elle est pour la puissance publique un devoir de justice. Diriger l'enseignement de manière que la perfection des arts augmente les jouissances de la généralité des citoyens et l'aisance de ceux qui les cultivent ; qu'un plus grand nombre d'hommes deviennent capables de bien remplir les fonctions nécessaires à la société, et que les progrès toujours croissants des lumières ouvrent une source inépuisable de secours dans nos besoins, de remèdes dans nos maux, de moyens de bonheur individuel et de prospérité commune ; cultiver enfin, dans chaque génération, les facultés physiques, intellectuelles et morales, et, par là, contribuer à ce perfectionnement général et graduel de l'espèce humaine, dernier but vers lequel toute institution sociale doit être dirigée : tel doit être l'objet de l'instruction ; et c'est pour la puissance publique un devoir imposé par l'intérêt commun de la société, par celui de l'humanité entière.

Mais en considérant sous ce double point de vue la tâche immense qui nous a été imposée, nous avons senti, dès nos premiers pas, qu'il existait une portion du système général de l'instruction qu'il était possible d'en détacher, sans nuire à l'ensemble, et qu'il était nécessaire d'en séparer, pour accélérer la réalisation du nouveau système : c'est la distribution et l'organisation générale des établissements d'enseignement public.

En effet, quelles que soient les opinions sur l'étendue précise de chaque degré d'instruction ; sur la manière d'enseigner ; sur le plus ou moins d'autorité conservée aux parents ou cédée aux maîtres ; sur la réunion des élèves dans des pensionnats établis par l'autorité publique ; sur les moyens d'unir à l'instruction proprement dite le développement des facultés physiques et morales, l'organisation peut être la même ; et, d'un autre côté, la nécessité de désigner les lieux d'établissements, de faire composer les livres élémentaires, longtemps avant que ces établissements puissent être mis en activité, obligeait à préciser la décision de la loi sur cette portion du travail qui nous est confié.

Nous avons pensé que, dans ce plan d'organisation générale, notre premier soin devait être de rendre, d'un côté, l'éducation aussi égale, aussi universelle ; de l'autre, aussi complète que les circonstances pouvaient le permettre, qu'il fallait donner à tous également l'instruction qu'il est possible d'étendre sur tous ; mais ne refuser à aucune portion de citoyens l'instruction plus élevée, qu'il est impossible de faire partager à la masse entière des individus ; établir l'une, parce qu'elle est utile à ceux qui la reçoivent ; et l'autre, parce qu'elle l'est à ceux mêmes qui ne la reçoivent pas. La première condition de toute instruction étant de n'enseigner que des vérités, les établissements que la puissance publique y consacre doivent être aussi indépendants qu'il est possible de toute autorité politique ; et comme, néanmoins, cette indépendance ne peut être absolue, il résulte du même principe qu'il faut ne les rendre dépendants que de l'Assemblée des représentants du peuple, parce que, de tous les pouvoirs, il est le moins corruptible, le plus éloigné d'être entraîné par des intérêts particuliers, le plus soumis à l'influence de l'opinion générale des hommes éclairés, et surtout parce qu'étant celui de qui émanent essentiellement tous les changements, il est dès lors le moins ennemi du progrès des lumières, le moins opposé aux améliorations que ce progrès doit amener. Nous avons observé, enfin, que l'instruction ne devait pas abandonner les individus au moment où ils sortent des écoles ; qu'elle devait embrasser tous les âges ; qu'il n'y en avait aucun où il ne fût utile et possible d'apprendre, et que cette seconde instruction est d'autant plus nécessaire que celle de l'enfance a été resserrée dans des bornes plus étroites. C'est là même une des causes de l'ignorance où les classes pauvres de la société sont aujourd'hui plongées ; la possibilité de recevoir une première instruction leur manquait encore moins que celle d'en conserver les avantages.

[…]

Discours sur l'organisation générale de l'instruction publique, présenté devant l'Assemblée nationale, 20-21 avril 1792, extrait.

IV

DU JEU AU SPORT

INSTITUTION DES RÈGLES ET PRATIQUES AU XIXe SIÈCLE

Avec la révolution industrielle du XIXe siècle, le sport se démocratise et voyage. Le type du *sportman* à l'anglaise débarque en France accompagné de nouveaux sports : football, rugby, tennis. Il importe ses codes et un certain mode de vie. Chaque discipline instaure une universalité des règles mise en œuvre par des institutions dédiées. C'est la naissance des fédérations. Les sportifs « licenciés » constituent des clubs à des niveaux régionaux, nationaux, voire internationaux, qui définissent et contrôlent les règles de leur propre sport.

Beaucoup de compétitions voient le jour. Pour compter, comparer, graduer, départager les compétiteurs, tout un système de mesure du temps et de l'espace entre dans le champ sportif : le chronomètre fait son apparition.

Encore lié, et pour longtemps, à la pratique militaire, le sport demeure l'apanage du « maître d'armes » qui promeut les valeurs de l'endurance et du courage. Dans le champ de l'éducation, et notamment en Angleterre, il commence à occuper une place prépondérante. Dans le même temps, sa pratique adopte progressivement une visée hygiéniste.

Le sport vient donc de faire sa grande apparition dans la vie quotidienne des Européens. Gymnastique, canotage, patinage, savate, cyclisme : on se met à pratiquer pour se faire plaisir et pour son bien.

JEAN-BAPTISTE ROUX DE ROCHELLE

(1762-1849)

Ces vers en alexandrins qui ne craignent pas l'emphase revisitent le mythe de naissance de l'olympisme et glorifient son idéal. Ô modèle antique, combien insurpassable tu es ! Roux de Rochelle qui découple son œuvre en chants y exalte constamment la vertu et l'honneur.

Les Jeux olympiques

Noble fille du ciel, muse, dont la mémoire
Des temps qui ne sont plus éternise la gloire,
Sous l'olivier sacré relève tes autels ;
Fais revivre l'éclat de ces jeux immortels,
Où la valeur, les arts, et les vertus antiques
Recevaient de tes mains les palmes olympiques.
Tu vis avec effroi le cirque des Romains
Accoutumer au sang les maîtres des humains ;
Muse, verse des pleurs sur ce peuple invincible,
Qui craint de s'amollir en devenant sensible,
Et jusques dans la paix ensanglante ses jeux.
Mais, en voyant briller ces jours moins orageux
Où les lois et les mœurs de la chevalerie
Vont relever enfin l'humanité flétrie,
Rassurer l'innocence et lui rendre ses droits,

Et devenir l'appui des peuples et des rois,
Reparais triomphante au milieu de nos fêtes,
Chante l'honneur français, les tournois, les conquêtes.

Et toi, Minerve, et toi, soit que dans les combats
Tu guides les héros sous le nom de Pallas ;
Soit que, victorieuse, et reposant ta lance,
Aux vertus de la paix tu formes leur vaillance ;
Si tu régnas long-temps sur un peuple guerrier,
Si tes mains dans l'Attique ont planté l'olivier,
Reprends ton double empire, ô déesse immortelle !
Autour de toi s'élève une Athènes nouvelle ;
Descends du Parthénon au sein de nos remparts,
Et protège la paix, les vertus, et les arts.

Des rochers de l'Olympe aux monts de Laconie,
Sous le riant climat de la belle Ionie,
Sur le Pinde et l'Hémus, dans les plaines d'Argos,
Par-tout, la voix d'Hercule éveille les héros :
Ils suivent les accords de Linus et d'Orphée ;
Le demi-dieu s'arrête aux rives de l'Alphée,
Et, douze fois vainqueur dans ses mâles travaux,
Il appelle les Grecs à des destins nouveaux.
Ses pas ont mesuré l'olympique carrière ;
Il en marque l'enceinte et la double barrière ;
Il ouvre à la valeur un glorieux concours.
Le siècle des héros a commencé son cours ;
Et, lorsque dans les cieux la main des destinées
A roulé quatre fois le cercle des années,
Les fêtes d'Olympie et leurs solennités
Vont rassembler encor les peuples des cités.
Une noble espérance y conduit Théagène,
Eurydamas, Alcippe, et ce jeune Hermogène,
Qui vaincrait à la course Achille aux pieds légers.
Athlète audacieux, nourri dans les dangers,

Le fier Polydamas vient les braver encore ;
À son premier combat s'élance Pisidore ;
Phidolas, Euryclès, animent leurs coursiers ;
Le vieux Diagoras, au milieu des guerriers,
Ne vient plus disputer la palme du courage ;
Il lègue à ses enfants cet illustre héritage :
Damagète, Agénor, élevés près de lui,
À ses pas chancelants ont prêté leur appui.
Des rivages du fleuve au sommet des montagnes,
Quel immense concours inonde les campagnes !
Les yeux sont éblouis de ses mille couleurs,
Et l'horizon paraît se couronner de fleurs.
Je vois l'autel du dieu que révère Olympie ;
Un vaste sanctuaire en écarte l'impie ;
Et cent marches d'albâtre élèvent dans les airs
Ce noble monument du roi de l'univers.

Déja des Éléens fument les sacrifices,
Dans les flancs des taureaux on cherche les auspices,
Le peuple est à genoux ; et, du pied des autels,
Ce cantique sacré s'élève aux immortels :
« Dieux ! n'abandonnez pas cette auguste contrée ;
Les remparts de Corinthe en défendent l'entrée ;
Les mers, les vastes mers l'embrassent de leurs flots,
Et nos fertiles champs sont peuplés de héros. »

Les Trois Âges, « Les Jeux olympiques », chant premier,
Firmin Didot, 1816.

WALTER SCOTT

(1771-1832)

Figure d'un romantisme première manière, qui va puissamment impressionner et influencer Balzac, Walter Scott fait de son Ivanhoé un modèle chevaleresque qui résiste à toute épreuve. Bien qu'il atteigne la limite d'âge, le vieux Cédric, père d'Ivanhoé, se sent encore prêt à relever tous les défis. Jusqu'à quand le corps peut-il combattre ? Telle est aussi la question que pose le sport.

Le défi d'un brave

Oswald, l'échanson, fit modestement observer qu'il y avait à peine une heure d'écoulée depuis la sonnerie du couvre-feu ; excuse mal choisie, en ce qu'elle portait sur un sujet si discordant aux oreilles saxonnes.

— Que le diable emporte, s'écria Cédric, le couvre-feu, le tyrannique Bâtard qui l'a institué, ainsi que l'esclave sans cœur qui le nomme, avec une langue saxonne, à une oreille saxonne ! Le couvre-feu ! répéta-t-il. Oui, le couvre-feu, qui force les honnêtes gens à éteindre leurs lumières, afin que les voleurs et les bandits puissent travailler dans les ténèbres ; oui, le couvre-feu ! Reginald Front-de-Bœuf et Philippe de Malvoisin connaissaient l'emploi du couvre-feu aussi bien que Guillaume le Bâtard lui-même, ou que tout autre aventurier normand qui ait combattu à Hastings. Je vais apprendre, je le devine, que mes bestiaux ont été enlevés pour arracher à la faim les bandits voraces que leurs maîtres ne peuvent entretenir qu'à l'aide du vol et du brigandage. Mon fidèle esclave est assassiné et mes troupeaux emmenés comme une proie ? Et Wamba ! où est Wamba ? Quelqu'un n'a-t-il pas dit qu'il était sorti avec Gurth ?

Oswald répondit affirmativement.

— Bon ! voilà qui va de mieux en mieux… On l'a emmené aussi, le fou saxon, pour servir le seigneur normand. Nous sommes tous des fous, à la vérité, de les servir, et nous sommes des êtres plus dignes de leurs mépris et de leurs railleries que si nous étions nés avec la moitié seulement de notre intelligence. Mais je veux me venger, ajouta-t-il en s'élançant de sa chaise avec impatience, sur le seul soupçon de cette injure, et en saisissant son épieu ; je veux aller porter ma plainte devant le grand concile. J'ai des amis, j'ai des vassaux ; homme à homme, je défierai le Normand au combat. Qu'il vienne avec sa cuirasse et sa cotte de mailles, et tout ce qui sert à donner du courage à la couardise ! J'ai envoyé un javelot comme celui-ci au travers d'un obstacle trois fois plus solide que leurs boucliers de guerre ! Peut-être me jugent-ils vieux ; mais je leur apprendrai, tout seul et sans fils, comme je me trouve, que le sang de Hereward est dans les veines de Cédric ! Ah ! Wilfrid ! Wilfrid ! s'écria-t-il en baissant la voix. Si tu avais su régler ta passion insensée, ton père ne serait pas délaissé, dans sa vieillesse, comme le chêne solitaire qui laisse pendre ses branches brisées et sans appui au souffle de la tempête !

Cette dernière réflexion parut, par sa tristesse, conjurer ses sentiments irrités ; replaçant son javelot derrière sa chaise, il reprit sa place, tourna ses yeux vers la terre, et sembla se laisser aller à de mélancoliques pensées.

Cédric était plongé dans ses rêveries, quand il en fut tout à coup tiré par le son retentissant d'un cor, auquel répondirent les cris et les aboiements bruyants de tous les chiens présents dans la salle, ainsi que de vingt ou trente autres disséminés dans les diverses parties du bâtiment. Il fallut un bon emploi du bâton blanc, assisté des efforts des domestiques, pour réduire au silence ces clameurs canines.

— Allez à la porte, mes drôles ! dit le Saxon brusquement.

Ivanhoé, traduction d'Alexandre Dumas,
Michel Lévy Frères, 1819.

VICTOR HUGO

(1802-1885)

La grandeur de l'Antiquité est redécouverte par la génération des romantiques français de 1830. En chef de file, Victor Hugo ne manque d'exalter, dans cette mémoire retrouvée des Jeux d'Olympie, la splendeur des corps magnifiés par l'effort. Hugo voit aussi dans les Jeux le temps d'une harmonie sociale. Place à la beauté et à la paix.

Le chant de l'arène

Généreux Grecs, voilà les prix
que remporteront les vainqueurs.
HOMÈRE

L'athlète, vainqueur dans l'arène,
Est en honneur dans la cité ;
Son nom, sans que le temps l'entraîne,
Par les peuples est répété,
Depuis cette plage inféconde
Où dort sur la borne du monde
L'Hiver, vieillard au dur sommeil,
Jusqu'aux lieux où, quand naît l'aurore,
On entend, sous l'onde sonore,
Hennir les coursiers du Soleil.

Voici la fête d'Olympie !
Tressez l'acanthe et le laurier !
Que les dieux confondent l'impie !
Que l'antique audace assoupie
Se réveille au cœur du guerrier !

Venez, vous que la gloire enchaîne !
Voyez les prêtres d'Apollon,
Pour votre victoire prochaine,
Ravir des couronnes au chêne
Qui jadis a vaincu Milon !

Venez de Corinthe et de Crète,
De Tyr, aux tissus précieux,
De Scylla, que bat la tempête,
Et d'Athos, où l'aigle s'arrête
Pour voir de plus haut dans les cieux !

Venez de l'île des Colombes,
Venez des mers de l'Archipel,
De Rhode, aux riches hécatombes,
Dont les guerriers jusqu'en leurs tombes
De Bellone entendent l'appel !

Venez du palais centenaire
Dont Cécrops a fondé la tour ;
D'Argos, de Sparte qu'on vénère ;
De Lemnos où naît le tonnerre,
D'Amathonte où naquit l'amour !

Les temples saints, les gynécées,
Chargés de verdoyants festons,
Tels que de jeunes fiancées,

Sous des guirlandes enlacées,
Ont caché leurs chastes frontons.

Les archontes et les éphores
Dans le stade se sont assis ;
Les vierges et les canéphores
Ont purifié les amphores
Suivant les rites d'Éleusis.

On a consulté la Pythie,
Et ceux qui parlent en rêvant.
À l'heure où s'éveille Clytie,
D'un vautour fauve de Scythie
On a jeté la plume au vent.

Le vainqueur de la course agile
Recevra deux trépieds divins,
Et la coupe agreste et fragile
Dont Bacchus a touché l'argile,
Lorsqu'il goûta les premiers vins.

Celui dont le disque mobile
Renversera les trois faisceaux,
Aura cette urne indélébile,
Que sculpta d'une main habile
Phlégon, du pays de Naxos.

Juges de la gloire innocente,
Nous offrons au lutteur ardent
Une chlamyde éblouissante
De Sydon, qui, riche et puissante,
Joint le caducée au trident.

Lutteurs, discoboles, athlètes,
Réparez vos forces au bain ;

Puis venez vaincre dans nos fêtes,
Afin d'obtenir des poètes
Un chant sur le mode thébain !

L'athlète, vainqueur dans l'arène,
Est en honneur dans la cité ;
Son nom, sans que le temps l'entraîne,
Par les peuples est répété,
Depuis cette plage inféconde
Où dort sur la borne du monde
L'Hiver, vieillard au dur sommeil,
Jusqu'aux lieux où, quand naît l'aurore,
On entend sous l'onde sonore
Hennir les coursiers du Soleil.

Janvier 1824

Odes et Ballades, 1822-1828.

COLONEL AMOROS

(1770-1848)

De l'école à l'armée, rien de plus efficace que l'apprentissage par le corps pour former le citoyen. C'est l'idée phare du colonel Amoros qui met au point une pédagogie complète fondée sur une mécanique du mouvement. La gymnastique est « la science raisonnée de nos mouvements et de leurs rapports avec nos sens, notre intelligence, nos mœurs et le développement de nos facultés ». On retrouve dans son manuel des exercices toujours pratiqués aujourd'hui.

De la force

M. Coulomb, ingénieur célèbre, et Barthez, médecin, ont fait des recherches très intéressantes sur la force des hommes ; leurs ouvrages sont bien connus, on peut les consulter, et on trouve leurs observations répétées dans un grand nombre d'auteurs qui les ont cités. Je dois donc parler de mes propres observations, et traiter cette partie de ma méthode comme je l'entends.

La force étant une puissance qui produit un effet, elle peut être utile ou nuisible aux intérêts publics et aux intérêts particuliers, selon qu'elle est bien ou mal employée. De là vient la nécessité de tirer de la force le plus grand et le meilleur parti possible. Des quatre espèces de force ou de puissance susceptibles de produire un effet, qui sont l'*eau*, le *vent*, la *chaleur* et les *animaux*, nous ne devons nous occuper que de ce qui concerne la dernière, et même nous devons rétrécir encore le cercle de nos considérations, en parlant plus spécialement de la force des hommes que de celle des animaux.

La faculté que l'homme possède de contracter ses muscles, et de les faire agir d'après les ordres de sa volonté ; la conformation de ses bras, de ses mains, de ses jambes, de son corps, où tous les leviers et toutes les formes convenables pour exercer une puissance se trouvent réunis, attestent sa favorable et merveilleuse organisation pour produire *une force* qui ne demande qu'à être bien régie. Considéré sous ce point de vue, l'homme peut être comparé à une machine dont le mouvement doit produire le meilleur résultat possible. Ainsi, la règle de mécanique si clairement établie par M. le baron Dupin peut être appliquée aux forces humaines comme il l'applique aux machines. « Le problème que doit se proposer le mécanicien, dit-il, est d'effectuer tous les mouvements, tous les transports, tous les travaux des arts, de manière que pour un effet donné on ait perdu la moindre quantité de forces possible, et par conséquent de manière qu'avec une quantité de forces disponibles on obtienne le plus grand effet utile. »

L'enfant qui vient au monde n'a pas d'autre *force* que celle qui est nécessaire pour vivre ; elle ne produit pendant longtemps aucun autre résultat ; mais si on accélère son développement, comme il est possible, si on la cultive avec soin, elle grandira plus tôt, et elle commencera à produire quelque *effet utile* avant les époques ordinaires où elle se montre. Alors la vie productive de cet homme sera plus longue, car elle commencera plus tôt et finira plus tard, à cause de la résistance, de l'augmentation de la *force vitale* que l'on acquiert par ces moyens de développement ; cette vie sera plus remplie de *mouvements* ou d'*actions utiles*, et l'homme pourra doubler ou tripler ses forces, comme il pourra accroître les autres facultés primitives dont il est doué, et que j'appellerai également des *forces* ou des *quantités*. Ainsi, il pourra doubler la force ou la quantité de son *adresse*, de son *agilité*, de sa *vitesse*, de sa *fermeté*, de son *courage*, etc., et tous ces accroissements de facultés aussi mesurables, aussi appréciables que celui de la *force* matérielle, produiront un être dont la valeur sera dix, quinze et même vingt fois plus grande qu'elle ne l'aurait été en suivant les routes battues. Un exemple prouvera mieux ces vérités que tous les raisonnements, et je le prends aux premiers degrés de l'échelle sociale, par la solennité qui a présidé à constater cette épreuve.

C'est la feuille physiologique du duc de Bordeaux, qui réunit l'état de ce prince au commencement du cours de ma méthode et l'état où il s'est trouvé à la quarante-sixième leçon. Que l'on ne vienne pas dire que ce tableau est flatté, exagéré, etc., parce qu'il s'agit d'un prince. Je répondrai qu'il est impossible de flatter lorsque l'on mesure ou que l'on toise des qualités positives ; qu'une telle bassesse révolterait mon caractère, et que les témoins que je puis citer sont si nombreux, si probes, que personne n'a pu ici être mystifié.

Nouveau Manuel complet d'éducation physique, gymnastique et morale,
Librairie encyclopédique de Roret, 1848.

COLLECTIF
(1831)

Attention, établissement en danger ! Depuis 1818, le colonel Amoros a mis au point une méthode d'exercices propre à préparer les militaires au combat. Il l'enseigne dans son gymnase de la place Dupleix à Paris. Quand on cherche à fermer son école, le public s'en émeut fortement et signe ce texte pétitionnaire.

Observations relatives au Gymnase normal, militaire et civil et à la nécessité de le conserver à Paris

Le Gymnase normal, militaire et civil, créé à Paris par le colonel Amoros, en 1818, a, dès cette époque, successivement été visité par des maréchaux de France, des officiers généraux ou supérieurs, et des savans nationaux et étrangers les plus distingués. Quelque incomplets que fussent d'abord des essais souvent contrariés ou faiblement encouragés, il a été unanimement reconnu que le système d'éducation gymnastique dont cet établissement présentait le type et la première application offrait pour le développement des forces morales et physiques d'incontestables avantages.

Les commissions appelées tour à tour à en rendre compte sous les ministres de l'Intérieur et de la Guerre ont confirmé cette opinion ; et il a été dès lors démontré que la Gymnastique devait surtout être propagée dans l'armée, quoiqu'elle soit aussi d'un haut intérêt pour toutes les professions civiles, et que, sous le rapport seul de l'hygiène, elle soit digne d'attention.

La Gymnastique ajoute au courage des troupes françaises la supériorité de l'adresse et de la force physique. En effet, dans les attaques de places, de forts, dans les incendies des villes assiégées, que de fois n'a-t-on pas vu l'intrépidité des soldats trahie par le défaut d'adresse ! Sur le champ de bataille, souvent des combinaisons stratégiques exigent qu'une masse quelconque d'infanterie soit portée sur un point donné hors de la vue de l'ennemi, soit pour le surprendre, soit pour l'aborder ; le terrain présente des obstacles, il faut traverser un torrent ou des ravins, ou gravir et descendre des rochers ; la troupe s'arrête devant ces obstacles, et le mouvement n'est pas exécuté. Que l'on suppose maintenant cette troupe composée, en partie, de soldats exercés à la Gymnastique ; habitués à rester longtemps suspendus à des arbres ou à des cordes, par la seule force des bras, à marcher sur des poutres vacillantes avec armes et bagages ; à escalader des murailles, à franchir de larges fossés ; enfin à faire habituellement usage de tous les leviers dont la nature a doué le corps humain, et l'on sentira quel immense avantage une telle troupe a sur celle qu'elle est appelée à combattre.

La Gymnastique, tout en développant les forces physiques, a un autre résultat, celui d'occuper l'infanterie, malheureusement trop oisive ; mais sous ce rapport même, elle ne doit pas cesser d'être une éducation morale, et il faut apprendre aux militaires à ne pas regarder leurs exercices comme pouvant les rendre propres à devenir au besoin funambules ou bateleurs ; et bien pis encore, à ne pas se livrer à la débauche, écueil fatal qu'ils n'évitent presque jamais.

Mais pendant que son utilité, souvent controversée en France, était soumise à des examens successifs, elle prenait à l'étranger d'immenses développements. L'Angleterre, la Suisse, et notamment le Danemark, pratiquaient en grand ce qu'on ébauchait seulement à Paris, à raison de l'insuffisance des moyens.

Le colonel Amoros a rendu compte dans plusieurs rapports imprimés des obstacles sans nombre contre lesquels il a dû lutter. C'est à travers ces difficultés, qui ne l'ont pas empêché de présenter d'heureux résultats de ses travaux et de sa méthode, qu'une décision royale du 15 juillet 1829 a donné à son établissement une consistance qu'il n'avait pu encore obtenir ; et qu'il a été reconnu que l'instruction gymnastique devait être répandue dans toute l'armée.

Le colonel Amoros a fait connaître, dans un dernier rapport publié à la fin de juin 1830, l'état du Gymnase normal, militaire et civil, à la même époque. Les honorables et nombreux suffrages donnés à son établissement y sont consignés, et l'on n'a plus d'ailleurs à mettre en question ce que personne ne conteste. Il ne s'agit donc que de savoir ce qui doit être fait pour procurer les avantages que le ministère de la guerre s'est proposé d'en obtenir.

Le Gymnase normal a été jusqu'à ce jour l'école modèle d'où sont sortis les élèves les plus brillants et les plus capables de propager l'instruction qu'ils y ont puisée. Ils ont servi à former trois Gymnases, à Montpellier, à Arras, à Metz, malgré l'exiguïté des moyens accordés pour leur formation. C'est également à leur aide qu'on a établi dans quelques régiments les exercices gymnastiques. Le colonel Amoros en a rendu compte au ministre, et lui a fait connaître aussi les propositions qui lui ont été faites pour des créations de nouveaux Gymnases par des officiers ses anciens élèves, qui sont répartis dans différents corps.

Sa Majesté, qui avait encouragé son établissement avant de monter sur le trône, en y envoyant ses enfants, a pu s'assurer à Metz, ainsi que le ministre de la Guerre, de l'utilité d'une école dont les soldats qui en sont sortis ont escaladé les fortifications d'une manière à exciter l'étonnement.

C'est en prenant Paris pour point central et pour moyen de direction que le colonel Amoros a fondé un Gymnase à Saint-Cyr, et qu'il va en ériger un au collège royal militaire de La Flèche ; et c'est aussi dans cette ville que peuvent prendre des leçons les officiers de l'École d'état-major, les élèves de l'École polytechnique et des collèges royaux, les sapeurs-pompiers, les enfants de troupe, les militaires dont se composent les différents corps, enfin tous les jeunes élèves qu'on y reçoit gratuitement.

Paris est aussi la ville de l'Europe qui réunit le plus grand nombre de savants. L'éducation gymnastique se liant essentiellement à l'hygiène, à l'ostéologie, à la myologie, à la physiologie enfin, c'est dans cette ville surtout que l'on a pu juger que les méthodes adoptées étaient en rapport avec l'organisation du corps humain, et qu'elles n'étaient susceptibles d'aucune modification.

Les étrangers qui viennent en France, et qui sont doués de quelque instruction, visitent tous le Gymnase normal. Il faut donc leur présenter un établissement digne au moins de rivaliser avec ceux qui existent dans leur pays.

Ces observations démontrent la nécessité de conserver le Gymnase de Paris comme école modèle, et de ne pas sacrifier ce qu'il en a coûté pour l'y établir. Il est d'ailleurs dans l'intention du ministre de la Guerre de former des Gymnases divisionnaires, et sous ce rapport, la capitale, qui reçoit une garnison si nombreuse, peut à coup sûr être mise en première ligne. La dépense à faire pour que ce Gymnase reste normal différera peu de celle qui aurait lieu si on lui enlevait ce titre que justifient tous les éloges qui lui ont été accordés.

M. le comte de Laborde a déclaré que cet établissement était le plus utile et le plus respectable qui existe, et le ministre des Finances vient de s'exprimer ainsi qu'il suit, dans son rapport sur le budget : « L'économie n'est bonne et vraiment utile que lorsqu'elle frappe sur des dépenses superflues, et qu'elle ne compromet pas les services publics ; il faut respecter les dépenses utiles. »

Cette utilité est incontestable en ce qui concerne le Gymnase normal, comme on l'a déjà établi. On doit ajouter que depuis les mutations rapides et successives qu'a éprouvées son effectif en élèves, il en est beaucoup qui en sont sortis sans que leur instruction fût complète, et qu'ils fussent capables de bien professer. Ce n'est donc pas lorsqu'il est question de propager l'éducation gymnastique dans tous les corps qu'il faut se priver des moyens de la diriger, et de rectifier par un modèle toujours subsistant l'application plus ou moins défectueuse des leçons qui y sont données. L'arme de la cavalerie n'a pas encore participé à cette éducation gymnastique, et on avait pourtant reconnu la nécessité d'envoyer des détachements au Gymnase normal pour apprendre la méthode. Le colonel Amoros, qui est inspecteur de tous les Gymnases, pourra toujours ainsi établir l'uniformité en proposant comme exemple ce qui se pratique à Paris.

Les régiments de cavalerie ont sans doute de bons instructeurs, et ils sont soumis à des inspections annuelles ; mais on n'en soutient pas moins à Saumur une école où l'on en forme de nouveaux tous les ans, afin de s'assurer qu'il n'y aura jamais divergence dans les leçons partielles, et qu'on ne s'écartera pas de ce que prescrit l'ordonnance.

Il en doit être ainsi, à plus forte raison, pour la Gymnastique, qui est bien plus étendue ; et si l'on en méconnaît la nécessité, on peut compter d'avance sur de fréquentes déviations que l'inspecteur de tous les Gymnases ne pourra jamais empêcher.

En s'appuyant encore de l'exemple du Danemark, qui n'est pas même un État du second ordre, on doit exposer que l'on y a mis en pratique les vues développées depuis 1815 par le colonel Amoros. Le grand Gymnase normal modèle existe toujours dans la capitale ; on y forme des professeurs pour les Gymnases secondaires ; et c'est de ces derniers que sortent les professeurs de seconde et troisième classe pour les Gymnases inférieurs. Le directeur de ce système est inspecteur de la Gymnastique danoise, et membre des conseils supérieurs qui s'occupent d'éducation.

En citant cet exemple, mais comme simple indication, on n'hésite pas à regarder comme indispensable la conservation du Gymnase normal de Paris ; et bien loin de vouloir le supprimer, il faut au contraire, sous le rapport matériel, songer à le perfectionner. Le directeur a depuis longtemps proposé d'y faire des ouvrages d'une absolue nécessité, savoir : la classe, les bains d'été et d'hiver pour la natation ; la montagne artificielle formée avec des terres qu'on retirerait pour le creusement des bassins, et plusieurs autres usines qu'il a indiquées dans son plan. Beaucoup de ces travaux ont déjà été faits chez les étrangers, et ils n'existent pas en France, où l'on est réduit à citer pour exemples ceux qui n'auraient dû être que nos imitateurs. *Il faut respecter les dépenses utiles*, comme l'a déclaré le ministre des Finances : cet axiome trouve ici sa rigoureuse application.

En indiquant ce qui est d'une absolue nécessité, on doit cependant rappeler que le colonel Amoros avait proposé en 1821, d'après un plan donné longtemps avant par M. Gautier, architecte de la ville, de faire comprendre le Gymnase dans la liste des sommes destinées à des travaux d'intérêt public, et de le rendre ainsi digne de sa destination. Il ne possède pas une grande classe où les élèves pourraient travailler à couvert pendant la mauvaise saison, et cependant une somme de 46 000 fr aurait suffi pour sa construction, et les ouvriers du Gros-Caillou et du Petit-Grenelle auraient été occupés pendant un hiver.

D'après ce qui précède, on voit que le seul parti à prendre est de conserver le Gymnase normal, de le perfectionner en faisant les ouvrages qui lui manquent, et de le faire servir comme Gymnase divisionnaire pour l'enseignement des compagnies d'élite de la nombreuse garnison et des élèves des divers établissements qui le fréquentent[1]. La suppression de

1. Ce système d'instruire des compagnies d'élite tout entières a été déjà essayé avec succès par le colonel Amoros. Lorsque l'expédition d'Alger se

la seule école modèle de gymnastique qui existe en France serait une erreur grave et un coup mortel porté à une institution dont l'Europe entière apprécie la nécessité.

Si, pour arriver immédiatement à une faible économie, on se décidait à le supprimer, sauf à le rétablir ensuite dans un temps donné, on disperserait les éléments dont il se compose ; on ne retrouverait plus les professeurs qu'on a eu beaucoup de peine à former, et il serait très difficile de réunir toutes les ressources dont on a maintenant la faculté de disposer[1].

Imprimerie de Crapelet, 1831.

---

préparait, il offrit au ministre de la Guerre d'enseigner gratuitement toutes les troupes de la garnison de Paris qui devaient faire partie de cette expédition. On accepta ses offres, et on lui envoya les compagnies d'élite du 28e de ligne, ayant leurs officiers à leur tête. M. Amoros prit ses mesures pour les rendre le plus utiles possible, ne pouvant leur donner que huit leçons. Le général Valazé, qui assista à une séance, vit les progrès rapides que ces militaires avaient faits en si peu de temps, et voici les exercices qu'ils apprirent.

« À la dernière séance, *tous* ces militaires ont donné lestement l'assaut au vieux mur, sans se servir d'échelles ; *tous* ont grimpé à un mur de quinze pieds, par les perches vacillantes à double crochet ; *tous* ont sauté dix pieds en profondeur en avant, et quinze pieds en profondeur en arrière ; *tous* ont franchi des barrières et passé sur les poutres vacillantes du fossé, en suivant un rythme ; *tous* ont habitué leur tête à monter aux échelles de trente pieds, et ont fait une course de six mille pieds en dix minutes. Ils ont appris encore à former les pyramides vivantes, pour donner des assauts à un mur de vingt pieds de hauteur. Jamais on n'avait obtenu des résultats plus généraux, plus uniformes et plus brillants. »

Mais cet enseignement par masses, qui peut seul répandre la méthode parmi un grand nombre de militaires, demande beaucoup de professeurs dans les Gymnases, puisqu'il faut un moniteur au moins pour chaque vingt élèves.

1. M. Bellod, professeur de philosophie au collège de Nancy, vient de visiter l'établissement de M. Amoros ; il a dit que tout ce qu'il venait de voir lui faisait reconnaître que l'éducation que l'on donne dans les collèges n'était pas complète, et qu'elle ne le serait que lorsqu'on aurait introduit dans chacun d'eux une méthode aussi utile à l'humanité.

HONORÉ DE BALZAC
(1799-1850)

Presque une curiosité : une scène de ski se cache dans l'œuvre de Balzac. L'action du roman se déroule dans les fjords norvégiens où un être mystérieux et charismatique nommé Séraphîtüs évolue allégrement sur la neige. Ce personnage, androgyne de nature, se révélera n'être pas tout à fait humain. Pour être aussi à l'aise sur des planches, il faut bénéficier d'un don divin.

Ski magique

Par une matinée où le soleil éclatait au sein de ce paysage en y allumant les feux de tous les diamants éphémères produits par les cristallisations de la neige et des glaces, deux personnes passèrent sur le golfe, le traversèrent et volèrent le long des bases du Falberg, vers le sommet duquel elles s'élevèrent de frise en frise. Étaient-ce deux créatures, étaient-ce deux flèches ? Qui les eût vues à cette hauteur les aurait prises pour deux eiders cinglant de conserve à travers les nuées. Ni le pêcheur le plus superstitieux, ni le chasseur le plus intrépide n'eût attribué à des créatures humaines le pouvoir de se tenir le long des faibles lignes tracées sur les flancs du granit, où ce couple glissait néanmoins avec l'effrayante dextérité que possèdent les somnambules quand, ayant oublié toutes les conditions de leur pesanteur et les dangers de la moindre déviation, ils courent au bord des toits en gardant leur équilibre sous l'empire d'une force inconnue.

— Arrête-moi, Séraphîtüs, dit une pâle jeune fille, et laisse-moi respirer. Je n'ai voulu regarder que toi en côtoyant les murailles de ce gouffre ; autrement, que serais-je devenue ? Mais aussi ne suis-je qu'une bien faible créature. Te fatigué-je ?

— Non, dit l'être sur le bras de qui elle s'appuyait. Allons toujours, Minna ! la place où nous sommes n'est pas assez solide pour nous y arrêter.

De nouveau, tous deux ils firent siffler sur la neige de longues planches attachées à leurs pieds, et parvinrent sur la première plinthe que le hasard avait nettement dessinée sur le flanc de cet abîme. La personne que Minna nommait Séraphîtüs s'appuya sur son talon droit pour relever la planche longue d'environ une toise, étroite comme un pied d'enfant, et qui était attachée à son brodequin par deux courroies en cuir de chien marin. Cette planche, épaisse de deux doigts, était doublée en peau de renne dont le poil, en se hérissant sur la neige, arrêta soudain Séraphîtüs ; il ramena son pied gauche dont le patin n'avait pas moins de deux toises de longueur, tourna lestement sur lui-même, vint saisir sa peureuse compagne, l'enleva malgré les longs patins qui armaient ses pieds, et l'assit sur un quartier de roche, après en avoir chassé la neige avec sa pelisse.

— Ici, Minna, tu es en sûreté, tu pourras y trembler à ton aise.

Séraphita, 1834, chap. I.

LUDOVIC ANTOINE DE COURTIVRON

(1786-18..)

De la natation et de son application à l'art de la guerre*, tel est le sous-titre du traité du vicomte de Courtivron. Si l'activité physique et la pratique sportive ont une fonction, c'est bien de former des militaires capables d'évoluer dans n'importe quel milieu naturel. Ces nageurs d'hier, rompus à l'exercice, deviendront les commandos marines et nageurs de combat d'aujourd'hui. Le sport a depuis longtemps partie liée avec l'armée.*

Bons effets de la natation, son utilité

Si nous les ignorons ces bons effets, c'est que nous ne nous donnons pas la peine de consulter, que dis-je ? d'écouter même les hommes qui consacrent leurs veilles à prévenir ou à soulager les maux qui nous assiègent incessamment.

Il n'y a pas longtemps encore M. le docteur Dudon vantait, au milieu de nous, les avantages qu'on peut retirer de la natation.

« Dans une foule de maladies, répétait-il, elle est un moyen curatif, toujours précieux, souvent efficace, quelquefois unique. Par la natation on a guéri la faiblesse universelle du corps soit constitutionnelle, soit produite par des causes débilitantes, telles que l'onanisme, l'habitation dans des lieux mal aérés, etc. ; on a guéri cet état de faiblesse des organes génitaux qui donne lieu à de fréquentes pollutions. Cet exercice produit les effets les plus salutaires sur les jeunes gens à l'âge de puberté.

« Dans les dispositions à la phtisie pulmonaire, au rachitis, à la luxation spontanée du fémur, dans les douleurs rhumatismales, dans les affections cutanées chroniques, dans beaucoup de maladies nerveuses, telles que la mélancolie, l'hypocondrie, l'hystérie, c'est un remède recommandable. *Le médecin regrette souvent de ne pouvoir y recourir, parce que, dans le siècle moderne, cette partie de l'éducation a été trop négligée*. »

Un instant auparavant M. Dudon avait dit : « Lorsque le nageur veut se transporter d'un endroit à l'autre, il est obligé de déployer les bras et les jambes en fendant le liquide pour se frayer une route, et en frappant les eaux pour s'appuyer sur elles. C'est à la poitrine, comme à un point d'appui central, que répondent les mouvements auxquels sont livrés les membres qui se contractent et se redressent alternativement. Cette irradiation des mouvements sur la poitrine, loin de nuire, est très avantageuse. Suivant un principe consacré en physiologie, plus un organe est mis en action, plus il acquiert de vigueur et d'aptitude à remplir ses fonctions : *Labor corpus validum facit*. En appliquant ce principe à la natation, il est aisé de concevoir comment chez le nageur les parois de la poitrine acquièrent du développement, le tissu pulmonaire de la fermeté, du ton et de l'énergie. Jetons les yeux sur les jeunes gens qui se livrent à cet exercice. Tous, ou presque tous, portent le cachet d'une santé robuste.

« Il est incontestable qu'un exercice où l'action des muscles est continuellement éprouvée, où tous les membres se contractent et se déploient avec autant de précision que de force, doit avoir une grande influence sur les diverses fonctions de la vie. Lorsqu'un tel exercice est pris avec réserve, et suivant certaines règles d'hygiène, il conserve, il soutient, il affermit la santé, excitant le développement des forces et disposant le corps à acquérir toute la vigueur dont il est susceptible. »

Nager en chien

Cette manière de nager est la première qu'on emploie ordinairement, sans doute parce qu'elle est le plus conforme à nos mouvements naturels. Il suffit d'imiter l'action que l'on voit faire au chien, c'est-à-dire qu'il faut élever et abaisser un peu chaque main l'une après l'autre, et en faire autant avec les pieds, observant toutefois que les mains doivent servir à attirer l'eau vers soi, et les pieds au contraire à la repousser. Il faut commencer avec la main droite et le pied droit, puis continuer avec la main et le pied gauches, et ainsi toujours de suite. Il sera bon d'écarter les doigts de la main et de l'approcher un peu de la poitrine en pliant le coude. La reconnaissance veut que je place cette manière au nombre des indispensables, parce que m'étant trouvé embarrassé dans les herbes, c'est en l'employant que je me suis tiré de ce danger.

Nager en grenouille

Il est moins extraordinaire d'emprunter à une grenouille qu'à un chien une manière de nager, puisque la grenouille est un animal amphibie qui vit plus longtemps dans l'eau que sur la terre. Pour nager en grenouille, les bras doivent être pliés, les mains bien tendues (la paume tournée vers le fond de l'eau), rapprochées l'une de l'autre, de sorte que les deux pouces se touchent exactement par le bout. Les coudes doivent être au niveau des épaules et les mains au niveau des coudes ; elles doivent en outre toucher le corps de manière que la main droite forme en dehors un angle rentrant d'environ cent quarante-cinq degrés avec l'avant-bras droit, ainsi réciproquement. Dans cette position, étendez-vous avec lenteur sur le ventre, et lorsque vous serez couché, rapprochez de vos fesses vos talons en tâchant qu'ils se touchent, éloignez vos genoux l'un de l'autre le plus que vous pourrez, chassez vigoureusement de la plante des pieds l'eau qui se trouvera dans leur direction. N'oubliez pas surtout que tous ces mouvements doivent être simultanés, c'est-à-dire que vos pieds et vos mains, vos bras et vos jambes, comme si un même ressort les avait fait partir à la fois, se déploieront au même instant, vos mains se porteront en avant et à la hauteur des épaules, et ne se sépareront que lorsque vos bras seront déployés dans toute leur longueur. Cet élan, auquel vos membres seuls doivent avoir participé, vous a fait avancer en raison de la promptitude que vous y avez mise ; il ne faut pas vous hâter de rassembler vos membres, parce que votre mouvement subsiste encore, quoique la cause qui l'a produit ne subsiste plus. Attendez, pour changer de posture, qu'il soit presque fini : ce que vous reconnaîtrez à l'augmentation de votre poids qui vous fera un peu enfoncer ; alors vous disposerez vos membres tels qu'ils étaient avant de faire l'élan, et vous recommencerez le même mouvement. Mais si vous voulez avancer plus vite, faites la manœuvre suivante :

Écartez d'abord lentement vos mains l'une de l'autre, ayant soin de tenir les bras bien tendus, et lorsque vos mains seront éloignées entre elles d'environ deux pieds et demi, inclinez-les de sorte que le côté du petit doigt de chacune soit un peu plus élevé que le côté du pouce. Mettez alors de la vigueur à la continuation du mouvement de vos bras, et vous avancerez. Vos mains n'ont pas dû cesser encore d'être au niveau des épaules ; mais lorsqu'elles seront diamétralement opposées l'une à l'autre, il faudra que l'extrémité des bras pénètre plus avant dans l'eau à mesure que vous agrandirez la portion du cercle qu'ils décrivent. Ici le mouvement doit être rapide, car ce n'est qu'à l'aide de la résistance que l'eau oppose à la paume de vos mains que vous continuez d'avancer.

Quelques auteurs ont donné à cette manière de nager le nom de brassée, d'autres l'ont appelée *nager en grenouille* ; je lui ai conservé cette dernière dénomination, parce que, dans cette manière, nous imitons autant que possible, par les mouvements de nos mains, de nos bras, de nos pieds, l'action de la grenouille, qui, quoiqu'elle ne décrive pas comme nous un cercle avec ses pattes, ne nous a pas moins servi de modèle pour nager d'après le mode que je viens de peindre. S'il existe une différence énorme entre la manière de l'homme et celle de la grenouille, c'est que l'une est un don de la nature, et l'autre le fruit de l'art.

Traité complet de la natation,
A. Pihan de la Forest, 1836, chap. III.

ALEXANDRE DUMAS
(1802-1870)

Le jour du duel entre d'Artagnan et Jussac, les trois mousquetaires se rallient au jeune Gascon pour rééquilibrer le combat. Habile autant que rusé, d'Artagnan n'est pas encore un escrimeur accompli, mais il fait preuve de tellement d'énergie qu'on ne saurait douter de sa victoire. L'esprit de camaraderie, le lien forgé dans l'épreuve sportive, qui unira à jamais les quatre hommes, est tout aussi mis en valeur.
L'escrime figure dans les disciplines des Jeux olympiques dès 1896.

L'art d'être une fine lame

Quant à d'Artagnan, il se trouva lancé contre Jussac lui-même.

Le cœur du jeune Gascon battait à lui briser la poitrine, non pas de peur, Dieu merci ! il n'en avait pas l'ombre, mais d'émulation ; il se battait comme un tigre en fureur, tournant dix fois autour de son adversaire, changeant vingt fois ses gardes et son terrain. Jussac était, comme on le disait alors, friand de la lame, et avait fort pratiqué ; cependant il avait toutes les peines du monde à se défendre contre un adversaire qui, agile et bondissant, s'écartait à tout moment des règles reçues, attaquant de tous côtés à la fois, et tout cela en parant en homme qui a le plus grand respect pour son épiderme.

Enfin cette lutte finit par faire perdre patience à Jussac. Furieux d'être tenu en échec par celui qu'il avait regardé comme un enfant, il s'échauffa et commença à faire des fautes. D'Artagnan, qui, à défaut de la pratique, avait une profonde théorie, redoubla d'agilité. Jussac, voulant en finir, porta un coup terrible à son adversaire en se fendant à fond ; mais celui-ci para prime, et tandis que Jussac se relevait, se glissant comme un serpent sous son fer, il lui passa son épée au travers du corps.

Jussac tomba comme une masse.

D'Artagnan jeta alors un coup d'œil inquiet et rapide sur le champ de bataille. Aramis avait déjà tué un de ses adversaires ; mais l'autre le pressait vivement. Cependant Aramis était en bonne situation et pouvait encore se défendre. Biscarat et Porthos venaient de faire coup fourré : Porthos avait reçu un coup d'épée au travers du bras, et Biscarat au travers de la cuisse.

Mais comme ni l'une ni l'autre des deux blessures n'était grave, ils ne s'en escrimaient qu'avec plus d'acharnement. Athos, blessé de nouveau par Cahusac, pâlissait à vue d'œil, mais il ne reculait pas d'une semelle : il avait seulement changé son épée de main, et se battait de la main gauche. D'Artagnan, selon les lois du duel de cette époque, pouvait secourir quelqu'un ; pendant qu'il cherchait du regard celui de ses compagnons qui avait besoin de son aide, il surprit un coup d'œil d'Athos.

Ce coup d'œil était d'une éloquence sublime. Athos serait mort plutôt que d'appeler au secours ; mais il pouvait regarder, et du regard demander un appui.

D'Artagnan le devina, fit un bond terrible et tomba sur le flanc de Cahusac en criant :

« À moi, monsieur le garde, je vous tue ! »

Les Trois Mousquetaires, 1844, chap. v.

PHOKION-HEINRICH CLIAS

(1782-1854)

Du grec kallos *qui signifie « beauté » et* sthenos *qui signifie « force », la callisthénie, méthode mise au point par ce professeur d'éducation physique suisse, regroupe l'ensemble des exercices pratiques visant à l'amélioration des capacités physiques et esthétiques du corps. Un tel répertoire peut servir de guide d'entraînement comme ici pour la nage.*

De la marche en général

Il est peu d'actions de l'économie, dit Barbier, que l'habitude modifie plus puissamment que la marche. Le mécanisme de celle-ci, primitivement acquis et formé par un long apprentissage, devient dans la suite toute habitude, de sorte que cet ordre de mouvement, tout volontaire qu'il est, semble en quelque sorte machinal. Sommes-nous, en effet, une fois ébranlés par suite d'une première détermination, l'habitude seule nous conduit, haute, précipite ou ralentit notre marche. C'est l'habitude de la marche ou du repos qui donne ou qui ôte les jambes. Le repos ou l'inaction trop prolongés enlèvent jusqu'au désir de marcher, tandis qu'un exercice journalier, gradué, et qu'on augmente proportionnellement à l'accroissement des forces, rend d'ordinaire la plupart des hommes très bons marcheurs. C'est ainsi que des femmes faibles, d'abord fatiguées dès les premières marches, ne tardent pas à s'y façonner de telle sorte qu'en peu de temps elles se montrent propres à supporter d'assez longues courses.

Les qualités particulières de la marche, telles que sa *vitesse*, sa *durée* ou l'aptitude que nous avons à la continuer, et son *caractère propre*, ne varient pas seulement par rapport aux circonstances que nous venons de passer en revue ; on voit en effet :

1° Pour la *vitesse*, que l'harmonie d'action qui s'établit entre plusieurs personnes marchant ensemble dans la même direction fait que les unes et les autres acquièrent, presque à leur insu, le même pas ; ce qui fait alors que celui-ci, ordinaire pour les uns, est pour les autres plus ou moins accéléré ou retardé ; on sait encore qu'une foule d'affections de l'âme animent ou ralentissent, suivant le caractère particulier qu'elles peuvent affecter, la vitesse ordinaire de nos pas, et par conséquent celle de la progression elle-même. Dans les marches militaires, réglées par le rythme musical, la vitesse de la marche se proportionne absolument à celle de la mesure. La générale et le pas de charge précipitent la marche et font pour ainsi dire courir, tandis que tel autre battement de tambour produira un effet tout contraire.

2° La *durée* de la marche, influencée, comme il a été exposé, par l'âge, le sexe, le tempérament et l'habitude, peut être encore abrégée ou prolongée par plusieurs circonstances. Qui ne sait que les voyages qui amusent, que les exercices qui plaisent ou qui intéressent vivement, comme la chasse, les incursions des naturalistes dans les montagnes, etc., se continuent des journées entières, sans qu'on songe à la fatigue, tandis que l'ennui ou le dégoût qui nous accompagne en route entraîne, dans le temps le plus court, le besoin du repos ? Suivant Chardin (*Voyage en Perse*) et le maréchal de Saxe (*Rêveries*), les charmes de la musique, ou même une simple marche ou son qu'on exécute en mesure, raniment le pas plus ou moins languissant des hommes réunis en troupes, à un tel point que l'on voit dans les fortes journées de marche, par exemple, les soldats harassés de fatigue prendre aussitôt comme de nouvelles forces, ou retrouver des jambes et prolonger gaiement leur route, dès qu'ils sentent leurs pas soutenus et réglés par le bruit du tambour.

3° Rappelons enfin, touchant le *caractère* propre que prend la marche, qu'elle est vive, légère, et très inégale chez les enfants, les femmes et les personnes nerveuses ; lente, comme traînante ou endormie, chez les lymphatiques ; grave, posée, et pour ainsi dire à pas comptés, chez les vieillards, dans les cérémonies publiques, etc. ; et qu'elle se montre lourde et pesante chez l'homme de peine qui a coutume de marcher lorsqu'il est plus ou moins fortement chargé.

Callisthénie somascétique.
Éducation physique des jeunes filles, 1843, chap. 1

EUGÈNE POTTIER

(1816-1887)

« Âme saine dans des corps sains » : on reconnaît dans cet éloge de la gymnastique de Pottier la construction d'un nouvel idéal du corps. Il n'est plus seulement ce corps formé pour l'action militaire, mais aussi le lieu d'un épanouissement individuel et d'harmonie avec le grand tout. Le corps, une cosmogonie.

La gymnastique

Dédié à mon professeur et ami,
Charles Girrebeuk,
Directeur du Gymnase hygiénique.

Blonds enfants de la République,
Dieu, pour accomplir ses desseins,
Demande une race héroïque :
Âmes saines dans des corps sains,
Venez, venez, mes blonds essaims,
Accourez au pas gymnastique.

Je suis la vierge au profil grec ;
Le sang dans mes veines d'hercule
Comme un vin fermente et circule ;

Je franchis l'abîme à pied sec.
Je suis la gymnastique ardente,
Mère des héros de romans ;
Et ma témérité prudente
A dompté tous les éléments.

Enfants ! mon temple a pour décors
Poutres, mât, cordage et trapèze ;
L'élève y déroule à son aise
Grâce et vigueur, rimes du corps !
Je fais lion le plus timide
Jusqu'en la moelle des os !
Au dos de la cariatide
J'attache l'aile des oiseaux.

Où sont ces hommes en plein air,
Ces athlètes de la Genèse ?…
Quoi ! ces fœtus à ventre obèse !
Du sang figé dans de la chair !…
L'argile en est lourde et malsaine :
Mais j'ai le creuset, j'ai le feu
Pour refondre la race humaine
Dans le premier moule de Dieu !

Le guide est un secours divin
Sur les monts qui donnent la fièvre ;
Calme, il nous indique où la chèvre
Pose son pied près du ravin.
Sachez de nos ravins de neige
Tirer le faible à votre tour.
On devient bon dès qu'on protège ;
La force conduit à l'amour !

L'incendie hurle avec le vent,
Le mur se tord, et la fournaise

Entre ses mâchoires de braise
Va broyer un être vivant !
Un homme apparaît sur le faîte,
Saisit l'enfant comme un plongeur
Et la flamme entoure sa tête
D'une auréole de sauveur !

Tu veux sculpter ton idéal
Frêle artiste, époque nerveuse,
Ta vie indolente et rêveuse
T'épuise et l'outil te fait mal !
Toujours en extase accoudée
Devant le formidable roc.
Tu n'as qu'un cerveau pour l'idée
Pas de bras pour tailler le bloc !

Pénétrez le mystère bleu !
Suivez, par une nuit sans voiles.
La gymnastique des étoiles
Qui raidit leurs muscles de feu !
Votre corps, ce tout petit monde,
Et l'univers, ce corps géant,
Le mouvement seul les féconde :
Le repos s'appelle néant !

La Gymnastique, Pilloy Frères, 1852.

EUGÈNE CHAPUS
(1800-1877)

Entre divertissement sérieux et activité en voie de professionnalisation, le sport cherche ses marques. Eugène Chapus lance, le premier, un journal intitulé Le Sport. *Ses chroniqueurs sont, selon ses dires, « ces hommes spéciaux dont l'éducation s'est faite en Angleterre, sur la terre classique du sport ». Voici ici une présentation soigneusement détaillée d'un nouveau sport d'adresse qui fait fureur : le billard.*

Le billard

Le billard, qui n'a commencé à se jouer en France que sous Louis XIV, est pour le Parisien un exercice congénial. C'est à Paris qu'on apprend toutes les ressources de ce jeu et les lois du *procédé*, que créa Mingot d'éternelle mémoire. Ses règlements sont populaires ; on les trouve imprimés, encadrés et affichés partout où l'on se réunit pour consommer la demi-tasse de café et le petit verre d'eau-de-vie. Quelques-uns, parmi ces établissements, sont des écoles permanentes où les maîtres, à titre gratuit ou autrement, ne manquent pas à celui qui veut apprendre ou se perfectionner. Ainsi de l'estaminet de Lyon, au Palais-Royal ; du café du Grand-Balcon, sur le boulevard des Italiens ; du café Pierron, boulevard Poissonnière ; du café de l'Opéra ; de l'estaminet de Paris, boulevard

Montmartre, où la liste des champions de première force est innombrable. Berger, Désiré, Soret, Charles, Lucien, Eugène, Romain, Constant, Noël, Raymond, sont à la tête des célébrités professionnelles.

Le billard se joue dans tous nos cercles : le jockey-club compte des amateurs distingués. La salle de billard, au cercle du jeu de paume, jouit d'une célébrité qui a commencé au temps de M. de Nanteuil et qui s'est maintenue depuis. Le goût très vif de M. le duc de Nemours pour ce jeu avait contribué, il y a quelques années, à le mettre en vogue dans les hautes régions du monde parisien. On y jouait avec passion.

Trois conditions sont indispensables pour la perfection au jeu de billard : justesse, précision et exploitation. Dès qu'un joueur peut faire souvent vingt carambolages à l'aide d'une de ces trois qualités, il peut battre son adversaire.

Désiré, qu'on voit au café Pierron, est admirable par sa promptitude et la sûreté de ses combinaisons.

Soret, joueur élégant, jeune et de bonne compagnie, à l'exécution facile et puissante ; son jeu étonne par ses audaces, il fascine ; c'est de la magie ; l'avenir est à lui.

Charles, à l'estaminet de Paris, au Palais-Royal, réunit à un degré très éminent les qualités du grand maître, tout en laissant désirer un peu plus de noblesse dans l'attitude.

Lucien peut se mesurer avec les plus célèbres ; son exécution est facile, parfois brillante ; superbe dans l'attaque, il se démoralise un peu quand la chance lui est contraire. Il tient deux billards particuliers dans la rue des Filles-Saint-Thomas.

Eugène est un joueur connu, dont la réputation est incontestée. Sa tactique consiste surtout à faire un mauvais jeu à son adversaire. Aux yeux des connaisseurs il représente la perfection des lignes ; il est le symbole de la justesse.

Romain est un joueur excessivement brillant et très précis, mais d'une exécution parfois nerveuse ; personne ne travaille ce jeu plus que lui, personne n'exploite une position mieux que lui. (Passage des Panoramas, estaminet de l'Europe.)

Constant, joueur de bonne école et redoutable, a une grande fermeté d'esprit et, à cause de cela, est un adversaire dangereux quand l'enjeu est de valeur.

Raymond, joueur de première force pour la série, sans rival sur de petits billards, est moins brillant sur les coups de longueur.

Noël, joueur de l'ancienne école, excellent démonstrateur, est un homme parfait pour former des élèves. Il tient, passage Laffitte, deux billards délicieux, dont l'un a une table en fonte d'une justesse parfaite.

Enfin Berger semble réunir les qualités suprêmes de la perfection : adversaire redoutable, terrible, il gagne la partie sans solution de continuité. C'est le champion de la France. Il est propriétaire du café de Lyon au Palais-Royal, où se trouve, à côté des billards de l'estaminet, une salle spécialement consacrée aux leçons.

L'Angleterre nous oppose un homme d'une étonnante habileté : M. Roberts, du club de Manchester. Dernièrement, il s'est mesuré avec un Américain non moins célèbre que lui : leur enjeu était de vingt-cinq mille francs, et plus de cinq cent mille francs étaient engagés dans cette partie par les spectateurs de la galerie, où chaque place se payait soixante-quinze francs. Roberts a gagné.

On a quitté la tradition de l'ancien jeu, qui consistait à faire la bille. Les nouveaux billards sont même établis sans blouse. Le doublet et le carambolage sont seuls admis dans la partie parisienne. Le carambolage prévaut même sur le doublet, qui est plus difficile et dont le caractère est plus national, car il fut imaginé d'abord en France : on y reviendra. Au surplus, tout, dans ce jeu, consiste à reconnaître de quelle manière il faut frapper avec sa bille celle de son adversaire afin de produire tel ou tel effet de carambolage, de doublet ou de blouse. Ce problème reçoit sa solution des deux principes suivants.

1° L'angle d'incidence de la bille contre une des bandes ou rebonds du billard est égal à l'angle de réflexion.

2° Lorsqu'une bille en rencontre une autre, si l'on tire une ligne droite entre leurs centres, laquelle conséquemment passera par le point de contact, cette ligne fera la direction de la bille frappée après le coup.

Mais l'instinct, l'aptitude, une pratique routinière ne suffisent pas à ce jeu pour se faire une certaine habileté. Les démonstrations des maîtres sont indispensables : le billard a son alphabet, son rudiment, sa théorie, peu étendue à la vérité, mais qu'il importe de connaître, et dont cependant tous les joueurs ne se préoccupent pas au même degré.

Quoi qu'il en soit, le billard est un jeu si populaire parmi nous qu'il n'est point un estaminet de la banlieue qui n'ait un billard plus ou moins éclopé. Le billard est partout. Une maison de campagne des environs de Paris se passerait plutôt d'arbres et de fleurs que de billard. Dans les solennités nationales et publiques, ainsi qu'on l'a spirituellement observé, dans les fêtes patronales, tout devient billard ; et quels billards ! Les hommes, les femmes, les enfants jouent au billard, billard sans aplomb, billard en pente, billard fantastique, dont les billes microscopiques viennent parfois caramboler avec le nez des promeneurs !…

Le Sport à Paris,
Hachette and Cie, 1854, chap. XXIV.

L'ARCHER FRANÇAIS

Journal des tireurs d'arc (1856)

À chaque journal son public. Dans cet édito de L'Archer français*, partant du principe que les chasseurs ont bien leur journal, le rédacteur en chef Louis Vaïsse annonce l'ambitieux programme d'une officine de presse qui s'adressa à tous les passionnés du tir à l'arc. Le* XIXe *siècle institutionnalise les pratiques sportives.*

Matière à journal

Dans notre bulletin, qui sera, pour ainsi dire, notre partie officielle, et dans notre *chronique*, nous tiendrons nos lecteurs au courant des fondations de sociétés de tir nouvelles, des ouvertures de prix, des actes, des conseils de famille ou de compagnie pouvant être d'un intérêt général.

Les nouvelles d'un ordre différent mais intéressant encore les archers, et les renseignements de simple curiosité concernant l'arc, fourniront la matière de nos *faits divers*.

Un article *variétés* clora fréquemment nos numéros, où trouveront aussi place, de temps à autre, quelques articles bibliographiques. De curieux écrits sur l'arc existent, tant parmi les anciens livres français que chez les auteurs anglais. Nous ferons connaître à nos lecteurs les plus intéressantes de ces productions par des analyses et des extraits.

Dans aucun des genres d'articles qui doivent occuper nos colonnes, la matière ne nous fera certainement défaut, et nos 24 numéros formeront au bout de l'année un volume qui aura sa place naturelle dans les archives de toutes les compagnies. Chacune, en effet, aimera à y retrouver l'histoire contemporaine et les archives générales de l'arc.

Est-il nécessaire maintenant que nous fassions ressortir chacun des avantages de toutes sortes que vient offrir au public archer le journal fondé pour lui ? Les compagnies comprennent d'elles-mêmes que les 500 exemplaires auxquels sera toujours, au minimum, tiré *L'Archer français* constitueront, pour répandre le programme de leur prix, un moyen de publicité bien autrement étendu et sûr que ces mandats qui ne se tirent guère habituellement qu'à 150 exemplaires et qui, imprimés sur une étroite feuille volante, s'égarent si facilement, souvent même avant d'arriver à destination. Une chose cependant sur laquelle nous croyons devoir appeler particulièrement l'attention des compagnies, c'est l'avantage matériel du mode d'abonnement spécial qui leur est proposé. Qu'elles veuillent bien comparer, avec le chiffre de leurs dépenses ordinaires, le prix de cet abonnement, qui leur donne, avec le journal, les importantes fournitures des trois grandes solennités de l'année archère, c'est-à-dire de la Saint-Sébastien, du tir de l'oiseau et du prix général, et qui, en outre de la publication gratuite de leurs mandats, leur procure, à un prix de la moitié ou du tiers de ce que la chose leur coûterait autrement, l'insertion des avis et réclamations de toute nature qu'elles désireront faire parvenir aux autres compagnies. Sans compter que les colonnes du journal, toujours ouvertes sans frais aux faits d'intérêt général, leur épargneront ces dépenses de contre-mandats, de rappels de coups, etc., qui venaient si souvent jusqu'à aujourd'hui doubler et même tripler les chiffres des impressions à l'occasion des prix.

L'Archer français. Journal des tireurs d'arc,
n° 1, 15 décembre 1856.

ALPHONSE KARR et LÉON GATAYES

(1808-1890 et 1805-1877)

Alphonse Karr, journaliste à la plume affutée et satiriste redouté, et son ami, le compositeur et journaliste sportif Léon Gatayes, font dans ce texte l'éloge du canotage, découvert, maladroitement mais sûrement et ensemble, dans leur enfance. Hommes des villes, ils trouvent toutes les vertus à la pratique de ce sport de plein air : outre le fait qu'il permet d'acquérir une belle condition physique, le canotage devient lieu d'échanges, de rires et de sociabilité. Le sport est une joie.

La Seine il y a trente ans

Avec l'ami de mon enfance, avec Alphonse Karr pour compagnon, la Seine a eu toute ma jeunesse ; je ne puis la revoir sans qu'elle me la raconte tout entière ; et si je fouille plus loin dans mes souvenirs, je retrouve encore la rivière dans les douces joies du premier âge. Il est vrai que c'était une rivière d'enfant : c'est ce ruisseau de la Bièvre dont parle Alphonse Karr dans son *Dictionnaire du pêcheur*, lorsqu'il raconte les exercices nautiques et autres auxquels nous nous livrions de préférence à ceux beaucoup moins récréatifs de notre petite école. Car là on nous faisait conjuguer des verbes que nous déclinions le plus souvent possible pour aller courir la campagne.

Si j'en excepte les petits morceaux de bois mâtés avec des allumettes ornées de voiles de papier, et que je faisais naviguer sur le ruisseau de la cour pendant les pluies d'orage, le premier entre mes joujoux, mon joujou favori fut un sabot dérobé à ma bonne – sabot qu'elle chercha inutilement pendant tout un grand jour, et qu'elle fut médiocrement satisfaite de découvrir le lendemain gréé d'une manière fantastique et voguant vent arrière sur le bassin du Luxembourg.

Un peu plus tard, lorsqu'à l'école succéda le collège, j'abandonnai la Bièvre et le bassin du Luxembourg pour le *bain du Terrain*… bain *à quatre sous* ! bain célèbre alors, où je reçus de deux vessies de porc attachées sous les bras ma première leçon de natation. Le résultat fut tel que, dès le premier jour, passé, il est vrai, tout entier dans la rivière, et après avoir jeté au loin mon appareil de sauvetage, je descendais le bain d'un bout à l'autre nageant… dans ce que je ne buvais pas.

J'étais nageur ! – c'était du moins ma conviction ; car alors je ne savais pas assez quelle différence il y a entre nager et *surnager*, différence que – soit dit en passant – on n'établit peut-être pas d'une manière suffisante par le temps qui court.

J'étais donc nageur, et, l'année suivante, de longues séances à l'école de natation ayant rendu convenablement dure à l'eau la bande de barboteurs dont je faisais partie, nous ne tardâmes pas à organiser une pleine eau, qui se renouvelait régulièrement tous les dimanches et le plus souvent possible aussi dans la semaine.

Si je ne me trompe, cette bande de gamins – pour la plupart et comme moi élèves de septième au collège Louis-le-Grand – est la première réunion de *canotiers* – sans canot, il est vrai –, mais enfin la première réunion de *navigateurs* contemporains qui se soit formée à Paris.

Mais quel équipage, et quelle embarcation !

On se réunissait au pont Royal, et, en se cotisant, on louait trente sous un immense bateau – toujours le même –, le plus grand, le plus lourd et le plus mauvais d'un certain pêcheur de sable dont j'ai oublié le nom. – Puis, avec deux malheureux avirons sans pelle et longs comme une canne –, avec une gaffe, une perche et un mauvais cordeau composé de bouts de câble et de bouts de ficelle noués tant bien que mal ensemble, on remontait résolument jusqu'à Bercy ou Charenton pour redescendre à la nage sur Paris ; où l'on rentrait vers onze heures ou minuit après être partis à deux ou trois heures du matin.

D'autres fois, *nous mangions notre pain blanc le premier*, en commençant par descendre jusqu'à Saint-Cloud, où, après avoir dîné au Grand Saint-Nicolas, il fallait bien remonter au pont Royal. – Mais, convenablement restaurés, frais, dispos, nous ne nous remettions en route qu'après avoir sablé le ginglard – un vin sincère, celui-là ! un vin qui n'existe plus ! –, petit vin à quatre sous, ni bleu, ni blanc, ni rouge, mais « rose comme une jeune fille, roide comme un huissier », et que les progrès de la chimie, hélas ! ont remplacé par le *vin de vigneron*.

Lorsque le soleil avait disparu à l'horizon, une voix criait : « Allons-y !… allons-y gaiement ! » – Et on embarquait, les uns s'attelant au câble, les autres accrochant le croc à tout ce qui se présentait, d'autres encore poussant avec la perche ; – car je ne parle que pour mémoire des deux néophytes armés de ce qui tenait lieu d'avirons et qui, nageant, tirant, *bûchant* chacun pour son compte, avec une ardeur digne d'un meilleur résultat, n'arrivaient cependant qu'à couvrir d'eau le reste de l'équipage.

Ceux qui n'étaient pas *de quart* ripostaient en se servant tout simplement du creux de la main, mais avec un succès au moins égal à celui des rameurs. Les flaques d'eau se croisaient alors comme des feux de mousqueterie et bientôt, malgré quelque sage protestation isolée qu'étouffaient les cris et les rires, le désordre arrivait à son comble : le cordeau cassait ; le croc restait planté sur un bateau de blanchisseuses ou pendu à un anneau de pont ; la perche, solidement retenue par les herbes, ou échappant d'une main mal assurée, prenait racine dans la vase ; un aviron, en se décrochant, tombait à l'eau, tandis que le rameur dont les pieds prenaient immédiatement la place de la figure disparaissait entre les bancs. – Et l'autre continuant à ramer de toutes ses forces, le bateau ne lardait pas à tourner comme l'aiguille d'un jeu de macarons, jusqu'à ce que l'un de nous, après s'être jeté à l'eau, eût rattrapé et remis à bord la rame en dérive.

Le Canotage en France, Taride, 1858.

BARON DE VAUX

(1845-1915)

Qui a dit que les femmes étaient exclues du champ sportif ? Le baron de Vaux consacre tout un ouvrage aux femmes qui évoluent sur le terrain avec autant d'ardeur et de maestria que les hommes. Certes celles-ci sont issues des classes aisées et les pratiques sportives ne sont pas encore démocratisées. Mais une idée fait son chemin. Découvrez le portait de la redoutable comtesse de Salles…

La comtesse R. de Salles

Que j'engage l'épée ou non, laissez-moi mettre le masque et le gant d'armes, pour vous présenter Mme la comtesse de Salles :

Fille d'un officier général de cavalerie, la comtesse fait des armes, depuis qu'elle est au monde. Son premier professeur d'escrime a été son père, un sportsman des plus convaincus, fort connu sur le turf, et qui a appris à sa fille tous les sports : l'équitation, la natation, le pistolet, le canotage, etc. Rompue de bonne heure à tous ces exercices, la jeune femme est aujourd'hui une *sportswoman* des plus distinguées ; et si je l'accroche dans cette galerie, comme femme d'épée, c'est parce qu'elle aime passionnément l'escrime, qu'elle la cultive d'un bout de l'année à l'autre sans interruption et qu'elle est de force à lutter presque de pair avec nos premières lames. Son jeu est des plus classiques, et serait très goûté dans les assauts, si la comtesse voulait se mesurer en public. Avec beaucoup d'à-propos elle sait saisir son adversaire dans sa préparation, et fournir une attaque à fond qui manque rarement son but.

Dans l'assaut qu'elle fit un jour, à la salle Caïn, avec le comte de Labenne, si prématurément enlevé au monde de l'escrime, dans lequel il ne comptait que des amis, la comtesse s'est montrée infatigable et ses ripostes du *tac au tac* ont été faites avec une rapidité foudroyante. Sa parade est très variée et ses absences d'épée très fines, quoique fort bien accentuées de la main.

Si le plastron de la comtesse est bien tentant, par la large surface qu'il offre, je puis vous assurer qu'au moment où on croit loger son coup de bouton, il faut s'écrier comme dans la chanson :

Crac ! V'là qu'ça glisse.

La comtesse qu'on rencontrait beaucoup dans le monde, avant la guerre de 1870, pendant laquelle son mari fut tué comme officier de mobiles, vit aujourd'hui assez retirée ; mais cela ne l'empêche point, chaque matin, lorsqu'elle est à Paris, de plastronner avec Caïn, l'excellent professeur du passage de l'Opéra. Lorsqu'elle habite son château de Primerolle, c'est avec son jardinier – ancien prévôt d'armes d'un régiment de dragons – qu'elle travaille.

Toutes ses matinées sont consacrées à l'escrime et à l'équitation. C'est dans l'après-midi seulement que la comtesse tire au pistolet, sport dans lequel elle excelle également. À ce propos laissez-moi vous conter une histoire assez curieuse arrivée à la comtesse, quelques années après son mariage. Elle voyageait en Italie, avec son mari, lorsqu'elle fit rencontre à Florence d'un vieux général, fort connu pour sa galanterie téméraire. Comme notre homme avait voulu marcher sur les traces du fameux comte de C…, la comtesse de Salles, qui aime beaucoup à rire, mais qui n'aime pas les familiarités, fut tellement scandalisée d'un propos tenu par cet officier, qu'elle se retira aussitôt. Le lendemain elle envoyait au général en question un carton dont elle avait enlevé la mouche à vingt-cinq pas. Le bonhomme comprenant alors l'inconvenance de sa conduite de la veille s'en vint immédiatement faire des excuses à la jeune femme qui ne lui en tint jamais rigueur.

Comme la comtesse Pillet-Will, elle a adopté les habits brodés qu'on portait à la cour de Louis XV et les lourdes tresses de ses cheveux merveilleux sont tenues par une épée à poignée italienne, constellée de pierreries.

C'est avec un plastron en peau de Saxe que la comtesse s'escrime chaque jour.

Femmes de sport, Marpon et Flammarion, 1885.

JULES LÉOTARD

(1838-1870)

Fort de sa notoriété, Jules Léotard publie ses Mémoires *à l'âge de vingt-deux ans, ce qui en fait certainement la première vedette médiatique du sport. Gymnaste de formation, passé par la discipline militaire de l'école Amoros, Jules Léotard, Toulousain d'origine, révolutionne la gymnastique et invente au trapèze des enchaînements et des sauts plus spectaculaires les uns que les autres. Son numéro le fera connaître et célébrer dans le monde entier.*

La sincérité d'un maillot

L'autre soir, au cirque, au moment où je montais sur mon praticable, je sentis quelque chose qui me chatouillait les mollets ; je baissai la tête, et je vis deux dames qui profitaient de ma confiance pour sonder le dessous de mon maillot.

Je vous avouerai que je fus assez surpris de ces voies de fait, que je trouvai au moins licencieuses, et qui n'ont leur raison d'être qu'aux barrières.

Le lendemain, en parcourant le *Tintamarre*, je trouvai la cause de cette curiosité.

« Une dame, disait le journal tracassier, à force de rêver de Léotard, vient d'accoucher d'un maillot rembourré. »

Voyons, messieurs du *Tintamarre*, que vous ai-je fait pour me jouer un pareil tour ?

Venez une bonne fois vous assurer que mon maillot ne contient rien de frauduleux, et n'allez plus, je vous en supplie en grâce, répandre des bruits qui peuvent avoir pour moi les conséquences les plus funestes.

Que deviendrais-je si toutes les femmes atteintes de curiosité voulaient s'assurer de la chose ? Heureusement qu'elles n'ont pas eu encore l'idée d'employer le système du sondage, mais ça pourrait venir. Depuis que le *Tintamarre* a jeté des doutes sur la sincérité de mon maillot, il me semble tous les soirs *en montant en scène* que je vais recevoir cent épingles dans mes jambes.

Dernièrement, il vint au cirque une dame qui ne partageait pas les idées du *Tintamarre*.

Un éclat de rire venait de partir d'un groupe de jeunes gens des deux sexes.

« Savez-vous, monsieur Léotard, me dit un des rieurs, ce que cette dame blâme dans votre costume ? »

Mon père me passe l'inspection et attend.

« Elle trouve, continua le monsieur, que… vous avez un maillot de trop.

— Comment, Jules, me dit mon père, une fois que je fus dans ma loge, tu n'as rien répondu à ce monsieur ?

— Que voulais-tu que je lui répondisse ?

— Eh ! parbleu ! il fallait lui assurer que tu ne portais qu'un maillot.

— Ils le savent bien assez.

— Eh bien, alors, pourquoi disent-ils que tu en as un de trop, puisque tu n'en as qu'un.

— Ils sont si drôles ! »

Terminons par le dossier d'une certaine dame qui n'aime pas les cérémonies de langage.

Je ne l'ai jamais vue, et elle me tutoie comme si nous avions jamais été à l'Académie ensemble.

Mon cher petit ami,

En te voyant hier au soir, je t'ai retrouvé si beau, si ravissant, que mon cœur s'est de nouveau enflammé, et palpitait à chaque instant du bonheur de te voir. *(Soixante fois par minute, je connais ça.)*

(Je vous déclare qu'il faut que je sois bien sûr de moi-même pour me persuader que je n'ai pas déjà connu cette dame d'une façon même assez intime.)

Je te prie de ne pas me refuser la prière que je te fais, celle de venir me voir ; tu me rendras bien heureuse, sans toutefois penser qu'à l'amour platonique. *(Oh ! je serais bien curieux d'entendre de sa bouche la définition de la chose !)*

Je suis presque certaine que tu me reconnaîtras, car tu m'as beaucoup remarquée hier au soir. *(Ça, par exemple, c'est de la prétention.)*

Tu es bien gentil, mais tu serais bien plus aimable en venant demain, lundi, ou mardi, à l'heure que tu voudras. *(Il n'y a pas d'heure pour les braves.)*

Je t'attends avec la plus vive impatience et pense toujours à toi ainsi qu'à ton talent que j'admire.

Crois à tout mon amour sincère et dévoué.

Celle qui t'aime plus que sa vie.

C. L…

Rue Saint-Georges, n°… au deuxième.

Elle ne dit pas si c'est au-dessus d'un entresol.

Mémoires,
Chez tous les libraires, 1860, chap. VI.

EUGÈNE HUMÉ et JULES RENKIN

(XIXe siècle)

Pour composer ce traité unique en son genre, les auteurs se sont rendus dans les meilleures salles d'armes de Paris et de Bruxelles. Ils ont « tiré » avec les plus grands maîtres. Bénéfique pour le corps, l'activité de la canne permet également de développer la confiance en soi. Et de se faire respecter. Gare aux impudents qui vous chercheraient querelle !

La canne, son utilité

Elle se pratique à une main ; son travail n'est pas soumis à des règles fixes, car tous les coups portés sont bons. Cet art est vraiment un jeu, son seul but est d'éviter les coups de l'adversaire et lui en porter le plus possible, sans avoir égard à aucune partie du corps.

Malgré cela, il est bien entendu que les coups doivent être appliqués selon les principes, ainsi ce serait commettre une grande erreur que de supposer que le travail de la canne soit un art confus ; mais, en le comparant à la pointe, à la contre-pointe, etc., il est facile de voir que les règles à suivre sont peu sévères. Cela n'empêchera pas cependant les jeunes gens qui se livreront à ce genre d'exercice d'avoir, dès leur début, certaines difficultés à surmonter ; aussi, nous ne pouvons que leur conseiller d'avoir beaucoup de persévérance, et bientôt ils ressentiront le bien-être physique de cet art, qui donne au corps une gracieuse souplesse et corrige tous les défauts constitutionnels inhérents, pour ainsi dire, à l'enfance.

Ainsi, nous avons vu des jeunes gens cagneux, courbés, être complètement redressés par ce puissant exercice. Nous en avons vu d'autres, d'un caractère timide et presque lâche, gagner une audace réservée, une sage bravoure.

Nous tâcherons, par un dernier exemple, de prouver les nombreux avantages de la canne.

Soyez attaqué par plusieurs malfaiteurs, armés de bâtons et de couteaux. Votre badine suffira pour les mettre tous en fuite, éviter les coups qu'ils chercheront à vous porter, et, à votre tour, leur en appliquer qui les mettront à votre merci.

Il ne faut que ce stimulant pour vous engager à pratiquer un aussi bel art. La canne est, en quelque sorte, l'arme du bourgeois, comme le fer est celle du soldat.

Traité et Théorie de canne royale,
Bruxelles, M.-J. Poot et Cie, 1862, chap. I.

ÉMILE ZOLA

(1840-1902)

Très critique à l'égard du progrès, Zola craint fortement qu'à l'ère du chemin de fer et du télégraphe les corps ne s'avilissent. Pire même, qu'ils s'atrophient. Contre cette humanité qui court à sa perte, Zola recommande la pratique soutenue de la gymnastique, « culture intelligente et fortifiante de la chair ».

La littérature et la gymnastique

Qu'il me soit permis de parler d'un sujet qui intéresse toute notre génération d'esprits affolés et hystériques. Le corps, comme aux meilleurs temps du mysticisme, est singulièrement en déchéance chez nous ; ce n'est plus l'âme qu'on exalte, ce sont les nerfs, la matière cérébrale ; la chair est endolorie des secousses profondes et répétées que le cerveau imprime à tout l'organisme. Nous sommes malades, cela est bien certain, malades de progrès. Il y a hypertrophie du cerveau, les nerfs se développent au détriment des muscles, et ces derniers, affaiblis et fiévreux, ne soutiennent plus la machine humaine. L'équilibre est rompu entre la matière et l'esprit.

Il serait bon de songer à ce pauvre corps, s'il en est encore temps. Cette victoire des nerfs sur le sang a décidé de nos mœurs, de notre littérature, de notre époque tout entière. Je ne veux examiner que les résultats littéraires, pour ainsi dire. Il est évident que toute œuvre étant fille de l'esprit et devant ressembler à son père, l'état de crise ou de santé paisible de l'intelligence fait l'œuvre calme ou l'œuvre passionnée. Les périodes classiques se présentent, lorsque sang et nerfs ont une égale puissance et forment ainsi des tempéraments mesurés et pondérés ; lorsque, au contraire, les nerfs ou le sang l'emportent, naissent des œuvres de belles brutes florissantes ou de fous de génie.

Étudiez notre littérature contemporaine, vous verrez en elle tous les effets de la névrose qui agite notre siècle ; elle est le produit direct de nos inquiétudes, de nos recherches âpres, de nos paniques, de ce malaise général qu'éprouvent nos sociétés aveugles en face d'un avenir inconnu. Nous ne sommes pas, vous le sentez tous, à cet âge solennel où la tragédie déclamait ses vers dans une paix un peu lourde, où la littérature entière marchait royalement, sans une révolte, sans un cri de douleur. Nous en sommes à l'âge des chemins de fer et des comédies haletantes où le rire n'est souvent qu'une grimace d'angoisse, à l'âge du télégraphe électrique et des œuvres extrêmes, d'une réalité malsaine et navrante. L'humanité glisse, prise de vertige, sur la pente raide de la science ; elle a mordu à la pomme, et elle veut tout savoir. Ce qui nous tue, ce qui nous maigrit, c'est que nous devenons savants, c'est que les problèmes sociaux et divins vont recevoir leur solution un de ces jours. Nous allons voir Dieu, nous allons voir la vérité, et vous pensez alors quelle impatience nous tient, quelle hâte fébrile nous mettons à vivre et à mourir. Nous voudrions devancer les temps, nous faisons bon marché de nos sueurs, nous brisons le corps par la tension de l'esprit.

Tout notre siècle est là.

Mes haines. Causeries littéraires et artistiques,
Achille Faure, libraire-éditeur, 1866.

EDWARD WHYMPER

(1840-1911)

Le Cervin, l'Aiguille verte, le mont Blanc, en 1870, tous les sommets des Alpes sont à conquérir. L'alpinisme s'invente. Histoire d'une passion indomptable pour la montagne, celle d'un jeune et pauvre dessinateur britannique, arrivé dans les Alpes par hasard et devenu l'un des plus grands alpinistes de tous les temps. Quand le récit sportif se mêle au récit initiatique.

Conquête de l'invincible Cervin

Ce passage n'offrait aucun danger à un alpiniste exercé. M. Hudson, comme dans tout le reste de l'ascension, n'y réclama nulle assistance. Plusieurs fois, Croz me tendit la main ou me tira à la corde pour m'aider à franchir un endroit difficile ; me retournant alors j'offris le même secours à M. Hudson ; mais il ne l'accepta jamais, disant que c'était inutile. M. Hadow, lui, n'était pas habitué à de pareilles ascensions : aussi fallait-il continuellement lui venir en aide. Mais, il est juste de l'ajouter, la peine qu'il eut à nous suivre dans ces mauvais pas venait simplement et absolument de son inexpérience.

Cette seule partie vraiment difficile de l'ascension n'avait pas une grande étendue. Nous la traversâmes d'abord presque horizontalement sur une longueur d'environ cent vingt mètres ; nous montâmes ensuite directement vers le sommet pendant près de vingt mètres ; puis nous dûmes revenir sur l'arête qui descend vers Zermatt. Un long et difficile détour qu'il nous fallut faire pour contourner une saillie de rocher nous ramena sur la neige. À partir de ce point, le dernier doute s'évanouit ! Encore soixante mètres d'une neige facile à gravir, et le Cervin était à nous !

Reportons un instant notre pensée vers les Italiens qui avaient quitté le Breuil le 11 juillet. Quatre jours s'étaient écoulés depuis leur départ et nous craignions de les voir arriver les premiers au sommet. Pendant toute l'ascension, nous n'avions cessé de parler d'eux et, plus d'une fois, victimes de fausses alarmes, nous avions cru voir des hommes sur la cime de la montagne. Notre anxiété croissait donc à mesure que nous montions. Si nous allions être distancés au dernier moment ! La raideur de la pente diminuant, on put quitter la corde : Croz et moi nous nous élançâmes aussitôt en avant, exécutant côte à côte une course folle qui se termina *ex aequo*. À 1 heure 40 minutes de l'après-midi, le monde était à nos pieds, l'invincible Cervin était conquis ! Hourra ! Pas une seule trace de pas ne se voyait sur la neige !

Et cependant, notre triomphe était-il bien certain ?

Le sommet du Cervin est formé d'une arête grossièrement nivelée, longue d'environ cent sept mètres ; les Italiens étaient peut-être parvenus à l'extrémité la plus éloignée ? Je gagnai en toute hâte la pointe méridionale en scrutant la neige d'un œil avide. Encore une fois, hourra ! Pas un pied humain ne l'avait foulée. Où pouvaient être nos rivaux ? J'avançai la tête par-dessus les rochers, partagé entre le doute et la certitude. Je les aperçus aussitôt, à une immense distance au-dessous de nous, sur l'arête ; à peine l'œil pouvait-il les distinguer. Agitant en l'air mes bras et mon chapeau, je me mis à crier :

— Croz ! Croz ! venez vite, venez ici !

— Où sont-ils, monsieur ?

— Là, vous ne les voyez pas, là tout en bas ?

— Oh ! les coquins, ils sont encore bien loin !

— Croz, il faut absolument qu'ils nous entendent.

Nous criâmes donc à tue-tête jusqu'à ce que nous fûmes enroués. Les Italiens semblaient regarder de notre côté, mais nous n'en étions pas bien sûrs. « Croz, il faut qu'ils nous entendent ! ils nous entendront. » Saisissant alors une grosse pierre, je la poussai de toutes mes forces dans l'abîme et sommai mon compagnon d'en faire autant au nom de l'amitié. Employant nos bâtons en guise de levier, nous soulevâmes d'énormes blocs de rocher, et bientôt un torrent de pierres roula le long de la montagne. Cette fois il n'y avait plus de méprise possible. Les Italiens épouvantés battirent en retraite au plus vite.

Cependant, je regrettais vivement que le chef de cette expédition n'eût pas été avec nous à ce moment, car nos cris de triomphe durent lui porter un coup terrible. L'ambition de toute sa vie se trouvait déçue par notre victoire. De tous les hardis montagnards qui avaient tenté l'ascension du Cervin, c'était certes celui qui méritait le mieux d'arriver le premier au sommet. Le premier, il avait eu la gloire de croire au succès, et seul il avait persisté dans son opinion. Son rêve était d'atteindre le point culminant par le versant qui regarde l'Italie, pour l'honneur de sa vallée natale. Une fois, il eut tous les atouts en main, il joua de son mieux, mais une seule faute lui fit perdre la partie.

Escalades dans les Alpes, chap. XXI,
traduction d'Adolphe Joanne, Hachette, 1873.

GUSTAVE FLAUBERT

(1821-1880)

L'appétit de savoir de Bouvard et Pécuchet ne pouvait pas manquer l'essor du phénomène sportif au XIXe siècle. Et principalement la gymnastique, tout à fait en vogue. Intention louable, nos deux antihéros veulent se mettre à l'entraînement. Mais, peu habitués à l'exercice, sont-ils prêts à endurer l'effort ? Non préparé, le corps humain n'est que machine souffrante.

Peut-on être gymnaste ?

Satisfaits de leur régime, ils voulurent s'améliorer le tempérament par de la gymnastique.

Et ayant pris le manuel d'Amoros, ils en parcoururent l'atlas.

Tous ces jeunes garçons, accroupis, renversés, debout, pliant les jambes, écartant les bras, montrant le poing, soulevant des fardeaux, chevauchant des poutres, grimpant à des échelles, cabriolant sur des trapèzes, un tel déploiement de force et d'agilité excita leur envie.

Cependant, ils étaient contristés par les splendeurs du gymnase, décrites dans la préface. Car jamais ils ne pourraient se procurer un vestibule pour les équipages, un hippodrome pour les courses, un bassin pour la natation, ni une montagne de gloire, colline artificielle, ayant trente-deux mètres de hauteur.

Un cheval de voltige en bois avec le rembourrage eût été dispendieux, ils y renoncèrent ; le tilleul abattu dans le jardin leur servit de mât horizontal ; et quand ils furent habiles à le parcourir d'un bout à l'autre, pour en avoir un vertical, ils replantèrent une poutrelle des contre-espaliers. Pécuchet gravit jusqu'en haut. Bouvard glissait, retombait toujours, finalement, y renonça.

Les bâtons orthosomatiques lui plurent davantage, c'est-à-dire deux manches à balai reliés par deux cordes dont la première se passe sous les aisselles, la seconde sur les poignets – et pendant des heures il gardait cet appareil, le menton levé, la poitrine en avant, les coudes le long du corps.

À défaut d'haltères, le charron leur tourna quatre morceaux de frêne qui ressemblaient à des pains de sucre, se terminant en goulot de bouteille. On doit porter ces massues à droite, à gauche, par-devant, par-derrière ; mais trop lourdes, elles échappaient de leurs doigts, au risque de leur broyer les jambes. N'importe, ils s'acharnèrent aux « mils persanes » et même craignant qu'elles n'éclatassent, tous les soirs, ils les frottaient avec de la cire et un morceau de drap.

Ensuite, ils recherchèrent des fossés. Quand ils en avaient trouvé un à leur convenance, ils appuyaient au milieu une longue perche, s'élançaient du pied gauche, atteignaient l'autre bord, puis recommençaient. La campagne étant plate, on les apercevait au loin ; et les villageois se demandaient quelles étaient ces deux choses extraordinaires, bondissant à l'horizon.

L'automne venu, ils se mirent à la gymnastique de chambre ; elle les ennuya. Que n'avaient-ils le trémoussoir ou fauteuil de poste imaginé sous Louis XIV par l'abbé de Saint-Pierre ! Comment était-ce construit ? où se renseigner ? Dumouchel ne daigna pas même leur répondre !

Alors, ils établirent dans le fournil une bascule brachiale. Sur deux poulies vissées au plafond passait une corde, tenant une traverse à chaque bout. Sitôt qu'ils l'avaient prise, l'un poussait la terre de ses orteils, l'autre baissait les bras jusqu'au niveau du sol ; le premier, par sa pesanteur, attirait le second, qui, lâchant un peu la cordelette, montait à son tour ; en moins de cinq minutes leurs membres dégouttelaient de sueur.

Pour suivre les prescriptions du manuel, ils tâchèrent de devenir ambidextres, jusqu'à se priver de la main droite, temporairement. Ils firent plus : Amoros indique les pièces de vers qu'il faut chanter dans les manœuvres – et Bouvard et Pécuchet, en marchant, répétaient l'hymne n° 9 :

Un roi, un roi juste est un bien sur la terre.

Quand ils se battaient les pectoraux :

Amis, la couronne et la gloire, etc. Au pas de course :
À nous l'animal timide !
Atteignons le cerf rapide !
Oui ! nous vaincrons !
Courons ! courons ! courons !

Et plus haletants que des chiens, ils s'animaient au bruit de leurs voix.

Un côté de la gymnastique les exaltait : son emploi comme moyen de sauvetage.

Mais il aurait fallu des enfants, pour apprendre à les porter dans des sacs – et ils prièrent le maître d'école de leur en fournir quelques-uns. Petit objecta que les familles se fâcheraient. Ils se rabattirent sur les secours aux blessés. L'un feignait d'être évanoui ; et l'autre le charriait dans une brouette, avec toutes sortes de précautions.

Quant aux escalades militaires, l'auteur préconise l'échelle de Bois-Rosé, ainsi nommée du capitaine qui surprit Fécamp autrefois, en montant par la falaise.

D'après la gravure du livre, ils garnirent de bâtonnets un câble, et l'attachèrent sous le hangar.

Dès qu'on a enfourché le premier bâton, et saisi le troisième, on jette ses jambes en dehors, pour que le deuxième qui était tout à l'heure contre la poitrine se trouve juste sous les cuisses. On se redresse, on empoigne le quatrième et l'on continue. – Malgré de prodigieux déhanchements, il leur fut impossible d'atteindre le deuxième échelon.

Peut-être a-t-on moins de mal en s'accrochant aux pierres avec les mains, comme firent les soldats de Bonaparte à l'attaque du Fort-Chambray ? – et pour vous rendre capable d'une telle action, Amoros possède une tour dans son établissement.

Le mur en ruines pouvait la remplacer. Ils en tentèrent l'assaut.

Mais Bouvard, ayant retiré trop vite son pied d'un trou, eut peur et fut pris d'étourdissement.

Pécuchet en accusa leur méthode : ils avaient négligé ce qui concerne les phalanges – si bien qu'ils devaient se remettre aux principes.

Ses exhortations furent vaines ; et dans sa présomption, il aborda les échasses.

La nature semblait l'y avoir destiné ; car il employa tout de suite le grand modèle, ayant des palettes à quatre pieds du sol ; et tranquille là-dessus, il arpentait le jardin, pareil à une gigantesque cigogne qui se fût promenée.

Bouvard à la fenêtre le vit tituber – puis s'abattre d'un bloc sur les haricots, dont les rames en se fracassant amortirent sa chute. On le ramassa couvert de terreau, les narines saignantes, livide – et il croyait s'être donné un effort.

Décidément la gymnastique ne convenait point à des hommes de leur âge ; ils l'abandonnèrent, n'osaient plus se mouvoir par crainte des accidents, et restaient tout le long du jour assis dans le muséum, à rêver d'autres occupations.

Bouvard et Pécuchet,
Alphonse Lemerre, 1881, chap. VIII.

GUY DE MAUPASSANT

(1850-1893)

En sportsman *de son temps, Guy de Maupassant s'est essayé entre autres à la lutte, à la boxe, à l'escrime. Le canotage fut son sport de prédilection. Le tir au pistolet lui est aussi familier. La préface qu'il donne au livre du baron de Vaux est savoureuse en ce sens qu'elle fait l'éloge d'une discipline* a priori *modeste… mais qui peut se révéler bien utile et vous sauver la vie.*

Le pistolet

Étant donné que l'égoïsme est l'origine de toute passion et de tout plaisir, il n'existe point de plus vive satisfaction pour un homme que de prouver sa supériorité sur les autres. Mais il est à remarquer qu'on est, en général, infiniment plus fier des supériorités physiques que des supériorités morales.

Il existe dans Paris une armée d'artistes de grande valeur, à qui leur art semble presque indifférent, qui n'en parlent guère et semblent le considérer comme une simple profession ; tandis qu'on ne peut causer dix minutes avec eux sans qu'ils célèbrent leur force et leur adresse. Les uns lèvent des poids d'athlètes ; les autres excellent à l'escrime ; ceux-ci boxent ou pirouettent sur des trapèzes à la façon des gymnasiarques ; ceux-là, dès que vous leur avez été présenté, vous font tâter obstinément leurs biceps, ou se promènent sur les mains autour de vous, rendant ainsi difficile toute conversation suivie.

On pourrait même établir une sorte de classification suivant les métiers. Les peintres, en général, aiment l'épée et la pratiquent avec succès, à l'imitation sans doute de M. Carolus Duran ; les sculpteurs sont des gens de force, qui préfèrent les pesants haltères, les barres parallèles et les trapèzes.

Sitôt que dans la rue une voiture chargée de pierres ou un omnibus couvert de monde demeurent immobiles à quelque montée trop rude, malgré l'effort des chevaux épuisés, on voit soudain sortir de la foule quelque monsieur fort élégant qui s'approche d'un air tranquille et saisit la roue avec grâce : et la voiture immédiatement se remet en marche, tandis que le sauveur se perd au milieu des spectateurs stupéfaits.

Cet homme, ce chevalier errant des charrettes embourbées, est presque toujours un sculpteur ; et il a plus d'orgueil au cœur, plus de joie intime et profonde, plus de vaniteuse satisfaction dans l'âme pour les omnibus qu'il a remis en marche que pour tous les légitimes succès gagnés à coups d'ébauchoir et de talent.

Aussi prenons garde quand le hasard nous met en rapport avec quelque artiste dont les mœurs nous sont inconnues. Soyons prudents et circonspects ; ne parlons jamais de boxe si nous ne voulons point recevoir dans le nez quelque horion formidable qui nous démontre un coup imparable en même temps que la puissance musculaire de notre nouvelle connaissance.

Ne prononçons jamais le mot « bâton », si nous ne voulons point voir notre compagnon s'emparer aussitôt de notre canne et nous expliquer des attaques savantes qui jettent au ruisseau notre chapeau défoncé et nous font pleuvoir sur le crâne, malgré nos bras étendus, une grêle de coups douloureux.

Or, de tous les exercices d'adresse, il n'en est qu'un seul innocent, privé de tous ces désagréments, un seul qu'on ne peut exercer contre le spectateur inoffensif : c'est le pistolet. Et voilà pourquoi il doit être mis indubitablement au premier rang.

Mais il a encore d'autres avantages. Comme l'escrime, il exige une étude patiente, une rare habileté ; il donne, plus que tout autre, la joie de la difficulté vaincue, la sensation de l'adresse triomphante ; il n'exige ni partenaire, ni professeur, ni changement de costume, ni mouvements désordonnés ; enfin, comme il n'est point classé parmi les exercices hygiéniques, il n'est point pratiqué par le premier venu.

Tout le monde aujourd'hui se désarticule le poignet à travailler ses contres de quarte ; tout le monde se fend, sue et boutonne des plastrons de prévôts, depuis le gendre de M. Grévy jusqu'au fils du marchand de vin du coin. L'escrime est tombée dans le commun. L'art de piquer un bras est pratiqué par tous.

Les uns n'y voient qu'un procédé pour fondre leur graisse ; les autres se préparent une réputation de courage à bon marché. Je ne parle pas des vrais amateurs, qui aiment l'épée pour l'épée, l'art pour l'art, comme fait l'auteur de ce livre.

Mais le pistolet reste et restera un *sport* d'élite, aimé seulement de quelques-uns. Il ne fait pas maigrir, il ne fait pas digérer, il ne fait pas applaudir ceux qui le pratiquent, comme sont acclamés les tireurs de fleuret en des salles pleines d'amateurs ; et il présente, en cas de duel, des dangers qui font souvent reculer des hommes d'une bravoure incontestée, prêts à se battre à l'épée pour un oui ou pour un non.

Et puisqu'on ne parle aujourd'hui que de duel, comme aux meilleurs temps de la Chevalerie, aux temps où les nobles seigneurs ne savaient pas signer leur nom ; puisque le duel est une nécessité stupide imposée par la bêtise humaine, proclamons qu'à notre époque, un seul genre de duel est logique, le duel au pistolet.

Il semblerait qu'aujourd'hui le duel ne dût exister qu'à l'état de souvenir, comme les droits féodaux et les coutumes brutales de nos ancêtres. Seul, de tous les vieux usages déraisonnables, il a persisté jusqu'à nous.

Se battre avec un homme parce qu'on n'est point de son avis, parce qu'on s'est jeté des paroles vives, est déjà un acte pas mal bête.

Mais aller sur le pré, comme on dit, sans colère et sans désir de vengeance, uniquement pour satisfaire un antique préjugé, avec la seule envie de faire un petit trou dans la peau de l'adversaire et une vraie crainte de le tuer, avec l'intention formelle, partagée par les témoins, que le combat sera bénin, inoffensif, *correct*, cela passe les limites de la niaiserie autorisée.

Quand un homme vous a violemment insulté, a outragé ceux que vous aimez, ou simplement quand une haine profonde, invincible, existe entre vous et lui ; quand vos deux existences se heurtent à tout moment, se gênent et se rencontrent sans cesse ; quand la loi est impuissante, la justice désarmée, le Droit inapplicable, alors le duel devient au moins compréhensible.

Mais comme il est, en tous cas, un croc-en-jambe à la justice et à la logique, et un appel au sort aveugle, il devrait garder avant tout, semble-t-il, son caractère de jugement de Dieu, c'est-à-dire de jugement du seul hasard que nous avons la liberté de supposer providentiel.

La moindre inégalité de chances fait donc de cette justice d'aventure la plus monstrueuse des injustices, et seule l'impossibilité de prévoir le vainqueur rend acceptable cet acte de barbarie.

Jadis, quand chacun pratiquait l'épée et la portait au côté, comme on porte aujourd'hui une canne à la main, l'habitude quotidienne des armes faisait à peu près égaux, devant le duel, tous les hommes en situation de se battre, tous les hommes du monde, tous ceux qui relèvent de ce préjugé. Aujourd'hui les hommes dits de sport sont à peu près les seuls à fréquenter les salles d'armes. Les hommes de labeur n'ont guère le temps ni le désir de se déranger chaque matin de leur table de travail, ou de leur bureau, ou de leur laboratoire pour aller mouiller des chemises de flanelle. Il existe donc une inégalité indiscutable entre les uns et les autres et une infériorité absolue de celui qui, né pauvre ou hanté toute sa vie par une unique préoccupation de travail, de science ou d'art, se trouve insulté par un jeune homme riche que ses loisirs constants ont rendu fort à l'escrime.

Cette inégalité ne peut être en partie supprimée que par arme n'exigeant pas de longues et patientes études, une arme facile à toutes les mains.

Le pistolet remplit à peu près ces conditions. Avec lui, d'abord, disparaît le désavantage de la vieillesse, de l'obésité, de la gaucherie, des infirmités physiques.

On objectera qu'un bon tireur tuera son adversaire du premier coup. Non pas, car ils sont rares, très rares, ceux qui affrontent sans un battement de cœur le trou noir d'où va sortir une balle, et un simple battement de cœur suffit à faire dévier d'un millimètre le bout du canon, et un millimètre, au bout du canon, donne un écart d'un mètre à une courte distance.

J'en parle en ignorant d'ailleurs, n'ayant tiré que pour mon plaisir ; mais je ne pense pas être contredit par l'auteur même de ce livre qui, trois fois déjà, s'est trouvé en face du pistolet d'un adversaire.

Il suffit, en outre, de lire tous les procès-verbaux de rencontres sans résultat entre tireurs experts pour se convaincre que le hasard est le vrai juge des duels au pistolet.

À un tout autre point de vue, c'est une arme charmante à manier et extrêmement difficile à pratiquer en perfection. Elle donne plus que tout exercice la conscience de l'adresse, la satisfaction du tour de force accompli.

Et que de tireurs merveilleux dans les tirs publics deviennent médiocres en plein air ! Celui qui casse à tous coups un tuyau de pipe ne tuera point un oiseau sur une branche, parce qu'il faut tirer en l'air. Celui qui coupe un fil blanc, à dix mètres, avec un simple Flobert ne coupera pas un fil oblique, à moins de s'exercer à nouveau, et longtemps, et patiemment.

Et n'a-t-on pas, quand on arrive à tirer vraiment avec adresse, une singulière sensation de l'esprit et une sorte de joie de la main, une sensation de triomphe intime, cette sensation et cette joie nerveuses, fines et délicieuses que doivent éprouver les jongleurs.

Préface à Baron de Vaux, *Les Tireurs au pistolet*,
C. Marpon et E. Flammarion, 1883.

LÉON TOLSTOÏ

(1828-1910)

Vronski doit prendre le départ d'une course. Il monte Froufrou, une jument qui a du caractère. Mais Vronski est fébrile. Anna est dans les tribunes. Le cavalier n'a qu'une idée en tête : remporter cette course et écraser ses adversaires. Mais son cheval va-t-il lui obéir ? Jusqu'où peut-on pousser l'épreuve de force ?

Une monture énervée

— Montez ! vous serez moins nerveux.

Vronski se retourna une dernière fois vers ses adversaires. Il savait que pendant la course il ne les verrait plus. Deux étaient déjà en avant, à l'endroit d'où les chevaux devaient partir. Galtzine, un des adversaires dangereux de Vronski, et son ami, tournait autour du trotteur bai qui ne lui permettait pas de l'enfourcher. Le petit hussard, en pantalon étroit, allait au galop, courbé en deux sur son cheval afin d'imiter les Anglais. Le prince Kouzovlev, pâle, était sur sa jument du haras de Grabovski et l'Anglais la menait par la bride. Vronski, comme tous ses camarades, connaissait l'amour-propre excessif de Kouzovlev, joint à la faiblesse de ses nerfs.

Chacun savait qu'il avait peur de tout et craignait de monter un cheval de front, mais maintenant, précisément parce que c'était dangereux, parce que les hommes pouvaient se casser le cou, parce que près de chaque obstacle se tenaient un médecin, le fourgon d'ambulance avec la croix rouge et les infirmières, il avait résolu d'y participer. Son regard rencontra les yeux de Vronski qui lui fit un signe amical, encourageant. Il voyait tout, sauf son principal concurrent, Makhotine et son Gladiateur.

— Ne vous hâtez pas, disait Cord à Vronski, et souvenez-vous d'une chose : Ne stimulez pas la monture près de l'obstacle, laissez-la aller comme elle veut.

— Bon, bon ! dit Vronski en prenant les guides.

— Si c'est possible, prenez la tête, mais ne vous désespérez pas jusqu'au dernier moment, même si vous restez en arrière.

Le cheval n'avait pas eu le temps de se mouvoir que Vronski, d'un mouvement vigoureux et habile, mettait le pied sur l'étrier d'acier et, avec aisance, s'installait sur la selle dont le cuir grinçait. Attrapant du pied droit l'autre étrier, d'un geste habile il égalisa entre ses doigts les doubles guides, et Cord retira sa main. Comme si elle ne savait sur quel pied partir, Froufrou, de toute la longueur de son cou, tendait les guides, tantôt d'un côté, tantôt de l'autre, en tâchant de tromper son cavalier, et Vronski, de la voix et de la main, s'efforçait en vain de la rassurer.

Ils s'approchaient déjà de la rivière, se dirigeant vers l'endroit du départ. Vronski, précédé des uns, suivi des autres, entendit tout à coup, derrière lui sur la boue de la route, le bruit du galop d'un cheval, et Makhotine sur son Gladiateur aux pieds blancs le dépassa. Makhotine sourit en montrant ses longues dents, mais Vronski le regarda avec colère.

En général, il ne l'aimait pas, mais maintenant il le regardait comme son plus dangereux adversaire et il était furieux contre lui qu'il l'eût dépassé, énervant ainsi sa monture.

Froufrou lança sa jambe gauche pour le galop, fit deux sauts, et mécontente des guides tendues, partit au trot en faisant sauter son cavalier.

Cord, lui aussi, fronça les sourcils et courut derrière Vronski.

Anna Karénine, livre II, chap. XXIV,
traduction de Jean-Wladimir Bienstock, Stock, 1906.

HENRI DE RÉGNIER

(1864-1936)

On image Henri de Régnier, poète et critique littéraire très marqué par le symbolisme et grand admirateur de Mallarmé, corseté et sédentaire. Il n'en est rien. Son recueil Portraits et Souvenirs *révèle un homme de son temps à l'intelligence vive, pressentant le rôle que le sport va jouer à l'avenir dans la société.*

Humble sport

Sans être particulièrement homme de sport, il n'est néanmoins presque personne qui n'en ait, à l'occasion, pratiqué quelques-uns et qui ne garde bon souvenir de l'agrément, même passager, qu'il y a pris. Qui donc, en effet, peut prétendre n'avoir, une fois dans sa vie, lancé le ballon, à défaut de l'avoir monté ? Qui n'a, par passe-temps de jeunesse, chaussé le patin ou manié la raquette ? Est-il beaucoup de gens qui n'aient jamais épaulé un fusil, tiré du pistolet ou joué du fleuret, qui n'aient essayé d'abattre au vol quelque gibier, de mettre quelques balles dans les cercles d'un carton ou dans la silhouette d'un mannequin, qui n'aient tenté de s'assouplir au jeu des armes et de réduire, un instant, à la longueur et à la largeur de la planche l'univers qu'ils contemplaient momentanément à travers la grille du masque d'escrime ?

Je veux bien qu'en ces tentatives il y ait eu plus d'instinct d'imitation que de goût personnel, plus d'entraînement que de vocation, et la preuve en est, chez ces amateurs inconstants, qu'ils n'ont poussé loin aucun de leurs exercices et n'ont point cherché à y exceller. Pour la plupart, ces essais de culture physique n'ont guère dépassé l'époque de leur adolescence et de leur jeunesse et se rattachent aux souvenirs qu'ils ont gardés de cette période de leur existence.

Cependant, même avec leur caractère de simple amusement, ces apprentissages sportifs auront eu pour résultat de rendre ceux qui les ont faits capables de sympathie pour la maîtrise que d'autres y acquièrent. Le peu qu'ils savent les porte à mieux comprendre les difficultés à vaincre pour parvenir à la perfection d'un exercice dont ils ont, eux, expérimenté d'une façon rudimentaire, mais réelle, la pratique commune, et dont les exploits les passionnent d'autant plus qu'ils en connaissent la valeur pour en avoir accompli jadis les gestes et les mouvements.

C'est ce sentiment qui conserve le goût des spectacles et des problèmes de sport chez plus d'un qui en semble singulièrement éloigné par ses habitudes de corps ou d'existence. Serions-nous sensibles à la belle prestance de ce cavalier qui passe là-bas, à la manière dont il modère, lance ou retient sa monture, si nous n'avions par nous-mêmes éprouvé, fût-ce grossièrement et brièvement, la sensation d'avoir été portés comme lui au dos de quelque bai ou de quelque alezan ? Il suffit de quelques notions déjà lointaines d'équitation scolaire pour nous rendre sympathique ce cavalier si bien en selle. Nos humbles cavalcades de jadis servent de point de comparaison à notre admiration. C'est à elles que nous devons du plaisir à le voir fouler élégamment l'allée du Bois ou le sable de l'Hippique. Le spectacle d'adresse et de science qu'il nous donne se renforce au souvenir de nos propres gaucheries. L'estime pour son habileté s'ajoute à l'agrément que nous procure la plastique de sa silhouette équestre.

C'est pourquoi il me semble utile de faire apprendre aux jeunes gens quelques-uns de ces divertissements corporels, même s'ils devaient s'en tenir aux éléments et à un usage passager. Tout le monde n'a pas le loisir, le moyen, la complexion même pour devenir un homme de sport. La vie a ses exigences, mais il est raisonnable cependant de faire dans une éducation la part de la culture physique, n'en dût-on tirer que les agréables impressions qu'on en conserve !

Portraits et Souvenirs,
Mercure de France, 1913.

JACQUES VILLEBRUNE

(XIXe siècle)

Un sonnet consacré à la patineuse où le corps de la femme et la grâce de son mouvement sont célébrés. Cet esthétisme qui pourrait paraître fade si l'effet tranchant de patin qui déchire la glace – et certainement le cœur du poète – ne donnait à cette célébration académique un contrepoint bienvenu. Le sport comme source d'inspiration.

La coquette patineuse

Grâce aux polis aciers de vos patins volants,
Rapide, vous glissez sur la glace légère,
Vous tournez, vous valsez, vous virez en arrière,
Et vous faites crier vos fers étincelants.

Toute la galerie admire vos talents ;
D'une arabesque fine et d'un vol circulaire,
Vous gravez une lettre en neigeux caractère,
Déjà bien loin de l'œil en zigzags tournoyants.

Madame, je n'ai pas cette légère grâce
De glisser sur les cœurs sans y laisser de trace,
Et de me dérober en des vols assouplis,

D'esquisser un vain nom sur une froide glace,
Et, sous le dur tranchant de mes aciers polis,
D'effleurer, sans la mordre, une mince surface.

Sonnets mystiques, « Les Géorgiques »,
Plon, Nourrit et Cie, 1886.

ADRIEN MARX
(1837-1906)

Journaliste au Figaro *et à* L'Événement*, Adrien Marx est un juste observateur des mœurs de son temps. Se promenant sur l'île de Puteaux qui est propriété du baron de Rothschild, il découvre le lawn-tennis, ancêtre du tennis qui se pratique sur l'herbe. Il prédit un grand succès à ce nouveau sport, ce en quoi il ne s'est pas trompé.*

Un club plein d'avenir

Les promeneurs qui descendent le quai de Saint-James ont remarqué quelque cent mètres avant le pont de Neuilly un escalier de bois faisant face à un débarcadère, où se balancent des yoles luxueuses et des nacelles d'acajou. Au premier appel, une barque stable, garnie de coussins, se détache de ce petit port et vient chercher les membres du Lawn-Tenniss-Club, arrivés, ceux-ci à cheval, celles-là en landaus et en victorias, dont les attelages et la tenue trahissent une aisance sérieuse. J'ai écrit « celles-là » parce que les femmes sont admises au Lawn-Tenniss-Club – lequel se distingue en ce point de tous les cercles connus.

Mais on n'y entre point comme au moulin. Les aspirants et les aspirantes sont l'objet d'une présentation en règle et d'un vote méticuleux. Les dames elles-mêmes subissent le terrible ballottage sans lequel il n'y a point de cercle sérieusement fermé.

L'entreprise est à son début, et d'ores et déjà, je lui prédis un grand succès. Le dessinateur qui a tracé les méandres des jardins et l'architecte qui a bâti les constructions anglaises et les halls de garage en pitchpin – ou sont distribués les salons, les vestiaires, les cabinets de toilette, le restaurant et les embarcations – sont gens de goût affiné et de sens pratique. Les friands de canotage et de courte paume trouvent, là, le confortable britannique marié au chic parisien. Les meubles, les lavabos, la vaisselle du service de la bouche, tout affirme une entente parfaite des exigences artistiques de notre époque et les maîtres d'hôtel qui circulent au travers des parterres fleuris, avec des plateaux chargés de sorbets et de sandwiches, ont plutôt des allures d'ambassadeurs que des façons de domestiques.

Lorsqu'il m'a été permis de pénétrer dans cet éden, je suis tombé en pleine partie de lawn-tenniss. Deux jeunes et jolies femmes luttaient contre deux gentlemen vêtus, comme elles, de flanelle galonnée, et armés, comme elles, de ces solides et longues raquettes anglaises qui renvoient si bien la balle heurtée par leurs mailles de corde à violon… Ces messieurs, troublés sans doute par les grâces de leurs partenaires, m'ont paru d'une infériorité accusée.

Mettons qu'ils étaient plus galants que maladroits, et passons, car je ne veux point m'attarder à des fadeurs : je préfère parler du lawn-tenniss qui a complètement détrôné le crockett de fastidieuse mémoire.

J'ai longtemps pratiqué le crockett – mais sans enthousiasme. Il m'a toujours paru ridicule et fatigant de courir après une sphère de bois crossée par un marteau de même… métal et d'attraper des courbatures à insinuer cette boule sous un arceau de fer qu'elle a la malice de ne point franchir. Ajoutez à cela que la poigne de certains adversaires vous envoie promener à un kilomètre et qu'on a souvent dévoré des lieues et des lieues pour perdre une partie sans intérêt… Le crockett m'a maintes fois fait regretter les délassements délaissés du bouchon ou des boules qui exigent de leurs partisans un exercice aussi hygiénique et une non moins bienfaisante dépense de forces.

Le cochonnet lui-même – malgré la trivialité de son nom – est plus amusant que l'éternel crockett, qui a si longtemps obstrué nos pelouses et nos plages. Il existe d'ailleurs, entre lui et moi, une vieille rancune, encore vivace dans ma jambe droite… À Dieppe, j'ai reçu, un tantôt, sur le tibia, une boule lancée avec une vigueur telle que j'ai pensé avoir la jambe cassée. L'auteur de cet attentat involontaire eut beau me faire mille excuses et courir chercher de l'arnica au casino, je n'en boitai pas moins pendant quinze jours. Ce qui me vexa le plus, c'est que cette claudication m'était survenue alors que je cherchais à plaire… Faites donc la cour à une jeune fille avec une démarche de canard en détresse ! Il n'y a pas de flirtage possible pour celui qui, au milieu d'une phrase incandescente, ressent une douleur qui l'oblige à renouveler, derrière une cabine, le liquide de sa compresse !

Parlez-moi du lawn-tenniss ! Vous m'objecterez que votre œil peut servir d'obstacle à une balle qui accommode son orbite au beurre noir ; mais le fait est rare. D'abord la balle en caoutchouc n'engendre point de chocs violents et puis les principes essentiels du jeu – qui consiste à faire choir le projectile dans certains carrés situés de chaque côté d'un filet tendu entre les camps adverses – interdisent les fortes « volées »… Il est reconnu que les meilleurs « servants » sont ceux qui ont la raquette perfidement moelleuse.

La place me fait défaut pour donner les règles du lawn-tenniss, qui se joue sur un *cours* gazonné ou asphalté d'environ vingt-trois mètres de long sur huit mètres de large. Aussi, je renvoie au traité qui accompagne les boîtes d'accessoires – vendues chez tous les marchands de jouets – ceux qui seraient désireux de les connaître. La pratique du lawn-tenniss procure au corps de l'élégance, de la légèreté, de la souplesse et de l'adresse, tout en développant les muscles des bras et des jambes et en fortifiant les organes respiratoires. Il n'impose pas à ses adeptes les fatigues et les frais de la longue paume. La moindre villa comme le plus opulent château s'en peuvent offrir les agréments.

Et puis, c'est un sport où la coquetterie et les séductions du sexe faible puisent un surcroît de charmes. Depuis l'âge de quinze ans jusqu'au-delà de la trentaine – sauf le cas exceptionnel d'un embonpoint gênant – la femme est réellement ravissante, coiffée de la casquette ou de la toque et vêtue de la jupe courte qui laisse apprécier la finesse de ses chevilles et deviner les rondeurs de son mollet. Le rôle de la raquette l'oblige à prendre des attitudes exquises et l'on n'en peut guère citer qui soient disgracieuses dans le feu de l'action… Les peintres qui *tiennent* supérieurement les scènes féminines – comme Duez – ont demandé au lawn-tenniss le sujet de leurs plus aimables compositions.

Lors de mon dernier voyage à Londres, je fus prié à dîner par un riche marchand de la Cité, qui me présenta à son épouse – un colosse d'une envergure telle que le fauteuil où elle prit place à table avait les dimensions d'un vaste canapé. Jamais, jusque-là, je n'avais vu un aussi surprenant spécimen de développement plastique. Au dessert, mon amphitryon me conduisit devant une aquarelle représentant une miss, mince et fluette comme une asperge, jouant au lawn-tenniss.

C'est ma femme, me dit-il, à l'époque où je l'ai épousée. Une voix de stentor ajouta derrière nous :

Aoh ! je né jouai piou à cette jeu !

C'était madame – survenue pour me certifier un renoncement dont je me doutais d'ailleurs.

En plein air,
Dentu, 1887, chap. XXIV.

EDUARD ANGERSTEIN et GEBHARD ECKLER

(1830-1896 et 1832-1907)

Au XIXe siècle, avec l'essor de l'édition et de la presse, le nombre de traités pullule. La démocratisation du sport est en marche et profite de ce mouvement. Eduard Angerstein, médecin allemand, a réformé la pratique de la gymnastique en Allemagne. Avec Gebhard Eckler, professeur de gymnastique, il compose ce manuel qui montre l'activité sportive comme une source de bien-être et d'épanouissement individuel. À pratiquer à la maison, à la chambre et au jardin.

La gymnastique à la maison

Le défaut d'activité musculaire, la vie sédentaire, résultat des occupations journalières, déterminent aussi à un haut degré, par suite d'une stimulation insuffisante, un affaiblissement de l'activité du cœur ainsi que des organes respiratoires et digestifs. De là, comme conséquences immédiates, la pauvreté du sang, des troubles de la respiration, le retard des évacuations intestinales, des stases sanguines dans les vaisseaux du bas-ventre (hémorroïdes). Ces troubles exercent à leur tour une influence extrêmement fâcheuse sur le système nerveux ; il se manifeste un état très accentué de faiblesse nerveuse, des troubles psychiques (hypocondrie, mélancolie), qui détruisent toute ardeur, toute joie, et qui mettent l'individu dans l'impuissance de jouir de la vie et de s'adonner à une activité profitable.

C'est ici que s'impose, encore plus que chez l'ouvrier adonné à un travail spécial, la nécessité de soigner le corps, pour éviter le dépérissement de l'individu tout entier. Or ce résultat, ce rétablissement de l'harmonie de toutes les forces de l'être humain, principe et condition de toute santé, de toute activité, peut être obtenu au moyen d'exercices appropriés. Parmi ces exercices on a conseillé la promenade, les voyages, l'ascension des montagnes, l'équitation, l'exercice consistant à fendre et à scier du bois, et bien d'autres encore. Mais la promenade n'exerce que quelques groupes musculaires, et, si l'on veut qu'elle agisse d'une manière tant soit peu efficace, il faut lui sacrifier beaucoup de temps ; il en est de même de l'équitation.

Les voyages, les excursions dans les montagnes, qui produisent une action très stimulante et rafraîchissante, ne peuvent que rarement, et pour peu de temps d'ailleurs, être entrepris par les personnes occupées ; il ne reste donc, comme exercice exigeant peu de temps, peu coûteux et pouvant partout être mis en usage, que l'emploi d'une gymnastique méthodique, laquelle d'ailleurs a sur les autres exercices corporels l'avantage de mettre en jeu tous les muscles, de convenir à toutes les conditions et de pouvoir être exactement mesurée et contrôlée dans ses effets.

Gymnastique à la maison, à la chambre et au jardin, traduit de l'allemand, J.-B. Baillière et Fils, 1892.

PAUL BOURGET

(1852-1935)

Outre-mer *est le cahier d'observation que l'écrivain Paul Bourget a tenu lors de son voyage en Amérique. Ses « impressions d'Amérique », comme il les appelle, n'ont pas manqué de relever cette incroyable énergie qu'ont les compétiteurs quand ils se lancent dans l'épreuve. Dans le yachting et dans le football particulièrement. Peut-être, déjà, chez les Américains, la recherche par le sport d'un dépassement de soi.*

Les sports en Amérique

Les plus violents de ces plaisirs et les plus profondément nationaux sont ceux du *sport*... Traduisez cette formule par son vrai sens, et vous n'y trouverez plus rien de ce que nous y mettons, nous autres Français, qui avons adouci ce terme en l'adoptant. Nous y faisons tenir surtout de l'élégance, de l'aristocratie et de l'adresse. Pour l'Américain, le *sport* ne va pas sans quelque danger, parce qu'il ne va pas sans la conception de la lutte et de l'audace. Ainsi le *yachting* qui nous représente, à nous, des promenades de plaisance le long des côtes lui représente à lui des voyages autour du monde, la tempête affrontée et les vastes solitudes de l'Atlantique, ou bien des rivalités de vitesse qui tiennent compte de tout, excepté de la vie humaine. Comme je visitais à Newport un des élégants bateaux privés, à l'ancre dans le port, je remarquai un arsenal de piques et de fusils rangés dans une des chambres de l'entrepont : « C'est pour le cas où nous irions dans les mers de Chine et où nous rencontrerions des pirates… », me dit le propriétaire de ce pimpant joujou de voyage. Un autre, qui discutait devant moi les probabilités de vitesse entre le *Vigilant* et la *Valkyrie*, les deux *yachts* à voiles dont les noms remplirent les conversations l'automne dernier, pendant des semaines, disait avec flegme : « Nous avons dû faire le bastingage trop bas, nous aurons de la chance si nous ne perdons pas plusieurs hommes… » Il n'y avait pas plus d'émotion dans cette phrase que de rodomontade dans la première. C'était l'expression naturelle d'une sensibilité si mêlée d'énergie qu'elle se plaît à unir d'instinct l'idée du jeu à celle du péril, et qu'un peu de risque tragique est comme le condiment nécessaire de ses fêtes les plus innocentes.

Parmi ces divertissements du sport, aucun n'est plus à la mode depuis quelques années que le *foot-ball*. J'ai assisté l'automne dernier, dans la paisible et douce ville de Cambridge, à une partie que les champions du collège de Harvard – le *team*, comme on dit ici – soutenaient contre les champions de l'Université de Pennsylvanie. Il me faut remonter en pensée à mon voyage en Espagne pour me rappeler une fièvre du peuple égale à celle qui palpitait le long de la route, entre Boston et l'arène réservée au combat. Les voitures des tramways électriques se suivaient à une minute d'intervalle, remplies de voyageurs, qui assis, qui debout, qui suspendus aux marchepieds, se pressaient, se tassaient, s'écrasaient. Le rendez-vous était, comme à Rome pour des combats de gladiateurs, et quoique les journées de Novembre soient cruellement froides sous le ciel du Massachusetts, dans une espèce d'enclos en plein air. À deux pas du *memorial hall* et des autres bâtiments rouges de l'Université, des gradins de bois étaient dressés. Sur ces gradins quinze mille spectateurs peut-être, et, dans l'immense quadrilatère cerné par ces gradins, deux bandes, composées de onze jeunes gens chacune, attendant le signal de commencer. Quel frémissement dans cette foule, recrutée non point parmi les gens de basses classes, mais parmi les personnes aisées, et quelle excitation grandissante avec l'heure ! Tout ce monde tenait à la main de petits drapeaux rouges et portait des touffes de fleurs rouges. – L'écarlate est la couleur des gars de Harvard. – Quoiqu'une rumeur de fièvre courût sur cette foule, cela ne suffisait pas aux passionnés du jeu. Des espèces d'entrepreneurs d'enthousiasme, des étudiants au visage glabre, gris et déjà creusé, passaient entre les banquettes, et ils allumaient l'ardeur du public en poussant le cri de guerre de l'Université, le *rah ! rah ! rah !*… trois fois répété, que termine l'appel frénétique de *Harvard !*. Les partisans du *Pennsy's* répondaient par un cri analogue, et là-bas, par-dessus la palissade d'enceinte, dans les arbres défeuillés, des faces claires de spectateurs pauvres et qui n'avaient pas de quoi payer l'entrée se détachaient sur le ciel d'automne, avec des finesses de têtes claires dans les peintures des éventails japonais.

Le signal est donné et le jeu commence. Terrible jeu et qui suffirait seul à mesurer la différence qui sépare le monde anglo-saxon et le monde latin – jeu de jeunes dogues élevés à mordre, à se ruer dans la curée ; jeu d'une race faite pour les attaques sauvages, la défense violente, la conquête implacable et la lutte à outrance. Avec leurs vestes de cuir aux manches d'un drap, rouge pour les champions de Harvard, bleu et blanc pour ceux de Pennsylvanie – vestes et manches aussitôt déchirées –, avec leurs jambières sur le devant du tibia, leurs grosses savates et leurs longs cheveux flottants autour de leurs faces pâles et roses, ces athlètes scolaires sont à la fois admirables et effrayants, aussitôt que le démon de la lutte entre en eux. À chaque extrémité de la piste deux poteaux se dressent représentant, ceux de droite, un des camps, ceux de gauche, un autre. Toute la question consiste à faire passer entre ceux-ci ou entre ceux-là un énorme ballon de peau que les champions de l'un et l'autre parti lancent tour à tour. C'est dans l'attente de ce lancement que se concentre l'excitation de ce divertissement presque féroce. Celui qui tient le ballon est là, penché en avant, ses compagnons et ses adversaires penchés eux aussi autour de lui, dans des attitudes de bêtes aux aguets et qui vont sauter. Tout d'un coup il court pour jeter la balle, ou bien d'un mouvement d'une rapidité folle il la passe aux mains d'un autre qui s'élance avec elle et qu'il s'agit d'arrêter. La brutalité des gestes par laquelle on saisit ce porteur de balle est impossible à imaginer quand on ne l'a pas vue. Il est empoigné par le milieu du corps, par la tête, par les jambes, par les pieds. Il roule et son agresseur avec lui, puis comme il se débat, et que les deux troupes reviennent à la rescousse, c'est toute une ruée des vingt-deux corps les uns sur les autres, un nœud inextricable de serpents à têtes humaines. Cela se tord à terre et se déchire. On voit des faces, des chevelures, des torses, des jambes tressauter dans une monstrueuse et mouvante mêlée. Puis le nœud meurtrier se dénoue. La balle rebondit, lancée par le plus agile et poursuivie de nouveau avec la même fureur. Sans cesse, après un de ces frénétiques entrelacements, et quand les joueurs se séparent, un des combattants reste à terre, immobile, incapable de se lever, tant il a été frappé, serré, écrasé, pilé. Un docteur chargé du service des blessés arrive et le palpe. On voit les mains du savant secouer un pied, une jambe, masser des côtes, laver un visage, éponger le sang qui ruisselle du front, des yeux, du nez, de la bouche. Un camarade compatissant aide à cette besogne et prend sur ses genoux la tête du combattant évanoui. Quelquefois il faut emporter le malheureux. Le plus souvent, il reprend connaissance, il se tord un peu, il se réveille et il finit par se relever. Quelques pas, appuyé sur une épaule complaisante, et il n'est pas plus tôt capable d'aller ainsi que la partie recommence, à laquelle il se livre de nouveau, avec une rage décuplée par la douleur et par l'humiliation.

Si la rudesse de cet effroyable *sport* n'était pour les spectateurs que l'occasion d'un sursaut nerveux de quelques heures, les jeunes athlètes ne s'y adonneraient pas avec cet enthousiasme qui leur fait accepter le plus douloureux, quelquefois le plus dangereux des entraînements. Une mère me disait, parlant de son fils qui n'a pas quatorze ans : « Il adore le *foot-ball.* Il est déjà capitaine de ses onze. Je ne m'inquiéterais pas s'ils n'avaient jamais affaire qu'à des bandes d'autres petits gentlemen, mais ils ont la manie de se battre avec des gens du commun… » C'est dans des rixes pareilles que des accidents meurtriers sont toujours à craindre. « Que voulez-vous ? me répondait un des professeurs de Harvard. Dans la folie du jeu, il se donne bien des mauvais coups, c'est vrai, et c'est vrai surtout que les héros de parties comme celle d'aujourd'hui sont des victimes. L'entraînement est trop intense. Le système nerveux n'y résiste pas. Mais les exploits des champions maintiennent le jeu à la mode. Dans tous les coins d'Amérique tous les petits garçons se livrent à cet exercice, et cela trempe la race… » Il énonçait sous forme abstraite ce qui est l'instinct de la foule américaine – instinct qui ne se raisonne pas et qui se manifeste par des signes bien étranges. J'entendais, durant le combat que j'ai essayé de décrire, une femme distinguée et fine, auprès de laquelle je me trouvais assis, s'écrier : « *Beauty!* » devant des coups qui envoyaient rouler sur la terre des cinq et six garçons. Aussitôt qu'une partie comme celle-là commence de se préparer, les portraits des divers lutteurs sont dans tous les journaux. Les péripéties de la lutte sont racontées par le menu avec des tableaux graphiques pour mieux suivre les allées et venues de la balle. Les vainqueurs et les vaincus sont également interviewés. Dans un périodique célèbre, j'ai découpé l'autre jour un article signé : « *a foot-ball scientist* », où l'auteur essayait de démontrer que la bonne tactique à suivre dans ce jeu est la même que celle de Napoléon. Qu'ajouter à cet éloge, quand on sait la place singulière que l'Empereur occupe dans l'imagination des Yankees ?

Il ne faudrait pas croire que de tels fanatismes pour un sport si brutal ne soulèvent pas de vives révoltes. Le même esprit d'initiative qui pousse des foules entières d'Américains à s'exalter devant ces demi-gladiateurs et à idolâtrer ce déploiement violent d'énergie physique pousse d'autres Américains à faire campagne contre cette violence incontrôlée et incontrôlable. Des ligues se forment pour et contre. Il est bien possible que de trop nombreux accidents amènent quelques États à voter au terrible jeu des restrictions législatives. Quand on a suivi de près une partie vraiment ardente, « *with plenty of life and ginger* », comme disait un reporter, on observe qu'à un certain degré d'excitation les combattants ne sont plus maîtres d'eux-mêmes. Je revois, en écrivant ces lignes, la silhouette d'un des champions de Pennsylvanie après une course contestée et le geste de rage par lequel il jeta la balle qu'il lui fallait rendre. Entre cette colère et un mauvais coup il y avait trop peu de distance, trop peu de largeur psychologique, pour employer une pédante et très exacte formule de science. Mais quoi ! Ces restrictions ne guériront pas plus le public américain de la passion pour le *foot-ball* qu'elles ne l'ont guéri de la passion pour la boxe. Quand, l'hiver dernier, Corbett et Mitchell durent se rencontrer à Jacksonville, il fallut chauffer des trains spéciaux pour transporter les partisans de l'un et de l'autre boxeur dans l'heureuse cité de la Floride. Pas un journal où les conditions d'entraînement des deux rivaux ne fussent mentionnées, matin par matin, heure par heure. Les noms des parents et des amis qui les assistaient, le mobilier des chambres d'hôtel où ils logeaient, le menu de leurs repas, leurs lectures et leurs pensées – quel détail ne trouvait-on pas dans les colonnes des journaux ? Quand j'ai passé à Jacksonville, quelques semaines plus tard, ce *fight* était encore l'objet de toutes les conversations dans les trains qui traversaient cette coquette petite ville, et on ne s'interrompait d'en parler que pour discuter le prochain *fight*, celui qui se projette entre le champion californien et Jackson, d'Australie. – Même l'élection du futur président ne secouera pas l'opinion davantage.

Pour se rendre compte de ce que doivent être de telles rencontres, ces *prize-fights*, comme on les appelle, où le combat ne cesse qu'avec l'impuissance d'un des deux boxeurs à le soutenir, il faut suivre dans quelque *athletic club* un combat réglé, c'est-à-dire où les reprises soient comptées et les passes limitées. Le plus intéressant de ceux dont j'ai suivi ainsi les péripéties se donnait à Washington. C'était aussi le premier auquel j'assistais. Au troisième étage du club, dans la salle du gymnase, une plateforme était dressée à hauteur d'homme, et fermée de cordes. Tout autour un millier de spectateurs attendaient : les uns assis sur des chaises, les autres debout dans la galerie. Le long des murs, des instruments de gymnastique, rappliqués ou pendus, faisaient à cette scène un cadre vraiment digne d'elle. L'électricité – il était neuf heures du soir – éclairait, en sculptant tous les traits, les faces impatientes des amateurs, et, sur l'estrade carrée, la silhouette d'un homme en train d'aller et de venir nerveusement, le *referee*, l'arbitre du combat. Il portait une de ces jaquettes d'ici, qui outrent la mode et que leur coupe si ample, si ronde, fait ressembler à la carapace de quelque énorme coléoptère. Enfin un murmure de satisfaction s'élève. Les deux premiers boxeurs arrivent avec leurs entraîneurs. Ils sont vêtus de grands peignoirs qu'ils dépouillent, aussitôt montés sur l'estrade. Leurs torses apparaissent, tout nus, maigres et bossués par les paquets de muscles. Ils s'assoient sur des chaises, et ils s'abandonnent avec une passivité singulière aux soins de leurs assistants, qui les lavent, qui les peignent, qui les frottent comme des bêtes, tandis que le personnage vêtu de l'ample jaquette annonce le programme du combat, sa durée, le nombre des passes ou *rounds*, le poids des champions, leurs noms et leur patrie. L'un est de Philadelphie, l'autre de Wilmington. Le premier montre un mufle noir, presque de mulâtre, au milieu duquel s'aplatit un nez cassé à la fois et crochu. L'autre est un blond, à face carrée, le nez cassé aussi, mais à deux places, ce qui dessine un peu sur son visage le trèfle de la tête de mort. Il a étendu ses bras qu'il appuie aux deux cordes croisées derrière lui à angle aigu. Ses biceps de marbre luisent sous le massage qui semble ne pas même les remuer. Cependant la toilette est finie. On leur met à tous deux des gants. Un gong résonne. Ils se lèvent, marchent l'un vers l'autre, se serrent la main, et la passe commence. Une espèce de râle de plaisir s'échappe alors de l'auditoire, râle ininterrompu qui va passer tour à tour du soupir au hurlement, suivant que les épisodes du combat vont se précipiter ou se ralentir. Le Philadelphien attaque davantage, mais il est trop agité. Ses jambes ne gardent pas l'aplomb. Il danse, il sautèle, tandis que son bras remue d'une façon énervée et mécanique, comme une pince qui hésiterait, se tendrait, reculerait, se tendrait encore, indéfiniment. Son adversaire a la garde meilleure. Il avance, il recule, sans que son torse bouge, et son cruel visage où ses yeux creusent deux trous bleus est réellement celui de la mort. Les coups s'animent avec le jeu. Les corps se plient pour les éviter. Les deux hommes sont en fureur. On les entend qui soufflent, et le bruit mat des poings qui rebondissent sur la chair nue. Après quelques coups plus fortement assénés, le *claret* coule. Ce sang jaillit des yeux, du nez, des bras, il barbouille les joues et les bouches, il tache les poings de sa rouge et chaude liqueur, pendant que le public exprime sa jubilation par des cris qu'interrompt seul le bruit du gong. C'est la halte entre deux passes. Les boxeurs, assis de nouveau, s'abandonnent, comme à l'entrée, aux soins des entraîneurs qui les bouchonnent. On dirait des maquignons pansant un cheval. Des parieurs exaltés sautent sur l'estrade, mettent l'habit bas, et une fois en bras de chemise éventent avec frénésie les infortunés pugilistes, à demi évanouis du sang perdu, des coups reçus et donnés, de l'intense effort nerveux du combat. Un autre appel du gong et la passe recommence. Il y eut quatre combats ainsi, dans cette soirée, l'un de six passes, le second de huit, le troisième de cinq, le dernier de onze, et, pendant les deux heures et demie que dura cette infinissable séance, pas un spectateur ne quitta sa place. Pas une seconde l'intérêt passionné qui penchait toutes ces faces vers l'estrade ne parut se suspendre. À peine si une protestation s'éleva lorsque le *referee* ayant appelé les champions du troisième combat, deux enfants de seize ans arrivèrent, le premier robuste et râblé dans sa petite taille, le second si grêle dans la minceur de son pauvre corps, si peu formé, si fragile, qu'une voix cria : « *They are girls, no boys*... Mais ce sont des filles et non pas des garçons... » Ce qui n'empêcha pas que des applaudissements frénétiques accueillirent la chute de ce maigre et grêle enfant, tout de son long, et le sang dégouttait sur sa face de garçonnet grandi de la veille. Le temps de l'emporter, et déjà commençait un autre duel entre deux vieux boxeurs qui semblaient, ceux-là, l'incarnation de deux physiologies : l'un court et trapu, presque gras, le poil rouge, les veines à fleur de sa peau trop blanche ; l'autre, desséché et très grand, tout bile et tout nerfs. La sinistre face de ce dernier, verte sous le bleu de la barbe rasée, avec des yeux sournois de mauvais domestique, souriait d'un sourire féroce. Je la voyais surplomber l'autre, nous surplomber tous, tandis que la justesse agile et violente des mouvements donnait l'idée d'une invincible énergie... Après onze *rounds*, cet athlète olivâtre était aussi sec qu'au moment où il avait mis le pied sur l'estrade, tandis que la sueur de son adversaire ruisselait, mêlée à du sang toujours. Ce fut une série d'étonnantes attaques et de ripostes non moins étonnantes, et quand les deux champions eurent achevé la onzième passe sans que l'un ni l'autre fût tombé à terre, il courut dans l'assemblée un mouvement d'irrésistible sympathie vers le plus faible, vers ce courtaud qui s'était défendu avec tant de bravoure. Le géant fut déclaré vainqueur, mais au milieu de protestations et parmi des poignées de main données à l'autre où il y avait de l'admiration et de l'amitié. Ce vaincu si courageux eût demandé n'importe quoi à ces hommes, ils lui eussent obéi – tant ils le respectaient d'avoir si bien tenu dans des conditions trop évidemment inférieures.

Ce terme de respect semblera bien étrange, appliqué à des boxeurs professionnels. Il est le seul qui définisse le prestige dont ces héros du pugilat sont enveloppés aux États-Unis. Une de mes amies américaines à qui je parlais de cet enthousiasme me raconta comment elle avait dû son salut à l'un d'entre les plus fameux boxeurs de l'Ouest et dans des circonstances si singulières qu'elles valent la peine d'être rapportées avec quelque détail. Elle était allée dîner et passer la soirée dans un des faubourgs de la grande ville qu'elle habitait alors, et elle revenait dans sa voiture, quand elle se trouva traverser une rue qu'emplissait un peuple menaçant. Elle tombait en pleine manifestation d'une grève prolongée et douloureuse. Ses chevaux sont obligés de s'arrêter, elle met la tête à la portière par curiosité et voici qu'une clameur épouvantable accueille son apparition. Les feux de l'électricité dont s'éclairait la rue venaient de frapper de très gros diamants qui brillaient dans ses cheveux. Ce dernier signe de luxe ajouté à l'aspect du coupé, à la tenue du cocher et du valet de pied, à l'allure de l'attelage, soulève l'indignation de cette foule affamée. Des poings se tendent. Des faces s'approchent, l'injure à la bouche. – « J'avais tiré une longue épingle d'or, me disait la jeune femme, et j'étais résolue à en frapper au visage le premier qui s'approcherait de trop près. » En ce moment, et comme elle se croyait bien en danger avec cette arme si fragile, elle voit avec plus de terreur encore un colosse fendre les rangs du peuple, écartant les gens avec une telle autorité qu'elle le prit pour un des chefs : « N'ayez pas peur de ces malheureux, fit cet homme quand il fut auprès d'elle, je m'en charge. Dites seulement à votre cocher d'avancer... » La jeune femme se penche de nouveau hors de la portière, sans que le terrible cri éclate, et elle donne ses ordres à ses domestiques livides d'effroi sur leur siège. Le coupé s'ébranle, escorté par l'inconnu qui appuyait simplement sa main sur le rebord de la portière, et la foule s'écarte pour laisser aller l'équipage. Une fois les grévistes dépassés, l'inconnu salue la dame. Le cocher touche et part à fond de train. Le valet de pied et lui tremblaient encore de tous leurs membres à la porte de la maison.

« Vous pensez bien que je cherchai à savoir par qui j'avais été sauvée, continua la narratrice. Mais ces deux domestiques étaient des Irlandais, nouvellement arrivés d'Europe et ils ne connaissaient personne. La description que je fis à quelques amis un peu renseignés sur les principaux conducteurs de cette grève ne répondait à aucun signalement. J'avais donc renoncé à l'espérance de savoir le nom de ce mystérieux protecteur, que je revoyais toujours, avec sa maigre figure, hautaine et martiale, son regard dominateur, l'espèce d'aisance à la fois brutale et souple de ses gestes. Et voilà que sept ou huit semaines plus tard, comme nous nous trouvions, ma mère et moi, dans une boutique, à marchander des fourrures, une bagarre éclate à la porte... Je vois mon cocher à bas du siège, un de mes chevaux à terre, et un homme, totalement ivre, qui se collète contre des agents. Je reconnais mon sauveur, et j'apprends à la fois son nom et l'extravagant exploit qu'il venait d'accomplir. C'était *John M*** V**** le célèbre boxeur, qui, pris d'alcool, avait parié d'abattre un cheval d'un coup de poing. Le hasard avait voulu que cette absurde gageure l'amenât droit devant cette boutique, et qu'il frappât justement un de mes chevaux. – J'ai pu du moins acquitter ma dette envers lui en empêchant qu'on ne le poursuivît pour ce coup de poing, quoiqu'il ne courût pas le risque d'être condamné à une peine très forte. Il était trop populaire… »

Outre-mer (notes sur l'Amérique),
Alphonse Lemerre, 1895, t. II.

JULES VALLÈS

(1832-1885)

Pour Vallès, c'est Londres qui impressionne. Si l'auteur est frappé par le spectacle de la misère, c'est qu'il identifie que chaque classe sociale répond à une conduite stricte. À Londres chacun connaît son rang. Il n'est peut-être que le jour du Boxing Day ou du Derby qui se prête à un déboutonnage. Pour le public anglais, le spectacle sportif est un exutoire.

Le Derby

Oui, ce jour-là, le peuple anglais dénoue son masque et casse à coups de canne, à coups de bouteille, à coups de botte, le grand miroir de l'Étiquette, dans lequel il aime à regarder sa tête blême.

Toute l'année, ils sont restés le pied dans les entraves de la *respectability*, me rappelant, en leur impassibilité voulue, les groupes de cire qui se contemplent, avec des yeux ronds et le geste figé, chez les Curtius de foire : les Anglais ont le même air raide et empalé. Mais ils se désempalent le matin du Derby.

Le spectacle est curieux en diable parce que l'Angleterre s'y montre la tête en bas, les pieds en l'air, et qu'il est toujours réjouissant de voir une prude faire la culbute, d'entendre un muet dont le filet se coupe tout d'un coup et qui lève les bras, criant à vous rendre sourd : « *Two to one against the Field* » et allant, avec des sauts de grenouille en délire, chercher dans les paniers ou sous les roues des fonds de bouteilles à sherry ou à champagne, pour y tremper sa langue déchaînée et qui lui cuit.

Cette inondation de la foule, cette éruption de volcan, dans ce pays de cellules sociales et de mutisme pénitentiaire, cette gaieté de mandrills, ce débraillé de vagabonds, déployé comme un étendard par cette ville qui d'ordinaire arbore avec ostentation sa couronne de tristesse et son cilice d'hypocrisie, ce massacre du *qu'en-dira-t-on*, cette furie de belle humeur, cette boulimie de fraternité, tout cela donne le vertige comme une descente de la Courtille au Champ des Navets ! C'est à se demander s'ils sont devenus fous subitement, s'ils ont été piqués par la tarentule ou bien s'ils n'ont pas, dès le berceau, la cervelle fêlée sans le savoir, eux qui, ayant une rate capable de se dilater ainsi, rentreront demain dans leur existence sourde, étouffée, cruelle. Ils galoperont au-devant de la mort, ayant toujours vissée à la tête ou collée aux reins la casquette sombre ou la casaque noire, dans le dur sport de la vie.

La Rue à Londres, Charpentier et Cie, 1884.

GEORGES COURTELINE

(1858-1929)

Écrit dans un esprit piquant et burlesque, ce monologue met en scène l'auteur en train d'apprendre à faire du vélo. C'est son ami Tristan Bernard, homme de lettres, journaliste au Canard enchaîné *et fana de sport, qui lui donne la leçon. Mais il n'est pas évident de tenir droit sur un vélo. Tout le monde, un jour, a dû apprendre à apprendre.*

La première leçon

— Tenez le guidon sans raideur ; veillez bien à ce que vos pieds ne quittent jamais la pédale, et allez carrément de l'avant !… De la confiance !…

Toute l'affaire est là !

— Allez ! Je vous tiens.

Ainsi me parlait dans le dos l'auteur charmant des Pieds nickelés, mon ami Tristan Bernard, maître en l'art d'écrire le français et agrégé de vélocipède, si j'ose m'exprimer ainsi. En même temps, joignant le geste à la parole, il avait, de sa dextre robuste, empoigné, au ras de mon fond de culotte, la selle de la bicyclette, théâtre de mes premiers essais, et il en maintenait le fragile équilibre.

— Je vous tiens, répétait-il ; allez !… Nom d'un pétard !

ne lâchez donc pas la pédale !… Ne lâchez donc pas la pédale !… Mais ne lâchez donc pas la pédale !…

— C'est à elle que vous devriez dire de ne pas me lâcher, répondis-je un peu agacé, inquiet, aussi, flairant la minute – prochaine – qui allait me voir couché, les quatre fers en l'air, dans les poussières du chemin.

Et le fait est qu'elle semblait le faire exprès, la pédale, tant était manifeste son obstination à se dérober à ma semelle pour tourbillonner ensuite dans le vide, avec la rotation précipitée d'une bobine qui se déroule. Mais, aveuglé par la passion, Tristan Bernard ne voulait rien entendre. Il apportait dans le débat une partialité révoltante, disant que j'étais dans mon tort, que je me servais de mes pieds comme un cochon de sa queue, et que tout cela, ça venait de ce que j'avais la vesse.

La vesse…

Rouge d'humiliation, je résolus d'infliger sans retard le plus éclatant démenti à cette assertion mensongère, et, ayant roidi mes mollets dont la tension élargit aussitôt les mailles de mes bas de laine à côtes, je mis ma bicyclette en mouvement.

La machine fit trois tours de roues.

Derrière moi :

— Très bien ! Vous y êtes ! fit l'invisible Tristan Bernard.

Puis, comme il répétait encore une fois : « Je vous tiens ! », ajoutant : « Vous ne tomberez pas ; c'est impossible ! »

— Oui, déclarai-je avec l'humilité bien feinte du monsieur qui a craint de mourir et qui sent se développer en soi d'héroïques témérités à mesure que son cœur se rouvre à l'espérance, je crois que ça ira tout de même.

Et, en somme, mon Dieu, ça allait. Ça allait mal, mais ça allait. Ma roue de devant se conduisait bien un peu à la manière d'une femme saoule, hésitante de la route à suivre, opérant de brusques conversions tantôt à droite, tantôt à gauche, qui m'eussent inévitablement précipité à bas de ma selle, n'eût été la main tutélaire de l'excellent Tristan

Bernard ; n'importe ! la conscience où j'étais des progrès déjà accomplis décuplait mon énergie, et ma confiance puisait des forces toujours nouvelles en ma certitude désormais absolue de ne plus courir aucun péril.

Un client sérieux, Flammarion, 1897.

JOSEPH HENRI ROSNY

(1856-1940)

Un jeune homme, Philippe, éprouve un immense sentiment de liberté dès qu'il part sur les routes à vélo. Le voici embarqué, puis enivré, par l'entrain de son propre mouvement. La bicyclette est une révolution. « Machine ailée », « plus agile que le mustang des prairies », entre jeu et sport, le vélo devient un phénomène de civilisation. Et qui perdure.

Le roman d'un cycliste

Philippe demeura quelque temps l'œil fixé sur la route d'Aix où une voiture emportait Mme d'Ombreuse et le gros monsieur. Il avait la poitrine vide, la tête en feu, il éprouvait le besoin dévorant de se fuir, et, ne concevant pas de meilleur remède que sa petite machine ailée, la bicyclette vertigineuse, il l'alla reprendre, il se lança vers Chambéry. Il goûta d'abord l'âpre joie de la vitesse. La brise venait à lui ; il en doublait la force sur son visage ardent. L'horizon marchait à ses côtés, la Dent du Chat, les collines de Tresserve, avec l'aspect qu'elles ont aux yeux du martinet des Alpes, quand il s'élève de la plaine. Une liberté enivrante, la sensation d'être sorti de la vieille race humaine tardive et de l'esclavage du cheval ou de la machine, la volupté de tirer de soi-même la force et la souplesse, d'être plus agile que le mustang des prairies, le coursier arabe, plus subtil à tourner l'obstacle que la panthère…

Comme il s'élançait plus vite, toujours plus vite, il aperçut une silhouette brunâtre. C'était un de ses frères cyclistes et, quoiqu'il ne parût pas en plein effort, il avait les mouvements élégants, forts et sûrs des grands coureurs. Philippe, qui se flattait de lutter avec les professionnels, fut pris d'une sauvage envie de lutte. Il cria à l'inconnu :

— Un match !

L'inconnu ralentit, s'arrêta :

— Stop ! fit-il. Faut voir.

Philippe s'arrêta à son tour. Le cycliste montra une figure fumée comme un jambon, aux grands méplats, des yeux de hibou, une bouche de clown. Il jeta vers Philippe un regard d'indulgence et presque de compassion, puis, d'une voix creuse :

— Je vous prends pas en traître… Je suis Bill Asquith !… Et j'ai battu Banker.

— Ah ! bien, dit Philippe avec bonne humeur. Un maître ! Tout de même, si vous voulez !

— Oui, reprit Bill, mais je marche pas pour rien. Dix louis, le match… Cinq mille mètres… Départ de ce grand poteau là-bas !

Granvyl n'espérait guère gagner la partie avec un tel adversaire : le match l'en tenta davantage.

[…]

Ils filèrent, assez lentement d'abord. Asquith, goguenard, se paya le luxe de marcher en tête. Vers le tiers de la course, Philippe démarra et prit dix longueurs d'avance. Bill, un peu surpris de l'ampleur de cette fuite, revint sur l'amateur. Ils restèrent cinquante secondes de front, dans une course vive et serrée. Une âme sauvage était dans Philippe, âme de fauve agile sur la savane, âme de chasseur antique, farouche à poursuivre le cheval des steppes ou le cerf élaphe. La poitrine lui palpitait d'une force terrible, et, au risque de tout perdre, il fit un second démarrage, forcené :

— Hallo ! siffla Asquith.

Philippe avait repris vingt longueurs. Courbé, presque couché sur la machine, il poussait avec une énergie convulsive. On n'était plus qu'à trois cents mètres du but. Bill, cessant de dédaigner l'adversaire, de toute la rapidité de jarrets nerveux s'élança dans un nuage de poudre. Philippe le sentant approcher, d'un effort sûr, continu, planant, abandonna toute idée de tactique. Il demanda à son être le maximum de puissance, il ne fut plus qu'un paquet de nerfs, de muscles, de volonté…

Le poteau ! Il apparaît dans une sorte de brume.

Philippe porte en lui le frémissement de la péripétie. Vingt longueurs, et c'est le but ! Mais Asquith approche, impétueux et savant, avec la pointe en foudre du tiercelet s'abattant sur la colombe.

Hallo ! les voici roue à roue. Quelque chose de féroce pénètre Philippe ; la furie de ses pieds sur la pédale est de même sorte que celle du chevalier abattant son glaive sur le cimier de l'adversaire. Un dernier effort, affolé, meurtrier, le poteau est atteint, et Granvyl n'a pas perdu la partie !

— *Dead heat!* s'écrie Bill. Vous êtes un homme de fer.

Le Roman d'un cycliste,
Plon, Nourrit et Cie, 1899.

CAMILLE MEILLAC

(1879-1963)

Il est bien dans l'esprit du temps de ce début de siècle d'établir des nomenclatures. Beaucoup de disciplines, le football comme le rugby, ont trouvé un fort écho en France et commencent à attirer un large public. Dans cet ouvrage, l'auteur présente chaque sport dans sa spécificité. Pour le polo, sport « éminemment aristocratique », on sera surpris d'apprendre qu'il pouvait se pratiquer aussi à bicyclette ! Pas moins surpris, peut-être, que de prendre une leçon de tir avec Georges Clemenceau...

Polo

Le polo est une variété du football et rappelle particulièrement l'Association. Il a été rapporté des Indes, où on le pratiquait depuis des siècles, par des officiers anglais, qui jouèrent en Europe la première partie en l'année 1869. Les règles, assez complexes, ont été arrêtées par le Hurlingham-Club. On y joue à cheval, le plus souvent sur des poneys, « polo-ponies », qui doivent être ardents, nerveux et dociles.

Il est nécessaire de disposer d'un terrain spécial, d'une étendue de 300 mètres environ, aux extrémités duquel sont placés les buts : deux poteaux verticaux espacés de 7 m 50. Les joueurs, divisés en deux équipes ordinairement de quatre cavaliers, cherchent à pousser la balle dans le but adverse. Ils se servent pour cela d'une sorte de marteau ou maillet d'une longueur de 1 m 30, et qu'ils tiennent de la main droite ; la balle, peinte en blanc, est en bois de saule ou en liège épais recouvert de fil ciré et doit avoir un diamètre de 7 centimètres.

Il est interdit d'accrocher le maillet d'un adversaire au-dessus ou au-dessous de son cheval ; il est permis de se mettre au travers d'un joueur, mais non de se couper réciproquement, étant au galop. La partie, d'une durée de quatre quarts d'heure, coupés par des repos, est gagnée par l'équipe qui a le plus de points, c'est-à-dire qui a réussi le plus de buts. Un arbitre relève les fautes.

Ce jeu, fort intéressant pour les spectateurs, est très à la mode en Angleterre et en France. Le Club parisien possède un bon terrain au Bois-de-Boulogne, et Pau, Biarritz, etc., voient aussi se disputer des matches de polo.

C'est éminemment un sport aristocratique ; il exige une parfaite connaissance de l'équitation. Les frais qu'il entraîne sont très élevés, puisque, les chevaux se fatiguant vite, les joueurs sont obligés d'en changer plusieurs fois en une seule partie ; plusieurs ont de véritables petites écuries ; or certains poneys atteignent le prix de 8 à 10 000 francs.

Le polo se joue également sur l'eau, sur la glace et à bicyclette. Pour le *water-polo*, on se sert d'une piscine d'une longueur variant entre 17 m 37 à 27 m 43 et d'une largeur maxima de 18 m 29. L'eau ne peut avoir moins de trois pieds de profondeur. Les équipes sont généralement de sept joueurs ; le ballon est gonflé de manière à flotter. Un arbitre décide des coups et tranche les contestations.

Le polo à bicyclette est un jeu très curieux, très gracieux, mais difficile. Le joueur, qui n'a pas de maillet, pousse la balle avec les roues. Il doit constamment enlever à force de bras sa machine, la soulever pour laisser passer la balle lancée par un co-équipier et c'est là un exercice qui demande en même temps que de la force beaucoup d'agilité et d'adresse.

Enfin les Américains viennent d'inaugurer le polo-automobile. De jeunes millionnaires new-yorkais se sont fait construire spécialement des automobiles électriques, d'une valeur de 12 000 francs chacune, si bien que la partie avant d'être commencée coûtait plus de 150 000 francs. Et s'étant divisés en deux équipes, ils ont chassé une balle de polo à coup de maillet ; chaque joueur était assisté d'un chauffeur. Le public élégant de la plage de New-Port à qui fut offert ce spectacle sensationnel se divertit grandement. Ce fut moins drôle pour les joueurs qui se trouvèrent tous plus ou moins éclopés à la fin du match.

Tir

Les Français sont des tireurs émérites et remportent de nombreux prix dans les concours internationaux. Les sociétés de tir mettent des terrains, stands, à la disposition de leurs membres : l'Union des Sociétés de tir de France a été fondée par Déroulède en 1886.

On tire debout, à genoux, couché, à bras francs ou avec appui. Les premières qualités d'un tireur sont : du sang-froid et une bonne vue ; la pratique des armes à feu apprend à appuyer solidement l'arme contre l'épaule, à n'engager dans la gâchette l'index de la main droite que jusqu'à la deuxième phalange, et enfin à bien soutenir le fusil de la main gauche. Les règles sont à peu près les mêmes pour le revolver et le pistolet.

Le tir sur cible prépare au tir au gibier, car on peut viser sur des cibles mouvantes ; pourtant un bon chasseur ne se formera qu'à la chasse. Le tir aux pigeons vivants est onéreux parce qu'il exige des pigeons de races spéciales, et une installation assez coûteuse : cinq boîtes, disposées en éventail de cinq en cinq mètres, à trente mètres du tireur, sont ouvertes, grâce à un système de fils, par le « pouleur » ; le tireur ne sait quelle boîte s'ouvrira et devra avoir l'expérience de ce tir pour frapper le but. Moins coûteux est le tir aux pigeons artificiels lancés par le projecteur ou ball-trap, qui lance une sorte de soucoupe en terre à poterie ou en matière plastique, dont la trajectoire imite le vol de l'oiseau.

Les duels au pistolet étant nombreux, il est important de connaître la récente invention du docteur Devillers, qui apporte à ce sport un élément nouveau en permettant les « poules » au pistolet ; dans ces assauts les adversaires se servent de balles assez friables, pour n'être pas dangereuses, tout en étant assez denses pour assurer la précision du coup ; les projectiles, inventés par le docteur Devillers, sont à base de cire ; les tireurs portent un masque à grillage, des gants et une longue blouse. L'assaut au pistolet donne l'illusion du combat, et assure une supériorité réelle à ceux qui s'y exercent (toute intention meurtrière à part, cet exercice peut être un divertissement curieux).

Le tir est un sport très populaire – il suffit pour s'en convaincre de parcourir nos foires –, en même temps qu'un sport élégant, que cultivent toutes les aristocraties. Au nombre de nos « meilleurs pistolets » est M. Georges Clemenceau. Levé dès cinq heures du matin, il écrit dans son cabinet de travail, dont les fenêtres donnent sur son jardin ; parfois, il voit un rat qui court parmi les fleurs, effraie ses canards et ses poulets d'espèce rare. M. Clemenceau prend dans sa boîte un pistolet, l'arme, vise de sa place et tire ; un de ses chiens se précipite et rapporte la proie que la balle a frappée immanquablement. Il en était ainsi du moins, il y a quelques années, car, depuis qu'il est président du Conseil, d'autres soucis préoccupent notre Premier.

Les Sports à la mode,
Paul Paclot, libraire-éditeur, 1909.

HARRY VARDON

(1865-1937)

Pour Harry Vardon, avant de se pencher sur l'histoire du golf, sport favori qu'il pratique depuis vingt ans et dont il est devenu l'un des meilleurs champions du début du XXe siècle, il est nécessaire de vider une querelle : pour ou contre la balle en élastique sur le green ? L'abandon de la balle en gutta-percha, une matière caoutchouteuse, constitue selon lui un désastre : « J'ai l'intime conviction que la balle en élastique a causé un grave préjudice au golf. » Quand le diable est dans les détails…

Les tendances du golf

Il est actuellement beaucoup plus facile à un joueur novice d'acquérir une certaine connaissance du golf – pourvu qu'il suive une méthode rationnelle – qu'il ne l'était à ceux d'entre nous dont les débuts remontent au temps de la balle de gutta-percha. Par contre, je suis persuadé que ceux qui firent autrefois leurs premières armes possèdent une connaissance des coups que la balle en élastique ne permet jamais d'obtenir. Cette connaissance a été d'un grand secours aux anciens joueurs dans leurs luttes contre de plus jeunes rivaux.

Tout récemment, il m'arriva de songer par hasard aux changements survenus dans le jeu de golf depuis que je le pratique. C'était par un après-midi d'été, au moment où la balle, hardiment lancée du *teeing ground*, franchissait d'un bond une distance de 300 yards. Bien que la partie dût finir à 5 heures, tous les joueurs, d'un bout à l'autre des links, semblaient goûter vivement le plaisir que procure ce jeu merveilleux. Plein d'admiration, je me félicitai alors de vivre à une époque où la pratique de ce sport est plus en honneur qu'elle ne le fût jamais.

Il y a maintenant vingt ans que j'ai commencé à faire une étude sérieuse et approfondie du golf. Évidemment, je le pratique depuis beaucoup plus longtemps que cela, mais je n'attachais à mes premiers efforts aucune importance réelle, je ne songeais pas que ce jeu serait jamais pour moi autre chose qu'une distraction. Vingt ans représentent peut-être une partie considérable de la vie d'un homme, mais ils passent vite quand les évènements se suivent avec autant de rapidité que dans le golf. L'esprit est souvent absorbé par les affaires du moment et par celles du lendemain ; en y réfléchissant on demeure stupéfait devant les transformations que vingt ans ont apportées au jeu qui nous occupe.

Il n'y a aucune période dans l'histoire du jeu où l'évolution ait été plus rapide que dans ces sept ou huit dernières années, c'est-à-dire depuis que les golfeurs commencèrent à se rendre compte des résultats que peut donner la balle en élastique et adoptèrent les méthodes nécessitées par l'emploi de cette balle. Car, en définitive, on a certainement adopté une manière de jouer différente de celle qui était en vogue au temps de la gutta-percha. C'est du moins l'opinion que je me suis formée après avoir beaucoup voyagé, avec le golf pour objectif, après avoir visité des centaines de links et suivi le jeu dans toutes les phases de son développement. J'essayerai d'ailleurs, avant la fin de ce chapitre, de justifier cette opinion.

J'ai la plus intime conviction que la balle en élastique a causé et continue à causer un grave préjudice au golf en tant que sport athlétique et scientifique. C'est encore un admirable jeu et rien ne pourra détruire le charme qu'il a pour ses partisans. Pourtant le golf me paraît différent de ce qu'il était au temps de la balle de gutta-percha. En dépit des regrets que me cause le règne de la balle en élastique, qui supprime en partie la réflexion dans le jeu et la grâce dans le style, je me permettrai cependant une remarque. Si l'on généralisait son emploi pour les concours, comme certaines personnes influentes l'ont proposé, il s'ensuivrait à coup sûr un indescriptible chaos. Il ne faut pas oublier que, pour un grand nombre de personnes, la balle actuelle, en rendant le jeu beaucoup plus facile, leur en augmente le plaisir. Ces gens ne peuvent souvent consacrer au jeu que deux jours par semaine et ils veulent en retirer le maximum de jouissance. Rien ne pourrait les amener à reprendre la balle de gutta (ou dans bien des cas à l'employer pour la première fois) et personnellement je ne saurais les en blâmer. Quelle serait alors la situation ? La confusion qui en résulterait serait pire que l'état de choses actuel qui, cependant, peut donner à réfléchir.

Comment jouer au golf, chap. Ier,
traduit de l'anglais,
Librairie Delagrave, 1916.

V

UN ENJEU DE CIVILISATION

L'OLYMPISME (1874-1980)

En 1896, les Jeux olympiques sont ressuscités à Athènes autour de quarante-trois épreuves réparties en athlétisme, lutte, haltérophilie, gymnastique, natation, tir, escrime, tennis et cyclisme. En 1900, Paris hébergera l'édition suivante, où les femmes sont admises pour la première fois.

Gymnastique et cyclisme sont les sports les plus populaires. Ils se trouvent au cœur de la politique d'enseignement voulue sous la Troisième République, qui renoue avec les « bienfaits » de la pratique sportive dans une perspective hygiéniste.

Le baron de Coubertin redonne corps et vie à l'esprit olympique. À la suite à la défaite de Sedan, penser que le sport et l'idée olympique sont les meilleurs moyens de rapprocher les peuples et de fraterniser peut passer pour une idée utopique. Mais c'est cet esprit de communion que le baron veut mettre en acte. Les difficultés tant politiques (le projet de réforme éducative que soutenait Coubertin ayant échoué, il se retourne vers le sport) qu'organisationnelles (les fédérations ne sont pas encore toutes constituées) que Coubertin va rencontrer ne vont pas empêcher que les Jeux olympiques deviennent rapidement la plus grande manifestation sportive de tous les temps.

Désormais, un esprit olympique règne dans les stades et dans les cœurs, que des écrivains et des philosophes, tels que Giraudoux ou Alain, vont relayer.

PAUL DÉROULÈDE

(1846-1914)

La défaite de Sedan a considérablement marqué les esprits. La suprématie prussienne fut totale devant une armée française très peu préparée. Remobiliser l'âme patriotique des Français et exciter le désir de vengeance nécessitent de recréer un nouveau corps du soldat et d'inventer un nouveau récit. Ce à quoi Déroulède s'emploie en convoquant la figure du bon champion.

De profundis

Tu l'as bien connu ? C'était un grand diable,
Leste comme un cerf et fort comme un bœuf ;
Le causeur d'ailleurs le plus agréable.
Il brisait un sou, comme on casse un œuf.
Il vous soulevait un poids fantastique,
Et puis, tout ainsi que s'il n'eût rien eu,
Il allait, venait, comme un vrai moustique.
C'était un gaillard ! Tu l'as bien connu.

Ce n'était pas lui qui voulait la guerre,
Et je puis jurer qu'il a voté non ;
Mais, quand il a vu qu'il fallait la faire,
Il a dit : « Eh bien, qu'ils la fassent donc ! »

Que si quelqu'un eut la sottise extrême
D'aller au combat avant d'être instruit,
De prendre un fusil sans voir son système,
Tu l'as bien connu ? ce n'était pas lui.

Les Français de France ont la tête prompte ;
Mais lui de Marseille est homme de poids,
Il sait qu'on ne meurt jamais qu'une fois,
Et que cette fois vaut bien qu'on la compte.

« D'ailleurs, disait-il, de plus ou de moins
Qu'est-ce qu'un soldat, dans l'armée immense,
Dans tous les duels il faut des témoins,
Nous serons témoins des Français de France.
Nous ne demandons qu'à les applaudir,
Nous sommes encor meilleurs que sévères,
Un peu de victoire est bon aux affaires,
Et puis triompher fait toujours plaisir.

Maintenant s'ils n'ont ni force ni chance,
Si ces gens du Nord se font battre exprès :
Eh bien ! mais alors reste la Provence !
Qu'on y vienne un peu, nous serons tout prêts ! »

Effectivement, tout prêt à combattre,
Faisant l'exercice, ayant deux fusils,
Parlant comme trois, criant comme quatre ;
C'était un troupier des plus réussis.

Et quand il apprit qu'aux champs de l'Alsace,
Le dieu des combats nous abandonnait,
S'il n'eût écouté que sa folle audace,
Il allait partir, mais il se tenait.

« Plus tard, disait-il ; je crois que la France
Sera trop heureuse en me retrouvant ;
Montrons-nous de loin, comme l'Espérance,
Et, pour rester fort, gardons-nous vivant. »

Et voilà qu'un soir, au sortir de table,
Cet excellent bon avait bien dîné ;
Un farceur, pour qui rien n'est respectable,
S'avance tout brusque et lui dit au nez :

Qu'on voit au lointain un bateau qui bouge ;
Qu'on le croit prussien, qu'il vient vers le port.
Le pauvre garçon est pris d'un transport :
De blanc qu'il était, il en devient rouge,
De rouge violet, et de violet… mort !

Chants du soldat,
Michel Lévy frères, 1872.

PIERRE DE COUBERTIN

(1863-1937)

Le combat de Pierre de Coubertin pour ressusciter les Jeux olympiques fut extrêmement long et difficile. C'est à se demander si son action ne relève pas de l'engagement messianique. Au cœur de la philosophie de Coubertin, une idée trône : le sport – en l'occurrence ici le football – est « une école de perfectionnement moral et d'apprentissage social ».

La valeur morale et sociale du football

Il y a un fait qui mérite quelque attention. En Angleterre et en Amérique, les jeux récréatifs ne manquent pas ; les petits garçons de là-bas en connaissent des quantités qui les amusent beaucoup et qui sont pour eux ce que sont pour les nôtres les Quatre coins, le Chat perché ou Colin-Maillard. Mon Dieu ! on jouerait aux Quatre coins à tout âge, et je ne sais pas d'assemblée, si sérieuse qu'elle puisse être, qui, une fois mise en train, ne prendrait pas plaisir à Colin-Maillard. Cela, c'est de tous les temps et de tous les pays. Mais pensez-vous que les Australiens consentiraient à venir à Londres pour un concours de cette nature ? Poser la question, c'est la résoudre. À New York, ce pays où 40 000 spectateurs se pressaient, le 26 novembre dernier, autour d'un match de football, pourriez-vous en réunir 300 autour d'une partie de barres ?

Je vous en défie : et pourtant les barres nous ont tous charmés ; c'est un jeu fort intéressant, mais son intérêt ne dépasse pas l'étroit domaine des choses enfantines. S'y entraîner systématiquement, c'est du temps perdu. Pour s'y livrer, il ne faut ni beaucoup de courage, ni beaucoup de cette agilité interne des muscles qui les fait obéir avec une soudaineté merveilleuse aux commandements les plus imprévus ; pour y réussir, il n'est besoin ni de cette rapidité de coup d'œil, ni de cet esprit de décision, ni de cette force de volonté qui font du football, par exemple, une école de perfectionnement moral et d'apprentissage social.

Le parfait footballeur doit à tout instant de la partie être prêt à recevoir le ballon, à le passer, à courir, à se décider, à se taire et à obéir. Comptez, je vous prie, sans parler des qualités physiques, comptez combien de qualités morales sont ainsi mises à contribution : l'initiative, la persévérance, le jugement, le courage, la possession de soi-même, et avouez que le jeune homme devant lequel un tel programme est placé a de quoi faire dans la voie des perfectionnements. Il faut réfléchir à ces choses pour comprendre les paroles que m'adressait une fois un professeur du collège de Harrow : « J'aimerais mieux faire manquer deux classes à mes élèves qu'une seule de ces parties. » J'ai déjà cité ces mots caractéristiques : ils ont été taxés d'exagération et peut-être, en effet, dépassaient-ils la pensée du professeur lui-même ; mais comment ne pas s'avouer qu'ils contiennent une grande part de vérité. L'instruction se refait, le caractère ne se refait pas.

À tout instant se présentent des occasions de s'emparer du ballon, de gagner du terrain : mais la moindre hésitation les fait échapper et déplace les chances. Un bon joueur saura toujours comment sont disposées les forces de son équipe et celles de l'équipe ennemie. Il jugera où est l'endroit faible de ses adversaires et s'il est lui-même suffisamment soutenu ; il calculera en un instant les conséquences d'un arrêt ; sitôt pris, un coup d'œil lui montrera auquel de ses partenaires il convient de passer le ballon pour qu'il file, comme le Furet-du-Bois-Joli.

Ses efforts n'ont pas réussi : son équipe a déjà perdu plusieurs points ? Le découragement est comme la lumière : sa rapidité de transmission est foudroyante. Un peu de lassitude chez un joueur d'élite, un ralentissement dans ses mouvements, une parole qui lui échappe suffisent pour amener la déroute. Eh bien, non ! il va redoubler d'ardeur et les camarades reprendront confiance en le voyant. Une faute vient d'être commise sous ses yeux et il a été sur le point de réclamer, mais le capitaine n'a rien dit, l'arbitre n'a pas sifflé : c'était un coup franc ou un pénalty pour son camp. Quel dommage ! La pensée que l'arbitre est injuste lui traverse l'esprit : il la chasse et continue de faire son devoir jusqu'au moment où la partie cesse. Alors, s'il peut se rendre cette justice que pas une fois il n'a eu peur, que pas une fois il n'a sacrifié l'intérêt de son camp au désir d'accomplir quelque prouesse individuelle, il sera content de lui. Nul ne m'ôtera de l'idée que le jeune homme qui a passé par là ne soit mieux préparé qu'un autre au football de la vie.

On y retrouve en effet toutes les péripéties, toutes les émotions, toutes les obligations qui caractérisent le vrai football ; on y retrouve la lutte autour d'un ballon qu'il s'agit de capturer. Malheur à celui qui hésite devant un parti à prendre et perd un temps précieux en tergiversations avec lui-même ! Malheur à celui que l'insuccès abat et qui se laisse aller au découragement ! Et, à côté de la loi de labeur individuel qui vous commande d'être toujours prêt à aller de l'avant, il y a la loi de la solidarité sociale qui vous place, malgré vous, sous la dépendance de vos concitoyens : ils forment l'équipe dont vous êtes un équipier. Le sifflet du destin – un arbitre bien souvent critiqué mais qu'il faut subir, hélas ! – vous arrêtera dans une course victorieuse pour une faute dont un autre est responsable, et la force brutale que vous rencontrerez sur votre chemin aura raison parfois de votre agilité et de votre présence d'esprit. Telle est la vie ; il n'y a que deux choses à faire : ou bien pénétrer sur le terrain et se mêler hardiment aux joueurs – ou bien demeurer sur la lisière avec les spectateurs qui regardent immobiles, et applaudissent.

Les Français ont assez regardé : il est temps qu'ils jouent.

« L'âme du football », *La Revue universitaire*,
Armand Colin éditeur, 1882.

Coubertin veut convaincre les autorités ministérielles et pédagogiques de la nécessité de former une élite capable de porter, via *le sport, des valeurs patriotiques partout dans le monde. Pour la première fois le mot « amateurisme » dérivé de l'anglais est employé. Il ne signifie pas une opposition à la professionnalisation du sport mais un rempart au mercantilisme financier.*

Éloge de l'amateur

Messieurs,

Dans l'Union, vous le voyez, tout le monde parle ; notre excuse, c'est que, d'autre part, tout le monde agit. Par là l'Union prétend se distinguer des Associations où l'on parle et où l'on n'agit point. Vous venez d'entendre notre Président. M. Marcadet va tout à l'heure vous exposer des faits, vous raconter les prouesses accomplies au cours de l'année et faire le compte des nombreuses médailles que nos membres ont conquises. L'Union est une heureuse mère ; les médailles de ses fils lui feraient, vous le verrez, un royal et lourd collier. Enfin M. le Trésorier vous exposera la situation d'un budget qui jouit d'une certaine ressemblance avec la célèbre poule aux œufs d'or. Bien modeste en apparence, il nous a permis de réaliser tant de belles et bonnes choses qu'on serait en droit de s'en étonner si l'on ne savait que la bonne volonté, la persévérance et le désintéressement sont susceptibles de tripler les revenus des humains, et ces qualités, dût ma fatuité vous paraître exécrable, je les réclame pour nous tous.

Mais il ne suffit pas d'être éclairés sur ce que nous avons fait et sur ce que nous possédons : il faut encore que vous connaissiez les principes qui nous ont guidés et nous guideront encore dans l'avenir, que vous sachiez d'après quelles idées et en vue de quels résultats nous avons travaillé. Une Assemblée générale est une sorte de confession précédée d'un minutieux examen de conscience. On ne doit rien cacher.

I

Il y a un mot français qui est très en usage chez nos voisins d'Outre-Manche, assez aveugles pour ne pas comprendre le danger qu'il y a à emprunter de la sorte à des idiomes étrangers les termes qui vous manquent. C'est le mot : amateur, pris non pas dans le sens d'admirateur, mais par opposition à professionnel et servant à désigner l'homme qui se livre à un exercice, à un travail quelconque pour l'agrément et la satisfaction qu'il y trouve. Les Américains, eux aussi, se servent de ce mot et même, ils en ont tiré un gracieux barbarisme que je vous demande la permission de vous présenter en analysant l'idée qu'il exprime. Quand ils veulent faire l'éloge d'une Société athlétique, ils vantent l'esprit d'amateurisme qui y règne. Or, comme l'Union tend précisément à mériter le même éloge, je dois vous dire ce qu'il faut entendre par amateurisme.

On peut faire du sport par hygiène pour se conserver le plus précieux de tous les biens, la santé ; c'est un but très avouable ; on peut en faire par patriotisme pour se préparer aux rigueurs de la vie militaire ; c'est un but très noble ; on peut en faire par ambition pour remporter des prix et des médailles, et ce désir n'a rien que d'honorable et d'humain. Assurément tous ceux qui font du sport pour ces différents motifs ne sont pas des professionnels ; on les classe avec raison parmi les amateurs. Et pourtant ils ne le sont qu'à demi. Le véritable amateur trouve dans le sport lui-même un attrait qui agit sur lui plus puissamment que n'importe quelle autre considération. Il ne s'y livre pas avec la ponctualité et la prudence de celui qui en use comme d'un remède ; il ne poursuit pas un endurcissement raisonné en vue des fatigues qui l'attendent au régiment : il ne s'entraîne pas avec l'ardeur et la passion du collectionneur de médailles et si le succès lui est doux, si les acclamations dont on accueille sa victoire résonnent agréablement à ses oreilles, la satisfaction qui est au-dedans de lui-même est plus forte que les impressions du dehors. L'effort lui est devenu une seconde nature ; il y trouve son bien-être : il ne s'en lasse jamais. Je l'ai déjà dit et je le répète d'autant plus volontiers que cette parole a soulevé plus de critiques, ainsi compris, le sport mène tout droit à cet idéal humain : la victoire de la volonté.

Vous me direz alors que l'amateurisme n'est pas à la portée de tout le monde ; mais le sport en général, l'est-il ? Ne croyez pas qu'il séduise également tous les hommes ; beaucoup échappent et échapperont toujours à son action bienfaisante, même après l'avoir pratiqué sous toutes ses formes ; beaucoup ne saisissent pas et ne saisiront jamais la jouissance de l'effort. Quant aux débuts, vous savez qu'ils sont toujours pénibles ; on y est aidé par quelqu'une des considérations que je vous signalais tout à l'heure, le désir de se fortifier, l'amour de la gloire ; il n'en faut pas davantage pour se livrer à un exercice fatigant et y persévérer. Mais si l'on a en soi l'étoffe d'un véritable amateur, tout calcul disparaît pour faire place à ce culte désintéressé du sport qui est l'essence même de l'amateurisme.

Voilà notre raison d'être ; d'autres s'attacheront exclusivement à rendre les exercices physiques utilitaires et ils les organiseront de la manière qui répondra le mieux au but qu'ils se seront proposé ; les Sociétés de gymnastique prévoient tous les détails d'une campagne, les sorties en armes, les marches forcées ; c'est là leur rôle. Les médecins recherchent un système d'éducation physique applicable à tous et basé sur la science ; notre point de vue est, je le répète, tout différent. L'Union vise à développer l'amateurisme qui est la chevalerie du sport. Chevalerie très démocratique, ne se recrutant pas, comme on pourrait le croire, dans la foule des oisifs et des hommes de loisir. Ceux-là se contentent le plus souvent de la dose d'athlétisme qui consacre leur élégance ; ils jouent au sport ; ils n'en font point : et cela se conçoit. Lorsque nul travail n'occupe votre vie et que nul souci ne la traverse, tout s'aplatit et devient incolore ; les amusements comme le reste. Pour maintenir en état d'élasticité les ressorts qui se détendent dans l'exercice, il importe que quelque chose les contienne, j'allais dire les irrite ; la fatigue n'est agréable que lorsqu'elle succède à une fatigue d'un autre ordre : il faut de plus qu'on la désire. L'homme qui, du soir au matin, est libre de l'appeler ne l'appelle pas.

Cet amateur, dont je cherche à esquisser rapidement les traits devant vous, n'existe encore en France qu'à l'état embryonnaire ; on le rencontre en Amérique et en Angleterre, en Angleterre surtout, dans les rangs de cette bourgeoisie largement ouverte dont tout homme bien élevé a le droit de faire partie, et par « bien élevé » il faut entendre ici ce mélange de loyauté, de distinction et de politesse qui constitue ce qu'on appelle le gentleman. Nous croyons que c'est un bon animal et l'on a dit fort justement qu'il importait à une nation d'être composée de bons animaux. Ce terme appliqué à l'homme désigne un être bien équilibré : or, le sport joue un rôle important dans l'établissement de l'équilibre humain. Si l'amateur en question s'était contenté de faire beaucoup d'exercices physiques au collège, d'être un champion de la barre fixe ou le plus habile des sauteurs à la perche, il y eût gagné des récompenses, des éloges et de bons muscles ; mais le sport peut faire plus que cela pour lui… C'est le sport qui lui a appris à trouver chaque matin une jouissance exquise et salutaire dans le baquet d'eau froide qui l'attend au saut du lit ; c'est le sport qui a fait que, lorsqu'il a lutté avec d'autres, nulle défaite ne l'a découragé, nul insuccès ne lui a laissé d'amertume ; c'est le sport qui, en maintes circonstances, l'a égayé et consolé, a changé le cours de ses réflexions, a hâté ses décisions, raffermi son courage et calmé ses colères. C'est enfin parce que l'esprit du sport a présidé à tous ses exercices qu'il ne les abandonne pas quand l'âge des concours et des rivalités est passé et qu'il persiste au contraire à les pratiquer pour son grand plaisir et pour son grand bien physique et moral. Oui, l'homme ainsi transformé et soutenu est plus vaillant, plus persévérant que les autres ; je ne dis point que sa bravoure, sa noblesse de sentiment et sa valeur intellectuelle soient plus grandes que celles de son voisin qui ne fait point de sport et qui possède ces belles qualités ; mais je dis qu'il est mieux armé pour les luttes de la vie, pour ces petites luttes de chaque jour, qui ne procurent même pas l'âpre joie d'un grand sacrifice, qui ne se terminent pas en une fois par un effort vigoureux, mais qui se renouvellent incolores, monotones et incessantes et devant lesquelles les plus forts sont parfois contraints de s'avouer vaincus.

Voilà pourquoi si l'Union ne vise pas directement à la défense de la patrie sur les champs de bataille, elle ne tend pas moins à en assurer la grandeur ; ceux qui l'ont fondée ont été bien inspirés en inscrivant en tête de ses statuts ces mots antiques qui, plus qu'on ne pense peut-être, résumaient les idées que je viens d'exposer : *Ludus pro patria*.

II

Tels sont, Messieurs, nos principes athlétiques. Je dois maintenant vous parler de nos principes pédagogiques ;

car l'Union a été créée d'abord pour activer la formation de Sociétés d'adultes, mais aujourd'hui, grâce à l'heureux mouvement de réforme déterminée par le Comité de propagation des exercices physiques, elle se trouve amenée à guider les premiers pas des jeunes Associations scolaires. C'est une tâche enviable autant que délicate et la confiance dont l'honore l'Université a dû lui faire des jaloux. La permission donnée à des groupes de lycéens de s'affilier à elle aurait pu choquer plus d'un universitaire ; nous l'eussions déploré sans en être surpris, la chose était explicable. Bien au contraire, avec une franchise et une décision peu commune, l'Académie de Paris, dont le chef est notre vice-président d'honneur, a levé toutes les difficultés et aplani les obstacles ; personne n'a trouvé l'affiliation louche ni périlleuse et si quelques critiques ont été formulées, elles partaient de si bas qu'il devenait inutile d'en tenir compte.

Dans les Écoles comme dans le monde ce sont des amateurs que nous cherchons à créer et voilà pourquoi nous provoquons la formation de Sociétés dont nous prenons soin de respecter l'indépendance et d'encourager l'initiative. C'est dans leur sein que l'amateurisme loyal, droit et bienfaisant se développera. Je ne veux pas revenir ici sur le rôle pédagogique de ces Associations, sur leur action au point de vue moral, sur l'influence si complète et si heureuse qu'elles peuvent exercer dans un Collège ; ce serait sortir de mon sujet. Mais ce que je puis dire c'est que là où elles n'existent pas, l'éducation physique n'est qu'une façade, le goût du sport est absent ; l'exercice ne sera jamais un besoin.

Nous convions ces Associations aux concours divers dont nous sommes les organisateurs ; nous les aidons à en organiser d'autres dont elles font les honneurs tour à tour ; on leur prête le terrain, on se tient à portée pour répondre au moindre appel, on assiste à la fête et généralement on applaudit parce que tout se passe de la manière la plus correcte et la plus distinguée. Toutes ces réunions s'espacent sur une longue période, car il importe de ne pas troubler les études et d'entretenir la vie athlétique tout à la fois. L'année scolaire se divise en trimestres de jeux ; à l'automne on fait un peu de tout pour se remettre en train ; quand les bois sont dépouillés, une belle après-midi de décembre, rien ne convient mieux qu'un beau cross-country ; c'est à cette époque que désormais sera couru le cross-country de la Revue Athlétique ; les vainqueurs assureront à leur Lycée la possession pour un an de la coupe offerte par la direction de la Revue. Puis vient le football avec la série de matchs éliminatoires se terminant par l'épreuve définitive entre les deux premières équipes. Le printemps ramène les concours de Sports athlétiques, courses à pied, sauts, lutte à la corde… qui se terminent par les championnats interscolaires. L'aviron réclame alors les jeunes gens et ce roi des sports a sa sanction le jour des régates scolaires. L'Union ne les organise pas ; à d'autres revient cet honneur ; mais pourrait-elle s'en désintéresser ?

Vous le voyez, l'année athlétique scolaire est de la sorte bien remplie ; nous croyons que, de janvier à juin, trois jeudis sur quatre peuvent être employés utilement à tous ces exercices. Autant que possible, nous évitons de choisir le dimanche d'abord parce qu'il doit rester, selon nous, le jour de la famille, ensuite parce qu'il nous donnerait des spectateurs dont nous ne désirons pas, que dis-je ? dont nous redoutons la présence. Les concours scolaires ne doivent pas avoir lieu à huis clos ; les camarades des coureurs, leurs amis, leurs maîtres, voilà les invités qui conviennent. En des circonstances solennelles il est bon d'aller plus loin. M. le Président de la République assistait aux championnats de cette année. La distribution des récompenses a eu lieu avec quelque éclat. La musique militaire s'est fait entendre. La réunion était nombreuse sans cesser d'être intime. Chaque année nous agirons de même, mais nous ne ferons rien de plus. La foule bruyante et houleuse ne vous acclamera jamais que contre notre gré, mes amis, et jamais nous ne consentirons à transformer vos concours en spectacles publics. Ce serait vous rendre à tous un très mauvais service. Le souci de la partie théâtrale de la fête irait à l'encontre des exigences du Sport ; le véritable but serait perdu de vue et les vainqueurs se croiraient des demi-dieux.

N'allez pas croire que je cherche à rabaisser leur mérite. Nous n'estimons rien tant qu'un solide coureur, qu'un bon boxeur, qu'un intrépide joueur de football et qu'un rameur infatigable, surtout lorsqu'à cette virilité physique viennent se joindre la force et la droiture du caractère que nous persistons à croire étroitement liées à la vigueur du corps. Mais ne perdez pas de vue que si nous voulons vous donner des corps robustes, c'est pour en faire les serviteurs dévoués et obéissants de ce qu'il y a de plus grand et de plus précieux dans l'homme : l'intelligence.

Rapport du secrétaire général
de l'Union des sociétés françaises de sports athlétiques,
Revue athlétique, 25 juillet 1890.

ALBERT SURIER

(1871-1944)

Troublant éditorial que celui d'Albert Surier, rédacteur en chef de la revue Culture physique*, qui résonne comme une profession de foi. En soutenant que le sport est plus qu'un divertissement et qu'on ne saurait le réduire à ses seuls bienfaits pour la santé, l'auteur en fait le parangon d'un « mouvement de régénération humaine ». Cette fonction civilisationnelle du sport sera reprise à son compte par le régime nazi.*

Notre but

Depuis que sur la terre il y a des hommes qui pensent et qui raisonnent, toutes les idées qui peuvent naître dans les cerveaux ont, sans doute, été agitées, discutées, pesées et partiellement ou intégralement mises à exécution.

Il serait donc téméraire à nous d'affirmer que nous apportons au monde une idée nouvelle, et que la culture physique, avant nous, n'avait jamais eu de précurseurs, d'initiateurs, d'apôtres.

Au contraire, l'ascendance de ceux qui se sont voués à cette œuvre, humaine entre toutes, fait dans le passé une longue chaîne ininterrompue qui va des temps héroïques de la Grèce jusqu'à notre époque. De tous ces ancêtres nous nous réclamons, de même que nous nous honorons de collaborer, pour notre modeste part, à la saine besogne dans laquelle d'éminents écrivains comme les docteurs Fernand Lagrange, Rouhet et notre ami Henri Desgrange nous ont précédés en France. Nous nous plaçons sous leur égide indiscutée, tant à cause de leur ardeur de prosélytes inlassables qu'à cause de leur foi dans la vérité qu'ils servent et dans la notoriété qu'ils ont légitimement acquise.

Dans les temps lointains, c'était une vérité qui ne se discutait point que l'animal humain avait, au moins autant que l'animal domestique, besoin d'une culture rationnelle de son développement physique et de son embellissement. Puis cette lumière s'éteignit avec tant d'autres et pendant bien des siècles cette nécessité vitale cessa d'être à l'ordre du jour des préoccupations humaines. Il a fallu, pour ainsi dire, arriver jusqu'à la seconde moitié du siècle dernier pour qu'on la comprît à nouveau et qu'on songeât à son application.

Un grand philosophe qui vient de mourir, Herbert Spencer, fut dans son pays l'apôtre le plus convaincu et le plus fécond de l'éducation physique. Il eut le grand courage de dire à ses contemporains qu'il lui paraissait illogique et mauvais qu'ils donnassent tant de soins à l'élevage du cheval, du bœuf ou du porc, par exemple, et qu'ils laissassent grandir sans culture et sans attention leurs propres enfants. Soigner, entourer de précautions vigilantes les petits des bêtes pour les mettre à même de réaliser le plus complètement possible les services que nous attendons d'eux est bien, mais accorder aux petits des hommes des soins au moins égaux nous paraît encore mieux et plus urgent.

C'est principalement de la poussée de ce puissant esprit qu'est parti en Angleterre le magnifique mouvement de régénération humaine dont ce grand pays donne encore aujourd'hui au monde entier l'exemple et le modèle.

D'autres, à sa suite, ont suivi les mêmes voies et ont fait passer dans la pratique les spéculations intellectuelles et théoriques des penseurs. La culture physique n'est pas une chose nouvelle, mais c'est une chose renouvelée, une sorte de renaissance physique, un retour au culte de la beauté plastique et de la force musculaire qui en émane.

De cette renaissance, les innombrables sports actuellement en usage sont des manifestations, plutôt, à mon sens, des applications agréables et variées de la force acquise que de réels et efficaces moyens d'acquérir cette force.

Les sports ont, maintenant, leur place spéciale bien marquée dans la société moderne, et la presse qui en est l'écho vit dans une large prospérité qui va constamment en s'accroissant. Mais il n'existe pas, tout au moins en France, d'organe compétent propre à la culture physique, de publication qui, sans dédaigner les sports, s'occupe exclusivement de mettre les hommes en état de pratiquer avec joie et succès n'importe quel sport.

C'est la lacune que nous avons la prétention de combler. La revue que nous présentons aujourd'hui au public ne sera pas, à proprement parler, une revue de sports. S'ils trouvent place chez elle, ce ne sera guère que pour en relater les manifestations les plus importantes, celles qui auront le plus captivé l'opinion publique. Mais, en réalité, cette publication sera, dans son essence et dans son but, ce qu'indique son titre, une revue de culture physique intégrale et rationnelle.

Nous expliquerons à nos lecteurs quels sont les moyens les plus simples, les meilleurs et les moins coûteux pour arriver rapidement à la plus grande somme de développement et d'harmonie physiques que chacun de nous est susceptible d'acquérir.

Nous avons pour cela à notre disposition exclusive une méthode qui a fait ses preuves, celle du professeur Desbonnet. Les athlètes formés par elle sont déjà innombrables, et grâce à la collection de photographies unique au monde que nous possédons, nous montrerons le degré de beauté et conséquemment de force auquel ils sont parvenus par sa pratique, en des mains expertes.

Cette revue ne sera rien autre chose, en somme, qu'une étude documentaire du développement humain par l'usage raisonné des exercices physiques les plus aptes à amener rapidement ce résultat : être beau et fort.

L'accueil qui a été fait tant à nos ouvrages spéciaux sur la matière qu'aux articles de journaux publiés dans l'*Auto* sur ce sujet nous est un sûr garant de celui qui sera fait à notre tentative. Ceux qui nous feront l'honneur de nous suivre reconnaîtront rapidement que ni dans l'exécution matérielle de la *Culture physique*, ni dans sa partie intellectuelle, rien ne sera négligé pour en faire une publication sans rivale et sans analogue.

La force et la beauté ne sont le privilège de personne, ce sont de ces biens précieux que quiconque peut acquérir avec de la volonté et de la persévérance, à condition d'avoir en mains un bon instrument de travail.

C'est cet instrument, produit d'une longue pratique personnelle et corroboré par des milliers d'exemples, que nous nous proposons d'enseigner ici. Quant à la volonté nous n'en faisons pas commerce, mais c'est une faculté qui se développe aussi facilement qu'un muscle soumis à l'entraînement gradué. On verra par la suite qu'elle n'échappe pas non plus aux bienfaits de la culture physique.

Tous ceux qui croient que l'avenir et la grandeur de notre pays comme aussi la cause du progrès général de l'humanité tiennent à la valeur des individus ne peuvent manquer de nous apporter leur approbation.

La Rédaction.

La Culture physique.
Revue mensuelle illustrée de tous les sports,
n° 1, février 1904.

REVUE OLYMPIQUE

(1901)

Long fut le chemin avant que l'idéal olympique ne conquière la planète. Comme le rappelle cet article paru dans le bulletin trimestriel de la Revue olympique*, c'est par sa force de conviction et sa volonté que le baron de Coubertin réussit à imposer les Jeux en 1896, en Grèce. Au départ, rien n'était gagné, tant s'en fallait. Quand la culture du sport relève de l'exercice diplomatique.*

Les Jeux olympiques de 1896

La chose ne fut pas des plus aisées. Malgré le télégramme par lequel S.M. le Roi des Hellènes avait daigné s'associer à l'œuvre du Congrès de Paris et malgré l'enthousiasme soulevé à Athènes par la proclamation du rétablissement des Jeux, le gouvernement grec présidé par M. Tricoupis se montra bientôt défavorable au projet, et sous son inspiration, une lettre fut adressée à M. de Coubertin au moment où il se préparait à partir pour la Grèce, l'invitant à ne pas venir et déclinant l'honneur fait au peuple hellène par le congrès. M. de Coubertin, résolu à ne point tenir compte de ces dispositions, arriva à Athènes au mois d'octobre et s'occupa aussitôt d'y réveiller l'enthousiasme populaire. M. Bikelas, qui lui succéda deux mois plus tard, acheva de vaincre toutes les résistances et d'aplanir tous les obstacles. Bientôt un comité d'organisation présidé par

S.A.R. le Prince Royal de Grèce prit l'œuvre en main et le 5 avril 1896, dans le stade d'Athènes restauré par la généreuse munificence d'un patriote grec, M. Averof, le Roi Georges ouvrit solennellement la première olympiade, en présence de la famille Royale, des ministres, du corps diplomatique et d'une foule immense qui grossit encore les jours suivants au point d'atteindre, le 10 avril à l'arrivée du coureur de Marathon, le chiffre inattendu de 70 000 spectateurs. Le roi de Serbie, le grand-duc Georges de Russie et l'archiduchesse Marie-Thérèse d'Autriche honoraient les fêtes de leur présence. Les concours d'escrime eurent lieu dans la rotonde du Palais du Zappeion, les courses de bicyclettes au vélodrome de Phalère, les sports nautiques dans la baie de Zea, le tir au stand, tous les autres exercices dans l'enceinte merveilleuse du Stade. Les illuminations des monuments publics, l'embrasement de l'Acropole, la fête de nuit au Pirée alternèrent avec les brillantes réceptions données au palais royal et dans les légations. La clôture des Jeux eut lieu en grande pompe, le mercredi 15 avril.

Cette inoubliable semaine laissa au cœur du peuple hellène un souvenir si vivant qu'un courant se dessina, aussitôt, dans le but de transformer les Jeux olympiques rétablis par le congrès de Paris en une institution purement hellène, ayant son siège permanent à Athènes. Le Comité international ne pouvait accepter cette idée et tout en souhaitant de voir renaître, sur le sol grec, des jeux panhelléniques se tenant à intervalles réguliers, il considéra que son devoir aussi bien que les intérêts de l'œuvre de restauration olympique lui commandaient de suivre fidèlement le programme de 1894. Ce point de vue, indiqué dans la lettre de remerciements adressée par M. de Coubertin à S.M. le Roi des Hellènes, à l'issue des Jeux d'Athènes, fut développé dans de nombreuses communications faites à la presse internationale.

Revue olympique. Bulletin trimestriel du Comité international olympique, janvier 1901.

JEAN BERTHEROY
(1858-1927)

Auteur de La Danseuse de Pompéi *ou des* Vierges de Syracuse, *Jean Bertheroy – pseudonyme littéraire de Berthe Clorine Jeanne Le Barillier – revisite la mythologie antique. Dans* La Beauté d'Alcias, *la jeune Doris est secrètement amoureuse du plus noble, du plus vertueux et du plus beau de tous les jeunes hommes. Qui est-il ? Le meilleur athlète de la province, forcément.*

Amoureuse de la perfection

Le secret que Doris portait dans son cœur et qu'elle confiait seulement aux grands lys immaculés du jardin était un secret d'amour. Doris était amoureuse. Non pas superficiellement comme tant de jeunes filles qui, dès que commencent à s'arrondir les roses en bouton de leurs seins, se hâtent de choisir parmi les éphèbes un compagnon de leurs désirs dont elles rêvent la nuit les yeux ouverts, et à qui, dans le jour, sous les portiques, elles envoient des regards enflammés comme les flèches du brûlant Hélios. Doris aimait du fond de son être, sans avoir osé jusqu'à présent rien laisser apercevoir de ses sentiments. C'est que celui qui en était l'objet ne ressemblait guère aux autres éphèbes ; il était plus noble, plus vertueux et surtout beaucoup plus beau. Il était le plus beau de tous les jeunes gens d'Égine, où les hommes avaient cependant reçu des dieux le don de toutes les perfections physiques. Il avait vingt ans, il s'appelait Alcias et il appartenait à l'illustre famille des Théandrides. C'est le fils de l'ancien athlète Pythéas, seize fois vainqueur aux quatre grands jeux de la Grèce ; lui-même se destinait aux concours du stade, et déjà il venait d'être couronné à l'Isthme dans la lutte des adolescents. Or, Doris caressait l'espoir d'épouser Alcias plus tard, lorsqu'il aurait accompli le cycle de ses exploits et remporté toutes les palmes à Delphes, à Corinthe, à Olympie, à Némée. Alors il rentrerait dans la vie commune et peut-être daignerait-il abaisser les yeux sur elle…

Il y avait longtemps que la fille du parfumeur était éprise du jeune athlète. Elle l'avait connu encore petit, étant liée de tendre amitié avec Zénophile, sa sœur. Zénophile et Doris se voyaient presque chaque jour, soit dans le Jardin des Parfums, soit dans la maison de Pythéas. Elles causaient familièrement de toutes choses – de toutes choses, excepté d'amour. Pythéas avait élevé ses enfants dans le dédain de la volupté qui amollit l'âme et énerve le corps. Il voulait que tous deux fussent dignes de leur ascendance glorieuse et perpétuassent dans Égine, leur patrie, le nom héroïque qu'ils portaient ; à l'un, il avait enseigné les travaux du gymnase, à l'autre ceux de la poésie. Zénophile, toute jeune encore, était déjà célèbre par l'ardent lyrisme de ses chants ; à Égine on l'appelait la dixième Muse. Quand elle traversait les rues de la ville, on se retournait sur son passage. Cette supériorité effarouchait un peu Doris qui, elle, ne savait que rire aux abeilles, parler aux fleurs et soupirer aux étoiles. Oserait-elle jamais confier à Zéno, à la sévère poétesse, l'irrésistible émoi qu'avait éveillé en elle l'admirable beauté d'Alcias ? Non ; il lui semblait qu'elle n'oserait jamais entamer une pareille confidence. Bien souvent le nom du jeune athlète était monté jusqu'à ses lèvres ; mais son cœur avait battu tellement fort, une si abondante chaleur avait envahi ses tempes, qu'elle en était restée là, confuse et muette, tandis que Zéno, de sa voix limpide, poursuivait quelque récit commencé. Et les deux jeunes filles, si intimement unies que s'entremêlaient parfois les boucles de leurs chevelures, se quittaient sans que jamais le mot mystérieux, le troublant mot d'amour, fût venu se glisser entre leur pure amitié.

La Beauté d'Alcias, Flammarion, 1905.

PIERRE LOUŸS

(1870-1925)

Grand amoureux et grand nostalgique du monde antique, Pierre Louÿs, en esthète qu'il est, ne peut voir que d'un bon œil la résurrection des Jeux olympiques. Pour le quotidien L'Auto, *il livre cette petite histoire de l'origine des Jeux. Pour lui, la solennité du rituel d'une fête en l'honneur des dieux l'emporte sur les épreuves sportives qui ne sont qu'accessoires.*

Les Jeux olympiques

À l'ombre du mont Pholoë, dans la plaine verte où le fleuve Alphée reçoit les eaux du Kladeos, s'élevait un sanctuaire très ancien que la tradition grecque nommait le tombeau du roi Pelops.

Quel que soit le héros qui ait été réellement enseveli sous l'herbe en cet endroit, il est certain qu'aux premiers temps de la Grèce on lui rendait un culte, et un culte sanglant selon la religion de l'âge antéhomérique : des sacrifices humains étaient consommés là.

Cette coutume sauvage se transforma peu à peu et changea de caractère. D'abord, au lieu de faire tomber la victime sous le couteau du sacrificateur, on laissa l'Âme du roi mort choisir elle-même le sang qui lui plairait, c'est-à-dire qu'on institua des combats funèbres autour du tombeau, combats où l'on pensait bien que le vaincu serait désigné par les puissances souterraines. Plus tard, ces duels eux-mêmes cessèrent d'être mortels. L'homme terrassé symbolisa l'homme égorgé des anciens âges. La lutte avait succédé au sacrifice. Telle est l'origine des Jeux olympiques.

En 776 avant J.-C., un certain Koroibos gagna le prix du stade (course de 183 mètres) à Olympie. Année mémorable entre toutes, car c'est par elle que commence non seulement l'histoire du sport, mais *l'histoire de l'Europe elle-même*. Aucune date exacte dans les annales des peuples aryens n'est plus anciennement connue que la victoire de ce Koroibos. Au-delà, c'est la légende, c'est la nuit des temps, c'est ce mélange de traditions fabuleuses et de documents préhistoriques où les savants ne hasardent que des hypothèses en l'absence de toute chronologie. À la première ligne de notre histoire occidentale est inscrit le nom obscur d'un recordman de la petite course.

Comment se fait-il que les Grecs aient daté de là leur ère nationale ? Quand les Romains situent leur an premier à la fondation de Rome, les chrétiens à la naissance du Christ, les musulmans à l'origine de l'Islam, les révolutionnaires à la proclamation de la République, les Grecs commencent à compter du jour où les prêtres d'Olympie font graver le nom de Koroibos sur leur table de gloire. Ils ne savent plus en quelle année ils ont pris Troie, ni quand ont vécu les Atrides, ni en quel siècle Homère est mort ; mais la victoire de Koroibos sur 183 mètres, ils l'écrivent dans le marbre blanc et nous la transmettent. Pourquoi ?

C'est que les Jeux olympiques étaient pour les Grecs une solennité dont nous ne trouvons aujourd'hui l'équivalent nulle part. Lourdes ou La Mecque ne sont que des pèlerinages religieux, Bayreuth n'est que musical. Deauville n'est que sportif, l'Exposition de Paris n'est qu'artistique et foraine : Olympie était tout cela et plus encore.

Lorsque, après quatre années de silence et d'abandon, la ville des jeux et des temples se préparait à la fête sacrée, toutes affaires étaient suspendues dans le monde hellène, même la guerre. Les pèlerins affluaient, à cheval ou à pied, par les routes, les chemins et les sentes, venant de toutes les cités grecques, fussent-elles au-delà des mers. Il en venait d'Asie Mineure, et de Sicile, et de Cyrénaïque, et des colonies les plus lointaines. Ces petits peuples grecs, toujours en lutte les uns contre les autres, se retrouvaient là fraternellement unis dans la même religion et le même enthousiasme. Rien ne fit davantage pour l'unité de l'Hellas que cette trêve internationale, cette communauté dans la foi et dans le plaisir.

Un mois avant l'ouverture des Jeux, une foule immense envahissait la vallée de l'Alphée, car les athlètes étaient déjà là, s'exerçant trente jours d'avance sous la direction de leurs entraîneurs. Comme Olympie était une ville de monuments et non de maisons, on campait au-dehors, quelquefois sous la tente et le plus souvent en plein air ; les jeux se célébrant à l'époque de l'année qui correspond à notre mois d'août, on ne craignait ni la pluie ni la fraîcheur des nuits, et d'ailleurs sur la Terre sainte les pèlerins étaient les hôtes de Zeus qui les préservait des maladies.

Pendant ce mois d'attente, et pendant l'intervalle des cérémonies religieuses, le peuple se livrait à tous les plaisirs, depuis les plus élevés jusqu'aux plus vulgaires, à peu près comme les spectateurs de nos « expositions », quand près du pavillon Rodin la danse soudanaise se propose à eux. Il y a plus d'un rapport entre les caractères nationaux des anciens Hellènes et de nos compatriotes. Dans la plaine de l'Olympie, Hérodote lisait son livre en public, Pindare récitait ses odes, Phidias avait un atelier. Admirer tout cela et courir ensuite vers les pitres et les jongleurs qui divertissaient la basse foule, c'était assurément très grec. Ce serait aussi très français.

Enfin, la semaine de la pleine lune, s'ouvrait la fête. Sur les Jeux olympiques, nous sommes aujourd'hui beaucoup mieux renseignés qu'on ne l'était naguère. Déjà les fouilles de la ville avaient permis de rectifier en maint endroit les inexactitudes de Pausanias ; mais tout récemment un double hasard a fait découvrir deux manuscrits inédits, l'un au vieux sérail de Stamboul, l'autre parmi les papyrus d'Oxyrhynque publiés à Oxford par Grenfell et Hunt, et ces deux documents, le second surtout, nous ont apporté les plus précieux détails. Nous pouvons désormais donner le programme des Jeux tels qu'ils étaient célébrés il y a 2 300 ans.

La première journée était presque entièrement consacrée aux pompes religieuses : sacrifices devant le grand Autel de Zeus, processions de femmes à Élis et chants funèbres autour du cénotaphe d'Achille. À la chute du soleil, des libations de sang au tombeau de Pelops rappelaient seules le caractère primitif de la cérémonie. Ce jour-là, les athlètes prêtaient serment qu'ils étaient hommes libres, de race grecque sans mélange, et purs de toute condamnation. On leur apprenait les principes qu'ils devaient observer en luttant, sous peine d'être disqualifiés. Puis on les classait par catégories.

Le second jour commençaient les jeux proprement dits, par la course du stade, qui se courait trois fois sur trois longueurs différentes (185 mètres, 370 mètres et 1 300 mètres, ou même 7 250 mètres à quelques époques). Pour cette épreuve comme pour toutes les autres, les athlètes paraissaient complètement nus ; aussi les femmes mariées étaient exclues de l'enceinte et même du territoire d'Olympie, de peur que le spectacle de ces trop beaux hommes ne les amenât à des comparaisons désobligeantes pour leurs maris ; mais les jeunes filles de tout âge étaient librement admises, le même spectacle ne pouvant sans doute leur donner que des idées saines : l'admiration du sexe fort et le goût du mariage.

Le troisième jour se disputait le championnat du pentathle, le chef-d'œuvre de l'athlétique grecque. La place m'est trop mesurée pour que je puisse le décrire avec tous les développements qui lui seraient dus. Rappelons seulement qu'il se composait de cinq épreuves éliminatoires : la course, le disque, le saut en longueur, le javelot et la lutte.

Le lendemain, nouveaux concours de lutte, de pugilat et de pancrace. Le surlendemain, course et lutte d'enfants : c'était là une séance dont le succès ne manquait pas d'être vif ; c'était la journée des révélations et des véritables débuts. Hippostène et Milon de Crotone, les deux athlètes les plus fameux, avaient été couronnés comme enfants, avant de vaincre, l'un cinq fois et l'autre six, dans la force de l'âge.

Le sixième jour (dernier des jeux), les courses de quadrige et les courses de chevaux terminaient, dans l'hippodrome, la semaine triomphale. L'hippodrome d'Olympie a malheureusement échappé aux fouilles, mais nous connaissons depuis peu, grâce au manuscrit de Stamboul, ses dimensions exactes : le grand circuit avait 1 538 mètres de long sur 320 mètres de large. Les cavaliers de Phidias et les chars d'Euphronios couvraient cette piste magnifique. Sur un parcours beaucoup plus long que les nôtres (quatorze kilomètres) évoluait la plus admirable cavalerie dont l'art nous ait conservé le souvenir. Rien ne saurait donner une idée du tableau que devaient offrir ces chevaux de race aux nuques géométriques, aux jambes fines, aux longues queues, au poitrail musclé, tous coiffés de pourpre et d'or, parés d'ornements éclatants et sobres, et entraînant à la fois quarante chars légers sur l'éblouissante arène.

Les jeux sacrés prenaient fin dans cette poussière de gloire, par le couronnement des vainqueurs, et le lendemain, septième jour, le peuple entier rendait grâce aux dieux.

Les Grecs d'aujourd'hui veulent ressusciter l'incomparable spectacle auquel se plaisaient leurs ancêtres. L'entreprise est unanimement applaudie. Il ne lui manque rien, « que Phidias absent et les dieux oubliés » ; c'est bien quelque chose, mais nos religions intimes ont aujourd'hui changé d'objet et il me semble que le sol même où se dressait la statue de la déesse chryséléphantine est désormais environné d'une piété artistique parfaitement analogue à la piété religieuse qui prosternait là le peuple d'Athènes. Puissent tous nos hommes de sport subir dans le stade reconstruit l'influence de cette âme antique si facile à évoquer dans l'atmosphère où elle vécut. C'est à elle que notre littérature et notre art doivent le meilleur de leur génie, et voici qu'à son tour l'Athlétique remonte à la source de toute beauté. Elle a beaucoup à espérer de ces nouvelles directions vers l'idéal de la forme humaine qui est son but prédestiné.

L'Auto, 25 avril 1906.

PIERRE DE COUBERTIN

(1863-1937)

Sortant de son habituelle rhétorique austère, Pierre de Coubertin s'essaie, dans cet article qu'il donne à la Revue olympique*, à une fantaisie littéraire. Il compose une satire du faux* sportman*. Son Callimatias, plus vrai que nature, adopte toutes les attitudes du sportif, seulement il s'arrange pour toujours éviter la confrontation. Entrer en compétition, c'est accepter de se mesurer aux autres.*

Le faux sportsman

« Callimatias estima, dès le moment que les sports furent à la mode, ne pouvoir y rester étranger. C'est pourquoi il s'empressa d'en adopter les différents costumes et d'en parler le langage. On le vit dès le matin en tenue de cheval avec des culottes du dernier modèle, des bottes vernies à se mirer dedans et des éperons formidables. Il attendait, vêtu de la sorte, un cheval qu'on ne lui amenait jamais et qu'il eût été d'ailleurs fort embarrassé de chevaucher si d'aventure l'animal se fût présenté. Cette attente agrémentée de marques d'impatience très vives à l'usage des quelques amis ou même des fournisseurs que le hasard lui amenait à cette heure matinale et qu'il était charmé bien entendu de recevoir se prolongeait jusqu'au moment de descendre à la salle d'armes.

Callimatias avait fait aménager cette salle au rez-de-chaussée de la maison qu'il occupait et l'ameublement en était de tous points admirable. Les murs étaient tendus d'une étoffe unie d'aspect rugueux sur laquelle se détachaient des panoplies superbes. L'acier poli y étincelait. Tout à l'entour fleurets, épées, sabres à gardes italiennes ou allemandes se trouvaient à la disposition des tireurs. Sur le sol de grandes pistes de linoléum s'étendaient dans toute la longueur de la salle. À côté, il y avait un lavabo de marbre avec une douche puis une seconde petite salle réservée à la boxe. Les murs en étaient capitonnés à hauteur d'homme pour préserver les boxeurs contre les horions qu'ils risquaient d'attraper en s'y heurtant, la pièce ayant des dimensions un peu trop restreintes. Dans un angle se balançait un de ces ballons suspendus à une corde que les Américains appellent *boxing-bags*, et sur lesquels, pour s'exercer, ils ont coutume de frapper à coups répétés.

Callimatias en pénétrant dans cette salle avec un visiteur se trouvait toujours avoir à déplorer quelque foulure, écorchure, ecchymose, froissement de muscle, en un mot un accident survenu au cours d'un récent exploit sportif dont il s'empressait complaisamment à narrer le détail ; cet accident ne manquait point de le mettre dans l'obligation de renoncer momentanément à la boxe et son regard chargé de regrets se posait alors sur les gros gants en cuir fauve dont il faisait admirer au visiteur le rembourrage et la merveilleuse souplesse. En réalité, Callimatias avait constaté que la tenue de boxe ne lui seyait point, attendu qu'elle dessinait ses membres trop grêles et accusait la maigreur de son thorax et de ses bras. L'escrime lui était plus favorable. Un tailleur spécial venait lui essayer, plusieurs fois l'an, des costumes où il faisait mettre double épaisseur de toile à voile, étant, disait-il, de ces escrimeurs qui ne se ménagent pas et que la fougue de leur attaque expose continuellement à de mauvais coups. Callimatias s'employait ensuite à maculer discrètement ses costumes neufs à l'aide d'un bouton de fleuret trempé au préalable dans la cendre et frotté contre une plaque de fer fortement rouillée. Il dessinait sous le bras la traînée du coup qui a passé après s'être appuyé un instant ; il semblait par là un de ces tireurs redoutables dont on n'atteint pas facilement la poitrine. Callimatias se tenait chaque matin de dix heures à midi dans sa salle d'armes en compagnie d'un jeune homme timide bien que d'aspect rébarbatif, lequel était censé diriger son entraînement. C'était l'heure où il souhaitait principalement qu'on vînt le voir et il offrait à ceux qui venaient un vin d'Espagne renommé et des cigarettes de tabac rare.

Callimatias possédait dans son salon une belle photographie représentant un groupe de rameurs en train de replacer leur bateau dans le garage après l'exercice. C'étaient, expliquait-il, ses camarades au temps qu'il étudiait à l'Université de Cambridge ; il s'étonnait qu'on ne le reconnût pas dans l'un d'eux dont le visage malheureusement se trouvait dans l'ombre. Toutefois il prenait garde de trop s'attarder sur ce sujet, tant parce qu'il n'avait jamais été à Cambridge que parce qu'il possédait fort imparfaitement les termes techniques du rowing et n'était pas sûr de pouvoir distinguer une yole d'un outrigger.

La natation le mettait plus à l'aise. On l'entendait sans cesse se plaindre qu'il n'y eût point à Paris de larges piscines d'eau tiède ainsi qu'il en existe à Londres et dans d'autres grandes villes ; il s'élevait de même avec véhémence contre la puanteur des eaux de la Seine, indiquant par là l'impossibilité où il se trouvait de satisfaire son goût pour la natation autrement qu'en été sur les plages du littoral. Rien ne contrariait dès lors l'essor de son imagination et, bien qu'il n'eût jamais affronté d'autre onde que celle de sa baignoire, il en arrivait, à force de les raconter, à croire aux “pleines eaux” dont le récit mouvementé était sans cesse sur ses lèvres.

Des skis gigantesques dressés dans un coin et dont, aux approches de l'hiver, il s'occupait ostensiblement à enduire d'huile de lin cuite au bain-marie la surface lisse lui fournissaient l'occasion d'autres récits consacrés aux sports de neige en attendant ceux que la chasse autorise. À ce dernier sport, il se préparait par l'acquisition de fusils perfectionnés et la recherche bruyante de chiens d'une espèce naturellement introuvable.

Encore que plus d'un parmi ses amis eût percé à jour quelqu'une de ses malices, Callimatias était parvenu de la sorte à se faire passer pour un sportsman. »

Revue olympique, mai 1910.

Le sport serait-il le remède miraculeux à tous les maux de la société ? Coubertin n'est pas loin de le croire. Bien au-delà des courbes du stade, la morale sportive du baron s'étend universellement. À quand une société planétaire dirigée par des instances sportives ? Coubertin ne serait pas contre...

Les vertus du sport

Qu'il s'agisse de consolider entre le muscle et la pensée un équilibre toujours instable et souvent rompu, ou bien de réagir contre les conséquences des exagérations contradictoires, il est certain que le temps présent a besoin de sport. Et je rends grâce au ciel de ce qu'ayant aperçu cette vérité, il y a trente ans, depuis mes premières randonnées d'éclaireur, j'aie pu tout sacrifier pour m'employer à la faire triompher.

Le sport apportera à la famille, base de toute société viable, le renfort d'une santé reconquise et entretenue par le plaisir sain.

Et l'on ne tardera pas à se rendre compte que ces éléments psychologiques tiennent dans le problème de la natalité une place bien plus importante qu'on n'avait coutume de le penser.

Le sport intéresse l'agriculture, parce qu'il est impossible de répandre le goût du plein air et de la dépense musculaire parmi les hommes sans préparer quelque rapprochement entre ceux-ci et la Nature dont la complication des industries arrive à les détourner.

Le sport est facteur éminent des entreprises coloniales, à tel point que coloniser sans une vigoureuse préparation sportive constitue une dangereuse imprudence. Beaucoup d'échecs et beaucoup de réussites historiques s'expliquent par le fait qu'une telle préparation a existé ici ou a manqué là.

Le sport fournira à l'art cette poésie du mouvement dont il se passe malaisément, mais qu'il lui est parfois difficile d'interpréter ailleurs sans franchir les limites de la mesure et d'eurythmie.

Le sport épurera les lettres et tuera l'érotisme en lui enlevant ses lecteurs. Ce cancer littéraire, dont les générations précédentes s'étaient flattées bien étrangement d'annihiler l'action délétère en utilisant contre lui le vaccin, ne peut être combattu que par l'hygiène intégrale de l'esprit réalisée en procurant à la jeunesse des distractions honnêtes.

Le sport sera l'unique remède efficace contre l'alcoolisme.

Car ce vice a le plus souvent une origine normale. Le cabaret est pour la plupart des travailleurs un lieu de détente et de repos légitime. Pour le détruire, il faut le remplacer. Le gymnase antique modernisé en est seul capable. Le sport apparaît comme une incarnation de la démocratie, car il est par excellence l'école où se coudoient l'entraide et la concurrence, ces deux piliers essentiels des sociétés démocratiques, sans l'appui desquels elles risquent de s'écrouler dans la faiblesse. Réalisant, selon le vœu de la justice, l'égalité du point de départ, dans la mesure où elle est possible, le sport enseigne le respect des inégalités fatales engendrées par l'effort.

Le sport apportera sa pierre à la réédification philosophique qui s'impose sur la base d'une entente entre l'action et la résignation, d'un accord entre le vouloir individuel intensif et l'esprit de sacrifice aux intérêts collectifs supérieurs. Il n'est pas un joueur de football qui ne comprenne ce que je dis là si d'aventure quelque philosophe y demeure encore insensible.

Enfin, messieurs, le sport aura son rôle à jouer en politique extérieure. Les nations vigoureusement sportives seront les mieux à même de se payer sans danger le luxe de la douceur au-dedans, le luxe de la paix au-dehors.

Et comme je le disais il y a quelques mois, en me servant d'une formule qui causa un peu de scandale, sur laquelle je n'hésite pas cependant à insister : les peuples retiendront la grande leçon du sportif, à savoir que la haine sans bataille est peu digne d'un homme et que l'injure sans coups est tout à fait indigne.

La Revue hebdomadaire, 20 juin 1914.

JOSÉ-MARIA DE HEREDIA

(1842-1905)

Comment emprisonner une figure en continuel mouvement dans la rigidité du marbre ? Pour Heredia, seul le génie artistique des sculpteurs grecs de l'Antiquité est à même de donner une juste représentation du corps de l'athlète. Les Grecs sont pour toujours le modèle esthétique à suivre.

Le coureur

Sur une statue de Myron.

Tel que Delphes l'a vu quand, Thymos le suivant,
Il volait par le stade aux clameurs de la foule,
Tel Ladas court encor sur le socle qu'il foule
D'un pied de bronze, svelte et plus vif que le vent.

Le bras tendu, l'œil fixe et le torse en avant,
Une sueur d'airain à son front perle et coule ;
On dirait que l'athlète a jailli hors du moule,
Tandis que le sculpteur le fondait, tout vivant.

Il palpite, il frémit d'espérance et de fièvre,
Son flanc halète, l'air qu'il fend manque à sa lèvre
Et l'effort fait saillir ses muscles de métal ;

L'irrésistible élan de la course l'entraîne
Et, passant par-dessus son propre piédestal,
Vers la palme et le but il va fuir dans l'arène.

Les Trophées, Ferroud, 1914.

ANDRÉ OBEY

(1892-1975)

L'intention du dramaturge André Obey aura été de vouloir rendre compte théâtralement, pour mieux le magnifier, du travail du corps de l'athlète. Dans ses spectacles d'une étonnante modernité et qui se sont joués dans des stades, la performance sportive et la performance théâtrale se fondent. Voici la préparation au saut de Lucien Lewden.

Le saut de Lewden

… Lewden va sauter. Il trotte sur la cendrée, volte, revient, s'arrête. Il va sauter mais il ne se le dit pas. Il y a – rappelez-vous –, il y a toujours au fond de lui l'ennemi qui renâcle. Lewden ne sautera pas, il n'a jamais eu l'intention de sauter. Quelle plaisanterie ! Il vient seulement se poster sous la barre, histoire de voir, tête renversée, de combien elle le dépasse, histoire de rire un brin du comique qu'aurait tel bonhomme de 1 m 68 qui, par exemple, voudrait passer 1 m 90.

Soudain, tandis qu'il trottine sur place, muscles bandés, devant la barre, soudain – vlan ! – il se fend, s'écartèle avec fureur, lance en l'air une jambe qui fait vibrer la barre au sifflement du pied. Il se tient ! Il est prêt.

Il se ramène, sans se désunir, sur la ligne de départ, s'en va d'un petit trot félin, feutré, démarre sec, buste penché comme un sprinter, en travaillant des bras, arrive sur sa marque, prend son appel cinglant et monte dans le silence.

Il monte. Une jambe passe. L'autre qui traîne, fléchie, va heurter la barre, du genou. Il l'étire et l'élève d'une saccade si violente qu'elle le retourne sur le ventre. Torsion brusque, volte-face. Le corps en l'air, se détend, s'assouplit, évoque irrésistiblement l'oiseau et retombe, ailes ouvertes, dans le sable. Lewden a sauté.

1 m 92 *Ut* dièse !…

Je vise, en clignant de l'œil, la barre exaspérée. Ce n'est plus une latte ni même une corde sensible mais un « fil de la vierge » à l'insoutenable éclat.

Osborne part, s'enlève, se couche là-haut, sur le flanc, comme pour une sieste – qui dure un quart de seconde – et plonge dans une mer de hourras.

Lui passé, la barre vibre qu'il effleure à chaque saut, depuis 1 m 75. Cet athlète économe hait la prodigalité jusqu'à sembler ladre. Pas de frais inutiles ! Le saut est un jeu de luxe. Il épuise d'un seul coup le trésor qu'un coureur répartit sur dix secondes, ou trente minutes. Osborne paye ce qu'il faut, tout juste. Il fait convenablement mais strictement les choses et tient son compte « Dépenses » à un centime près.

Avec Lewden, qui danse déjà sur la ligne de départ, plus question d'économies. Il donnera tout ce qu'il a, bien heureux si cela suffit. Il a fait 1 m 92 une seule fois dans sa vie, l'an dernier, aux championnats d'Angleterre. Le refera-t-il aujourd'hui ? Superstitieux nous disons : Non ! en touchant du bois. Sportifs, nous sentons que oui. C'est un athlète supérieur qui incarne la possession de soi. Les Jeux, dont la solennité trouble les faibles, les nerveux, les anxieux, doivent exalter ce fort que le risque aiguillonne.

Il piaffe, soudain s'élance, claque le sol du pied, s'envole et frappe la barre. Fausse note névralgique qui perce le tympan.

Là-dessus, Brown part tout de suite, sans réfléchir, saute comme on se jette à l'eau – et rate platement.

Cinq minutes de repos.

Osborne, en règle avec 1 m 92, allongé sur la pelouse, cueille des brins d'herbe à coups de dents.

Deuxième essai.

À l'instant où Lewden revient se placer au départ, quelque chose nous dessèche, comme une soif. Nous avons besoin qu'il passe. Besoin du corps et de l'esprit, difficilement réalisable et qui nous rend tristes. Nous nous serrons l'un contre l'autre, nous nous soutenons, nous faisons famille.

Lewden s'en va, de son petit pas court et musclé. Nous partons quinze mille avec lui. Notre saut de foule – imaginaire – sa gerbe en vague autour du mince athlète, qui monte et passe. Hahaa !… Nous sommes debout, pesanteur abolie, soulevés, projetés en l'air par notre effort mental.

Brown est déjà sur la ligne. Il veut profiter du passage. Sitôt Lewden tombé du ciel, il se jette en avant. On dirait un homme pressé qui saute dans un train en marche. Il l'a, d'un cheveu ! Une seconde plus tard, il se cassait le nez…

1 m 95.

Les Trois sont devant 1 m 95 comme au seuil d'un mystère. Une voix murmure, peut-être en moi : « Les Sept Chefs devant Thèbes ». Il y a de ça, je vous jure.

L'Orgue du stade, Gallimard, 1924.

GEORGES HÉBERT

(1875-1957)

Officier de marine, Georges Hébert développe dès le début du XXe siècle une méthode d'éducation physique naturelle. S'il trouve, comme Coubertin, une inspiration dans les modèles antiques, il diffère du baron dans sa conception des pratiques. Nul besoin, pour Hébert, de compétitions, de cérémonials ou d'entraînements trop spécifiques. Dans l'« hébertisme », le sport permet avant tout d'être « fort pour être utile ».

Le sport dans sa conception vraie ou éducative et le sport dévié ou dévoyé

Le sport, tel qu'il vient d'être défini, c'est-à-dire l'exercice exécuté avec l'idée de lutte, a sa place marquée en éducation physique. Il n'est pas le complément de cette éducation, contrairement à une opinion assez courante.

Mais entendons-nous bien. Il s'agit du sport dans sa conception vraie, utile ou, mieux, éducative, et non du sport tel qu'il est conçu et pratiqué actuellement. Ce dernier genre, auquel un nom manque, mais que l'on peut tout de suite qualifier d'outrancier, de dévié ou dévoyé, suivant les formes mêmes de ses manifestations (que nous décrirons plus loin), est à rejeter d'une façon absolue pour l'éducation de la jeunesse.

Il n'est plus, en effet, un moyen de perfectionnement physique ou viril, mais un but en lui-même, une manière d'activité qui n'a rien de commun, nous le verrons, avec la saine éducation.

Expliquons pourquoi le sport fait partie de l'éducation physique. Pour cela, reportons-nous aux définitions données précédemment. Parmi les buts poursuivis en éducation physique, nous trouvons les suivants : « Développer les qualités d'action ou viriles et mettre en valeur les aptitudes. » Pour atteindre ces deux buts, les moyens n'ont jamais varié. On place l'élève en présence de difficultés de plus en plus grandes ; on fait appel à son énergie, à sa volonté de vaincre ou d'obtenir des résultats meilleurs ; on le fait lutter avec des adversaires, etc. Or, surmonter des difficultés, atteindre un résultat, lutter pour faire mieux, c'est l'essence même du sport.

Dans le cours d'une séance de travail bien ordonnée et conduite par un maître intelligent, l'idée de lutte intervient tout naturellement pendant l'exécution même des exercices. S'agit-il de saut, par exemple. On fait d'abord sauter une hauteur réduite quant aux possibilités de l'élève, afin d'obtenir, par la répétition d'un acte facile, un effet sur le développement musculaire et une bonne coordination des mouvements nécessaires pour bien sauter. Dès que l'élève fait preuve d'aptitudes suffisantes, ce qui se produit quelquefois dès les premières séances, on essaie de mettre en valeur l'acquis en cherchant à faire mieux, c'est-à-dire à sauter plus haut. À partir du moment où la préoccupation du développement musculaire et de l'étude des gestes cesse pour faire place à l'idée d'obtenir un résultat précis ou de vaincre une difficulté (sauter plus haut), l'exercice de saut s'est transformé en sport.

S'agit-il de course, comme autre exemple. On prescrit d'abord une allure inférieure à celle qui correspond aux capacités connues de l'élève, afin de développer son souffle, son endurance, de rythmer ses gestes et de rectifier ses défauts, etc. Puis, à un moment donné, on fait appel à sa volonté et à son énergie pour parcourir telle distance en tant de temps, ou pour dépasser tel élève. Dans ce dernier cas, l'exercice simple de course s'est transformé en sport.

Telle est la bonne façon de conduire un entraînement physique.

*

Dans la pédagogie de la « méthode naturelle », que nous préconisons en éducation physique, méthode basée sur l'observation du développement des êtres libres et particulièrement des enfants, l'élément « lutte », c'est-à-dire le sport, intervient à chaque instant dans les séances de travail. Cette façon de procéder est normale et se conçoit, d'après les explications précédentes.

Ce principe pédagogique n'avait pas échappé à certains écrivains sportifs, observateurs consciencieux, lors des démonstrations que nous avions faites de cette méthode au Congrès d'éducation physique de Paris en 1913. Plusieurs avaient notamment écrit ceci : « La méthode naturelle semble être la meilleure méthode de préparation aux sports. » Cette observation est exacte si l'on considère le sport comme un mode d'activité à part, un complément de l'éducation physique. Nous venons de démontrer qu'elle est fausse au point de vue pédagogique si nous envisageons le sport dans sa conception normale ou éducative, c'est-à-dire si nous le considérons comme constituant une partie de l'éducation physique.

*

Le bruit fait autour du sport depuis des années laisse supposer aux esprits non prévenus, surtout aux jeunes gens, qu'il s'agit d'un mode récent d'activité.

Or, le sport a toujours existé. C'est le mot qui est nouveau. C'est sa conception actuelle qui est récente. C'est la mentalité de ses propagandistes, de ses adeptes, ce sont les pratiques, les procédés, les coutumes et déjà les préjugés des milieux sportifs qui sont nouveaux.

Le sport est devenu de nos jours un domaine à part du fait des organisations qui l'ont « capté », non seulement pour le réglementer au point de vue technique (ce qui, à ce seul point de vue, eût été un bien), mais pour en faire une vaste machine administrative avec son cortège de pontifes, ses comités, ses commissions, ses séries indéfinies de concours et de championnats.

Alors que le sport est à tous, on en arrive à croire qu'il n'existe pas en dehors des groupements fédératifs qui se sont créés pour le régir.

Il est inutile d'insister pour prouver que le sport a toujours existé. Dans tous les temps et dans tous les pays, les enfants, les adolescents et les adultes ont cherché à se devancer, à lutter dans les jeux, les exercices de toutes sortes, la chasse, l'entraînement au combat. Partout et toujours on a mis en présence des adversaires, on a cherché à se surpasser les uns les autres, à faire mieux, à atteindre un résultat précis.

Mais, point capital, ce qui a toujours dominé dans le sport à travers les âges, c'est la raison d'*utilité* : préparation d'hommes aptes à tous les efforts nécessaires à la défense du sol ou à la lutte contre les éléments, les bêtes féroces, etc.

Il faut arriver à l'époque actuelle ou se reporter aux époques de décadence ou d'indolence, pour assister à la déviation du sport de son but initial utilitaire ou à sa dégradation progressive par l'argent et le spectacle.

« La gymnastique du temps de nos pères a connu des athlètes admirables et dignes de mémoire, mais la gymnastique actuelle (lisez le sport) a tellement changé les habitudes des athlètes (lisez les champions) qu'ils sont pour la plupart pris en aversion par les vrais amateurs des exercices physiques.

« Il me semble convenable de défendre la nature, qu'on a calomniée… La nature, en effet, produit aujourd'hui des lions qui ne sont pas plus lâches qu'autrefois ; les chiens, les chevaux, les taureaux n'ont pas dégénéré… La nature fait tout pousser comme au temps de nos ancêtres, de la manière qu'elle a déterminée.

« Pour les qualités qui jadis distinguaient les athlètes, la nature n'est pas trouvée en défaut, mais l'absence d'une saine direction dans les exercices et d'une application soutenue avec vigueur a ôté à la nature sa propre puissance…

« Les athlètes commencent aussi à violer les lois qui regardent l'argent, à vendre et à acheter la victoire. Les uns vendent leur propre gloire : les autres achètent une victoire facile, parce qu'ils mènent une vie efféminée. On n'a plus de honte ni pour vendre ni pour acheter. »

Ainsi parlait l'écrivain grec Philostrate, vers l'an 200 de notre ère. Ne dirait-on pas un propos d'actualité, et n'est-ce point là une critique convenant à notre époque de moralité affaiblie ?

*

Les quelques observations qui précèdent nous permettent de dégager les caractéristiques essentielles du sport vrai.

Le sport vrai est éducateur par essence. Il est avant tout dominé par la raison d'*utilité*, qui le maintient dans la bonne voie et l'empêche de dévier vers la fantaisie, l'artificiel ou le vain tour de force.

Il est préservé de l'excès ou de l'outrance par un élément éducatif essentiel : la *mesure*. Autrement dit, il est réglé quant aux efforts à fournir, dosé suivant les possibilités de chacun, limité quant à sa fréquence.

Enfin, il est orienté vers la bienfaisance par une idée morale directrice : l'*altruisme*. Autrement dit, il est préservé des dangers qui résultent d'une culture purement corporelle, dangers que nous décrirons plus loin et que les pédagogues et les philosophes de tous les temps et de tous les pays ont dénoncés pour en préserver la jeunesse.

*

Lorsque le sport n'a plus pour le refréner et le maintenir dans la bonne voie ces trois caractères essentiels : l'*utilité*, la *mesure*, l'*altruisme*, comme cela se produit actuellement, son rôle éducatif n'existe plus.

Dévié de son but, il glisse insensiblement vers tous les excès et devient dans certains cas un élément *destructeur* au lieu d'être un élément éducateur. S'il se pratique devant un public de spectateurs, il tombe dans le *funambulisme* et se fourvoie dans les basses combinaisons des professionnels ou des amateurs marrons, qui nous sont dévoilées par des scandales de plus en plus fréquents. Il est alors dévoyé.

Le Sport contre l'éducation physique,
Vuibert, 1925, chap. 2.

JEAN PRÉVOST

(1901-1944)

Engagé dans la Résistance, Jean Prévost meurt dans le maquis du Vercors en 1944. Brillant auteur, critique artistique reconnu, il est l'un des premiers à s'intéresser au sport d'une manière nouvelle, littéraire en somme. Par le sport, le corps s'ouvre à une forme de spiritualité, presque une mystique.

Amitié du discobole

Je l'avais déjà vu cinq ou six fois peut-être, mais je ne connaissais guère de lui que ses prouesses, ses yeux calmes, sa conversation toujours la même : l'affinement du style, le culte des champions, nourrissent son esprit autant que sa vitesse. Ce jour-là, le lancer du disque était la dernière épreuve, et il lançait dernier : le troisième jet d'un de ses concurrents dépassait les siens d'un demi-mètre. Lorsqu'il prit son disque, et à l'arrière du cercle d'élan commença à le balancer, le poids de la lentille cerclée de fer m'alourdit le bras gauche et l'épaule, et vint me peser sur le cœur. Je sentais toutes mes articulations nouées, et mon imagination ne pouvait pressentir son geste sans y mêler d'énormes erreurs.

Mais lui, après un balancement lent de son disque, qui semblait un pendule rythmant une méditation, lia soudainement l'un à l'autre tous les gestes du discobole, et fit exploser toutes ses forces dans le tournoiement et dans le jet.

Le disque monta, plana sans balancements : je le regardais avec tant de passion, que la terre me parut monter à sa rencontre. Il claqua le sol sans rouler ni glisser, au-delà de toutes les marques.

Quand je tournai la tête, le discobole, tous muscles allongés, penchait encore en avant sur la pointe des pieds. Pliant les genoux et se cambrant, il reprit équilibre à l'intérieur du cercle. Aux applaudissements il sourit d'abord, puis baissa la tête, et courut au vestiaire à petits pas pressés.

J'y arrivai un instant après : il n'avait ôté que son léger maillot. Mes genoux et ma voix tremblaient d'enthousiasme. Je parlais avec fièvre : il ne répondait pas et se laissait respirer. Il mit le pied sur un banc et se pencha pour dénouer sa chaussure : sa taille se creusa ; dans le vestiaire un peu frais, la chaleur que rayonnait le corps triomphant me caressait la joue. Je fus tenté, je posai la paume et les doigts sur les plis de son flanc : la force de l'impression me força au silence.

On serre une main comme un outil, mais ce large contact me révélait le plein corps d'un homme. La tiédeur et la souplesse de ce flanc montèrent dans mon bras encore raidi par la gaucherie et la timidité du spectateur, le délièrent, y firent couler une langueur heureuse où pourtant il sentait mieux sa force ; puis le bienfait parvint à ma poitrine qui grandit et s'emplit de plaisir.

Il se pencha davantage, le muscle glissa sous la peau, mais mon plaisir ne s'en inquiéta qu'un instant et reprit son allégresse, pleine, entièrement parfaite, et qui ne voulait que se continuer. Je n'étais plus attiré vers lui, mais je prenais de son être une connaissance meilleure pour m'y conformer tout entier. Mes membres imitèrent la souple disposition des siens. Dans mes veines desserrées mon sang coula facile comme le sien. Peut-être lui aussi se conformait-il à quelque autre athlète qu'entrevoyait sa pensée, mais d'une perfection inaccessible ici-bas. La crainte délicate du prochain regret, qui attriste tous nos plaisirs, ne se mêlait pas à celui-là : je pressentais que lorsque ce corps s'écarterait de ma main, ses dons pourraient durer en moi. Cette communion était plus émouvante que la contemplation d'une beauté extérieure et étrangère à nous. Mais il ne pouvait s'y mêler aucun désir d'aucune sorte, puisque c'est lui qui donnait sans aucun échange, et que je recevais sa grâce comme un soleil de mai. Ou plutôt il m'émouvait comme un temple, quand on s'appuie de la main à un pilier, et que l'esprit s'élève dans la haute pénombre. Après avoir erré quelque temps, mon esprit se posa dans le silence et la gravité des hauts lieux.

Le vainqueur se vêtit. J'allai finir l'après-midi avec lui et son frère dans une allée de marronniers herbue et déserte. Il s'étendit. Son frère cadet, fervent et rieur, gravait sur un tronc lisse et large la prouesse de l'aîné ; mais celui-ci le rappela :

« Pas trop profond, viens dormir, la performance est moins solide que le marronnier. »

Je regardai cette splendeur allongée, si rayonnante que ses habits semblaient transparents. Je sentis qu'il était assez heureux et assez beau pour avoir deviné la vraie nature de la gloire.

Immortalité, pure négation, mot vide et fade. C'est beaucoup déjà que cet esprit, que cette chair puissent surmonter leur destin bref, que l'homme que j'ai touché tout à l'heure puisse se prolonger pour une part, durer autant peut-être que cet arbre dur contre lequel je me rudoie la main. Les gloires croissent inégales et diverses selon le terrain, la lumière et l'essence. J'ai vu d'anciens champions oubliés, tout pareils, moins les fleurs, à des pommiers rabougris. Mais devant les coureurs qui attaquent les records du monde, les jambes de Jean Bouin courent encore, modèle de souplesse ; il respire dans les poitrines élargies des athlètes qu'il a suscités, et qui transmettront son âme à leur tour ; sa gloire peut durer presque autant qu'un grand chêne.

J'imagine les plus beaux des cèdres qui sont nés au temps de Milon de Crotone ; leur bois peut-être n'est pas plus incorruptible, ils n'ont pas plus de feuillage et d'ombre que le nom de l'ancien vainqueur. C'est plus de durée que n'en ont les Dieux, et c'est assez peut-être pour les plus grands et les plus beaux des hommes.

Plaisirs des sports,

JEAN GIRAUDOUX

(1882-1944)

Dramaturge, homme de lettres célébré, Giraudoux vénérait le sport. Champion universitaire d'athlétisme, il fut instructeur militaire durant la Première Guerre mondiale. Pour lui, le sport édifie l'homme parce qu'il permet d'établir le plus haut dialogue entre le corps et l'esprit. Et davantage encore : « Le sport est l'art par lequel l'homme se libère de soi-même. »

Le sport

Le sport est un art. Une recette morale dont l'exercice est physique. Le sport est l'art par lequel l'homme se libère de soi-même et libère son prochain de la pire des charges, de la moins digne, de la plus encombrante : du corps mal soigné d'un homme. L'homme que le sport a dégagé de la masse humaine est retranché de ce poids gigantesque de maladresse, de pitié, de condescendance, de promiscuité qui est le plus fort impôt qu'ait à payer à la vie l'humanité, et l'en allège d'autant.

Tout humain, mal tenu, gourd ou voûté, se cramponne aux autres et les entrave par des adhérences lamentables : il tire perpétuellement sur l'œil, sur le cœur, sur le bras, sur la conscience de ceux avec lesquels il vit, et pour la Société qui résiste à la tentation de le tuer, solution de Sparte et de tant d'autres civilisations, il ne reste qu'un remède, le sport.

Tout humain au corps terne, déjeté ou obèse, est en quelque sorte un mendiant. Le premier mendiant du monde a été le premier petit-fils d'Ève qui a mendié la pitié par des cuisses plates ou des clavicules en relief. Le sport relève l'homme de cette mendicité. Il lui redonne cette inconscience, c'est-à-dire cette richesse, de son propre corps qui est à l'aise et la liberté.

La vérité est que, au contraire de sa réputation, l'homme sportif n'a pas de corps, ni pour lui, ni pour les autres. Il n'est pas vu, comme l'homme qui a une voix juste n'est pas entendu, comme l'homme qui se lave n'est pas senti. D'une humanité gluante et ânonnante et odorante, il est, par un film tourné à rebours, placé à cet état de fraîche naissance et de facilité où Adam fut trouvé par le premier jour du monde, seul vrai départ, même pour nos contemporains. C'est vers cette ligne de départ que court le coureur, que vole hélicoïdalement le gymnaste à sa barre fixe, que monte l'altérophile en laissant aller ses haltères : chacun d'eux reprend, s'il est conscient, toute la supériorité de l'équilibre et de la santé et, s'il ne l'est pas, en plus, toute la dignité et la force de la solitude. Le plongeur qui disparaît dans sa minuscule piscine va émerger dans trente secondes du Déluge.

Ce n'est pas seulement le sport qui doit être chargé de l'éducation des citoyens. C'est l'éducateur public qui doit donner au sport ses règles morales. Si le père, l'instituteur, le professeur, professeur de sport aussi plus que tout autre, façonnent une génération courtoise, loyale, généreuse, le sport sera courtois, loyal et généreux. Sinon, il n'est pas de raison pour que le sportif, déchaîné dans l'effort ou dans la mêlée, ait recours à des mots plus choisis ou à des gestes moins vulgaires que ceux des spectateurs qui l'observent de sang-froid.

Mais c'est vis-à-vis de soi-même que le sportif acquiert les vertus dont il est dépourvu vis-à-vis du prochain. C'est avec lui-même qu'il devient loyal, car il connaît les ressources de son corps ; il ne peut s'en dissimuler ni les qualités ni les manques et il n'a plus à tricher avec lui. C'est vis-à-vis de lui qu'il est strict, car il sait ses limites ; généreux, car il sait son abondance économe, car la dépense inutile lui est odieuse, et il a acquis vis-à-vis de son être physique une notion qui vaut toute vertu : celle de la responsabilité. Au lieu de faire de sa route dans la vie un chemin d'à-peu-près, au lieu de s'en tirer au hasard avec la fatigue, le coudoiement, l'appétit et la saleté humaine, le vrai sportif s'arrange pour remettre chaque soir au sommeil – chaque soir ou le plus souvent possible, il faut compter avec les amis et avec les victoires – le Trésor intact de sa légèreté et de sa force.

Le Sport, Hachette, 1928.

PIERRE DE COUBERTIN

(1863-1937)

À l'heure de rassembler ses souvenirs sur la grande entreprise de sa vie que furent l'organisation et le rayonnement des Jeux olympiques, Pierre de Coubertin cède à l'émotion quand il se remémore l'instant précis de la proclamation d'ouverture des tout premiers jeux. Cette formule devenue acte de célébration à la manière d'un rituel religieux est restée au fil des Jeux une puissante coutume.

La conquête de la Grèce

Peu de jours après la clôture du Congrès, nous nous assemblâmes, Sloane, E. Callot et moi, chez M. Bikelas, qui avait un pied-à-terre à Paris, rue de Babylone. C'est là que fut cimenté l'édifice du CIO Bikelas ne voulait pas en accepter la présidence. Je tenais à l'idée d'une présidence mobile appartenant de droit à la nationalité de l'Olympiade prochaine. Tout ce qui pouvait consolider le caractère international du cycle qui allait s'ouvrir me semblait de première importance. Bikelas n'aurait à exercer ces fonctions que jusqu'à la fin de l'année 1896 et je lui succéderais alors pour quatre ans. En attendant, j'exercerais un de ces « secrétariats généraux », plus intéressants que la plupart des présidences, car ce sont les chevilles ouvrières d'une administration active.

C'est ainsi que j'avais agi avec l'USFSA, pour la transformer et en faire une pierre angulaire du renouveau musculaire en France. Je fis confier la trésorerie à Ernest Callot, un aîné, qui joignait le culte des Lettres à celui des Sports et partageait nos vastes espérances, puis j'exposai mon plan qui était de compléter sans hâte, mais sans retard non plus, la façade du CIO, et d'imposer à ses membres l'armure d'une indépendance absolue en refusant l'accès de tout « délégué » de qui ou de quoi que ce fût et le versement de n'importe quelle « subvention » d'où qu'elle vînt. « L'armure du pauvre », murmura Bikelas. Mais ils comprenaient parfaitement la nécessité d'agir ainsi si nous voulions assurer l'avenir d'une institution portant un nom illustre, mais dépourvue d'assises pratiques et encore fort incomprise de l'opinion. Parmi les deux mille auditeurs de l'*Hymne à Apollon*, il s'était trouvé plus d'artistes que de sportifs et la fin du Congrès s'était estompée dans l'émotion générale causée par l'assassinat du président Carnot.

Nous nous mîmes aussi d'accord sur le principe de l'égalité des sports. Déjà, pendant le Congrès, aux séances des 19 et 22 juin, j'avais dû intervenir pour empêcher les « sports accessoires » de se voir simplement attelés au char des *athletics*, ce qui devait se renouveler souvent et longtemps.

Le reflet de ces importantes décisions se manifeste dans le numéro deux du bulletin trimestriel dont je commençai aussitôt la publication. J'extrais de sa chronique les passages suivants : « On nous demande de bien préciser le caractère de notre entreprise. Voici la réponse en quelques lignes… Notre pensée, en faisant revivre une institution disparue depuis tant de siècles, est celle-ci : L'athlétisme a pris une importance qui va croissant chaque année. Son rôle paraît devoir être aussi considérable et aussi durable dans le monde moderne qu'il l'a été dans le monde antique ; il reparaît d'ailleurs avec des caractères nouveaux ; il est international et démocratique, approprié par conséquent aux idées et aux besoins du temps présent. Mais aujourd'hui comme jadis, son action sera bienfaisante ou nuisible selon le parti qu'on en saura tirer et la direction dans laquelle on l'aiguillera. L'athlétisme peut mettre en jeu les passions les plus nobles comme les plus viles ; il peut développer le désintéressement et le sentiment de l'honneur comme l'amour du gain ; il peut être chevaleresque ou corrompu, viril ou bestial ; enfin on peut l'employer à consolider la paix aussi bien qu'à préparer la guerre. Or, la noblesse des sentiments, le culte du désintéressement et de l'honneur, l'esprit chevaleresque, l'énergie virile et la paix sont les premiers besoins des démocraties modernes, qu'elles soient républicaines ou monarchiques… »

Vers le milieu de l'été, le CIO se trouva constitué par les acceptations de ceux qui avaient été désignés sans que j'eusse pu les pressentir. Le 4 septembre arriva de Christchurch celle de M. Cuff et le 15 celle du duc d'Andria, de Naples. Douze nationalités se trouvaient représentées ainsi au départ et le Comité avait mission de se compléter. C'était un « self-recruiting body », dans le genre du rouage directeur des régates de Henley. Mais il était déjà ce qu'il serait pendant trente ans – et ce qu'il est encore – composé de trois cercles concentriques : un petit *noyau* de membres travailleurs et convaincus ; une *pépinière* de membres de bonne volonté susceptibles d'être éduqués ; enfin une *façade* de gens plus ou moins utilisables, mais dont la présence satisferait les prétentions nationales tout en donnant du prestige à l'ensemble.

À l'automne, M. Bikelas partit pour Athènes, précédé par une quantité de lettres personnelles accompagnant les premiers numéros du *Bulletin*. Le 4 octobre, il m'écrivait à l'arrivée : « Depuis Brindisi jusqu'ici tous mes compatriotes me parlent des Jeux olympiques avec joie ». C'est le sentiment qu'exprimait aussi le correspondant du *Temps* en Grèce. Le lendemain, nouvelle lettre. Bikelas a vu le président du Conseil, M. Tricoupis, et l'a trouvé « bien disposé », malgré qu'il eût « préféré » ne pas voir surgir cette affaire. Bikelas se propose de provoquer une réunion de la Commission du Zappeion, laquelle a sous sa juridiction non seulement le monument de ce nom, mais les ruines du Stade toutes voisines.

Entre-temps, j'amassais des documents en vue de la prompte rédaction d'un programme détaillé. Dès le 26 juillet j'avais reçu de M. G. Strehly, professeur au Lycée Montaigne, à Paris, et gymnaste émérite, ses suggestions concernant les sports gymniques individuels (les seuls à considérer). Cette expression de sports gymniques s'appliquait à la barre fixe et à tous les agrès. Elle est la bonne. Aujourd'hui, après trente-cinq ans, je lutte encore pour l'imposer. Puis, Herbert avait envoyé de Londres les distances à adopter pour les courses à pied.

Étaient venues ensuite les propositions du Comité directeur de l'UVF pour le cyclisme : c'étaient simplement une course de vitesse de 2 km, sans entraîneurs, et une course de fond de 100 km avec entraîneurs. Moins sage, la National Cyclist's Union d'Angleterre demandait, en outre de 1 mille, 10 km et 100 km *a time race, say twelve hours*. Enfin, la Société d'Encouragement de l'Escrime avait élaboré, sur ma demande, un projet comportant des concours pour amateurs et pour professeurs (fleuret seulement, avec éliminatoires par poules).

Ces documents enfournés dans ma malle, je pris le rapide de Marseille et m'embarquai sur l'*Ortégal* à destination du Pirée, inquiet et joyeux – mais plus joyeux qu'inquiet – comme je l'ai toujours été à la veille de l'action. Sur mer je croisai la longue épître pressentie par laquelle M. Étienne Dragoumis, député, président de la Commission du Zappeion, m'exposait, après le départ de Bikelas, qui avait dû quitter Athènes, les conclusions décourageantes auxquelles s'étaient arrêtés ses collègues et lui-même. En somme, il m'invitait courtoisement à ne pas venir et à renoncer à mon dessein olympique.

Notre arrivée nocturne au Pirée, la veillée sacrée sur le pont dans le silence auguste des choses, le débarquement à l'aube, aux soins de quelques jeunes enthousiastes qui allaient devenir tout de suite des amis, le pèlerinage au Stade presque informe : un immense talus dépouillé de sa parure marmoréenne avec, au fond, quelques débris, et le fameux passage par où, jadis, débouchaient les athlètes… Heures inoubliables et lumineuses. À peine installé à l'hôtel, je reçus la visite du chargé d'affaires de France, M. Maurouard, et, pendant qu'il était là, celle du chef du gouvernement, M. Tricoupis, qui, mettant de côté tout protocole, semblait pressé de prendre contact et peut-être de jauger ma capacité de résistance à sa pression, car il était d'ores et déjà résolu comme je l'ai su depuis, à faire obstacle à l'entreprise. C'est au point de vue financier qu'il affectait de se placer uniquement, bien qu'à mon avis ce ne fût pas le seul.

Il est de fait que la Grèce se trouvait alors en assez fâcheuse posture. Le ministre s'alarmait que les puissances créancières pussent prendre ombrage de « dépenses somptuaires » consenties alors que s'imposait une stricte économie afin d'arriver à faire honneur à des dettes restées impayées. J'objectai qu'il s'agissait de dépenses peu élevées. « Observez, examinez, me dit M. Tricoupis, en se retirant. Je suis convaincu que vous vous rendrez compte que la Grèce n'a pas les ressources nécessaires actuellement pour accepter la mission qu'on veut lui confier. »

Je fus plusieurs jours sans pouvoir monter à l'Acropole, ni rien voir d'Athènes. J'étais devenu un ballon de jeu entre deux équipes politiques. L'opposition, dirigée par M. Th. Delyannis, avait pris vivement parti pour les Jeux olympiques. La presse était divisée en deux camps et apportait à sa dispute quelque acharnement. Je passais mon temps à faire des visites aux hommes politiques et aux journalistes, sous la conduite de mes nouveaux amis, Georges Melas, fils du maire d'Athènes, et Alexandre Mercati, fils du directeur de la Banque et camarade d'enfance du prince royal.

Le cocher du landau descendait de son siège et disait à Georges Melas avec la familiarité charmante d'alors : « Monsieur mon petit Georges, je vais t'expliquer comment ton ami doit s'y prendre avec Tricoupis. » J'étais vexé que mon grec de collège ne me servît à rien, grâce surtout à la prononciation qu'on nous avait apprise. Mais, alors, on parlait partout français. Mon étonnement était grand de trouver une Grèce si vivante, restée si semblable à elle-même, à la fois très antique et très moderne. Mon instinct ne m'avait pas trompé en m'inclinant fortement vers elle. Désormais j'étais certain de son avenir. Je garderais toujours en ses destins renouvelés une foi solide.

Cependant je ne rencontrais pas la personne dont j'aurais eu besoin comme cheville ouvrière. Bikelas, pendant son séjour, avait agi par son charme et son zèle, mais il m'avait laissé le soin de dresser l'échafaudage… Le roi étant en Russie, le prince royal était régent et cela le rendait un peu plus timide vis-à-vis d'un cabinet hostile. Cependant, au cours de deux longues conversations, j'avais acquis la conviction qu'il était résolument de notre côté. Après une enquête sur les ressources sportives d'Athènes, les terrains, la main-d'œuvre, je mis sur pied un projet de budget assez modeste, mais qui me semblait suffisant. Je crois, n'en ayant plus le tableau sous les yeux, qu'il devait se monter à 250 000 drachmes. Dans le Stade, bien entendu, il n'était prévu que des gradins en bois.

J'allai alors revoir M. Tricoupis et lui dire mon impression favorable. On l'y avait préparé. Il ne fit point d'objection, mais refusa la participation gouvernementale. Je lui demandai une « neutralité bienveillante ». Il la promit… non sans restriction mentale, sans doute. Je requis ensuite une salle au Zappeion qu'on ne pouvait me refuser.

Avec mes amis, dont la phalange grossissait, nous confectionnâmes des lettres de convocation à une séance qui se tint dès le 12 novembre et où l'assistance fut assez nombreuse. Heureusement j'avais déjà l'habitude de ces sortes d'assemblées imprécises qu'il faut tour à tour flatter, endormir et brusquer. Un Comité sortit de là dont le patronage préalablement obtenu du prince royal, avait empêché qu'on osât discuter le principe. Le colonel Mano, M. E. Scouloudis, député, ancien ministre, le commandant Soutzo, chef d'escadron de cavalerie, et M. Retzinas, maire du Pirée, furent élus vice-présidents ; M. Paul Skousés, trésorier ; MM. A. Mercati et G. Melas, secrétaires. La date des Jeux fut fixée du 5 au 15 avril 1896. Nous aurions, cette année-là, la chance d'une coïncidence de la Pâques grecque avec la Pâques occidentale. Le programme que j'avais apporté de Paris fut adopté. Quatre jours plus tard, le 16 novembre, je fis une conférence à la grande société littéraire, le Parnasse. La salle était comble. Si le parti Tricoupis ne cédait pas, l'opposition ne désarmait pas davantage. Je possède encore dans un numéro du *Romos*, le spirituel journal satirique rédigé en vers, une caricature amusante représentant MM. Tricoupis et Delyannis munis de gros gants de boxe et se battant à propos des Jeux olympiques. Ce n'est pas sans inquiétude qu'après un mois de séjour je dus quitter Athènes par la voie de terre cette fois. La Société Panachaïque de Gymnastique me réserva, à Patras, un accueil enthousiaste. Un membre de son Comité avait été désigné pour m'accompagner à Olympie. Nous y arrivâmes tard le soir. Je dus attendre l'aube pour connaître les lignes du paysage sacré, dont j'avais tant de fois rêvé. Tout le matin j'errai dans les ruines. Je ne devais revoir Olympie que trente et un ans plus tard, lors de l'inauguration solennelle du monument érigé en commémoration du rétablissement des Jeux. Rentré à Patras, je gagnai, après une brève escale à Corfou, Brindisi et ensuite Naples où, reçu par mon nouveau collègue, le duc d'Andria, je fis, le 7 décembre, au Cercle Philologique, que présidait un député de renom, M. Borghi, une conférence qui me laissa l'impression d'un coup d'épée dans l'eau. Loin des harmonies de l'*Hymne à Apollon* et de la silhouette du Parthenon, l'évocation des Jeux olympiques manquait de force, évidemment.

La première Olympiade (Athènes 1896)

Sitôt que j'eus quitté la Grèce, M. Scouloudis s'employa à abattre les fondements posés. Il convoqua trois fois chez lui les trois autres vice-présidents, leur persuada que mon budget ne valait rien, que les dépenses seraient énormes et les profits nuls… Ayant suffisamment ébranlé leur confiance, il annonça au reste du Comité que la dissolution s'imposait et qu'on allait s'en remettre à la décision de Son Altesse Royale.

Il se croyait sûr de cette décision, mais les choses se passèrent autrement qu'il ne l'avait prévu. Le prince royal reçut la délégation, mit le rapport sur sa table disant qu'il l'étudierait et congédia ces messieurs après leur avoir parlé de la pluie et du beau temps. Je crois qu'il n'hésita nullement. Son parti était pris. Je ne sais pas exactement, bien que tenu secrètement au courant de chaque détail, ce qui se passa entre le prince et le roi, au retour de celui-ci, mais certainement le roi dut apprécier que l'héritier du trône se trouvât placé à la tête d'une œuvre de pur et large caractère hellénique, car six mois plus tard, lui ayant rendu visite à Paris, où il était de passage, le roi me parla avec une fierté visible des qualités dont faisait preuve le prince royal dans l'organisation des Jeux.

Ces qualités furent réelles. J'admirai l'intelligence et le tact avec lesquels il sut manœuvrer et se tenir en équilibre dans une situation délicate ; mais, malgré tout, cette situation ne pouvait durer. M. Tricoupis n'en revenait pas qu'on eût ainsi passé outre à sa volonté formelle. Il saisit le prétexte d'un incident surgi au cours d'une grève pour mettre le roi en demeure de « choisir » entre son fils et son ministre. Le roi, avec calme et résolution, exprima ses regrets de la démission qu'on lui faisait pressentir. Tricoupis se retira très ulcéré. Il garda une réelle rancune aux Jeux olympiques, si bien qu'aux approches de leur célébration, il partit pour Nice. Il devait y trouver une mort rapide et inattendue, dont la nouvelle parvint à Athènes au cours des Jeux, un soir de grande fête, parmi l'éclat des illuminations et des musiques.

Sans attendre le dénouement de la situation, le prince royal avait tout de suite réorganisé le Comité du 12 novembre, modifiant aussi peu que possible les rouages provisoires. Il s'adjoignit de nouveaux collaborateurs, parmi lesquels M. Delyannis, devenu premier ministre, et M. Zaïmis, aujourd'hui président de la République. Il garda les deux secrétaires et les doubla de Constantin Mano et de George Streit, qui devait faire par la suite une carrière politique importante. Il plaça ses frères à la tête de commissions techniques et choisit, enfin, un secrétaire général en la personne de M. T. Philemon, ancien maire d'Athènes qu'il envoya de suite à Alexandrie visiter M. Averof et obtenir de lui les crédits nécessaires à la reconstruction du Stade en marbre, comme au temps de Périclès. Le temps pressait. Depuis le 23 juin 1894 des mois avaient été perdus par la faute de l'opposition. On était bientôt au printemps de 1895. Il restait à peine un an pour tout faire.

Le programme des Jeux de 1896 est inconnu de la plupart des sportifs d'aujourd'hui. Rien d'étonnant au bout de trente-sept ans ! Le voici tel qu'il parut en tête du numéro du Bulletin trimestriel du CIO :

A. – Sports athlétiques : Courses à pied : 100 m, 400 m, 800 m et 1 500 m plat ; 110 m haies (règlements de l'Union Française des Sports Athlétiques).

Concours : sauts en longueur, en hauteur, à la perche. – Lancements du poids et du disque (règlements de l'A.A.A. d'Angleterre).

Course de Marathon.

B. – Gymnastique : individuelle : corde lisse en traction. – Barre fixe. – Anneaux. – Barres parallèles profondes. – Sauts au cheval. – Travail des poids.

Mouvements d'ensemble (équipes de dix).

C. – Escrime : assauts de fleuret, sabre et épée pour amateurs et pour professeurs (règlement spécial de la Société d'encouragement de l'escrime, de Paris).

Lutte : romaine et grecque.

D. – Tir à l'arme de guerre, à la carabine et au pistolet (règlement en élaboration).

E. – Yachting : Steam-yachts sur 10 milles (règlements du Cercle de la Voile, de Paris).

Voile (jauge et règlements de la Yacht Racing Association d'Angleterre) pour bateaux de trois, dix, vingt tonneaux maximum et au-dessus de vingt tonneaux. Distance : 5 et 10 milles.

Aviron : un rameur, 2 000 m sans virage, skiffs ; deux rameurs de couple sans virage, yoles et outriggers ; quatre rameurs de pointe sans virage, yoles (règlements du Rowing Club Italiano).

Natation : Vitesse : 100 m. – Fond et vitesse 500 m. – Fond 1 000 m. – Water-polo.

F. – Vélocipédie : Vitesse : 2 000 m sur piste, sans entraîneurs. – 10 000 m sur piste, avec entraîneurs. – Fond : 100 km sur piste, avec entraîneurs (règlements de l'International Cyclist's Association).

G. – Équitation : manège, sauts d'obstacle, voltige, haute école.

H. – Jeux athlétiques : Lawn-tennis, simple et double. (Règlements de la All England L. T. Association et du Marylebone Cricket Club.)

J'ai tenu à reproduire ce texte. On voit ce qu'il y a de vrai dans cette légende indéfiniment répétée, que les Jeux modernes consistèrent, au début, en simples concours d'athlétisme auxquels vinrent s'adjoindre par la suite des sports variés. Ce qu'il y a de vrai ?… pas un mot.

Mémoires olympiques,
Lausanne, Bureau international de pédagogie sportive, 1931.

MARCEL BERGER

(1885-1966)

Agrégé de lettres, helléniste, auteur et éditeur, Marcel Berger fut cofondateur avec Tristan Bernard de l'Association des écrivains sportifs. Outre son Anthologie des textes sportifs de l'Antiquité, *on lui doit aussi ce* Pourquoi je suis sportif, *une confession autobiographique. Marcel Berger fut décoré de l'ordre de commandeur du mérite sportif, une distinction rare pour un intellectuel. Sa profession de foi pour le sport tient en un mot, que partage l'esprit olympique : l'enthousiasme.*

Pourquoi je suis sportif

Un adolescent de la fin du siècle dernier, combien j'entrevois peu de prétextes à enthousiasme dans sa vie ! Moi-même, dans ma petite enfance, je me rappelle ces lentes promenades du dimanche en famille, sur les routes, sans but. La guinguette n'était guère admise ; le dancing n'était pas inventé. La politique ? L'affaire Dreyfus ? Pauvres parents, qui n'avaient pas d'autres motifs à exaltation !

Cependant, dans cette atmosphère atone, déjà des espérances sourdaient.

Je ne suis pas de la génération qui a vu naître la bicyclette. Mais il flottait encore dans l'air un parfum de ce miracle récent. La bécane, annonciatrice de tous les élans, de tous les envols ! Instrument génial qui, soudain, a multiplié par quatre la faculté de déplacement de l'homme et, du coup, sa soif, sa puissance et ses chances de bonheur. À dix ans, m'y hissant inquiet, puis roulant en pleine féerie, j'entrevoyais le monde élargi à la mesure de mes désirs puérils.

Premier contact avec l'automobile : la Serpollet à vapeur, signalée parfois dans la Grand'rue de Pont-Sainte-Maxence et pour laquelle on se ruait aux portes avec des rires : « Voilà le fou ! » Fantôme apocalyptique, utopie brevetée, chimère ! Cependant, après les deux ans de notre exil dans le Nord, quand nous venons habiter Sceaux, voilà que le mot automobile désigne un engin majeur, lourd de certitudes d'avenir !

Époque où l'auto, qui venait de trouver son journal, fut un sport et l'un des grands sports. Non seulement pour ses pratiquants mais pour l'humble masse qui sentait les premières saisons de course se dérouler dans une ambiance de légende. La *Coupe Gordon-Bennet, Paris-Berlin, Paris-Madrid*. Nous sommes partis dans la nuit, mon frère et moi, sur nos bécanes, pour aller voir passer, à l'aube, muets, frémissants, d'un talus aux environs de Versailles, ces paladins de l'ère nouvelle, ces chevaucheurs de bolides, lancés – déjà – à près de cent à l'heure.

La période des circuits gardés, le Taunus, l'Auvergne, où Théry, sur Brasier – la voiture-horloge – démarre, fonce, dérape, se rétablit, finit éternellement premier. Puis Le Mans, où Albert Clément – un camarade de Lakanal – me rencontre, me fait boucler la boucle, me dit adieu. C'était bien adieu. Il se tuait quelques mois après.

Et d'autres révélations de rêve soudain offertes à nos vingt ans. Alors que le souvenir d'Ader hantait seulement quelques initiés, successivement, le reportage de Robert Coquelle sur les Wright, l'invention du dirigeable, Santos-Dumont, la Tour Eiffel, et au lendemain – de plus en plus fort ! – les décollages du même Santos sur son plus lourd – plus lourd ! – que l'air.

Bientôt, le kilomètre de Farman, Latham, le record de la hauteur ; Blériot, la Manche ; l'arrivée – modeste – de Wilbur et d'Orville, leur pylône ; Painlevé au Mans, et ces articles admirables, pages lyriques dont le souvenir enfièvre à vingt ans de distance, arrachées par le triomphe de la matière grise... sur l'autre à des chroniqueurs de la classe de Georges Prade et Paul Adam !

Enthousiasme, oui ! Il me semble que c'est le signe sous lequel a coulé notre jeunesse. Enthousiasme né et s'accentuant avec les progrès inouïs de la science industrielle ; enthousiasme jumeau pour les sports, les sports de compétition, cette activité nouvelle qui colorait de nuances magiques les jours où nous grandissions.

Le tennis ne passionnait guère encore. Le football ne m'avait pas entièrement pris, quelle que soit l'impression que j'ai gardée du fameux « onze » de Southampton venant nous « mettre » 14 buts à 0. Mais le rugby... Les championnats de France consacrant – et ce n'est pas d'hier – l'extraordinaire suprématie méridionale, celle, alors, de Toulouse-Bordeaux ; les premiers matches entre nations, les sévères succès britanniques, notre triomphe sur Francfort, à Vincennes, en 1900, la venue des Néo-Zélandais et, attendue pendant dix ans, la fameuse victoire sur l'Écosse – le rush terminal de Faillot ! – qui fait battre encore le cœur de ceux qui peuvent dire : « J'y étais ! »

Le cyclisme. Nous achevions nos études. Notre léger acquis nous dotait de scepticisme en bien des matières. Mais, comme la logique enflammée de l'inventeur du Tour de France nous « possédait jusqu'au trognon ! » auraient dit nos voisins des « populaires ». Je nous revois – toujours mon frère et moi – tant de dimanches, aux barrières du Parc, suivant de l'œil, dans le sillage de leurs entraîneurs, chevaliers noirs maîtrisant leurs engins de feu : Taylor en rouge, Ekles en blanc, Bouhours rayé blanc et bleu ciel. Leurs performances, les records, trop souvent les chutes tragiques, celle de Leander, puis de Walthour, et de Dangla avant Darragon… Et les grandes journées du sprint qui déplaçaient le « monde » autant qu'aujourd'hui la Coupe Davis, la résurrection de Jacquelin, le retour attristant de Zimmermann, Major Taylor, Ellegaard, Friol à qui je portais chance, car je ne l'ai jamais vu battu…

J'en passe. L'athlétisme auquel, par une intime prédilection, nous donnions le pas sur tout le reste. Les Jeux olympiques de 1900, notre visite intimidée à la Croix-Catelan ce jour où Deloge – avant Ladoumègue – fut second dans le 1 500, et les demi-dieux d'Amérique raflant les couronnes, créant sous nos yeux la légende moderne, sautant 1 m 99 (Sweeney), 7 m 33 (Meyer Prinstein), distances que nous allions ensuite mesurer sur le sable, sur le mur.

Des demi-dieux, c'est bien ce qu'ils étaient pour nous, ces champions héritiers des héros homériques et moyenâgeux. Demi-dieux par le don, mais tout autant à force de volonté et de foi. Quelle coloration les étapes de leurs magnifiques carrières donnaient à l'air qu'ils respiraient, aux ciels sous lesquels ils luttaient ! Et notre émerveillement de voir, parfois, de nos jeunes contemporains entrer vivants dans le même cycle de la gloire et de l'épopée : le petit Carpentier promu, en peu de jours, au rang d'illustration française ; plus près de nous, les Eynard, Gonder, hier inconnus, tout à coup fameux recordmen du monde ! Nos imaginations s'échauffaient ; elles galopaient dans la nue. Quelle pitié j'avais – et je garde – pour ceux qui ont écarté de leur vie ce prétexte à enivrement !

Pourquoi je suis sportif, Éditions de France, 1930.

ALAIN

(1868-1951)

Dans la figure de l'athlète, le philosophe Alain souligne la capacité qu'à l'homme de s'approcher – ne serait-ce que pour un court instant – de la condition des dieux. L'athlète, c'est l'homme porté au sommet de lui-même, à l'acmé de ses capacités.

L'athlète

La religion Olympienne pourrait aussi bien être dite Olympique. Le dieu c'est l'homme parfait. Que la valeur soit toute dans l'homme, et qu'il n'ait rien à envier du volcan, du boa, du loup, c'est une idée capitale ; c'est même l'idée capitale. Aussi est-ce d'une vue courte de refuser les dieux à forme humaine, et de revenir, en croyant avancer, à l'adoration de toutes les forces et de la nature brute. Et l'homme s'égare encore, ou plutôt reste en chemin, lorsqu'il adore de préférence la partie brute de l'homme ; car cette partie n'est toujours que nature aveugle, nature plus forte que nous. Socrate faisait grande attention à ceci que nous pouvons être vaincus par nous-mêmes, et que nous pouvons nous vaincre nous-mêmes. Que signifie cela ? Telle était la question de Socrate à Socrate. Toutefois ce n'était que philosophie, et toujours question. Ce questionneur en nous aura son moment aussi.

Sans connaître ni réponse ni question, l'athlète répondait à Olympie ; le sculpteur répondait ; le poète répondait, faisant courir les dieux, athlètes immortels. Ce premier et mémorable nettoyage de l'homme a plus de sens qu'on ne dit. C'était le mouvement naturel des saints de rabaisser comme idolâtries le culte du serpent, la folie bachique et le pur lanceur de disque. La finesse du confesseur retrouve le secret chemin du dernier de ces cultes au premier. L'homme était roi ; c'était un grand pas. Mais aussi ce n'est pas une petite affaire de régner. Toujours est-il que l'athlète et le sculpteur ont écrit, en caractères ineffaçables, qu'il faut d'abord régner sur soi.

C'est ce qu'exprime la beauté de l'athlète, ce modèle d'homme. Et la philosophie des Grecs, si justement vantée, n'a fait que lire dans l'homme fort les quatre fameuses vertus. Se vaincre soi-même, et se bien gouverner, c'est le secret de la tempérance, du courage, de la sagesse, et même de la justice. Mais faire ce qu'on veut est un vain projet, si l'on ne sait pas d'abord diriger sa main. Le joueur de luth sait bien ce qu'il veut faire, mais il ne sait pas comment le faire. Et l'expérience fait voir que c'est toujours le corps entier qui pèse sur les doigts, qui les noue, qui les fait rebelles. L'état contracté et raidi est ce qui entretient en nous la peur de nous-mêmes ; et c'est folie d'envier la vertu du cheval, quand on n'a seulement pas à soi toute sa force d'homme. Par la découverte de l'être propre à l'homme et du pouvoir propre à l'homme, se trouve effacée de l'histoire, au moins comme modèle, la grimace de l'homme méchant, si étonnamment ressemblante aux nœuds de l'arbre et aux plis de la gueule animale. Être laid jusqu'à faire peur, c'est un procédé de guerre, dont il reste trace en des masques et en des casques. Un monstre animal couvre la tête du *Pensif* de Michel-Ange, mais ce n'est plus qu'ornement ; le monstre est déchu ; il n'est plus question de penser à travers le monstre. Je veux dire que dans l'ordre des valeurs, le visage athlétique l'emporte sur le masque intempérant. Toutefois, parce que les problèmes humains sont toujours les mêmes, c'est encore une méthode, si l'on peut dire, de se faire terrible pour penser et de rugir au lieu de parler. Avertissement à ceux qui, passant sans précaution de l'animal aux cent têtes à l'esprit qui se veut pur, franchissent alors un degré de trop. Cet ordre est la vraie dialectique, comme Hegel l'enseignait, car tout y est en place, nature minérale, nature végétale, nature humaine, ventre, poitrine et tête, esprit finalement. Toujours est-il que la suite des religions instruit mieux là-dessus que les essais des philosophes. Toutefois cela même est un fruit de philosophie, non de religion.

Le degré de la religion où nous sommes est tout dans ce visage immobile et énigmatique ; ainsi sont les dieux. Et le secret de ce visage, c'est qu'il est tout reporté à l'équilibre du corps, le long duquel l'attention coule et se rassure ; par la ceinture, auxiliaire de l'audace, si l'on ne peut mieux ; mais en perfection par la ceinture des muscles, armure déjà contre la peur ; et le grand jeu des jambes remonte presque jusqu'aux bras. Ainsi s'articule la libre et réelle pensée de soi, exportée du front subalterne et comme en ruisseaux déliés jusqu'aux moindres filets des muscles. Le visage est nettoyé de paraître et d'imiter. Comme le guerrier y a effacé ces peintures monstrueuses, qui règnent par l'opinion, de même il y efface les rides, qui viennent d'exprimer sans faire, et qui sont toujours le signe, même chez nos gymnastes intempérants, d'un savoir faire qui va contre le savoir être. Si surhumaine que soit cette image de l'homme, ce n'est pas peu de chose de l'avoir tracée, et si près de l'homme, si ressemblante à l'homme, si terrestrement heureuse. Une fois, donc, l'homme se trouve heureux dans ses limites et puissant par soi. Ce qui lui manque, il le refuse, il s'en est séparé. Il refuse les cent bras comme il refuse la complicité de l'arbre, du torrent et du feu. Ce ne sont plus que des moyens indifférents, comme l'aigle à côté de Jupiter ; des moyens qu'on n'estime point. L'homme règne.

Non pas une autre vie. La vie humaine suffit. Il ne lui manque que de durer toujours. Il ne manque à la perfection athlétique que de rester à jamais à son point de maturité. Le dieu c'est l'homme qui ne meurt pas. Et que fait le chef immortel dans les pensées des commémorants, sinon paraître toujours dans sa force fleurissante, conquis lui-même sur lui-même, satisfait d'être, et absolument réconcilié à soi ? Tels sont les Immortels. Et cette grande idée n'est point creuse. Le héros athlétique se loge en elle et la fait courir. Immortelle, car dans l'élan et dans la puissance, l'autre idée, de la fatigue, de la vieillesse, et de la mort, se trouve absolument exclue. La seule mort ici présente n'est nullement la mort intérieure, la mort de soi. C'est une mort étrangère, et voulue, et cherchée ; une mort à point nommé ; une mort défiée en champ clos, que l'on peut vaincre, que l'on sait vaincre. C'est mourir par sa propre force, non par sa propre faiblesse. C'est mourir par excès de vie. Cette soudaine défaite, le guerrier ne peut la penser de soi ; il la pense d'un autre ; en lui-même et pour lui-même il n'y croit point ; vient-elle sur ses pensées comme une ombre, il marche dessus, il l'efface d'une foulée. Tel est le matin du courage.

Les Dieux, Gallimard, 1934, livre III, chap. V.

LÉO LAGRANGE

(1900-1940)

Sous-secrétaire d'État aux Sports et à l'Organisation des loisirs sous le Front populaire, dans le ministère Jean Zay, Léo Lagrange défend l'idée que l'accès au temps libre pour les travailleurs encourage la pratique sportive. Quand le sport devient une activité libre offerte à tous, l'homme reconquiert sa dignité.

Discours à la jeunesse

Il y a toujours quelque ambition à exposer publiquement de vastes projets. Les auditeurs de « La voix de Paris » m'excuseront de manquer peut-être de modestie. Quels doivent être l'action et le rôle du sous-secrétaire d'État des Sports et de l'organisation des loisirs dans un gouvernement de rassemblement populaire ? Tel est l'objet de ce rapide entretien. Nous avons trop souvent entendu dire qu'un pays démocratique était, par son essence, incapable de créer une vaste organisation des sports et des loisirs. Notre ambition est de montrer l'erreur fondamentale de cette conception. Notre but, simple et humain, est de permettre aux masses de la jeunesse française de trouver, dans la pratique des sports, la joie et la santé, et de construire une organisation des loisirs telle que les travailleurs puissent trouver une détente et une récompense à leur dur labeur. J'ai employé le mot « masse », et je l'ai employé volontairement.

En effet, dans les sports, nous devons choisir entre deux conceptions différentes :

1° La première se résume dans le sport-spectacle et dans la pratique de sports restreints à un nombre relativement petit de privilégiés ; pratique qui a souvent pour seul but la création du grand champion, création d'ailleurs difficile avec une base de masse aussi réduite. C'est la conception qui domine aujourd'hui.

2° Selon la deuxième conception, tout en ne négligeant pas le côté spectacle et la création de champion qui ont leurs raisons d'être, c'est du côté des grandes masses qu'il faut porter le plus grand effort. La plus grande partie de la jeunesse de France ne peut aujourd'hui pratiquer les sports. Les causes sont multiples : manque de terrains et de stades, manque d'instructeurs et d'entraîneurs, manque de temps pour les jeunes qui travaillent, frais trop élevés.

Nous allons attaquer de front tous ces problèmes.

Nous ne voulons pas que notre action ait pour seul objet de mettre dans les mains de nos jeunes un fusil.

C'est en messager de la vie et non pas de la mort que nous voulons nous présenter. D'ailleurs, je suis sûr qu'en agissant ainsi nous servirons à la fois les intérêts permanents et solidaires de la civilisation de notre pays.

Nous tenterons de donner à la jeunesse de France les terrains de sport et de jeux, simples et accessibles, dont elle a besoin, en créant l'équipement sportif d'une nation libre. Nous demanderons aux athlètes déjà couronnés par la gloire sportive de ne point oublier que leur mission n'aura de sens réel que le jour où ils seront devenus les animateurs d'une jeunesse pour laquelle, selon la forte parole de l'écrivain André Malraux, aura cessé « le temps du mépris ».

La semaine de quarante heures, les congés payés, l'accession de la classe ouvrière et des masses populaires de notre pays à une vie que le travail n'absorbera pas intégralement, pose devant nous le problème de l'organisation des loisirs. Loisirs sportifs, loisirs touristiques, loisirs culturels où doivent s'associer et se compléter les joies du stade, les joies de la promenade, du camping, du voyage, les joies des spectacles et des fêtes.

Nous voulons que l'ouvrier, le paysan et le chômeur trouvent dans le loisir la joie de vivre et le sens de leur dignité.

Pour mettre debout cette œuvre immense, pour l'animer du souffle puissant de la vie populaire, je compte sur la collaboration active de toutes les organisations qui existent et notamment sur celles des organisations de la classe ouvrière. Je compte surtout sur le concours de la jeunesse elle-même pour créer avec elle les instruments de sa force, de sa santé et de sa joie.

La Voix de Paris,
10 juin 1936.

JACQUES DE LACRETELLE

(1888-1985)

Jacques de Lacretelle ne boude pas le plaisir du spectacle sportif. Quelque chose l'interroge dans cette passion de la foule au moment du match. Contrairement à l'idée que, dans la continuité de l'olympisme, le sport suive un processus de civilisation, il aime observer chez l'athlète la part animale à l'œuvre.

Souvenir d'Olympe

Trois choses m'attirent dans un spectacle sportif : le retour à la joie physique, la volonté mise à nu et exercée jusqu'à la limite extrême, une discipline librement consentie, celle de la règle du jeu.

Si l'on ajoute à cela le cadre, piste, arène ou stade, c'est-à-dire un espace, le plus souvent en plein air, où la nature se rencontre avec la géométrie, et où le mouvement, l'effort, sont projetés à une vitesse cent fois plus audacieuse que le rythme ordinaire de notre vie… comment rester indifférent à la scène, comment ne pas s'échauffer et prendre parti ?

Et il y a aussi la passion qui secoue la foule, tour à tour enthousiaste et désespérée. Quel parterre nous met en contact avec cette somme de pathétique ?

Je sais, je sais… On va me dire que c'est dommage, qu'il est d'autres spectacles plus dignes d'émouvoir nos passions. Qu'on en soit sûr, je mets à leur rang le théâtre, la musique, les chœurs. Mais cela ne saurait me détourner de ces moments où l'on voit un bel animal en train de mesurer intelligemment sa foulée ou son coup, combiner sa force avec son adresse, puis s'arrêter net s'il a enfreint la loi. Et chacun de ses gestes retenir le souffle de milliers de personnes.

Car ce qu'il y a de plus beau, dans la vision d'un athlète, c'est l'être redevenu animal, mais qui a gardé sa volonté d'homme et nous montre la perfection de son dressage. C'est la figure du Centaure antique.

Cette légende du Centaure, j'y ai souvent pensé, en voyant, au rugby, le joueur qui s'est emparé du ballon. Il s'échappe en ligne droite, puis il ruse, fonce de nouveau. Il a des membres qui ne sont plus tout à fait ceux des hommes, et l'on sent en lui une ivresse lucide, un état où les muscles et le cerveau ne font qu'un. Cette frénésie dionysiaque se communique au spectateur. Passera-t-il ? Soudain le héros bute, roule à terre et, quand il se relève et regagne lentement sa place, il offre bien l'image d'un dieu déchu retournant avec tristesse parmi les hommes.

L'animalité de l'athlète, telle est, d'ailleurs, la vision qui s'impose aux artistes d'aujourd'hui lorsqu'ils représentent l'exploit sportif. Regardez le coureur à pied, prêt à prendre le départ, de Segonzac. Il est ramassé, les muscles en boule, les griffes antérieures touchant le sol, vrai félin qui va bondir. Regardez les boxeurs de Luc-Albert Moreau, ou ses joueurs de rugby. C'est une scène de ménagerie où seul le front carré, obstiné, révèle une flamme humaine. Vrais combats d'animaux, tels que Delacroix les a peints.

Les Grecs, au contraire, ne nous ont pas laissé de leurs jeux les mêmes images. Ayant fait de la gymnastique une institution nationale et érigé les jeux en fêtes religieuses, quand ils ont reproduit les traits de leurs athlètes, c'est sous une forme exemplaire, presque celle d'un dieu. Ils répugnent à nous montrer une lutte trop sauvage. Les héros du stade, ils préfèrent les glorifier au repos. Leur réalisme est intérieur, concentré entièrement dans la forme et l'expression du corps. Ainsi l'Aurige de Delphes, avec ses yeux d'onyx et sa robe de bronze, est presque une statue funèbre, celle de l'homme promu si haut par son triomphe qu'il a pris l'impassibilité de ce qui est immortel.

Idées dans un chapeau,
Éditions du Rocher, 1946,
avec l'aimable autorisation d'Anne de Lacretelle.

MAURICE GENEVOIX

(1890-1980)

Glorieuse célébration de la vie, les Jeux olympiques de l'Antiquité, tels qu'ils sont chantés par Maurice Genevoix, se transforment en un spectacle sublime, une fête grandiose où la foule communie avec les athlètes de tous les peuples.

Les Jeux olympiques, un idéal

« Ils courent, nus dans la lumière ; des flocons de poussière éclosent sous leurs talons rapides. Ils courent et semblent suspendus : que leur foulée s'élève ou retombe, leurs corps ne cessent de planer, affranchis de la dure pesanteur, soutenus, emportés sur l'aile de la Vitesse divine. La foule les voit et s'élève avec eux : tous les maux, toutes les misères des jours, toutes les laideurs qui accompagnent la vie des hommes, tout cela s'évanouit et n'a jamais été. Il n'y a plus que le rayonnement du soleil, la piste égale et dépouillée, ce long champ fauve splendidement monotone, et l'allongement de ces coureurs dont le vol frémit au travers, ces jambes courageuses et pures qui n'effleurent l'arène que pour en bondir aussitôt, ces jarrets où revient se poser la même tache d'ombre fugitive au creux des tendons vigoureux, ces talons qui battent l'air en arrière, et le refoulent, et s'y appuient encore, ces poitrines tendues en avant, poussées en avant par les cœurs, et ces bras mouvementés qui redisent dans la lumière, allègrement fidèles et libres, l'envolée puissante des jambes.

« Plus vite ! Plus vite ! On voudrait à la fois qu'ils arrivent et que leur course n'ait point de fin. Les acclamations montent sans trêve, soulevées d'admiration et d'amour : la foule, à l'infini, palpite d'une joie poignante, et ne peut plus ne pas crier sa joie, ravie au-dessus d'elle-même par le spectacle de cette beauté brûlante, qui se hausse d'emblée jusqu'à son paroxysme, et s'y maintient, miraculeusement.

« C'est fini. L'élan des corps fougueux s'apaise : telle retombe et flotte doucement, au mât d'une trirème pavoisée, une banderole qui claquait dans le vent. Mais déjà quatre autres coureurs ont pris place entre les poteaux, se ramassent sur eux-mêmes, et s'élancent, au coup bref de la trompette. Et le miracle se renouvelle dans le soleil qui flamboie sur le stade. Le temps a cessé d'être pour les pèlerins d'Olympie : pendant cinq jours ils seront ivres, en proie à l'enchantement des Jeux ; et si riche est l'instant qui passe, si gonflé de jouissance neuve, que nul ne pense à la fuite des instants, au dernier jour glissant vers la vie plate de tous les jours. Leur vie, dans Olympie, est un joyeux prodige, une fontaine de joie au jaillissement si vif qu'elle ne saurait jamais tarir, inépuisable et fraîche à tant de lèvres insatiables : jusqu'à la fin des Jeux, aux rives saintes de l'Alphée, ils sont quarante mille immortels, quarante mille dieux.

« Ils ont vu les coureurs du stade tendre d'un seul envol vers la ligne d'arrivée ; et ceux du double stade partis à la tribune d'honneur, tourner à la Barrière en serrant la borne de près, puis s'élancer encore avec une ardeur ranimée ; et ceux de la longue course, infatigablement, six fois passer et revenir. Ils ont vu les lutteurs enlacés, leurs muscles se gonflant sous la peau frottée d'huile, glissant et s'insinuant avec des souplesses couleuvrines : et le soleil, toujours, brillait sur leur groupe athlétique, en baignait l'étroite harmonie, suscitait sans relâche à sa vive clarté les reflets d'une ardeur profonde, les beaux plans lumineux accentués d'ombres chaudes, les lignes sinueuses accourcies dans leur force, et soudain éployées au sursaut des lutteurs, au tournoiement d'un grand corps pâle, ainsi qu'éclate un fruit trop mûr.

« Ils ont vu les pugilistes se frapper de leurs poings terribles, leurs visages saigner sous les calottes de métal : et des frissons sauvages, à l'aspect du sang rouge, glaçaient et durcissaient leurs reins. Puis s'affrontaient les pancrasiastes, avec des bonds attentifs et brutaux, des doigts ouverts cherchant les gorges, des étreintes obliques, des torsions de membres craquants, des colères courageuses et muettes. Et les flûtes résonnaient, accompagnant les sauts des pentathles ; les disques de bronze fendaient l'air, les javelots se plantaient dans la cible, et leur hampe, longtemps, tremblait…

« Sur les talus glissait la course lente du soleil ; dans la chaleur torride, la foule criait vers les athlètes : et parfois, çà et là, un délire d'enthousiasme soulevait tout un peuple, à la victoire de son champion. Immense était l'orgueil des Crotoniates, acclamant par sept fois les coureurs de Crotone, sept fois vainqueurs dans la course du stade : vers les jeunes hommes de leur patrie, ils jetaient des cédrats, des grappes de raisins et des fleurs ; il en était qui d'une main fébrile dénouaient les liens de leurs sandales, et les lançaient à travers la piste ; debout, gesticulant, ils allaient proclamant que le dernier des Crotoniates demeurait le premier des Grecs ; et la foule, conquise, applaudissait ; et les alyptes, débordés, les laissaient envahir l'arène, soulever sur leurs épaules et porter en triomphe les sept vainqueurs haletants encore, mais souriants d'une joie radieuse.

« À la fournaise des Jeux venaient brûler et fondre les amours-propres nationaux. Si largement puissante, au creux du vaste stade, régnait l'allégresse de l'Hellade, qu'elle mêlait tous les peuples et créait un seul peuple, vibrant des mêmes transports, criant d'une même voix, saluant chaque victoire d'unanimes acclamations. Ce n'étaient pas les seuls

Mégariens, mais les Grecs de la Grèce entière, qui avaient tressailli d'enthousiasme au triomphe d'Orsippos de Mégare, lorsqu'il avait jadis, au temps où les athlètes ceignaient leurs flancs d'une large ceinture, laissé glisser la sienne et bondi à la tête des coureurs, splendide en sa nudité délivrée. Tous, ils avaient compris la beauté du geste libérateur, ils avaient acclamé sans fin Orsippos l'Olympionike regagnant à pas lents la Barrière, seul et nu au milieu du stade.

Vaincre à Olympie,

GEORGES PEREC

(1936-1982)

D'origine juive, Georges Perec, encore enfant, dut être soustrait à ses parents et caché chez des paysans à la campagne durant la Deuxième Guerre mondiale. L'enfant s'invente une île déserte nommée W où le sport est roi, mais l'idéal olympique en vigueur apparaît comme une transposition romanesque de certains thèmes de l'idéologie nazie : exaltation de la virilité, supériorité de la race aryenne, obsession des corps sains.

Une utopie du sport

Il y aurait, là-bas, à l'autre bout du monde, une île. Elle s'appelle W.

Elle est orientée d'est en ouest ; dans sa plus grande longueur, elle mesure environ quatorze kilomètres. Sa configuration générale affecte la forme d'un crâne de mouton dont la mâchoire inférieure aurait été passablement disloquée.

Le voyageur égaré, le naufragé volontaire ou malheureux, l'explorateur hardi que la fatalité, l'esprit d'aventure ou la poursuite d'une quelconque chimère auraient jetés au milieu de cette poussière d'îles qui longe la pointe disloquée du continent sud-américain, n'auraient qu'une chance misérable d'aborder à W. Aucun point de débarquement naturel ne s'offre en effet sur la côte, mais des bas-fonds que des récifs à fleur d'eau rendent extrêmement dangereux, des falaises de basalte, abruptes, rectilignes et sans failles, ou encore, à l'ouest, dans la région correspondant à l'occiput du mouton, des marécages pestilentiels. Ces marécages sont nourris par deux rivières d'eau chaude, respectivement appelées l'Omègue et le Chalde, dont les décours presque parallèles déterminent sur un court trajet, dans la portion la plus centrale de l'île, une micromésopotamie fertile et verdoyante. La nature profondément hostile du monde alentour, le relief tourmenté, le sol aride, le paysage constamment glacial et brumeux, rendent encore plus merveilleuse la campagne fraîche et joyeuse qui s'offre alors à la vue : non plus la lande désertique balayée par les vents sauvages de l'Antarctique, non plus les escarpements déchiquetés, non plus les maigres algues que survolent sans cesse des millions d'oiseaux marins, mais des vallonnements doux couronnés de boqueteaux de chênes et de platanes, des chemins poudreux bordés d'entassements de pierres sèches ou de hautes haies de mûres, de grands champs de myrtilles, de navets, de maïs, de patates douces.

En dépit de cette clémence remarquable, ni les Fuégiens ni les Patagons ne s'implantèrent sur W. Quand le groupe de colons dont les descendants forment aujourd'hui la population entière de l'île s'y établit à la fin du XIXe siècle, W était une île absolument déserte, comme le sont encore la plupart des îles de la région ; la brume, les récifs, les marais avaient interdit son approche ; explorateurs et géographes n'avaient pas achevé, ou, plus souvent encore, n'avaient même pas entrepris la reconnaissance de son tracé et sur la plupart des cartes, W n'apparaissait pas ou n'était qu'une tache vague et sans nom dont les contours imprécis divisaient à peine la mer et la terre.

La tradition fait remonter à un nommé Wilson la fondation et le nom même de l'île. Sur ce point de départ unanime, de nombreuses variantes ont été avancées. Dans l'une, par exemple, Wilson est un gardien de phare dont la négligence aurait été responsable d'une effroyable catastrophe ; dans une autre, c'est le chef d'un groupe de *convicts* qui se seraient mutinés lors d'un transport en Australie ; dans une autre encore, c'est un Nemo dégoûté du monde et rêvant de bâtir une Cité idéale. Une quatrième variation, assez proche de la précédente, mais significativement différente, fait de Wilson un champion (d'autres disent un entraîneur) qui, exalté par l'entreprise olympique, mais désespéré par les difficultés que rencontrait alors Pierre de Coubertin et persuadé que l'idéal olympique ne pourrait qu'être bafoué, sali, détourné au profit de marchandages sordides, soumis aux pires compromissions par ceux-là mêmes qui prétendraient le servir, résolut de tout mettre en œuvre pour fonder, à l'abri des querelles chauvines et des manipulations idéologiques, une nouvelle Olympie.

Le détail de ces traditions est inconnu ; leur validité même est loin d'être assurée. Cela n'a pas une très grande importance. D'habiles spéculations sur certaines coutumes (par exemple, tel privilège accordé à tel village) ou sur quelques-uns des patronymes encore en usage pourraient apporter des précisions, des éclaircissements sur l'histoire de W, sur la provenance des colons (dont il est sûr, au moins, que c'étaient des Blancs, des Occidentaux, et même presque exclusivement des Anglo-Saxons : des Hollandais, des Allemands, des Scandinaves, des représentants de cette classe orgueilleuse qu'aux États-Unis on nomme les *Wasp*), sur leur nombre, sur les lois qu'ils se donnèrent, etc. Mais que W ait été fondée par des forbans ou par des sportifs, au fond, cela ne change pas grand-chose. Ce qui est vrai, ce qui est sûr, ce qui frappe dès l'abord, c'est que W est aujourd'hui un pays où le Sport est roi, une nation d'athlètes où le Sport et la vie se confondent en un même magnifique effort. La fière devise

FORTIUS ALTIUS CITIUS

qui orne les portiques monumentaux à l'entrée des villages, les stades magnifiques aux cendrées soigneusement entretenues, les gigantesques journaux muraux publiant à toute heure du jour les résultats des compétitions, les triomphes quotidiens réservés aux vainqueurs, la tenue des hommes : un survêtement gris frappé dans le dos d'un immense W blanc, tels sont quelques-uns des premiers spectacles qui s'offriront au nouvel arrivant. Ils lui apprendront, dans l'émerveillement et l'enthousiasme (qui ne serait enthousiasmé par cette discipline audacieuse, par ces prouesses quotidiennes, cette lutte au coude à coude, cette ivresse que donne la victoire ?), que la vie, ici, est faite pour la plus grande gloire du Corps. Et l'on verra plus tard comment cette vocation athlétique détermine la vie de la Cité, comment le Sport gouverne W, comment il a façonné au plus profond les relations sociales et les aspirations individuelles.

W ou le Souvenir d'enfance, chap. XII,

PIERRE PELOT

(1945)

À la fin, il ne peut en rester qu'un ! Pierre Pelot travaille l'imaginaire des Jeux olympiques pour en tirer une dystopie grinçante. Et si la course à la performance amenait un jour, non plus symboliquement mais réellement, à ce que meurent les vaincus ?

La guerre olympique

Vingt-huitième kilomètre.

Les sommets du cratère se sont rapprochés. Tout à l'heure, vous allez voir, cette saloperie de cirque va se refermer. Je suis Pietro Coggio et je cours. Je suis incapable de m'arrêter.

Où est Slavski ? Je l'ai élimi… non, non, non. Il est là. Sur tes talons, Coggio.

Je suis le héros BLANC. Il ne reste que moi. Si Slavski est vainqueur… Courir, une jambe, une autre, respirer. Au bout, il y aura la piqûre de Jorge. Il y aura Virginia, Sanzo Papa. Je gagne. Finie, la GUERRE. Je suis un héros, je peux m'arrêter, décider que je ne recommencerai plus.

Au bout, il y aura de l'argent, beaucoup. On ira à Boccio. En Italie. Ou ailleurs. Ça va être fini.

Vingt-neuvième kilomètre.

Elle est là-bas, l'arrivée. Là, là, là, LÀ !

Ça tremble, mais je l'aperçois. Un petit point. Je vais aller me planter dans ce petit point. Vous allez voir ça.

Courir. Gagner.

Ne t'en fais pas, Varnan. C'est très bien.

Le coup de poing l'atteint au creux des reins. Il hurle.

Pivote. Voit la silhouette de Slavski. Il frappe à son tour, en mettant dans le coup toute son énergie, toute sa force, tout ce qui lui reste de punch. À deux poings. Ses jointures s'écrasent sur la mâchoire de Slavski, et la tête de Slavski ballotte… et Slavski continue de courir en titubant. Coggio s'effondre. Tout est noir.

« C'est fini », souffle la voix cassée de Sanzo Papa.

Plus de 10 milliards de personnes ont poussé le même cri.

Il se remet à courir. Jambes de plomb. Il passe à hauteur de Slavski, et il sait que ce dernier l'a vu. Tap tap. Petites foulées, une-deux-une-deux. C'est si lourd !

Elle est là, la voilà. L'arrivée. La finale. La fin de la torture, le bout du Grand Parcours des Héros. La fin de la GUERRE.

Cent mètres. Quatre-vingt-dix. Ce sacré soleil blanc ! Une-deux et une-deux et une-deux et une… Encore. Encore. Écoute-les crier ton nom, Coggio ! tu ne les entends pas ? Écoute ! Au-delà du cirque des montagnes, derrière les écrans de TV. Partout. Dans toutes les villes de tous les pays de la Confédération libérale, et ça fait des millions, des millions de personnes, des enfants, des hommes, des femmes, des millions, des centaines de millions de personnes, Coggio, des millions de condamnés qui vont vivre ! Il faut tenir, TENIR, GAGNER ! Soixante mètres…

La Guerre olympique,
© Denoël, 1980.

VI

HÉRAULTS SPORTIFS

LE SPORT MÉDIATISÉ AU XXe SIÈCLE

La sortie du quotidien *L'Auto* en 1901 révolutionne le rapport du public au sport. Pour augmenter ses ventes, son directeur, Henri Desgrange, a l'idée d'organiser une grande course cycliste. Ainsi naît le Tour de France, à ce jour une des compétitions sportives les plus suivies dans le monde. Dès lors, les sports, principalement le cyclisme, la boxe, le football, le tennis, la formule 1, voient leur destin mêlé à celui des médias.

Des plumes, véritables hérauts du sport (London, Perret, Blondin, Lalanne, Buzzati, Mailer), se mettent au service de cette médiatisation pour coller au calendrier des grandes compétitions et narrer les grands exploits sportifs. La figure du champion s'en trouve à ce point consolidée qu'elle en devient légendaire (Georges Carpentier, Fausto Coppi, Pélé). Le temps des records et de la course à l'exploit est venu.

Au détour des années 1920 naît la mode du roman sportif. Faire revivre l'intensité de l'exploit sportif par l'écrit, c'est aussi lui donner la chance d'inscrire dans le temps une trace mémorielle.

Dans le champ politique, depuis l'action de Jean Zay et Léo Lagrange, sous le gouvernement Blum, le sport se développe comme phénomène de masse. Puis apparaît, très différente de la figure du *sportman* du XIXe siècle, une nouvelle représentation culturelle fondée sur l'individualisme et la performance, visant la fortune et la renommée. Il faut être champion !

ALBERT DE SAINT-ALBIN

(1843-1901)

Auteur dramatique, chansonnier, journaliste au Figaro*, Albert de Saint-Albin est aussi chroniqueur sportif. Il lui vient l'idée de proposer au tout nouveau journal* L'Auto *une série sur « Les sports à Paris » qui fera date et sera recueillie en volume. Sa présentation du lawn-tennis, toute en élégance et en délicatesse, rappelle que le sport – la pratique comme le mot – vient d'Angleterre ; et qu'il réclame à ce titre une certaine tenue.*

Le lawn-tennis

Un doux nom, un sport de demoiselles. Il convient aux blondes misses de keepsake, qui l'ont importé sur les plages françaises et en font un agréable intermède entre deux parties de flirt.

Le costume de lawn-tennis est, de tous les costumes de sport, celui qui sied le mieux à la femme. Il laisse voir la jambe sous un jour dix fois plus inspirant que la gymnastique ou la natation. La jambe nue ou la jambe pantalonnée est sans charme, il faut le bas ou le maillot, c'est le secret des ballets qui parlent tant à l'imagination. Je ne sais combien de mariages se sont ébauchés au lawn-tennis.

— Monsieur, ma bottine vient de se délacer.

— Pardon, mademoiselle, permettez-moi de réparer ce désastre.

Et le jeune homme, tenant sur son genou le pied dont il rajuste la chaussure, ébauche instantanément des projets d'hymen.

Le lawn-tennis est un jeu de balle qui se joue sur une pelouse parfaitement nivelée, dont le gazon doit être fréquemment coupé, arrosé et passé au rouleau. Pour ménager le *turf*, les joueurs portent des souliers sans talons avec des semelles en caoutchouc. Ces chaussures ont de plus l'avantage de leur donner plus de solidité. La pelouse a la forme d'un rectangle long d'une trentaine de mètres et large d'une douzaine. Ce rectangle est divisé en deux parties égales par un filet qui le traverse dans sa largeur et mesure au milieu une hauteur de trois pieds environ. Ce filet sert uniquement d'obstacle.

Le lawn-tennis se joue à deux, trois ou quatre. Les joueurs sont divisés en deux camps. Le premier joueur, se plaçant à l'extrémité du terrain, envoie diagonalement la balle pardessus et le plus près possible du filet. Son adversaire doit la recueillir sans qu'elle ait touché terre plus d'une fois et la lui renvoyer de même. Le jeu se continue ainsi jusqu'à ce que la balle sorte du terrain, soit arrêtée par le filet ou touche deux fois le sol, auquel cas on dit qu'elle est « morte ». Les fautes comptent toutes en certains nombres de points à l'adversaire, la partie ordinaire étant en cinquante.

Il est facile de voir que ce jeu exige de la souplesse et de l'agilité. Les joueurs armés de raquettes perfectionnées sont obligés de déployer toutes leurs ressources pour attraper la balle que leur adversaire cherche à faire tomber hors de leur portée. C'est une course perpétuelle d'un bout à l'autre du champ.

Les balles sont environ de deux pouces et demi de diamètre et pèsent au plus deux onces. Les raquettes – au choix desquelles les vrais joueurs attachent une importance capitale – seront soigneusement proportionnées aux balles. Elles révèlent les formes les plus diverses suivant le goût du joueur.

Il y a, au lawn-tennis, un rôle agréable qui permet de s'intéresser au jeu sans en avoir la fatigue. C'est celui de l'*umpire* ou témoin chargé des coups douteux.

On voit, par ce simple aperçu, que le lawn-tennis est assez compliqué.

À Paris, il se joue surtout au Bois de Boulogne, sur la pelouse du *Cercle des patineurs*. L'endroit est délicieux, et le costume de plage qu'on adopte forcément contraste, d'une façon bizarre, avec les toilettes correctes de l'avenue des Acacias.

Les belles parties ont lieu le matin vers onze heures, et de quatre à sept. Les habituées de l'endroit et du jeu sont Mmes de Belbœuf, Maurice Ephrussi et Mlle Post. Parmi les joueurs : le comte d'Andigné, le comte de Charnacé, le comte de Janzé, Maurice Ephrussi, le comte de Montesquiou, comte Haro, Brinquant, comte d'Alsace, prince de Rohan, R. Hennessy et quelques attachés de l'ambassade anglaise : MM. Herbert, Edwards, Lawther et Carey.

Il y a souvent des concours, où les jeunes filles de la colonie anglaise et américaine se disputent des prix offerts par le cercle.

Il faut voir les intrépides misses du Nord-Amérique, courir à droite et à gauche dans un vêtement qui doit nécessairement être court. Le costume cependant n'a rien de rigoureux, et chacun est libre d'y apporter son élément d'originalité.

Les Anglaises s'enveloppent dans une sorte de long sarrau collant, avec ou sans manches, qui s'arrête à mi-jambe, et leur donne l'allure peu gracieuse d'un parapluie qui se promènerait sur son manche.

Le lawn-tennis est aussi le jeu de prédilection des Casinos de bains de mer, il est très à la mode à Deauville. Comme le croquet, on le cultive dans les châteaux et dans quelques hôtels parisiens.

Les Sports à Paris,
Librairie moderne, 1889.

HENRI DESGRANGE

(1865-1940)

Un jeune homme de quinze ans veut devenir coureur cycliste. Il a besoin d'un maître qui lui délivre les secrets de la « petite reine ». La Tête et les Jambes*, court roman épistolaire composé par Henri Desgrange, patron de presse et organisateur du Tour de France en 1901, est plus qu'un manuel du parfait cycliste, il est une belle ode au sport comme éthique de vie. La performance qui exalte la valeur humaine sera au cœur de la presse sportive telle qu'elle s'invente.*

L'existence et la destinée du coureur

Mon cher Henri,

Tes quinze années ne doutent de rien. Tu es venu, la semaine passée, la bouche enfarinée et les yeux brillants d'enthousiasme, comme une jeune fille laissant échapper son premier aveu, me confier ta grosse passion vélocipédique et me demander de t'aider à devenir un grand coureur.

Je pourrais te répondre que les grands coureurs se sont toujours faits eux-mêmes et qu'ils ont rarement eu besoin des conseils de quelqu'un. L'instinct de la lutte existait en eux et ils ont suivi cet instinct.

L'utilité de mon œuvre serait donc déjà fort contestable.

Je pourrais te faire entrevoir aussi toute l'importance de la tâche que tu me demandes d'assumer, le temps que je puis perdre, inutilement peut-être, pour faire entrer dans ta jeune tête toutes mes idées, toutes mes vues sur l'entraînement, pour te faire suivre mes conseils.

Enfin, et surtout, t'es-tu rendu compte de la gravité de l'engagement que tu semblais disposé à prendre ? T'es-tu dit que, si j'acceptais cette tâche, je l'accepterais entièrement, sans retour, avec la résolution de te tenir dans ma main comme un morceau de cire molle que je pétrirais à ma guise, que je t'engagerais dans une voie unique, avec défense d'en sortir, même le jour où tu aurais quelque raison de la croire mauvaise, que j'essaierais sur toi un système, une méthode, mauvaise peut-être, en un mot, que tu ferais abdication complète, entre mes mains, de toute volonté.

Puis encore, le monde vélocipédique, l'existence du coureur faite d'un semblant de gloire, les succès de la piste, tout cela t'a ébloui, masqué la triste réalité des choses. Tu as vu les grands champions portés en triomphe et tu n'as vu que cela, comme tes jeunes années ne verront au théâtre que l'existence brillante et charmante des actrices. As-tu regardé plus loin ? As-tu rencontré dans la rue de pauvres misérables, loqueteux et dépenaillés, des vieilles femmes ratatinées, vendant des bouquets de violettes ? Ce sont les invalides de la gloire : anciens cabotins, anciens coureurs, anciennes divettes. Ils ont connu la popularité, ils tendent la main aujourd'hui.

Le métier de coureur est un vilain métier pour deux raisons :

Il fait perdre la notion de la valeur de l'argent.

Il donne l'habitude de la paresse.

Comment veux-tu qu'un jeune homme qui gagne 25 louis en l'espace de quelques minutes ne dépense pas ces 25 louis aussi facilement qu'il les a gagnés. Il arrive rapidement à se créer une existence fausse de tous points, des habitudes factices, des besoins impérieux. La pluie d'or des victoires coule et glisse entre ses mains sans qu'il puisse et sans qu'il fasse rien pour la retenir. Il peut tout acheter ce qui s'achète et si sa cervelle n'est pas bien équilibrée, il en arrive à croire qu'il peut payer ce qui ne se vend pas.

Ses bons amis sont là aussi pour le pousser dans le mauvais chemin. Les sages conseils bientôt ne portent plus. Les observations lui sont importunes. Les louanges comme un narcotique lui montent au cerveau, il faut forcer la dose pour en sentir les effets, et il en arrive bien vite à n'accepter plus que les compliments bêtement grossiers et flatteurs.

Mais les années comptent double dans une telle existence. Les muscles à la longue perdent leur souplesse. Les courses de vitesse sont finies. On aborde les longues épreuves, les dures heures de la selle. Un peu plus tard encore tout se détraque, la victoire infidèle a fui pour toujours : on se contente d'à-peu-près. Vient enfin le moment où il faut s'avouer vaincu.

Ce jour-là, selon notre pittoresque expression, les pieds sont nickelés, non seulement les pieds, mais l'âme et le cœur et le cerveau. Les courses rejettent et crachent un homme vidé, anéanti, creux comme un grelot vide, plus encore un paresseux.

Et tout cela aura duré quatre, cinq ou six ans.

Quel travail utile pourra produire ce débris ? À quoi sera-t-il bon ? Personne n'en voudra. Par commisération, on le gardera quelque temps, le temps nécessaire pour constater son incurable nullité. Il ira successivement frapper à toutes les portes. Au bout de quelques années il en sera réduit à vivre d'expédients, et Dieu sait comment il finira !

Voilà l'existence et la destinée du coureur, mon cher ami. Je ne t'ai rien caché, je t'ai montré ce qui t'attendait pour t'éviter de t'engager à la légère. Tout cela n'a rien d'attrayant.

Réfléchis bien, autant qu'on le peut faire à ton âge. Si tu avais ma raison, tu ne penserais plus à tout cela.

Bien à toi,

Ton ami.
H. D.

La Tête et les Jambes,
Pochy, 1897.

JEAN RICHEPIN

(1849-1926)

Pour le quotidien L'Auto-Vélo*, le poète, romancier et dramaturge Jean Richepin fait sa déclaration d'amour au sport. Les vers de sa* Statue vivante *trouvent à la gym comme à la rame mille qualités. La meilleure d'entre elles étant peut-être de conserver longtemps la jeunesse du corps. Richepin écrira aussi une* Ballade du football *(1902).*

La Statue vivante

Je les plains, les purs cerveaux
À leur seul culte dévots,
Ignorant ce que tu vaux,
Et ta noble gymnastique,
Ô corps qu'ils ont en mépris,
Et dont je dirai le prix,
Corps sain, vigoureux, bien pris,
Dur, souple, agile, élastique !

C'est bon et c'est beau pourtant,
Gonfler ses muscles qu'on tend
Et portant, luttant, sautant
Sans craindre que rien altère
Cette force qu'on accroît

Sentir l'homme dans son droit
Quand, orgueilleux, il se croit
L'animal roi de la terre ;

Avoir le sang toujours frais,
Tous les membres prompts et prêts,
Poignets, épaules, jarrets,
Taille étroite, poitrail large ;
En ces membres prêts et prompts
Entendre aux moindres affronts
Les tambours et les clairons
De ce sang sonnant la charge ;

Être si gaîment viril
Que l'approche du péril
Vous est une aube d'avril,
Vous est une rose éclose,
Vers quoi l'on va de l'avant
Sans autre dessein souvent
Que d'être brave et bravant,
Et sans s'étonner qu'on l'ose ;

Simplement, pour voir un peu
Si l'huile d'un beau sang bleu
Donne toujours libre jeu
Aux ressorts de sa machine,
Entreprendre des travaux
Où bien de jeunes rivaux
Malgré leurs nerfs tout nouveaux
Se sentent rompre l'échine ;

Être, au long d'un jour entier,
Chasseur, rameur, chalutier ;
Faire, ainsi qu'un du métier,
Des haltères, du trapèze ;

Sans peur d'y casser ses os,
Voler comme les oiseaux
Prendre les airs pour des eaux
Où l'on flotte et plus ne pèse ;
[…]

Et tout cela qui vous plaît
Le faire sans effort laid,
Avec l'abandon complet,
Avec la grâce charmante
Des nonchalants goélands
Dont les plus fougueux élans
Semblent, distraits, doux et lents,
Se jouer dans la tourmente ;

Le faire sans laisser voir
Qu'on remplit un saint devoir
Et que l'homme a ce pouvoir
Dont rien ne le destitue :
Par les mouvements accorts
Aux harmonieux accords
Sculpter lui-même son corps
Et l'ériger en statue !

L'Auto-Vélo, 16 novembre 1902.

LA VIE PARISIENNE

(1906)

Un match de football oppose l'équipe de France aux Zélandais. L'auteur de l'article s'amuse ou s'étonne de voir à quel point une simple rencontre autour d'une balle peut déchaîner tant de passions. En premier lieu, celle du patriotisme. Si alors l'esprit cocardier n'existe pas dans le football, avec l'institutionnalisation de ce sport, il ne tardera pas à se développer.

Les Zélandais

Le football a conquis la France… et les Français. C'est du moins ce qui est apparu clairement lundi dernier. Toutefois, s'il existe chez nous, à l'heure actuelle, une quantité respectable de joueurs et une quantité non moins respectable de spectateurs… amateurs, l'état d'esprit général n'est pas encore celui de nos voisins d'outre-Manche. Loin de là. Eux, en effet, mettent leur amour-propre national à n'être point vaincus. Nous, au contraire, nous aurions été furieux et déconcertés que les Zélandais ne fussent pas vainqueurs. Les assistants auraient volontiers déclaré qu'ils n'en avaient pas pour leur argent.

Quand, en effet, des équipes anglaises sont venues à Paris de Londres, d'Oxford, ou d'ailleurs et qu'elles n'ont pas taillé en pièces nos nationaux, ce n'est pas l'enthousiasme pour les nôtres qui l'emportait : c'était la déception que les autres nous avaient fait éprouver. On ne se refait pas le tempérament. Il nous plaît de croire qu'on ne fait de bon sport qu'en Angleterre.

Et cela a paru étonner nos invités du 1er Janvier que leurs essais à eux déchaînassent l'enthousiasme beaucoup plus que le dépit. Ils avaient été habitués depuis deux mois en Angleterre à une autre conception des résultats. Et l'on parle du chauvinisme français !

Il nous faut d'ailleurs, pour être justes, féliciter grandement les organisateurs de ce match et la Fédération des sociétés des Sports athlétiques de France. Nous leur devons un magnifique spectacle et une impeccable organisation, ce qui est rare. Et pourtant ils n'avaient point été récompensés de leurs efforts. La date à eux imposée était mauvaise et le temps fut odieux. Une pluie continue, fine et implacable, avait tour à tour fait du verglas et de la boue. Les intrépides furent nombreux et la recette fut sauvée. Mais sans doute elle eût été portée au double la veille ou le lendemain.

Chose étrange et dont il convient de louer tout le monde : on fut exact. À deux heures précises, les Zélandais débarquaient. On fut de suite fixé. Pour des athlètes c'en était. Et si Marcel Boulanger les avait pu contempler, il se serait rendu compte qu'un footballeur n'est pas nécessairement un sportsman élégant et fin et qu'il est parfois ventru.

Les équipiers zélandais ressemblent plutôt à des fils de fermiers qu'à des attachés d'ambassade. Et pour tout dire on eut le sentiment qu'on avait affaire à des professionnels.

Mais quels professionnels ! Quelles musculatures ! Leurs articulations en mouvement font jaillir des muscles en saillie qui semblent dessinés avec des cordes.

Cependant, dans le vestiaire français, on s'habillait sans trop de nervosité. L'arbitre Dédet recommandait le silence et le calme. C'était son jour de gloire à lui qui fut sans conteste l'un des importateurs du football en France. Ce professeur de philosophie (qui a sans doute fait, comme dans la chanson, « sa philosophie à l'université d'Oxford ») devait tenir le sifflet. Il le tint avec autorité et impartialité. Cette impartialité même étonna les Zélandais. Ils avaient connu, paraît-il, d'autres arbitres. Mais nous avons dit du reste que cette impartialité ne coûte pas à un Français. Au contraire.

Après les poses devant l'équipe des photographes (et je crois bien qu'eux aussi étaient quinze), on s'en fut sur le terrain.

Les Zélandais entonnèrent leur chant de guerre. Et ceci n'était point pour déplaire aux populaires qui réclamèrent une seconde édition. Elle n'eut pas lieu, et ce fut heureux. L'impression en eût été amoindrie, le *bis* étant l'apanage de la scène. Cette mélopée était tout juste théâtrale, elle fût devenue théâtreuse.

J'apprécie d'autre part la partie au point de vue technique. Quand elle fut finie, un de nos trois-quarts proclama avec orgueil : « Hein ! nous ont-ils assez pilés ? » L'état d'esprit continuait. Et tandis qu'un colonial, pour marquer sa satisfaction, passait une tunique blanche de joueur français et déclarait à ses co-équipiers : « *I am a frenchman* », le capitaine Galaher, à un compatriote qui l'interrogeait, et peu préoccupé à ce moment d'être courtois, disait à voix basse : « Ils ne valent pas une équipe de comté, mais leur arrière est merveilleux ! »

Crighton peut s'en faire envoyer une caisse.

Quien sabe ?

La Vie parisienne, magazine, 6 janvier 1906.

TRISTAN BERNARD

(1866-1947)

Célèbre pour ses mots d'esprit, l'écrivain Tristan Bernard est une des premières plumes du sport. Lui-même dira qu'il n'avait que deux passions : l'écriture et le vélo. Il s'intéressa à tous les sports, comme ici la lutte, et sera le fondateur et premier président de l'Association des écrivains sportifs.

Sport traditionnel

Nous étions allés ce jour-là sur le champ de foire. C'était une toute petite fête bien modeste, qui n'avait attiré que de rares forains assez minables, venus là pour ramasser quelques sous, sans trop de concurrence. Aussi, à côté d'une confiserie poussiéreuse, ornée de sucres de pomme anciens et de pains d'épices en ruines, auprès d'un pauvre tir à bout portant, où un homme de taille moyenne aurait pu casser les pipes avec le canon du pistolet, la tente de Mme Armandine et de ses lutteurs prenait un air d'importance. Mme Armandine, la femme la plus forte du monde, pouvait avoir dans les cinquante-cinq ans. C'était une femme très petite, large de cou et d'épaules, dont la poitrine avançait fortement, battue cependant de quelques centimètres par le ventre. Les jambes paraissaient un peu grêles ; elles gonflaient cependant assez convenablement un maillot de coton, du même rose que l'ouate rose qui bourrait à profusion les oreilles de Mme Armandine.

Une coiffure à crans sur le front, des pendeloques d'or aux lobes, un regard sage et autoritaire, donnaient à la tête de la femme athlète l'aspect d'une tête interchangeable, qu'on aurait pu transporter sans la moindre modification sur le corps plus austèrement vêtu d'une patronne de café, siégeant au comptoir d'un établissement conséquent, dans une ville d'au moins trente mille âmes.

Mme Armandine, sur l'estrade de la baraque, parlait d'une voix un peu usagée, avec une éloquence véhémente, en phrases très faites et bien cadencées, avec des fautes de français qui n'étaient plus des fautes, tant elles étaient fixées et inéluctables. Elle avait pris à partie un zouave égaré parmi les badauds et qui venait de ramasser le gant jeté par un des lutteurs. (J'avais, d'ailleurs, déjà vu ce zouave le matin en train de monter l'estrade et de balayer le devant de la tente.)

— Non, disait Armandine, vous ne lutterez pas avec mon fils Émile ! Vous l'avez déjà esquinté tout à l'heure. Vous êt' un brutal… Je connais vos manières. Vous ne lutterez pas avec mon fils… Si vous voulez lutter, vous lutterez avec mon mari…

Le mari de Mme Armandine était un quadragénaire velu et fatigué, dont le torse et les bras étaient marqués de drapeaux, d'écussons et de diverses figures, comme le papier à entête d'un chapelier médaillé aux expositions. Quant au jeune homme, qu'elle appelait son fils Émile, c'était un grand garçon, indifférent et blond, qui n'avait pas l'air de se douter qu'il fût question de lui et de son récent esquintement par le zouave.

La représentation commença, dans la pénombre de la tente, par un exercice de poids, que le mari d'Armandine envoyait par-dessus son épaule et rattrapait par l'anneau avec un douloureux bruit de ferraille, qui venait on ne savait d'où, des poids de fonte ou de ses muscles mal graissés. Puis

Mme Armandine vint se poser au milieu de l'arène, droite sur ses jambes, le ventre très en avant, et son mari et son fils lui placèrent tout ce qu'il était possible de mettre, en poids de vingt kilos, sur sa poitrine et sur ses bras trop courts.

On attendait avec une certaine impatience le grand event de la journée, la rencontre du vieux lutteur et du zouave. Elle fut pleine de péripéties sans intérêt. Parfois, après un double pont, Mme Armandine, qui suivait distraitement le combat, disait sans conviction : « Le zouave a touché ! » afin d'essayer de remuer et de révolter l'assistance par son injuste partialité. Mais les quinze spectateurs s'animaient à peine. Un enfant de dix ans, à peine crédule, répondait : « Non ! non, il n'a pas touché ! » Finalement, le vieux lutteur fut tombé, pour la confusion de Mme Armandine et la grande gloire de notre armée d'Afrique.

Citoyens, animaux, phénomènes, Flammarion, 1905.

JACK LONDON

(1876-1916)

La grandeur de la nature et la liberté de l'homme sont les deux grands thèmes qui traversent toute l'œuvre de Jack London. C'est pourquoi, lorsqu'il découvre le surf sur la plage de Waikiki sur l'île d'Hawaï, London devient de suite amoureux de ce sport dont il saisit qu'il est une philosophie de vie.

Un sport de roi

Voici un véritable sport de roi pour les souverains naturels de la terre. Sur la plage de Waikiki, la végétation s'étend jusqu'à une cinquantaine de pieds du rivage de l'océan sans limites. Les arbres poussent au bord de l'eau et l'on peut s'asseoir à leur ombre pour contempler vers le large les brisants majestueux qui s'abattent avec un bruit de tonnerre et viennent mourir à vos pieds. À un demi-mille de distance, là où s'étend le récif dans des eaux bleu turquoise, des rouleaux couronnés d'écume jaillissent tout à coup vers le ciel et se précipitent vers la plage. L'un après l'autre, ils se succèdent sur un front d'un mille de large dans des nuées d'écume, blancs bataillons des armées inépuisables de la mer. On s'assied, on écoute ce rugissement permanent, fasciné par cette procession sans fin, abandonné au sentiment de sa propre petitesse, de sa fragilité face à cette puissance inimaginable exprimée dans la furie, l'écume et le tonnerre. On se sent vraiment ridiculement petit, et la seule pensée d'affronter cette mer fait naître un frisson d'appréhension, si ce n'est de terreur. Ces monstres écumants qui chargent sur un mille de front pèsent des milliers de tonnes et filent plus vite qu'un homme prenant ses jambes à son cou pour leur échapper. Quelles seraient ses chances de survie dans ces conditions ? Aucune en vérité, la réponse s'impose d'elle-même, et l'on reste assis là, à regarder de tous ses yeux, à écouter de toutes ses oreilles pour finir par conclure que le carré d'herbe ombragé où l'on se trouve est décidément fort agréable.

Tout à coup, là où la mer s'élance en grand tumulte vers le ciel, tel un dieu marin né de l'écume en fusion et de la blancheur bouillonnante, un point sombre apparaît, précipité en avant sur la crête vertigineuse et instable : la tête d'un homme. Il émerge prestement hors de la mousse tumultueuse. Ses épaules bronzées, sa poitrine, ses reins puis ses jambes apparaissent tour à tour. Là où il n'y avait que vide désolé et rugissement invincible se dresse un homme, debout, entièrement hors de l'eau, qui ne se débat nullement contre la sauvagerie qui l'entoure, qui n'est ni enseveli, ni broyé, ni roulé par ces monstres tout-puissants mais qui au contraire les domine tous, calme, superbe, juché sur la crête qui s'abat, les pieds dans l'eau tumultueuse dont les embruns lui fouettent les genoux, mais tout le reste du corps filant dans l'air libre, trempé, luisant sous le soleil comme s'il volait dans l'éther, toujours plus avant, volant aussi vite que la vague sur laquelle il file en équilibre. C'est Mercure, un Mercure bronzé ! Ses talons ailés ont la vivacité de l'océan. Il a littéralement sauté sur le dos de la lame et chevauche la mer qui rugit et rue de toutes ses forces sans parvenir à le désarçonner. Mais il poursuit sa chevauchée impériale, impassible, immobile comme une statue soudainement sortie des profondeurs de la mer par on ne sait quel miracle. Il file droit vers le rivage sur ses talons ailés noyés dans les crêtes blanches des brisants.

« A Royal Sport », *Woman's Home Companion*,
octobre 1907, traduction d'Éric Vibart,
in *Lorsque l'homme frappe l'homme. Chroniques sportives*,
Le Livre de Poche, coll. « La lettre et la plume », 2015.

LUCIEN PETIT-BRETON

(1882-1917)

Petit-Breton est un des premiers grands champions du Tour de France. Dès son lancement, l'épreuve devint extrêmement populaire. De la star, on veut tout savoir – ses petits secrets, sa méthode d'entraînement. Petit-Breton se livre pour le public à l'exercice avec joie et bonhomie.

Ma vie

Je ne vis pas comme un anachorète. Au contraire, j'aime assez les distractions. Mais je suis, avant toute autre chose : champion cycliste. Et, en conséquence, l'expérience acquise après de longues années de courses m'a fait adopter un genre de vie qui ne conviendrait certainement pas à tous les snobs.

En temps ordinaire donc, et bien que je ne sois pas à l'entraînement, je ne me couche jamais plus tard que dix heures. Il me faut un repos de huit heures au minimum. Alors je suis en excellent état, et si je me mets au travail sans avoir observé cette sage prescription qui fait partie de mon régime, il m'est impossible d'acquérir la forme qui m'a valu quelques succès.

Autrefois, je ne prenais aucun souci de mon repos et j'avais confiance en une constitution que je croyais extrêmement robuste. Plusieurs Bols d'Or m'ont démontré que je ne me connaissais pas bien ; aujourd'hui j'ai adopté un autre genre de vie ; je me couche de bonne heure, je me soigne perpétuellement, et c'est à ce régime que je suis de façon constante, que j'attribue mes victoires du Tour de Belgique, de Paris-Bruxelles et du Tour de France.

Je ne vous dirai point que de tout temps je me conforme au régime que je me sais favorable, mais je peux vous garantir que jamais je n'ai de grands écarts de conduite.

Je me lève toujours tôt. Je déjeune avec appétit, vers neuf heures du matin, après avoir procédé à mes ablutions journalières, à des ablutions que ne désavouerait pas Grenier, l'ancien député musulman. Et si je ne pousse pas l'excentricité jusqu'à m'en aller laver mes pieds dans l'eau…, mettons limpide, de la Seine, en plein public, je n'en procède pas moins chaque matin à mon lever au nettoyage de tous les pores que la nature a bien voulu me consentir.

Et je m'en vais ensuite faire un tour pédestrement, lisant avec la plus grande attention possible l'*Auto*, encore que cette lecture ne soit pas indispensable pour acquérir la forme.

À mon grand déjeuner, je me permets quelques fantaisies : ainsi, moi, qui adore la cuisine italienne, je ne déteste pas – vieille habitude de l'Argentine – quelque bon plat de pâtes à accommodement un peu épicé. Mais je n'en abuse jamais.

L'après-midi, je le passe, la plupart du temps, dans les vélodromes. L'entraînement des autres coureurs me plaît énormément, beaucoup plus que le mien. Je comprends alors tous ses avantages, toutes ses beautés, toutes les joies qu'il procure… aux habitués des spectacles vélodromesques ; et il est bien rare que je ne me sente pas des fourmis dans les jambes, en voyant tourner, à des allures que je qualifierai de folles, tous mes camarades.

Autrefois je ne pouvais résister à la tentation, j'étais – je le confesse humblement – un « piqué du vélo ». C'est du moins ainsi que Simar, la joyeuse Pipelette, me surnommait. Et il n'exagérait pas du tout.

Aujourd'hui, l'expérience a calmé mes ardeurs. Je ne suis plus du tout le même. Ainsi, il ne me viendrait jamais à l'idée, au lendemain du Tour de France, d'aller m'exhiber en public, et tenter d'éblouir la galerie par quelques démarrages bien sentis. Je le faisais au bon temps jadis, avant que je ne lise – je vais faire plaisir à M. Desgrange, l'auteur de la préface de ce livre sans prétention – *La Tête et les Jambes*. Je ne le ferais plus, maintenant, même si l'on m'offrait des milliers de francs… Est-ce fantaisie de capitaliste – car je suis devenu capitaliste, et ça me change rudement –, est-ce un peu de plomb dans la tête ? J'aime mieux faire croire à Henri Desgrange que c'est la seconde raison qui est la bonne.

Toujours est-il que je rentre chez moi le soir, sans avoir, lorsque je ne suis pas à l'entraînement, accompli un seul tour de piste. Où est-il, le bon temps du Vélodrome de Palermo, à Buenos-Ayres ? À cette époque, avant que je ne vienne en France, il y a plus de six ans de cela, je roulais toute la sainte journée. Les assidus de l'entraînement n'avaient qu'à demander le « Petit-Breton », et ils étaient servis. L'Enfant de Plessé se mettait en piste immédiatement, et, simplement dans le but de récolter quelques bravos, exécutait quelques-unes de ces imprudences qui amènent fatalement le surentraînement et quelquefois bien pis.

C'est un bonheur pour moi de me retrouver aujourd'hui encore en possession de toutes les qualités dont mes parents m'ont gratifié.

Comment je cours sur la route,
Librairie de *L'Auto*, 1908.

OCTAVE UZANNE

(1851-1931)

Écrivain et journaliste, Octave Uzanne emploie son talent d'observateur à l'analyse des mœurs. Dans cet ouvrage consacré uniquement aux Parisiennes, Uzanne ne manque pas de décrypter le phénomène sportif qu'il assimile encore à une mode. Il a néanmoins l'intuition que le sport sera chez les femmes une voie d'émancipation.

Mode du sport féminin

Peu à peu, bien encore que timidement, les sports de plein air ont pénétré les mœurs mondaines et s'y sont imposés parmi les lois du bon ton et du *copurchic*. Il n'est point de femme associée à la vie élégante, désireuse d'y tenir son rang avec correction, soucieuse d'être remarquée, qui, aujourd'hui, ne doive tour à tour savoir conduire avec grâce et sûreté, voiture ou auto… et bientôt aéroplane, monter un cheval avec science, bicycliser avec agilité, patiner comme une Polonaise, chasser avec des ardeurs de Diane, s'escrimer avec des souplesses italiennes et cultiver la marche selon les principes austères des vigoureux *pédestrians*.

Les mœurs anglaises, si différentes des nôtres et qui font une si large part aux exercices corporels, s'infiltrent progressivement dans notre aristocratie sociale. Déjà au commencement du siècle, tous nos élégants ne juraient que par Albion ; vers 1840, ce fut pire encore : les d'Orsay et les Brummel firent école parmi nous. À l'heure actuelle, l'anglomanie n'est pas moindre, bien au contraire. Elle atteint peu la bourgeoisie, mais elle s'impose despotiquement dans la ploutocratie oisive et parmi les *genreux* ; aussi, lorsqu'on aborde dans le monde ce que nos voisins nomment le *Sporting intelligence*, s'empresse-t-on de citer les dernières modes de Rotten Row, les nouvelles manières d'Epsom ou les records fameux de l'île de Wight. Pour la correction des mouvements, des attitudes, des toilettes sportiques, les Anglais sont nos maîtres sans conteste. Nous ne sommes pas encore une nation de sportsmen et nous avons tout à apprendre de ces hommes entraînés, qui dès l'enfance, et presque dans toutes les classes, ont appris à considérer le développement des muscles et la modification des tissus organiques par l'exercice régulier, non seulement comme une nécessité, mais aussi comme un art et une science dans la vie pratique.

La majorité des citoyens français se soucient médiocrement du sport. Il est peu de pays qui, en dehors de l'armée, comptent moins de cavaliers que la France ; nous ne parlons point des *gentlemen riders*, mais des fanatiques du cheval et de la promenade équestre à travers nos campagnes. Cependant nos cavaliers sont supérieurs. Depuis le premier Empire, le goût de l'équitation s'est peu à peu effacé des mœurs françaises, et tandis que, chez presque tous les peuples de l'Europe, les coutumes chevalines se perpétuaient selon la longue tradition des âges, en France elles disparaissaient lentement vers le milieu du siècle, presque simultanément avec l'établissement des chemins de fer. L'équitation n'est plus chez nous qu'un art de luxe, et on ne risque pas de s'avancer imprudemment en disant que plus d'un tiers de nos contemporains meurent sans avoir jamais senti entre leurs jarrets le frémissement de vie intense que donne un cheval fringant, impatient de dévorer l'espace.

La bicyclette, qui est devenue depuis nombre d'années la locomotion démocratique par excellence, l'automobilisme qui fait tant de tort à l'hippomobilisme sous toutes ses formes, ne feront que discréditer davantage l'équitation, déjà si abandonnée par la masse du public. Il ne nous restera donc que les sports permanents clos, tels que la gymnastique, l'escrime et la boxe, qui ne sont pas en vérité les favoris de nos Parisiennes élégantes, et aussi la natation, les sports aquatiques, la chasse, le patinage et l'équitation, qui sont encore, parmi nos dames de marque, les exercices cultivés avec le plus de plaisir et qui conviennent le mieux à la femme pour mettre en valeur sa sveltesse, ses coquetteries, ses charmes ondoyants et ses cambrures exquises.

L'hygiène, qui tient une si grande place dans la physiologie contemporaine, contribue à développer parmi les mondaines oisives, ennuyées et anémiées par défaut d'assimilation ou de circulation, le goût des sports. Ils font alors partie d'un régime reconstituant préconisé dans les ordonnances médicales et exercent une influence salutaire par la mise en action des organes du mouvement.

Comme le remarque le Dr Lagrange, dans sa *Physiologie des exercices du corps*, le travail des muscles est utile à la femme aussi bien qu'à l'homme, et produit des effets locaux de deux sortes : les uns portent sur le muscle lui-même, sur les os qu'il fait mouvoir et sur les articulations, centres des mouvements ; les autres se font sentir à toute la région dans laquelle a lieu le mouvement et portent sur des organes qui ne prêtent pas une part directe à l'exercice.

Parisiennes de ce temps,
en leurs divers milieux, états et conditions,
Mercure de France, 1910.

COLETTE

(1873-1954)

Spectatrice des modes et des folies de son temps, Colette décrit avec amusement la dernière toquade dont se piquent ces dames. À Paris, pas une qui ne pratique désormais quotidiennement sa leçon de gymnastique. Mais gare aux adeptes trop zélées, en attente de miracle, elles risquent de se retrouver tout droit chez le médecin !

La culture physique et les femmes

« À quelle heure prenez-vous votre leçon de culture physique ? – La culture physique m'a ôté douze livres. N'allez pas chez le professeur Chose : il a fait venir un rein flottant à une de nos amies ! »

Culture physique, culture physique ! elles y courent, elles y emploient leur enthousiasme de chien bull et leur inconstance de fox-terrier. Elles en font toutes, pas très longtemps, « le temps de se démolir quelque chose », selon le mot mélancolique d'un professeur, qui m'avouait : « J'aime mieux avoir affaire à des enfants qu'à des femmes. Un enfant comprend, un enfant obéit. Mais une femme – ou plutôt les femmes… en matière de culture physique –, on peut les diviser en trois catégories : celle qui "ne peut pas" et qui geint : "Aïe, mon épaule ! aïe, ma jambe !…" ; celle qui dit : "Ce n'est que ça ?…” et qui retourne au tango ; enfin celle qui veut épater tout le monde et d'abord son professeur. Celle-ci, qu'on peut nommer aussi “l'élève sérieuse”, est la plus terrible. Elle travaille – elle travaille trop. Elle s'exerce en secret, elle fait du zèle. Je lui demande quinze *mouvements* et dix minutes d'exercice : elle dépasse, elle double, elle décuple mon ordonnance. Elle rêve athlétisme, performances, et marche malgré moi à l'épuisement, tout en discourant hygiène, gymnastique et existence rationnelles… Rationnelles ! Je me demande quel sens elles peuvent bien donner à ce mot-là… Je crois que pour elles ça signifie aller tout nu, ou quelque chose comme ça…

« Au bout d'une quinzaine, d'un mois, le médecin est forcé d'intervenir, pour cause d'inflammation, de rein déplacé, de hernie, et, bénéficiant toujours du manque de mesure féminin, je troque, moi pauvre homme, mon titre de bienfaiteur de l'humanité contre celui d'assassin, de bluffeur et d'escroc… »

Le Matin, 18 décembre 1913.

LE PETIT JOURNAL

(1920)

Juste après guerre, le sport féminin est en plein essor. Grâce à l'infatigable combat que mène Alice Milliat pour que les Jeux olympiques acceptent en leur sein les femmes, de nombreuses disciplines s'ouvrent à celles-ci. Entre autres, le football où, malgré les réserves émises par certains qui craignent que le sport les prive de leurs « dons plastiques », elles affirment au contraire s'y réaliser pleinement.

Pour encourager les sports de la femme

Les sports ont pris une place très importante dans l'éducation des jeunes filles. La Fédération féminine, présidée par Mme Milliat, remporte chaque jour de nouveaux triomphes. Les sportives ont, il est vrai, une notion du spectacle à présenter et de la discipline, que peuvent leur envier leurs camarades du sexe fort.

La fête de Fémina Sport avait attiré au stade Élisabeth, le mois dernier, près de 10 000 personnes ; le match d'association France-Angleterre, au stade Pershing, se disputa devant plus de 15 000 spectateurs. Les personnalités officielles et militaires étaient présentes. Il n'y a donc pas seulement des *sportswomen*, mais un public assidu.

Nous ne saurions trop encourager le développement des exercices physiques chez la femme. Elle ne peut qu'y trouver des avantages multiples, mais encore faut-il savoir discerner les sports qu'elle peut pratiquer.

Avec une vaillance louable, les clubs, dès que le succès leur sourit, étendirent leur champ d'action. Après l'éducation physique pure et simple, la gymnastique et la danse rythmique, ils formèrent des équipes de basketball, de pushball, puis vinrent la course à pied, les sauts, les lancements et enfin le football association.

La grâce féminine s'accommode fort bien de certains de ces sports, surtout du basketball, fertile en actions puissantes et en gestes charmants. La course à pied est réservée aux convaincues douées d'aptitudes spéciales, surtout lorsqu'elle exige des efforts prolongés qui nuisent à l'esthétique. Le lancement du javelot crée des attitudes fort agréables, mais le poids nécessite une puissance n'offrant qu'un lointain rapport avec les mouvements auxquels nous ont habitués les jeunes filles. On pense, malgré soi, au « avec qui voulez-vous lutter ? » de la foire. Quant aux sauts en hauteur et en longueur, certains médecins les déclarent nuisibles à l'organisme. L'expérience n'a pas encore ratifié ce verdict, mais l'abus pourrait donner raison aux docteurs Tant-Pis.

Le football est-il nuisible ?

Le football association féminin a donné lieu à de nombreuses discussions. Nous éviterons de prendre parti. Cette conduite neutre est déplaisante, mais polie, car il nous semble que la footballeuse, dans les efforts produits, abdique trop souvent ses droits aux regards admiratifs des spectateurs. Comme nous sommes loin des visions de beauté fournies par les danses rythmiques si saines et si utiles !

Voilà que nous donnons une opinion : pardon, mesdames !

Laissons plutôt la parole à Mlle Suzanne Liébrard, notre athlète complète :

« En hiver, un seul sport nous procure de réelles joies, c'est le football association. Pourquoi nous en priverions-nous ? Ce n'est pas joli ? Qu'importe ! Les hommes ne pratiquent-ils que des exercices où le muscle soit toujours mis en valeur ? Qu'y a-t-il de brutal dans nos ébats pour la lutte du ballon rond ? À quoi se bornent nos cruautés ? parfois une chute bénigne. On se relève, on continue, et c'est tout. Je suis convaincue que la femme peut fort bien pratiquer ce jeu, puisqu'il n'est pas dangereux et qu'il développe des qualités fort importantes, tels l'esprit d'équipe, la ténacité, la volonté. »

Mlle Janiaud, championne du lancement du javelot, prouve par son charme que le football association ne prive pas la femme de ses dons plastiques :

« Il n'est pas, dit-elle, une de nos adhérentes qui, ayant goûté à l'association, ne s'y soit adonnée avec enthousiasme. Ce sport nous amuse profondément et nous n'avons jamais eu à lui adresser le moindre reproche. Le dimanche d'octobre où il plut tant, nous avons joué toute la journée, malgré les hallebardes qui tombaient du ciel, et aucune de nous ne fut même enrhumée du cerveau. Vous voyez donc que la santé n'a rien à craindre. Quant au côté spectacle, permettez-moi de dire qu'il ne semble pas déplaire au public, chaque réunion se déroulant devant une véritable foule. Modifier les règles du jeu pour nous les rendre plus accessibles ? À quoi bon, puisque, à la fin de la partie, nous ne nous ressentons nullement de nos fatigues. Croyez-moi, ce sont les pères rabat-joie qui sont hostiles au football féminin, mais ils ont tort de parler… en ignorance de cause… »

Ces paroles convaincantes ont eu raison de nos derniers scrupules, mais, malgré tout, nous préférons le basketball : c'est tout à l'honneur de la grâce de ces dames.

Le Petit Journal, 14 novembre 1920.

ARTHUR CRAVAN

(1887-1918)

Poète et boxeur, sans que l'un soit dissociable de l'autre, Arthur Cravan est une figure unique du paysage intellectuel du début du XXe siècle. Avec son mépris des conventions et sa foi dans la modernité, ce proche des surréalistes détonne. Il en témoigne ici encore, dans ce poème au titre insolent qu'il donne à la revue littéraire Maintenant. *En poussant le corps jusque dans ses extrêmes limites, le sport offre une expérience de l'absolu.*

Hie !

Quelle âme se disputera mon corps ?
J'entends la musique :
Serai-je entraîné ?
J'aime tellement la danse
Et les folies physiques
Que je sens avec évidence
Que, si j'avais été jeune fille,
J'eusse mal tourné.
Mais, depuis que me voilà plongé
Dans la lecture de cet illustré,
Je jurerai n'avoir vu de ma vie
D'aussi féeriques photographies :

L'océan paresseux berçant les cheminées,
Je vois dans le port, sur le pont des vapeurs,
Parmi des marchandises indéterminées,
Les matelots se mêler aux chauffeurs ;
Des corps polis comme des machines,
Mille objets de la Chine,
Les modes et les inventions ;
Puis, prêts à traverser la ville,
Dans la douceur des automobiles,
Les poètes et les boxeurs.
Ce soir, quelle est ma méprise,
Qu'avec tant de tristesse,
Tout me semble beau ?
L'argent qui est réel,
La paix, les vastes entreprises,
Les autobus et les tombeaux ;
Les champs, le sport, les maîtresses,
Jusqu'à la vie inimitable des hôtels.
Je voudrais être à Vienne et à Calcutta,
Prendre tous les trains et tous les navires,
Forniquer toutes les femmes et bâfrer tous les plats.
Mondain, chimiste, putain, ivrogne, musicien, ouvrier, peintre, acrobate, acteur ;
Vieillard, enfant, escroc, voyou, ange et noceur ; millionnaire, bourgeois, cactus, giraffe ou corbeau ;
Lâche, héros, nègre, singe, Don-Juan, souteneur, lord, paysan, chasseur, industriel,
Faune et flore :
Je suis toutes les choses, tous les hommes et tous les animaux !
Que faire ?
Essayons du grand air,
Peut-être y pourrai-je quitter
Ma funeste pluralité !
Et tandis que la lune,

Par-delà les marronniers,
Attelle ses lévriers,
Et, qu'ainsi qu'en un kaléidoscope,
Mes abstractions
Élaborent les variations
Des accords
De mon corps,
Que mes doigts collés
Au délice de mes clés
Absorbent de fraîches syncopes,
Sous des motions immortelles
Vibrent mes bretelles ;
Et, piéton idéal
Du Palais-Royal,
Je m'enivre avec candeur
Même des mauvaises odeurs.
Plein d'un mélange
D'éléphant et d'ange,
Mon lecteur, je ballade sous la lune
Ta future infortune,
Armée de tant d'algèbre,
Que, sans désirs sensuels,
J'entrevois, fumoir du baiser,
Con, pipe, eau, Afrique et repos funèbre,
Derrière les stores apaisés,
Le calme des bordels.
Du baume, ô ma raison !
Tout Paris est atroce et je hais ma maison.
Déjà les cafés sont noirs.
Il ne reste, ô mes hystéries !
Que les claires écuries
Des urinoirs.
Je ne puis plus rester dehors.
Voici ton lit ; sois bête et dors.
Mais, dernier des locataires,

Qui se gratte tristement les pieds,
Et, bien que tombant à moitié,
Si j'entendais sur la terre
Retentir les locomotives,
Que mes âmes pourtant redeviendraient attentives !

Maintenant, n° 2, juillet 1913.

FRANÇOIS MAURIAC

(1885-1970)

En 1921 survient un événement sportif mondial : le boxeur français Georges Carpentier s'envole pour les États-Unis où il va défier le champion du monde Jack Dempsey. Pour la France, c'est l'une des premières rencontres de cette ampleur. Elle suscite un appréciable mélange des genres, lorsque François Mauriac, futur Prix Nobel de littérature, prend la plume pour commenter ce match de boxe.

La gloire de Georges Carpentier

Si, selon un mot fameux, nous ne sommes pas en France assez fiers de notre Malebranche, il faut convenir que nous le sommes assez de notre Carpentier. *Assez*, d'ailleurs, ne signifie pas *trop*. De toutes les valeurs humaines, celle d'un champion peut seule être goûtée universellement : il n'existe pas cinquante Anglais ni dix Américains pour comprendre le plaisir que nous prenons à *Phèdre* ; mais l'éloquence du poing est accessible à tout homme venant en ce monde. Surtout le « noble art », comme on dit, dispense à ses fidèles un précieux bien : la sécurité dans l'admiration ; car le knock-out porte avec lui son évidence et si Georges triomphe de Dempsey, nous serons sûrs de détenir le meilleur cogneur du monde habité.

Les gens les plus fins admirent le génie de Claudel ; d'autres, aussi fins, dénoncent son galimatias ; Proust, qui m'enchante, semble illisible à plusieurs de mes amis. Enfin, autant que nous aimions Claudel ou Proust, il nous reste de l'inquiétude : ni l'un ni l'autre ne sont des valeurs tout à fait sûres. Mais ils bénéficient de notre indécision. Si Carpentier succombait sous les coups de l'Américain, son infériorité serait aussi démontrée que l'est aujourd'hui sa prééminence. La gloire sportive ne souffre pas d'éclipse. Vaincu, Carpentier serait-il encore Carpentier et le prix ne baisserait-il pas de ses casseroles en aluminium ? Au contraire, le vieux Corneille, battu par Racine dans le tournoi de *Bérénice*, demeure le grand Corneille. Une mauvaise pièce ne peut rien contre une bonne pièce ; un combat malheureux peut beaucoup contre les anciennes victoires.

Les adorateurs de Georges nous invitent eux-mêmes à confondre des ordres de grandeur si différents, ainsi qu'en témoigne l'enquête d'un journal du soir touchant l'issue du match Carpentier-Dempsey. Les plus éminents personnages interrogés, tels que MM. Coolus et Maurice Chevalier, proclament qu'ils parient pour Georges, parce qu'il est le plus intelligent : il paraît que le tout n'est pas de cogner dur ; il faut que le poing demeure au service de l'esprit ; et s'il est vrai que la face du nègre, de qui j'ai oublié le nom et qui fut champion du monde, ne révélait pas une vie intérieure intense, c'est vrai aussi que Georges montre sur toutes les cartes postales le plus intelligent et le plus grave sourire. À cette insistance des initiés pour affirmer dans la boxe la part essentielle de l'esprit, je trouve une grande signification : jusques en ce dur siècle, les Français continuent de mettre au-dessus de tout l'intelligence, et les fervents du « noble art » professent, comme Descartes et comme Pascal, que la pensée fait la grandeur de l'homme. Pascal, adolescent mathématicien, tout brûlant de *libido sciendi*, osait écrire à la reine de Suède que le pouvoir des rois sur leurs sujets n'est qu'une image du pouvoir des esprits sur les esprits qui leur sont inférieurs. Il appelait des souverains ceux qui sont élevés à un haut degré de connaissance. Bien éloignée d'être choquée, la reine lui répondait : « S'il m'était permis de m'échapper de mes vastes forêts, je volerais vers votre patrie, autant pour vous prier d'instruire une grosse ignorante que pour vous admirer de plus près. Vous êtes le précepteur du genre humain et le flambeau du monde… » Il est plus d'un roi, aujourd'hui, qui passerait volontiers l'Atlantique afin d'admirer dans la victoire de Georges le triomphe de l'esprit français, selon le procédé que vante une réclame fameuse : « Enfoncez-vous bien cela dans la tête. »

Vainqueur de Dempsey, Georges sera le flambeau du monde moderne : une foule immense, à son retour, l'étouffera d'embrassements et l'étourdira de ses cris d'amour. Ah ! ne soyons pas de ces esprits chagrins qui comparent à la pauvreté de nos poètes et de nos savants, à la misère de nos inventeurs, au dénuement de nos laboratoires, l'opulence que ce héros conquiert à coups de poing : son royaume est de ce monde et ce monde le comble, l'accable de ses dons. Au vrai, Georges a de quoi séduire les plus aigres intellectuels : il approche, s'il ne le réalise pas tout à fait, de ce type de l'honnête homme, cher à Pascal et au chevalier de Méré. […] Qui niera que le charme propre à Georges Carpentier est de n'avoir pas l'air d'un boxeur ou de n'en avoir l'air (me confiait une dame) que juste assez pour que nous nous enchantions, à son propos, de ce qu'exprime le vers de Baudelaire :

Dans la brute assoupie, un ange se réveille.

En un de ces billets où surabonde le bon sens, l'oncle Bertrand, dans *L'Écho de Paris*, se scandalisait de ce que le public, qui idolâtre le champion de boxe, ignore jusqu'au nom du champion d'escrime, « ce sport si français ». Comment le peuple ne mettrait-il le boxeur au-dessus du bretteur ?

D'abord le peuple toujours comprit mal les rites du duel, ces cérémonies qui, à force de n'être presque jamais funèbres, lui semblent ridicules ; il préfère d'instinct un combat où, sans risquer sa vie ni celle de l'adversaire, sans déranger de témoins ni de médecins, sans frais de voiture et enfin sans prêter à rire, on rosse proprement la personne qui vous a marché sur le pied.

Mais il est une raison plus profonde qui assure au champion de boxe la prééminence. L'entraînement, comme l'a conçu notre héros, réalise un équilibre physique, une harmonie qu'on admire rarement chez les maîtres d'armes. Peut-être, à son insu, Georges Carpentier flatte-t-il en nous la nostalgie d'Athènes, telle que nous la recréons en lisant *Phédon* et le *Banquet*. Il nous plairait de ne point douter du goût de Georges pour la métaphysique ; nous souhaiterions qu'on l'ait vu au cours de M. Bergson. Les jeunes Athéniens, triomphateurs au stade, quand le front chargé d'une épaisse couronne de violettes, ivres et précédés d'une joueuse de flûte, ils rencontraient Socrate et que cet homme merveilleux commençait de les interroger, le cœur leur battait avec plus de violence qu'aux corybantes. Comme de jeunes Anglais d'aujourd'hui, ils vouaient leurs jours à la perfection du corps ; mais ils savaient qu'ils possédaient une âme et que cette âme ne possédait de pire ennemi que ce corps. Recueillons l'enseignement, chrétien déjà, que Platon met dans la bouche de Socrate : « Pendant que nous serons dans cette vie, nous n'approcherons de la vérité qu'autant que nous nous éloignerons du corps, que nous renoncerons à tout commerce avec lui, si ce n'est pour la nécessité seule ; que nous ne lui permettrons pas de nous remplir de sa corruption naturelle, et que nous nous conserverons purs de toutes ses souillures jusqu'à ce que Dieu vienne nous délivrer. » Pour jurer que Georges, nanti de tant de gloire, d'amour et de dollars, est le mortel le plus heureux, il importerait de connaître sa vie intérieure : s'il risque tout l'enjeu de son bonheur sur son merveilleux corps, un knock-out de Dempsey suffit à sa ruine. Qu'il faudrait, au soir de ce désastre, que son âme n'eût pas été méconnue ni délaissée et qu'elle pût consoler et soutenir ce corps vaincu ! Et c'est peut-être alors, pour tel esprit mal fait, que Georges commencerait de devenir intéressant !

La Revue hebdomadaire, 2 juillet 1921.

SUZANNE LENGLEN

(1899-1938)

Ayant remporté deux cent quarante et un tournois dans sa carrière, six fois victorieuse du tournoi de Wimbledon, Suzanne Lenglen est une des premières sportives à passer du statut de championne à celui de personnage public. Comme le feront beaucoup de vedettes par la suite, Suzanne Lenglen, championne de tennis, s'adresse sur le mode de la confession directement à son lecteur.

Le tennis ressemble à la langue d'Ésope

Venez ici, mesdemoiselles, il faut que je vous gronde ! Vous voulez jouer au tennis et vous vous imaginez qu'il suffit de prendre une raquette et des balles, de vous vêtir d'une robe blanche, coquette et seyante, et de vous installer devant un filet. Vous croyez qu'il faut pratiquer ce sport comme on va entendre la musique autour d'un kiosque. Vous mettez à mal quelques projectiles, en les lançant maladroitement ; lorsqu'ils vous reviennent, vous trouvez qu'ils tombent trop loin de vous et vous n'essayez pas de faire l'effort qui vous en rapprochera. Au diable les balles, ce n'est pas vous qui irez les chercher. Vous revenez le soir, chez vous, avec un bel appétit – ce qui est déjà un résultat –, mais surtout avec quelques balles égarées et pas mal d'illusions perdues. Vous pensez placidement que, demain, la face des choses changera, qu'un fil invisible ramènera à votre raquette les obus dont on se sert dans cette petite guerre. Vous rentrerez aussi lasse, aussi fourbue et, si vous avez de l'amour-propre, aussi désemparée.

Vous vous direz :

— Qu'a-t-elle donc, cette Lenglen, pour arriver à jouer comme elle le fait ? Quel sortilège lui permet de vaincre les meilleures ?

Ne croyez pas, je vous en supplie, que je cherche un seul instant à me targuer de mes victoires et à faire la roue. J'ai horreur qu'on me parle de mes succès du tennis, et, si vous voulez me faire un réel plaisir, vous me direz simplement que je danse bien ! C'est mon violon d'Ingres, il ne faut pas m'en vouloir.

*

Si je me suis permis de vous parler ainsi, c'est parce que *Les Annales* m'ont demandé de vous donner des conseils. Oui, mais… je n'ai pas encore l'âge de jouer les pédagogues et, d'autre part, si je vous disais le régime et l'entraînement que je suis, je crois, ma foi, que vous détesteriez le tennis pour le reste de votre existence.

Le tennis ressemble à la langue d'Ésope. Comme passe-temps, il est la pire des choses. Comme sport, il est la meilleure. Passe-temps ? Il consiste à ennuyer des personnes plus jeunes que soi à qui on confie la mission assommante de chercher les balles perdues ! J'en sais quelque chose : c'est ainsi que j'ai débuté ! Il facilite aussi les échappées loin des familles austères et engage aux conversations sentimentales, absolument néfastes à l'entraînement. Sport ? C'est un tortionnaire qui réserve cependant de voluptueuses récompenses. Il exige beaucoup ; mais, quand on lui obéit, il n'hésite pas à vous couvrir de fleurs.

Comment je suis devenue championne ? C'est bien simple : en débutant à l'âge de onze ans et en ne cessant jamais de jouer avec piété, comme on sert une religion. Je vous indique le moyen : je sais que, parmi mes lectrices, nombreuses sont celles qui voudraient bien revenir à onze ans ; mais si c'était pour observer les lois qui me régirent, je crois qu'elles s'accommoderaient fort bien de leur sort actuel et de leur âge !

À proprement parler, je goûte peu le repos auquel toute personne normale a droit. En hiver, ce sont les tournois de la Côte d'Azur ; en été, ce sont les championnats de France, les championnats du monde sur terre battue, les championnats du monde et d'Angleterre sur gazon, les multiples compétitions de plages et villes d'eaux, sans compter les Olympiades, comme l'année dernière, et les tournées en Amérique, comme cette année-ci […].

*

Comment ai-je acquis une expérience grâce à quoi je conserve ma forme ?

Je suis un régime très sévère dont je ne me départis jamais. Il consiste à me coucher de bonne heure et à éviter toutes les causes d'énervement. Le tennis n'est pas, en effet, comparable aux autres sports, qui nécessitent un emballage d'un moment. Il exige une suite interminable d'efforts qui vous exacerbent et vous mettent les nerfs à fleur de peau. Toute balle est pour vous un instant d'émoi. Le cerveau travaille autant que les muscles. Il convient donc d'éduquer celui-là au même titre que ceux-ci […].

La plus grande partie de mon entraînement réside dans les exercices de culture physique.

Quotidiennement, matin et soir, je me livre aux mouvements du lieutenant Muller pour fortifier ma respiration et assouplir mes muscles. Je continue en faisant du saut à la corde – ce qui donne beaucoup de souffle – et en sautant en hauteur. Mais je m'astreins à ne jamais insister, lorsque je sens poindre la fatigue. Celle-ci provoque le surentraînement qui, dans l'athlétisme, est pire que tout. Il vaut mieux ne pas se préparer qu'être trop préparé !

En somme, vous voyez qu'à peu de chose près, le tennis nécessite un travail sensiblement pareil à celui du boxeur.

Je vous le confie à l'oreille : Carpentier et Dempsey n'ont qu'à bien se tenir !

« Quelques conseils pour jouer au tennis »,
Annales politiques et littéraires, 10 juillet 1921.

PAUL MORAND

(1888-1976)

Les courses sur pistes et les cyclistes tournant à l'infini sur le parquet en bois des vélodromes enchantent les foules en ce temps-là. Paul Morand, pour qui la vitesse est le maître-mot du nouveau siècle, empoigne le lecteur pour le jeter dans le tourbillon d'une soirée au vélodrome.

La nuit des six jours

Je dus m'avouer avec humeur en arrivant le soir même au vélodrome, après une journée creuse, que je ne venais pas moins pour la course que pour Léa ; à l'affichage rien n'était changé. Mais tout de suite il y eut branle-bas. Les six coureurs tournaient en un ruban où se mêlaient le vert, le jaune, le blanc, le grenat, l'orangé. D'une pédale souple ils usaient les planches polies par les tours, au coup de cloche surveillant les démarrages.

Petitmathieu était en selle ; il me vit et me fit un sourire d'amitié de la paupière gauche ; il y eut une tentative d'échappade vers le kilomètre 3421, à la 131e heure. Les balustrades gémirent sous la poussée des populaires surpris pendant le dîner, la bouche pleine.

Le nègre, le nez au guidon, partit en flèche, prit un demi-tour, maintint son avance. Ce fut la bagarre. Ceux qui souffraient d'une chute, ceux qui se tenaient les reins, ceux qui avaient une roue voilée, tour à tour furent lâchés, bientôt doublés. Mené par Petitmathieu, le peloton s'élançait dans le sillage du nègre qui commençait à défaillir, tournait la tête ; son coéquipier dormait et ne venait pas ; la foule l'appelait à l'aide.

— Coco, gueule d'empeigne, à cheval !

Un garçon laissa choir un bock du premier étage. Le hall trembla sous les hurlements, les crécelles, les coups de sifflets, jusqu'à ce que le nègre se redressât, remontât les mains au haut du guidon, « vivant sur sa lancée », témoignant qu'il n'en voulait plus.

Alors j'allai au quartier des coureurs.

Petitmathieu commençait à dîner de belle façon. Débarbouillé, rasé, beau gosse, dans un peignoir de cachemire, il tenait à la main une côtelette dans laquelle il mordait. Assise sur le bord du lit, Léa le regardait mastiquer, le regard humide et soumis. Il m'offrit une tasse de champagne, et, dans une boîte de dissolution, des œufs à la neige.

J'étais fier de connaître ce coureur, « un ténor de la pédale », disait le programme. Je me prenais à avoir l'orgueil de ses jambes souples, de ses genoux sans blessure. Je lui marquai ma sympathie et l'encourageai.

— J'ai ramené la meute, expliqua-t-il simplement. Le nègre à ce train-là n'a pas tardé à être écœuré. Le tout, c'est que la chasse s'organise.

Petitmathieu m'étonnait surtout par son calme, dînait paisiblement, en bourgeois, quelques minutes après cette poursuite, entouré de ses soigneurs diligents, de sa femme aimable, calé dans des coussins, avec, au dos, un paravent à glycines qui lui taillait dans le vide une manière d'intérieur.

Léa lui tenait un doigt tendrement et ne disait rien. Je les aimais tous deux également. Je le leur dis.

Nous trinquâmes. Léa récita ce compliment.

À notre santé qui nous est chère à tous
et qu'on a tant besoin
parce qu'avec la santé on peut avoir de l'argent,
avec de l'argent on peut acheter du sucre,
avec du sucre on attrape les mouches.

Petitmathieu m'expliquait son bonheur :

— Ce qu'elle est marrante ! Avec ça, bonne fille. Et quand il faut, les petits plats, les compresses, tout le reste. Et un cocher au mois qui sonne de la trompe et qui connaît les champignons. Pleine d'instruction et de conversation, faisant rire en société. Pour le particulier, une peau avec des veines comme les fleuves sur les géographies, une tignasse jusqu'aux talons (pas ces trois tifs qu'ont les femmes au jour d'aujourd'hui, et qui ne fatiguent pas le peigne fin), une poitrine urf, du vrai frigorifié ; et puis se mettant au plumard avec application et n'y allant pas que d'une fesse ; se lavant les dents après les repas, prenant les asperges avec une pince exprès pour, et pas de corset.

— Vous verrez, dit-il, quand vous la connaîtrez mieux.

L'orchestre jouait un boston qui était des montagnes russes. De cimes exquises, on était précipité dans les vallées langoureuses des refrains. Des comédiens à menton poudré arrivèrent, après le théâtre. Ils voulurent danser, mais le peuple les traita de feignants, de crâneurs, de mangeurs de saucisson.

Je laissai Petitmathieu en pleine verve, amusant son public, faisant semblant d'être couché avec Léa dans sa cabine.

Je dus promettre de revenir le lendemain pour le grand coup et de passer la nuit.

Sixième nuit, 128e heure, 3 362,570 km. Même spectacle monotone. Harassés, les écureuils dormaient en tournant ; l'un accrochait une roue et tombait, entraînant les camarades. On entendait des cris anglais, des jurons turcs, une clameur parfois qu'expliquait un abandon ; puis la ronde recommençait.

Il était très tard. Les sprints de la nuit étaient finis. Les coureurs tournaient, les mains à l'envers, pour se reposer les poignets, enveloppés dans des passe-montagnes, contre le froid de la nuit.

Petitmathieu reposait dans sa cage. Van den Hoven faisait son obscure besogne de nuit, laissant à son équipier le brillant travail des dernières heures qui allait commencer. J'offris mes services à Bibendum, la figure déformée par la fatigue comme dans une cuiller. En bras de chemise nous mîmes un boyau au fond d'un seau pour découvrir la crevaison. Léa me surprit dans cet exercice. J'étais si occupé que je lui parlai à peine. Elle s'en plaignit. Je haussai les épaules.

Beaucoup de spectateurs passaient la nuit. Couchés sur les journaux sportifs roses ou blêmes, des enfants dormaient. Des plantons de l'École Militaire, des chauffeurs de grande maison, des ouvriers des Moulineaux, avant l'usine, des expéditionnaires avant le bureau, des couples provinciaux en deuil, bâillaient, se tenaient éveillés à coups de manilles, faisaient sauter des canettes.

— Ugène, fit quelqu'un, passe-moi l'odorigène.

Nous enroulant dans des couvertures, la tête sur des sacs, côte à côte, nous attendîmes le jour. Léa me prit la main :

— Quels petits os ! Je sens que je vais être « chipée pour vous », disait-elle, comme dans les fausses romances populaires. Sa voix était douce et savonneuse. Vous êtes le contraire d'un recordman. Vous avez plutôt l'air d'un prêtre ou d'un chanteur comique. Vous ne causez guère, mais vous avez de la vivacité. Et puis, j'ai toujours rêvé de m'intéresser à quelqu'un qui n'aurait pas beaucoup de santé. Un jeune artiste, par exemple, avec un col ouvert, des veines trop bleues et une fine barbe en pointe… Je suis à toi.

— Rien ne pouvait me faire plus de plaisir, hier encore, répondis-je, en la caressant. Et peut-être demain. Mais aujourd'hui tout mon cœur est ici : je suis la proie d'une seule pensée qui est la victoire de Petitmathieu. Je ne m'appartiens pas ; vous non plus. Nous sommes devenus une partie du vélodrome, un instant de la course, l'attente de la victoire. Quelques heures encore, et pensez au déclic des appareils, à la foule, aux éditions spéciales, au banquet, avec des drapeaux et des députés. Nous aurons un peu contribué à gagner tout cela à notre vainqueur.

— Mon chéri, dit Léa, vexée, tu as une belle âme. C'est bath, ça. C'est délicat. Je t'aime plus encore.

La déception tordait ses lèvres.

Elle ne dit plus rien. Elle ferma les yeux. Puis je l'entendis, mais en rêve :

— Je ne sais pas comment Petitmathieu va prendre ça.

À notre droite, par-dessus la publicité du vernis Eternol, par-dessus le vitrage, un jour désolé apparut, salué par le piano mécanique. Je chantai :

> Dans l'aube et ses draps douteux
> les coqs ébréchés s'interpellent ;
> reniements roses, fleurs aux poubelles,
> mon amour diminue singulièrement pendant que vous dormez.

ALBERT LONDRES

(1884-1932)

Premier grand journaliste d'investigation, Albert Londres s'est fait connaître pour ses reportages au front durant la Première Guerre mondiale ou au bagne de Cayenne. En 1924, il suit le Tour de France. Londres est touché par la condition des coureurs, ces « forçats de la route », comme il les baptise, nouveaux héros d'une mythologie en train de s'écrire. Le Tour est une épopée.

Les forçats de la route

Hier, ils dînaient encore à onze heures et demie du soir, dans un restaurant de la porte Maillot ; on aurait juré une fête vénitienne car ces hommes, avec leurs maillots bariolés, ressemblaient de loin à des lampions.

Puis ils burent un dernier coup. Cela fait, ils se levèrent et voulurent sortir, mais la foule les porta en triomphe. Il s'agit des coureurs cyclistes partant pour le Tour de France.

Pour mon compte, je pris, à une heure du matin, le chemin d'Argenteuil. Des « messieurs » et des « dames » pédalaient dans la nuit : je n'aurais jamais supposé qu'il *y* eût tant de bicyclettes dans le département de la Seine.

Comme le tram « 63 » voulait faire son métier de tram,

c'est-à-dire conduire sa clientèle à Bezons-Grand-Cerf, les « messieurs » et les « dames » l'arrêtèrent, en lui criant :

— Place ! Ils arrivent !

Les coureurs arrivaient en effet : ils se rendaient à Argenteuil pour prendre le départ.

Bientôt, la banlieue s'anima : les fenêtres étaient agrémentées de spectateurs en toilette de nuit, les carrefours grouillaient d'impatients, de vieilles dames, qui d'ordinaire doivent se coucher avec le soleil, attendaient devant leur porte, assises sur des chaises, et si je ne vis pas d'enfants à la mamelle, c'est certainement que la nuit me les cachait.

— Regarde ces cuisses ! criait la foule. Ça c'est des cuisses !

Les coureurs arrivèrent dans un sous-bois ; là, on attendit une heure.

— Est-ce qu'on part ? demanda l'un, très en colère.

Mais un autre :

— À quoi bon s'énerver ?

Un commissaire fit l'appel des cent cinquante-sept noms. Les Français répondaient : « Présent », les Italiens : « Présente ».

Et ce que les Flamands disaient, je ne l'ai pas compris.

Alors, le commissaire lâcha :

— Allez !

De la foule, une petite voix de femme cria :

— Bonne chance, Tiberghien !

Et cent cinquante-sept hommes prirent la route.

Un quart d'heure plus tard, j'aperçus le numéro 223 qui changeait un pneu sur un trottoir. C'était le premier guignard. J'arrêtai ma Renault.

— Eh bien ! lui dis-je, vous n'êtes pas verni ?

Il me répondit :

— Il faut bien qu'il y en ait un qui commence.

Mais soudain montèrent des cris de : « Fumier ! Nouveau riche ! » et « Triple bande d'andouilles ! ».

Je fus obligé de constater que, quoique étant seul, la triple bande d'andouilles n'était autre que moi. Alors je vis que j'avais interrompu la marche de tout un peuple passionné qui suivait les coureurs d'un pas olympique.

Il faisait encore nuit, nous roulions depuis une heure et, cette fois, tout le long d'un bois que nous traversions, de grands feux de sauvages s'élevaient. On aurait cru des tribus venant d'apprendre la présence d'un tigre dans le voisinage : c'étaient des Parisiens qui, devant ces braseros, attendaient le passage des « géants de la route ». À la lisière du bois, il y avait une dame grelottant dans son manteau de petit-gris et un gentleman en chapeau claque. Il était trois heures trente-cinq du matin.

Le jour se lève et permet de voir clairement que, cette nuit, les Français ne sont pas couchés ; toute la province est sur les portes et en bigoudis.

Les coureurs rament toujours. Le numéro 307 est le premier qui se ressente d'inquiétudes de l'estomac. Il tire une miche d'une besace à lie de vin et dévore à grandes dents.

— Mange pas de pain ! lui crie un initié. Ça gonfle, mange du riz !

Mais voilà qu'une garde-barrière coupe le peloton en deux : un train arrive. Cinq gars qui n'ont pu passer sautent à terre, empoignent leur machine et traversent la voie, devant la locomotive qui les frôle. La garde-barrière pousse un cri d'effroi… Les gars, déjà remis en selle, poussent sur leurs pédales.

Montdidier, arrêt, ravitaillement. Je m'approche du buffet. Je croyais que les géants allaient manger en paix et m'offrir un morceau… J'étais jeune… Ils foncent sur des sacs tout préparés, se jettent sur des bols de thé, m'écrasent les pieds, me pressent les flancs, crachent sur mon beau manteau et décampent…

Ils ne font pas le Tour de France pour se promener, ainsi que j'aimais à l'imaginer, mais pour courir. Ils courent aujourd'hui jusqu'au Havre, sans vouloir respirer, tout comme s'ils y allaient quérir le médecin pour leur mère en grand danger de mort.

À Berthaucourt, je vois le premier géant couché sur le dos, au bord de la route. Si je ne vous dis pas son numéro, c'est que, justement, il le porte sur le dos. Celui-là a déjà son compte !

Flixecourt, la première côte. Puisque nous sommes aujourd'hui au premier jour, je tiens à vous présenter toutes les premières choses.

Pour me venger du coup du buffet, je les ai dépassés et je les attends, non sans quelque petit sourire, au sommet de la rampe. Ils m'ont « eu » une fois de plus : si je n'ai rien avalé, eux ont avalé… la côte d'un seul coup.

Amiens : voici les élèves d'un lycée officiellement conduits par leurs pions. Où vont-ils de si grand matin ? Ils viennent voir passer le « Tour de France ».

— Vas-y, Henri !… Vas-y, Francis !… Il s'agit des Pélissier ; ils sont des rois ! On les appelle comme les rois, par le petit nom.

— Vas-y, gars Jean !… C'est Alavoine.

— Vas-y, Otavio !… C'est Bottecchia.

— Thys ! Thys ! Hardi !

— Vas-y, « la pomme ! »…

« La pomme », c'est Dhers.

On ne pourra pas dire que les lycéens français ne sont pas prêts pour les examens de fin d'année…

Abbeville. Là est un contrôle, mais le commissaire le supprime : ils ne signeront pas.

— On ne signe pas, leur crie le commissaire.

Les gars repartent, rapides, avec un sourire, comme s'ils en étaient à une minute près.

Mais le 247 est à pied ; il n'a plus de boyau.

— J'en ai crevé cinq, dit-il, cinq !… Je n'ai plus de boyau !

Alors, le marchand de cycles du 90 de la rue Saint-Vulfran lui donne un boyau. Le 247 file sans payer : c'est régulier. Je veux en faire autant pour mes huit bidons d'essence, mais il paraît que je ne fais pas partie du grand jeu de la route et le marchand de cycles exige son argent, c'est-à-dire le mien.

Le Tréport, Dieppe. Là, ils doivent signer. Une dame, au contrôle, tient le crayon. La chère créature ! Elle ne sait pas ce qui l'attend. Ils signent : je veux dire qu'ils griffent la main de la dame et la dame les regarde se sauver, tout effarée.

Entre Dieppe et Fécamp, rien à signaler, qu'une tente dressée dans un champ. De cette tente élégante, plantée cette nuit pour la circonstance, sort une tête, un petit museau de femme mal éveillée : elle avait trouvé le moyen de ne pas manquer le spectacle.

Mais de Fécamp au Havre, le lot s'est épuré et l'effort que font ces hommes n'est plus sans souffrance. Beaucoup montent « en danseuse », autrement dit, en se dandinant sur leur selle comme des pingouins. Le 256 marche comme un canard écœuré ; Mottiat, Alavoine, Défraye crèvent et crèvent encore.

— La poisse !… crie Alavoine. J'ai crevé cinq fois !

Il remet ça tout de même. Frantz le Luxembourgeois crève comme les autres ; Lambot crève ; Mottiat crève ; « la pomme » crève. Une partie de la route est goudronnée ; la poussière de goudron brûle leurs yeux ; ils mettent leurs lunettes, ils les enlèvent ; ils ne savent de quelle façon ils souffrent le moins.

D'une voiture, on crie à Lœw :

— Ça va ?

Lœw a découvert complètement ses dents, ce qui l'aide sans doute ; il répond :

— Ns ?? ouich !! Ns ?? ouich !!

Muller est coincé entre une auto et le talus. Il tombe. Les silex ont déchiré ses cuisses ; il se fiche de ses cuisses, redresse sa roue.

Bottecchia qui avait du retard revient. Bottecchia a le nez le plus pointu de tout le lot ; il fend l'air.

Les casquettes, blanches au départ, sont maintenant délavées, tachées, rougies ; elles ont l'air, sur le front de ces hommes, de pansements de blessés de guerre.

Dans le peloton des meilleurs, c'est la poursuite ; de grosses voitures peinent à les suivre. Tout le Havre est sur cinq kilomètres de route. On entend crier par mille voix :

— Bottecchia ! Henri ! Francis !

C'est Bottecchia qui, en pleine ville, donne le dernier coup de jarret vainqueur, et le second est Ville, dit Jésus, dit Pactole.

Le Parisien, 23 juin 1924.

MARTHE BERTHEAUME

(1878-1963)

Marthe Berthaume, docteure en médecine et romancière, narre dans Sportive *la vie quotidienne d'un club d'athlétisme. En 1922, sous l'impulsion d'Alice Milliat marquée par le combat des suffragettes anglaises, alors que le Comité olympique interdit toujours aux femmes de concourir aux épreuves, monte la contestation. Les femmes s'unissent et organisent des contre-Jeux.*

Entrée des Amazones dans le stade

Le brillant défilé qui devait ouvrir les Jeux olympiques féminins se préparait aux alentours du stade Pershing. Depuis midi, les tribunes s'étaient emplies d'une foule, trépidante et convaincue dans les « populaires », un peu disparate et plus réservée dans les « premières ». Les Sociétés sportives, accourues des différentes provinces de France et même de l'étranger, ralliaient leurs équipes en groupements compacts, et c'était, tout autour de la grande ellipse, un chatoiement de couleurs, du blanc baigné de lumière jusqu'au bleu sombre, îlots épars sur la palette du stade dont les ombrages lointains du bois de Vincennes formaient le contour indécis.

Toutes fraîches dans leurs maillots vert clair, les Amazones étaient postées près de l'entrée principale, à l'ombre des solives qui soutenaient la charpente de la tribune officielle. L'agitation dont souffrait leur camp ne pouvait être attribuée à l'émoi qui précède un grand match, si tant est que les sportives subissent encore les mouvements impétueux d'une sensibilité que leur volonté doit mater à la longue [...].

Aux accords d'un orchestre de la Garde républicaine, les sportives s'avançaient en rangs ; elles allaient, lentes et graves, et leurs pieds se détachaient de la cendrée dans un rythme uniforme de grâce. Comme aux Panathénées, elles offraient en hommage aux dieux du sport leurs corps perfectionnés par la culture physique et leurs âmes affranchies de toute autre croyance. Une impression d'harmonie se dégageait de l'ensemble, les défaillances individuelles s'atténuaient dans ce mouvement continu qui ondulait autour du stade, comme la lame encerclant la grève, et les tuniques, les maillots aux couleurs vives projetaient sur le sol terni un grand reflet de clarté.

Les applaudissements éclataient dans les « populaires » ; on s'y nommait les Sociétés de province ; on y appréciait celles de l'étranger : les Anglaises hardies, aux jambes effilées, aux attaches un peu sèches ; les Tchéco-Slovaques, courtes et replètes, mais bien entraînées. Derrière les Américaines, aux formes solides, aux larges épaules, aux bustes raidis, marchaient les Amazones.

Sportive,
Éditions de la vraie France, 1925.

HENRI DECOIN

(1890-1969)

Paru en feuilleton dans la presse, Quinze Rounds*, qu'on pourrait qualifier de « soliloque sportif », rend compte d'un match de boxe en temps réel entre le champion français Battling et Ralph Geiger, son homologue allemand. Tour de force narratif, ce long monologue tire vérité de la psychologie d'un champion en proie au doute.*

État d'avant le match

Après la pesée, je suis allé dormir. J'ai essayé de dormir. Je n'ai pas pu… J'ai pris un livre : *Les Aventures d'Arthur Gordon Pym*, qu'écrivit Edgar Poe et que Charles Beaudelaire a traduites. J'ai essayé de lire. Je n'ai pas pu…

Il est seize heures…

À vingt-deux heures je monterai sur le ring, encore une fois et pour me battre, pour battre un homme ou pour me faire battre. Je me sens mal à mon aise ; mais vraiment, aujourd'hui, je bats tous les records du *mal à l'aise*.

Je ne peux ni dormir, ni lire, et une espèce d'angoisse m'étreint, une angoisse mystérieuse qui me prend l'estomac, la gorge, la nuque. Mes jambes sont molles. Mon ventre gargouille. J'ai une lointaine colique qui semble vouloir m'attaquer. Je voudrais penser à tout ce qui n'est pas le combat, mais mon état m'oblige à écarter de mes pensées tout ce qui n'est pas lui.

Je pense donc au métier que j'exerce. Un sale métier. Il m'a donné des satisfactions, évidemment… Je suis riche, populaire et riche, mais ce soir je vais combattre un homme dur, encaisseur, cogneur, et sur la vingtaine de droites qu'il m'enverra à la pointe du menton, trois ou quatre arriveront à destination… Les encaisserai-je ? Feront-elles du dégât ?

Ralph Geiger est champion d'Allemagne. C'est un beau gaillard au crâne rasé. On prétend que ses crochets du droit sont vicieux. J'ai vu Ralph Geiger à la pesée. Nous nous sommes serré la main. Il n'avait pas l'air ému.

Et ce manque d'émotion m'inquiète. Georget, mon manager, m'a dit :

« T'en fais pas, il dissimule… »

Mais Georget est d'un optimisme désarmant, l'optimisme de celui qui ne va pas se battre. Charmant optimisme.

Et quand j'arrive à discuter de son optimisme, Georget me lance sa fameuse phrase :

« Tu es trop intelligent, fiche-nous la paix. »

Très nombreux, en effet, sont ceux qui prétendent que je suis trop intelligent pour mon métier. Georget estime que le vrai boxeur est celui qui ne pense pas, celui qui ne pense que par son manager. Georget, dit encore :

« Le boxeur est une machine que remonte le manager. »

À vingt-deux heures, Georget remontera la machine que je devrais être, que je voudrais être, mais que je ne suis pas…

J'ai peut-être eu tort de vouloir être boxeur… Quand je dis cela, Georget devient fou.

« Espèce d'idiot, me dit-il ! Tu es millionnaire, champion de France et champion d'Europe ! Que te faut-il de plus ! »

Alors je me tais. En moi-même, j'admets les raisons de Georget, mais cela ne suffit pas à me constituer un moral de combattant. J'ai trop d'imagination. Si j'avais moins d'imagination…

Ma colique se précise. Je vais être obligé de me lever pour aller où vous savez…

Je n'ai jamais été en si piteux état. Il se pourrait fort bien que je ne puisse pas combattre ce soir. Un boxeur malade a tout de même le droit de ne pas combattre. Je n'ai qu'à téléphoner au docteur…

Si je téléphonais au docteur ?… Il m'est impossible de combattre ce soir, je le sens… Je n'ai plus de jambes, mais alors, plus du tout…

Oui, c'est cela… je… je vais téléphoner au docteur… À quelques heures d'un combat, le docteur a trop de responsabilités pour ne pas admettre que…

L'organisateur remettra la rencontre. Il faut absolument que je vois le docteur. D'ailleurs, mon cœur ne va pas. Il bat drôlement. Ce serait risquer gros que de combattre avec un cœur qui ne bat pas régulièrement. Il y a des limites.

Il m'a dit :

« Couche-toi. Je vais chez l'organisateur pour signer un contrat. Je vais le faire chanter, l'organisateur. Il faut que je fasse doubler ta bourse pour le prochain combat… »

Il pense déjà au prochain combat ! Pour lui, la rencontre de ce soir est déjà dans le passé. C'est admirable ! Cet homme me fera combattre jusqu'à plus soif, jusqu'à la cinquantaine, jusqu'à ce que je ne fasse plus recette… Il me mènera à la maison des fous… Vous verrez qu'il m'y amènera, à la maison des fous…

Et je me laisse faire. Aucune réaction… Je suis amorphe…

Je suis le prisonnier de Georget… Je suis comme ces filles qui *travaillent* pour un souteneur…

Mais c'est fini, fini, fini… Cette fois, j'ai compris. D'abord, ce soir, je ne combattrai pas Ralph Geiger pour bien marquer mon indépendance.

Georget pensera ce qu'il pensera, dira ce qu'il dira, je m'en moque. Il verra l'organisateur, lui expliquera que je suis souffrant… L'organisateur, furieux, m'en voudra à mort. Tant mieux ! Ainsi, il ne me fera plus combattre…

De plus, la semaine prochaine, je remettrai mes titres de champion d'Europe et de France à la Fédération… Ces messieurs de la Fédération en feront ce qu'ils voudront, de mes titres. Voilà qui m'importe peu.

Ils organiseront une compétition, ou bien, s'ils préfèrent, ils feront cadeau de mes titres à Massier. Je ne suis pas jaloux. Massier, enfin, sera champion. Il le mérite. Depuis le temps que je lui barre la route… Pauvre type…

Et, enfin, je ne serai plus rien ! Je ne serai plus boxeur…

Quinze Rounds. Histoire d'un combat (1930),
Bordeaux, L'Arbre Vengeur, 2021,
avec l'aimable autorisation de Madame Jacques Decoin,
Madame Rose Christine Decoin et Monsieur Didier Decoin.

EDMOND HARAUCOURT

(1843-1901)

Poète quelque peu oublié, Edmond Haraucourt est celui à qui on doit l'expression consacrée de « petite reine » pour désigner la bicyclette. Mais, pour le journal L'Auto *et sa chronique « Les joies du sport », c'est l'amour du patinage qui lui revient. Sur la glace, un homme peut se trouver ridicule ou sublime... Tout dans la vie est question d'équilibre... et d'aura.*

Les joies du patinage

Platon n'a pas connu le patinage ; Socrate non plus : le climat d'Athènes leur a refusé cette faveur. C'est tant pis. Ils eussent trouvé de belles formules pour célébrer un jeu qui libère l'humanité de sa tare congénitale, en la délivrant de son poids. Il abolit la pesanteur. Il nous prête pour un moment la légèreté de l'oiseau qui glisse sur les pentes de l'air ; bien plus, il nous concède l'illusion de flotter dans l'éther, patrie des dieux : il nous apparente à Mercure, qui a des ailes aux talons. Il nous dégage de la terre et nous fait irréels, ou presque. Une ivresse, plus subtile que celle du vin, circule en notre corps entier et nous enlève, dirait-on, hors de nous.

J'ai goûté autrefois, avec passion, les intenses voluptés de ce sport. Mes débuts ne me les faisaient guère prévoir.

J'avais appris tant bien que mal, au Bassin du Luxembourg, à me tenir debout sur mes patins, et même à progresser sans avaries. Pour parfaire mon éducation, il ne me manquait plus que la possibilité de me lancer sur des espaces largement ouverts, qui invitent à l'audace ; l'occasion m'en fut offerte en l'hiver 1878 : j'habitais alors la pittoresque région du Forez, si riche en sites admirables, rochers abrupts, torrents qui se ruent, ruisselets qui susurrent à travers des vallons qui dorment. À quelques kilomètres de Montbrison, un étang poissonneux s'étale sous la surveillance d'une ferme. En décembre, depuis trois jours, le froid était vif.

« Si on allait patiner ? L'étang doit être pris. »

Nous partîmes, ma sœur et moi, suivis de nos deux chiens : Raty, un griffon de trois livres, et Tom, braque très folâtre et de mœurs dissolues, qui s'honorait de peser dix-huit kilos ; leur poids, en la circonstance, n'était pas chose indifférente.

La glace nous apparut superbe et virginale : nulle lame ne l'avait griffée, nul sabot ne l'avait pétrie ; une imperceptible poussière de neige la poudrait comme un visage de femme. Mais cette vierge de trois jours serait-elle suffisamment solide pour recevoir sur elle le poids d'un vigintagénaire ? N'était-elle pas fille à se venger de l'attentat ? La sagesse imposait une série d'expériences progressives. Tout d'abord, un caillou fut lancé, puis une vraie pierre ; bravement, leurs ricochets s'en allèrent mourir dans le lointain. Après quoi, le jeune Raty fut autorisé à aventurer ces trois livres sur ce dancing qui l'étonna, mais le toléra. Le braque, qu'il avait fallu retenir, n'attendit aucune autorisation. Il ignorait la glace et il trouva fort réjouissant ce sol qui jouait avec lui, qui lui écartait les pattes, l'envoyait ailleurs, l'obligeait à des cabrioles. Ohé ! ohé ! Oh, que c'est amusant ! Il riait de toutes ses dents blanches ; il aboyait vers moi : « Viens donc, viens ! »

J'obéis. Les premières pesées furent rassurantes ; une exploration complémentaire, à faible distance du bord, m'enhardit. Essayons ! De la berge, on me criait : « Ne va pas trop loin ! » Mais j'étais déjà loin. Mon chien, que ma sœur retenait par son collier pour l'empêcher de me suivre et d'ajouter son poids au mien, m'observait en fronçant ses sourcils jaunes, et geignait de ne pas courir à mon côté. Il me voyait pivoter, là-bas, au milieu du grand miroir lisse. Tout d'un coup, il ne vit plus rien : son maître avait disparu. L'étang l'avait bu, d'une gorgée. Seul, un chapeau melon, posé sur cette glace nue et déjà refermée, dénonçait la place où tout à l'heure un homme vivant s'agitait.

Ma surprise n'avait pas été moins brusque que la sienne. L'étang m'avait permis de le traverser en entier et aucune menace n'indiquait chez lui des préméditations hostiles. Revenu au milieu du cercle, je m'arrêtais. Alors, immobile, j'entendis, dans le grand silence de l'hiver, un crissement lointain, comme d'une bête encore invisible et déjà courroucée qui venait à moi pour me mordre. Une bête ? Une armée de bêtes rangées en cercle autour de ma vie et qui partaient toutes ensemble à l'assaut de leur proie. Car ce n'est pas sous mes pieds que le bruit de mort semblait prendre naissance ; les fissures affectaient de ne pas se produire sous mon poids pour rayonner vers la périphérie ; à en croire le son, elles venaient à moi, au contraire ; leur venue dura peut-être deux secondes, trop brève pour que j'eusse le temps de prendre peur, et déjà j'étais sous l'eau. Puis, instantanément, les brisures du miroir reprirent leur place : telle une boîte à couvercle automatique qui se referme.

Je n'en suis pas mort, puisque je vous parle. Au reste, l'aventure n'a comporté aucune minute d'angoisse ; dans le moment même, sous la glace, je n'en ai perçu que les côtés comiques ; j'imaginais le spectacle offert aux riverains, une scène de physique amusante, ce tour de passe-passe : un bonhomme escamoté et remplacé par un chapeau. Une seconde remarque sera susceptible d'intéresser les candidats à un identique accident : le sinistré n'a pas la moindre sensation de froid. Il nage, il écarquille les yeux pour chercher la sortie, reconnaissable à une clarté moins terne ; il la trouve, il réapparaît, partiellement, sans cesser de nager, du moins de l'arrière-train, tandis qu'il essaie sur les coudes des rétablissements inutiles : chaque fois qu'il émerge, la glace à nouveau cède sous son poids, et il replonge jusqu'au menton. Il faut ouvrir les bras en croix et les étaler largement pour disperser les points d'appui, hisser les jambes en les écartant le plus possible, pour la même raison, et ramper à plat ventre.

Mon chien, à pleine gueule, m'engueulait ; il ne cessa que quand il me vit debout. Je n'eus froid que chez les fermiers qui me recueillirent ruisselant ; ils m'offrirent du linge sec, une solitude pour me mettre nu et une flambée pour m'y aider. Après quoi, j'eus faim ; je n'ai pas accusé la glace d'être perfide ; je ne lui ai pas gardé rancune ; j'ai persisté, chaque hiver, à souhaiter sa venue ; le lac du Bois de Boulogne et le lac Daumesnil m'ont reçu à leur surface et jamais dans leur profondeur. Je ne disparaissais plus, mais je manquais de grâce. J'en ai toujours manqué. En revanche, j'admirais celle des autres.

Je me suis toujours extasié devant la souplesse et l'aisance des couples désinvoltes qui ondulent, qui valsent, changent de pas, s'inclinent sur un bord et sur l'autre, et qui fuient, détachés du monde ; devant celles aussi du patineur solitaire qui évolue, les bras croisés, égoïstement, lance son buste en avant de lui, éploie des ailes autour de lui, virevolte sur une seule pointe et vrille la boule terrestre comme s'il voulait la transpercer, ou bien grave sur le miroir, avec le diamant de son patin, le nom de sa petite amie.

Nulle part mieux que sur la glace ne s'avèrent les nobles proportions du très bel animal que peut être le mâle humain ; et nulle part aussi ne se montre de lui sa capacité à devenir subitement ridicule. Pour qui sait en user, le patinage, c'est du vertige au ralenti ; mais pour qui ne sait pas encore, c'est du comique en puissance. Il est recommandable à la jeunesse qui ne craint pas les bleus, mais contre-indiqué aux personnes qui ont un prestige à garder ; chefs d'État, souverains pontifes, présidents du Conseil et présidents de Chambres, en toge et en toque. Les gens chargés de gloire et qui soignent leur auréole devront également s'en abstenir. Une de mes élèves me le fit bien voir.

J'avais endoctriné Sarah Bernhardt par la description des jouissances qu'on éprouve à pratiquer ce genre de sport. Elle se reprocha de les ignorer, étant de ces créatures qui considèrent comme une impolitesse envers le Créateur le fait de négliger les joies qu'il nous propose. Instantanément, elle décida de s'instruire : le temps de s'équiper et elle se confiait à moi pour diriger ses premiers pas. Remise à quinzaine. D'ailleurs, il ne gelait pas encore, au moment de la décision, mais il était bien évident que la nature prendrait ses dispositions en même temps que le bottier, la modiste et la couturière…

La rue de la Paix reçut les commandes : une paire de brodequins en cuir fauve, un toquet en astrakan gris, assorti au col du corsage et au drap gris argent de la jupe ; à Londres fut conféré l'honneur de fournir les patins, deux suaves patins de fée, brillants comme des diadèmes. Le tout était paré quand le gel arriva. Au jour dit, après déjeuner, nous montâmes dans le landau de la tragédienne. En route pour le Grand Lac ! Georges Clairin, dit Geogeote, nous escortait.

« Oh là ! Dame jolie, gare la pelle ! »

Clairin avait tort de prophétiser. Est-ce que Phèdre, est-ce que Dona Sol, est-ce que la Reine de Ruy Blas peuvent « ramasser une pelle », en public ? Est-ce que la Dame aux camélias, idole de l'Ancien et du Nouveau Monde, poésie incarnée, peut tomber sur son derrière, devant la galerie ? Quand nous descendîmes au ponton, où se pressait la cohue des badauds et des loueurs de traîneaux, un émoi nous accueillit : « Sarah !… C'est Sarah ! V'là Sarah ! Vive Sarah ! »

La foule s'écartait sur son passage. Elle répondait aux ovations de son peuple par des sourires de souveraine. Elle s'assit, comme sur un trône, dans un traîneau, mit aux mains de Geogeote l'éblouissement de ses patins anglais, renonça pour toujours à connaître les voluptés du patinage qui libère de son poids la lente créature humaine et qui souvent, aussi, le lui rappelle à l'improviste.

L'Auto, 24 septembre 1931.

JEAN COCTEAU

(1889-1963)

L'histoire est très belle. Un jour, Jean Cocteau éprouve un coup de foudre pour le boxeur panaméen très longiligne et gracile Al Brown, malheureusement sur le déclin. Le prince des poètes se met alors en tête de refaire monter Al Brown sur le ring et s'emploie par tous les moyens à vanter ses mérites.

L'ombre d'Al Brown

Le combat auquel Jeff Dickson nous invite au Palais des Sports dépasse étrangement les limites d'une simple rencontre. En effet, Al Brown, après avoir quitté la boxe, et être remonté sur le ring, se trouve ce soir en présence d'un ennemi personnel, d'un pugiliste auquel il doit la perte de son titre et sa ruine.

Al Brown est né : l'ombre de lui-même. La « merveille noire », comme l'appellent les journalistes, est un être fragile, mince, presque maigre et d'une noblesse d'icône. Lorsque je le rencontrai, je suppose qu'il était mort, empoisonné à Valence et interrompu dans sa course. C'est son spectre que je vis sauter à la corde, c'est son spectre qui traînait à Montmartre, c'est son spectre que je décidai de convaincre, malgré sa répugnance, à continuer l'œuvre de Brown en chair et en os.

Il s'agissait de vaincre l'incrédulité de la foule et des sportifs, de croire un poète inculte dans ce domaine et, de match en match, de K.-O. en K.-O., de se retrouver coûte que coûte en face de Balthazar Sangchili, le vainqueur du duel atroce de Valence où Brown, qui ne tenait plus sur ses jambes « après quinze rounds surhumains », abandonna le titre de champion du monde, sa fortune et la boxe.

Un dégoût, une révolte immense prirent la place d'un premier réflexe de colère. Je le répète, il mourut.

Mais un Al Brown ne meurt pas comme un page de Catherine de Médicis. Sa race lui donne une résistance presque végétale. Son spectre, son ombre lui survivent. C'est cette ombre que j'aime, que je respecte, que j'aide et que j'ai la chance de voir atteindre le but.

La foule qui s'y connaît, invite Al Brown à escalader les cordes chaque fois que des adversaires le déçoivent. Cette fois, exacte au rendez-vous, elle s'entasse autour d'un échafaud de justice.

Mènerai-je Al Brown jusqu'à l'étape ? Je ne crois pas être le seul à le souhaiter de tout mon cœur.

L'Auto, 4 mars 1938.

DINO BUZZATI

(1906-1972)

En couvrant le Giro, l'écrivain Dino Buzzati ne s'attendait pas à vivre de telles émotions. Sur les cols d'Izoard, au terme d'un duel homérique, le jeune Fausto Coppi l'emporte sur Gino Bartali, à la manière d'un Achille triomphant d'Hector. Ce sont aussi deux Italies qui s'affrontent en cet après-guerre, l'une traditionnelle marquée par le fascisme, l'autre, jeune, tournée vers la modernité.

Dans les Alpes, Bartali cède devant Coppi trop fort pour lui

Pinerolo, le 10 juin. Dans la nuit.

Lorsque aujourd'hui, dans l'ascension des terribles pentes de l'Izoard, nous avons vu Bartali se lancer seul à la poursuite, à grands coups de pédale, souillé par la boue, les commissures des lèvres abaissées en un rictus exprimant toute la souffrance de son corps et de son âme – Coppi était déjà passé depuis un bon moment, et désormais il était en train de gravir les ultimes rampes du col –, a resurgi en nous, trente ans après, un sentiment que nous n'avons jamais oublié. Il y a trente ans, veux-je dire, nous avons appris qu'Hector avait été tué par Achille. Une telle comparaison est-elle trop solennelle, trop glorieuse ? Non. À quoi servirait ce qu'il est convenu d'appeler les *études classiques* si les fragments qui nous restent à l'esprit ne faisaient pas partie intégrante de notre modeste existence ? Bien sûr, Fausto Coppi n'a pas la cruauté glacée d'Achille : bien au contraire… Des deux champions il est sans nul doute le plus cordial, le plus aimable. Mais Bartali, même s'il est le plus distant, le plus bourru – tout en n'en étant pas conscient –, vit le même drame qu'Hector : le drame d'un homme vaincu par les dieux. C'est contre Minerve elle-même que le héros troyen eut à combattre : il était fatal qu'il succombât. C'est contre une puissance surhumaine que Bartali a lutté, et il ne pouvait que perdre : il s'agit de la puissance maléfique des ans. Son cœur, cependant, est formidable ; sa musculature en parfait état, et son esprit a gardé la fermeté qu'il avait à l'époque où la chance lui souriait. Mais le temps a fait ses ravages en lui sans qu'il en ait eu conscience ; peu à peu il a porté atteinte aux merveilleux viscères de cet homme : une chose de rien du tout car ni les médecins ni les instruments n'enregistrent la moindre altération. Et pourtant, l'homme n'est plus le même. Et aujourd'hui, pour la seconde fois, il a perdu.

[…]

La victoire vint se ranger au côté de Coppi dès les premières minutes du duel. Il n'y eut pas l'ombre d'un doute chez ceux qui le virent. Dans ces maudites montées son coup de pédale était d'une puissance irrésistible. Qui aurait pu l'arrêter ? De temps à autre, pour soulager les souffrances que lui infligeait la selle, il se soulevait sur ses pédales ; on aurait dit, tant il était léger, qu'il voulait étirer ses membres, par excès de vitalité, comme fait un athlète qui s'éveille d'un long sommeil. On voyait les muscles, sous la peau, semblables à des serpents extraordinairement jeunes contraints de sortir de leur enveloppe. Comme auparavant dans les Dolomites, il avançait avec un calme absolu, comme s'il avait oublié qu'un loup, derrière, le talonnait. De la voiture de sa firme, qui restait toujours à ses côtés, Zambrini l'observait en souriant, désormais sûr du triomphe.

[…]

Sans jamais plus se voir, car à chaque minute la barrière de vallons, de rochers et de forêts qui les séparait s'amplifiait, les adversaires luttèrent jusqu'au bout.

[…]

C'est un vaincu, Bartali, aujourd'hui. Pour la première fois. Voilà qui nous remplit d'amertume, car cela nous rappelle intensément notre sort commun à tous. Aujourd'hui, pour la première fois, Bartali a compris qu'il était arrivé à son crépuscule. Et pour la première fois il a souri. C'est de nos propres yeux que nous avons constaté le phénomène lorsque nous sommes passés à côté de lui. Quelqu'un l'a salué sur le bord de la route. Et lui, tournant légèrement la tête dans cette direction-là, il a souri : l'homme hargneux, distant, antipathique, l'ours intraitable aux incessantes grimaces de mécontentement, lui, précisément : il a souri. Pourquoi as-tu fait cela, Bartali ? Ne sais-tu pas qu'en agissant ainsi tu as détruit cette sorte d'enchantement revêche qui te protégeait ? Les applaudissements, les vivats des gens que tu ne connais pas commencent-ils à t'être chers ? Est-il donc si terrible le poids des ans ? Tu t'es rendu, enfin.

Sur le Giro 1949,

JACQUES GODDET

(1905-2000)

La plume du journaliste transcendée par l'événement sportif. Dans cet article qui relate la course du 5 000 mètres remportée par Zatopek aux Jeux olympiques d'Helsinki, c'est sciemment que Jacques Goddet, directeur du journal, sort du devoir d'objectivité journalistique pour laisser entendre la fougue du passionné.

Ce qu'on ne reverra jamais !

Pour savoir vraiment tout ce qui s'est passé dans ce dernier tour du plus grand 5 000 qui ait jamais été couru, peut-être de la plus poignante, la plus échevelée de toutes les épreuves de course à pied jusqu'ici disputées sur un stade, il faudrait en revoir le film complet et le passer de nombreuses fois pour en retrouver chacune des péripéties, superposition fantastique de chocs et de faits héroïques, la bataille sans merci entre quatre champions au cœur énorme se renversant constamment.

Nous n'étions plus reporter ou journaliste, mais, comme les 70 000 privilégiés présents, un homme qui tremblait, qui hurlait, qui n'avait plus le sens de sa personne ni de sa tâche, entièrement subjugué par le spectacle phénoménal qui, sur la piste brique, déchirait, recollait, puis brisait encore la course de quatre athlètes dont aucun ne renonçait à vaincre.

Un des avantages du sport sur son cousin germain, l'art, c'est que ses maîtres doivent composer leur œuvre selon la marche d'événements dont ils ne sont pas les seuls responsables et dont l'instantanéité, le renouvellement immédiat obligent à l'exécution d'inspiration et au don complet de soi-même. L'inattendu, et les efforts pour en corriger, pour en utiliser et canaliser les effets, c'est la richesse exclusive de l'art sportif, dont les dessins, jamais semblables les uns aux autres, viennent enrichir la collection sans fin des souvenirs. Le 5 000 d'Helsinki, sommet de l'athlétisme, restera dans le musée impérissable des exploits sportifs comme la fresque de la mêlée la plus sauvage, de la bataille la plus ardente, d'un concours supérieur humain où la machine corporelle, suralimentée par une volonté émanant d'une sorte de seconde nature, atteignit ses limites extrêmes.

L'Équipe, 25 juillet 1952.

DENIS LALANNE

(1926-2019)

Couvrant la tournée des Français en Afrique contre les Springboks, le journaliste est le premier témoin de l'exploit des Tricolores. Afin de perpétuer la mémoire de cette victoire historique, de la chanter en hérault, Denis Lalanne se lance dans un récit au ton nouveau où se mêlent aventures humaines et aventures sportives.

Test-match à Johannesburg

Et maintenant, il restait cinq minutes à tenir. Cinq minutes, et la victoire serait inscrite, plus grande victoire du rugby français, plus grand exploit du sport national au même titre que les triomphes historiques de Carpentier, Cochet, Cerdan.

Cinq minutes et pour la première fois depuis 1896, les Springboks seraient battus sur leur sol dans une série de test-matches.

Cinq minutes pour achever la tournée.

Pour ressortir, triomphants, de la Fosse aux Springboks…

Hardi ! Les rugbymen de France ! Pensez à tous les vôtres, au retour ; pensez au père Crabos, à Jean Prat et à sa surprise ; pensez à vous et à vos six semaines de sacrifices. Pensez au rugby et à tout ce qu'il vous a donné… Regardez ces tribunes immenses, cent mille gens qui vous entourent… Remarquez ce silence de mort, cette consternation… À vous quinze, vous avez battu un pays, un grand pays ! Cinq minutes, quoi ! Vous n'avez plus le droit de perdre… Hardi !

Encore quatre minutes, la mêlée Springbok pousse comme mille bœufs. Tenez bon !

Trois minutes, elle progresse dans le camp français. Hardi ! Hardi !…

Deux minutes : Kaminer a percuté le réseau français, l'a traversé en flèche, porté par une foule ressuscitée, déchaînée, hurlante. Il fonce aux dix mètres français mais les cris, le pathétique du moment, la soudaineté même de sa percée, la mission immense dont il se sent porteur l'ont halluciné. Il commet une monstrueuse erreur, il passe trop tard à Fourie. Formidablement plaqué, Marquesuzaa ! Bien repris, Stener ! Hardi !…

Plus qu'une minute : coup de pied de pénalité contre la France dans ses 22 mètres. De là, il est aisé pour les Springboks d'inscrire trois points. Mais trois points ne suffisent plus. La foule crie : « *Up ! Up !* » Alors, Claassen prend la balle et plutôt que de tenter le but, lance une dernière attaque. Pickard essaie de passer en force. Couchez-le ! Allez-y ! Pour la dernière fois, piétinez le Springbok ! La victoire en chantant… Le jour de gloire… Hardi !

Fourie encore, Fourie qui est venu au centre et qui veut forcer le passage…

Fini ! C'est fini, les gars ! M. Ackerman a sifflé trois fois. La tournée est terminée, vous avez gagné, vous êtes des héros !

Je n'oublierai jamais…

Le Grand Combat du XV de France,

ANTOINE BLONDIN

(1922-1991)

Antoine Blondin est le plus brillant des journalistes et leur saint patron. Jouant dextrement des références culturelles – ici la référence à « la glorieuse incertitude du sport », célèbre phrase de Camus devenue un cliché du commentaire sportif. A contrario, *Blondin rivalise toujours d'esprit et de malice. Il a donné ses lettres de noblesse au journalisme sportif.*

La glorieuse certitude du sport

Bédoin-Le-Ventoux. – Pour leur veillée d'armes à Gap, les coureurs étaient tous logés à la même enseigne, qui était celle de l'école des filles, désertée pour la circonstance et en même temps assiégée de l'extérieur par de jeunes grappes en mini-jupes, comme une caserne avenante où Johnny Hallyday eût été en train de faire son service militaire. Les préoccupations martiales qui habitaient cet établissement transparaissaient dans les propos qu'on voyait se former sur les lèvres ou jaillir en bulles du crâne des intéressés tels ces ballons qui émanent des personnages de bandes dessinées : la victoire avant tout… La victoire avant tout… La victoire au Ventoux.

Voyons les choses en face. Quels que soient les difficultés ou les thèmes proposés aux coureurs, ils prennent désormais rang de péripétie et d'exercice de style occasionnel. À notre tour, nous accédons à cette notion que nos devanciers ont connue jadis avec Fausto Coppi et qu'on pourrait appeler « la glorieuse certitude du sport ». Elle peut irriter, lasser ou déranger certains. Nous trouvons, pour notre part, qu'elle procure au contraire un sentiment confortable, rassurant, comme tout ce qui vous remet en harmonie avec l'ordre du monde.

Il existe, dans le sport, une sorte de contradiction entre les vœux, la tendresse, qui s'attachent au plus faible, au célèbre petit qui n'a pas peur des gros, et l'impératif catégorique de toute compétition dûment proclamée qui est : que le meilleur gagne ! Il n'y a pas si longtemps, avant qu'on ne s'aperçoive que les malabars, les géants, les poids lourds y faisaient malgré tout merveille, le judo illustrait assez bien cet état d'esprit qui aspire à voir abolir les inégalités de la nature. Il s'annonçait comme une discipline où Tarzan et le Petit Poucet pouvaient lutter sur le même pied, à armes égales. Bien plus, on laissait entendre que le plus débile, convertissant à son profit les ressources supérieures de son adversaire, devait l'emporter contre toute logique apparente.

Sur le plan qui nous occupe, il y a quelque chose qui me froisse là-dedans et, toute sentimentalité mise à part, j'avoue qu'un canton de moi-même s'insurge quand le champion n'est pas le premier. Le champion, par essence, doit être incontestable, même si par ailleurs cette essence veut que sa suprématie soit sans cesse contestée par les autres et qu'il y trouve également son bonheur. Cela s'appelle : mettre son titre en jeu. Dans le cas d'Eddy Merckx sur le Tour de France, cette mise en cause est quotidienne. Cela commence par des bavardages sur les rangs du fond, mais quand la classe élève véritablement la voix, c'est la sienne qui parle.

On imagine mal un Nanterre du cyclisme où, comme on a pu l'envisager pour les examens, les épreuves de contrôle et les classements seraient supprimés sous prétexte qu'il est trop injuste et ingrat de jouer toute sa carrière sur un seul jour.

Pourrait-on envisager de les remplacer par de simples mentions portées sur un livre : bon, juteux, assez saignant, passable, à la ramasse ?…

Non. La glorieuse certitude du sport, avec le rayonnement qui émane de ses hiérarchies clairement dessinées et l'exemple qu'elle propose, constitue un ferment d'enthousiasme trop puissant, trop précieux pour qu'on ne puisse désirer s'y attacher.

L'Équipe, juillet 1970.

FRANCOIS THÉBAUD
(1914-2008)

Répondant au courrier d'un lecteur demandant quelle place le journal compte accorder au football amateur, François Thébaud monte au créneau pour livrer sa vision du football. Elle est politique ! À rebours de la vedettarisation de ce sport, Thébaud défend un football de proximité, généreux et humain, un espace de jeu où le talent individuel ne prend sens que grâce au collectif.

Un seul football

M. Lempierre, du Havre, nous écrit :

Le *Miroir du football* ne pourrait-il pas consacrer une double page aux amateurs ? CFA, Coupe Nationale des Cadets, Coupe Gambardella, Concours du Jeune Footballeur… Ces sujets trouveraient, je pense – surtout auprès des jeunes – succès et intérêt.

Cette suggestion d'un lecteur, qui nous apporte par ailleurs la preuve indiscutable de son attachement à notre revue, mérite une réponse particulière parce qu'elle exprime un point de vue partagé par d'autres sportifs.

Voici la réponse :

En publiant chaque mois les classements du CFA et des championnats régionaux d'honneur, aux côtés des championnats nationaux et des compétitions internationales, en consacrant des reportages aux petits clubs, le *Miroir du football* montre qu'il ne sous-estime pas le football amateur.

Mais une revue mensuelle ne peut avoir ni l'intention ni les moyens de relater en détail l'activité des quelque 10 000 clubs français, suivie d'ailleurs au jour le jour par les quotidiens régionaux.

Si le nombre considérable de nos équipes amateurs et leur dispersion géographique nous interdisent de leur consacrer des articles particuliers, nous avons la conviction que les 500 000 footballeurs qui les constituent peuvent et doivent trouver dans des articles qui s'adressent à tous – amateurs, professionnels, pratiquants et spectateurs amoureux du vrai football – matière à réflexion.

En effet, la diversité des catégories dans lesquelles se divise le monde du football et les hiérarchies établies ne l'empêchent nullement de réaliser son UNITÉ dans l'esprit du Jeu.

La magnifique victoire des promotionnaires provençaux de Gardanne sur les vedettes professionnelles de Toulouse en Coupe de France est venue opportunément rappeler le caractère merveilleusement humain, foncièrement égalitaire de cet esprit du jeu qui, lorsqu'il anime l'équipe la plus modeste, lui permet de balayer toutes les inégalités individuelles.

Le *Miroir du football* nous le répétons, ne cherche pas l'adhésion du badaud par la promesse du « sensationnel », le culte de la grande et de la petite vedette, l'exaltation de l'esprit de clocher. Il s'interdit de spéculer sur la naïveté, les préjugés ou la vanité de quelques-uns. Mais il s'adresse à l'intelligence de tous.

Cet acte de foi dans la valeur humaine du sport a pu paraître ambitieux, voire ridicule, aux yeux d'une certaine presse, pour laquelle l'exploitation méthodique des bas instincts et de la sottise est, en même temps qu'un axiome, la garante du succès.

Les faits, en l'occurrence le triomphal succès de son premier numéro, ont si bien démontré le bien-fondé de cette conception que le *Miroir du football* a vu surgir dès son second numéro un imitateur.

Un imitateur aux intentions très pures, et qui découvrait avec un ravissement tardif et presque attendrissant les attraits des articles consacrés à la technique, aux règles du jeu, aux grands stades.

Un imitateur aussi dépourvu de complexes que d'idées personnelles puisqu'il avait le front d'ajouter : « Et surtout ne confondez pas. »

Précision superflue. Dans tous les domaines, la copie ne peut être qu'un pâle reflet de l'original. Pour parler de football aux footballeurs, il faut être des leurs. Pour le comprendre et les comprendre, il faut vivre la vie du football, sur les terrains, balle au pied. Il n'y a pas d'autre preuve de conviction et de sincérité.

Miroir du football, mars 1960.

JEAN GIONO
(1895-1970)

Le sport ? « La plus belle escroquerie des temps modernes », répond sans ciller Jean Giono. Et l'écrivain pacifiste de s'en prendre non pas à la pratique sportive mais à la récupération que les nations en font pour leur gloriole. Sans compter toute cette réjouissance et ce tohu-bohu médiatique autour du sport, que Giono trouve déplacé face aux souffrances de la planète.

Rester lucides

Je suis contre. Je suis contre parce qu'il y a un ministre des sports et qu'il n'y a pas un ministre du bonheur (on n'a pas fini de m'entendre parler du bonheur, qui est le seul but raisonnable de l'existence). Quant au sport, qui a besoin d'un ministre (pour un tas de raisons, d'ailleurs, qui n'ont rien à voir avec le sport), voilà ce qui se passe : quarante mille personnes s'assoient sur les gradins d'un stade et vingt-deux types tapent du pied dans un ballon. Ajoutons suivant les régions un demi-million de gens qui jouent au concours de pronostics ou au totocalcio, et vous avez ce qu'on appelle le sport. C'est un spectacle, un jeu, une combine ; on dit aussi une profession : il y a les professionnels et les amateurs. Professionnels et amateurs ne sont jamais que vingt-deux ou vingt-six au maximum ; les sportifs qui sont assis sur les gradins, avec des saucissons, des canettes de bière, des banderoles, des porte-voix et des nerfs sont quarante, cinquante ou cent mille ; on rêve de stades d'un million de places dans des pays où il manque cent mille lits dans les hôpitaux, et vous pouvez parier à coup sûr que le stade finira par être construit et que les malades continueront à ne pas être soignés comme il faut par manque de place. Le sport est sacré ; or c'est la plus belle escroquerie des temps modernes. Il n'est pas vrai que ce soit la santé, il n'est pas vrai que ce soit la beauté, il n'est pas vrai que ce soit la vertu, il n'est pas vrai que ce soit l'équilibre, il n'est pas vrai que ce soit le signe de la civilisation, de la race forte ou de quoi que ce soit d'honorable et de logique. Entrons dans le détail.

Je suis parti à la guerre de 14 avec une poitrine étroite, des membres grêles, le teint blème, l'haleine courte, bref, tout le contraire du sportif. Et je n'étais pas le seul : les gros l'étaient de graisse, les rougeauds l'étaient de congestion. Il n'y a qu'à voir les innombrables photographies de conscrits des classes 10, 11, 12, 13, etc. Je me garderai bien de faire remarquer que cette guerre, nous l'avons gagnée, et gagnée à force d'endurance, de patience, d'efforts sans fin et de caractère. Je me bornerai à parler de ce qui me concerne en particulier. J'ai couché dans la glace, le gel, la neige, la boue, la flotte, la merde, j'ai couru de tous les côtés sous les obus et les balles de mitrailleuses, et couru dans cet étrange accoutrement que constituaient la capote en drap (hiver comme été), le harnachement de ceinturons, le fourreau de la baïonnette battant les jambes, les cartouchières plaquées sur les côtés, le sac sur le dos avec un barda, musette et bidon de quinze kilos, plus les grenades et les cartouches. J'ai couru sous ce harnais et sous ce harnais je me suis battu, c'est-à-dire que, comme les copains, j'ai chargé à la baïonnette, non pas une fois mais dix. J'ai mangé du pain dont la mie était un bloc de glace, j'ai croqué du vin gelé pendant l'hiver de 17. On m'a ingurgité de force de la gnôle à l'éther tous les jours de

Verdun, j'ai marché à pied, chargé comme une bourrique de Belfort à Dunkerque, du Santerre aux Éparges, et une fois, en une seule étape, de Gonesse à Vic-sur-Aisne, quatre-vingt-dix-huit kilomètres (de quoi faire crever de jalousie le frère de Kennedy, qui est un double sportif, puisque sportif et Américain), j'ai fait tout ça, gaillardement, aisément, sans me forcer, avec ma poitrine étroite, mes membres grêles, mon teint blême, mon haleine courte, sans un jour de maladie et pendant cinq ans.

À une époque où on ne faisait pas de sport, on montait au Mont Blanc par des voies non frayées en chapeau gibus et bottines à boutons ; les grandes expéditions de sportifs qui vont soi-disant conquérir les Everest ne s'élèveraient pas plus haut que la tour Eiffel, s'ils n'étaient aidés, et presque portés par les indigènes du pays qui ne sont pas du tout des sportifs. Quand Jazy court, en France, en Belgique, en Suède, en URSS, où vous voudrez, n'importe où, si ça lui fait plaisir de courir, pourquoi pas ? S'il est agréable à cent mille ou deux cent mille personnes de le regarder courir, pourquoi pas ? Mais qu'on n'en fasse pas une église, car qu'est-ce que c'est ? C'est un homme qui court ; et qu'est-ce que ça prouve ? Absolument rien. Quand un tel arrive premier en haut de l'Aubisque, est-ce que ça a changé grand-chose à la marche du monde ? Que certains soient friands de ce spectacle, encore une fois pourquoi pas ? Ça ne me gêne pas. Ce qui me gêne, c'est quand vous me dites qu'il faut que nous arrivions tous premier en haut de l'Aubisque sous peine de perdre notre rang dans la hiérarchie des nations. Ce qui me gêne, c'est quand, pour atteindre soi-disant ce but ridicule, nous négligeons le véritable travail de l'homme. Je suis bien content qu'un tel ou une telle « réalise un temps remarquable » (pour parler comme un sportif) dans la brasse papillon, voilà à mon avis de quoi réjouir une fin d'après-midi pour qui a réalisé cet exploit, mais de là à pavoiser les bâtiments publics, il y a loin.

Le sport nous vient de pays anglo-saxons, dont il est poli de dire que l'esprit est lent. Il y a bien des années que tout ce qui vient de ces pays-là est à la mode dans les pays comme le nôtre où il paraît que l'esprit est vif. De là à perdre notre vivacité, il n'y a qu'un pas. Certes, je ne suis pas pour le cabinet hermétique, le grand air ne me gêne pas, au contraire, quand c'est pour vivre. Quoi de plus triste, quoi de plus pauvre que le paysage proposé par la pelouse d'un stade, disons, par exemple, à l'heure de l'entraînement ; car j'imagine que, travaillés par toute la littérature qu'on a déversée sur le sport (comme sur la corrida), vous croyez dur comme fer à l'ascèse de l'athlète et que ce qui compte pour vous c'est l'instant solennel où l'homme « cherche à se dépasser », et non pas celui où il parade devant cent mille spectateurs. Je dis bien : paysage pauvre, une sorte d'algèbre squelettique. Écoutons parler un sportif familier de cette algèbre, c'est à fuir ! C'est pire qu'à fuir. C'est à en avoir la boule d'angoisse dans la gorge. C'est à se demander où on va ! C'est même à se dire qu'il vaut mieux mourir avant d'y arriver.

Or il est de fait qu'on y pousse avec les bénédictions des pouvoirs publics, avec les fanfares de la RTF au grand complet, avec les crédits qui seraient mieux employés ailleurs. Nous n'avons pas de collèges, nous n'avons pas de lycées, nous n'avons de facultés modernes qu'à Dakar, nos bibliothèques sont moyenâgeuses, nos classes primaires sont installées dans des wagons de rebut de la SNCF, nous manquons de professeurs, d'instituteurs, le régime de nos internes des hôpitaux relève de *La Case de l'oncle Tom*, et nous sommes prêts à dépenser des centaines de milliards pour de prochains Jeux olympiques.

J'étais précisément à Rome pour les derniers. Les Romains avaient fait pour ces Jeux un véritable travail de romain : autoroutes à six pistes sur plus de cent kilomètres en rond autour de la capitale, tunnels à travers des montagnes, d'autres montagnes culbutées cul par-dessus tête au bulldozer, palais des *Mille et Une Nuits* pour abriter les matches de boxe, enfin stades ellipsoïdes de je ne sais combien de centaines de milliers de places pour l'athlétisme, le cyclisme, le football, sans compter les piscines pour la nage, les lacs aménagés pour les régates, etc. J'ai assisté à beaucoup de compétitions, j'étais sur les gradins avec des gens de toutes nationalités, des Monsignori, des Transtéverins, des Canadiens et autres Japonais. Personne – je peux le jurer – personne ne s'intéressait, après quelques quarts d'heure, à ce qui se passait en bas dans l'« ovale sacré ». On saucissonnait, on se gavait de gelati, de bière, de coca-cola, on flirtait (et même plus), on discutait politique, et, de temps en temps, une certaine partie de ce public braillait en chœur parce qu'un certain pavillon venait de monter au mât de cocagne. Je n'ai jamais vu autant de bedaines, de brioches, de poitrines étroites, de membres grêles, de teints blêmes et d'haleines courtes que sur ces gradins. En bas, une petite pincée d'athlètes se démenait comme des grillons chinois dans leur boîte à combat. Rien de grand (je veux dire de taille divine, comme par exemple la greffe de la peau dans les brûlés à gros pourcentage) qui puisse autoriser ou légitimer la dépense d'argent et de peine physique inscrite dans les travaux en dur qui entouraient ces ébats de collégiens.

Les Terrasses de l'île d'Elbe,

FRANÇOISE GIROUD

(1916-2003)

Il y a d'un côté Jacques Anquetil, athlète impérial mais dominateur et froid, et de l'autre Raymond Poulidor au talent fougueux. En qui se reconnaissent les Français ? En Poulidor, bien sûr, notre éternel second. Dans cette chronique enlevée, Françoise Giroud ose la réhabilitation du vainqueur. Une figure paradoxale.

Quelqu'un. Jacques Anquetil

C'est quelqu'un, Jacques Anquetil. Écrire tranquillement que tous les coureurs professionnels absorbent des stimulants et que, s'il a perdu le Tour d'Italie en 1967, c'est faute d'avoir mis le prix pour acheter les coureurs d'une autre marque qui l'eussent aidé, c'est le fait d'un homme libre. Il y en a si peu que, lorsque l'un d'eux passe, fût-ce sur un vélo, il faut le saluer.

On conçoit que la Fédération française de cyclisme n'ait pas apprécié cette façon d'agiter les pieds ailleurs que sur des pédales. Dans le plat, pour tout dire. Et qu'elle se soit sentie obligée de tirer les oreilles à Jacques Anquetil.

Trouvera-t-elle, du même coup, un moyen d'empêcher effectivement les coureurs de se doper, et surtout les jeunes gens de croire qu'en avalant des amphétamines, on devient Bobet ou Anquetil ?

Un curieux personnage, ce petit dieu de notre Olympe, et fascinant dans les relations qu'il entretient avec le public français.

Plus il gagne, plus on le déteste. Plus il affirme une suprématie, faite non seulement de dispositions physiques exceptionnelles, mais de cette intelligence qu'il possède de son corps et de son sport, plus il est impopulaire.

« Vous rendez-vous compte que c'est injuste de voir tout l'argent que vous gagnez quand on est soi-même un petit fonctionnaire ? lui demandait, l'autre dimanche, un auditeur, sur l'antenne d'un poste privé.

— Non. »

Dans sa voix sèche, brève, teintée d'impatience, il y avait une sorte de provocation délibérée.

Injuste ? Et qu'est-ce qui est juste ? semblait-il dire à cet auditeur anonyme. Les grands champions sont rarissimes, dans toutes les spécialités. J'en suis un dans la mienne. Vous n'en êtes pas dans la vôtre. Plaignez-vous à qui-de-droit.

Qui-de-droit – plus connu sous le nom du Créateur – ne reçoit malheureusement pas les réclamations et continue imperturbablement à fabriquer, en quantités inégales, des médiocres et des cracks.

Dans certaines matières, les premiers peuvent du moins se révolter en disant : « Si j'avais pu faire des études, si j'étais né dans un autre milieu, si mes parents avaient été fortunés, si la société était mieux faite, si… » Et souvent, c'est vrai : le handicap d'une situation sociale d'origine a paralysé leur développement.

Mais quand il s'agit de performances physiques – à l'exception du tennis et de l'équitation, qui demeurent, en France, des sports d'enfants de riches – l'explication ne vaut plus. On pourrait presque dire : au contraire. Alors, l'inégalité originelle de dons et de caractère éclate dans toute son horreur. Jamais Poulidor ne sera Anquetil.

Pourtant, dans le phénomène d'identification qui se produit toujours avec un champion, tout se passe comme si une grande partie du public refusait de s'identifier plus longtemps à Jacques Anquetil le gagneur.

Le comportement de l'homme n'est sans doute pas étranger à cette réaction.

Il ne cherche pas à séduire. Il ne s'excuse ni de sa fortune ni de ses succès. Il n'invoque pas la chance qui a touché de son aile les fils d'un maraîcher pour en faire l'une des gloires du sport français, mais seulement les efforts qu'il a fournis. Il ne dit jamais : « C'est merveilleux, d'être le meilleur… » Mais : « C'est dur, d'être le meilleur. » On le sent animé d'une fantastique volonté de puissance. Impérialiste. Il est organisé, froid, méthodique, habile à mener ses affaires. C'est vainqueur scientifique et non le produit de quelque « furia francese ».

À la limite, ce Normand pourrait être anglo-saxon. Bref, il est insupportable.

L'autre, Poulidor, sollicite la sympathie. A toujours d'excellentes raisons pour expliquer ses défaites. Apparaît comme une sorte d'enfant de la malchance et fait penser à la souris qui dit à l'éléphant : « Bien sûr, tu es plus grand que moi, mais moi, j'ai été malade quand j'étais petite. » Un bon gars, quoi, qui aurait sûrement gagné le Tour une fois ou l'autre s'il n'avait pas eu la déveine d'être le contemporain d'Anquetil.

Et on s'attendrit. Et on trouve qu'au fond, ce n'est pas juste. Et on a le sentiment d'être vaguement « roulé » par Anquetil, parce qu'il possède à la fois la tête et les jambes. Et on prend sa supériorité, son calme, son assurance en grippe. Il est inhumain, dit-on.

Que signifie donc être humain ? Dans le langage courant : avoir des faiblesses, des failles, partager le lot commun, où il y a plus de tuiles que de joies, participer aux malheurs des autres et les comprendre. C'est, en effet, être humain.

Mais on pourrait aussi ajouter : être humain, c'est dominer l'animal. Et où le domine-t-on mieux que dans l'exercice du sport ? L'extraordinaire maîtrise du moindre muscle que supposent une passe, un saut, une course, la victoire sur les réflexes, sur la peur, et parfois sur la douleur qu'exige une coordination efficace de tous les gestes, c'est l'une des belles manifestations « humaines » de dépassement de soi. Les animaux ne cherchent jamais à se projeter plus loin, plus haut, plus vite. Ils ne font pas de compétition.

Jacques Anquetil est un magnifique athlète. Ce n'est pas une mauvaise façon d'être humain. Mais pour sa physionomie publique, il vaudrait mieux, sans aucun doute, qu'il se fasse photographier avec un petit chat dans les bras, ou que, parlant de ses rivaux, il déclare : « C'est lui qui méritait la victoire… », ce que jamais personne, personne ne pense.

Le voilà sanctionné pour ses incontinences de langage. Légèrement. Il reste chrétien, s'il n'a plus le droit de dire la messe, aux prochains championnats de France et du monde.

Peut-être ce désagrément était-il justement ce qui lui manquait pour se faire pardonner d'avoir été, trop souvent, le meilleur. Si Jacques Anquetil possédait, aussi, l'art de la concession, il profiterait de cette affaire pour laisser échapper quelques larmes. Mais il y a peu de chances qu'il offre ce spectacle. C'est quelqu'un, Jacques Anquetil.

L'Express, 20 août 1967.

PIER PAOLO PASOLINI

(1922-1975)

Après l'abominable assassinat dont fut victime Pasolini, ses amis déposèrent sur son cercueil son maillot de foot floqué du numéro 7 de Libéro. Pour le poète et cinéaste, le football était une passion sérieuse, une langue universelle à part entière dont il cherchait à percer le secret et la puissance.

Poésie et prose footballistiques

Le football est un système de signes, autrement dit un langage. Celui-ci a toutes les caractéristiques fondamentales d'un langage par excellence, celui que nous utilisons spontanément, c'est-à-dire le langage écrit et parlé.

En effet, les « mots » du langage du football se forment exactement comme des mots du langage courant. Comment sont-ils formés ? Ils se forment à travers ce qu'on appelle « la double articulation », autrement dit à travers les combinaisons infinies des « phonèmes » qui sont, en italien, les 21 lettres de l'alphabet.

Les « phonèmes » sont donc les « unités minimales » du langage. On peut s'amuser à définir l'unité minimale du langage du football. Allons-y : elle est représentée par « un homme qui utilise ses pieds pour tirer dans un ballon », il est ce « podème » (si l'on veut continuer à s'amuser). Les infinies possibilités de combinaisons des « podèmes » forment des « mots du football » ; et l'ensemble de ces « mots footballistiques » compose un discours régulé par de véritables et authentiques normes syntaxiques.

Il y a 22 « podèmes » (presque autant que les phonèmes) ; les « mots footballistiques » sont potentiellement infinis car leurs combinaisons sont elles-mêmes infinies (dans la pratique, ce sont les passes du ballon entre les joueurs) ; la syntaxe s'exprime dans le « match » qui est un véritable discours dramatique.

Les chiffreurs de ce langage sont les joueurs, nous, dans les tribunes, sommes les déchiffreurs, nous possédons donc tous un même code. Celui qui ne connaît pas le code du football ne comprend ni le sens des mots (des passes) ni le sens du discours (un ensemble de passes).

Je ne suis ni Roland Barthes, ni Greimas, mais en tant qu'amateur, si je le voulais, je pourrais disserter de façon bien plus convaincante que cette esquisse du « langage du football ». En outre, je pense que l'on devrait écrire un essai sérieux, qui s'intitulerait *Vladimir Propp appliqué au football*, car, comme tout autre langage, le football possède son moment purement « instrumental », rigoureusement et abstraitement régulé par le code, ainsi que son moment « expressif ».

J'ai dit plus haut que toute langue s'articulait en plusieurs sous-langues dont chacune possède un sous-code. On peut distinguer les mêmes articulations dans le langage du football : il a lui aussi des sous-codes, dès lors que, de purement instrumental, il devient expressif.

Il peut y avoir un football en langage fondamentalement prosaïque comme en langage poétique. Anticipant les conclusions, je donnerai des exemples pour expliquer mon propos : Bulgarelli joue un football en prose : c'est un « prosateur réaliste » ; Riva joue un football poétique, c'est un « poète réaliste ». Corso joue un football poétique, mais il n'est pas un « poète réaliste », c'est un poète un peu maudit, extravagant. Rivera joue un football en prose, mais sa prose est poétique, comme celle d'Elzevir. Mazzola aussi est un « elzevirien » qui pourrait écrire dans le *Corriere della Sera*, mais il est davantage poète que Rivera : de temps en temps, il interrompt sa prose et invente deux vers fulgurants.

Notez bien qu'entre la prose et la poésie, je ne fais pas de distinction de valeur mais une distinction purement technique.

Toutefois, entendons-nous bien, l'espèce la plus récente de la littérature italienne est celle des « elzeviriens » : ils sont élégants et portés sur l'esthétique ; leur fond est presque toujours conservateur et quelque peu provincial… enfin disons qu'ils sont démocrates-chrétiens. Dans tous les langages que l'on parle dans un pays, y compris les plus argotiques et difficiles, il y a un terrain commun qui est la culture de ce pays, son actualité historique.

C'est donc pour des raisons de culture et d'histoire que le football de certains peuples est fondamentalement en prose : prose réaliste ou prose esthétique (comme c'est le cas de l'Italie) : tandis que le football d'autres peuples est fondamentalement poétique.

Il y a dans le football des moments exclusivement poétiques : il s'agit des moments de « but ». Chaque but est une invention, une subversion du code : chaque but a quelque chose d'inéluctable, de fulgurant, de stupéfiant et d'irréversible. Tout comme la parole poétique. Le meilleur buteur d'un championnat est toujours le meilleur poète de l'année. En ce moment, c'est Savoldi. Le football qui est le plus expressif au moment du but est le plus poétique.

Le dribble est par lui-même poétique (comme l'est aussi l'action de but, bien qu'elle ne le soit pas *toujours*). Par ailleurs, le rêve de tout joueur (partagé par tout spectateur) est de rentrer sur le terrain, dribbler tout le monde et marquer. Si, dans les limites consenties, l'on peut imaginer dans le football une chose sublime, c'est celle-ci. Mais elle n'arrive jamais. C'est un rêve que j'ai vu se réaliser uniquement dans *I due maghi del pallone* (« Les deux magiciens du ballon »), le film de Franco Franchi[1] qui, même assez rustre, a réussi à être tout à fait onirique.

Qui sont les meilleurs dribbleurs du monde et les meilleurs buteurs ? Les Brésiliens. Donc leur football est un football de poésie et celui-ci est en effet fondé sur le dribble et le but.

Le *catenaccio* (« cadenas ») et le jeu en triangle (que Brera appelle « géométrie ») sont un football en prose : il se fonde sur la syntaxe, autrement dit sur le jeu collectif et organisé ; il s'agit d'une exécution raisonnée régie par le code. Son seul moment poétique est la contre-attaque, avec le but en complément (qui, comme nous l'avons vu, ne peut être que poétique). En définitive, le moment poétique du football semble être (comme toujours) le moment individuel (dribble et but ou bien une passe inspirée).

Le but, dans ce modèle, dépend de la conclusion, autant que possible d'un « poète réaliste » comme Riva, mais il doit résulter d'un jeu collectif, structuré par une série de passes « géométriques » exécutées en suivant les règles du code. (Rivera en cela est parfait : ça ne plaît pas à Brera car il s'agit d'une perfection plutôt axée sur l'esthétique et non réaliste comme les joueurs de milieu de terrain anglais ou allemands.)

Le football poétique est celui des Latino-Américains, dont le schéma est le suivant : avancées concentriques et conclusion.

Pour être réalisé, ce modèle nécessite une exceptionnelle capacité de dribbler (ce qu'en Europe l'on snobe au nom de

1. Le film, sorti en 1970, a été réalisé par Mariano Laurenti. Franco Franchi y tient le rôle principal.

la « prose collective ») : et le but peut être inventé par tous et à partir de n'importe quelle position. Si le dribble et le but sont les moments individuels poétiques du football, alors le football brésilien est un football de poésie. Sans faire de jugement de valeur, mais dans un sens purement technique, au Mexique, la prose à tendance esthétique des Italiens a été battue par la poésie brésilienne.

Il Giorno, 3 janvier 1971,
traduction de Lea Curetti.

JEAN ZAY

(1904-1944)

Ministre de l'Éducation nationale dans le gouvernement du Front populaire de 1936, Jean Zay est un progressiste. Inspirée par le scoutisme, lieu où la réalisation de soi prime sur la compétition, sa vision du sport rejoint celle d'un Rousseau ou d'un Fourier. Grand partisan du « sport à l'école », il démontre dans ce discours tous les bienfaits pédagogiques de l'activité sportive et particulièrement dans les jeux par équipes qui, en catalysant l'esprit d'observation, d'initiative et d'émulation, favorisent l'élan de solidarité.

L'enseignement doit se délivrer dans la joie

[...] Éduquer en utilisant les aptitudes naturelles, c'est aussi ce que nous essayons de réaliser sur un autre plan et dans une autre sphère. Nous voulons, dans toute la mesure du possible, un enseignement qui fasse appel à l'initiative de l'élève, à son esprit d'observation, qui lui permette, sous une direction avisée, de découvrir par lui-même ce qu'il s'agit de lui apprendre ; nous voulons que les classes soient le plus souvent une collaboration entre le maître et l'élève, un dialogue plus qu'un cours ; nous voulons que le sain esprit d'émulation, qui n'a rien de commun avec le souci de la performance sportive, qui est bien plutôt une forme de l'instinct du jeu si puissant chez l'enfant, apporte comme dans vos camps un aiguillon au travail scolaire ; nous voulons développer, comme vous, le travail par équipes. Seulement, la tâche est plus ardue à l'école qu'au camp. Car tout cela n'est possible que si le climat favorable est préalablement créé. Il fallait d'abord faire cesser l'engorgement effroyable de nos classes où, par suite de l'afflux des élèves, tout contact personnel entre le maître et l'élève, toute possibilité de détente étaient pratiquement supprimés. C'est aujourd'hui chose faite pour les lycées et collèges ; demain nous nous efforcerons d'étendre le dédoublement des classes aux autres ordres d'enseignement. Il faut ensuite que l'élève ne se sente pas submergé par l'étendue de ce qu'il lui faut assimiler, ou par la trop grande quantité des exercices qu'il doit accomplir. Je sais que beaucoup sourient lorsqu'on parle de surmenage scolaire ; je sais que vous savez vous défendre assez bien vous-mêmes contre ce péril ; j'admettrais même que l'élève paresseux soit plus courant que l'élève surmené. Il n'en reste pas moins que l'enseignement doit se délivrer dans la joie. C'est pourquoi nous nous préoccupons d'un allègement des programmes qui, sans compromettre en rien le caractère de haute culture qui fait l'originalité et le prestige de l'enseignement français, permettra aussi de sauvegarder cet imprescriptible droit, je ne dirai pas à la paresse, mais aux loisirs, plus essentiel pour la jeunesse que pour quiconque. Et si l'on m'objecte que l'enfant ne sait pas utiliser ses loisirs, je répondrai que vous avez, messieurs, démontré le contraire d'une façon éclatante.

Enfin, nous voulons rendre à l'éducation physique la place à laquelle elle a droit, place qui malheureusement ne lui est pas suffisamment reconnue dans notre pays. Sur ce point, messieurs, vous avez été des initiateurs et des précurseurs, et nous ne saurions vous en témoigner trop de gratitude. Le gouvernement auquel j'ai l'honneur d'appartenir se préoccupe actuellement d'une manière tout à fait pressante de rendre l'éducation physique obligatoire. Je ne saurais oublier combien efficace a été l'action du scoutisme pour dissiper les préjugés et les préventions en cette matière.

Sans doute plus personne ne se hasarderait à soutenir que la gymnastique ou la pratique des sports sont des tâches inférieures et sans importance. Nous ne sommes plus au temps où des ascètes, peut-être bien intentionnés, se laissaient croupir dans la négligence et les maladies pour ne pas accorder au corps des soins qui ne sont dus qu'à l'âme. L'homme est à la fois corps et esprit, et sa dignité exige qu'il accepte et se perfectionne tel qu'il est ; il n'a pas le droit de négliger la moindre partie de lui-même. Au reste, la pratique des exercices physiques est aussi une culture ; elle développe l'habileté, l'audace, l'esprit d'initiative ; l'intelligence ne cesse pas de travailler dans une partie de football ou dans ces jeux si attachants auxquels vous excellez. Il n'est pas jusqu'à l'éducation morale qui n'ait à gagner à cette franchise que comporte la vie physique, à cette solidarité qu'exigent les jeux de plein air, à cette modestie que développe l'expérience des limites de ses propres forces.

Mais l'on a craint parfois, on redoute encore de nos jours, que l'éducation physique ne soit qu'un prétexte pour embrigader la jeunesse, pour la militariser, pour la plier à je ne sais quelle discipline rigide qui répugne au tempérament français. Rien n'est plus injuste qu'une telle accusation, bien que vous en ayez trop souvent souffert. La discipline qui règne chez vous n'a rien d'étouffant. Librement consentie, fondée sur le sens de la responsabilité, sur la valeur de l'individu, elle ne repose pas sur je ne sais quelle pression du dehors ; elle est l'autorité naturelle qui émane spontanément du groupe, à laquelle chacun se plie avec joie ; elle est le reflet d'une décision collective ; elle est l'antithèse de la contrainte. Le scoutisme représente à coup sûr un frappant exemple et une magnifique leçon d'esprit démocratique. Et s'il existe chez vous des chefs, nous savons bien qu'ils n'ont pas ce prestige presque surhumain et combien effrayant que nous voyons ailleurs ; ceux qui vous conduisent sont pour vous des camarades, qui partagent votre vie et vos occupations, qui commandent par la persuasion et par l'exemple, et ce qu'ils vous enseignent, ce n'est pas l'art cruel de la guerre, c'est l'amour du prochain, c'est la grande loi de solidarité humaine, c'est la volonté de paix. Le mouvement scoutiste a créé par-delà les frontières une communauté des jeunes qui se manifeste avec éclat dans ses réunions internationales. […]

Discours de réception de lord Baden-Powell,
chef international du scoutisme,
à la Sorbonne le 12 décembre 1936.

SERGE DANEY

(1944-1992)

Mêlant récits, commentaires, analyses, portraits, le critique de cinéma Serge Daney a tenu durant dix ans, de 1980 à 1990, une chronique sur le tennis, sa passion secrète, dans les colonnes du quotidien Libération. *Daney se demande ici pourquoi les arbitres sont parfois si vétilleux sur le règlement. Cela ne cache-t-il pas quelque chose de leur nature profonde ?*

Arbitrage : l'année de tous les déboires

Que l'arbitrage soit par nature une chose difficile, c'est clair. Que les arbitres soient mal-aimés, c'est difficilement évitable. Cela étant, il y a dans l'arbitrage de Roland-Garros, d'année en année, un certain style. Comment le définir ? Tout se passe comme si les arbitres profitaient de ce que le tennis est devenu un sport populaire pour en inculquer le règlement aux nouveaux fans.

Cette année, de gros chiffres lumineux et électroniques égrènent désormais un incessant compte à rebours sous l'œil des joueurs, du public, et des arbitres. En fait, plus ils ont besoin d'instruments technologiques pour arbitrer, plus les arbitres manifestent de morgue.

En 1985, ils sont plutôt mal inspirés. Lorsque, au troisième jeu du premier set, Leconte en bout de course renvoie un superbe passing-shot sur la ligne, le central explose et a bien raison d'exploser. Noah lui-même applaudit ce point qui l'a cloué sur place. Mais pendant que le public applaudit et que les trente secondes passent, l'arbitre sanctionne Leconte pour retard au service. C'est un incident similaire qui avait valu la veille une belle colère à Jimmy Connors lorsque, aveuglé par un vent de sable, il fut sanctionné.

Ce ne sont pas des fautes d'arbitrage, ce sont des fautes de goût. Comme si, au moment où l'émotion était à son comble, les arbitres – abrités derrière le règlement – rappelaient hargneusement leur existence. Comme s'ils ne supportaient pas ces moments de synchronisme entre le spectacle et les spectateurs. Cette jalousie, dont je n'ignore pas qu'elle est d'ordre ontologique, les mène trop facilement à passer du rôle héroïque d'arbitre à celui de pion. Ils perdent au change.

Libération, 3 juin 1985.

VII

DES HALTÈRES ET DES EGO

UN RÉCIT CONTEMPORAIN

La « culture » sport couvre désormais tous les champs sociaux. Le sport se trouve être tour à tour et tout à la fois au centre des enjeux politiques, des rivalités économiques, des modalités d'enseignement et des problématiques de santé. Ce triomphe du sport pousse certains à viser sa pratique comme mode de vie intégral. Consciemment ou non, le sportif fait sienne la composante concurrentielle qu'induit le sport (être le plus fort) et prône ses vertus curatives (rester en pleine forme). En retour, le monde capitalistique l'érige en modèle transversal.

Cultivant une doctrine de l'épanouissement, de nouvelles pratiques comme celles du running et du yoga privilégient le rapport ultra-individuel, voire fétichisé, au corps. Faire corps et style avec le sport éloigne le pratiquant de la dimension du loisir pour forger un rapport à soi exigeant et déterminé.

Les romanciers et les philosophes partent à l'assaut de ce phénomène. Ils s'en emparent pour transformer l'acte sportif en matière littéraire et critique. L'expérience de ce qui fait le sport – force, résistance, agilité, dextérité – devient matière à penser.

ALFRED JARRY

(1873-1907)

Roman moderne et quelque peu délirant, Le Surmâle *met en scène dans cet extrait la façon dont, pour éprouver la résistance de cyclistes dans une épreuve de 10 000 miles, le chimiste William Elson les dope avec un produit de son invention : la* perpetual motion food. *Avec un tel cocktail dans le sang, un homme peut se transformer en fusée.*

Dopage

Il n'y a vraiment qu'un record que ni Sammy White champion du monde, ni moi, ni notre équipe à nous cinq, ne battrons pas de sitôt : le record de la lumière, et de mes yeux je l'ai vu battre : quand le fanal s'alluma derrière nous, balayant la piste, d'arrière en avant, de notre ombre, de notre ombre faite de nos cinq ombres si instantanément groupées et confondues à cinquante mètres devant nous qu'on eût dit vraiment un seul coureur, vu de dos, qui nous précédait – nos coups de pédales simultanés complétaient cette illusion que j'ai su depuis n'être pas une illusion – quand notre ombre se projeta en avant, notre sensation à tous fut si aiguë qu'un adversaire silencieux et irrésistible qui nous aurait guettés depuis des jours, venait de démarrer sur notre droite en même temps que notre ombre, caché en elle et gardant son avance de cinquante mètres ; notre émulation fut si aiguë que nos bielles se mirent à tourbillonner avec pas moins d'entrain qu'un chien enragé ne tournerait après sa queue s'il n'avait rien de mieux à mordre.

Le Surmâle,
Éditions La Revue Blanche, 1902.

HUGUES LE ROUX

(1860-1925)

Portée par l'essor de la presse sportive avec un journal à grand tirage comme L'Auto-Vélo *qui apparaît en 1900, l'édition suit. Des collections voient le jour. Naît une vogue du roman sportif.* Les Hommes de l'air, *qualifié de « roman de sport et d'aventures », narre les exploits de pilotes de ballons dirigeables. Pour ces hommes, véritables héros, le ciel est à conquérir comme jadis le fut la mer. Des histoires sont à écrire…*

En ballon

Il n'est pas sans exemple que des gymnastes courageux se soient fait emporter par un ballon dont un trapèze remplaçait la nacelle.

Il y avait eu plus de surprise et plus de brusquerie dans l'enlèvement du second maître qui, accroché par un seul poignet au guiderope du ballon inconnu, montait, à cette heure, dans la brume, à une vitesse qu'il jugeait grande, sans qu'il s'efforçât – on l'imagine – de la calculer mentalement. La première minute d'ébahissement passée, Le Briquire sentit que le guiderope lui frôlait les jambes. Il parvint à emprisonner ce câble entre ses chevilles, puis entre ses genoux. Il jugea qu'il convenait d'attendre que le ballon eût cessé de monter pour informer les aéronautes qu'ils avaient recruté de la compagnie.

Robert ne se recueillit pas longtemps. Allégé d'un grand poids de lest, dilaté par les rayons solaires, qui se décidaient enfin à percer la brume, le ballon cessa vite son mouvement ascensionnel. Il s'équilibra.

Le Briquire jugea que le moment était venu de reprendre avec les aéronautes la conversation interrompue. De toutes ses forces, il cria :

— Ohé ! du ballon !

Deux têtes effarées se penchèrent, presque en même temps, entre les cordages qui soutenaient la nacelle. Et Robert ne retint pas son envie de rire, car il se figurait aisément la stupéfaction de ces deux hommes de l'air, qui entendaient un appel si près d'eux. Une voix jeune répondit :

— Qu'est-ce que vous faites là vous ?

Le second maître riposta joyeusement :

— Je me suis trompé d'escalier.

— Un instant.

Les deux têtes disparurent derrière le rebord de la nacelle, puis, au bout de quelques instants, de nouveau un des aéronautes se montra.

Il travaillait à fixer un cordage, dont il rejeta à Robert l'autre extrémité :

— Attachez-vous sous les bras, cria-t-il. Je vais balancer mon câble. Tâchez de le saisir. Y êtes-vous ?… Une !… Deux !… Une !…

— Je le tiens ! lança d'en bas la voix du jeune homme.

Cinq minutes après qu'on lui eût fourni l'appui d'une seconde corde, le second maître enjamba la nacelle. Il dit d'un ton joyeux :

— Excusez-moi, messieurs, d'entrer chez vous par-dessus le mur et sans lettre de présentation.

En même temps il se nomma :

— Robert Le Briquire, second maître mécanicien à bord du *Descartes*, escadre d'Extrême-Orient, actuellement domicilié au Havre, en déplacement pour Paris… Je crois que nous sommes dans le bon chemin.

Le plus grand des deux aéronautes salua de la tête.

C'était un beau jeune homme, alerte, élégant avec des cheveux blonds, un nez régulier, des joues naturellement fraîches et dont le courant d'air avait avivé l'éclat. Il se nomma à son tour :

— Le comte de Neuville, de l'Aéro-Club. Et voici mon aide-pilote, mon camarade Martin.

— De Neuville ? s'écria Le Briquire. Le record du monde ?

L'aéronaute demanda gentiment :

— Comment ?… On a entendu parler de notre performance russe jusque dans l'escadre d'Extrême-Orient ? Écoute ça, Martin…

Le Briquire continua :

— Mais tout le monde vous connaît, messieurs, et tout le monde est fier de votre succès.

Il y eut un silence, car le second maître parlait de franc cœur et, tous trois, les jeunes gens étaient sensibles à l'aiguillon de la gloire.

Puis de Neuville dit :

— Moi aussi, je crois que je vous connais, Monsieur Le Briquire… Seriez-vous un parent de Mme Éric Le Briquire qui demeure au Havre, sur le coteau de Sainte-Adresse, en face de la rade, et de cette Mlle Hélène Le Briquire à qui tous vos compatriotes tirent très bas leur chapeau ?

Robert pâlit légèrement :

— Vous venez, Monsieur, de nommer ma mère et ma sœur…

De Neuville dit avec aisance :

— Un camarade qui leur était recommandé m'a conduit chez elles, pendant que lui et moi nous faisions au Havre notre service militaire… Je les ai visitées plusieurs fois…

Naturellement elles m'ont parlé de vous. Vous étiez loin alors… au Japon, si j'ai bonne mémoire ?… Ces dames se portent bien ?

De nouveau il tendit la main à Robert pour une seconde présentation – la bonne cette fois. Et ce serrement de main voulait dire :

— Inutile de me raconter votre histoire… Je la connais aussi bien que vous. Je ne sais pas pourquoi Robert Le Briquire vient d'entrer dans mon ballon par-dessus le bord de la nacelle, mais je sais pourquoi je trouve un homme de mon milieu, de la même éducation que moi, sous cet honorable et populaire uniforme de second maître mécanicien.

Tout de même, de Neuville et l'aide-pilote Martin dévisageaient leur nouveau compagnon avec quelque surprise.

— Vous vous demandez, fit gaîment Robert, si le *Descartes* est mouillé dans ces parages, et si vous venez de me cueillir à la corne de son grand mât ?

— Le fait est, dit de Neuville, que nous ne savons pas trop au-dessus de quoi nous voguons.

Les Hommes de l'air, roman de sport et d'aventures,
Société d'édition et de publications, 1910,
première partie, « Un bicycliste », chap. III.

MARCEL ARNAC
(1886-1931)

Dès son réveil, Isidore Flapi se mue en grand sportif. S'agiter, s'étirer, s'escrimer, suer, tel est son seul programme. Évidemment, cet homme avide de performances est ridicule. La mécanique du corps sportif, pour peu qu'on la considère avec humour, comme dans cette veine de roman comique, a quelque chose de grotesque. Que de catastrophes en vue !

Isidore Flapi fournit la preuve qu'il est athlète complet !

Devant le commissaire, le garde déclare :

— Conséquemment, mossieur le commissaire, que cet hurluberlu, entortillé dans une camisole de force, s'est rué sur moi et m'a subséquemment porté un coup de renfoncement dans l'estomaque !

— C'est un fou ! conclut le commissaire.

— Non m'sieu le commissaire ! proteste énergiquement Isidore Flapi, je suis un athlète complet ! Voulez-vous que je vous le prouve ?

— Inutile ! sourit le commissaire, qui pense : folie des grandeurs ! mais Isidore Flapi tient absolument à faire preuve qu'il est un peu là !

— Tenez ! m'sieu le commissaire, s'écrie-t-il, visez un peu cette détente de jarret ! Aïgne donc ! c'est avec le sourire que je franchis votre bureau ministre, moi, Isidore Complet, Athlète Flapi ! – du moins, c'est le contraire que je voulais dire !

Malheureusement, de l'autre côté, il y a deux tiroirs grands ouverts, qu'Isidore Flapi n'a pas prévu ! Il les traverse avec fracas, et se trouve emprisonné.

— Non ! sans blague ! glapit le commissaire… quand vous aurez fini de saccager le mobilier de la Préfecture ! C'est l'Infirmerie spéciale du dépôt que vous voulez, hé ! l'astèque complet ?

— Ce que je veux ! réplique Isidore Flapi avec feu, c'est que vous reconnaissiez ma qualité d'athlète complet ! J'y tiens absolument ! Je ne répondrai à aucune question avant ! Ah ! je ne suis pas athlète complet ? Pourtant, m'sieu le commissaire que dites-vous de cette ceinture avant tourbillonnée ?

— C'est la lutte par le sot, vous voulez dire ? rigole le commissaire, qui fait, en outre, remarquer au garde, baba : les louftings m'amusent toujours !

Mais Isidore Flapi ne s'arrête pas en si beau chemin. Sur le dossier d'une chaise, il prouve, en deux temps et trois mouvements, que la natation n'a aucun secret pour lui.

— Athlète complet, vous dis-je ! braille-t-il. Après la natation, c'est la boxe ! Bien que je ne sois qu'un poids mouche, m'sieu l'commissaire, je vous lance un défi, à vous, poids lourd ! Voulez-vous vingt rounds de 3' ? Préférez-vous au finish ? Attention ! Second out ! Time ! Premier round ! Et pas de droit à l'éponge ! Garez votre profil grec, car j'ai le punch ! Plouf !

Et Isidore Flapi part d'un splendide direct du gauche ! Mais le commissaire l'esquive en se laissant tomber sur le derrière ! Malgré tout, le coup porte, car le garde du Bois se trouve juste derrière pour recevoir l'atout ! Il s'étale, knock-down ! Isidore Flapi compte les secondes : « Un, deux… trois… »

Le brave garde se relève à quatre, et disparaît, tel un zèbre, laissant le commissaire en tête à tête avec Isidore Flapi !

— Pas athlète complet, moi ! reprend Isidore, très monté, tous les sports, m'sieu l'commissaire ! Je les pratique tous ! Tenez ! fait-il, en empoignant le parapluie du commissaire, le lancement du javelot ! C'est ma spécialité ! Reluquez-moi ça ! J'ai tout du grec disputant… les jeux olympiques ! Zuiiiii !!!

Lancé d'une main ferme et sûre, le parapluie traverse le bureau comme une flèche, et ne s'arrête qu'entre les deux yeux du commissaire, épouvanté. « Il serait peut-être temps de sonner mes fidèles sergots ? » pense le commissaire. Isidore Flapi devine sans doute sa pensée, car il glapit :

— Enfin, pour terminer, m'sieu l'commissaire, et vous prouver surabondamment que je suis l'athlète dans toute l'acception du mot, je vais vous donner un dernier échantillon : Vous n'avez jamais vu Isidore Flapi faire un cent mètres ? Eh bien, visez !

Et, ce disant, Isidore bouscule le commissaire, gagne la sortie, et prend la fuite.

Exploits sportifs et tordants
d'Isidore Flapi, athlète complet,
Éditions de l'Épatant, 1917, chap. II.

LOUIS HÉMON

(1880-1913)

Premier grand roman sportif, Battling Malone *raconte l'histoire d'un jeune bagarreur de rue londonien devenant, par la grâce d'un riche mécène, un grand champion. Et puis... Les plus belles histoires de sport sont des récits d'ascension et de chute. Le roman de Louis Hémon, auteur canadien, rencontrera un très grand succès.*

Remonter des bas-fonds

Trois jours plus tard, lord Westmount disait à brûle-pourpoint à quelques-uns des membres du « British Champion Research Syndicate » :

— Je crois que nous tenons un homme, cette fois…

En réponse à leurs questions pressées, il leur raconta en glissant pourtant sur certains détails, l'histoire de leur exploration dans Whitechapel et de leur découverte. Sur la biographie de leur trouvaille avant le soir fatidique, il crut inutile de donner des renseignements, et à vrai dire elle n'eût intéressé que médiocrement ses aristocratiques auditeurs, car c'était tout uniment l'histoire d'un enfant et d'un adolescent des bas-fonds de Londres, histoire à la fois tragique et terne, et qui peut se résumer ainsi.

Patrick Malone, malgré l'origine irlandaise qu'indiquait son nom, était un enfant de l'East End de Londres, et c'est là qu'il avait grandi. Sa mère restée veuve de bonne heure, avait épousé en secondes noces un charretier ivrogne qui la battait copieusement, elle et les enfants de son premier mari. Cela n'avait pas grand inconvénient en ce qui la concernait, car en robuste commère aux poings massifs qu'elle était, elle s'entendait fort bien à se défendre et même parfois à prendre l'offensive quand une dose généreuse de gin, le samedi soir, jour de paye, lui donnait l'humeur belliqueuse.

Mais les enfants, dont Patrick, l'aîné, n'avait pas onze ans à cette époque, ne pouvaient guère que se sauver en hurlant autour des tables, éviter tant bien que mal les coups de boucle de ceinture que leur beau-père envoyait dans leur direction, ou, quand sa colère était plus dangereuse encore que d'habitude, fuir la maison et aller dormir dans un hangar voisin sur de vieux sacs disposés dans une voiture à bras. Les meilleures semaines étaient celles où le chiffre de sa paye permettait à leur ennemi de ne quitter le public-house voisin qu'ivre mort et par conséquent incapable de leur nuire.

Battling Malone, pugiliste, Bernard Grasset, 1925.

DOMINIQUE BRAGA

(1892-1975)

Au terme d'une course de 5 000 mètres effrénée, Monnerot, « l'homme-course », sort en tête dans le dernier virage. Aura-t-il suffisamment de force pour s'imposer jusqu'au bout ? Sportif et critique littéraire, Dominique Braga choisit l'introspection comme mode narratif. Un récit d'avant-garde.

Mètre par mètre

Vers la moitié de la ligne opposée, un peu après cette moitié, et pas tout à fait à la moitié de cette seconde moitié, avant la traînée blanche, à l'endroit exactement qui avait vu Monnerot au tour précédent plaquer Thompson et Armstrom, Armstrom, avec Thompson sur ses talons, attaque Monnerot.

Monnerot n'a plus de sens. Mais il a une sensibilité générale de tout son être, une sensibilité anonyme, véhémente et emballée qui l'emplit, le possède et l'emporte, plus qu'il ne l'emporte.

— Non ! rugit cette sensibilité mise à nu, cette sensibilité d'écorché ! Non, tu ne passeras pas !

Il réagit. Son soliloque l'avait retardé ; il accélère, maintenant le Suédois sur la perpendiculaire de sa poitrine à la corde. Le Suédois ne franchit pas cette ligne.

— Est-ce que tu te figures que tu vas me passer comme ça ?

Tu : non pas le Suédois méphistophélique et incarné de tout à l'heure, son interlocuteur dans le dialogue du train. Monnerot ne le perçoit plus, ni ne l'imagine, et s'il avait à le dessiner, ce serait en ces emblèmes : des yeux, des poumons, des jambes. Image caverneuse, redoutable, parce que dépouillée de ses attributs adventices, image schématique mais impressionnante justement parce qu'elle frappe Monnerot dans le schème de ses schèmes.

— Est-ce que tu te figures que je vais me laisser dépasser comme ça ?

Je : l'emportement qui l'agite, la vibration cursive qui l'ébranle, qui nourrit ses moelles et l'absorbe au point que d'elle il ne se distingue plus, qu'il ne se discerne plus, dans cette conjonction.

— Il ne me dépassera pas ! cette chose-là n'est pas possible !

Pas possible ! Elle n'arrivera pas ! Il est écrit par le destin qu'elle n'arrivera pas ! Monnerot ne peut en vain rassembler toutes ses forces, il ne peut en vain s'épurer, se purifier (il se sent devenu un véritable ascète de la piste, un saint héroïque en état d'inspiration), il ne peut pas, en cet instant, réaliser son intégrité et se fondre à la flamme de sa Bonté, pour que cette Bonté soit renversée.

— Non ! tu ne passeras pas !

En effet *il* ne passe pas. Cette barre brûlante qui le ronge, ce fer chaud qui le torture, Monnerot le sort de sa poitrine, l'étend et le projette à droite contre la poitrine du Suédois ; l'autre recule devant l'obstacle.

— Ah ! c'est trop pour toi ? Tu n'es pas capable d'un tel sacrifice et tu redoutes l'ignition !

Il voit à ses côtés les cercles incandescents des foulées suédoises ; il doit, pour les battre, faire des foulées égales, de sept lieues, enjambant les décombres, les gravats de la cendrée – ah ! pas élastique, la piste ! non ! pas élastique ! mais ruinée, sinistrée ! – et il les fait. Monnerot devient un véritable brasier, un brasier tournant autour du stade ; il a, comme on dit, la poitrine en fer, et peut-être la cervelle.

— Tu ne passeras pas !

Il ne passe pas.

Monnerot prend même une toute petite avance. Il court, tout le virage, la tête renversée, avec une façon de sourire crispé aux lèvres, dans cette allure d'extase douloureuse si commune aux coureurs ; il est comme le saint, oui… comme le saint sur le bûcher.

— Tu ne passeras pas !

Il ne regarde pas le poteau. Il faudrait pour cela tourner la tête : on ne tourne pas la tête sous ces auspices.

— Tu ne passeras pas !

Voilà tout ce qu'il sait, tout ce qu'il dit.

— Tu ne passeras pas !

Cela suffit. Commandement sacré ! Monnerot se trouve commandé ! Tout s'abolit et s'écarte autour de lui. Le stade aux contours si nets, qui jadis le cernait, ne le cerne plus. Au contraire : il paraît se reformer, immédiatement, sur son passage, comme une muraille grouillante et vociférante. Monnerot n'est plus la proie des spectateurs et du monde, l'objet de leur risée ou de leur encouragement. Il est le héros des spectateurs et du monde, le héros chargé d'ouvrir, du tison de sa poitrine, le néant compact qui se trouve devant lui.

— Marche ! lui crie le monde. Marche ! cela seul compte.

— Je marche ! répond Monnerot.

Le monde n'existe plus que pour la course, le monde ne voit et n'adore plus que la course !

— Je suis, pense Monnerot, l'homme-course, chargé d'exprimer et de satisfaire ce souhait du monde, l'homme-course, pour un instant héraut et martyr.

— Je gagne ! s'écrie-t-il, dans la foi de sa foi, dans l'ardeur de son ardeur.

On aborde la ligne droite, la dernière ligne droite, dernière des dernières des dernières ; et le Suédois est toujours légèrement en retard.

La voilà cette fameuse ligne droite, cette fameuse ligne droite finale, tant de fois parcourue, et victorieusement !… qu'il s'agit de gravir, une fois encore, une fois, et…

— Je la gravis ! pense Monnerot, je la gravis.

Il la gravit.

Mètre par mètre.

Que c'est dur ! Que c'est long ! Jamais il n'aurait pensé qu'une ligne droite de cent mètres pût être aussi longue à parcourir.

5 000, Gallimard, 1924.

GEORGES MAGNANE

(1907-1985)

Boxeur, judoka, athlète, Georges Magnane s'intéresse à tous les sports. Pénétrer la conscience du sportif, dévoiler ce qui se cache sous l'abnégation et l'endurance du compétiteur, dire ce qui est tu, tel est le projet littéraire de Magnane. Quand une faille apparaît chez les hommes forts...

Caractères humains dans le sport

Quand enfin on nous envoya au départ, nous retrouvâmes avec un soupir d'aise nos étroits sièges à coulisses. La solidité rugueuse des manches de nos pelles nous fit incroyablement plaisir. Et aussi les bouillons familiers qui recommencèrent à s'éloigner en tourbillonnant de chaque côté du bateau. Là était notre élément.

Six équipes au départ. Duval, bien entendu, nous barrait. Paris, notre rival le plus sérieux, était à notre gauche, du côté de la terre. Cela me permettrait, sans me détourner, de voir où nous en étions. Quercy avait noué sa tresse de cuir autour de son poignet gauche. Je voyais des ronds se dessiner autour du bout de sa pelle : il tremblait de la tête aux pieds. Il n'y avait là rien d'étonnant. Nous avions le trac, tous, comme des jeunes acteurs à la première générale. Je respirais profondément, je me « décontractais » de mon mieux, sans parvenir à calmer les toc ! toc ! toc ! de mon cœur. La sueur ruisselait le long de mes flancs.

Les inévitables manœuvres de mise en place nous parurent plus énervantes que d'habitude. Le haut-parleur, pendant près de cinq minutes, s'escrima contre Toulouse qui ne reculait jamais assez. Puis ce fut notre tour. « Dégagez à peine, grognait Servet. À peine. Et restez bien à mi-coulisse, pour partir. » Nous n'avions pas bougé de vingt centimètres quand le coup de feu claqua. La moitié seulement de l'équipe put donner le premier coup. Au second, l'autre moitié, pour se rattraper, attaqua trop tôt. Cafouillage, jurons : une demi-longueur de perdue. C'était sans importance. Mais Quercy n'arrêtait pas de criailler : « Salauds ! C'est un coup monté. Ne partons pas. Je ne cours pas dans ces conditions. » Servet, sans l'écouter, attaquait avec rage. Je le suivais et, avec moi, tous les bâbords. Il y eut, à cause de Quercy, un léger flottement à tribord : encore une demi-longueur dans la vue. « Ta gueule ! » hurlai-je en même temps que Servet et deux ou trois autres. Je haïssais Quercy, à ce moment-là, avec une telle intensité que, s'il ne s'était pas repris, j'aurais débordé mon aviron pour lui en asséner un coup sur la tête. Heureusement, il se mit à ramer normalement. Nous étions encore bien placés. Je voyais aisément le barreur des Parisiens et trois équipes, vers le large, étaient distancées. Avec une jubilation qui me donnait envie de rire, je sentais les grands raouf ! raouf ! raouf ! des huit pelles qui, toutes à la fois, lançaient d'énormes paquets d'eau vers l'arrière. Nous passions les bouillons de plusieurs mètres et nous tapions allègrement quarante coups à la minute. Duval grimaçait de joie : « Très bien, les gars ! Continuez ça. Dans un fauteuil, vous l'avez, dans un fauteuil ! Vous remontez Paris à chaque coup. Dix coups de plus et vous serez en tête. Un ! Deux ! Trois !… »

Jamais je n'avais été aussi fort. Je sentais passer dans mes reins et dans mes bras toute l'énergie de nos huit volontés pareilles. « Ça y est, hurla bientôt Duval. Vous êtes en tête. Vous le tenez, votre championnat. » Nous avions en effet une demi-longueur d'avance sur Paris. Je voyais maintenant toutes leurs pelles qui accrochaient l'eau avec fureur, tout juste un peu plus vite que les nôtres. Plus vite ! C'était bon signe. Cela prouvait que notre coup d'aviron battait le leur en efficacité. Et nous étions parfaitement entraînés. Les quinze cents mètres arrivèrent sans que l'équipe accusât la moindre trace de fatigue. Plus d'une longueur d'avance. Du tout cuit. J'en riais à chaque fois que je plongeais ma pelle dans l'eau, en donnant dans le bute-pieds une poussée à enfoncer une porte.

Et ce fut alors, au plus beau moment de la plus belle course de ma carrière, que Quercy recommença ses jérémiades : « J'en ai assez ! criait-il, d'une voix aigre que je ne lui connaissais pas. Je m'arrête. Arrêtez. C'est de la folie. Après un départ comme ça, on ne peut continuer. Assez ! Assez ! » Duval faillit se mettre debout pour hurler. Nous hurlions tous. Cela faisait un rugissement confus où il était impossible de distinguer une parole. Quercy frappa un dernier coup qui fit une large éclaboussure blanche, puis s'effondra sur son aviron, la tête entre les mains. « Continuons sans lui, hurlai-je, continuons ! » Cette fois, tout le monde avait prononcé le même mot. Nous n'avions pas perdu toute notre avance. Le pauvre petit barreur se crispait sur ses ficelles pour nous maintenir dans la ligne droite. Nous allions quand même de travers comme des crabes. Même en temps normal, la bordée de bâbord l'emportait légèrement. Paris s'avança peu à peu, vint bord à bord, passa. Des larmes de colère brouillaient ma vue. Je donnai un petit coup de poing dans le dos de Quercy et lui dis, en m'efforçant de prendre un ton amical : « Quercy ! mon vieux Quercy ! Tu ne peux pas nous lâcher ! Quercy ! » Il parut se réveiller, il empoigna son aviron, reprit la cadence. Jamais il n'avait passé d'aussi gros bouillons. Le bateau recommençait à voler sur l'eau. Nous rattrapions Paris, qui n'avait jamais eu plus d'une longueur et demie d'avance. Je pus voir d'abord le barreur, puis un rameur ! puis deux ! Hélas ! le coup de feu de l'arrivée retentissait déjà…

Nous étions « brillants seconds ». Jamais je n'ai mieux compris l'amertume de cette expression.

Les Hommes forts, Gallimard, 1942.

CLAUDE ROY

(1915-1997)

Claude Roy offre ici un hommage à Solita Salgado, nageuse d'origine colombienne naturalisée française. Elle domine sa discipline au 100 et au 400 mètres nage libre, et au 100 mètres dos de 1929 à 1934. Une grande championne dont Roy décrit la perfection du mouvement en pleine harmonie avec la nature.

Nageuse à l'entraînement

À Solita Salgado

Plus souple que le vent plus fraîche que les flots
Tricotant son sillage et son chemin léger
La nageuse déjoue les lents pièges de l'eau
Son frôlement traîteux fluide et prolongé

Les longs bras libérés déchirant cette soie
Sont palmes aux détours de la vague endormie
Son corps sait les secrets les rythmes et les lois
Qu'aux filles du grand vent son murmure confie

Lorsque le flux berceur nous rend l'enfant des eaux
La nageuse à pas lents redevient une femme

Qui marche les pieds nus sur le doux sable chaud
Couleur de ses cheveux mêlés d'eaux et de flammes

Brillant gros chien brûlant placide et monotone
Le soleil vient lécher cent gouttes de clarté
Qui glissent sur la peau comme sur les fruits d'automne
Les doigts de la rosée tremblante et clair-nacrée

La plage et le soleil écoutent lentement
Le flux et le reflux de son souffle vainqueur
Imposant à la mer et son chuchotement
Le flux et le reflux du même et calme cœur

Poème paru dans le catalogue de l'exposition
Les Sports et leurs trophées.
De la Grèce antique aux Temps modernes,
à la galerie de l'Orfèvrerie Christofle, à Paris,
du 20 mars au 15 avril 1944.

GILBERT PROUTEAU

(1917-2012)

Recordman de France du triple saut, mais aussi poète, Gilbert Prouteau obtient une médaille de bronze pour un poème aux Jeux olympiques de Londres en 1948, à une époque où l'on mariait les arts et les sports dans les disciplines olympiques. Cet extrait décrit avec perfection l'état psychologique du champion avant l'épreuve.

Confiance et doute

L'air vibrait d'oiseaux, d'attente, d'oriflammes, de cris, de haut-parleurs. Ils entrèrent en paquet sur le vélodrome. La clameur géante qui les salua le saisit aux fibres ; il n'avait jamais éprouvé cet enthousiasme, ce bonheur d'enfant, ce besoin de briller.

Les domestiques des grandes marques avaient pris la tête et préparaient la voie aux sprinters. Ceux-ci, soigneusement tirés, attendaient, bien abrités dans leur sillage. Et le micro clamait et répétait : « Les coureurs ont un demi-tour à accomplir à partir de l'entrée du vélodrome, puis un tour complet. Attention, messieurs les coureurs, il vous reste encore un tour et demi. »

Le premier lobe de l'anneau fut décrit sans heurt et on entama le tour décisif. Le public avait repéré les numéros et criait dans un délire forcené les noms de ses favoris.

En tête du peloton oscillait un grand diable de Belge qui déblayait en zigzag de haut en bas du virage pour empêcher les adversaires de passer pendant que son chef de file, bien rabattu à la corde, se préparait à se dégager.

Ils étaient sept ou huit ensemble, emmêlés, pressés, coude à coude. Il y eut des coups d'épaule, des tassages, des empoignades de maillots. Un dos bleu ciel avait surgi de ce remous qui se détachait, qui filait vers la ligne droite. Derrière lui, une meute acharnée et s'égrenant sur le réseau, les battus d'avance, ceux qui avaient renoncé. Les jeunes filles battaient des mains en agitant leur mouchoir. Les officiels riaient d'avance.

— Lecomte, Lecomte !

Une victoire française, pensez donc. Il était à trente mètres de la ligne, on l'embrassait déjà des yeux, de la pensée et de la voix.

Et puis, tout à coup, on ne comprenait plus. Un espèce de géant noir avait dévalé du haut du virage. Son élan le jetait en avant, comme lancé par une fronde. Et Paul Marionneau passait en trombe les vaincus, grignotait le vainqueur, tanguait furieusement sur son vélo, poussait de toutes ses bielles, et remontait, remontait. Les premiers rangs firent « oh ! » et se penchèrent… juste pour voir le maillot noir franchir la ligne avec une demi-longueur sur le vainqueur du Tour.

Les Jeux et les Hommes,
Éditions Défense de la France, 1948.

THIERRY MAULNIER

(1909-1988)

Critique littéraire, auteur de plusieurs études poétiques et historiques, Thierry Maulnier, normalien défenseur de l'ordre moral, est difficile à imaginer féru de sport. Et pourtant... Quand on veut chanter les louanges de la révolution nationale, on sait, comme lui, trouver dans le sport des aspects très « utiles ».

Le sport est inutile

Le jeune homme nu se ramasse et bondit dans le stade pour parcourir l'anneau de la piste, et le voici revenu à son point de départ, épuisé. Il rassemble dans le javelot toute l'impulsion de son corps, l'élan de la longue hampe frissonnante naît de l'arrêt de son propre élan, il a communiqué à un bois inerte et stupide la grâce de voler : mais il ne tuera personne – il ne vise personne. Il dispute à un adversaire, jusqu'à la colère parfois, jusqu'à la souffrance, non pas une proie, un trésor, une femelle, mais une vessie gonflée de vent. Il court : où va-t-il ? – Nulle part. Il saute, et il n'y a point d'obstacle. Ce qu'il fait là ne sert à rien.

*

Ils sont pourtant nombreux, autour de lui, qui voudraient que ce qu'il fait servît à quelque chose. Le médecin : « Il travaille à fortifier ses muscles et son souffle, à acquérir un cœur plus robuste, une poitrine plus large. Il se forge une bonne santé. » L'éducateur : « Il dissipe en exercices sans danger l'excédent de forces de l'adolescence. Mieux vaut pour lui penser à ces jeux qu'à d'autres, qui sont interdits et coupables. Tout à l'heure, il aura sommeil et rentrera chez lui au lieu de traîner, à la recherche d'une fille, dans les rues de perdition. » Le militaire : « Voilà qui est bien. Il nous faut des hommes résistants à la fatigue, à l'œil vif, aux bras robustes, aux nerfs disciplinés. Le jeune homme fera un bon soldat pour la patrie. » Le dictateur : « Pendant ce temps, il ne pense pas. C'est toujours cela de gagné. » L'homme d'affaires : « Voilà un garçon qui a de l'or dans les jarrets et les épaules. Dans deux ans, son nom au programme suffira à remplir les tribunes. Je vendrai ces muscles-là très cher. Un contrat, vite un contrat. »

*

Bien sûr, on peut faire en sorte que le sport serve à quelque chose : à fortifier une race, à accroître la proportion de ceux qu'on déclare bons pour le service aux conseils de révision, à moraliser ou à démoraliser, à épanouir l'individu ou à abrutir. Mais il est, en lui-même, inutile.

Inutile comme tout ce qui aide à supporter la vie, justifie la vie, ennoblit la vie. Inutile comme le jeu : car il est jeu. Inutile comme la poésie : à quoi donc sert la poésie ? Inutile comme l'amour : on peut faire des enfants sans amour.

*

Qu'une nation puisse accroître, par l'assiduité que montrent ses citoyens dans la pratique des jeux du corps, son capital de vigueur, de courage et d'énergie, cela est plus que probable, mais cela est au sens propre du mot secondaire. Ce bienfait vient par surcroît. La fin propre du sport n'est nulle part qu'en lui-même. Je veux dire que sa fin est dans le plaisir qu'il donne, le plaisir de se mouvoir et de respirer un peu plus divinement que ne le fait l'humanité dans l'ordinaire de ses démarches, le plaisir de la peine et le plaisir de la fatigue, le plaisir de porter un corps jusqu'à la limite que lui a assignée sa condition de corps, et même un peu au-delà. Le sport est pure dépense et pure consommation.

*

Il se trouve que dans le sport les muscles se fortifient et s'assouplissent. Mais le sport n'a pas d'autre fin que de donner à l'homme une âpre, une enivrante jouissance du monde et de lui-même. N'oublions pas qu'il peut advenir que cette jouissance soit en fin de compte préjudiciable au corps, et non pas bienfaisante ; que le corps soit conduit par des tâches trop rudes à l'épuisement, à l'usure ; que la recherche et l'affrontement du péril, que l'ivresse d'un pari dangereux font la séduction de certains jeux sportifs parmi les plus recherchés, que plus d'un sport offre ainsi des risques recherchés comme tels de mutilation et de mort. Ceux que le sport irrite ou écœure lui reprochent d'être un culte dont le corps serait le dieu. Culte, je le veux bien : mais le corps n'y est point le dieu : le desservant peut-être, le sacrificateur – sacrifié – sacrifiant et sacrifié à quel dieu inconnu ?

*

Il est vrai qu'il est des athlètes pour qui leur propre corps est devenu lui-même le dieu. Ils n'ont pas un corps pour lutter et courir. Ils ont mis toutes sortes d'exercices soigneusement choisis au service de l'avantageuse statue de chair qui est l'objet constant de leur souci et de leur vanité. Ils ne sont que leur corps, avec insolence et *suffisance*, comme certaines femmes ne sont que leur corps dans l'amour, ne pensent qu'à leur corps et à l'hommage qui lui est rendu. « Quelle viande superbe je suis ! semblent dire ces hommes et ces femmes. Qu'en pensez-vous ? » Alors même qu'ils sont, les uns et les autres, vêtus, l'asservissement de leur personne à la matière dont elle est faite éclate sur eux avec une manière non d'animalité – l'animal est très éloigné du narcissisme corporel – mais d'obscénité. On en vient à penser que c'est par erreur qu'il leur a été donné un visage.

Le sport est inutile, et digne de respect par son inutilité même. Car il est lui-même la raison et la source de sa justification, et rien d'extérieur à lui ne le justifie. Il est une activité sans valeur : ce que l'on peut énoncer également en disant que sa valeur est absolue, et non relative. En quels termes de valeur pourrait être mesurée une course de cent mètres ? Contre quoi pourrait-on l'échanger sans la faire déchoir de l'inutilité qui est sa gloire ? Il n'y a de valeur que là où il y a possibilité d'échange, référence à l'échange : ceci vaut cela, et cela est un objet, ou quelque signe qui représente des objets et permet de les acquérir. Il serait temps qu'on s'avisât que la religion de l'utile, selon laquelle on prétend ordonner toutes les activités modernes, est absurde. Car l'utile ne peut être une fin, puisqu'il est l'utile. Utile à quoi ? L'utile n'a de sens que s'il peut être utilisé, c'est-à-dire plié à ce qui lui est supérieur. Ainsi l'utile se subordonne en fin de compte à l'inutile. Il serait temps qu'on s'avisât de mettre ce qui sert au service de ce qui ne sert à rien.

*

La vie est inutile. Le monde est inutile. Si un Dieu a créé le monde, il s'est en créant le monde rapproché des jeux des hommes plus que de n'importe quelle forme d'activité humaine utile. La création du monde n'a pu être que pure dépense d'énergie divine et pur plaisir divin à la dépense de cette énergie selon des règles arbitrairement fixées. Un grand athlète solitaire… Un Dieu en créant le monde a créé quelque chose dont il n'avait pas besoin. Un Dieu lui-même inutile. À quoi Dieu pourrait-il servir sans cesser d'être Dieu ?

*

Ce n'est pas le corps qui est une fin. Nous le sentons dans cet effort même où nous nous servons de lui, où nous le plions, où nous le brisons selon notre exigence, où nous le forçons d'obéir. La joie que nous cherchons est celle d'amener le corps à une éphémère coïncidence avec l'exigence de l'esprit. De là vient qu'il y a dans la plénitude du geste sportif réussi un instant de divinité.

*

Le sport traite le corps comme un moyen, et non comme une fin. C'est ce qu'il y a de commun avec l'amour, qui lui aussi se sert du corps plus qu'il ne le sert. Il associe le corps à une poursuite qu'il faut bien dire spirituelle : « Ces plaisirs que l'on nomme à la légère physiques » et dont a parlé Colette, ce sont aussi les plaisirs du sport.

*

L'esprit est le cavalier. Le corps est le cheval.

EPS, n° 8, décembre 1951.

ROGER VAILLAND

(1907-1965)

Pour pouvoir épouser Marie-Jeanne et assurer à leur couple un avenir, Bernard se jette à corps perdu dans le travail. Un autre moyen de gagner serait de remporter une course cycliste. Bernard se sent la force de vaincre. Attention aux rêves trop grands, on peut devenir, au sport comme dans la vie, son propre ennemi.

La prime du col

Le peloton venait d'éclater. Les deux meilleurs Lyonnais, le Grenoblois et cinq hommes passèrent, à quarante-cinq à l'heure. Cordélia eut à peine le temps de relever les numéros. Six voitures collaient à eux, soulevant des gerbes d'eau. Paul Morel nous cria au passage quelque chose que nous ne comprîmes pas.

Vingt coureurs suivaient à cinq cents mètres, mais moins vite. Au milieu d'eux, Lenoir récupérait, avant l'assaut des treize lacets, l'effort qu'il avait fait pour rejoindre le peloton.

Je démarrai à leur suite, accélérai et passai tout le monde dans la longue traversée du Clusot. Nous rattrapâmes Busard au troisième lacet.

Il avait rejoint le Bressan. Les deux garçons conservaient quatre minutes d'avance sur la tête du peloton disloqué. Ils grimpaient roue dans roue, le Bressan menait. La montagne se dressait verticalement devant nous. La route s'élevait parmi les prairies. Le rideau de pluie était devenu si épais, que nous ne distinguions pas les lacets de la route au-dessus de nous. Busard et le Bressan ne roulaient plus qu'à quinze à l'heure.

Au quatrième lacet, leur allure ralentit encore. Les cheveux du Bressan, débouclés par la pluie, lui collaient au front. Il balançait la tête d'arrière en avant, comme pour cogner du front contre le rideau de pluie.

— Un bouvillon, dit Cordélia.

Le travail des jambes devint désordonné.

Busard cria quelque chose au Bressan, qui fit signe qu'il refusait.

— Busard, criai-je, laisse-le mener. C'est un idiot.

Le lecteur, même s'il n'est jamais monté sur un vélo, devine que de deux cyclistes qui roulent de concert, celui qui tient la tête fatigue le plus. La même loi d'aérodynamique conditionne le vol des canards sauvages. Le Bressan n'avait pas seulement l'air à fendre pour deux, mais aussi la pluie.

Busard lui parla de nouveau, puis passa devant. Le travail des jambes du Bressan redevint régulier. La route s'engagea dans un bois de sapins centenaires qui coupaient la pluie. Les deux garçons retrouvèrent le quinze à l'heure.

Au septième lacet, le Bressan creva. Busard mit pied à terre pour l'attendre. Le Bressan, accroupi, les mains aux papillons de la roue, leva vers lui un regard surpris. Busard haussa les épaules.

Nous avions stoppé. On n'entendait que le bruit de la pluie qui cinglait la route et la voiture.

— Pourquoi attend-il ? me demanda Marie-Jeanne.

— C'est aussi son intérêt.

— Vite ! cria Busard au Bressan.

Cordélia tenait le chronomètre.

— Une minute, murmura-t-elle.

Busard se tourna vers nous et sourit.

— Ça va ! criai-je.

Il chercha le regard de Marie-Jeanne.

— Vous êtes le meilleur, cria Marie-Jeanne.

— Je suis en pleine *forme* ! cria-t-il.

Un éclair fulgura entre les grands sapins et le tonnerre claqua aussitôt. La pluie redoubla. Le Bressan accroupi souleva son vélo à deux mains et sans se relever, fit un saut de grenouille pour se mettre à l'abri de la voiture.

Busard se tenait immobile dans les grandes rafales de pluie qui lui collaient le maillot aux os.

— Il est comme un arbre, dit Cordélia.

— C'est un homme ! dis-je à Marie-Jeanne.

— C'est l'oiseau des tempêtes, dit Cordélia.

Le Bressan gonflait le pneu. Il leva la tête vers Busard.

— Laisse-moi gagner la prime au col, dit-il.

La prime sur la ligne blanche du col, au deuxième tour, est la plus importante de la course : 5 000 francs offerts par les Établissements Plastoform, Morel père et fils.

350 000 Francs, Paris,

MAURICE TRINTIGNANT

(1917-2005)

Maurice Trintignant, oncle de l'acteur Jean-Louis Trintignant, était un très célèbre champion de course automobile. Dans ce récit, le lecteur revit, comme embarqué dans son cockpit, une de ses plus belles victoires, celle du Grand Prix d'Europe qui se dispute sur le circuit sinueux de Monaco. Montons à bord et démarrons. Nous sommes en 1955...

Pilote de courses

Je regardai l'heure : quatorze heures, encore une heure avant le départ. Il était temps de se mettre en tenue. Cela fut vite fait, sans oublier mon ours, ni mon chapelet, si vite fait même que, revenant à la fenêtre, je décidai d'attendre l'arrivée des voitures sur le circuit pour descendre à mon tour.

J'étais en train de constater que les tribunes étaient pleines à craquer quand j'entendis le premier vrombissement de moteur.

Conduites par les mécaniciens, les voitures arrivaient au pas sur le circuit, en pétaradant. D'autres étaient simplement poussées à la main comme pour leur éviter un effort inutile.

Je jetai un dernier regard pour être sûr de n'avoir rien oublié. Je me coiffai de mon bonnet à pompon porte-bonheur. Je tâtai mes poches pour m'assurer que l'ours et le chapelet étaient bien là. Oui, j'étais prêt et, quittant la pénombre fraîche de ma chambre, je partis d'un pas tranquille et ferme vers le circuit où, sous un soleil ardent, la foule bruissait comme un essaim de guêpes énervées par l'orage proche qu'allaient déchaîner vingt moteurs enfin libérés.

Le drapeau s'abaissa et les vingt voitures se ruèrent dans un nuage de poussière et un bruit de tonnerre vers le virage du gazomètre. Le Grand Prix d'Europe commençait.

Je pris un départ prudent. Quand, après l'épingle à cheveux du gazomètre, à 200 mètres du départ, le jeune Perdisa, sur sa Maserati, tenta de me passer, je ne fis rien pour l'en empêcher et m'installai dans son sillage en dixième position, dans le peloton emmené par une voiture blanche[1] qui, me semblait-il, était celle de Fangio.

J'étais satisfait, parce que le départ que j'appréhendais s'était bien passé. Les vingt voitures avaient « négocié » le virage du gazomètre roue dans roue sans incident. Il n'y avait pas eu de maladroit pour toucher ma voiture. Mais j'avais hâte d'être plus vieux d'une vingtaine de tours.

Je passais donc en dixième position à la fin du premier tour – dixième sur vingt, le juste milieu en somme. J'allais attaquer le virage du gazomètre quand je vis sortir en tête deux voitures blanches, Fangio et Moss, suivies d'une rouge que je ne pus identifier, Ascari ou Behra sans doute. En faisant un calcul rapide, je chiffrai mon retard sur eux à environ 3 secondes. Encore un autre petit calcul mental et j'en déduisis :

« Les Mercédès vont te doubler vers le 35e tour. »

Mais je m'en consolai en voyant, après avoir négocié « le gazomètre », d'autres voitures qui ne faisaient qu'y arriver.

1. Les carrosseries des voitures de course allemandes sont de teinte gris clair métallisé (couleur officielle).

Devant moi, j'avais toujours Perdisa. C'était sa première année de course. Il était très adroit, très doué, mais il avait le défaut qu'ont presque tous les néophytes : la manie de trop remuer et de pencher la tête du côté où il prenait les virages. Il est en effet facile de comprendre qu'en gardant le buste droit on conserve une meilleure position, pour tenir son volant. Ce n'est pas parce que Nuvolari s'agitait comme une puce quand il pilotait une voiture de course qu'il faut chercher à l'imiter. Le grand Nuvolari était une merveilleuse exception à la règle, un virtuose de génie et, pour cette raison même, inimitable.

C'est à la fin du sixième tour que je vis la première voiture arrêtée à son stand. C'était la Maserati de Louis Rosier. Il avait touché à l'arrière en sortant de la courbe du bureau de tabac le long du port. Il ne devait plus repartir. La course n'avait duré que douze minutes pour lui. Nous ne restions plus que dix-neuf en piste. J'aimais bien Rosier, mais cruellement je me dis que son abandon ne présentait aucun avantage pour moi puisqu'il ne figurait pas parmi mes adversaires dangereux.

Plus intéressant fut l'abandon de Luigi Musso au huitième tour. Une dent d'embrayage brisée, la course était finie pour sa Maserati. Quand il cassa, Musso était septième. Je devenais donc neuvième et nous ne restions plus que dix-huit.

À la fin du huitième tour, le peloton s'était considérablement étiré. J'avais 25 secondes de retard sur Fangio et Moss qui continuaient à mener la course. Ils devaient sûrement « mettre toute la gomme », car moi je tournais régulièrement dans mes limites.

Probablement qu'en restant dans leur sillage, Ascari et Behra devaient sérieusement leur « travailler le cuir ». Les deux Mercédès forçaient pour les lâcher et l'espoir revenait m'habiter en pensant qu'à ce train-là, il y aurait sûrement « de la casse en tête ».

Ce n'est qu'au vingt et unième tour que je passai pour la première fois un concurrent. C'était Perdisa. Placé devant moi depuis le départ, il se mit, au vingtième tour, à rouler moins vite. Moi, j'avais ma moyenne à respecter et je le passai dans la montée vers le casino. J'étais donc huitième, mais mon retard sur Fangio et Moss était maintenant de 55 secondes.

Dans la descente rapide conduisant du casino à la mer, je remarquai des traces de pneus sur les bordures blanches des trottoirs, pas des traces de frottements comme il y en avait beaucoup, mais des marques franches comme si la voiture ayant laissé ces empreintes, avait carrément sauté le trottoir pour couper les sinuosités du circuit avant la dure « épingle » de la gare.

Cela me rappela ce qu'un journaliste m'avait dit à propos de Fangio aux essais et que j'étais allé vérifier sur place. Il m'avait affirmé que l'Argentin « sautait » le trottoir pour gagner du temps, précisément à l'endroit où je venais de repérer des marques de pneus. De jouer ainsi les « Sherlock Holmes » et le résultat de mes déductions firent monter en moi un vague espoir qui me quitta très vite du fait d'un nouveau raisonnement.

« Tu crois au Père Noël, me dis-je. Pourquoi ces marques de pneus seraient-elles celles de Fangio, plutôt que d'un autre ? Pourquoi ne seraient-elles pas plus simplement les vieilles marques que tu as repérées jeudi soir ? »

Ce qui est certain, c'est qu'en tête les Mercédès menaient un train d'enfer. Elles « tournaient » en moins de 1'44" au tour. C'était vite, trop vite, peut-être, pour pouvoir tenir ainsi pendant cent tours.

En passant devant les stands je vis des mécaniciens poussant la Vanwall verte de Hawthorn pour la conduire derrière les stands… au « cimetière », rejoindre les Maserati de Rosier et de Musso. Nous n'étions plus que 17.

Au trentième tour je m'offris le luxe de *doubler* mon premier adversaire. C'était le jeune Jacky Pollet sur Gordini, le seul véritable débutant de la course. J'eus beaucoup de mal pour le dépasser. Il occupait toute la route et je suis sûr qu'il ne me vit pas arriver dans ses rétroviseurs, trop occupé qu'il était déjà à regarder ce qui se passait devant lui.

J'étais d'autant plus furieux que, sur le circuit acrobatique de Monaco, il n'y a pas tellement d'endroits où le dépassement est facile. Manque de chance, j'arrivais sur lui au plus mauvais passage : dans la descente du casino à la mer… et je dus attendre l'entrée du tunnel pour pouvoir enfin le passer. En le doublant je lui fis un geste de la main pour lui faire penser à mieux tenir sa droite. J'espérais que les commissaires chargés de surveiller les courses s'en étaient rendu compte et qu'on lui agiterait sous le nez le drapeau bleu qui signifie « Rangez-vous à droite ».

Je doublai Chiron au trente-deuxième tour. Le souvenir de Pollet était encore suffisamment frais dans ma mémoire pour mesurer la différence entre un débutant et un chevronné. Je n'étais encore qu'à 20 mètres derrière lui, que Chiron déjà serrait à droite pour m'éviter une perte de temps. On se fit un geste amical et je laissai mon vieil ami aux prises avec la boîte de vitesses récalcitrante de sa Lancia.

Il commençait à faire terriblement chaud à l'intérieur de ma monoplace. J'avais le visage en sueur – le casque, sous l'implacable soleil monégasque, me mettait la tête en feu – et je pensais avec envie que le panama ou le chapeau de paille de pêcheur à la ligne étaient des coiffures pleines de charme. Mais c'était la même chose pour tout le monde. Je me disais aussi que Fangio et Ascari, qui ne sont pas précisément maigres, devaient en souffrir plus que moi.

La chaleur ne m'empêchait pas de respecter mon « tableau de marche ». Elle n'empêcha pas non plus Fangio et Moss de me doubler au trente-sixième tour… juste devant les stands. Derrière eux pas d'Ascari ni de Behra à l'horizon. Comme je le redoutais, les deux Mercédès avaient réussi à « faire le trou ».

C'est au trente-huitième tour, en sortant du tunnel, que je vis sur le quai, une centaine de mètres devant moi, deux voitures rouges. J'étais trop loin pour les identifier. Ce n'étaient sûrement pas Ascari ni Behra, pas plus que Perdisa ou Villoresi que j'avais toujours à 50 mètres derrière moi. Ce n'étaient pas non plus les trois autres Ferrari – même de loin je les aurais reconnues. Il devait donc s'agir de Chiron, de Mieres ou de Castellotti.

En passant devant mon stand je vis qu'on s'agitait beaucoup.

C'était donc Mieres et Castellotti que j'étais en train de rattraper. Ce que je fis au cours du trente-neuvième tour.

Je les passai sans mal et m'installai ainsi à la cinquième place – la cinquième place – c'est déjà une place d'honneur. Or, finir à une place d'honneur devait suffire pour sauver celui de la « Scuderia Ferrari ».

Au tour suivant, juste au virage de la gare, je repérai une flaque d'huile. Aïe ! voilà les embêtements qui commençaient ! Je pus la voir à temps pour l'éviter. Il y avait encore de petites taches d'huile à l'entrée du tunnel, dans le tunnel et à l'entrée de la chicane. De toutes petites taches, heureusement, mais dont il fallait terriblement se méfier. Il n'y a rien de tel que l'huile pour provoquer les tête-à-queue.

En passant devant les stands, je constatai que le propriétaire de l'huile en question était Behra, puisqu'il était arrêté avec une nuée de mécanos s'agitant autour de sa Maserati n° 34. Attaquer Ascari et le passer n'avaient pas porté chance à Jeannot.

Du coup je me trouvais quatrième et plus fidèle que jamais à mon tableau de marche. Sur mes talons je remarquai Mieres. Je me souvins alors qu'on m'avait dit, avant le départ, que le jeune Argentin avait l'intention de calquer sa course sur la mienne. Mais comme Mieres était un garçon charmant, sa présence derrière moi ne m'agaçait pas du tout.

Je me souviendrai toujours du cinquante et unième tour. Suivi de Mieres, je venais de passer devant le casino quand, en arrivant au virage de la gare, j'aperçus devant celle-ci – dans la position d'une voiture garée là en attendant l'arrivée du train – une Mercédès blanche.

J'en fus si ému que je faillis déraper sur la flaque d'huile à l'entrée du virage. C'était la n° 2, la voiture de Fangio !

L'Argentin n'était plus à bord..., donc la Mercédès devait être bien malade.

La défaite de mon plus redoutable adversaire fit bondir mon cœur de joie. C'est peut-être cruel, mais c'est la loi du sport. Maintenant, vraiment, je commençais à croire en une possible victoire. La voiture de Stirling Moss était, peut-être, également fatiguée. Il y avait aussi Ascari... mais je ne sais pourquoi, je considérais les Lancia comme plus vulnérables que les Mercédès.

Mais en même temps je ressentis pour la première fois depuis le départ la hantise de la panne. Jusqu'ici, je n'avais rien à perdre. J'étais un outsider. Mon abandon n'aurait surpris personne, il n'aurait pas déclenché de commentaires, sauf quelques-uns dans le genre condoléances : « Vous avez vu ces pauvres Ferrari. »

Maintenant, tout changeait. Troisième derrière Ascari et Moss, je passais au rang de vedette. Je savais que, dans les tribunes, un peu partout sur le circuit, des dizaines de chronos se déclenchaient à mon passage pour mesurer si je gagnais ou perdais du terrain. Même à bord d'une voiture italienne, je devenais le défenseur numéro 1 du prestige français.

C'était idiot, mais maintenant que je sentais des milliers de personnes comptant sur moi, j'avais la peur affreuse de les décevoir.

Mon moral faillit flancher en voyant devant un stand un mécanicien en train de boire goulûment à la bouteille. J'étais fou de rage et terriblement tenté de m'arrêter. Mais ne pouvait-il donc se désaltérer derrière les stands au lieu de nous narguer ainsi !

En voyant la Gordini bleue de Bayol arrêtée sur le circuit, je me dis sans superstition : « Plus que treize », et, avec satisfaction, je constatai que les quatre Ferrari étaient toujours en course. Farina, un tour derrière moi, Schell à trois tours, et Paul Frère qui avait remplacé Taruffi à mi-course, très loin peut-être – conséquence d'innombrables ennuis avec la boîte – mais toujours là quand même.

Il faut croire que le « plus que treize » ne me porta pas chance car, tout à coup, en prenant un virage à gauche au casino, je m'aperçus que ma pression d'huile tombait à zéro ! J'accomplissais mon soixante-quinzième tour.

Je sentis mon pouls battre plus vite et, quoique ayant déjà très chaud, tout mon corps se tremper de sueur. L'angoisse me faisait tellement transpirer que je dus baisser mes lunettes soudain couvertes de buée.

Je recevais sur ma chemise des gouttelettes d'huile, mais en me retournant je ne voyais pas de fumée sortir du tuyau d'échappement.

« Il n'y a plus d'huile dans le carter ! »

Cette pensée me traversa l'esprit comme un coup de poignard. En passant devant mon stand je faillis m'arrêter. Pour la première fois depuis le départ je ne regardai pas la pancarte de Meazza et je pris l'épingle à cheveux du gazomètre, l'œil fixé sur mon manomètre de pression d'huile. Le virage était à droite, la pression ne tomba pas ! Je fis ainsi tout un tour et pus considérer que cette maudite pression ne tombait que dans les virages à gauche.

Mon inquiétude n'était pas dissipée pour autant, mais j'allais mieux, un peu comme le monsieur qui, après avoir eu 40 de fièvre, voit sa température tomber à 38,5.

Au quatre-vingtième tour je n'avais plus que 22 secondes de retard sur Ascari… et 42 secondes seulement d'avance sur Behra. Moss et sa Mercédès, en tête, continuaient à dominer la course.

C'est alors que commença ce quatre-vingt et unième tour du Grand Prix d'Europe 1955 qui allait entrer dans l'histoire dramatique du sport automobile et se graver dans les mémoires de tous ceux qui, ce jour-là, étaient à Monaco.

J'allais entrer dans le tunnel quand je vis sur le bord de la route un commissaire agitant le drapeau jaune à bandes rouges verticales. Dans le code des signaux, cela signifie : « Attention, il y a de l'huile répandue sur la route. »

Instinctivement je levai le pied. Il y avait une légère fumée dans le tunnel. Quelqu'un avait sûrement crevé une canalisation d'huile… mais qui ?

À l'entrée de la chicane, le sol, déjà glissant depuis plusieurs jours, l'était encore plus J'eus un petit frisson en sentant ma voiture s'embarquer.

Pendant une fraction de seconde, je sentis que je n'avais plus le contrôle de ma direction. Le bord du quai… et l'eau du port n'étaient pas loin. Il s'en fallut de cinquante centimètres pour que j'aille prendre un bain. Je parvins à redresser, et la curiosité qui m'avait abandonné pendant ces instants pénibles revint en même temps que la stabilité : qui perdait donc ainsi son huile ?…

Comme une bête blessée qu'on suit aux traces sanglantes qu'elle laisse sur son chemin, la voiture ne devait pas être bien loin.

Effectivement, je la retrouvai à quelques centaines de mètres de là devant son stand où elle avait eu la force de se traîner pour y rendre son dernier soupir. En la voyant, mon cœur bondit de joie sauvage. Cette voiture blessée était la Mercédès n° 6 de Stirling Moss, celle qui menait la course depuis l'abandon de Fangio, la dernière de ces orgueilleuses voitures allemandes qui faisaient la loi depuis le début de la course. Je criai, en passant devant elle, tout fier de mon moteur miaulant de joie :

« Mercédès Kaput ! »

Ce n'était peut-être pas très élégant, mais je ne serais pas honnête en taisant ce détail. Je ne suis pas un saint, les autres non plus. Si nous faisons des courses, c'est dans l'espoir de gagner, alors…

J'avais des ailes, je ne sentais plus les gouttelettes d'huile qui venaient toujours arroser ma chemise. Je ne m'en inquiétais plus. Une vingtaine de secondes me séparaient d'Ascari. Je pouvais gagner.

Dans ce tour, j'avais encore repris deux secondes à Alberto.

« Il doit avoir des ennuis avec sa Lancia. C'est un champion, si je le grignote comme ça, c'est que sa voiture ne tourne pas rond. »

Je nageais dans les rêves bleus.

Cette euphorie ne m'empêcha pas d'être prudent dans le tunnel et, me souvenant du tour précédent, j'abordai la chicane « sur la pointe des pieds ».

Je remarquai aussi un attroupement, des gens qui s'agitaient beaucoup. Je poursuivis ma route avec une sourde inquiétude.

Cela sentait l'accident. Un de mes camarades avait eu un pépin.

Une voiture cassée et arrêtée devant le stand me réjouit quand c'est celle d'un adversaire dangereux, mais un accident !…

Je remarquai vaguement qu'on agitait des mouchoirs à mon passage. Pourquoi ?

Je le compris en passant devant mon stand la pancarte m'apprenait que j'étais en tête.

Dans la tribune, en face des stands, je vis les gens se lever et crier quand je passais. J'étais ébloui, abasourdi, je croyais rêver.

Mais la joie que je ressentais s'éteignit en moi brutalement, comme un moteur qui cale. Où était passé Ascari ? Je pensais à l'attroupement, à l'agitation auprès de la chicane. L'accident, c'était donc lui !

J'étais premier et, en même temps, j'étais très malheureux. D'autant plus malheureux que je ne pouvais rien savoir, que je ne saurais rien avant la fin de la course. J'essayai de deviner ce qui avait bien pu arriver à Ascari et, quand je me souvins que, deux tours plus tôt, j'avais failli plonger dans le port, cette affreuse pensée me fit peur… je levai le pied.

Quand j'abordai de nouveau la chicane, je ralentis pour voir… et je vis ! Je vis que je ne m'étais pas trompé. Il y avait un large trou dans les sacs de sable bordant le quai, et des tas de barques tournant en cercles étroits. C'était affreux !

Je continuai ma route comme un automate. J'avais envie d'abandonner. Je me moquais de mon tableau de marche, de mes « temps », et j'insultai intérieurement Ugolini quand, en passant devant les stands, il me fit signe d'accélérer. J'aurais rugi de joie si, à trois tours de la fin, j'avais passé Ascari pour le « coiffer sur le poteau ». J'aurais siffloté d'aise, si j'avais vu sa voiture à l'arrêt devant son stand comme la Mercédès de Moss un tour plus tôt. Mais qu'Ascari se fût tué me rendrait détestable le goût de la victoire.

Et puis, tout à coup, les nuages noirs furent chassés de mon esprit. En repassant à la chicane, lentement, très lentement, je reconnus Ascari, debout dans une barque. Je le reconnus à son pantalon bleu ciel de coureur… le même que le mien.

Il était vivant… et moi, je revivais. Je revenais dans cette course que j'avais quittée. Les mouchoirs qu'on agitait à mon passage m'enchantaient enfin. Mon pied retrouvait le chemin de l'accélérateur et je n'insultais plus Ugolini quand, en passant devant mon stand, il me fit signe d'accélérer.

Le « maestro » avait raison. Il ne fallait pas s'endormir et faire du sentiment. Le jeune Castelloti qui, maintenant, était second, avait profité de ma « crise morale » pour revenir à quinze secondes derrière moi.

Un œil sur le manomètre de pression d'huile, l'autre quand même sur la route, je continuais ma course régulière. J'avais épouvantablement chaud… mais j'étais si absorbé par l'idée de tenir que j'en oubliais presque que je mourais de soif.

Mon bras devenait lourd à force de passer mes vitesses. La paume de ma main était en feu. Je m'étais sûrement fait, malgré mes gants, une ampoule qui venait de crever. J'avais aussi les reins douloureux et je me répétais, en faisant la récapitulation de tous mes maux : « Il est temps que ça finisse, mon vieux Maurice. »

Il ne restait plus que cinq tours : à peine seize kilomètres. Quand, dans les virages à gauche, ma pression d'huile tombait, je me surprenais en train de cajoler ma voiture.

« Allons, allons, sois brave. Tu ne vas pas me faire ça à moi. Tu ne vas pas casser alors que la ligne d'arrivée est en vue. »

Depuis bientôt trois heures que je tournais dans ce toboggan infernal, je sentais que je devenais gâteux. Même ma formule magique, « c'est pareil pour les autres », ne parvenait pas à m'ôter cette affreuse inquiétude de « casser » qui me gâchait le plaisir d'être en tête et sur le point de gagner la plus belle course de ma vie.

Et dans le stand alors ? Il devait y avoir de l'électricité dans l'air ! Ugolini avait sûrement perdu son « self-control » de gentleman.

Mon ralentissement, au moment de l'accident d'Ascari, l'avait sûrement inquiété. Peut-être sentait-il que tout n'était pas parfait à bord de ma Ferrari.

Pourtant le moteur tournait rond. Non, personne ne pouvait se douter de mes ennuis avec ma pression d'huile. Ils étaient des milliers à me regarder tourner et j'étais seul à savoir. En passant devant les stands, je tentai de voir comment « ils » étaient chez Lancia.

Je ne pus me faire d'opinion, mais parce que cela m'arrangeait, je décidai qu'ils avaient l'air morne de ceux qui se résignent à la défaite. L'accident d'Ascari avait dû leur démolir le moral, et ils n'osaient pas compter sur un jeune comme Castellotti pour venir à bout d'un « vieux renard » comme moi.

En passant pour attaquer le dernier tour, je vis que j'avais 19 secondes d'avance sur Castellotti, mais ce que je vis surtout, ce fut Charles Faroux, le directeur de la course, debout devant les stands, avec le drapeau à damiers noirs et blancs à la main, le classique drapeau annonçant les fins de courses. Quand il l'agiterait devant moi, cela signifierait victoire… au tour suivant.

Je n'ai pas su mon « temps » pour ce dernier tour, mais il ne fut certainement pas bien fameux. L'émotion de sentir la victoire à portée de la main me donnait le trac. J'avais peur de « casser », de déraper sur une flaque d'huile. Je redoutais le tunnel où le sol était glissant et la chicane fatale à Ascari.

J'eus l'impression de me traîner, de me hisser vers le casino. Ce dernier tour n'en finissait pas. Je fus prudent, prudent dans les virages qui me ramenaient au bord de la mer, ultraprudent dans le tunnel, superprudent à la chicane. Mais quand, après l'avoir passée, je me retrouvai sur le quai avec au bout les tribunes et la ligne d'arrivée, toutes mes craintes s'envolèrent… Je fis dans un rêve l'ultime kilomètre de ce Grand Prix d'Europe au terme duquel le drapeau à damiers noirs et blancs, agité par Charles Faroux, m'apportait la plus grande joie de ma carrière de coureur.

Tout ce qui se passa ensuite reste confus dans ma mémoire : embrassades, effusions, félicitations du prince Rainier, tour d'honneur, coupe en argent, immense couronne de fleurs et des tas de bravos dans la foule, heureuse de voir un Français triompher. J'avais les reins broyés, les jambes ankylosées, la tête en feu, la main droite douloureuse. Comme j'étais sourd comme un pot – entendre miauler une Ferrari pendant trois heures contre ses oreilles y suffisait largement – je me contentais de sourire plus ou moins bêtement à tous ceux qui me parlaient et qui, tous, avaient l'air de me féliciter.

Pilote de courses,
© Librairie Hachette, coll. « Bibliothèque verte », 1957, chap. XXI.

PAUL VIALAR

(1898-1996)

Paul Vialar fut une figure de la littérature d'après-guerre et un pionnier de l'audiovisuel. L'activité sportive demeura au centre de sa vie tout au long de son existence. Dans sa Lettre ouverte à un jeune sportif*, il insiste sur l'aspect paradoxal du sport : le sport est une activité qui, quoi qu'on fasse, nous coûte. Est sportif celui qui consent à faire et à renouveler sans cesse un effort sur lui-même.*

Sacrifices et plaisir

Que fais-tu là ?

Du sport.

Pourquoi ? Le sais-tu ?

Bien sûr, me répondras-tu.

Mais le sais-tu tout à fait ?

Question que je me pose tandis que je continue à te regarder.

Pendant ce temps, toi, sérieux, appliqué, tu « travailles ».

Personne ne t'a obligé à venir ici. Il a fallu que tu acceptes certains sacrifices : ton repos de ce matin, ta soirée d'hier (tu as préféré te coucher de bonne heure en prévision de ce que tu voulais faire aujourd'hui), bien d'autres choses encore que je devine… Te lever à six heures, subir trois quarts d'heure de métro pour venir jusqu'à cette porte de Paris, marcher encore dix minutes pour arriver à ce terrain.

Il est très tôt. Tu vas pouvoir rester ici une heure avant de te rendre au travail dont tu vis. D'autres vont apparaître avec, à la main, leur petit sac, pareil au tien (« leurs affaires » comme ils disent, et ce sont bien leurs « affaires » pour une assez grande affaire), d'autres encore. Si je les questionnais, et leur demandais pourquoi ils sont venus, ils me répondraient comme toi : « Pour mon plaisir. »

Ton plaisir !

Il éclate, en effet, dans tout ton corps, sur tout ton visage. Il t'anime, te soulève. On le voit transparaître. Pourtant, tu peines, tu t'essayes à un départ de cent mètres. Tu recommences. Une fois. Deux fois. Encore. Tu « travailles ».

Lettre ouverte à un jeune sportif,
Albin Michel, 1967.

GUY LAGORCE

(1937-2023)

Les treize nouvelles qui composent le recueil des Héroïques *ont toutes en commun de mettre en scène des héros qui, sur les rings ou dans les stades, surpassent la douleur pour se livrer à des batailles qui les mèneront au bout d'eux-mêmes. Chez Lagorce, le sport est une affaire de transcendance et d'absolu.*

Finale olympique

Je roule sur le côté pour regarder l'écran géant, là-haut, au-dessus des tribunes, sur lequel on revoit instantanément, au ralenti, les dix derniers mètres de l'épreuve qui vient de se terminer. Voilà ! Couloir 6 Spencer est en tête, boule sombre de muscles courts et ronds, serrée dans son maillot bleu à parements rouges. Et moi au couloir 4, cinquante centimètres derrière lui. Les autres, sauf Novales, sont archibattus. Je suis très grand, très long, très pâle dans mon maillot bleu uni. Je cours bien ! Genoux haut levés, bassin bloqué, bras et mains souples, visage immobile… Le ralenti ne me surprend pas, c'est ainsi que dans l'action je vis un cent mètres.

[…]

À cinq mètres du fil, je n'ai plus que trente centimètres de retard sur Spencer. Je l'avale, je lui tombe dessus, je vais beaucoup plus vite que lui. C'est exactement ce que j'ai ressenti en course mais, à cette distance de l'arrivée, je le voyais un peu plus près de moi. Dernier appui, Spencer va chercher le fil en force avec la poitrine, moi, plus technique, je me dévisse, je lance l'épaule exactement comme je l'ai senti… Je crois que je gagne ! D'un cheveu mais je crois que c'est moi ! Je me relève. Un coup de nerfs me serre l'œsophage. Champion olympique…

Quelques levers de genoux, quelques sprints sur place, je m'échauffe très peu. Le docteur Giron a étalé sur mes plaies une crème blanche sortie d'un pulvérisateur. Je ne ressens plus la moindre brûlure. Au moins cent journalistes autour du stade annexe où nous nous tenons. Tous les Français sont là. C'est la première fois dans l'histoire des Jeux olympiques qu'une finale de 100 mètres va être courue à nouveau. Je reste loin d'eux. Ils n'ont pas le droit de franchir la main courante. Des flics sont là, toujours avec des chiens qui marchent silencieux, déhanchés, beaux… J'évite de m'approcher des journalistes. Je ne dois pas parler, rester très concentré. Ne penser qu'à une chose : poser le pied droit vers l'intérieur sur le premier appui, rien d'autre. Le reste ira tout seul. Je le sais. Sur la pelouse il n'y a que Spencer et moi. Il a, lui, recommencé un échauffement complet, avec un survêtement imperméable. Son visage ruisselle de sueur. De temps en temps il ne peut s'empêcher, derrière ses lunettes, de jeter un regard vers moi. Un regard qu'il veut dur mais où je ne lis que sa propre peur. Il sait qu'il ne me surprendra pas deux fois, que sa chance est passée. L'année prochaine il ira plus vite que moi c'est certain, pour lui les Jeux arrivent un an trop tôt. Il le sait et il sait que je le sais. Il me jette ces regards comme la seiche son encre, par réflexe, mais il sait qu'à travers ce nuage je le vois, que tout à l'heure je vais le briser. Il sait que je surgirai entre les 70 et les 80 mètres, il sait que je le dépasserai, qu'il n'y aura même pas de coude à coude. À ce moment de la course et à fréquence égale ma foulée est de 10 centimètres plus longue que la sienne. Il sait qu'à l'arrivée, selon que je l'aurai rattrapé à 70 ou à 80 mètres du départ, nous serons séparés par 90 ou par 60 centimètres… Il ne peut pas me battre et il le sait.

[…] Autant j'étais tendu avant la finale – avec sept adversaires on ne sait jamais – autant je suis calme avant le duel. C'est le meilleur moment que j'aie vécu depuis que je cours. Cinq années de patience pour en arriver à cette minute de certitude, cette minute de toute beauté ; mais ça valait le coup… Je décide dans l'instant que cette finale sera ma dernière course. Je ne pourrai plus jamais, en sport, vivre quelque chose d'aussi rond, d'aussi achevé que l'instant présent et ceux qui vont suivre. Je pensais courir encore un an ou deux, mais ce serait idiot. Tout à l'heure je vais franchir en tête le rayon lumineux de l'arrivée, je lèverai les yeux vers l'écran géant tout en continuant sur mon élan jusqu'au sommet du virage et je revivrai ces quelques secondes d'éternité. Puis je délacerai mes pointes, les placerai au fond de mon sac et ce sera fini.

*

Nous voici, Spencer et moi, de nouveau dans la chambre d'appel, gardés par le jeune flic à gueule plate et son chien. Spencer a mauvaise mine. Les traits tirés. Il me regarde de plus en plus souvent. Regard de peur et de haine mêlées. L'idée qu'il va être battu le torture plus encore que je l'imaginais. Je lui fais un sourire froid. Il hausse les épaules, crache par terre et baisse la tête vers son sac qu'il fouille et dans lequel pourtant il n'a rien à chercher. S'il était battu par Novales ou par son copain Raynolds à la rigueur il le supporterait. Mais pas par moi. Il ne m'a jamais beaucoup aimé et depuis tout à l'heure, depuis que j'ai refusé sa main, il me hait. Il est intelligent pourtant. Il doit savoir que le mépris dans lequel je le tiens depuis un an est en vérité un hommage, une bonne guerre des nerfs…

[…] J'aime ça, c'est bien ainsi, je n'ai aucun goût pour les paradis perdus. J'aime la haute compétition parce que dans sa folie elle est d'une logique de fer. Implacable. Il faut aller en avant, au bout, on atteint vite le point de non-retour. Il faut que tous se brisent, qu'un seul sorte vainqueur, vivant… Moi !

Ce soir Spencer, étudiant en droit de l'université de Californie à Los Angeles, est coincé au fond d'un piège duquel il ne peut sortir. Et il n'y a aucune chance pour qu'il soit encore dans le coup dans quatre ans, il ne sera jamais champion olympique. Il est foutu. « Foutu mon pote ! T'es foutu ! Flambé ! »

Je le regarde se lever, marcher vers la sortie gardée par Che qui le fixe. Le flic tourne le dos. Je regarde toujours Spencer. Je rêve… Soudain il lève un poing menaçant vers le flic qui ne le voit pas. Alors je comprends ! Le chien bondit vers Spencer en hurlant. Le flic qui ne sait pas ce qui vient de se passer retient la bête de justesse, Spencer part à la renverse, il se laisse tomber en poussant un cri… et reste au sol recroquevillé, se tenant le genou…

Je dévale, éveillé, l'autre pente de mon rêve. J'ai envie de tuer Spencer. Je me dresse d'un bloc. Puis je retombe assis. La finale olympique ne se courra plus jamais. Nous sommes tous les deux champions olympiques. Ex æquo ! Autant dire rien. Voilà. La pente est dévalée.

Je souris.

— Bien joué, mon salaud ! lui dis-je en anglais sans bouger de mon banc.

Recroquevillé au sol, il me regarde et sourit à son tour.

— Qu'est-ce que tu croyais, mec ? dit-il.

À pas précipités, des officiels arrivent ; le visage de nouveau convulsé, Spencer se tord au sol.

Le chef des juges arbitres me regarde.

[…]

C'est fini. Je prends mon sac et sors de la pièce. La chaleur de la nuit me tombe sur les épaules… Je ne courrai plus jamais.

Les Héroïques, Julliard, 1980.

PAUL FOURNEL
(1947)

Dans ces vingt-deux textes troussés comme des petites nouvelles dédiées chacune à une pratique sportive – portraits physiques, portraits psychologiques –, Paul Fournel entre en empathie avec ces Sisyphes si méritants que sont les champions. Pour obtenir de minuscules progrès, combien d'efforts… Et s'il vous intéresse de savoir à quoi ressemble un perchiste dépressif, lisez !

Le perchiste

Je suis amoureuse du perchiste et le perchiste m'aime bien. Il vit dans mon deux-pièces, loin du stade, et il se tient le plus souvent assis dans mon canapé. Parfois nous l'ouvrons.

Le perchiste est un perchiste de haut niveau ; disons, pour simplifier, qu'il fait partie du petit groupe des cinq ou six qui usent leur vie à sauter à la perche. Il est du clan de ceux qui frisent les six mètres.

À l'instant même, le perchiste est précisément dans mon canapé, assis à la façon des athlètes, nonchalant, les jambes en l'air, la nuque posée sur l'accoudoir. Lorsque tout va bien, les jours où il ne saute pas ou ne s'entraîne pas pour mieux sauter, il est dans un demi-sommeil indolent. Aujourd'hui, et ce n'est pas une exception, il va mal. Il est enfoncé dans son tourment de perchiste. Son visage est fermé. Pour qui ne connaît pas bien les perchistes, il a l'air de mauvaise humeur. Il n'est pas vraiment de mauvaise humeur pourtant, sinon contre lui-même, il est seul, il est malheureux, il est comme au bout du sautoir, sans personne derrière lui pour lui monter les fesses vers la barre. On pourrait dire qu'il n'est pas à prendre avec des pincettes, en fait il est tout bonnement imprenable. Si je lui touche les mollets, ils sont durs comme du bois, si je lui touche les épaules, elles sont tétanisées. Il est caparaçonné dans ses muscles et muré dans sa tête. Ce n'est pas son incapacité qui le paralyse, ce n'est pas un problème de course ou de piqué, ce n'est pas non plus ce geste complexe de retournement que je le surprends si souvent à esquisser dans la vie, ce n'est rien de tout cela. Il résout tous ses problèmes techniques un à un, avec méthode, au prix de répétitions forcenées. Non, il n'a pas de faille technique, il a *peur*.

La seule chose au monde qui puisse maintenant lui faire peur, c'est lui-même – depuis cinq ou six jours, disons.

Il ne redoute pas ses adversaires – il sait qu'il peut tous les battre, même le Russe. Il ne redoute pas les sautoirs – il les connaît tous. Jamais il n'a été aussi sûr.

Tout à l'heure, il allumera une cigarette et boira une bière par esprit de transgression. Si je lui parle, il ne me répondra pas. Si je lui demande d'aller chercher du pain, il ira à contrecœur et remontera épuisé – *vraiment* épuisé (j'habite au deuxième étage).

Un perchiste est un homme qui ne doit pas avoir de problème. Pour cela, il a deux entraîneurs, un médecin, un kinésithérapeute, un psychologue et un sophrologue. S'il le souhaite, on peut aussi lui dire la bonne aventure. Il serait bon également qu'il n'ait pas d'histoire de cul – dans l'espèce, il a moi, et je ne suis pas vraiment une histoire. Il ne doit pas non plus avoir de problème d'argent et, pourtant, les meilleurs perchistes doivent veiller à être les mieux payés – au tarif des meilleurs ; mais là encore, c'est son manager qui s'en occupe et c'est un bon manager.

Le seul travail du perchiste, en ce moment, est de fuir tout ce beau monde et c'est pour cela qu'il est pratiquement à plein temps enfoncé dans mon canapé. Il est livide, ses joues sont creusées, la peau de son visage est devenue si blanche, si fripée. Il est enfoncé dans six mètres de malheur avec mal au ventre, mal aux muscles, mal au genou gauche. Quand je reviens du travail, il n'a pas bougé d'un millimètre, sage comme un bibelot.

Il ne reprendra son aspect véritable de perchiste que le soir où, ayant franchi sa première grosse barre, il se laissera retomber à plat dos sur le matelas de la fosse ; dans cette position abandonnée, bras et jambes écartés qui fait qu'à chaque fois j'ai tant envie de le rejoindre.

Pour l'heure, il est chez moi, aussi éloigné de moi qu'on peut l'être, aussi éloigné de lui-même que possible et aussi proche qu'il ne l'a jamais été de sa plus grande forme physique.

Les Athlètes dans leur tête,

MATHIEU LINDON
(1955)

Kylh, joueur vieillissant, va aider Ximon, un gamin orphelin, à réaliser son rêve : devenir un champion de tennis. Dans ce grand livre sur la transmission, l'enfant comme le sportif apprendront à gagner et à perdre. Chaque match qu'il dispute, y compris la finale de Wimbledon, sera pour Ximon un moment de vie inoubliable.

Apprendre à gagner et à perdre

S'entraîner, c'est répéter indéfiniment le même geste, qui pourtant n'est jamais le même. Kylh lui envoie balle sur balle en fond de court sur son revers, et balle après balle Ximon les renvoie, attentif à perfectionner son coup, mais jamais ne le réussit deux fois de suite exactement pareil, ce qui est le plus décourageant, car s'il n'y a pas de rapport dans la continuité de l'entraînement entre deux revers, comment pourrait-il y en avoir entre ce coup tenté aujourd'hui à blanc et le revers qu'il essaiera en match la semaine prochaine ? La première chose que l'entraînement met en cause est sa propre nécessité. C'est justement en cela qu'il consiste, prétend Kylh : quand Ximon sera prêt à se défoncer sans arrière-pensée dans un jeu décousu, ô combien y sera-t-il plus disposé quand ce sera une réelle victoire qui s'offrira comme récompense à sa concentration hors pair. Il faut trouver un équilibre entre l'intérêt à accorder au jeu, à maîtriser pour ne pas devenir fou, et la passion totale qu'on doit cependant y mettre.

— Joue, dit Kylh, et Ximon ne comprend jamais si ce mot lui enjoint de plus ou de moins s'impliquer dans la balle, les deux sûrement, cette perpétuelle quête de la tension et du relâchement simultanés.

Ximon gagne de plus en plus de jeux dans les matches qu'il livre à Kylh, et un jour gagne un set. Il en est gêné, comme de mettre le doigt sur le vieillissement de son mentor. Kylh, au contraire, est joyeux du jaillissement de l'élève. Il n'a jusqu'à présent rien dit de son tourment.

Le samedi suivant leur départ de Stockholm, est paru dans un quotidien suédois sérieux la nouvelle que sa défaite au premier tour du tournoi de la ville avait été son dernier match officiel et que Kylh arrêtait le tennis, atteint du sida. Or l'information est à la fois vraie et fausse. Fausse car il a quitté Stockholm en bonne santé, ayant de lui-même décidé de ne plus jamais jouer en tournoi pour mieux se consacrer à Ximon. Et vraie car, le lendemain de son retour à Paris, il a rendez-vous avec un médecin qu'il voit irrégulièrement et qui, en possession d'analyses faites un mois auparavant, lui annonce que, souffrant en effet de la maladie, il a probablement entre deux et cinq ans à vivre. Kylh ne le dit pas immédiatement à Ximon de peur que l'adolescent ne le croie pas, s'imagine qu'il a trouvé ce prétexte pour l'abandonner, idée que Ximon n'aurait jamais eue. Par une association tennistique jouant pour lui le rôle de l'argus, l'entraîneur reçoit l'entrefilet suédois quelques jours plus tard et ne dit toujours rien. Les semaines passent sans qu'il l'ose. Il lui paraît paradoxalement plus trahir Ximon en lui révélant son état physique qu'en le lui cachant. Il s'y décide ce soir où il a pour la première fois perdu contre son élève, et justement parce qu'il a perdu alors qu'il ne se sent pas encore affaibli, maintenant que Ximon doit sa victoire à ses propres progrès et non au déclin programmé de son adversaire, son partenaire.

Champion du monde,

JEAN-BERNARD POUY

(1946)

Un coureur décide de mener seul une échappée. Vu de l'extérieur, cela peut passer pour une folie. À moins qu'il s'agisse d'un acte de rébellion... En vélo, on ne part jamais seul. Il faut des soutiens, des relais, des équipiers. Quatre heures d'immersion dans la tête d'un coureur cycliste : une prouesse sportive et littéraire. Et une intrigue policière en prime.

54/38

Georges vient de me dire que derrière ça s'agite.
Deux types viennent de partir,
deux types : Fons,
et l'autre, un Allemand,
j'ai pas entendu le nom.
Super, l'équipe, même réduite,
respire et espère encore.
Fons, il ne roulera pas,
il colle à l'autre, c'est tout,
pour me protéger. On me protège.
L'autre, l'Allemand, c'est qui ?
je demande à Georges.
Il est loin au général, il me répond.
C'est bon, ça, le peloton ne va pas réagir tout de suite,
et heureusement que Fons ne roulera pas

parce que là, je suis cuit.
Demoens, il enroule et s'il a le moral
il avale tout le monde.
Bon, fini de rigoler,
la bataille commence
alors que j'en ai plein les jambes.
Ça doit être la nouvelle.
Faut réagir,
ne pas se laisser aller.
J'aurai la prime ou pas ?
la prime de l'échappé.
Je me souviens plus très bien.
C'est tout plat,
Bazas n'est plus très loin,
il est presque quatre heures,
ça fait cinq heures qu'on mouline.
Faut penser à autre chose.
Vous savez ce que c'est, un vélo,
dans les bars ?
C'est du pastis mélangé
à du jus d'orange.
Ou de citron, je ne sais plus.
Le pastis a coulé depuis trois semaines, à flots…
Des fois, ça sent l'anis même sur la route.
Pendant des années, la casquette Ricard,
c'était la casquette officielle du Tour.
C'est un peu fini maintenant,
d'autres marques ont gagné, les fringues surtout.
Et nous, d'ailleurs, Wor,
qu'est-ce que c'est, Wor ?
Des fringues. Pour les gosses.
Pour faire du VTT.
On interdit les marques d'alcool
et on tolère le café de Colombie.
Suffit de boire un express
dans le minigobelet en carton
pour sentir son cœur accélérer comme dans une côte.

Je sais pas si c'est au café qu'ils marchent, les Colombiens,
les journalistes colombiens, ceux de la radio,
leur caoua, on dirait la dame blanche.
Mais alors ils sont d'un excité !
Les reporters, pas les coureurs,
eux, le soir, ils sont aussi blancs de l'âme
que les neiges éternelles
de la cordillère des Andes.
Je reste sur le 54 × 13.
Pour le plat, l'idéal, je le sens.
C'est vrai, on dit plus souvent
changement de vitesse
ou de braquet, on ne parle pas du dérailleur.
Ils ont peur qu'on déraille vraiment.
Comme moi, aujourd'hui,
pour tout le monde je déraille,
j'ai trompé mon monde et j'ai menti,
je suis un traître, un infâme Ganelon,
ce salaud menant Roland à Roncevaux.
C'étaient pas des Sarrasins mais des Basques,
à Roncevaux, je sais, je l'ai lu.
Ce matin, on n'était pas loin du Pays basque.
Au printemps, je me suis entraîné là,
sur la route de Roncevaux,
Roncesvalles, comme disent les Espagnols.
Arnéguy, le village frontière,
le pont en pierre avec les douaniers qui rigolent…
C'est bien de s'entraîner, on pousse
mais on s'arrête sur le bord de la route.
Le silence, la paix, le vide presque.
J'avais vu un furet ou une fouine
traverser le macadam.
Le ruban qui défile,
et tous ces rubans sur le bord de la route,
et ceux qu'on nous accroche sur la poitrine,

un jour ou l'autre, suffit d'attendre.
J'ai lu que Poulidor avait été décoré. C'est normal,
Poupou c'est un grand, c'est notre conscience,
c'est celui qui nous a fait croire
qu'on pouvait être aimé pour ce qu'on est vraiment.
Comme Fignon, l'intellectuel,
celui qui a vengé tous les
« j'ferai mieux la prochaine fois ».
Merci, Fignon. Et Walkowiak.
Le mec qu'on n'attendait pas
et qui termine en jaune.
Walkowiak, avec lui c'est possible.
Il a résisté jusqu'au bout,
les cadors s'y sont cassé les dents
je ne sais plus en quelle année.
Du mythe, du mythe, du mythe.
C'est comme Hassenforder.
Ah, ça, Hassenforder, mon père
en parlait tout le temps :
il faisait rigoler tout le monde,
il passait la ligne à l'envers sur le vélo…
Remarque, des comiques, y en a toujours.
Le Belge, là, comment il s'appelle ?
je perds la mémoire, il se déguise,
il met des perruques ambiance carnaval,
merde, je perds la mémoire.
Ça, on ne le sait pas assez,
l'effort continu lave la tête,
ça rend bavard, les neurones cavalent
mais tous dans le même sens,
on oublie le reste.
Faut se laisser bercer.
Le soir, au massage,
les souvenirs reviennent :
quand la jambe repose, la tête se remet.

Mais là, impossible.
Tiens, par exemple, la treizième étape,
qui s'en souvient, de la treizième ?
Pourtant la treizième, le chiffre treize,
ça porte bonheur à tout le monde, le chiffre treize.

54 × 13, © Éditions L'Atalante, 1996.

MICHEL SERRES

(1930-2019)

Pour le philosophe Michel Serres qui a souvent rappelé ce qu'il doit tous à ses professeurs de gymnastique, c'est par le sport que commence le savoir. Avec l'action du corps et l'effort de la volonté, le corps prend conscience de lui-même et du monde. Il découvre aussi qu'il peut se transformer. Grâce au sport, le corps est métamorphose permanente, acte de liberté.

Mes maîtres

Voilà ce que ma vie personnelle leur doit ; voici ce que nous leur devons, dans notre existence collective. L'esprit d'équipe se construit en maîtrisant le feu de la compétition et en respectant les décisions de l'arbitre ; les sports collectifs nous apprennent à lutter, ensemble et juridiquement, avec nos adversaires, contre l'agressivité, la nôtre et la leur ; combien de jeunes hommes se retrouveraient en prison sans rugby, sans boxe, lutte, agrès, judo ? Les saccages des *hooligans* dévoilent l'origine du spectacle sportif, la même que celle de la tragédie : nous nous rassemblons, depuis l'aurore de l'histoire, pour lutter ensemble contre la violence, en la contemplant ; mais elle renaît sans cesse et surtout dans les lieux mêmes où jouent nos meilleurs remèdes qui donc restent temporaires et sujets à s'user : il faut recommencer. Qui tient le ballon apprend donc le rôle de victime et le passe à autrui pour y échapper, mais doit le faire dans de bonnes conditions, pour ne pas envoyer son camarade au châtiment.

Hélas, la drogue et l'argent, donc une nouvelle triche, détruisent des enseignements aussi précieux ; ainsi les pratiques les plus archaïques : vente d'hommes et de femmes, retour de l'esclavage, avilissement par le surentraînement et l'exigence de victoire… sacrifices humains destinés à exalter les nations et la finance. La morale que j'expose en commençant chute alors vers une économie du *Lumpenproletariat* et vers une ethnologie du spectacle sacrificiel. Oui, le sport noble, celui des guides, qui épanouit les corps et enseigne les vertus physiques et morales, s'oppose à l'ignoble, celui de l'argent, qui cultive les vices contraires et diffuse le fascisme. Excellente la compétition, si elle perfectionne les personnes, mais atroce si elle obéit à certain darwinisme social, dont l'idéal du plus fort, purement animal, inverse le processus d'hominisation qui, dès l'origine, progresse, au contraire, en protégeant les faibles. Pour la plupart, les clubs, en effet, ne gagnent jamais de championnat ; les athlètes les plus nombreux n'accrochent pas de médaille à leur maillot… dans leur immense majorité, les sportifs perdent : voilà ce qu'enseigne leur ascèse ; perdre, certes, face aux autres, mais gagner dans les choses mêmes et pour soi… En nous apprenant à mépriser les hymnes nazis de victoire, les entraîneurs deviennent alors les meilleurs éducateurs en politique et en évolution humaine : à eux, notre respect reconnaissant.

Que peuvent nos corps ? Presque tout.

Variations sur le corps, © Le Pommier, 1999.

RODRIGO GARCIA

(1964)

Les personnages du théâtre de Rodrigo Garcia vénèrent de façon égale les grands artistes et les grands sportifs parce qu'ils sont des phares. Excessive et autodestructrice, la vie de Maradona balaie toutes les conventions et tous les conformismes. La vie portée à son plus haut point d'incandescence devrait ressembler à cela.

Je veux être Diego Maradona

Je veux être Diego Maradona.
Faire tout ce que je veux et m'en vanter.
J'ai besoin qu'on m'aime comme Diego Maradona a besoin qu'on l'aime.
Et je veux me suicider comme Diego Maradona va se suicider, en se jetant du haut d'un immeuble.

Je veux crever, sans qu'on accuse la drogue, le poids de la famille, le fardeau de la gloire ou le spectre de l'échec, non, à cause de ma propre faiblesse : parce que mon corps est à bout, alors il va se jeter du haut d'un immeuble.

Je veux être comme Diego Maradona pour tout vivre, absolument tout, avec la même sourde intensité. Je veux supporter avec la même allure en public la relation avec les gens, avec des millions d'inconnus qui viennent te toucher.

Je veux être vraiment jeune, vraiment vieux, vraiment gros, vraiment défoncé, vraiment motivé, vraiment amoureux, vraiment désenchanté, et être tout aussi transparent, même entouré de clowns, de fantômes, d'opportunistes : comme Maradona.

Je veux être Diego Maradona pour inviter mes amis à toutes sortes d'excès, des excès du corps et de la tête, et j'y inclus les discussions paisibles durant lesquelles nous nous écoutons et nous nous répondons pendant que notre cœur pompe des vins hors de prix ; on lui devait bien ça, à notre sang.

Je veux tuer les journalistes qui viennent m'arracher, à moi, Diego Maradona, des propos stupides, sensationnels, irréfléchis.

Je veux baiser comme Diego, si tant est que Diego ait su s'y prendre.

Je veux chérir mes filles comme Diego, avec cette passion aveugle qui te vient de ce qu'on t'a inculqué de pire, des commandements archaïques de la sacro-sainte famille, la sacro-sainte religion, la sacro-sainte police, la sacro-sainte armée, le politiquement sacro-saint.

Je veux être comme Diego Maradona, vivre une vie de débauche, défendre la tradition et en même temps l'assaisonner d'huile et de sel et dévorer le tout, démolir la Terre entière rien que pour moi, cracher sur tout ce qui m'entoure, me vidanger la vessie n'importe où, et être le plus humain de tous.

After Sun, traduction de Christilla Vasserot,

JEROME CHARYN

(1937)

L'écrivain américain propose une plongée inédite dans un monde secret qui relève autant de la confrérie que du sport. Ayant découvert cette activité à New York, Jerome Charyn la poursuit à Paris dans un club de quartier où il noue de solides amitiés avec certains joueurs. Redouté pour sa grande capacité de concentration et son fort désir de gagner, Charyn se peint en « pistolero gaucher ».

Avantage des gauchers

Je ne m'étais encore jamais rendu compte que ma pauvre main gauche symbolisait tant de méchanceté. Il existait pourtant aussi certaines compensations. Dans la mesure où nous sommes rares (dix pour cent de la population mondiale), nous excellons dans certains sports, comme le base-ball, la boxe, l'escrime… et le ping-pong. Il y a à cela des raisons simples et des raisons compliquées. Ce qui concerne la main n'est en effet qu'un aspect particulier d'une organisation anatomique générale. Car les gens sont, plus largement, du côté droit ou du côté gauche, cette caractéristique affectant « les pieds, les yeux et les oreilles ». Au base-ball, certains des plus grands frappeurs, Babe Ruth et Ted Williams par exemple, avaient « une latéralité croisée œil-main ». C'est-à-dire qu'ils étaient gauchers mais voyaient mieux de l'œil droit. Babe Ruth constituait un paradoxe particulier. Ayant grandi dans un orphelinat (bien que son père, tenancier de saloon, fût encore en vie), il avait appris chez les frères catholiques de St. Mary's à griffonner de la main droite. Ce qui ne l'empêchait pas d'être gaucher en tant que lanceur et roi du coup direct. Et Coren était parvenu à retrouver une photo de Babe « en train de regarder dans un télescope de l'œil droit ». Cette disposition constituait assurément un avantage pour celui qui défendait le but, dans la mesure où un batteur gaucher *fait face* au lanceur de son œil droit…

À la boxe, les avantages dont bénéficie un gaucher sont évidents. Les punchs d'une « patte sud », comme on les nomme, semblent venir de nulle part, étant donné que le droitier ordinaire ne peut se défendre face à quelqu'un dont la position de combat présente des angles aussi atypiques.

À l'escrime, les avantages sont encore plus considérables. En 1980, quarante-huit pour cent des vingt-cinq meilleurs tireurs mondiaux étaient gauchers. Les « angles d'attaque » peu orthodoxes d'une « patte sud » lui confèrent l'avantage de la surprise. Tout à coup, le droitier se retrouve dans un monde qui ne lui est pas familier.

La même chose vaut pour le ping-pong. Les droitiers ne sont pas habitués à des smashes assenés par une main gauche. C'est l'une des raisons pour lesquelles Philou faisait de semblables dégâts. Son attaque fusait brutalement d'un secteur inconnu, et aucun pongiste, dans une compétition de niveau mondial, ne disposait de la nanoseconde indispensable pour s'adapter à son jeu.

Je ne suis qu'un petit joueur, mais je bénéficiais aussi de l'avantage de la surprise. Les droitiers se retrouvaient devant un picot de gaucher. Ma balle bondit de façon vicieuse et son effet n'est pas moins fou ; et lorsque mes adversaires tentaient de l'attaquer, elle allait généralement dans le filet ou sortait de la table. Évidemment, lorsque j'étais opposé à un gaucher, le même problème se posait à moi. Et si je ne parvenais pas à m'y adapter, c'était au tour de ma balle d'atterrir dans le filet.

Mais il y avait des raisons plus obscures et plus subtiles aux victoires que je remportais sur les droitiers. Ma concentration était diabolique. Si un adversaire me menait 20 à 12, à un point de la victoire, et trop en confiance, s'endormait devant la table, je lui grimpais après et me mettais à raboter la différence de score jusqu'à ce qu'il soit bien trop tard…

Je faisais également preuve d'une agressivité « asociale », d'un désir de gagner à n'importe quel prix. La partie avait trop d'importance pour moi. Il ne s'agissait plus d'une compétition locale, d'un affrontement entre joueurs de deuxième zone : j'étais dans une bien plus vaste arène, comme si mon existence même était en jeu. J'étais un pistolero gaucher, dont la rage ressemblait à une blessure qu'il se fût lui-même infligée. Jamais je n'aurais jeté balle ou raquette à la figure de mon adversaire, mais j'aurais pu le tuer en rêve, et je l'aurais fait…

Ping-Pong, traduction de Marc Chénetier,
© Robert Laffont, 2003.

JEAN-LUC MARION

(1946)

Le sport est ce qui envahit tout le champ de l'expérience. Dès qu'il pratique son activité, le sportif est obligé d'être corps et âme à ce qu'il fait. Dans la course, dans le saut, dans le jeu, l'homme se trouve sans discontinuité à l'épreuve de soi. Pour le philosophe Jean-Luc Marion, ancien coureur de 800 mètres devenu académicien, le sport est l'épreuve de vérité.

Le sport ou la chair volontaire

Le sport intervient ici, comme une (sinon l'unique) situation où j'accède à ma chair parce que je le veux bien. Le sport ou la chair *volontaire*. Non que je fasse toujours dans le moment sportif l'expérience du plaisir (ou de la douleur) de ma chair, du moins, à chaque fois que je commence une séance d'entraînement ou prends le départ d'une compétition, je sais certainement que je vais cesser de me considérer à distance de moi, comme un corps insensible distinct du monde (et donc faisant nombre avec les autres corps du monde et situé entre eux), pour devenir à moi-même la pure sensation de moi-même, envahissant tout le champ de l'expérience, au point d'estomper l'extériorité des corps dans le monde. Autrement dit, je sais que je vais « souffrir » et « en baver », mais aussi indissolublement « avoir de bonnes sensations » ou « me trouver en état de grâce » ; et toutes ces formules approximatives visent à désigner un même état de conscience – ma transmutation en ma pure chair, la disparition de mon corps mondain et mon identification par le ressentir de soi (permettant un sentir du monde plus intense que jamais). Dans cette posture (au contraire de la maladie et de l'érotisation), la distinction entre plaisir et douleur tend à s'estomper, voire à disparaître. En leur lieu et place, s'instaure une affection de soi par soi, qui me donne accès, plus que presque tout autre vécu de conscience, à moi-même (individuation, ipséité, personnalité). Le but de l'effort sportif ne réside qu'en apparence dans la victoire (et les avantages qu'elle comporte : notoriété, argent, etc.) ou même dans le dépassement de soi. Il consiste en réalité en l'*atteinte de soi* (« atteindre ses limites », « repousser ses limites »), qui seule me permet de savoir qui je suis. Il faut avoir connu la jouissance non pas de battre ses adversaires, mais, beaucoup plus impressionnante, d'améliorer son propre record personnel (cette limite qui me semble aussi infranchissable que l'horizon, aussi intangible que les lois de la physique nucléaire, parce que je l'ai fixée et ratifiée moi-même), pour découvrir l'intensité bouleversante de l'épreuve de soi, donc de son soi. Ni la pensée (le *cogito*), ni la volonté (le libre arbitre), précisément parce qu'ils restent en un sens passifs et extravertis, n'atteignent à cet accomplissement, ni peut-être même ne l'approchent.

« La chair volontaire et l'incarnation »,
Communio, n° 184, mars-avril 2006,

PHILIPPE DELERM

(1950)

Spécialiste des petits riens qui en disent long, Philippe Delerm trouve dans le sport un répertoire formidablement étendu des caractères de l'âme humaine. Ainsi le patineur évoluant gracieusement sur la glace, s'il chute par malheur, ne doit rien laisser paraître. Se relever et sourire. Telle est la loi du sport.

Sourire après

C'est à la fin de la première minute. Le patineur a négocié son premier enchaînement de sauts. Une salve d'applaudissements synonyme de délivrance est montée des tribunes. Alors, une diagonale d'élan : pour le quadruple boucle piquée, il va prendre tous les risques, avec la vitesse de la confiance. C'est le moment d'emporter tous les suffrages, au moins le podium. Peut-être un petit peu trop près de la rambarde. Et puis voilà. Il est par terre. Cela dure une fraction de seconde. Déjà il est debout, le sourire aux lèvres. Sourire légèrement forcé, cette infime crispation qui fait mal. On imagine. Les heures blêmes, la solitude caverneuse de la patinoire, la diagonale cent fois reprise, au bout le quadruple qui passe de mieux en mieux au fil des mois, qui passe à chaque fois. Chaque fois.

Bien sûr, il reste presque tout le programme, encore bien des choses à sauver, une concentration extrême à préserver.

Il n'a pas le temps d'y penser. Mais quand même. C'est désormais écrit en filigrane dans chacun de ses gestes, la pathétique élégance des bras qu'il sublime dans le passage lent comme pour invoquer la clémence des dieux. L'énergie si juste qu'il déploie pour les derniers sauts, parfaitement réussis. Mais parfaitement réussis parce qu'il est beaucoup trop tard, que la cadence enfin acquise est celle du détachement, presque du désespoir.

Tomber n'est rien. Mais continuer, sourire, saluer comme si tout avait été voulu. Ramasser un bouquet, quitter la piste, affronter la pénible promiscuité du « kiss and cry ». Et tant et tant d'heures si blêmes à retrouver.

La Tranchée d'Arenberg et autres voluptés sportives,
Éditions du Panama, 2006,

PIERRE-LOUIS BASSE
(1958)

Il y a certains matchs qu'il ne faut pas remporter. Le jour où une équipe ukrainienne composée majoritairement de joueurs juifs rencontre, en pleine guerre, une sélection aryenne du régime nazi, c'est la vie même qui est en jeu. Quand le sport se trouve pris en otage dans les rets de l'histoire.

9 août 1942 : un match pour l'histoire

J'avais rendez-vous depuis tant d'années avec le match invisible. Sans caméra ni télévision. Pas le moindre commentaire excité dans la tribune de presse. Le silence. Une photo peut-être, capable de nous dire que cette rencontre a bien eu lieu. On l'a retrouvée dans l'album du capitaine Sviridovsky. Sviridov… Il faisait tout dans l'équipe. Entraîneur-joueur. Et même intendant. C'est lui qui avait réussi à trouver les maillots et les shorts. Personne n'a donc rêvé. Cette photo en témoigne. Le sourire en coin de Trusevich. Le torse nu de Putistine, parce qu'il fait déjà chaud, juste avant le coup d'envoi.

Avec Maria, nous marchons assez longuement tous les deux sur ce terrain miné par le temps et l'histoire. Je connais cette pelouse. Je la connais bien maintenant. Je ne vais plus tarder à m'approcher de ces buts qui ont été si joyeux pour les joueurs de Kiev. Je me souviens de ce quartier. Cette rue

Kerossina. Une rue assez modeste avec ses maisons basses, ceintes désormais par quelques barres d'immeubles. Elles nous rappellent que le socialisme est passé par là.

Et je me souviens aussi que pendant ces journées du mois d'août 1942, les blés étaient si mûrs et cassants que les partisans avaient toutes les peines du monde à s'y cacher. Je devine la bonne odeur des lilas en fleur, dans les jardins qui bordent la rue Chevchenko. Et au-delà, vers l'université. Il fait si bon. Il y a ces peupliers qui jauniront bientôt. Ils font comme une main courante autour du stade où le FC Start et la Flakelf s'affrontent maintenant assez durement dans mon imaginaire. Je sais qu'il y a la guerre, et l'obligation de présenter son *Arbeits-Kart* sous peine d'être immédiatement déporté. Le rythme est d'ailleurs devenu infernal au cours de l'été. Il était préférable, dans ces journées étouffantes d'août 1942, de raser les murs. Si possible, éviter de faire l'intéressant sur le marché du Yevbaz. Le décret édité un an plus tôt par la police supplétive ukrainienne était toujours en vigueur.

Que disait ce décret ? Les concierges, gérants et propriétaires des immeubles devaient transmettre les listes de tous les juifs, communistes ou agents du NKVD. C'était le quotidien de Kiev. Mais c'était un temps qui se mettait assez sérieusement à changer. Un an encore, et les *dvorniki* qui n'hésitaient pas à emporter meubles et pianos des juifs dont les appartements avaient été récupérés auraient sans doute quelques comptes à rendre aux rouges. Oui, on aurait dit dans ces journées du mois d'août que l'histoire n'en finirait donc jamais de se repasser les plats. D'ailleurs, au 33 de la rue Korolenko, derrière les colonnes blanches à l'antique du bâtiment qui surplombe la Kreschatik, les types du SD et de la Gestapo avaient très vite trouvé leurs marques. Souvent, leurs meilleurs informateurs avaient appris leur métier auprès des agents du NKVD.

Gagner à en mourir,

EMMANUEL CARRÈRE

(1957)

Invité de l'émission « L'écriture est un sport comme les autres », consacrée à la relation que les écrivains entretiennent avec le sport, Emmanuel Carrère dévoile sa passion pour le yoga dont il fera par la suite le sujet d'un roman. Pratiquant de très longue date, il considère que la ritualisation du geste rapproche cette activité sportive d'une expérience extatique.

Emmanuel Carrère et le yoga

Comment le yoga est-il entré dans votre vie ?

J'ai commencé par faire des arts martiaux, d'abord du karaté, ensuite du taï-chi-chuan pendant une dizaine d'années. Je suis passé au yoga car j'ai déménagé loin du cours de taï-chi que j'aimais beaucoup et je n'en ai pas retrouvé d'autres aussi bien. Alors j'ai commencé à faire du yoga pour ne plus arrêter.

Donc une pratique constante ?

Oui, je ne sais pas si je ferai du yoga jusqu'à la fin de ma vie mais l'avantage c'est que c'est un sport dont on se dit qu'il peut vous accompagner absolument tout au long de la vie.

Diriez-vous que le yoga est un sport ?

C'est plus qu'un sport. Il s'agit d'une discipline physique formidable dont les bienfaits ne sont plus à démontrer. Mais la pratique physique qui l'apparente au sport n'est que le premier étage d'une tour qui en comporte plusieurs. Le yoga a été codifié vers 200 avant J.-C. par un personnage qui s'appelle Patenjali. Dans le *Yoga-Sutra*, recueil de 195 versets, il décrit précisément ce qu'est le yoga. Dans le second sutra, il dit « le yoga c'est la cessation des fluctuations mentales ».

Cela vise une pratique de l'esprit alors ?

Certainement, même si la « cessation » est un terme très ambitieux. Il est certain que dans la vie on passe le plus clair de notre activité mentale à sauter d'un truc à l'autre à toute vitesse dans une espèce de centrifugeuse ininterrompue ; or le yoga a pour visée de calmer ce mouvement permanent. Il réduit l'amplitude de nos oscillations mentales perpétuelles. Cela se fait au départ par la pratique physique qui petit à petit, en s'affinant, a des effets sur le mental.

Et autre chose ?

Ensuite le yoga est une exploration des processus de la conscience. Ça commence par être une exploration des processus du corps et, petit à petit, cela travaille sur l'interface entre le corps et la conscience ; et ensuite c'est sans fin. Si vous voulez c'est comme la montagne. Vous pouvez être dans la vallée là où vont paître les vaches mais vous savez qu'au-dessus de vous il y a l'Everest et que si vous êtes entraîné, équipé et accompagné, peut-être que vous pourrez escalader l'Everest. Dans le yoga cette sorte d'Everest on l'appelle l'Éveil. Je ne pense pas que cela me sera donné de mon vivant de le connaître mais ce n'est pas grave, c'est quand même ce que cela vise. Pour ma part, ma montagne à vaches me suffit amplement. Dans le meilleur des cas, je peux arriver à ce niveau et c'est déjà mieux que d'être tout en bas, au fond de la vallée.

Cela fait 20 ans que vous pratiquez, vous avez dû progresser, non ?

Encore heureux. Il y a quelque chose de très agréable dans le yoga. Au début, vous voyez des postures et vous vous dites que même pas en rêve vous parviendriez un jour à les réaliser. Si on persévère, à un moment on s'aperçoit que ce qui nous semblait irréalisable est possible et que cela vient assez naturellement. Mais ce qui vient naturellement, ce n'est pas seulement ce qu'on voit exécuter extérieurement, c'est-à-dire telle ou telle posture, mais c'est toute la sensation physique et petit à petit les effets mentaux que procure l'exécution de ces postures.

Est-ce que vous avez toujours pratiqué le même type de yoga ? Car on sait qu'il existe plusieurs formes de yoga.

Il y a l'ashthanga qui est un yoga très athlétique. On trouve aussi le vinyasa qui est assez proche de l'ashthanga mais qui insiste davantage sur les enchaînements et la fluidité d'une posture à l'autre. Et il y a aussi le yoga iyengar qui à certains égards est un yoga un peu fondamentaliste ou intégriste. Dit autrement, c'est un peu un yoga pour obsessionnels, ce qui du reste moi me convient très bien. Vous mettez des années à savoir comment placer avec justesse ne serait-ce que la tranche du pied ou comment répartir le poids du petit orteil jusqu'au talon. Dis comme ça cela n'a pas l'air très marrant mais en réalité ça l'est. Plus on fait du yoga, plus on aime faire du yoga en général. Au fur et à mesure, on a l'impression d'acquérir des vues plus larges et plus justes sur soi-même, sur son corps, sur sa conscience et petit à petit, par extension, sur la vie même. […]

Entretien réalisé par Nathalie Azoulai
pour France Culture,
21 juillet 2018.

CÉCILE COULON

(1990)

Dans son roman Le Cœur pélican*, Cécile Coulon transpose son expérience de la course à pied. Appartenant à une famille de sportifs, elle explique dans cet entretien à quel point le sport est pour elle plus qu'une activité physique. Il provoque aussi un rapport émotionnel au monde.*

La fiction interroge le sport

Qu'est-ce qui a déclenché votre envie d'écrire sur le sport ?

D'une part, l'envie formelle, le défi plutôt, de retranscrire ce que la course à pied provoque dans le corps de l'athlète, je voulais tenter de faire passer par les mots, le rythme, la cadence, le souffle aussi de la course à pied, du mouvement. D'autre part, le sport est un milieu qui me fascine autant qu'il me dégoûte, qui me plaît autant qu'il m'interroge en permanence sur des questions contemporaines.

Le sujet sportif est-il un thème différent des autres ?

Le sport n'est pas un sujet comme les autres dans le sens où pendant toute la seconde partie du XXe siècle, c'était un thème romanesque mis de côté autant par les auteurs que par les critiques ou les universitaires ; cela faisait mauvais genre d'aborder ce thème dans la fiction. Aujourd'hui, ces barrières tombent, et j'ai la sensation qu'à travers le sport contemporain et l'écriture du sport contemporain, les personnages acquièrent une épaisseur supplémentaire, c'est-à-dire qu'ils sont montrés dans leurs extrêmes : de la joie infinie à la hargne violente sur le stade, tout est possible, en un laps de temps très limité.

Pourquoi avez-vous choisi la course à pied et plus particulièrement le 800 mètres ?

La course à pied est un sport que je pratique, que j'adore, que ma famille pratique et adore aussi depuis très longtemps, j'ai été biberonnée à la course. Le 800 mètres, c'est une discipline très particulière, difficile techniquement parce qu'elle demande des stratégies physiques propres au sprinteur comme au coureur de demi-fond. C'est une belle course le 800 mètres, pour moi, de celles qui contiennent le plus de suspense dans leur longueur.

Comment avez-vous travaillé pour ce livre ? Avez-vous utilisé votre expérience de sportive pour écrire et décrire le sacrifice, les efforts ?

Je ne me suis pas immergée dans le milieu sportif car je crois qu'il faut savoir faire parler son imagination, la somme des souvenirs sportifs du corps et de la pensée. J'ai évidemment utilisé mes propres sensations physiques, concernant la douleur notamment, et le rapport ambigu que tout athlète entretient avec celle-ci. J'ai travaillé sur le corps d'Anthime, sur son mental, comme le docteur Frankenstein, en ajoutant petit à petit des éléments piqués à mon imagination et à ma mémoire, et ensuite, je lui ai balancé une bonne dose d'électricité !

Le sport est omniprésent dans la société, les médias, comment la fiction peut redire le sport ?

La fiction ne dit rien ; elle questionne. Lorsqu'un auteur utilise le sport comme sujet, contexte, intrigue, il interroge un phénomène social/médiatique/physique à travers une histoire, mais surtout, il lui donne une autre ampleur, en quelque sorte, il dit : ce sujet est bien trop important pour qu'il fasse seulement partie de la réalité.

En littérature, le sport est souvent représenté dans un milieu scolaire et dans une perspective nostalgique liée à l'enfance. Pourquoi avez-vous opté pour ce cadre ?

C'est difficile de parler de sport sans parler d'enfance, parce que c'est là que tout commence dans la plupart des cas (il y a des exceptions évidemment). L'enfance est modelée par les sports pratiqués, vus, admirés, par les sportifs, les idoles. On a tous une construction mentale sportive, une histoire sportive, volontaire ou non. Pour Anthime, dès l'enfance, le sport est le moyen d'échapper à un milieu géographique et familial qui l'étouffe.

Vous faites une représentation assez féroce du sport à l'école, y compris des éducateurs et des parents d'élèves. Aviez-vous une volonté de dénoncer certaines pratiques ?

Comme je ne me suis pas immergée dans un milieu, il ne m'est pas venu à l'idée de dénoncer quoi que ce soit. En revanche, j'ai voulu montrer un itinéraire particulier, individuel, dire que dans ce contexte, Anthime est entouré d'adultes qui, eux, ont raté le coche à l'adolescence, ils vont essayer de se rattraper avec ce fils prodige, cet élève particulier. Ce qui me gêne, de manière générale, actuellement, dans le sport comme dans la musique, la littérature, ou autre, c'est le rapport malade entretenu avec la jeunesse, ou l'idée de la jeunesse.

Ce magazine défend et valorise le sport au féminin, pouvez-vous nous dire quel est votre intérêt pour le sport au féminin ?

Le sport féminin, j'y croirais encore plus quand on aura effacé la barrière des genres, qu'on parlera de « sport » sans préciser derrière, cela signifiera que les filles ont la même visibilité, les mêmes salaires ! J'ai toujours été très marquée par Paula Radcliffe, Karolina Kluft, je suis les basketteuses françaises, les handballeuses aussi, même si j'ai une petite préférence pour les sports individuels.

À votre avis, pourquoi la fiction s'intéresse peu à la sportive ?

La fiction s'intéresse peu à la sportive parce que la littérature, quel que soit le sujet, prend le sexe masculin comme représentation universelle.

À part Lola Lafon, Maylis de Kérangal et vous, pourquoi les romancières françaises sont si peu nombreuses à écrire sur le sport ?

C'est une excellente question ! Qu'il faudrait poser à celles qui n'écrivent pas sur le sport, je suppose que c'est un sujet qui ne les intéresse pas assez, ou qui n'intéresse pas assez les lecteurs, franchement, je n'en sais rien !

Entretien pour la revue *Les Sportives*, n° 4,
31 janvier 2017.

BIBLIOGRAPHIE INDICATIVE

Sport et littérature

BAUER Thomas, *La Sportive dans la littérature française des Années folles*, Villeneuve-d'Ascq, Presses universitaires du Septentrion, 2011.

BERGER Marcel, *Les Plus Belles Histoires de sport*, Émile-Paul Frères, 1948.

CHARRETON Pierre, *Les Fêtes du corps. Histoire et tendances de la littérature à thème sportif en France 1870-1970*, Saint-Étienne, CIEREC, 1985.

COLLECTIF, « Sport et littérature », *Europe*, numéro spécial, nº 806-807, juin-juillet 1996.

DELBOURG Patrice et HEIMERMANN Benoît, *Football et Littérature. Une anthologie de plumes et de crampons*, Stock, 1998.

DURRY Jean et DAUZIER Pierre, *Le Chant du sport. Histoire d'un thème et textes choisis français et étrangers*, La Table ronde, 2006.

JUSSERAND Jean-Jules, *Les Sports et Jeux d'exercice dans l'ancienne France*, Plon-Nourrit, 1901.

LAGET Serge, *Sport et Littérature*, Association pour la diffusion de la pensée française, 1998.

LE TARGAT Henri et LYLEIRE Jean-Claude, *Anthologie de la littérature du sport*, Lyon, PUL, 1988.

PROUTEAU Gilles, *L'Équipe de France. Anthologie des textes sportifs de la littérature française*, Plon, 1972.

Histoire du sport

ATTALI Michaël et SAINT-MARTIN Jean, *L'Éducation physique de 1945 à nos jours*, Armand Colin, 2004.

BANCEL Nicolas et GAYMAN Jean-Marc, *Du guerrier à l'athlète*, PUF, 2001.

BOUET Michel, *Signification du sport*, Éditions universitaires, 1968.

BOULONGNE Pierre-Yves, *La Vie et l'Œuvre de Pierre de Coubertin*, Ottawa, Éditions Lemeac, 1975.

CHAPUS Eugène et FOURNIER Édouard, *Le Jeu de paume, son histoire, sa description*, Didier, 1862.

CHARRETON Pierre, « Le thème du sport dans la littérature française contemporaine », thèse de doctorat d'État, 1981.

— *Les Fêtes du corps. Histoire et tendances de la littérature à thème sportif en France 1870-1970*, Saint-Étienne, CIEREC, 1985.

CHARTIER Roger et VIGARELLO Georges, « Les trajectoires du sport. Pratiques et spectacles », *Le Débat*, 19 février 1982, p. 35-58.

CLASTRES Patrick et COUBERTIN Pierre de, « La réforme sociale par l'éducation et le sport », *Les Études sociales*, n° 137, 1er semestre 2003.

DELETANG Bernard, « Sport, histoire, éducation. Le mouvement sportif ouvrier », thèse, université Paris-VIII, 1980.

DIETSCHY Paul, *L'Histoire du football*, Perrin, 2010.

DURAND Marc, *La Compétition sportive en Grèce*, L'Harmattan, 1999.

DURET Pascal, *L'Héroïsme sportif*, PUF, 1996.

— *Sociologie du sport*, Armand Colin, 2001.

ELIAS Norbert et DUNNING Eric, *Sport et civilisation, la violence maîtrisée*, Fayard, 1994.

GUAY Donald, *La Culture sportive*, PUF, 1993.

LUZE Albert de, *La Magnifique Histoire du jeu de paume*, Albert de Luze, 1862.

MAGNANE Georges, *Sociologie du sport*, Gallimard, 1964.

MARROU Henri-Irénée, *Histoire de l'éducation dans l'Antiquité, le monde grec*, Seuil, coll. « Points Histoire », 1981.

MERDRIGNAC Bernard, *Le Sport au Moyen Âge*, Rennes, Presses universitaires de Rennes, 2002.

MIGNON Patrick et TRUCHOT Guy, *Les Pratiques sportives en France*, Ministère des Sports-Insep, 2002.

MOSES Finley, *Mille Ans de Jeux olympiques*, Paris, 2004.

QUEVAL Isabelle, *S'accomplir ou se dépasser, essai sur le sport contemporain*, Gallimard, 2014.

RAUCH André-Édouard, *Le Corps en éducation physique*, PUF, 1982.

ROUBINEAU Jean-Manuel, *Milon de Crotone ou l'Invention du sport*, PUF, 2016.

SEIDLER, *Le Sport et la Presse*, Armand Colin, 1964.

TERRET Thierry, *Histoire du sport*, PUF, 2013.

THIBAULT Jacques, *Sport et Éducation physique*, Vrin, 1972.

— *Les Aventures du corps dans la pédagogie française*, Vrin, 1977.

THUILLIER Jean-Paul, *Le Sport dans la Rome antique*, Errance, 1996.

ULMANN Jacques, *De la gymnastique aux sports modernes*, Vrin, 1965.

VIGARELLO Georges, *Passion sport. Histoire d'une culture*, Textuel, 2000.

WAHL Alfred, *La Balle au pied. Histoire du football*, Gallimard, coll. « Découvertes », 1990.

BIBLIOGRAPHIE DES SOURCES DE L'ANTHOLOGIE

ALAIN, *Les Dieux*, Gallimard, 1934.

AMOROS colonel Francisco, *Nouveau Manuel complet d'éducation physique, gymnastique et morale*, Librairie encyclopédique de Roret, 1848.

ANGERSTEIN Eduard et ECKLER Gebhard, *Gymnastique à la maison, à la chambre et au jardin*, traduit de l'allemand, J.-B. Baillière et Fils, 1892.

ARISTOTE, *La Politique*, traduit du grec par Jules Barthélémy Saint-Hilaire, Librairie philosophique de Ladrange, 1874.

ARNAC Marcel, *Exploits sportifs et tordants d'Isidore Falpi, athlète complet*, Éditions de l'Épatant, 1917.

BALZAC Honoré de, *Séraphita*, 1834.

BARON DE VAUX (Charles Devaux), *Femmes de sport*, Marpon et Flammarion, 1885.

BASSE Pierre-Louis, *Gagner à en mourir*, Robert Laffont, 2012.

BERGER Marcel, *Pourquoi je suis sportif*, Éditions de France, 1930.

BERNARD Tristan, *Citoyens, animaux, phénomènes*, Flammarion, 1905.

BERTHEAUME Marthe, *Sportive*, Éditions de la vraie France, 1925.

BERTHEROY Jean, *La Beauté d'Alcias*, Flammarion, 1905.

BLONDIN Antoine, « La glorieuse certitude du sport », *L'Équipe*, juillet 1970.

BOURGET Paul, *Outre-mer (notes sur l'Amérique)*, Alphonse Lemerre, 1895.

BRAGA Dominique, *5 000*, Gallimard, 1924.

BRETEL Jacques, *Tournoi de Chauvency*, version remaniée dont une première version est parue dans la revue *Histoire médiévale*, Éditions Harnois, 2003.

BUCHOZ Pierre-Joseph, *Dissertation sur les amusements des Français depuis le commencement de la monarchie jusqu'à nos jours*, Strasbourg, Impression ordinaire du roi, 1789.

BUZZATI Dino, *Sur le Giro 1949*, Robert Laffont, 1984.

CARRÈRE Emmanuel, « L'écriture est un sport comme les autres », entretien réalisé par Nathalie Azoulay pour France Culture, 21 juillet 2013.

Chanson de Roland, attribuée à Turold, traduction de Joseph Bédier, Henri Piazza, 1922.

CHAPUS Eugène, *Le Sport à Paris*, Hachette and Cie, 1854.

CHARLES D'ORLÉANS, *Ballade*, 1460.

CHARYN Jerome, *Ping-pong*, traduction de Marc Chénetier, Robert Laffont, 2003.

CHRÉTIEN DE TROYES, *Érec et Énide*, traduction d'André Mary, Boivin and Cie, 1923.

CHRISTINE DE PISAN, *Le Livre des faits et bonnes mœurs du sage roi Charles V*, Société de Saint-Augustin, Desclée, De Brouwer et Cie, 1892.

CLIAS Phokion-Heinrich, *Callisthénie somascétique. Éducation physique des jeunes filles*, 1843.

COCTEAU Jean, « L'ombre d'Al Brown », *L'Auto*, 4 mars 1938.

COLETTE, « La culture physique et les femmes », *Le Matin*, 18 décembre 1913.

CONDORCET, *Discours sur l'organisation générale de l'instruction publique*, présenté devant l'Assemblée nationale, 20-21 avril 1792.

COUBERTIN Pierre de, « L'âme du football », *La Revue universitaire*, Armand Colin éditeur, 1882.

—, « Le faux sportsman », *Revue olympique*, mai 1910.

—, « Les vertus du sport », *La Revue hebdomadaire*, 20 juin 1914.

—, « Rapport du secrétaire général de l'USFA », *Revue athlétique*, 25 juillet 1890.

—, *Mémoires olympiques*, Lausanne, Bureau international de pédagogie sportive, 1931.

COULON Cécile, Entretien pour la revue *Les Sportives*, n° 4, 31 janvier 2017.

COURTELINE Georges, *Un client sérieux*, Flammarion, 1897.

COURTIVRON Ludovic Antoine de, *Traité complet de la natation*, A. Pihan de la Forest, 1836.

COUTERAN Jean-Nicolas, « Relation de 1775 », *in* M. Bourrit, *Nouvelle Description des glacières et glaciers de Savoie*, Genève, Paul Barde, 1785.

COYER Gabriel-François, *Plan d'éducation publique*, Veuve Duchesne, 1770.

CRAVAN Arthur, « Hie ! », *Maintenant*, n° 2, juillet 1913.

DANEY Serge, « Arbitrage : l'année de tous les déboires », *Libération*, 3 juin 1985.

DECOIN Henri, *Quinze Rounds. Histoire d'un combat*, Ernest Flammarion, 1930 ; rééd. Bordeaux, L'Arbre Vengeur, 2021.

DELERM Philippe, *La Tranchée d'Arenberg et autres voluptés sportives*, Éditions du Panama, 2006.

DÉROULÈDE Paul, *Chants du soldat*, Michel Lévy frères, 1872.

DESCHAMPS Eustache, *Poésies morales et historiques : Notable enseignement*, De L'Imprimerie de Crapelet, 1832.

DESGRANGE Henri, *La Tête et les Jambes*, Pochy, 1897.

DION CHRYSOSTOME, *Mélancomas*.

DUMAS Alexandre, *Les Trois Mousquetaires*, 1844.

EGINHARD, *Vie de Charlemagne*, texte établi et traduit par Louis Halphen, Honoré Champion, 1923.

ENGUERRAND DE MONSTRELET, *Chronique, 1400-1444*, t. 1, traduction de Nathalie Desgrugillers, Clermont-Ferrand, Éditions Paléo, 2011.

ÉPICTÈTE, *Manuel*, traduit du grec par Jean-François Thurot, Librairie Hachette et Cie, 1889.

FLAUBERT Gustave, *Bouvard et Pécuchet*, Alphonse Lemerre, 1881.

FOURNEL Paul, *Les Athlètes dans leur tête*, Seuil, 1994 ; rééd. Éditions Points, 2012.

GALIEN, *De la protection de la santé*.

GARCIA Rodrigo, *After Sun*, traduction de Christilla Vasserot, Besançon, Les Solitaires Intempestifs, 2002.

GENEVOIX Maurice, *Vaincre à Olympie*, Le Livre contemporain, 1960.

GENLIS Madame de (Mme de Sillery-Brûlart), *Leçons d'une gouvernante à ses élèves*, Onfroy, 1791.

GERBERT DE MONTREUIL, *Le Roman de la Violette*, traduction de François Johan, Casterman, 1982.

GIONO Jean, *Les Terrasses de l'île d'Elbe*, Gallimard, 1976.

GIRAUDOUX Jean, *Le Sport*, Hachette, 1928.

GIROUD Françoise, « Quelqu'un. Jacques Anquetil », *L'Express*, 20 août 1967.

GODDET Jacques, « Ce qu'on ne reverra jamais ! », *L'Équipe*, 25 juillet 1952.

GUILLAUME DE LORRIS et JEAN DE MEUNG, *Le Roman de la Rose*, traduction d'Étienne Huard, Louis Rosier, 1835.

HARAUCOURT Edmond, « Les joies du patinage », *L'Auto*, 24 septembre 1931.

HÉBERT Georges, *Le Sport contre l'éducation physique*, Vuibert, 1925.

HÉMON Louis, *Battling Malone, pugiliste*, Bernard Grasset, 1925.

HEREDIA José-Maria de, *Les Trophées*, Ferroud, 1914.

HOBBES Thomas, *De la nature humaine*, traduction du baron d'Holbach, Londres, 1771.

HOMÈRE, *Iliade*, traduit du grec par Louis Bardollet, Robert Laffont, coll. « Bouquins », 1995.

—, *Odyssée*, traduit du grec par Louis Bardollet, Robert Laffont, coll. « Bouquins », 1995.

HUGO Victor, *Odes et Ballades*, 1822-1828.

HUGUES III, *Tournoi des Dames*, entre 1188 et 1190.

HUMÉ Eugène et RENKIN Jules, *Traité et Théorie de canne royale*, Bruxelles, M.-J. Poot et Cie, 1862.

JARRY Alfred, *Le Surmâle*, Éditions La Revue Blanche, 1902.

JAUCOURT Louis de, article « Gymnastique », in *Encyclopédie. Dictionnaire raisonné des sciences, des arts et des métiers*, 1772.

Joufroi de Poitiers, roman anonyme, traduction d'André Dyué, *in* Danielle Régnier-Bohler (éd.), *Récits d'amour et de chevalerie*, Robert Laffont, coll. « Bouquins », 2000.

KARR Alphonse et GATAYES Léon, *Le Canotage en France*, Taride, 1858.

L'Archer français. Journal des tireurs d'arc, nº 1, 15 décembre 1856.

L'Âtre périlleux, traduction de Marie-Louise Ollier, *in* Danielle Régnier-Bohler (éd.), *La Légende arthurienne*, Robert Laffont, coll. « Bouquins », 1989.

L'Épopée de Gilgamesh, texte établi d'après les fragments babyloniens, assyriens, hittites et hourrites, traduit de l'arabe et adapté par Abed Azrié, Albin Michel, 2015.

L'ESTOILE Pierre de, *Journal du règne de Henri IV* (1594), Firmin Didot, 1854.

L'Histoire de Guillaume le Maréchal, comte de Striguil et de Pembroke, régent d'Angleterre de 1216 à 1219. Poème français, Paul Meyer (éd.), Librairie Renouard, 1892.

La Chanson de Guillaume, traduction de François Suard, Bordas, 1991 ; nouv. éd. revue et mise à jour, Classiques Garnier, 1999.

La Vie parisienne, magazine, 6 janvier 1906.

LACRETELLE Jacques de, *Idées dans un chapeau*, Éditions du Rocher, 1946.

LAGORCE Guy, *Les Héroïques*, Julliard, 1980.

LAGRANGE Léo, « Discours à la jeunesse », *La Voix de Paris*, 10 juin 1936.

LALANNE Denis, *Le Grand Combat du XV de France*, Éditions de La Table Ronde, 1959.

Le Pas du Perron fée, traduction de Colette Beaune, *in* Danielle Régnier-Bohler (éd.), *Splendeurs de la cour de Bourgogne*, Robert Laffont, coll. « Bouquins », 1995.

Le Petit Journal, « Pour encourager les sports de la femme », 14 novembre 1920.

LE ROUX Hugues, *Les Hommes de l'air, roman de sport et d'aventures*, Société d'édition et de publications, 1910.

Le Sieur de Préville. La science d'un écuyer visionnaire (1717), présenté par Patrice Franchet d'Esperey, Belin, 2018.

LENGLEN Suzanne, « Quelques conseils pour jouer au tennis », *Annales politiques et littéraires*, 10 juillet 1921.

LÉOTARD Jules, *Mémoires*, Chez tous les libraires, 1860.

Les Chroniques de sire Jean Froissart, texte établi par J. A. C. Buchon, 1369, Auguste Desrez libraire-éditeur, 1835.

LINDON Mathieu, *Champion du monde*, P.O.L. Éditeur, 1994.

LOCKE John, *Quelques Pensées sur l'éducation* (1693), traduction de Gabriel Compayré, Librairie Hachette, 1882.

LONDON Jack, *Lorsque l'homme frappe l'homme. Chroniques sportives*, traduction d'Éric Vibart, Le Livre de Poche, coll. « La lettre et la plume », 2015.

LONDRES Albert, « Les forçats de la route », *Le Parisien*, 23 juin 1924.

LOUŸS Pierre, « Les Jeux olympiques », *L'Auto*, 25 avril 1906.

LUCIEN DE SAMOSATE, *Anacharsis ou les Gymnases*, traduit du grec par Eugène Talbot, Librairie de L. Hachette et Cie, 1866.

LULLE Raymond, *Livre de l'ordre de chevalerie*, traduit du catalan et présenté par Patrick Gifreu, Édition La Différence, 1991.

MAGNANE Georges, *Les Hommes forts*, Gallimard, 1942.

MARION Jean-Luc, « La chair volontaire et l'incarnation », *Communio*, n° 184, mars-avril 2006.

MARX Adrien, *En plein air*, Dentu, 1887.

MATTHIEU PARIS, *La Grande Chronique de Richard I Cœur de Lion*, traduction d'Alphonse Huillard-Bréholles, Paulin, 1840.

MAULNIER Thierry, « Le sport est inutile », *EPS*, nº 8, décembre 1951.

MAUPASSANT Guy de, préface à Baron de Vaux, *Les Tireurs au pistolet*, C. Marpon et E. Flammarion, 1883.

MAURIAC François, « La gloire de Georges Carpentier », *La Revue hebdomadaire*, 2 juillet 1921.

MEILLAC Camille, *Les Sports à la mode*, Paul Paclot, libraire-éditeur, 1909.

Mémoires d'Olivier de La Marche, maître d'hôtel et capitaine des gardes de Charles le Téméraire, Librairie Renouard, 1883.

Mémoires de la vie du maréchal de Vieilleville, in *Collection complètes des Mémoires relatifs à l'histoire de France*, Foucault, libraire, 1822.

MERCIER Louis-Sébastien, *Tableau de Paris*, 1782.

MERCURIALE Girolamo, *L'Art de la gymnastique*, traduction de Jean-Michel Agasse, Les Belles Lettres, 2006.

Merlin en prose, attribué à Robert de Boron, traduction d'Emmanuèle Baumgartner, *in* Danielle Régnier-Bohler (éd.), *La Légende arthurienne*, Robert Laffont, coll. « Bouquins », 1989.

MONTAIGNE Michel de, *Les Essais*, nouvelle édition établie par Bernard Combeaud, Robert Laffont, coll. « Bouquins », 2019.

MORAND Paul, *Ouvert la nuit*, Gallimard, 1922.

OBEY André, *L'Orgue du stade*, Gallimard, 1924.

PASOLINI Pier Paolo, « Le football est un langage… », *Il Giorno*, 3 janvier 1971, traduction de Lea Curetti.

PAUSANIAS, *Description de la Grèce*, traduit du grec par M. Clavier, A. Bobée, 1821.

PELOT Pierre, *La Guerre olympique*, Denoël, 1980.

PEREC Georges, *W ou le Souvenir d'enfance*, Denoël, 1975.

PETIT-BRETON Lucien, *Comment je cours sur la route*, Librairie de *L'Auto*, 1908.

Pétition collective, *Observations relatives au Gymnase normal, militaire et civil et à la nécessité de le conserver à Paris*, Imprimerie de Crapelet, 1831.

PHILOSTRATE, *Le Gymnaste.*

PINDARE, *Olympiques*, traduit du grec par Jean-Aloys Perrault-Maynand, 1857.

—, *Pythiques*, traduit du grec par Jean-Aloys Perrault-Maynand, 1857.

PLATON, *La République*, traduit du grec par Émile Chambry, Les Belles Lettres, 1932.

POLYBE, *Histoire générale*, traduit du grec par Félix Bouchot, Librairie Charpentier, 1847.

Ponthus et Sidoine, traduction de Marie-Claude de Crécy, *in* Danielle Régnier-Bohler (éd.), *Récits d'amour et de chevalerie*, Robert Laffont, coll. « Bouquins », 2000.

POTTIER Eugène, *La Gymnastique*, Pilloy Frères, 1852.

POUY Jean-Bernard, *54 × 13*, Éditions L'Atalante, 1996.

PRÉVOST Jean, *Plaisirs des sports*, Gallimard, 1925.

PROUTEAU Gilbert, *Les Jeux et les Hommes*, Éditions Défense de la France, 1948.

RABELAIS François, *Gargantua*, translation de Nicolas Le Cadet, dans Romain Menini (dir.), *Tout Rabelais*, Bouquins la collection-Mollat, 2022.

RAMEAU Pierre, *Le Maître à danser, qui enseigne la manière de faire tous les différents pas de danse dans toute la régularité de l'art, et de conduire les bras à chaque pas*, À Paris chez Jean Villette, 1725.

RÉGNIER Henri de, *Portraits et Souvenirs*, Mercure de France, 1913.

RENÉ D'ANJOU, *Le Livre des tournois du roi René*, in *Œuvres complètes du roi René*, texte établi par Théodore de Quatrebarbes, Cosnier et Lachèse, 1843.

Revue olympique. Bulletin trimestriel du Comité international olympique, janvier 1901.

RICHEPIN Jean, « La Statue vivante », *L'Auto-Vélo*, 6 novembre 1902.

ROSNY Joseph Henri, *Le Roman d'un cycliste*, Plon, Nourrit et Cie, 1899.

ROUSSEAU Jean-Jacques, *Émile, ou De l'éducation*, 1762.

—, *Les Confessions*, 1782.

ROUX DE ROCHELLE Jean-Baptiste, *Les Trois Âges*, Firmin Didot, 1816.

ROY Claude, « Nageuse à l'entraînement », poème dans le catalogue de l'exposition *Les Sports et leurs trophées. De la Grèce antique aux Temps modernes*, Paris, galerie de l'Orfèvrerie Christofle, 20 mars-15 avril 1944.

SAINT-ALBAIN Albert de, *Les Sports à Paris*, Librairie moderne, 1889.

SCOTT Walter, *Ivanhoé*, traduction d'Alexandre Dumas, Michel Lévy Frères, 1819.

SERRES Michel, *Variations sur le corps*, Le Pommier, 1999.

Stèle de Giza, traduction d'Alexandre Varille, *Bulletin français d'archéologie orientale*, Le Caire, t. LI, 1942.

SUÉTONE, *Vie des douze Césars*, Néron, traduit du latin par Théophile Baudement, 1845.

SURIER Albert (rédacteur en chef), *La Culture physique. Revue mensuelle illustrée de tous les sports*, nº 1, février 1904.

TERTULLIEN, *Contre les spectacles*, in *Œuvres complètes*, vol. 2, traduit du latin par Antoine-Eugène Genoude, Éditions Louis Vivès, Paris, 1852.

THÉBAUD François, « Un seul football », *Miroir du football*, mars 1960.

THÉOCRITE, *Idylles*, in *Œuvres de Théocrite*, traduit du grec par B. de L., 1838.

THUCYDIDE, *Guerre du Péloponnèse*, traduit du grec par Jean-Baptiste Gail, Anselin, 1835.

TITE-LIVE, *Histoire romaine*, traduit du latin par M. Nisard, Firmin Didot Frères, 1864.

TOLSTOÏ Léon, *Anna Karénine*, traduction de Jean-Wladimir Bienstock, Stock, 1906.

TRINTIGNANT Maurice, *Pilote de courses*, Librairie Hachette, coll. « Bibliothèque verte », 1957.

UZANNE Octave, *Parisiennes de ce temps, en leurs divers milieux, états et conditions*, Mercure de France, 1910.

VAILLAND Roger, *350 000 Francs*, Éditions Corrêa/Buchet-Chastel, 1955.

VALLÈS Jules, *La Rue à Londres*, Charpentier et Cie, 1884.

VARDON Harry, *Comment jouer au golf*, traduit de l'anglais, Librairie Delagrave, 1916.

VIALAR Paul, *Lettre ouverte à un jeune sportif*, Albin Michel, 1967.

VILLEBRUNE Jacques, *Sonnets mystiques*, Plon, Nourrit et Cie, 1886.

VIRGILE, *L'Énéide*, traduit du latin par Auguste Nisard, Firmin Didot, 1868.

WHYMPER Edward, *Escalades dans les Alpes*, traduction d'Adolphe Joanne, Hachette, 1873.

ZAY Jean, Discours de réception de lord Baden-Powell, chef international du scoutisme, à la Sorbonne le 12 décembre 1936.

ZOLA Émile, *Mes haines. Causeries littéraires et artistiques*, Achille Faure, libraire-éditeur, 1866.

TABLE DES MATIÈRES

I

AU TEMPS DES DIEUX
NOBLESSE DU CORPS DANS L'ANTIQUITÉ

II

CODES DU MOYEN ÂGE
DU CHEVALIER AU JOUEUR

III
ÉPOQUE MODERNE
UNE MORALE DU CORPS EN ACTION

IV

DU JEU AU SPORT

INSTITUTION DES RÈGLES ET PRATIQUES AU XIXe SIÈCLE

V

UN ENJEU DE CIVILISATION
L'OLYMPISME (1874-1980)

VI

HÉRAULTS SPORTIFS LE SPORT MÉDIATISÉ AU XXe SIÈCLE

VII

DES HALTÈRES ET DES EGO
UN RÉCIT CONTEMPORAIN

DANS LA MÊME COLLECTION

DICTIONNAIRES & OUVRAGES DE RÉFÉRENCE

ALEXANDRE LE GRAND
Histoire et Dictionnaire
Sous la direction d'Olivier Battistini et Pascal Charvet

L'ALGÉRIE ET LA FRANCE
Sous la direction de Jeannine Verdès-Leroux

LES AMÉRIQUES
Sous la direction de Michel Bertrand, Jean-Michel Blanquer, Antoine Coppolani et Isabelle Vagnoux
TOME I : Du précolombien à 1830
TOME II : De 1830 à nos jours

L'AVENTURE DES MOTS DE LA VILLE
À travers le temps, les langues, les sociétés
Sous la direction de Christian Topalov, Laurent Coudroy de Lille, Jean-Charles Depaule et Brigitte Marin

LA BIBLE
Traduction de Louis-Isaac Lemaître de Sacy
Édition établie par Philippe Sellier

LA BIBLE DU CONTREPET
2 000 contrepèteries du patrimoine. 18 000 contrepèteries nouvelles
Par Joël Martin

LE BOUQUET DES EXPRESSIONS IMAGÉES
Encyclopédie thématique des locutions figurées de la langue française
Par Claude Duneton et Sylvie Claval

LE BOUQUIN DE L'HUMOUR
Par Jean-Loup Chiflet

LE BOUQUIN DES CITATIONS
Par Claude Gagnière

LE BOUQUIN DES DICTONS
Par Agnès Pierron

LE BOUQUIN DES MÉCHANCETÉS
Par François Xavier Testu
Préface de Philippe Alexandre

LE BOUQUIN DES MOTS DU SEXE
Par Agnès Pierron

LES CAPÉTIENS
Histoire et Dictionnaire, 987-1328
Par François Menant, Hervé Martin, Bernard Merdrignac et Monique Chauvin

LES CELTES
Histoire et Dictionnaire
Des origines à la romanisation et au christianisme
Par Venceslas Kruta

CUISINE SANS SOUCI
Par Rose Montigny

DE LA TÊTE AUX PIEDS
Toute la chirurgie, rien que la vérité
Par le Pr Herbert Lippert
Traduction et préface du Pr Henri Péquignot
Illustrations du Dr Yves Gallard

DICTIONNAIRE ALBERT CAMUS
Sous la direction de Jeanyves Guérin

DICTIONNAIRE CLEMENCEAU
Sous la direction de Sylvie Brodziak et Samuël Tomei
Préface de Jean-Noël Jeanneney

DICTIONNAIRE DE DON JUAN
Sous la direction de Pierre Brunel

DICTIONNAIRE DE GAULLE
Sous la direction de Claire Andrieu, Philippe Braud et Guillaume Piketty

DICTIONNAIRE DE LA BÊTISE
Suivi du Livre des bizarres
Par Guy Bechtel et Jean-Claude Carrière, nouvelle édition

DICTIONNAIRE DE LA BIBLE
Par André-Marie Gerard

DICTIONNAIRE DE LA CIVILISATION MÉSOPOTAMIENNE
Sous la direction de Francis Joannès

DICTIONNAIRE DE LA FRANCE LIBRE
Sous la direction de François Broche, Georges Caïtucoli et Jean-François Muracciole

DICTIONNAIRE DE LA GOURMANDISE
Pâtisseries, friandises et autres douceurs
Par Annie Perrier-Robert

DICTIONNAIRE DE LA GRANDE GUERRE 1914-1918
Sous la direction de François Cochet et Rémy Porte

DICTIONNAIRE DE L'ANTIQUITÉ
Mythologie, littérature et civilisation

Université d'Oxford. Sous la direction de M. C. Howatson
Traduction de Jeannie Carlier, François Jacob, Jean-Louis Labarrière, Maurice Larès, François Lissarrague, Florence de Polignac, Franz Regnot et Isabelle Rozenbaumas

DICTIONNAIRE DE L'ARCHÉOLOGIE
Par Guy Rachet

DICTIONNAIRE DE L'ARGOT
Par Albert Doillon
Préface de Claude Duneton

DICTIONNAIRE DE LA SAGESSE ORIENTALE
Bouddhisme, hindouisme, taoïsme, zen
Traduction de Monique Thiollet

DICTIONNAIRE DE PÉDAGOGIE
Par Ferdinand Buisson
Édition établie et présentée par Patrick Dubois et Philippe Meirieu
Préface de Pierre Nora

DICTIONNAIRE DES ÉTRANGERS QUI ONT FAIT LA FRANCE
Sous la direction de Pascal Ory avec la collaboration de Marie-Claude Blanc-Chaléard

DICTIONNAIRE DES LIEUX ET PAYS MYTHIQUES
Sous la direction d'Olivier Battistini, Jean-Dominique Poli, Pierre Ronzeaud et Jean-Jacques Vincensini

DICTIONNAIRE DES LITTÉRATURES HISPANIQUES
Espagne et Amérique latine
Sous la direction de Jordi Bonells

DICTIONNAIRE DES MÉDICAMENTS
Et leur bon usage
Par les Drs Jean Thuillier et Jacques Duchier

DICTIONNAIRE DES MOTS SAVOUREUX, COCASSES ET POLISSONS
Par Daniel Lacotte

DICTIONNAIRE DES ŒUVRES ÉROTIQUES
Sous la direction de Pascal Pia et Robert Carlier
Préface de Pascal Pia

DICTIONNAIRE DES PERSONNAGES
Littéraires et dramatiques de tous les temps et de tous les pays

DICTIONNAIRE DES SEXUALITÉS
Sous la direction de Janine Mossuz-Lavau

DICTIONNAIRE DES SYMBOLES
Par Jean Chevalier et Alain Gheerbrant

DICTIONNAIRE D'HISTOIRE DE L'ART DU MOYEN ÂGE OCCIDENTAL
Sous la direction de Jean-Marie Guillouët et Pascale Charron

DICTIONNAIRE D'HISTOIRE MARITIME
Sous la direction de Michel Vergé-Franceschi
TOME I : A-G
TOME II : H-Z

DICTIONNAIRE DU CINÉMA

Tome I : Les Réalisateurs, par Jean Tulard
Dixième édition mise à jour
Tome II : Les Acteurs, *par Jean Tulard*
Huitième édition mise à jour
Tome III : Les Films, *par Jacques Lourcelles*

DICTIONNAIRE DU CORAN

Sous la direction de Mohammad Ali Amir-Moezzi

DICTIONNAIRE DU VATICAN ET DU SAINT-SIÈGE

Sous la direction de Christophe Dickès avec la collaboration de Marie Levant et Gilles Ferragu

DICTIONNAIRE ENCYCLOPÉDIQUE DE LA LITTÉRATURE FRANÇAISE

Auteurs, œuvres et figures de rhétorique

DICTIONNAIRE ENCYCLOPÉDIQUE DU JUDAÏSME

Sous la direction de Geoffrey Wigoder
Adapté en français sous la direction de Sylvie Anne Goldberg avec la collaboration de Véronique Gillet, Arnaud Sérandour et Gabriel Raphaël Veyret

DICTIONNAIRE FREUD

Sous la direction de Sarah Contou Terquem

DICTIONNAIRE HISTORIQUE DE LA RÉSISTANCE ET DE LA FRANCE LIBRE

Sous la direction de François Marcot, avec la collaboration de Bruno Leroux et de Christine Levisse-Touzé

DICTIONNAIRE LOUIS XIV

Sous la direction de Lucien Bély

DICTIONNAIRE NIETZSCHE

Sous la direction de Dorian Astor

DICTIONNAIRE RIMBAUD

Sous la direction de Jean-Baptiste Baronian

DICTIONNAIRE UNIVERSEL DU PAIN

Sous la direction de Jean-Philippe de Tonnac
Introduction de Steven Laurence Kaplan

ENCYCLOPÉDIE DE LA SECONDE GUERRE MONDIALE

Sous la direction de Jean-François Muracciole et Guillaume Piketty

L'ENCYCLOPÉDIE DU CIEL

Mythologie, astronomie, astrologie
Sous la direction d'Arnaud Zucker

L'ÉSOTÉRISME

Qu'est-ce que l'ésotérisme ? Anthologie de l'ésotérisme occidental
Par Pierre A. Riffard

ÉSOTÉRISMES D'AILLEURS

Les ésotérismes non occidentaux
Primitifs — Civilisateurs — Indiens — Extrême-Orientaux — Monothéistes
Par Pierre A. Riffard

LES ÉVANGILES DU DIABLE
Suivis par Le Grand et le Petit Albert
Par Claude Seignolle
Édition établie par Francis Lacassin

LES EXCENTRIQUES
Par Michel Dansel

LES FEMMES MYSTIQUES
Histoire et Dictionnaire
Sous la direction d'Audrey Fella

LA FOLIE
Histoire et Dictionnaire
Par le Dr Jean Thuillier

LA FRANCE DE LA RENAISSANCE
Histoire et Dictionnaire, vers 1470-1559
Par Arlette Jouanna, Dominique Biloghi, Philippe Hamon et Guy Le Thiec

LA FRANC-MAÇONNERIE
Histoire et Dictionnaire
Sous la direction de Jean-Luc Maxence

GUIDE DES FILMS
Par Jean Tulard
TOME I : A-E, *édition 2005*
TOME II : F-O, *édition 2005*
TOME III : P-Z, *édition 2005*
TOME IV : Le Nouveau Guide des films, *édition 2010*

LE GUIDE DU BRIDGE
Par Jacques Ferran

HISTOIRE ET ART DE L'ÉCRITURE
La Grande Invention de l'écriture et son évolution, *par Marcel Cohen* — L'écriture et la psychologie des peuples : XXIIe Semaine de synthèse du Centre international de synthèse — Calligraphie : Du trait de plume aux contre-écritures, *par Jérôme Peignot* — Écritures, *par Charles Paillasson* — Du calligramme, *par Jérôme Peignot* — De l'écriture à la typographie, *par Jérôme Peignot*
Préface de Jérôme Peignot

HISTOIRE ET DICTIONNAIRE DE LA POLICE
Du Moyen Âge à nos jours
Sous la direction de Michel Aubouin, Arnaud Teyssier et Jean Tulard

HISTOIRE ET DICTIONNAIRE DE LA RÉVOLUTION FRANÇAISE, 1789-1799
Par Jean Tulard, Jean-François Fayard et Alfred Fierro

HISTOIRE ET DICTIONNAIRE DE PARIS
Par Alfred Fierro
Sous la direction de Michel Aubouin, Arnaud Teyssier et Jean Tulard

HISTOIRE ET DICTIONNAIRE DES GUERRES DE RELIGION, 1559-1598
Par Arlette Jouanna, Jacqueline Boucher, Dominique Biloghi et Guy Le Thiec

HISTOIRE ET DICTIONNAIRE DU CONSULAT ET DE L'EMPIRE, 1799-1815
Par André Palluel-Guillard, Alfred Fierro et Jean Tulard

HISTOIRE ET DICTIONNAIRE DU TEMPS DES LUMIÈRES, 1715-1789
Par Jean de Viguerie

HISTOIRE UNIVERSELLE DES CHIFFRES
L'intelligence des hommes racontée par les nombres et le calcul
Par Georges Ifrah
TOME I : L'Aventure des chiffres ou l'Histoire d'une grande invention
TOME II : L'Épopée du calcul : des cailloux à l'ordinateur

JEANNE D'ARC
Histoire et Dictionnaire
Par Philippe Contamine, Xavier Hélary et Olivier Bouzy

LE JAPON
Dictionnaire et civilisation
Par Louis Frédéric

LES JARDINS
Paysagistes, jardiniers, poètes
Par Michel Baridon

LES LANGAGES DE L'HUMANITÉ
Encyclopédie des 3 000 langues parlées dans le monde
Par Michel Malherbe avec la collaboration de Serge Rosenberg

LÉGENDES ET MYSTÈRES DES RÉGIONS DE FRANCE
Par Éloïse Mozzani

LA LÉGION ÉTRANGÈRE
Histoire et Dictionnaire
Sous la direction d'André-Paul Comor
Préface d'Étienne de Montety

LE LIVRE DES SUPERSTITIONS
Mythes, croyances et légendes
Par Éloïse Mozzani

MÉDECINES DU MONDE
Histoire et pratiques des médecines traditionnelles
Par Claudine Brelet

MON BOUQUIN DE CUISINE
Par Françoise Burgaud

LE NOUVEAU DICTIONNAIRE DES AUTEURS
De tous les temps et de tous les pays
TOME I : A-F
TOME II : G-M
TOME III : N-Z

LE NOUVEAU DICTIONNAIRE DES ŒUVRES
De tous les temps et de tous les pays
TOME I : Aa-Co
TOME II : Co-Fa
TOME III : Fa-Le
TOME IV : Le-Pa
TOME V : Pa-Se
TOME VI : Se-Zw
TOME VII : Index

LE NOUVEAU DICTIONNAIRE PICASSO
Par Pierre Daix

LE NOUVEAU GUIDE DES ÉCHECS
Traité complet
Par Nicolas Giffard et Alain Biénabe

L'ODYSSÉE DES MARINS
Découvreurs, explorateurs, pirates, corsaires et grands navigateurs
Par Olivier et Patrick Poivre d'Arvor

LES PARFUMS
Histoire, Anthologie et Dictionnaire
Édition établie par Élisabeth de Feydeau

POUR TOUT L'OR DES MOTS
Au bonheur des mots — Des mots et merveilles
Par Claude Gagnière

LA PRÉHISTOIRE
Histoire et Dictionnaire
Sous la direction de Denis Vialou, assisté de Roger Joussaume et de Jean-Pierre Pautreau pour le Mésolithique et le Néolithique

LES SANCTUAIRES DU MONDE
Sous la direction de Matthieu Grimpret

SYMPTÔMES ET MALADIES
Encyclopédie médicale de la famille, et les règles pour vivre plus longtemps et rester toute sa vie en bonne santé
Par Sigmund S. Miller assisté de vingt spécialistes
Traduction de Guy Schoeller

LA TAUROMACHIE
Histoire et Dictionnaire
Sous la direction de Robert Bérard, nouvelle édition

VERSAILLES
Histoire, Dictionnaire et Anthologie
Sous la direction de Mathieu da Vinha et Raphaël Masson

VOTRE ENFANT
Guide à l'usage des parents
Par les Drs Lyonel Rossant et Jacqueline Rossant-Lumbroso

VOTRE SANTÉ
Encyclopédie médicale à l'usage de tous
Par les Drs Lyonel Rossant et Jacqueline Rossant-Lumbroso

VOYAGE AUX PAYS DU VIN
Des origines à nos jours. Histoire, Anthologie, Dictionnaire
Sous la direction de Françoise Argod-Dutard, Pascal Charvet et Sandrine Lavaud

HISTOIRE, PHILOSOPHIE & ESSAIS

AMOUROUX, Henri
La Grande Histoire des Français sous l'Occupation
Tome I : Le Peuple du désastre — Quarante millions de pétainistes
Tome II : Les Beaux Jours des collabos — Le Peuple réveillé
Tome III : Les Passions et les Haines — L'Impitoyable Guerre civile
Tome IV : Un printemps de mort et d'espoir — Joies et douleurs du peuple libéré

La Grande Histoire des Français après l'Occupation
Les Règlements de comptes — La page n'est pas encore tournée

ANTHOLOGIE MONDIALE DE LA STRATÉGIE
Des origines au nucléaire
Édition établie par Gérard Chaliand, nouvelle édition mise à jour
Préface de Lucien Poirier
Postface de Pierre M. Gallois

ARON, Raymond
Mémoires (édition intégrale)
Préfaces de Nicolas Baverez et de Tzvetan Todorov

ATTALI, Jacques
Verbatim
Tome I : 1981-1986 — Tome II : 1986-1991

Les Penseurs du monde : Pascal, Marx, Gândhî
Blaise Pascal ou le Génie français — Karl Marx ou l'Esprit du monde — Gândhî ou l'Éveil des humiliés

AUGUSTIN, saint
Sermons sur l'Écriture
Édition établie par Maxence Caron

BAINVILLE, Jacques
La Monarchie des lettres
Histoire, politique et littérature
Édition établie et présentée par Christophe Dickès

BARK, Dennis L. — GRESS, David R.
Histoire de l'Allemagne (1945-1991)
Traduction d'Odile Demange

BENNASSAR, Bartolomé
Histoire des Espagnols (VIe siècle-XXe siècle)

BENOIST-MÉCHIN, Jacques
Soixante jours qui ébranlèrent l'Occident, 10 mai-10 juillet 1940

BOORSTIN, Daniel
Les Créateurs
Traduction de Béatrice Vierne

Les Découvreurs
D'Hérodote à Copernic, de Christophe Colomb à Einstein, l'aventure de ces hommes qui inventèrent le monde
Traduction de Jacques Bacalu, Jérôme Bodin et Béatrice Vierne

Histoire des Américains
L'Aventure coloniale — Naissance d'une nation — L'Expérience démocratique
Traduction de Y. Lemeunier, M. Blanc, H. Christol, J.-C. Crapoulet, M. Gervaud, Y. Guieu et F. Boris

BOYER, Régis
Les Vikings
Histoire, Mythes, Dictionnaire

CHEBEL, Malek
L'Érotisme arabe

CLEMENCEAU, Georges
Correspondance (1858-1929)
Édition établie et annotée par Sylvie Brodziak et Jean-Noël Jeanneney

CONQUEST, Robert
La Grande Terreur, *précédé de* Sanglantes Moissons
Traduction de Marie-Alyx Revellat et de Claude Seban

CORBIN, Alain
Une histoire des sens
Le Miasme et la Jonquille — Le Village des « cannibales » — Le Monde retrouvé de Louis-François Pinagot
Édition établie et présentée par Pascal Ory

CORRESPONDANCES CONJUGALES, 1914-1918
Édition établie et présentée par Clémentine Vidal-Naquet

COURTOIS, Stéphane — WERTH, Nicolas — PANNÉ, Jean-Louis — PACZKOWSKI, Andrzej — BARTOSEK, Karel — MARGOLIN, Jean-Louis
Le Livre noir du communisme
Crimes, terreur, répression
Édition établie sous la direction de Charles Ronsac

DARU, Pierre
Histoire de la république de Venise
Édition établie par Alessandro Fontana et Xavier Tabet
TOME I : Des origines à la bataille de Lépante (1571) — TOME II : Après la bataille de Lépante jusqu'à la chute de la République (1797)

DAUDET, Léon
Souvenirs et polémiques
Nouvelle édition, préface d'Antoine Compagnon

DELUMEAU, Jean
De la peur à l'espérance
La Peur en Occident (XIVe-XVIIIe siècle) — Guetter l'aurore — Parcours, recherches, débats
Édition établie par Pascal Ory

DINO, duchesse de
Souvenirs et Chronique
Édition établie et présentée par Anne et Laurent Theis

DROYSEN, Johann Gustav
Histoire de l'hellénisme
Histoire d'Alexandre le Grand — Les Successeurs d'Alexandre
Traduction sous la direction d'Auguste Bouché-Leclercq

ELLIOTT, John H.
Olivares (1587-1645)
L'Espagne de Philippe IV
Traduction de France-Marie Watkins avec la collaboration de Claire Le Ho-Devianne

L'ENFANT ET LE GÉNOCIDE
Témoignages sur l'enfance pendant la Shoah
Textes choisis et présentés par Catherine Coquio et Aurélia Kalisky

ÉRASME
Éloge de la folie — Adages — Colloques — Réflexions sur l'art, l'éducation, la religion, la guerre, la philosophie — Correspondance, *précédé d'un* Dictionnaire d'Érasme et de l'humanisme
Édition et Dictionnaire d'Érasme *établis par Claude Blum, André Godin, Jean-Claude Margolin et Daniel Ménager*

EUROPES
De l'Antiquité au xxe siècle. Anthologie critique et commentée
Édition établie et présentée par Yves Hersant et Fabienne Durand-Bogaert

FABRE, Jean-Henri
Souvenirs entomologiques. Études sur l'instinct et les mœurs des insectes
Édition établie par Yves Delange
TOME I : Première à cinquième série
TOME II : Sixième à dixième série, *suivi d'un* Répertoire général analytique *par le Dr G.-V. Legros, complété par Yves Delange*

FEBVRE, Lucien
Vivre l'Histoire
Combats pour l'Histoire — Pour une histoire à part entière
Édition établie par Brigitte Mazon
Préface de Bertrand Müller

FRANÇAIS EN RÉSISTANCE
Carnets de guerre, correspondances, journaux personnels
Anthologie établie et présentée par Guillaume Piketty

LES FRANÇAIS VUS PAR EUX-MÊMES
Le Siècle de Louis XIV
Anthologie des mémorialistes du siècle de Louis XIV
Textes choisis et présentés par Alain Niderst

Le XVIIIe Siècle
Anthologie des mémorialistes du XVIIIe siècle
Par Arnaud de Maurepas et Florent Brayard
Préface de Daniel Roche

Le Consulat et l'Empire
Textes choisis et présentés par Alfred Fierro

FRANCE BAROQUE — FRANCE CLASSIQUE, 1589-1715
Par René et Suzanne Pillorget
TOME I : Récit — TOME II : Dictionnaire

FRAZER, James George
Le Rameau d'or
Édition établie par Nicole Belmont et Michel Izard

Tome I : Le Roi magicien dans la société primitive — Tabou ou les Périls de l'âme
Tome II : Le Dieu qui meurt — Adonis — Atys et Osiris
Tome III : Esprits des blés et des bois — Le Bouc émissaire
Tome IV : Balder le Magnifique — *Bibliographie générale*

FUMAROLI, Marc
La Grandeur et la Grâce
Quand l'Europe parlait français — Le Poète et le Roi

Le Livre des métaphores
Essai sur la mémoire de la langue française

FURET, François
Penser le xxe siècle
Un itinéraire intellectuel : l'historien journaliste, de *France-Observateur* au *Nouvel Observateur* (1958-1997) — Interventions : sélection d'articles parus dans *Le Débat* (1981-1997) et *Commentaire* (1985-1997) — Le Passé d'une illusion : Essai sur l'idée communiste au xxe siècle — Fascisme et communisme : Correspondance avec Ernst Nolte (1996-1997)
Préface de Pierre Hassner

GABORY, Émile
Les Guerres de Vendée
La Révolution et la Vendée — Napoléon et la Vendée — Les Bourbons et la Vendée — L'Angleterre et la Vendée
Édition établie par Xavier du Boisrouvray

GALLO, Max
Jules Vallès — Jean Jaurès

Napoléon
Le Chant du départ — Le Soleil d'Austerlitz — L'Empereur des rois — L'Immortel de Sainte-Hélène

GAULLE, Charles de
Lettres, notes et carnets
Présentés par l'amiral Philippe de Gaulle et préfacés par Jean-Luc Barré
Tome I : 1905-1941 — Tome II : 1942-mai 1958 — Tome III : juin 1958-novembre 1970

GIBBON, Edward
Histoire du déclin et de la chute de l'Empire romain
Édition établie par Michel Baridon
Tome I : Rome de 96 à 582 — Tome II : Byzance de 455 à 1500

GOURMONT, Remy de
La Culture des idées
Le Joujou *et trois autres essais* — La Culture des idées — Le Chemin de velours. Nouvelles dissociations d'idées — Physique de l'amour. Essai sur l'instinct sexuel — Épilogues. Réflexions sur la vie, 1895-1898 — Promenades philosophiques : Première série — Deuxième série — Troisième série — La Petite Ville, *suivi de* Paysages — Pendant l'orage — Pendant la guerre. Lettres pour l'Argentine
Préface de Charles Dantzig

GREEN, Peter
D'Alexandre à Actium
Du partage de l'Empire au triomphe de Rome
Présenté par Paul Veyne
Traduction d'Odile Demange
Dictionnaire des personnages par Maurice Larès
Bibliographie adaptée par Bernard Legras

GRIMAL, Pierre

Voyage à Rome

La Rome antique — Vivre dans la Rome antique — L'Âme romaine — Promenades romaines — Guide : Nous partons pour Rome

Rome et l'amour

Des femmes, des jardins, de la sagesse

L'Amour à Rome — Les Amours des dieux — La Femme romaine — Vierges et Matrones — Images de femmes — Les Hommes et les jardins — La Littérature et les paysages — L'Art des jardins — La Sagesse romaine — Sagesse et Pouvoir — Sagesse épicurienne et sagesse stoïcienne — Le Sacré — Histoire d'un sage : Mémoires de T. Pomponius Atticus

GUEVARA, Ernesto

Combats d'un révolutionnaire

Voyage à motocyclette — Second voyage à travers l'Amérique latine — Souvenirs de la guerre révolutionnaire cubaine — Journal du Congo — Jounal de Bolivie — Justice globale

Préface de Jacobo Machover

GUICCIARDINI, Francesco

Histoire d'Italie (1492-1534)

Édition établie par Jean-Louis Fournel et Jean-Claude Zancarini

TOME I — TOME II

GUIZOT, François

Histoire de la révolution d'Angleterre

Édition établie par Laurent Theis

HISTOIRE AUGUSTE

Les Empereurs romains des IIe et IIIe siècles

Vie d'Hadrien — Vie d'Aelius — Vie d'Antonin le Pieux — Vie de Marc Aurèle — Vie de Vérus — Vie d'Avidius Cassius — Vie de Commode — Vie de Pertinax — Vie de Didius Julianus — Vie de Septime Sévère — Vie de Pescennius Niger — Vie de Clodius Albinus — Vie de Caracalla — Vie de Géta — Vie de Macrin — Vie de Diaduménien — Vie d'Élagabal — Vie d'Alexandre Sévère — Vie des deux Maximins — Vie des trois Gordiens — Vie de Maxime et Balbin — Vie des deux Valériens — Vie des deux Galliens — Vie des trente tyrans — Vie de Claude — Vie d'Aurélien — Vie de Tacite — Vie de Probus — Le Quadrige des tyrans — Vie de Carus, Carin et Numérien

Édition bilingue latin-français établie par André Chastagnol

HISTOIRE DU MARIAGE

Sous la direction de Sabine Melchior-Bonnet et Catherine Salles

JERPHAGNON, Lucien

Les Armes et les Mots

Histoire de la Rome antique. Les armes et les mots — Les Divins Césars. Idéologie et pouvoir dans la Rome impériale — Histoire de la pensée. D'Homère à Jeanne d'Arc

Préface de Jean d'Ormesson

KIERKEGAARD, Søren

Œuvres

L'Alternative *(également connu sous le titre* Ou bien… Ou bien…*)* — La Répétition *(également connu sous le titre* La Reprise*)* — Stades sur le chemin de la vie — La Maladie à la mort

Traduction de Paul-Henri Tisseau

Édition établie par Régis Boyer

KNIBIEHLER, Yvonne et SAGAERT, Martine

Les Mots des mères

Du XVIIe siècle à nos jours

LACARRIÈRE, Jacques

Méditerranée

En cheminant avec Hérodote — Promenades dans la Grèce antique — L'Été grec — Le Buveur d'horizon

Édition établie sous la direction de Pascal Charvet

LAMARTINE, Alphonse de

Histoire des Girondins

Édition établie par Anne et Laurent Theis

Préface de Mona Ozouf

TOME I : Livres premier à trente et unième — TOME II : Livres trente-deuxième à soixante et unième

LAVISSE, Ernest

Louis XIV

Histoire d'un grand règne (1643-1715)

Édition établie par René et Suzanne Pillorget

LEA, Henry Charles

Histoire de l'Inquisition au Moyen Âge

Traduction de Salomon Reinach

Préface de Bartolomé Bennassar

LÉVI, Éliphas

Secrets de la magie

Dogme et rituel de la haute magie — Histoire de la magie — La Clef des grands mystères

Édition établie et présentée par Francis Lacassin

LEYS, Simon

Essais sur la Chine

Les Habits neufs du président Mao — Ombres chinoises — Images brisées — La Forêt en feu — L'Humeur, l'honneur, l'horreur

Préface de Jean-François Revel

LE LIVRE DES ÉGYPTES

Sous la direction de Florence Quentin

LUCIEN DE SAMOSATE

Œuvres complètes

Traduction d'Émile Chambry, révisée et annotée par Alain Billault et Émeline Marquis, avec la collaboration de Dominique Goust

MABILLON, dom Jean

Œuvres choisies

Dom Mabillon, *par dom Henri Leclercq* — Traité des études monastiques — La Règle de notre bienheureux père saint Benoît, avec les statuts de messire Étienne de Poncher, évêque de Paris — Lettre d'un bénédictin à Mgr l'évêque de Blois touchant le discernement des anciennes reliques, au sujet d'une dissertation de M. Thiers contre la sainte larme de Vendôme — Dissertation sur le culte des saints inconnus, lettre d'Eusèbe à Théophile — La Mort chrétienne — De la controverse à la définition de l'identité bénédictine — Jean Mabillon et le monachisme, *par Odon Hurel*

Édition établie par Odon Hurel

MACAULAY, Thomas Babington

Histoire d'Angleterre

Depuis l'avènement de Jacques II (1685) jusqu'à la mort de Guillaume III (1702)

Édition établie par Michel Derouard

TOME I : Chapitres I à XII — TOME II : Chapitres XIII à XXV

MACHIAVEL

Premiers Écrits politiques — Le Prince — Discours sur la première décade de Tite-Live — L'Art de la guerre — Vie de Castruccio Castracani — Histoire de Florence — Écrits littéraires — Lettres familières, *précédé d'un* Dictionnaire de Machiavel, *par Christian Bec*
Édition et traduction établies par Christian Bec

McPHERSON, James M.

La Guerre de Sécession (1861-1865)
Traduction de Béatrice Vierne
Préface de Philippe Raynaud

MADELIN, Louis

Histoire du Consulat et de l'Empire
Présentation et index par Johan Ranger
TOME I : La Jeunesse de Bonaparte — L'Ascension de Bonaparte — De Brumaire à Marengo — Le Consulat
TOME II : L'Avènement de l'Empire — Vers l'empire d'Occident (1806-1807) — L'Affaire d'Espagne (1807-1809) — L'Apogée de l'Empire (1809-1810)
TOME III : La Crise de l'Empire (1810-1811) — L'Empire de Napoléon — La Nation sous l'Empereur — La Catastrophe de Russie
TOME IV : L'Écroulement du grand Empire — La Campagne de France — L'Interrègne impérial — Les Cent-Jours. Waterloo

MAGGIORI, Robert et DELACAMPAGNE, Christian

Philosopher
Réflexions philosophiques des grands penseurs contemporains

MAISTRE, Joseph de

Œuvres
Six Paradoxes à Mme la marquise de Nav… — Considérations sur la France — Sur le protestantisme — Essai sur le principe générateur des constitutions politiques — Les Soirées de Saint-Pétersbourg — Éclaircissement sur les sacrifices, *suivi d'un* Dictionnaire *établi par Jean-Louis Darcel, Pierre Glaudes et Jean-Yves Pranchère*
Texte établi, annoté et présenté par Pierre Glaudes

MARIE-ANTOINETTE

Anthologie et Dictionnaire
Textes choisis, présentés et annotés par Catriona Seth

MASSIGNON, Louis

Écrits mémorables
Textes établis, présentés et annotés sous la direction de Christian Jambet par François Angelier, François L'Yvonnet et Souâd Ayada
TOME I — TOME II

MAURIAC, François

Journal — Mémoires politiques
Journal, *annoté et présenté par Jean Touzot* — Le Bâillon dénoué — Mémoires politiques, *annotés et présentés par Laurence Granger*
Édition établie et présentée par Jean-Luc Barré

Correspondance intime
Réunie et présentée par Caroline Mauriac

MICHELET, Jules

Histoire de la Révolution française
Présentation de Claude Mettra

TOME I : Livres I à VII

TOME II : Livres VIII à XXI, *suivis d'un* Dictionnaire des personnages *établi par Alain Ferrari*

Le Moyen Âge : Livres I à XVII de l'Histoire de France
Présentation de Claude Mettra
Chronologie d'Alain Ferrari

Renaissance et Réforme : Histoire de France au XVIe siècle
Préface de Claude Mettra
Chronologie de Véronique Bedin

MOMMSEN, Theodor
Histoire romaine
Édition établie par Claude Nicolet
TOME I : Des commencements de Rome jusqu'aux guerres civiles
TOME II : Fondation de la monarchie militaire — Les Provinces sous l'Empire

LE MONDE ET SON HISTOIRE
Édition dirigée par Maurice Meuleau
Le Monde antique et les débuts du Moyen Âge (vers 3000 av. J.-C.-XIIe siècle apr. J.-C.), *par Maurice Meuleau et Luce Pietri*

Les Révolutions européennes et le partage du monde (XVIIIe siècle-XIXe siècle), *par Louis Bergeron* — Le Monde contemporain (1914-1938), *par Marcel Roncayolo*

Le Monde contemporain de la Seconde Guerre mondiale à nos jours (le second XXe siècle), *par Marcel Roncayolo*

MONTESQUIEU
Pensées — Le Spicilège
Édition établie par Louis Desgraves

LES MORALISTES DU XVIIe SIÈCLE
Sentences, maximes et pensées diverses, *présentées et annotées par J. Lafond* — LA ROCHEFOUCAULD : Maximes et Réflexions diverses, *et* MME DE SABLÉ : Maximes, *présentées et annotées par A.-A. Morello* — ABBÉ D'AILLY : Pensées diverses, *présentées et annotées par J. Lafond* — ÉTIENNE DE VERNAGE : Nouvelles Réflexions, *présentées et annotées par J. Lafond* — PASCAL : Pensées, *présentées et annotées par Ph. Sellier* — JEAN DOMAT : Pensées, *présentées et annotées par J. Lafond* — Discours sur les passions de l'amour, *présenté et annoté par J. Lafond* — LA BRUYÈRE : Les Caractères, *présentés et annotés par P. Soler* — DUFRESNY : Amusements sérieux et comiques, *présentés et annotés par J. Chupeau*
Édition établie par Jean Lafond

MOUSNIER, Roland
L'Homme rouge
Vie du cardinal de Richelieu

MÜLLER, Max
Mythologie comparée
Édition établie, présentée et annotée par Pierre Brunel

NAPOLÉON À SAINTE-HÉLÈNE
Par les « quatre évangélistes », Las Cases, Gourgaud, Montholon et Bertrand
Textes choisis, préfacés et commentés par Jean Tulard

NIETZSCHE, Friedrich
Œuvres
Édition établie par Jean Lacoste et Jacques Le Rider
Notes de Peter Pütz

TOME I : La Naissance de la tragédie — Considérations inactuelles — Humain, trop humain — Aurore
Postface de Jean Lacoste
TOME II : Le Gai Savoir — Ainsi parlait Zarathoustra — Par-delà le bien et le mal — La Généalogie de la morale — Le Cas Wagner — Le Crépuscule des idoles — L'Antéchrist — Ecce homo — Nietzsche contre Wagner — Dithyrambes de Dionysos
Postface de Georges Liébert
Index des noms et des notions par Jean Lacoste et Jacques Le Rider

NOLTE, Ernst
Fascisme et Totalitarisme
Le Fascisme dans son époque : L'Action française. Le Fascisme italien. Le National-socialisme — Les Mouvements fascistes : l'Europe de 1919 à 1945. Seconde partie : Les Mouvements fascistes nationaux — « La querelle des historiens » : *sélection d'articles* (1988-1996) *et extrait de* Quand tombe la nuit (2001) — Les Fondements historiques du national-socialisme
Édition établie et présentée par Stéphane Courtois

PLUTARQUE
Vies parallèles
Traductions de Robert Flacelière et Émile Chambry
Présentations de Jean Sirinelli
TOME I : Thésée et Romulus — Lycurgue et Numa — Solon et Publicola — Thémistocle et Camille — Périclès et Fabius Maximus — Alcibiade et Coriolan — Timoléon et Paul-Émile — Pélopidas et Marcellus — Aristide et Caton l'Ancien — Philopœmen et Flamininus — Pyrrhos et Marius — Lysandre et Sylla — Cimon et Lucullus — Nicias et Crassus — Sertorius et Eumène
TOME II : Agésilas et Pompée — Alexandre et César — Phocion et Caton le Jeune — Agis et Cléomène. Les Gracques — Démosthène et Cicéron — Démétrios et Antoine — Dion et Brutus — Artaxerxès et Aratos — Galba et Othon — *Index des noms propres*

PROMENADES AU LOUVRE
En compagnie d'écrivains, d'artistes et de critiques d'art
Édition présentée et établie par Jean Galard

REBATET, Lucien
Le Dossier Rebatet
Les Décombres — L'Inédit de Clairvaux
Édition établie et annotée par Bénédicte Vergez-Chaignon
Préface de Pascal Ory

REEVES, Hubert
Les Secrets de l'Univers
Chronique des atomes et des galaxies — Dernières nouvelles du cosmos — L'Heure de s'enivrer — Patience dans l'azur

REINACH, Joseph
Histoire de l'affaire Dreyfus
Préface de Pierre Vidal-Naquet
Introduction d'Hervé Duchêne
TOME I : Le Procès de 1894 — Esterhazy — La Crise
TOME II : Cavaignac et Félix Faure — Rennes — La Révision

REINACH, Salomon
Cultes, mythes et religions
Édition établie par Hervé Duchêne

RENAN, Ernest
Histoire des origines du christianisme
Édition établie, préfacée et annotée par Laudyce Rétat

TOME I : Vie de Jésus — Les Apôtres — Saint Paul, *précédé d'un* Dictionnaire de Renan, *par Laudyce Rétat*
TOME II : L'Antéchrist — Les Évangiles — L'Église chrétienne — Marc-Aurèle

LE RETOUR DES EXILÉS
La lutte pour la Palestine de 1869 à 1997
Édition établie et présentée par Henry Laurens

REVEL, Jean-François
Histoire de la philosophie occidentale
Pourquoi des philosophes — La Cabale des dévots — Histoire de la philosophie occidentale, de Thalès à Kant
Préface de Philippe Raynaud

RIASANOVSKY, Nicholas V.
Histoire de la Russie des origines à nos jours
Traduction de l'américain par André Berelowitch
Postface de Françoise Thorn

LE ROMAN VRAI DE LA IIIe ET DE LA IVe RÉPUBLIQUE (1870-1958)
Édition établie sous la direction de Gilbert Guilleminault
TOME I : 1870-1918 — TOME II : 1919-1958

SÉNÈQUE
Entretiens — Lettres à Lucilius
Édition établie par Paul Veyne

SERGE, Victor
Mémoires d'un révolutionnaire et autres écrits politiques
Deux Russes : Léon Tolstoï et Egor Sazonov — L'Esprit révolutionnaire russe — La Ville en danger : Petrograd, l'an II de la Révolution — Pendant la guerre civile — Les Anarchistes et l'expérience de la Révolution russe — Lénine 1917 — Les Coulisses d'une Sûreté générale — Vie des révolutionnaires — Destin d'une Révolution. URSS 1917-1937 — Mémoires d'un révolutionnaire 1905-1941 — Puissance et limites du marxisme — Pour un renouvellement du socialisme — Trente ans après la Révolution russe — Lettres à Emmanuel Mounier — Lenin's Heir ? — Entretien avec Victor Alba
Édition établie par Jean Rière et Jil Silberstein

STANISLAS LESZCZYNSKI
Édition établie et présentée par Anne Muratori-Philip

TACITE
Œuvres complètes
Livre sur la vie de Julius Agricola — De la Germanie — Dialogue des orateurs — Les Histoires — Les Annales
Édition établie par Catherine Salles

TAINE, Hippolyte
Les Origines de la France contemporaine
L'Ancien Régime — La Révolution — Le Régime moderne
Nouvelle préface de Jean-Paul Cointet
Édition établie par François Leger

TALLEYRAND, Charles-Maurice, prince de
Mémoires et Correspondances
Édition intégrale établie et présentée par Emmanuel de Waresquiel

LE TEMPS DES HÉROS

Récits épiques de l'humanité

Édition établie et présentée par Gérard Chaliand

THIBAUDET, Albert

Réflexions sur la politique

Les Princes lorrains (1924) — La République des professeurs (1927) — Les Idées politiques de la France (1932) — Choix d'articles parus dans : *La Nouvelle Revue française*, la *Revue de Genève*, *L'Europe nouvelle*, *Les Nouvelles littéraires*, *La Dépêche* (1911-1936) — *Annexes*

Édition établie et présentée par Antoine Compagnon

THOMAS, Hugh

La Conquête du Mexique

Traduction de Guillaume Villeneuve

La Guerre d'Espagne (juillet 1936-mars 1939)

Traduction de Jacques Brousse, Lucien Hess et Christian Bounay

La Traite des Noirs (1440-1870)

Traduction de Guillaume Villeneuve

THUCYDIDE

Histoire de la guerre du Péloponnèse, *précédée de* En campagne avec Thucydide, *par Albert Thibaudet* — Dictionnaire de Thucydide, *sous la direction de Jacqueline de Romilly, de l'Académie française*

Édition et traduction établies par Jacqueline de Romilly

TOCQUEVILLE, Alexis de

De la démocratie en Amérique — Souvenirs — L'Ancien Régime et la Révolution

Édition établie par James T. Schleifer, Jean-Claude Lamberti et Françoise Mélonio

TODOROV, Tzvetan

Le Siècle des totalitarismes

Face à l'extrême — Une tragédie française — L'Homme dépaysé *(extraits)* — Mémoire du mal, tentation du bien

TREVELYAN, George Macaulay

Histoire sociale de l'Angleterre

Six siècles d'histoire de Chaucer à la reine Victoria

Nouvelle traduction par Odile Demange

Édition établie par Jean-Pierre Poussou

VAN GENNEP, Arnold

Le Folklore français

TOME I : Cérémonies familiales : Du berceau à la tombe — Cérémonies périodiques, cycliques et saisonnières : Carnaval-Carême, Pâques

TOME II : Cérémonies périodiques, cycliques et saisonnières *(suite)* : Cycle de mai, Cycle de la Saint-Jean, Cérémonies agricoles de l'été, Cérémonies agricoles de l'automne

TOME III : Cérémonies périodiques, cycliques et saisonnières *(fin)* : Cycle des Douze Jours : Noël, De Noël aux Rois *(rédigé par Bernadette Guichard)* — Textes inédits sur le folklore français contemporain, *présentés et annotés par Nicole Belmont* — Essais divers de folklore

BIBLIOGRAPHIES : Questionnaires — Provinces et pays — Bibliographie méthodique — Index des auteurs cités, Index des provinces — Bibliographie personnelle d'Arnold Van Gennep, *établie par Francis Lacassin*

VENISE ET LA RÉVOLUTION FRANÇAISE

Les 470 dépêches des ambassadeurs de Venise au doge (1786-1795)

Édition et traduction de l'italien établies par Alessandro Fontana, Francesco Furlan et Georges Saro

VIEL CASTEL, Horace de

Mémoires sur le règne de Napoléon III, 1851-1864

Texte présenté et annoté par Éric Anceau

WILSON, Arthur

Diderot

Sa vie et son œuvre

Traduction de Gilles Chahine, Annette Lorenceau et Anne Villelaur

LITTÉRATURE & POÉSIE

ALLAIS, Alphonse

Œuvres anthumes

À se tordre — Vive la vie ! — Pas de bile ! — Le Parapluie de l'escouade — Rose et vert pomme — Deux et deux font cinq — On n'est pas des bœufs — Le Bec en l'air — Amours, délices et orgues — Pour cause de fin de bail — Ne nous frappons pas — Le Captain Cap

Édition établie par François Caradec

Œuvres posthumes (1877-1905)

Édition établie par François Caradec

ANTHOLOGIE ÉROTIQUE

Le XVIIIe siècle

Histoire de la vie et des mœurs de mademoiselle Cronel dite Frétillon — Les Galanteries de Thérèse — La Grivoise du temps ou la Charolaise — Mademoiselle Javotte — Les Lauriers ecclésiastiques — Les Cannevas de la Pâris — Correspondance de Madame Gourdan — Correspondance d'Eulalie — Le Courrier extraordinaire des fouteurs ecclésiastiques — Les Sérails de Paris — Les Amours de Charlot et Toinette — Portefeuille d'un talon rouge — Le Godemiché royal — L'Autrichienne en goguettes — La Confession de Marie-Antoinette — Bordel royal — Bordel patriotique — Grande fête donnée par les maquerelles de Paris — Fureurs utérines de Marie-Antoinette — Les Adieux de La Fayette ou Cadet Capet à Antoinette — Les Adieux de la reine à ses mignons et mignonnes — Les Nouvelles du ménage royal sens dessus dessous — La Journée amoureuse

Édition établie par Maurice Lever

AUDOUARD, Yvan

Tous les contes de ma Provence

Ma Provence à moi — Le Trésor des Alpilles — Bons baisers de Fontvieille — Les Cigales d'avant la nuit — Lettres de mon pigeonnier — L'Heure d'été — L'Apprenti fada — Le Noble Jeu provençal — Camargue — Almanach égoïste à l'usage de quelques-uns — La Vérité du dimanche — Le Sabre de mon père — La Cabane de mon père

Préface d'Antoine Audouard

BALZAC, Honoré de

Premiers romans (1822-1825)

Édition établie par André Lorant

TOME I : L'Héritière de Birague — Jean Louis, ou la Fille trouvée — Clotilde de Lusignan, ou le Beau Juif — Le Centenaire, ou les Deux Beringheld

TOME II : La Dernière Fée, ou la Nouvelle Lampe merveilleuse — Le Vicaire des Ardennes — Annette et le Criminel — Wann-Chlore

Lettres à Madame Hanska

Édition établie par Roger Pierrot

TOME I : 1832-1844 — TOME II : 1844-1850

BARBEY D'AUREVILLY, Jules

Une vieille maîtresse — L'Ensorcelée — Un prêtre marié — Les Diaboliques — Une page d'histoire

Édition établie par Philippe Sellier

BARRÈS, Maurice

Romans et voyages

Édition établie par Vital Rambaud

TOME I : Le Culte du Moi : Sous l'œil des Barbares — Un homme libre — Le Jardin de Bérénice — L'Ennemi des lois — Du sang, de la volupté et de la mort — Le Roman de l'énergie nationale : Les Déracinés — L'Appel au soldat — Leurs figures

Préface d'Éric Roussel

TOME II : Amori et dolori sacrum — Les Amitiés françaises — Les Bastions de l'Est : Au service de l'Allemagne — Colette Baudoche — Le Voyage de Sparte — Greco ou le Secret de Tolède — La Colline inspirée — Un jardin sur l'Oronte — Le Mystère en pleine lumière — *Documents*

BAUDELAIRE, Charles

Œuvres complètes

Préface de Claude Roy

Édition établie par Michel Jamet

BENOIT, Pierre

Romans

Kœnigsmark — L'Atlantide — Pour Don Carlos — Le Puits de Jacob — Le Roi lépreux — Le Désert de Gobi

Édition établie par Francis Lacassin

LA BIBLIOTHÈQUE BLEUE

Littérature de colportage

Édition établie par Lise Andries et Geneviève Bollème

BIOY CASARES, Adolfo

Romans

L'Invention de Morel — Plan d'évasion — Le Songe des héros — Journal de la guerre au cochon — Dormir au soleil — Un photographe à La Plata — Un champion fragile — Un autre monde

Édition établie par Michel Lafon

BLONDIN, Antoine

L'Europe buissonnière — Les Enfants du bon Dieu — L'Humeur vagabonde — Un singe en hiver — Monsieur Jadis — Quat' saisons — Certificats d'études — Ma vie entre les lignes — L'Ironie du sport

Édition établie par Jacques Bens

BLOY, Léon

Journal

Édition établie par Pierre Glaudes

TOME I : 1892-1907 : Le Mendiant ingrat — Mon journal — Quatre Ans de captivité à Cochons-sur-Marne — L'Invendable

TOME II : 1907-1917 : Le Vieux de la Montagne — Le Pèlerin de l'Absolu — Au seuil de l'Apocalypse — La Porte des Humbles

BOULGAKOV, Mikhaïl

La Garde blanche — La Vie de monsieur de Molière — Le Roman théâtral — Le Maître et Marguerite

Traduction de Claude Ligny et Paul Kalinine

Édition établie par Laure Troubetzkoy et Marianne Gourg

BRONTË, Anne, Charlotte, Emily et Patrick Branwell

Œuvres

TOME I : EMILY BRONTË : Wuthering Heights — ANNE BRONTË : Agnès Grey — CHARLOTTE BRONTË : Villette

Édition établie par Francis Lacassin

TOME II : CHARLOTTE BRONTË : Jane Eyre — ANNE BRONTË : La Châtelaine de Wildfell Hall — CHARLOTTE BRONTË : Le Professeur

Édition établie par Francis Lacassin

TOME III : CHARLOTTE BRONTË : Shirley — Caractères des hommes célèbres du temps présent — Albion et Marina — Le Grand Monde à Verdopolis — Le Sortilège — Quatre Ans plus tôt — PATRICK BRANWELL BRONTË : Magazine — L'Histoire des jeunes hommes — Le Pirate — The Monthly Intelligencer — [La Mort de Mary Percy] — « Et ceux qui sont las se reposent »

Édition établie par Raymond Bellour et Francis Lacassin

BUZZATI, Dino

Œuvres

TOME I : Bàrnabo des Montagnes — Le Secret du Bosco Vecchio — Le Désert des Tartares — Petite Promenade — Les Sept Messagers — La Fameuse Invasion de la Sicile par les ours — Panique à la Scala — Un cas intéressant

Édition établie par Francis Lacassin

TOME II : En ce moment précis — L'Écroulement de la Baliverna — L'Image de Pierre — Nous sommes au regret de… — Un amour — Le K — Les Nuits difficiles

Édition établie par Delphine Gachet

CAMÕES, Luís de

Les Lusiades

Préface d'Eduardo Lourenço

Présentation par José V. de Pina Martins

Avant-propos, Introduction et traduction du portugais par Roger Bismut

Édition bilingue portugais-français

CARROLL, Lewis

Œuvres

Édition établie par Francis Lacassin

TOME I : Les Aventures d'Alice sous terre — Les Aventures d'Alice au pays des merveilles — De l'autre côté du miroir et ce qu'Alice y trouva — Le Frelon à perruque — Alice racontée aux petits enfants — Autour du pays des merveilles — Lettres à ses amies-enfants — Petites filles en visite — Jeux, casse-tête, inventions — Les Feux de la rampe — Fantasmagorie et poésies diverses — Journaux

TOME II : La Chasse au Snark — Sylvie et Bruno — Tous les contes et nouvelles — Une histoire embrouillée — Le Magazine du presbytère — Le Parapluie du presbytère — Méli-mélo — Logique sans peine — La Vie à Oxford — Essais et opinions

CASANOVA

Histoire de ma vie

Édition établie par Francis Lacassin

TOME III : Volumes 9 à 12 — *Annexes* : Casanova après les Mémoires — Derniers textes de Casanova

Histoire de ma vie

Édition établie par Jean-Christophe Igalens et Érik Leborgne

VOLUME I : Tomes I à III — *Annexes : L'écrivain Casanova avant l'*Histoire de ma vie : Les premières préfaces de l'*Histoire de ma vie* — *Sur la langue française* — La possession de Bettine dans la *Confutazione* — *Histoire de ma fuite des prisons de la république de Venise*

VOLUME II : Tomes IV à VII — *Annexes : Variantes de l'*Histoire de ma vie — Vers dédiés à « Camille Véronèse » — Projets de loterie grammaticale — Tableau d'une nouvelle méthode à l'avantage de la loterie de Rome — Calcul des proportions pour régler les paiements des gains de la loterie publique de Venise — Sur la cabale : brouillon d'une lettre à Eva Frank — Sur Pétrarque et l'amour platonique

CERVANTÈS

Don Quichotte

Traduction de Francis de Miomandre

Édition établie par Yves Roullière

CHAUCER, Geoffrey

Les Contes de Canterbury et autres œuvres

Les Contes de Canterbury — Le Roman de la Rose — Poèmes français — Le Livre de la Duchesse — Le Palais de Renommée — Anélide et le traître Arcite — Le Parlement des oiseaux — Boèce — Troïlus et Criseyde — La Légende des dames vertueuses — Poésies diverses — Traité de l'astrolabe — L'Équatoire des planètes
Édition établie par André Crépin

COLETTE
Romans, récits, souvenirs
Édition établie par Françoise Burgaud
TOME I : 1900-1919. Claudine à l'école — Claudine à Paris — Claudine en ménage — Claudine s'en va — La Retraite sentimentale — Les Vrilles de la vigne — L'Ingénue libertine — La Vagabonde — L'Envers du music-hall — L'Entrave — La Paix chez les bêtes — Les Heures longues — Dans la foule — Mitsou
TOME II : 1920-1940. Chéri — La Chambre éclairée — Le Voyage égoïste — La Maison de Claudine — Le Blé en herbe — La Femme cachée — Aventures quotidiennes — La Fin de Chéri — La Naissance du jour — La Seconde — Sido — Douze Dialogues de bêtes — Le Pur et l'Impur — Prisons et Paradis — La Chatte — Duo — Mes apprentissages — Bella-Vista — Le Toutounier — Chambre d'hôtel
TOME III : 1941-1949, *suivi de* Critique dramatique (1934-1938). Journal à rebours — Julie de Carneilhan — De ma fenêtre — Le Képi — Trois… six… neuf… — Gigi — Belles Saisons — L'Étoile Vesper — Pour un herbier — Le Fanal bleu — Autres bêtes — En pays connu — La Jumelle noire

CONTES IMMORAUX DU XVIIIe SIÈCLE
Édition établie par Nicolas Veysman
Préface de Michel Delon

COURTELINE, Georges
Théâtre, contes, romans et nouvelles, philosophie, écrits divers et fragments retrouvés
Théâtre : Boubouroche — La Peur des coups — Un client sérieux — Hortense, couche-toi ! — Monsieur Badin — Théodore cherche des allumettes — La Voiture versée — Les Boulingrin — Le gendarme est sans pitié — Le commissaire est bon enfant — L'Article 330 — Les Balances — La Paix chez soi — Mentons bleus — *Contes* : Le Miroir concave — Lieds de Montmartre — Dindes et grues — Les Miettes de la table — Scènes de la vie de bureau — Les Fourneaux — L'Ami des lois — *Romans et nouvelles* : Messieurs les ronds-de-cuir — Les Linottes — Le Train de 8 h 47 — Les Gaîtés de l'escadron — *Philosophie* — *Écrits et fragments retrouvés*
Édition établie par Emmanuel Haymann

CROISADES ET PÈLERINAGES
Récits, chroniques et voyages en Terre sainte, XIIe-XVIe siècle
Chansons de croisades — La Chanson d'Antioche — La Conquête de Jérusalem — Le Bâtard de Bouillon — Saladin — Chronique de la croisade — La Conquête de Constantinople — La Fleur des histoires de la Terre d'Orient — Traité sur le passage en Terre sainte — Récits de pèlerinages — Récits de voyages hébraïques — Le Livre de Messire Jean de Mandeville
Édition établie sous la direction de Danielle Régnier-Bohler

DANTZIG, Charles
Les Écrivains et leurs mondes
Ma république idéale — La Guerre du cliché — Dictionnaire égoïste de la littérature française

DICKENS, Charles
Les Grandes Espérances — Le Mystère d'Edwin Drood — Récits pour Noël
Édition établie par Jean Gattegno

DIDEROT, Denis
Œuvres
Édition établie par Laurent Versini
TOME I : Philosophie

Pensées philosophiques — Addition aux Pensées philosophiques — De la suffisance de la religion naturelle — La Promenade du sceptique — Lettre sur les aveugles — Additions à la Lettre sur les aveugles — Articles de philosophie tirés de l'*Encyclopédie* — Suite de l'Apologie de M. l'abbé de Prades — Pensées sur l'interprétation de la nature — Le Rêve de d'Alembert — Principes philosophiques sur la matière et le mouvement — Observation sur Hemsterhuis — Réfutation d'Helvétius — Entretien d'un philosophe avec la maréchale de *** — Sur les femmes — Essai sur les règnes de Claude et de Néron — Éléments de physiologie
TOME II : Contes
Les Bijoux indiscrets — L'Oiseau blanc, conte bleu — La Religieuse — Mystification — La Vision de M. de Bignicourt — Les Deux Amis de Bourbonne — Entretien d'un père avec ses enfants — Ceci n'est pas un conte — Madame de La Carlière — Supplément au Voyage de Bougainville — Satyre première — Lui et moi — Le Neveu de Rameau — Jacques le Fataliste
TOME III : Politique
Articles de politique tirés de l'*Encyclopédie* — Lettre sur le commerce de la librairie — Apologie de l'abbé Galiani — L'Anti-Frédéric — Mélanges philosophiques, historiques, etc. pour Catherine II — Plan d'une université — Observations sur le Nakaz — Contributions à l'histoire des deux Indes — Lettre apologétique de l'abbé Raynal à Monsieur Grimm
TOME IV : Esthétique-Théâtre
Esthétique : Lettre sur les sourds et muets — Additions à la Lettre sur les sourds et muets — Traité du beau — Articles d'esthétique tirés de l'*Encyclopédie* — Au petit prophète de Boehmischbroda — Les Trois Chapitres — Éloge de Richardson — Les Salons de 1759, 1761, 1763, 1765, 1767, 1769, 1771, 1775 et 1781 — Pensées détachées sur la peinture, la sculpture et la poésie — *Théâtre* : Le Fils naturel — Entretiens sur *Le Fils naturel* — Le Père de famille — De la poésie dramatique — Sur Térence — Paradoxe sur le comédien — Est-il bon ? Est-il méchant ?
TOME V : Correspondance

DUMAS, Alexandre

Mes mémoires
Préface de Claude Schopp
Notes de Pierre Josserand
TOME I : 1802-1830 — TOME II : 1830-1833
(disponible sous coffret, avec le Quid d'Alexandre Dumas, *par Dominique Frémy et Claude Schopp)*

LES GRANDS ROMANS D'ALEXANDRE DUMAS
Édition établie par Claude Schopp

Mémoires d'un médecin
• Joseph Balsamo, *suivi d'un* Dictionnaire des personnages, *par Claude Schopp*
• Le Collier de la reine — Ange Pitou
• La Comtesse de Charny — Le Chevalier de Maison-Rouge

Les Mousquetaires
• Les Trois Mousquetaires — Vingt Ans après *(nouvelle édition)*, *précédé d'un* Dictionnaire des personnages, *par Claude Schopp*
• Le Vicomte de Bragelonne
TOME I : Chapitres I à CXXXIII — TOME II : Chapitres CXXXIV à CCLXVI

La Reine Margot — La Dame de Monsoreau, *précédé d'un* Dictionnaire des personnages, *par Claude Schopp*

Les Quarante-Cinq, *suivi de* Théâtre : La Reine Margot — La Dame de Monsoreau

Le Comte de Monte-Cristo, *précédé d'un* Dictionnaire des personnages, *par Claude Schopp*

Les Romans de la Renaissance
Arcanio — Les Deux Diane — L'Horoscope

D'UN CÉLINE L'AUTRE

Édition établie et présentée par David Alliot
Préface de Me François Gibault

DUONG THU HUONG

Œuvres
Au-delà des illusions — Les Paradis aveugles — Roman sans titre — Terre des oublis
Préface Me Antoine Audouard

ELLIS, Bret Easton

Œuvres complètes
Tome I : Moins que zéro — Les Lois de l'attraction — American Psycho — Zombies
Préface de Cécile Guilbert
Tome II : Glamorama — Lunar Park — Suite(s) impériale(s)

ÉLUARD, Paul

La Poésie du passé
De Chrestien de Troyes à Cyrano de Bergerac

LA FABRIQUE DE L'INTIME

Mémoires et journaux de femmes du XVIIIe siècle
ROSALBA CARRIERA : Journal — MARGUERITE-JEANNE DE STAAL-DELAUNAY : Mémoires — SUZANNE NECKER : Sur un nouveau genre de spectateur — FRANÇOISE-RADEGONDE LE NOIR : Vie de la vénérable sœur Françoise-Radegonde Le Noir — ISABELLE DE BOURBON-PARME : Les Aventures de l'Étourderie — FÉLICITÉ DE GENLIS : Les Souvenirs de Félicie L*** — JEANNE-MARIE ROLAND : Mémoires — MARY ROBINSON : Mémoires de Mistriss Robinson — CHARLOTTE-NICOLE COQUEBERT DE MONTBRET : [Livre d'Ernest et de Cécile] — ADÉLAIDE DE CASTELLANE : Notes sur l'éducation de mes enfants — GERMAINE DE STAËL : Mon journal — MARIE-AIMÉE STECK-GUICHELIN : Cahiers — VICTOIRE MONNARD : Souvenirs
Textes établis, présentés et annotés par Catriona Seth

FERNANDEZ, Dominique

Prestige et Infamie
La Course à l'abîme — Le Dernier des Médicis — Signor Giovanni — Dans la main de l'ange

FONTANE, Theodor

Errements et Tourments — Jours disparus — Frau Jenny Treibel — Effi Briest
Édition établie sous la direction de Michel-François Demet
Préface de Claude David

GAUTIER, Théophile

Œuvres
La Cafetière — Omphale — Les Jeunes-France — Mademoiselle de Maupin — La Morte amoureuse — La Chaîne d'or — Fortunio — La Pipe d'opium — Une nuit de Cléopâtre — La Toison d'or — Le Pied de momie — La Mille et Deuxième Nuit — Le Roi Candaule — Le Club des hachichins — Arria Marcella — Avatar — Jettatura — Le Roman de la momie — Le Capitaine Fracasse — Spirite
Édition établie et annotée par Paolo Tortonese

GIBRAN, Khalil

Œuvres complètes
La Musique — Les Nymphes des vallées — Les Esprits rebelles — Les Ailes brisées — Larme et Sourire — Les Processions — Les Tempêtes — Merveilles et Curiosités, *traduits de l'arabe par Jean-Pierre Dahdah* — Le Fou, *traduit de l'anglais par Rafic Chikhani* — Le Précurseur, *traduit de l'anglais par Alexandre Najjar* — Le Prophète, *traduit de l'anglais par Salah Stétié* — Le Sable et l'Écume — Jésus Fils de l'Homme, *traduits de l'anglais par Jean-Pierre Dahdah* — Les Dieux de la Terre, *traduit de l'anglais par Alexandre Najjar* — L'Errant — Le Jardin du Prophète — Lazare et sa bien-aimée — L'Aveugle, *traduits de l'anglais par Jean-Pierre Dahdah* — Dictionnaire Gibran, *par Alexandre Najjar*
Édition établie et présentée par Alexandre Najjar

GONCOURT, Edmond et Jules de

Journal. Mémoires de la vie littéraire
Édition établie et annotée par Robert Ricatte
Préface et chronologie de Robert Kopp
TOME I : 1851-1865 — TOME II : 1866-1886 — TOME III : 1887-1896

Les Maîtresses de Louis XV et autres portraits de femmes
La Duchesse de Châteauroux et ses sœurs — Madame de Pompadour — La du Barry — Sophie Arnould — Histoire de Marie-Antoinette
Édition établie et présentée par Robert Kopp

GREENE, Graham

La Chaise vide *et autres récits inédits*, *suivis de* Le Ministère de la peur — Le Dixième Homme — Une sorte de vie — Les Chemins de l'évasion
Édition présentée par François Gallix et Isabelle D. Philippe
La Puissance et la Gloire — Le Fond du problème — La Fin d'une liaison — Un Américain bien tranquille — Notre agent à La Havane — Le Facteur humain
Préface de François Gallix

GROSSMAN, Vassili

Vie et destin *(traduction revue et augmentée)* — La Madone Sixtine — Le Repos éternel — Le Phosphore — La Route — Abel. Le six août — Tiergarten — Maman — À Kislovodsk — Tout passe — *Annexes :* Lettre à Khrouchtchev — Entretien avec Souslov — Lettres à ma mère
Édition établie et présentée par Tzvetan Todorov
Notes et Dictionnaire par Ludmila Gaav-Mathis

HARRISON, Jim

Wolf, Mémoires fictifs — Un bon jour pour mourir — Nord-Michigan — Légendes d'automne — Sorcier
Préface de Serge Lentz

HOMÈRE

L'Iliade — L'Odyssée
Édition établie et traduite par Louis Bardollet

HUGO, Victor

Correspondance familiale et écrits intimes
Édition établie par Jean et Sheila Gaudon et Bernard Leuilliot
Préface de Jean Gaudon
TOME I : 1802-1828 — TOME II : 1828-1839

ŒUVRES COMPLÈTES
Édition dirigée par Jacques Seebacher
Roman
TOME I : Han d'Islande — Bug-Jargal — Le Dernier Jour d'un condamné — Notre-Dame de Paris — Claude Gueux
Présentation, notices et notes de Jacques Seebacher
TOME II : Les Misérables
Présentation d'Annette Rosa
Notices et notes de Guy et Annette Rosa
TOME III : L'Archipel de la Manche — Les Travailleurs de la mer — L'Homme qui rit — Quatrevingt-treize
Présentation d'Yves Gohin
Notices et notes d'Yves Gohin, Bernard Leuilliot et Jean Gaudon
Poésie
TOME I : Premières publications — Odes et Ballades — Les Orientales — Les Feuilles d'automne — Les Chants du crépuscule — Les Voix intérieures — Les Rayons et les Ombres

Présentation de Claude Gély
Notices et notes de Bernard Leuilliot, Gabrielle Malandain, Nicole Savy, Claude Gély et Jean-Pierre Reynaud
TOME II : Châtiments — Les Contemplations — La Légende des siècles *(première série)* — Les Chansons des rues et des bois — La Voix de Guernesey
Présentation de Jean Gaudon
Notices et notes de Jean et Sheila Gaudon
TOME III : L'Année terrible — La Légende des siècles *(nouvelle série)* — La Légende des siècles *(dernière série)* — L'Art d'être grand-père — Le Pape — La Pitié suprême — Religions et Religion — L'Âne — Les Quatre Vents de l'esprit
Présentation de Jean Delabroy
Notices et notes de Claude Millet, Jean Delabroy, Yves Gohin, Jean-Claude Fizaine et Danièle Gasiglia-Laster
TOME IV : La Fin de Satan — Toute la lyre — Dieu — Les Années funestes — Dernière Gerbe — Océan vers — *Annexe* : Le Verso de la page, Dieu
Présentation de Bernard Leuilliot
Notices et notes de René Journet, Pierre Laforgue et Bernard Leuilliot
Théâtre
TOME I : Cromwell — Amy Robsart — Hernani — Marion de Lorme — Le roi s'amuse — Lucrèce Borgia — Marie Tudor — Angelo, tyran de Padoue — La Esmeralda
Présentation d'Anne Ubersfeld
Notices et notes d'Anne Ubersfeld et Arnaud Laster
TOME II : Ruy Blas — Les Burgraves — Torquemada — Théâtre en liberté — Les Jumeaux — Mille Francs de récompense — L'Intervention
Présentation d'Arnaud Laster
Notices et notes d'Anne Ubersfeld, Anne Maurel, Jean-Claude Fizaine et Arnaud Laster
Politique
Paris — Mes fils — Actes et paroles I — Actes et paroles II — Actes et paroles III — Actes et paroles IV — Testament littéraire — Préface à l'édition *ne varietur*
Présentation de Jean-Claude Fizaine
Notices et notes d'Yves Gohin, Bernard Leuilliot, Michèle Fizaine, Josette Acher, Marie-Christine Bellosta et Jean-Claude Fizaine
Histoire
Napoléon-le-Petit — Histoire d'un crime — Choses vues
Présentation de Sheila Gaudon
Notices et notes de Sheila Gaudon, Jean-Claude Fizaine, Guy Rosa, Pascale Devars et Jean-Claude Nabet
Voyages
Le Rhin — Fragments d'un voyage aux Alpes — France et Belgique — Alpes et Pyrénées — Voyages et excursions — Carnets 1870-1871 — *Annexes*
Présentation de Claude Gély
Notices et notes d'Evelyn Blewer, Corinne Chuat, Jacques Seebacher et Claude Gély
Chantiers
Reliquat de *Notre-Dame de Paris* — Suite de *Châtiments* — La Fin de Satan *(fragments)* — Dieu *(fragments)* — Le Dossier des *Misérables* — Autour des *Chansons des rues et des bois* — Fragments critiques — Fragments dramatiques
Présentation de René Journet
Notices et notes d'Evelyn Blewer, Yves Gohin, Anthony R. W. James, René Journet, Arnaud Laster et Jacques Seebacher
Océan
Océan prose — Philosophie prose — Faits et croyances — Moi, l'amour, la femme — Philosophie vers — Plans et projets
Textes établis et annotés par René Journet

HUYSMANS, Joris-Karl
Romans
Marthe — Les Sœurs Vatard — Sac au dos — En ménage — À vau-l'eau — À rebours — En rade — Un dilemme — La Retraite de monsieur Bougran
Édition établie sous la direction de Pierre Brunel

JAMES, Henry

Daisy Miller — Les Ailes de la colombe — Les Ambassadeurs

Préface de Philippe Sellier

JARRY, Alfred

Œuvres

Les Minutes de sable mémorial — César Antechrist — Poèmes de jeunesse — Écrits sur l'art — L'Ymagier — Perhinderion — Ubu roi — Ubu enchaîné — Ubu cocu — Ubu sur la butte — Almanach du père Ubu — Gestes et opinions du Dr Faustroll, pataphysicien — Les Jours et les Nuits — L'Amour en visites — L'Amour absolu — L'Autre Alceste — Messaline — Le Surmâle — Poèmes — La Chandelle verte — La Dragonne

Édition établie sous la direction de Michel Décaudin

LABICHE, Eugène

Théâtre

Édition établie par Jacques Robichez

TOME I : Rue de l'Homme-Armé n° 8 *bis* — Embrassons-nous, Folleville ! — Un garçon de chez Véry — La Fille bien gardée — Un chapeau de paille d'Italie — Un monsieur qui prend la mouche — Le Misanthrope et l'Auvergnat — Edgard et sa bonne — Le Chevalier des dames — Mon Isménie — Si jamais je te pince… ! — L'Affaire de la rue de Lourcine — L'Avocat d'un grec — Voyage autour de ma marmite — La Sensitive — Les Deux Timides — Le Voyage de monsieur Perrichon — Les Vivacités du capitaine Tic — Le Mystère de la rue Rousselet — La Poudre aux yeux, *précédé d'un* Dictionnaire d'Eugène Labiche, *par Jacques Robichez*

TOME II : La Station Champbaudet — Les 37 Sous de M. Montaudoin — La Dame au petit chien — Permettez, madame !… — Célimare le bien-aimé — La Cagnotte — Moi — Premier Prix de piano — Un pied dans le crime — La Grammaire — Les Chemins de fer — Le Papa du prix d'honneur — Le Dossier de Rosafol — Le Plus Heureux des trois — Doit-on le dire ? — 29 Degrés à l'ombre — Garanti dix ans — Madame est trop belle — Les Trente Millions de Gladiator — Un mouton à l'entresol — Le Prix Martin — La Cigale chez les fourmis

LAWRENCE, David Herbert

Le Serpent à plumes et autres œuvres mexicaines

Le Serpent à plumes — Matinées mexicaines — L'Amazone fugitive — L'Étalon — La Princesse

Première édition conforme au manuscrit original du Serpent à plumes, *traduit par Philippe Mikriammos*

Édition présentée par Philippe Mikriammos

LAWRENCE, T. E.

Œuvres

Édition établie par Francis Lacassin

TOME I : Dépêches secrètes d'Arabie — [Le Rêve anéanti] — Lettres de T. E. Lawrence à E. T. Leeds — Lettres de T. E. Lawrence

TOME II : Les Sept Piliers de la sagesse, *précédé d'un* Dictionnaire de T. E. Lawrence, *par Francis Lacassin*

Nouvelle traduction de Jean Rosenthal

Préface de Roger Stéphane

Index des noms, index des lieux, index des thèmes, par Maurice Larès

LE BRAZ, Anatole

Magies de la Bretagne

Édition établie par Francis Lacassin

TOME I : La Bretagne à travers l'Histoire — La Légende de la mort chez les Bretons armoricains — Récits de passants — Vieilles Histoires du pays breton — Pâques d'Islande — Contes du soleil et de la brume — Les Saints bretons — Au pays des pardons

Introduction de Pierre Jakez Hélias

Tome II : Le Gardien du feu — Le Sang de la Sirène — Âmes d'Occident — Chansons populaires de la Basse-Bretagne — Le Théâtre celtique — Cognomerus et sainte Tréfine — Croquis de Bretagne et d'ailleurs — Vieilles Chapelles de Bretagne — Îles bretonnes — La Terre du passé
Introduction de Claude Seignolle

LA LÉGENDE ARTHURIENNE
Le Graal et la Table Ronde
Perceval le Gallois ou le Conte du Graal, *par Chrétien de Troyes* — Perlesvaus, le Haut Livre du Graal — Merlin et Arthur : le Graal et le Royaume, *attribué à Robert de Boron* — Le Livre de Caradoc — Le Chevalier à l'épée — Hunbaut — La Demoiselle à la mule, *attribué à Païen de Maisières* — L'Âtre périlleux — Gliglois — Méraugis de Portlesguez, *par Raoul de Houdenc* — Le Roman de Jaufré — Blandin de Cornouaille — Les Merveilles de Rigomer — Méliador, *par Jean Froissart* — Le Chevalier au Papegau
Édition établie sous la direction de Danielle Régnier-Bohler

LEVI, Primo
Œuvres
Si c'est un homme — La Trêve — Le Système périodique — La Clé à molette — Maintenant ou jamais — Conversations et entretiens
Édition présentée par Catherine Coquio

LOTI, Pierre
Voyages (1872-1913)
L'Île de Pâques — Une relâche de trois heures — Mahé des Indes — Obock (en passant) — Japoneries d'automne — Au Maroc — Constantinople en 1890 — Le Désert — Jérusalem — La Galilée — L'Inde (sans les Anglais) — Les Pagodes d'or — En passant à Mascate — Vers Ispahan — Les Derniers Jours de Pékin — Un pèlerin d'Angkor — La Mort de Philæ — Suprêmes visions d'Orient
Édition établie par Claude Martin

LOUŸS, Pierre
Œuvre érotique
Édition établie et présentée par Jean-Paul Goujon

MAUPASSANT, Guy de
Contes et nouvelles — Romans
Édition établie par Brigitte Monglond
Tome I : Contes divers (1875-1880) — La Maison Tellier — Contes divers (1881) — Mademoiselle Fifi — Contes divers (1882) — Contes de la Bécasse — Clair de lune — Contes divers (1883) — Une vie — Miss Harriet — Les Sœurs Rondoli — Quid de Maupassant, *par Brigitte Monglond et Bernard Benech, sous la direction de Dominique Frémy*
Tome II : Yvette — Contes divers (1884) — Contes du jour et de la nuit — Bel-Ami — Contes divers (1885) — Toine — Monsieur Parent — La Petite Roque — Contes divers (1887) — Le Rosier de madame Husson — La Main gauche — Contes divers (1889) — L'Inutile Beauté

MÉLANCOLIES
De l'Antiquité au XXe siècle
Anthologie critique et commentée
Édition établie et présentée par Yves Hersant

MERCIER, Louis Sébastien et RESTIF DE LA BRETONNE
Paris le jour, Paris la nuit
Louis Sébastien Mercier : Tableau de Paris, Le Nouveau Paris, *édition établie par Michel Delon* — Restif de La Bretonne : Les Nuits de Paris, *édition établie par Daniel Baruch*

MILLE ET CENT ANS DE POÉSIE FRANÇAISE
De la *Séquence de sainte Eulalie* à Jean Genet
Anthologie établie par Bernard Delvaille

LES MILLE ET UNE NUITS

Dans la traduction du Dr J.-C. Mardrus
Présentation de Marc Fumaroli
TOME I — TOME II

MORAND, Paul

Voyages
Paris-Tombouctou — Hiver caraïbe — Le Rhône en hydroglisseur ou un Mississippi sans crocodiles — New York — Londres — Le Nouveau Londres — Bucarest — Méditerranée, mer des surprises — L'Europe russe annoncée par Dostoïevski — Le Voyage
Édition établie et présentée par Bernard Raffalli

NABOKOV, Vladimir

Littératures
Littératures I : Austen, Dickens, Flaubert, Stevenson, Proust, Kafka, Joyce — Littératures II : Gogol, Tourgueniev, Dostoïevski, Tolstoï, Tchekhov, Gorki — Littératures III : Don Quichotte
Introductions de John Updike et de Guy Davenport
Préface de Cécile Guilbert

NAIPAUL, V. S.

Romans
Dans un État libre — Guérilleros — À la courbe du fleuve — L'Énigme de l'arrivée
Préface de Jean-François Fogel

ORMESSON, Jean d'

La vie ne suffit pas
Œuvres choisies
Du côté de chez Jean — Mon dernier rêve sera pour vous — Et toi mon cœur pourquoi bats-tu — Une autre histoire de la littérature française, I et II — Voyez comme on danse

C'est l'amour que nous aimons
L'amour est un plaisir — Un amour pour rien — Au revoir et merci — Le Vent du soir — Tous les hommes en sont fous — Le Bonheur à San Miniato
Préface de Marc Lambron

LE PAYS INTÉRIEUR

Voyage au centre du Moi
Anthologie de penseurs et d'écrivains européens (1770-1936)
Édition établie et présentée par Anne Maurel

PÉGUY, Charles

Mystique et politique
Édition établie et annotée par Alexandre de Vitry

POE, Edgar Allan

Contes, essais, poèmes
Traductions de Baudelaire et de Mallarmé complétées de nouvelles traductions de Claude Richard et Jean-Marie Maguin
Édition établie par Claude Richard

LA POÉSIE À L'ÂGE BAROQUE, 1598-1660

Édition établie et présentée par Alain Niderst

PROUST, Marcel

À la recherche du temps perdu
Introduction et préfaces de Bernard Raffalli
Notes d'André-Alain Morello

TOME I : Du côté de chez Swann — À l'ombre des jeunes filles en fleurs, *précédé d'un* Quid de Marcel Proust *par Philippe Michel-Thiriet, sous la direction de Dominique Frémy*
TOME II : Le Côté de Guermantes — Sodome et Gomorrhe
TOME III : La Prisonnière — La Fugitive — Le Temps retrouvé

PROUST, Marcel et RUSKIN, John
La Bible d'Amiens — Sésame et les lys — Autres textes
Traductions de Marcel Proust et Robert de La Sizeranne
Édition établie, présentée et annotée par Jérôme Bastianelli

RASPAIL, Jean
Là-bas, au loin, si loin…
Le Jeu du roi — Moi, Antoine de Tounens, roi de Patagonie — Qui se souvient des hommes… — Septentrion — Sept cavaliers quittèrent la Ville au crépuscule par la porte de l'Ouest qui n'était plus gardée — La Miséricorde *(roman inachevé, inédit)*
Préface de Sylvain Tesson

RÉCITS D'AMOUR ET DE CHEVALERIE
XIIe-XVe siècle
Pirame et Tisbé — Narcisse — Ipomédon — Protheselaüs — Floris et Lyriopé — Joufroi de Poitiers — Le Roman de Silence — Durmart le Gallois — Le Roman du comte d'Anjou — Ponthus et Sidoine — Histoire d'Olivier de Castille et Artus d'Algarbe — Histoire de Jason
Édition établie sous la direction de Danielle Régnier-Bohler

RÉCITS DE CAMPAGNE ET DE CHASSE
La Vie à la campagne d'un gentilhomme picard à la fin du XVIe siècle — LAURENT LABRUYERRE : Les Ruses du braconnage mises à découvert ou Mémoires et instructions sur la chasse et le braconnage — Mémoires d'un braconnier — MELCHIOR DE SAVIGNY : Un jour de chasse à Lorcy — JOHN DELEGORGUE-CORDIER : La Chasse au tir — ELZÉAR BLAZE : Le Chasseur conteur — THÉOPHILE DEYEUX : Tablettes de Saint-Hubert, ses commandements, ses aphorismes — ADOLPHE D'HOUDETOT : Le Chasseur rustique — THÉODORE DE FOUDRAS : Les Gentilshommes chasseurs — Les Veillées de Saint-Hubert — LÉON BERTRAND : Tonton Tontaine Tonton — CHARLES JOBEY : La Chasse et la Table — ALPHONSE DAUDET : En Camargue — Les Émotions d'un perdreau rouge racontées par lui-même — JULES VERNE : Dix heures en chasse — GUY DE MAUPASSANT : Quelques contes — FLORIAN PHARAON : Le Fusil sur l'épaule — GUSTAVE BLACK : Le Château de la Baraque. Roman de chasse et de sport — ALEXANDRE DUMAS : Coups de fusil — HENRI GOURDON DE GENOUILLAC : L'Église et la Chasse — ANDRÉ THEURIET : Contes pour les soirs d'hiver — PAUL ARÈNE : Contes de Paris et de Provence — ÉTIENNE GROSCLAUDE : Les Joies du plein air — GASPARD DE CHERVILLE : Récits de terroir — PAUL BILHAUD : Les Vacances de Bob et Lisette illustrées par Job — JULES RENARD : Histoires naturelles — GYP : Sportmanomanie — JEAN MARBEL : Histoires de chasseurs — LOUIS PERGAUD : Le Roman de Miraut, chien de chasse — E. DESCOURS : En quête dans le Velay. Clo-Grand Feutre et Foulard rouge. Notes, impressions de chasse et de la vie au grand air
Édition établie et présentée par Jérôme et Valentine Del Moral

RENARD, Jules
Journal (1887-1910)
Édition présentée et annotée par Henry Bouillier

RESTIF DE LA BRETONNE
Romans
TOME I : Le Pied de Fanchette — Le Paysan perverti — La Jolie Polisseuse — La Jolie Fourbisseuse — La Jolie Boursière — La Belle Imagère — La Petite Coureuse (*extraites de* Les Contemporaines du commun)
Édition établie par Pierre Testud
TOME II : La Vie de mon père — La Femme de laboureur — La Femme infidèle — Ingénue Saxancour — L'Épouse d'homme veuf — La Dernière Aventure d'un homme de quarante-cinq ans — La Fille de mon hôtesse
Édition établie par Daniel Baruch

RIMBAUD, Arthur
Œuvres complètes et correspondance
Édition présentée et établie par Louis Forestier

RIMBAUD — CROS — CORBIÈRE — LAUTRÉAMONT
Œuvres poétiques complètes
Textes présentés et annotés par Alain Blottière, Pascal Pia, Michel Dansel, Jérôme Brancilhon
Préface d'Hubert Juin

RIVAROL, CHAMFORT, VAUVENARGUES
L'Art de l'insolence
Édition établie et annotée par Maxence Caron
Préface de Chantal Delsol

ROMAINS, Jules
Les Hommes de bonne volonté
Édition établie par Olivier Rony avec la collaboration de Lise Jules-Romains
VOLUME I : Le 6 octobre — Crime de Quinette — Les Amours enfantines — Éros de Paris — Les Superbes — Les Humbles — Recherche d'une Église
VOLUME II : Province — Montée des périls — Les Pouvoirs — Recours à l'abîme — Les Créateurs — Mission à Rome — Le Drapeau noir
VOLUME III : Prélude à Verdun — Verdun — Vorge contre Quinette — La Douceur de la vie — Cette grande lueur à l'Est — Le monde est ton aventure — Journées dans la montagne
VOLUME IV : Les Travaux et les Joies — Naissance de la bande — Comparutions — Le Tapis magique — Françoise — Le 7 octobre

ROMANS DE CIRQUE
JULES CLARETIE : Le Train 17, *suivi de* Boum-Boum — EDMOND DE GONCOURT : Les Frères Zemganno — RODOLPHE DARZENS : Ukko' Till — GUSTAVE KAHN : Le Cirque solaire — FÉLICIEN CHAMPSAUR : Lulu — GUSTAVE COQUIOT : Histoire de deux clowns et d'une petite écuyère
Édition établie par Sophie Basch

ROMANS LIBERTINS DU XVIIIe SIÈCLE
CRÉBILLON FILS : Les Égarements du cœur et de l'esprit — CHARLES PINOT DUCLOS : Les Confessions du comte de *** — GODARD D'AUCOUR : Thémidore ou Mon histoire et celle de ma maîtresse — LA MORLIÈRE : Angola, histoire indienne — VOISENON : Le Sultan Misapouf — Histoire de la félicité — BOYER D'ARGENS : Thérèse philosophe ou Mémoires pour servir à l'histoire du père Dirrag et de mademoiselle Éradice — FOUGERET DE MONBRON : Margot la ravaudeuse — FRANÇOIS-ANTOINE CHEVRIER : Le Colporteur — CLAUDE-JOSEPH DORAT : Les Malheurs de l'inconstance — ANDRÉA DE NERCIAT : Félicia ou Mes fredaines — VIVANT DENON : Point de lendemain
Édition établie par Raymond Trousson

ROYAUMES JUIFS
Trésors de la littérature yiddish
Édition établie et présentée par Rachel Ertel
TOME I : MENDELÈ-MOÏKHER-SFORIM : Fichkè le boiteux — I. L. PERETZ : Métamorphose d'une mélodie et autres contes et récits — SHOLEM-ALEÏKHEM : Gens de Kasrilevkè — SHOLEM ASCH : La Sanctification du Nom — DER NISTER : Sortilèges — DAVID BERGELSON : Autour de la gare
TOME II : I. J. SINGER : Argile — LAMED SHAPIRO : Le Royaume juif — JOSEPH OPATOSHU : Du ghetto de New York — MOÏSHE KULBAK : Les Zelminiens — ISROEL RABON : La Rue — ISAÏE SPIEGEL : Les Flammes de la terre — MENDEL MANN : Des graines dans le désert

SACHER-MASOCH, Leopold von
Œuvres maîtresses
La Vénus à la fourrure — Le Cabinet noir de Lumberg — L'Ilau — La Pêcheuse d'âmes — Les Batteuses d'Hommes — La Pantoufle de Sapho et autres contes
Préface de Cécile Guilbert

SAGAN, Françoise

Bonjour tristesse — Un certain sourire — Dans un mois dans un an — Château en Suède — Aimez-vous Brahms… — Les Merveilleux Nuages — La Chamade — Le Garde du cœur — Un peu de soleil dans l'eau froide — Des bleus à l'âme — Le Lit défait — Le Chien couchant — La Femme fardée — La Laisse — Les Faux-Fuyants
Préface de Philippe Barthelet

SAINTE-BEUVE

Portraits littéraires
Édition établie par Gérald Antoine

Port-Royal
Édition présentée par Philippe Sellier
TOME I : Livres I à V, 8 — TOME II : Livres V, 9 à VI

SAND, George

Consuelo — La Comtesse de Rudolstadt
Édition établie par Damien Zanone
Préface de Nicole Savy

SEGALEN, Victor

Œuvres complètes
Édition établie et présentée par Henry Bouillier
TOME I : *Cycle des apprentissages* : Les Cliniciens ès lettres — Les Synesthésies et l'école symboliste — Essai sur soi-même — Journal de voyage — *Cycle polynésien* : Les Immémoriaux — Gauguin dans son dernier décor — Le Maître-du-Jouir — Hommage à Gauguin — La Marche du feu — Pensers païens — Journal des îles — Le Double Rimbaud — Vers les sinistrés — Hommage à Saint-Pol-Roux — *Cycle musical et orphique* : Voix mortes : Musiques maori — Dans un monde sonore — Siddhârtha — Entretiens avec Debussy — Orphée-Roi — Gustave Moreau, maître imagier de l'orphisme — Quelques musées par le monde — *Cycle des ailleurs et du bord du chemin* : Essai sur l'exotisme — Essai sur le mystérieux — Imaginaires — Un grand fleuve — Briques et Tuiles — Feuilles de routes
TOME II : *Cycle chinois* : Stèles — Peintures — Équipée — Le Fils du Ciel — René Leys — Odes — Thibet — Le Combat pour le sol — Lettre X — Sites — *Cycle archéologique et sinologique* : Chine. La Grande Statuaire — Les Origines de la statuaire de Chine — Chez le président de la République chinoise — Une conversation avec Yuan-Che-K'ai — Rapport de M. Victor Segalen sur les résultats archéologiques de la mission Voisins, Lartigue et Segalen — Premier exposé des résultats archéologiques obtenus dans la Chine occidentale par la mission Voisins, Lartigue et Segalen — Sépultures des dynasties chinoises du Sud — Le Tombeau du fils du roi de Wou — La Queste à la Licorne

SÉGUR, comtesse de

Œuvres
Édition établie par Claudine Beaussant
Préface de Jacques Laurent, de l'Académie française
TOME I : Lettres à son éditeur — Nouveaux Contes de fées — Les Petites Filles modèles — Les Malheurs de Sophie — Les Vacances — Mémoires d'un âne — Pauvre Blaise — Dictionnaire de la comtesse de Ségur, *par Claudine Beaussant*
TOME II : La Sœur de Gribouille — Les Bons Enfants — Les Deux Nigauds — L'Auberge de l'Ange gardien — Le Général Dourakine — François le bossu — Comédies et Proverbes — Un bon petit diable
TOME III : Jean qui grogne et Jean qui rit — La Fortune de Gaspard — Quel amour d'enfant ! — Le Mauvais Génie — Diloy le chemineau — Après la pluie le beau temps — La Santé des enfants

SHAKESPEARE, William

ŒUVRES COMPLÈTES
Université d'Oxford
Édition bilingue français-anglais établie sous la direction de Michel Grivelet et Gilles Monsarrat

Tragédies

Traductions de Victor Bourgy, Michel Grivelet, Louis Lecocq, Gilles Monsarrat, Jean-Claude Sallé, Léone Teyssandier

TOME I : Titus Andronicus — Roméo et Juliette — Jules César — Hamlet, *précédé d'un* Dictionnaire de Shakespeare, *par Gabrielle Bouley, Victor Bourgy, Michel Grivelet, Gilles Monsarrat, Léone Teyssandier*

TOME II : Othello — Timon d'Athènes — Le Roi Lear — Macbeth — Antoine et Cléopâtre — Coriolan

Histoires

Traductions de Victor Bourgy, Michel Grivelet, Louis Lecocq, Jean Malaplate, Gilles Monsarrat, Jean-Claude Sallé, Pierre Spriet, Léone Teyssandier

TOME I : Le Roi Jean — Richard II — 1 Henri IV — 2 Henri IV — Henri V

TOME II : 1 Henri VI — 2 Henri VI — 3 Henri VI — Richard III — Henri VIII — Sir Thomas More

Comédies

Traductions de Victor Bourgy, Michel Grivelet, Jean Malaplate, Sylvère Monod, Jean-Claude Sallé, Pierre Spriet, Léone Teyssandier

TOME I : Les Deux Gentilhommes de Vérone — La Mégère apprivoisée — La Comédie des erreurs — Peines d'amour perdues — Songe d'une nuit d'été

TOME II : Le Marchand de Venise — Les Joyeuses Commères de Windsor — Beaucoup de bruit pour rien — Comme il vous plaira — La Nuit des Rois

Tragicomédies et Poésies

Traductions de Victor Bourgy, Robert Ellrodt, Louis Lecocq, Sylvère Monod, Gilles Monsarrat, Jean-Claude Sallé, Pierre Spriet, Léone Teyssandier

TOME I : Troïlus et Cresside — Mesure pour Mesure — Tout est bien qui finit bien — Cymbelin — Les Deux Nobles Cousins

TOME II : Périclès — Le Conte d'hiver — La Tempête — Vénus et Adonis — Le Viol de Lucrèce — Sonnets — Plainte d'une amante — Poèmes divers — Musique des chansons de Shakespeare, *par Gabrielle Bouley*

SPLENDEURS DE LA COUR DE BOURGOGNE

Récits et chroniques

Baudouin de Flandre — La Belle Hélène de Constantinople — Gillion de Trazegnies — Le Cycle de la fille du comte de Ponthieu — Histoire du bon roi Alexandre — Faits du Grand Alexandre — Les Actions et paroles mémorables d'Alphonse, roi d'Aragon et de Naples — La Mort du Téméraire — Banquets, entremets et cuisine à la cour de Bourgogne — Les Vœux du faisan — Le Pas du Perron fée — Le Livre des faits du bon chevalier messire Jacques de Lalaing

Édition établie sous la direction de Danielle Régnier-Bohler

STÉTIÉ, Salah

En un lieu de brûlure

Œuvres

Poésie : L'Eau froide gardée — Fragments : Poème — Inversion de l'arbre et du silence — L'Être poupée *suivi de* Colombe aquiline — L'Autre Côté du très pur — *Essais* : Les Porteurs de feu et autres essais — Ur en poésie — Arthur Rimbaud — Mallarmé sauf azur — Le Vin mystique — *Passerelles* : Carnets du méditant — Le Voyage d'Alep — Lecture d'une femme — Les Parasites de l'Improbable

Préface de Pierre Brunel

SUARÈS, André

Édition établie par Robert Parienté

TOME I : *Idées et Visions. 1897-1923* : Sur Napoléon — Idées sur Napoléon — Coup d'œil sur Napoléon — Alphonse Daudet — Lettres d'un solitaire sur les maux du temps — Voici l'homme — Sur la vie — Venezia (Voyage du Condottière) — Baudelaire (1911) — Baudelaire et Wagner — Baudelaire (1930) — Préface au *Spleen de Paris* — Tolstoï vivant — Idées et Visions — Péguy — Cervantès. Pour l'Espagne — Poète tragique, portrait de Prospéro — Centenaire de Dostoïevski — Debussy — Pour Ravel — Ravel : Esquisse, Xénies

TOME II : *Valeurs. 1923-1948* : Puissances de Pascal (Colloque avec Pascal — Notre Pascal — Grandeur et présence de Pascal) — Présences — Louis Jou. Un architecte du livre — Naissance du manuscrit — Art du livre — Gloire et destin du livre — Schubert — Grandeur de Wagner — Esquisse pour un portrait de Bach — Mozart — Ô Mozart — Un mot sur Chabrier — Orphée — Amicus Beethoven — Mendelssohn — Variables — Adieu à Bourdelle — Bourdelle — Cité, nef de Paris — Paris — Portraits sans modèles — Valeurs — Valeurs II — Le Paraclet — Génie de Mallarmé — Pour le portrait d'Henri Heine — À propos de Céline — Portrait de Paul Léautaud — Saint Cézanne — Parmi les dernières lettres

TCHÉKHOV, Anton

Théâtre

Platonov — Ivanov — Le Génie des bois — La Mouette — L'Oncle Vania — Les Trois Sœurs — La Cerisaie — Sur la grand-route — Les Méfaits du tabac — Le Chant du cygne — L'Ours — La Demande en mariage — Tatiana Répina — Le Tragique malgré lui — Une noce — Le Jubilé, *précédé d'un* Dictionnaire de Tchékhov, *par Jean Bonamour*

Édition établie par Jean Bonamour

Traduction de Denis Roche et Anne Coldefy-Faucard

THÉÂTRE DE LA CRUAUTÉ ET RÉCITS SANGLANTS

JEAN BRETOG : Tragédie française à huit personnages… — PIERRE BOAISTUAU ET FRANÇOIS DE BELLEFOREST : Histoires tragiques… — ALEXANDER VAN DEN BUSSCHE : Épitomes de cent histoires tragiques — Discours admirables des meurtres et assassinats — CHRISTOPHE DE BORDEAUX : Discours lamentable et pitoyable sur la calamité… — FRANÇOIS DE ROSSET : Histoires mémorables et tragiques de ce temps — JEAN-PIERRE CAMUS : L'Amphithéâtre sanglant… — Les Spectacles d'horreur — Les Succès différents — Les Événements singuliers… — Les Observations historiques — Divertissement historique — Les Décades historiques — Les Entretiens historiques — Mémoriaux historiques — Les Rencontres funestes ou Fortunes infortunées de notre temps — PIERRE BOITEL : Le Théâtre tragique — ALEXANDRE HARDY : Scédase ou l'Hospitalité violée — Alcméon ou la Vengeance féminine — FRANÇOIS DE BELLEFOREST : Histoires tragiques — Tragédie française d'un More… — Tragédie mahométiste — PIERRE MAINFRAY : La Rhodienne ou la Cruauté de Soliman — NICOLAS CHRÉTIEN DES CROIX : Les Portugais infortunés — JEAN-PIERRE MAFFE : Histoires des Indes orientales — HIERONIMO CORTE-REAL : Naufrage de Manoel de Souza… — SIMON GOULART : Trésor d'histoires admirables et mémorables — Pamphlets sur la Saint-Barthélemy — Pamphlets sur Henri III — JACQUES DE FONTENY : Cléophon — CLAUDE BILLARD : Tragédie sur la mort du roi Henri le Grand

Édition établie sous la direction de Christian Biet

TOULET, Paul-Jean

Œuvres complètes

Édition établie par Bernard Delvaille

LES TRAGIQUES GRECS

Ouvrages dirigés par Bernard Deforge et François Jouan

TOME I : ESCHYLE : Les Perses — Prométhée enchaîné — Les Sept contre Thèbes — Les Suppliantes — L'Orestie : Agamemnon — Les Choéphores — Les Euménides — SOPHOCLE : Ajax — Les Trachiniennes — Antigone — Œdipe roi — Électre — Philoctète — Œdipe à Colone

Édition établie par Louis Bardollet, Bernard Deforge et Jules Villemonteix

TOME II : EURIPIDE : Le Cyclope — Alceste — Médée — Les Héraclides — Hippolyte — Andromaque — Hécube — Les Suppliantes — Électre — Héraclès — Les Troyennes — Iphigénie en Tauride — Ion — Hélène — Les Phéniciennes — Oreste — Les Bacchantes — Iphigénie à Aulis — Rhésos

Édition établie par François Jouan

UNE ANTHOLOGIE DE LA POÉSIE FRANÇAISE

Édition établie et présentée par Jean-François Revel

UN JOLI MONDE

Romans de la prostitution

JORIS-KARL HUYSMANS : Marthe. Histoire d'une fille — EDMOND DE GONCOURT : La Fille Elisa — ÉMILE ZOLA : Nana *(extrait du chapitre VIII)* — LÉON HENNIQUE : L'Affaire du Grand 7 — PAUL

ALEXIS : La Fin de Lucie Pellegrin — GUY DE MAUPASSANT : Boule de suif — La Maison Tellier — Mademoiselle Fifi — L'Odyssée d'une fille — Le Lit 29 — L'Armoire — Ça ira — Le Port — ROBERT CAZE : La Sortie d'Angèle — PAUL BONNETAIN : Charlot s'amuse… *(extrait du chapitre X et chapitre XI)* — PAUL ADAM : Chair molle, roman naturaliste — ADOLPHE TABARANT : Virus d'amour — CAMILLE LEMONNIER : Le Riddyck — GEORGES EEKHOUD : Les Milices de Saint-François *(extraits)* — La Nouvelle Carthage *(extrait)* — LÉON BLOY : La Boue — Repaire d'amour — Le Vieux de la maison — Tout ce que tu voudras !… — On n'est pas parfait — CHARLES-LOUIS PHILIPPE : Le Pauvre Amour en chair — Bubu de Montparnasse — JEAN LORRAIN : La Maison Philibert — EUGÈNE MONTFORT : La Turque, roman parisien — *Documents*
Édition établie et présentée par Mireille Dottin-Orsini et Daniel Grojnowski

VERLAINE, Paul
Œuvres poétiques complètes
Édition et Dictionnaire de Paul Verlain*e* établis par Yves-Alain Favre

VIALATTE, Alexandre
Chroniques de La Montagne
Édition établie par Pierre Vialatte
Préface de Charles Dantzig
TOME I : 1952-1961 — TOME II : 1962-1971

VOIX DE FEMMES AU MOYEN ÂGE
Savoir, mystique, poésie, amour, sorcellerie — XIIe-XVe siècle
Trobairitz : les femmes troubadours — HILDEGARDE DE BINGEN : Chants et Lettres *(choix)* — Le Livre des œuvres divines — MECHTHILD DE MAGDEBOURG : Cette lumière de ma divinité *(extraits)* — Vie de sainte Douceline — MARGUERITE PORETE : Le Miroir des âmes simples et anéanties *(extraits)* — CHRISTINE DE PIZAN : La Vision de Christine — Le Livre des trois Vertus — Le Ditié de Jehanne d'Arc — Les Évangiles des Quenouilles — Les Quinze Joies de mariage — Voix d'hommes
Édition établie sous la direction de Danielle Régnier-Bohler

WILLIAMS, Tennessee
Théâtre, roman, Mémoires
La Ménagerie de verre — Un tramway nommé Désir — Une chatte sur un toit brûlant — La Nuit de l'iguane — Les Carnets de Trigorine — Une femme nommée Moïse — Mémoires
Nouvelles versions françaises du théâtre par Pierre Laville
Édition présentée par Catherine Fruchon-Toussaint

ZOLA, Émile
Les Rougon-Macquart
Histoire naturelle et sociale d'une famille sous le second Empire
Édition établie sous la direction de Colette Becker
TOME I : La Fortune des Rougon — La Curée — Le Ventre de Paris — La Conquête de Plassans
TOME II : La Faute de l'abbé Mouret — Son Excellence Eugène Rougon — L'Assommoir — Une page d'amour
TOME III : Nana — Pot-Bouille — Au Bonheur des dames — La Joie de vivre
TOME IV : Germinal — L'Œuvre — La Terre — Le Rêve
TOME V : La Bête humaine — L'Argent — La Débâcle — Le Docteur Pascal

ZWEIG, Stefan
La Confusion des sentiments et autres récits
Rêves oubliés — Printemps au Prater — Dans la neige — Deux solitudes — Une jeunesse gâchée — La Marche — L'Étoile au-dessus de la forêt — L'Amour d'Erika Ewald — Les Miracles de la vie — La Croix — Petite nouvelle d'été — La Gouvernante — Histoire au crépuscule — Histoire d'une déchéance — Brûlant secret — La Peur — La Ruelle au clair de lune — La Légende de la troisième colombe — La Femme et le paysage — La Contrainte — Épisode au bord du lac Léman — Lettre d'une inconnue — Amok — Nuit fantastique — La Collection invisible — Leporella — Vingt-quatre heures de la vie d'une femme — Naufrage d'un cœur — La Confusion des sentiments — Les Sœurs

(dis)semblables — Le Mariage à Lyon — Mendel le bouquiniste — Découverte inattendue d'un métier — Le Chandelier enterré — Les Joueurs d'échecs
Nouvelles traductions et édition établies sous la direction de Pierre Deshusses

LITTÉRATURE POPULAIRE
AVENTURES & POLICIERS

AIMARD, Gustave
Les Trappeurs de l'Arkansas et autres romans de l'Ouest
Les Trappeurs de l'Arkansas — Balle-Franche — L'Éclaireur — Les Bandits de l'Arizona
Édition établie et présentée par Matthieu Letourneux

AVENTURES POUR TOUS LES TEMPS
LÉON CAHUN : La Bannière bleue — EDMOND ABOUT : Le Roi des montagnes — ALFRED ASSOLANT : Aventures merveilleuses mais authentiques du capitaine Corcoran — THÉOPHILE GAUTIER : Le Capitaine Fracasse
Édition établie par Francis Lacassin

BIGGERS, Earl Derr
Charlie Chan
La Maison sans clef — Le Perroquet chinois — Derrière ce rideau — Le Chameau noir — Charlie Chan à la rescousse — Le Gardien des clefs
Édition établie par Francis Lacassin

BOILEAU-NARCEJAC
Quarante Ans de suspense
Édition établie par Francis Lacassin
TOME I : L'Ombre et la Proie — Celle qui n'était plus — Les Visages de l'ombre — L'Ange gardien — D'entre les morts — Les Louves — Le Dernier Mot — Le Mauvais Œil — Au bois dormant — Meurtre au ralenti — Les Magiciennes — L'ingénieur aimait trop les chiffres — Deux Essais de suspense dans l'ailleurs — À cœur perdu
TOME II : Sylvestre à qui je dois la vie — Maléfices — Maldonne — Les Victimes — 6 – 1 = 6 — Le Mystère de Sutton Place — … Et mon tout est un homme — Le train bleu s'arrête treize fois… — Les Apprenties détectives (1967) — La Mort a dit : peut-être — Télé-crime — La Bête noire — La Porte du large — La Clef
TOME III : Délirium — L'Île — Les Veufs — Récital pour une blonde — Sans Atout et le cheval fantôme — Sans Atout contre l'homme à la dague — Trois indispensables alibis — Manigances — La Vie en miettes — Trois nouvelles pour *Le Journal du dimanche* — Les Pistolets de Sans Atout — Opération Primevère — Nouvelles (1973-1974) — Frère Judas
TOME IV : L'Étrange Traversée — La Tenaille — Nouvelles (1975-1976) — La Lèpre — Nouvelles (1977) — Les Apprenties détectives (1977) — L'Âge bête — Impunité — Carte vermeil — Les Intouchables — Terminus — À une heure près — Box-office — Mamie — Un cas unique — Les Eaux dormantes — Dans la gueule du loup
TOME V : L'Invisible Agresseur — Les Énigmes littéraires de Boileau-Narcejac — La Dernière Cascade — Le Soupçon — Schuss — Une étrange disparition — L'As de pique — Mr. Hyde — Le cadavre fait le mort — Champ clos — La Brebis galeuse — Nouvelles pièces retrouvées — Tandem ou 35 ans de suspense

CARCO, Francis
Romans
Jésus-la-Caille — Les Innocents — L'Équipe — Rien qu'une femme — L'Homme traqué — Verotchka l'étrangère ou le Goût du malheur — Perversité — Rue Pigalle — La Rue — L'Ombre — La Lumière noire — Brumes
Édition établie et présentée par Jean-Jacques Bedu et Gilles Freyssinet

LES CHEFS-D'ŒUVRE DE LA LITTÉRATURE DE JEUNESSE

JEROME K. JEROME : Trois Hommes dans un bateau — ANDRÉ LICHTENBERGER : Mon petit Trott — PAMELA L. TRAVERS : Mary Poppins — DODIE SMITH : Les Cent Un Dalmatiens — ERICH KÄSTNER : Émile et les détectives — ENID BLYTON : L'Île de l'aventure — JEAN-LOUIS FONCINE : Le Relais de la Chance au Roy — PAUL BERNA : Le Cheval-sans-tête — CLAUDE CAMPAGNE : Adieu, mes quinze ans

Édition établie par François Rivière

DOYLE, Arthur Conan

Sherlock Holmes

Édition établie par Francis Lacassin

TOME I : Une étude en rouge — Le Signe des quatre — Les Aventures de Sherlock Holmes — Les Mémoires de Sherlock Holmes — Le Retour de Sherlock Holmes

TOME II : La Vallée de la Peur — Le Chien des Baskerville — Les Archives de Sherlock Holmes — Son dernier coup d'archet — Les Exploits de Sherlock Holmes

Les Exploits du professeur Challenger et autres aventures étranges

Le Monde perdu — La Ceinture empoisonnée — La Machine à désintégrer — Quand la terre hurla — Au pays des brumes — Le Monde perdu sous la mer — Contes de terreur — Contes de crépuscule — Contes d'aventures — La Tragédie du « Korosko » — Contes de l'eau bleue — Contes de pirates

Édition établie par Francis Lacassin

Inédits et Introuvables

Le Mystère de Cloomber — L'Oncle Jérémie et les siens — Mystères et Aventures — Autres mystères et aventures — Le Parasite — Raffles Haw — Girdlestone et Cie — Idylle de banlieue — Les Lettres de Stark Munro — Un duo

Édition établie par Francis Lacassin

LES ÉVADÉS DES TÉNÈBRES

ANN RADCLIFFE : Les Mystères du château d'Udolphe — MARY W. SHELLEY : Frankenstein ou le Prométhée moderne — JOSEPH SHERIDAN LE FANU : Carmilla — BRAM STOKER : Dracula — GUSTAV MEYRINK : Le Golem

Introduction de Francis Lacassin

Préfaces de Jacques Bergier, Tony Faivre et Jacques Papy

LES ÉVANGILES DU DIABLE

Suivis par Le Grand et le Petit Albert

Par Claude Seignolle

Édition établie par Francis Lacassin

FÉVAL, Paul

Les Habits noirs

Maman Léo — L'Avaleur de sabres — Les Compagnons du trésor — La Bande Cadet

Édition établie par Francis Lacassin et François Le Lionnais

FLEMING, Ian

James Bond 007

Édition établie par Francis Lacassin

TOME I : Casino Royale — Vivre et laisser mourir — Entourloupe dans l'azimut — Les diamants sont éternels — Les Contrebandiers du diamant — Bons Baisers de Russie — Docteur No

TOME II : Goldfinger — Bons Baisers de Paris — Opération Tonnerre — Motel 007 (L'Espion qui m'aimait) — On ne vit que deux fois — L'Homme au pistolet d'or — Meilleurs vœux de la Jamaïque

GALLO, Max

Romans

La Baie des Anges — Le Palais des fêtes — La Promenade des Anglais

GOURIO, Jean-Marie

Brèves de comptoir

Tome I : 1988-1994 — Tome II : 1995-2000 — Tome III : 2007-2009

HOUGRON, Jean

La Nuit indochinoise

Tome I : Tu récolteras la tempête — Soleil au ventre — Rage blanche

Tome II : Mort en fraude — Les Portes de l'aventure — Les Asiates — La Terre du Barbare

JACQ, Christian

Ramsès

Tome I : Le Fils de la lumière — Le Temple des millions d'années — La Bataille de Kadesh

Tome II : La Dame d'Abou Simbel — Sous l'acacia d'Occident

KIPLING, Rudyard

Œuvres

Édition établie par Francis Lacassin

Tome I : Le Livre de la jungle — Le Second Livre de la jungle — La Première Apparition de Mowgli — Kim — Simples Contes des collines — Fantômes et prodiges de l'Inde — Capitaines courageux

Préface de Jack London

Tome II : Au hasard de la vie — Histoires en noir et blanc — Trois Soldats — Le Naulahka — Sous les cèdres de l'Himalaya — Wee Willie Winkie — L'Administration Smith — Le Rickshaw fantôme et autres contes étranges — Monseigneur l'éléphant

Introduction de Marcel Brion

Tome III : Puck, lutin de la colline — Retour de Puck — La Lumière qui s'éteint — Histoires comme ça — Ce chien, ton serviteur — Stalky et Cie — L'Histoire des Gadsby — Les Yeux de l'Asie — Histoires des mers violettes — Souvenirs. Un peu de moi-même pour mes amis connus et inconnus

Préfaces de Marcel Brion, Francis Lacassin, Pierre Mac Orlan et André Maurois

LE CARRÉ, John

Un amant naïf et sentimental — Un pur espion — La Maison Russie

Édition établie par Francis Lacassin

LE ROUGE, Gustave

L'Amérique des dollars et du crime

La Conspiration des milliardaires — À coups de milliards — Le Régiment des hypnotiseurs — La Revanche du vieux monde — L'Héroïne du Colorado

Édition établie par Francis Lacassin

LEROUX, Gaston

Le Fantôme de l'Opéra — La Reine du sabbat — Les Ténébreuses — La Mansarde en or

Édition établie par Francis Lacassin

Les Aventures extraordinaires de Rouletabille

Édition établie par Francis Lacassin

Tome I : Le Mystère de la chambre jaune — Le Parfum de la dame en noir — Rouletabille chez le tsar — Le Château noir — Les Étranges Noces de Rouletabille

Tome II : Rouletabille chez Krupp — Le Crime de Rouletabille — Rouletabille chez les bohémiens — La Double Vie de Théophraste Longuet — Balaoo — Les Fils de Balaoo

Chéri-Bibi

Les Cages flottantes — Chéri-Bibi et Cécily — Palas et Chéri-Bibi — Fatalitas ! — Le Coup d'État de Chéri-Bibi — Les Mohicans de Babel

Édition établie par Francis Lacassin

Aventures incroyables
Le Capitaine Hyx — La Bataille invisible — La Poupée sanglante — La Machine à assassiner — L'Homme qui a vu le diable — Le Cœur cambriolé — L'Homme qui revient de loin — Histoires épouvantables — Mister Flow
Édition établie par Francis Lacassin

Les Assassins fantômes
Le Fauteuil hanté — La Colonne infernale — Tue-la-mort — Le Sept de trèfle
Édition établie par Francis Lacassin

LONDON, Jack

Romans, récits et nouvelles du Grand Nord
L'Appel de la forêt — Le Fils du loup — Croc-Blanc — Construire un feu — Histoires du pays de l'or — Les Enfants du froid — La Fin de Morganson — Souvenirs et aventures du pays de l'or — Radieuse aurore
Édition établie par Francis Lacassin

Romans maritimes et exotiques
Le Loup des mers — Histoires des îles — L'Île des lépreux — Jerry, chien des îles — Contes des mers du Sud — Fils du Soleil — Histoires de la mer — Les Mutinés de l'*Elseneur*
Édition établie par Francis Lacassin

Du possible à l'impossible
Michael, chien de cirque — Trois Cœurs — Le Vagabond des étoiles — Le Bureau des assassinats — Le Dieu tombé du ciel — Histoires des siècles futurs — Avant Adam
Édition établie par Francis Lacassin

Romans et récits autobiographiques
Martin Eden — Les Pirates de San Francisco — La Croisière du *Dazzler* — Les Vagabonds du rail — Le Peuple de l'Abîme — La Croisière du *Snark* — Le Mexique puni — Le Cabaret de la Dernière Chance
Édition établie par Francis Lacassin

Aventures des neiges et d'ailleurs
Belliou la fumée — L'Amour de la vie — En pays lointain — Fille des neiges — L'Aventureuse — Cherry ou les Yeux de l'Asie — La Petite Dame de la grande maison
Édition établie par Francis Lacassin

Épisodes de la lutte quotidienne
Le Talon de fer — Les Temps maudits — Le Jeu du ring — La Brute des cavernes — La Vallée de la Lune — Avec vous pour la révolution
Édition établie par Francis Lacassin

LOVECRAFT, Howard Phillips

Œuvres
Édition établie par Francis Lacassin
TOME I : Les Mythes de Cthulhu — Légendes et mythes de Cthulhu — Premiers contes — *Documents* : L'Art d'écrire selon Lovecraft
TOME II : Contes et nouvelles — L'Horreur dans le musée et autres révisions — Fungi de Yuggoth et autres poèmes fantastiques — Épouvante et surnaturel en littérature — *Documents* : Lovecraft par les témoins de sa vie — Autour de Providence
TOME III : Le Monde du rêve — Parodies et Pastiches — Les « collaborations » Lovecraft-Derleth — Rêve et Réalité — *Documents* : Quelques aperçus politiques et philosophiques selon Lovecraft

LES MAÎTRES DE L'ÉTRANGE ET DE LA PEUR

De l'abbé Prévost à Guillaume Apollinaire
L'abbé Prévost — François de Rosset — Dom Augustin Calmet — Jacques Cazotte — Restif de La Bretonne — Marquis de Sade — Jan Potocki — Charles Nodier — Comtesse de Bradi — Jacques

Boucher de Perthes — Philarète Chasles — Abel Hugo — Émile Morice — Honoré de Balzac — Victor Hugo — Samuel-Henry Berthoud — Prosper Mérimée — Charles Rabou — Paul Gavarni — Eugène Sue — Jules Janin — Édouard de Puycousin — Aloysius Block — S. Duffau — Léon de Wailly — Paul-Lacroix Jacob — Alphonse Karr — Gérard de Nerval — Alphonse Brot — Théophile Gautier
Édition établie par Francis Lacassin

MALET, Léo
Nestor Burma
Nouvelle édition établie par Nadia Dhoukar
TOME I : *Premières enquêtes* : Gros Plan du macchabée — Nestor Burma et le monstre — L'Homme au sang bleu — 120, rue de la Gare — Nestor Burma contre CQFD — Le Cinquième Procédé — Hélène en danger — Pas de veine avec le pendu — Les Paletots sans manches — Faux Frère — Solution au cimetière
TOME II : *Les Nouveaux Mystères de Paris (I)* : Le soleil naît derrière le Louvre — Du Rébecca rue des Rosiers — Des kilomètres de linceuls — Casse-pipe à la Nation — Corrida aux Champs-Élysées — Les Rats de Montsouris — M'as-tu vu en cadavre ? — Brouillard au pont de Tolbiac
TOME III : *Les Nouveaux Mystères de Paris (II)* : Les Eaux troubles de Javel — Pas de bavards à la Muette — Boulevard… Ossements — Fièvre au Marais — La Nuit de Saint-Germain-des-Prés — L'Envahissant Cadavre de la Plaine Monceau — Micmac moche au Boul'Mich
TOME IV : *Dernières enquêtes* : Nestor Burma en direct — Un croque-mort nommé Nestor — Poste restante — Drôle d'épreuve pour Nestor Burma — Nestor Burma court la poupée — Nestor Burma dans l'île — Nestor Burma rentre au bercail

MARY, Jules
Roger-la-Honte — La Revanche de Roger-la-Honte — La Pocharde — Les Filles de la Pocharde
Édition établie et présentée par Aline Demars

PETIT MUSÉE DES HORREURS
Nouvelles fantastiques, cruelles et macabres (1880-1900)
Édition établie et présentée par Nathalie Prince

PEYRAMAURE, Michel
Henri IV
L'Enfant roi de Navarre — Ralliez-vous à mon panache blanc ! — Les Amours, les passions et la gloire

PONSON DU TERRAIL, Pierre-Alexis
Rocambole
Édition établie et présentée par Laurent Bazin
TOME I : Les Exploits de Rocambole — TOME II : La Résurrection de Rocambole

RENARD, Maurice
Romans et contes fantastiques
Fantômes et Fantoches — Le Docteur Lerne, sous-dieu — Le Péril bleu — Monsieur d'Outremort — Les Mains d'Orlac — L'Homme truqué — Un homme chez les microbes — Le Professeur Krantz — Le Maître de la lumière — Contes des « Mille et Un Matins »
Édition établie par Francis Lacassin et Jean Tulard

ROMANS D'ESPIONNAGE DE LA GRANDE GUERRE
E. PHILLIPS OPPENHEIM : L'Imposteur — VALENTINE WILLIAMS : L'Homme au Pied bot — JEAN BOMMART : Le Train blindé n° 4 — MARTHE MCKENNA : Les Espions que j'ai connus — RUDYARD KIPLING : Mary Postgate — ARTHUR CONAN DOYLE : Plaidoirie pour un homme seul
Édition établie par François Rivière

ROMANS TERRIFIANTS
HORACE WALPOLE : Le Château d'Otrante, *préface de Paul Éluard* — ANN RADCLIFFE : L'Italien ou le Confessionnal des pénitents noirs — MATTHEW GREGORY LEWIS : Le Moine — ERNST THEODOR

AMADEUS HOFFMANN : Les Élixirs du diable — CHARLES ROBERT MATURIN : Melmoth ou l'Homme errant
Édition établie par Francis Lacassin

ROSNY AÎNÉ, J.-H.
La Guerre du feu et autres romans préhistoriques
Vamireh — Eyrimah — La Guerre du feu — Le Félin géant — Helgvor du fleuve Bleu — Elem d'Asie — Nomaï — Les Xipéhuz — La Grande Énigme — Les Hommes sangliers
Édition établie par Jean-Baptiste Baronian

SALGARI, Emilio
Le Corsaire noir et autres romans exotiques
Les Mystères de la jungle noire — Les Tigres de Mompracem — Le Corsaire noir — La Reine des Caraïbes
Édition établie et présentée par Matthieu Letourneux

SAN-ANTONIO
Édition établie par François Rivière
TOME 1 : Réglez-lui son compte ! — Laissez tomber la fille — Les souris ont la peau tendre — Mes hommages à la donzelle — Du plomb dans les tripes — Des dragées sans baptême — Des clientes pour la morgue — Descendez-le à la prochaine — Passez-moi la Joconde
TOME 2 : Sérénade pour une souris défunte — Rue des Macchabées — Bas les pattes ! — Deuil express — J'ai bien l'honneur… de vous buter — C'est mort et ça ne sait pas — Messieurs les hommes — Du mouron à se faire — Le Fil à couper le beurre — Fais gaffe à tes os
TOME 3 : À tue… et à toi — Ça tourne au vinaigre — Les doigts dans le nez — Au suivant de ces messieurs — Des gueules d'enterrement — Les anges se font plumer — La Tombola des voyous — J'ai peur des mouches — Le Secret de polichinelle — Du poulet au menu — Tu vas trinquer San-Antonio
TOME 4 : En long, en large et en travers — La Vérité en salade — Prenez-en de la graine — On t'enverra du monde — San-Antonio met le paquet — Entre la vie et la morgue — Tout le plaisir est pour moi — Du sirop pour les guêpes — Du brut pour les brutes — J'suis comme ça
TOME 5 : San-Antonio renvoie la balle — Berceuse pour Bérurier — Ne mangez pas la consigne — La Fin des haricots — Y'a bon San-Antonio — De « A » jusqu'à « Z » — San-Antonio chez les Mac — Fleur de nave vinaigrette — Ménage tes méninges — Le Loup habillé en grand-mère
TOME 6 : San-Antonio chez les « gones » — San-Antonio polka — En peignant la girafe — Le Coup du père François — Le Gala des emplumés — Votez Bérurier — Bérurier au sérail — La Rate au court-bouillon — Vas-y Béru !
TOME 7 : Tango chinetoque — Salut, mon pope ! — Mange, et tais-toi ! — Faut être logique — Y a de l'action ! — Béru contre San-Antonio — L'Archipel des Malotrus — Zéro pour la question
TOME 8 : Bravo, docteur Béru ! — Viva Bertaga ! — Un éléphant, ça trompe — Faut-il vous l'envelopper ? — En avant la moujik ! — Ma langue au châh — Ça mange pas de pain
TOME 9 : N'en jetez plus ! — Moi, vous me connaissez ?… — Emballage cadeau — Appelez-moi, chérie ! — T'es beau, tu sais ! — Ça ne s'invente pas ! — J'ai essayé : on peut !
TOME 10 : Un os dans la noce — Les Prédictions de Nostrabérus — Mets ton doigt où j'ai mon doigt — Si, signore — Maman, les petits bateaux… — La Vie privée de Walter Klozett — Dis bonjour à la dame
TOME 11 : Certaines l'aiment chauve — Concerto pour porte-jarretelles — Sucette Boulevard — Remets ton slip, gondolier ! — Chérie, passe-moi tes microbes — Une banane dans l'oreille — Hue, Dada !
TOME 12 : Vol au-dessus d'un lit de cocu — Si ma tante en avait — Fais-moi des choses — Viens avec ton cierge — Mon culte sur la commode — Tire-m'en deux, c'est pour offrir — À prendre ou à lécher
TOME 13 : Baise-ball à La Baule — Meurs pas, on a du monde — Tarte à la crème story — On liquide et on s'en va — Champagne pour tout le monde ! — La Pute enchantée — Bouge ton pied que je voie la mer
TOME 14 : L'Année de la moule — Du bois dont on fait les pipes — Va donc m'attendre chez Plumeau — Morpions circus — Remouille-moi la compresse — Si Maman me voyait ! — Des gonzesses comme s'il en pleuvait — Les Deux Oreilles et la queue
TOME 15 : Pleins feux sur le tutu — Laissez pousser les asperges — Poison d'avril ou la Vie sexuelle de Lili Pute — Bacchanale chez la mère Tatzi — Dégustez, gourmandes ! — Plein les moustaches — Après vous s'il en reste, monsieur le président — Chauds, les lapins !

TOME 16 : Alice au pays des merguez — Fais pas dans le porno… — La Fête des paires — Le Casse de l'oncle Tom — Bons baisers où tu sais — Le Trouillomètre à zéro — Circulez ! Y a rien à voir

SCOTT, Walter

Waverley — Rob-Roy — La Fiancée de Lammermoor

Édition établie par Michel Crouzet

SOULIÉ, Frédéric

Les Mémoires du Diable

Édition établie par Alex Lascar

SOUVESTRE, Pierre et ALLAIN, Marcel

Fantômas

Édition établie et présentée par Loïc Artiaga et Matthieu Letourieux

TOME 1 : Fantômas — Juve contre Fantômas — Le Mort qui tue — L'Agent secret

TOME 2 : Un roi prisonnier de Fantômas — Le Policier apache — Le Pendu de Londres — La Fille de Fantômas

TOME 3 : Le Fiacre de nuit — La Main coupée — L'Arrestation de Fantômas — Le Magistrat cambrioleur

TOME 4 : La Livrée du crime — La Mort de Juve — L'Évadée de Saint-Lazare — La Disparition de Fandor

TOME 5 : Le Mariage de Fantômas — L'Assassin de Lady Beltham — La Guêpe rouge — Les Souliers du mort

STEVENSON, Robert Louis

L'Île au trésor et autres récits

L'Île au trésor — Le Maître de Ballantrae — Enlevé ! — Catriona — Veillées des îles — Un mort encombrant — L'Étrange Cas du Dr Jekyll et de Mr Hyde

Édition établie par Francis Lacassin

Le Prisonnier d'Édimbourg et autres récits

Les Gais Lurons — Olalla — Le Trafiquant d'épaves — Le Creux de la vaque — Hermiston le juge pendeur — Saint-Yves ou le Prisonnier d'Édimbourg — Un portrait intime de R.L.S. par son beau-fils, Lloyd Osbourne

Édition établie et présentée par François Rivière et Emmanuel Roussel

SUE, Eugène

Le Juif errant

Édition établie par Francis Lacassin

Les Mystères de Paris

Édition établie par Francis Lacassin

Les Mystères du peuple ou l'Histoire d'une famille de prolétaires à travers les âges

Édition établie par Matthieu Letourneux

Romans de mort et d'aventures

Kernok le Pirate — El Gitano — Atar-Gull — La Salamandre — La Vigie de Koat-Vën — Songes de Tippo Sahib — Le Morne au diable

Édition établie par Francis Lacassin

TWAIN, Mark

Les Aventures de Tom Sawyer — Les Aventures d'Huckleberry Finn, l'ami de Tom Sawyer — Tom Sawyer à travers le monde — Tom Sawyer détective — Le Prince et le Pauvre — Un Yankee à la cour du roi Arthur — Wilson Tête-de-Mou — Les Jumeaux extraordinaires

Édition établie par Francis Lacassin

VAUTRIN, Jean

Romans noirs

Billy-ze-Kick — Bloody Mary — Canicule — L'Homme qui assassinait sa vie — Le Roi des ordures

Préface de Gérard Mordillat

VIDOCQ, Eugène-François

Mémoires — Les Voleurs

Édition établie par Francis Lacassin

VOYAGES AUX PAYS DE NULLE PART

Lucien de Samosate : Histoire véritable [d'un voyage à la Lune] — Benoît : Navigation de saint Brendan à la recherche du paradis — H. de Saltray : Le Purgatoire de Saint-Patrick — Anonyme : La Vision d'Albéric — Thomas Morus : L'Utopie — Tommaso Campanella : La Cité du Soleil ou Idée d'une république philosophique — Savinien Cyrano de Bergerac : L'Autre Monde : les États et empires de la Lune et du Soleil — John Bunyan : Le Voyage du pèlerin, de ce monde à celui qui doit venir — Jonathan Swift : Voyages de Gulliver dans des contrées lointaines — Anonyme : Le Passage du pôle arctique au pôle antarctique — Charles-François Tiphaigne de La Roche : Giphantie — Nicolas-Anne-Edme Restif de La Bretonne : La Découverte australe par un homme-volant, ou le Dédale français

Édition établie par Francis Lacassin

ZÉVACO, Michel

Le Capitan — L'Héroïne

Édition établie par Aline Demars

Nostradamus — Le Pré-aux-Clercs — Fiorinda la Belle

Édition établie par Aline Demars

Les Pardaillan

Édition établie par Aline Demars

Tome I : Les Pardaillan — L'Épopée d'amour — La Fausta

Tome II : La Fausta *(suite)* — Fausta vaincue — Pardaillan et Fausta — Les Amours du Chico

Tome III : Le Fils de Pardaillan — La Fin de Pardaillan — La Fin de Fausta

Composition et mise en pages
Nord Compo à Villeneuve-d'Ascq

#lisez! engagé
www.lisez.com
Pour plus d'information :
Imprimé sur du papier issu de forêts gérées durablement.

Achevé d'imprimer par
Normandie Roto Impression s.a.s.
61250 Lonrai (Orne)
N° d'impression : 2402272

Imprimé en France